SOBRE A PAZ

Dados Internacionais de Catalogação na Publicação (CIP)
(Câmara Brasileira do Livro, SP, Brasil)

Sobre a paz / José Luís Fiori (organizador). – Petrópolis, RJ : Vozes, 2021.
  Vários autores.
  Bibliografia.
  ISBN 978-65-5713-391-0

  1. Economia política 2. Ética 3. Geopolítica 4. Guerra – História 5. Paz 6. Relações internacionais. I. Fiori, José Luís.

21-76777   CDD-320

Índices para catálogo sistemático:
1. Paz : Ciência política   320

Cibele Maria Dias – Bibliotecária – CRB-8/9427

JOSÉ LUÍS FIORI
(ORGANIZADOR)

SOBRE A PAZ

Petrópolis

© 2021, Editora Vozes Ltda.
Rua Frei Luís, 100
25689-900 Petrópolis, RJ
www.vozes.com.br
Brasil

Todos os direitos reservados. Nenhuma parte desta obra poderá ser reproduzida ou transmitida por qualquer forma e/ou quaisquer meios (eletrônico ou mecânico, incluindo fotocópia e gravação) ou arquivada em qualquer sistema ou banco de dados sem permissão escrita da editora.

CONSELHO EDITORIAL

Diretor
Gilberto Gonçalves Garcia

Editores
Aline dos Santos Carneiro
Edrian Josué Pasini
Marilac Loraine Oleniki
Welder Lancieri Marchini

Conselheiros
Francisco Morás
Ludovico Garmus
Teobaldo Heidemann
Volney J. Berkenbrock

Secretário executivo
Leonardo A.R.T. dos Santos

Diagramação: Sheilandre Desenv. Gráfico
Revisão gráfica: Lorena Delduca Herédias
Capa: Ygor Moretti
Ilustração de capa: Ratificação do Tratado de Munster (1648), Gerard Terborch.

ISBN 978-65-5713-391-0

Editado conforme o novo acordo ortográfico.

Este livro foi composto e impresso pela Editora Vozes Ltda.

Epígrafe

Até hoje a paz nos tem aparecido como *a suspensão mais ou menos duradoura das modalidades violentas da rivalidade entre os Estados*. Costuma-se dizer que "reina a paz" quando o intercâmbio entre as nações não se manifesta por meio de formas militares de luta. Contudo, como este intercâmbio se efetua à sombra das batalhas passadas e sob o temor ou a expectativa de futuras batalhas, o *princípio da paz* (no sentido em que Montesquieu emprega o termo, na sua teoria do governo), não difere muito do *princípio da guerra*. A paz se fundamenta na potência, isto é, na relação entre os diferentes graus de capacidade que têm as unidades políticas de agir umas sobre as outras.

Raymond Aron. *Paz e Guerra Entre as Nações.*
Brasília: Editora da UnB, 2002, p. 220.

Sumário

Apresentação, 9
José Luís Fiori

Prefácio – O paradoxo de Kant e a leveza da paz, 11
José Luís Fiori

1. A IDADE ORIGINÁRIA

Ecologia, evolução e paz social, 31
Daniel de Pinho Barreiros

A evolução humana e a possibilidade de uma ética da paz, 58
Daniel de Pinho Barreiros e Daniel Ribera Vainfas

2. A IDADE CLÁSSICA

A *pax grega*: sistema de *poleis* e a Guerra do Peloponeso, 83
Mário Maximo

A *pax romana*: conquista, império e projeto universal, 98
José Luís Fiori

A *pax chinesa:* um longo processo de formação, 135
Milton Reyes Herrera

3. A IDADE MODERNA

As guerras italianas do século XV e a "Paz de Lodi" de 1454, 185
Mauricio Metri

A Guerra dos Trinta Anos e a "Paz de Westfália" de 1648, 210
Clarice Vieira

As Guerras Napoleônicas e "a Paz de Viena" de 1815, 231
Mauricio Metri

A Guerra do Paraguai e a "Paz de Assunção" de 1872, 268
Ricardo Zortéa Vieira

4. A IDADE CONTEMPORÂNEA

A Primeira Guerra Mundial e a "Paz de Versalhes" de 1919, 289
Juliano Fiori

A Segunda Guerra Mundial e a *Pax Americana* de 1945, 320
Andrés Ferrari Haines e Matheus Ibelli Bianco

A Guerra do Golfo e a "Paz Liberal" de 1991, 364
Hélio Caetano Farias

A geopolítica da paz no século XX, 388
Raphael Padula e Cristina Soreanu Pecequilo

Paz, moeda e coerção no século XXI, 416
Ernani Teixeira Torres Filho

Posfácio – O mito do pecado original, o ceticismo ético e o desafio da paz, 449
José Luís Fiori

Colaboradores, 467

Apresentação

No ano de 1932, Albert Einstein escreveu uma carta a Sigmund Freud, em nome do Comitê Permanente para a Literatura e as Artes da Liga das Nações, sobre o tema da guerra. Nessa carta, Einstein perguntou a Freud se ele considerava que houvesse "alguma forma de livrar a humanidade da ameaça da guerra" e se seria "possível controlar a evolução da mente do homem, de modo a torná-la à prova das psicoses do ódio e da destrutividade"[1]. Freud respondeu-lhe de forma realista, com base na sua teoria psicanalítica, que "não havia maneira de eliminar totalmente os impulsos agressivos do homem", mas que seria possível "tentar desviá-los num grau tal que não necessitassem encontrar expressão na guerra"[2].

Logo depois, na mesma carta, Freud perguntou a Einstein: "por que o senhor, eu e tantas outras pessoas nos revoltamos tão violentamente contra a guerra, mesmo sabendo que o instinto de destruição e morte seja inseparável do instinto erótico do homem?". E respondeu, para si mesmo, "que a principal razão por que nos rebelamos contra a guerra é que não podemos fazer outra coisa. Somos pacifistas porque somos obrigados a sê-lo, por motivos orgânicos, básicos [...], temos uma intolerância constitucional à guerra, digamos, uma idiossincrasia exacerbada no mais alto grau"[3].

O organizador deste livro também considera que a guerra é um fenômeno permanente e incontornável da história humana. Mas, ao mesmo tempo, acredita que as sociedades humanas compartilham uma "utopia ética" e que as "grandes guerras" possuem uma "teleologia ética" que vai sendo tecida através de sucessivos "acordos" e "tratados" normalmente impostos pelos "vitoriosos", mas depois questionados e revistos pelos "derrotados", em uma sucessão perene de novas guerras, como já nos havia ensinado a dialética realista e cética do filósofo grego Heráclito de Éfeso (521-487 a.C.).

---

1. Freud, S. Novas Conferências Introdutórias sobre Psicanálise e outros trabalhos (1932-1936), vol. XXII. In: _____. *Edição Standard Brasileira das Obras Psicológicas Completas de Sigmund Freud.* Rio de Janeiro: Imago Editora, 1969.
2. Freud (1969, p. 217).
3. Freud (1969, p. 218-220).

Estão reunidos aqui 14 ensaios, além de um prefácio sobre a origem da pesquisa e de um posfácio sobre a raiz lógica e mitológica do "ceticismo ético", indissociável do pensamento realista[4]. *Todos os autores desenvolveram suas reflexões livremente, partindo de uma pergunta e de uma hipótese comuns que unificam e organizam o livro. Por isso mesmo, quase todos os textos deste livro contrapõem o "nome da paz" ao nome das "grandes guerras" que as precederam, e que estiveram na origem das várias "ordens internacionais" que se formaram através dos tempos, desde que foi assinado o primeiro "tratado de paz" da História, entre duas grandes potências – o Reino do Egito e o Império Hitita –, depois da Batalha de Kadesh, em 1259 a.C.*

Sobre a Paz *se segue à publicação de* Sobre a Guerra, *também editado pela Editora Vozes, em 2018. Os dois livros fazem parte de uma pesquisa que vimos desenvolvendo, há vários anos, sobre o tema da guerra, da paz e da ética internacional, dentro dos Programas de Pós-Graduação em Economia Política Internacional (PEPI) e em Bioética, Ética Aplicada, e Saúde Coletiva (PPGBIOS), da Universidade Federal do Rio de Janeiro (UFRJ).*

José Luís Fiori
Rio de Janeiro, abril de 2021.

---

4. Agradeço a contribuição decisiva de Ana Silvia Gesteira, na leitura e edição de todos os textos deste livro e na sua organização final para envio para a Editora Vozes. E de forma particular, a Maria Claudia Vater, que acompanhou com dedicação toda a pesquisa e construção desta reflexão sobre a paz.

Prefácio
O paradoxo de Kant e a leveza da paz
José Luís Fiori

> So long as human culture remains at its present stage, war is therefore an indispensable means of advancing further, and only when culture has reached its full development – and only God knows when that will be – will perpetual peace become possible and benefit to us.
> Immanuel Kant. Conjectures on the Beginning of Human History. In: Reiss, H. S. (Ed.). *Kant Political Writings*. Cambridge: Cambridge University Press, 2007, p. 232.

Esta pesquisa sobre a paz partiu de uma leitura crítica dos últimos 30 anos do sistema internacional e da observação de três fatos ou tendências inesperadas, e particularmente intrigantes, da história das três décadas que se seguiram ao fim da Guerra Fria. Na verdade, tudo começou de forma surpreendente, na madrugada de 9 para 10 de novembro de 1989, quando foram abertos os portões e derrubado o muro que dividia a cidade de Berlim, separando o "Ocidente liberal" do "Leste comunista". Mas o mais importante, entretanto, ocorreu logo depois, com o processo de mudança em cadeia dos regimes socialistas da Europa Central e Oriental, que levou à dissolução do Pacto de Varsóvia e à reunificação da Alemanha, no dia 3 de novembro de 1990, culminando com a dissolução da União Soviética e o fim da Guerra Fria, em 1991.

Naquele momento, muitos comemoraram a vitória definitiva (que depois não se confirmou) da "liberal-democracia" e da "economia de mercado" contra seus grandes adversários e concorrentes do século XX: o "nacionalismo", o "fascismo" e, finalmente, o "comunismo". No entanto, o que de fato se concretizou naquela virada da história foi um velho sonho ou projeto quase utópico dos filósofos e juristas dos séculos XVIII e XIX e dos teóricos internacionais do século XX: o aparecimento de um poder político global, quase monopólico, que fosse capaz de impor e tutelar uma ordem mundial pacífica e orientada pelos valores da "civilização ocidental". Uma tese que pôde finalmente ser testada depois da vitória avassaladora dos EUA (EUA) na Guerra do Golfo, em 1991.

Trinta anos depois, entretanto, o panorama mundial mudou radicalmente. Em primeiro lugar, os Estados e as "grandes potências", com suas fronteiras e seus interesses nacionais, mantiveram-se no epicentro do sistema mundial; a velha "geopolítica das nações" voltou a funcionar como bússola do sistema interestatal; e o "protecionismo econômico" voltou a ser praticado pelas grandes potências. Os grandes "objetivos humanitários" dos anos 90, e o próprio ideal da globalização econômica, foram relegados a um segundo plano da agenda internacional. Mais do que isto, o fantasma do "nacionalismo de direita" e do "fascismo" voltou a assombrar o mundo, e o que é mais surpreendente, penetrou a sociedade e o sistema político norte-americano, culminando com a vitória da extrema-direita nas eleições presidenciais de 2017.

Nesses trinta anos, o mundo assistiu à vertiginosa ascensão econômica da China, à reconstrução do poder militar da Rússia e ao declínio do poder global da União Europeia (UE). O mais surpreendente talvez tenha sido a forma como os EUA passaram a desconhecer, atacar ou destruir as instituições globais responsáveis pela gestão da ordem liberal internacional instaurada nos anos 90 sob sua própria tutela, desde o momento em que declararam guerra contra o Afeganistão, em 2001, e contra o Iraque, em 2003, à margem – ou explicitamente contra – da posição do Conselho de Segurança das Nações Unidas.

Por último, e talvez o mais intrigante, é que a potência unipolar desse novo sistema, que seria teoricamente responsável pela tutela da paz mundial, esteve em guerra durante quase todas as três décadas posteriores ao fim da Guerra Fria. Começando imediatamente pela Guerra do Golfo, em 1991, quando as Forças Armadas americanas apresentaram ao mundo suas tecnologias bélicas mais recentes e sua "nova forma de fazer guerra", com o uso intensivo de armamentos operados à distância, o que lhes permitiu uma vitória imediata e arrasadora, com um mínimo de perdas e um máximo de destruição dos adversários[1]. Foram 42 dias de ataques

---

1. "A bem da verdade, essa nova 'revolução militar' começou muito antes, logo depois da derrota americana no Vietnã, seguida pelos sucessivos reveses da política externa dos EUA durante a década de 1970: a vitória da Revolução Islâmica no Irã; a vitória sandinista na Nicarágua; a crescente presença soviética na África e no Oriente Médio, e finalmente, a invasão russa no Afeganistão. Um conjunto de humilhações que ajudou a eleger o conservador Ronald Reagan, e legitimar seu projeto de retomada da Guerra Fria – no início dos anos 1980 – seguido da expansão dos gastos militares do governo norte-americano. Foi então que começou, com o nome popular de 'Guerra nas Estrelas', a 'revolução militar' que mudou completamente a concepção política e a base estratégica e logística do poder bélico dos EUA. Foi nesse período que se desenvolveram os novos sistemas de informação que permitiram o melhoramento das condições de controle e comando dos campos de batalha; o desenvolvimento de vetores e bombas teledirigidas de alta precisão e sis-

aéreos contínuos, seguidos por uma invasão terrestre rápida e contundente, com cerca de 4 mil baixas americanas e 650 mil mortos iraquianos. Uma demonstração de força que deixou clara ao mundo a diferença de forças que havia dentro do sistema internacional depois do fim da União Soviética[2].

Depois, os EUA fizeram 48 intervenções na década de 90[3] e se envolveram em várias guerras "sem fim", de forma contínua, durante as duas primeiras décadas do século XXI. Nesse período, foram 24 intervenções militares ao redor do mundo e 100 mil bombardeios aéreos. Só no ano de 2016, durante o governo de Barack Obama, lançaram 26.171 bombas sobre sete países simultaneamente[4], "[e]ncerrando definitivamente a expectativa dos séculos XVIII, XIX e XX de que um 'superestado' ou uma 'potência hegemônica' conseguiria finalmente assegurar uma paz duradoura dentro do sistema interestatal criado pela Paz de Westfália de 1648"[5].

Ou seja, no período em que a humanidade teria estado mais próxima de uma "paz perpétua", tutelada por uma única "potência global", o que se assistiu foi uma sucessão quase contínua de guerras envolvendo a própria potência dominante. Fatos e números que não deixam dúvidas com relação ao fato de que o projeto cosmopolita, pacifista e humanitário da década de 90 foi atropelado pelo próprio poder americano. Uma constatação extraordinariamente intrigante, em particular se tivermos em conta que não se tratou de um acidente de percurso, ou apenas de uma reação defensiva datada. Pelo contrário, tudo aponta para o desdobramento de uma tendência central que foi se desvelando através de uma sucessão de guerras, fossem elas defensivas, humanitárias, de combate ao terrorismo, ou simplesmente de preservação de posições de poder geopolítico. O "paradoxo do hiperpoder" que discutimos pela primeira vez em nosso trabalho sobre a "formação expansão e limites do poder global", publicado no livro *O poder americano*, de 2004[6].

---

temas sofisticados de ataque furtivo, além de novos tipos de equipamentos sob comando remoto, que permitiram, em conjunto, reduzir ao mínimo o risco de perda de soldados americanos. Uma mudança radical no campo da tecnologia militar cujos efeitos práticos, no campo de batalha e na política internacional, só se manifestariam na década de 1990." (Fiori, J. L. Império e pauperização. *Folha de São Paulo*, 16 out. 2001).

2. "Este fato, somado à gigantesca assimetria entre o poder militar dos Estados Unidos e o das demais potências, colocou, no início do século XXI, uma nova incógnita no cenário mundial: como seriam decididas as ações e intervenções militares americanas num mundo em que deixou de existir aquilo que alguns chamam de 'negarquia', ou seja, a capacidade, por parte de terceiros, de negar, limitar, contestar ou constranger o poder hegemônico?" (Fiori, 2002, p. 56).

3. Bacevich, A. (2002, p. 142).

4. Segundo dados apresentados por Micah Zenko, especialista em política externa norte-americana, publicados no *site* oficial do Council of Foreign Relations (www.cfr.org).

5. Fiori (2018, p. 92).

6. Fiori (2004, p. 13).

Neste prefácio, procuramos mapear o avanço contraditório desta "tendência kantiana"[7] de imposição da paz através de uma sucessão de cinco guerras que foram fundamentais para o avanço e o declínio da "ordem liberal" dos anos 90, até o surgimento de novas potências que começaram a impor limites ao belicismo norte-americano, anunciando uma nova ordem internacional que já não será mais a dos anos 90, mas que ainda está em plena gestação: a própria Guerra do Golfo de 1991/92; as Guerras Humanitárias da última década do século XX; a Guerra Global ao Terrorismo, iniciada em 2001 e que se estende até 2021; a Guerra da Líbia, de 2014; a Guerra da Geórgia, que ocorreu em 2008, mas que é colocada por nós depois da Guerra da Líbia; e a Guerra da Síria, que começou em 2011, porque consideramos que estas duas últimas compartilham um mesmo significado dentro da história dos últimos 30 anos do sistema internacional.

Houve mais guerras, mas elas são as que permitem identificar com maior nitidez as tendências centrais desse período, ajudando-nos a apresentar e justificar as hipóteses de trabalho da nossa pesquisa sobre a paz.

Guerra do Golfo (1991-1992) e Guerras Humanitárias (1992-1999)

A Guerra Fria terminou sem guerra nem acordo de paz, e, depois da dissolução da União Soviética, as grandes potências não definiram uma nova "constituição" para o mundo, como haviam feito em Westfália, em 1648; em Viena, em 1815; em Versailles, em 1918; ou ainda em Yalta, Potsdam e São Francisco, em 1945. Mesmo reconhecendo a superioridade inconteste do poder militar e econômico dos EUA, as demais potências ocidentais não estabeleceram entre si nenhum tipo de regra que disciplinasse a guerra, a paz e as novas normas internacionais que regeriam o mundo a partir de 1991.

Na verdade, depois da queda do Muro e antes do início da Guerra do Golfo, o Grupo dos Sete realizou sua reunião anual de 1990 na cidade de Houston, nos EUA, propondo-se a discutir o fim da Guerra Fria e a nova ordem mundial que estava nascendo. Mas, antes que se estabelecesse qualquer tipo de acordo entre as potências vitoriosas, a eclosão da Guerra do Golfo e a demonstração da força militar americana acabaram se impondo a todas as demais negociações que estavam em curso e que nunca mais foram concluídas. Por isso, pode-se dizer que o "bombardeio teledirigido" do Iraque, em 1991, cumpriu papel análogo ao do bombardeio atômico de Hiroshima e Nagasaki, em 1945: foi quando se definiram, simultaneamente, uma nova "ética internacional" e um novo "poder soberano",

---

7. Conforme a epígrafe deste texto.

responsáveis pela definição e arbitragem do "bem" e do "mal", do "justo" e do "injusto" no sistema internacional. A grande diferença foi que em 1991 – ao contrário de 1945 – não existia nenhuma outra potência capaz de questionar os desígnios unilaterais dos EUA[8]. Mas essa nova situação ficou pouco visível em um primeiro momento, graças à ambiguidade da própria política externa dos EUA.

No seu discurso na Assembleia Geral das Nações Unidas em 1990, o presidente Bush apresentou uma proposta à comunidade internacional que lembrava o projeto do presidente Woodrow Wilson, em 1918:

> [...] temos um projeto de uma nova parceria entre as nações que transcende as divisões da Guerra Fria. Uma parceria baseada na consulta mútua, na cooperação e na ação coletiva, especialmente através das organizações internacionais e regionais. Uma parceria baseada no princípio da lei e suportada por uma repartição justa dos custos e das responsabilidades. Uma parceria cujos objetivos sejam aumentar a democracia, a prosperidade e a paz e reduzir as armas[9].

Ao mesmo tempo, Bush também encomendou a um grupo de trabalho presidido por seu secretário de Defesa, Dick Cheney – com a participação de Paul Wolfowitz, Lewis Libby, Eric Edelman e Donald Rumsfeld, além de Colin Powell –, a tarefa de definir uma estratégia unilateral de construção do "novo século americano", que seria o século XXI. Foi com base no relatório desse grupo que o presidente Bush fez outro tipo de discurso no Congresso dos EUA, em agosto de 1990, quando defendeu pela primeira vez, depois da Guerra Fria, uma política externa de "contenção ativa" de toda e qualquer potência regional que pudesse ameaçar o poder global dos EUA, ou mesmo concorrer com eles em qualquer tabuleiro geopolítico regional relevante.

O mesmo aconteceu com o presidente democrata Bill Clinton, que presidiu os EUA entre 1993 e 2001 e que, ao falar na abertura da Assembleia Geral das Nações Unidas, em 1993, repetiu quase integralmente a proposta que George Bush havia feito quatro anos antes:

---

8. "Se isto for verdade, não seria absurdo pensar que esta Guerra do Golfo, como as antecessoras guerras pérsicas do século V a.C., ao invés de conduzir a humanidade a um novo patamar de civilização e contribuir para a universalização dos valores éticos desenhados pela razão cosmopolita da Europa iluminada, seja a antessala de uma nova 'era sofística', marcada pela força, o medo e o retrocesso político-ideológico dentro da própria coalizão vitoriosa" (Fiori, 1991, p. 5).

9. "*We have a vision of a new partnership of nations that transcends the Cold War. A partnership based on consultation, cooperation, and collective action, especially through international and region al organizations. A partnership united by principle and the rule of law and supported by an equitable sharing of both cost and commitment. A partnership whose goals are to increase democracy, increase prosperity, increase the peace, and reduce arms*" (Bush apud Kissinger, 1994, p. 804). A tradução desta citação e das seguintes é de responsabilidade do autor deste prefácio.

> [...] numa nova era de perigos e oportunidades, nosso propósito é expandir e fortalecer a comunidade mundial e as democracias baseadas no mercado. Agora nós queremos alargar o círculo das nações que vivem sob instituições livres, porque nosso sonho é o dia em que as opiniões e energias de cada pessoa no mundo tenham plena expressão dentro de democracias prósperas que cooperam entre si e vivam em paz[10].

Essa foi a imagem que ficou, para a História, da "era Clinton" e da própria década de 90: um período em que o governo americano teria utilizado seu poder econômico e força diplomática e pacífica em defesa da democracia, da economia de mercado e dos direitos humanos. Na prática, entretanto, o governo de Bill Clinton seguiu os mesmos passos do governo de George Bush, igualmente convencido de que o século XXI seria um "século americano" e que o "mundo necessitava dos EUA", como costumava repetir Magdeleine Albright, sua secretária de Estado. Tanto foi assim que, nos oito anos de seus dois mandatos, a administração Clinton manteve um ativismo militar permanente ao lado de sua retórica "globalista" e "humanitarista". Nesse período, como já vimos, segundo o cientista político norte-americano Andrew Bacevitch, "os EUA se envolveram em 48 ações militares, muito mais do que em toda a Guerra Fria"[11], incluindo suas "intervenções humanitárias" na Somália, em 1992-1993; na Macedônia, em 1993; no Haiti, em 1994; na Bósnia-Herzegovina, em 1995; no Sudão, em 1998; na Iugoslávia, em 1999; no Kosovo, em 1999; e no Timor Oriental, também em 1999; além do bombardeio do Iraque, contra objetivos industriais e militares, em 1998, que também foi feito em nome de uma retórica humanitária.

Além disso, na mesma década de 90, os EUA estenderam sua presença militar na Europa Central e em cerca de 130 países distribuídos por todos os continentes. Começando por Letônia, Estônia e Lituânia, seguindo por Ucrânia e Bielorrússia, os Balcãs, o Cáucaso e chegando até a Ásia Central e o Paquistão. A mesma lógica expansiva e de ocupação que explica a rapidez com que os EUA levaram à frente seu projeto de ampliação da OTAN, mesmo contra o voto dos europeus, em alguns casos, construindo na década de 90 um verdadeiro "cordão sanitário" que separava a Alemanha da Rússia e a Rússia da China. E, no final dos anos 90, a presença militar norte-americana ao redor do mundo já havia se transformado

---

10. "In a new era of peril and opportunity, our overriding purpose must be to expand and strengthen the world's community of market-based democracies Now we seek to enlarge the circle of nations thar live under those free institutions, for our dream is of a day when the opinions and energies of every person in the world will be given full expression in a world of thriving democracies that cooperate which each other and live in peace" (Clinton apud Kissinger, 1994, p. 805).

11. "[...] since the end of the Cold War, the United States has embarked upon nearly four dozen interventions [...] as opposed to only 16 during the entire period of the Cold War" (Bacevich, 2002, p. 143).

na infraestrutura de um poder soberano global, um novo tipo de "império militar global", como observou corretamente Chalmer Johnson, especialista internacional norte-americano:

> [...] entre 1989 e 2002 ocorreu uma revolução nas relações da América do Norte com o resto do mundo. No início desse período, a condução da política externa norte-americana era basicamente uma operação civil. Por volta de 2002, tudo isto mudou, e os Estados Unidos já não tinham mais uma política externa; eles tinham um império militar. Durante o período de pouco mais do que uma década (anos 1990), nasceu um vasto complexo de interesses e projetos que eu chamo de "império" e que consiste em bases navais permanentes, guarnições, bases aéreas, postos de espionagem e enclaves estratégicos em todos os continentes do globo[12].

Na mesma década de 90, a desregulação dos mercados e a globalização financeira lideradas pelos EUA permitiram que a moeda e as finanças norte-americanas se tornassem a cabeça de um "império financeiro global". Foi uma combinação militar e financeira que multiplicou de forma geométrica o poder global americano, mesmo depois da assombrosa demonstração de forças que já havia sido feita na Guerra do Golfo.

Guerra ao Terrorismo (2001-2021)

No início do novo milênio, ficou imediatamente visível que o "expansionismo humanitário" da era Clinton já continha o germe do projeto imperial que se explicitou durante o governo de George W. Bush, em particular depois dos atentados de 11 de setembro de 2001. Na prática, foram os "atentados" e a imediata declaração de guerra universal ao terrorismo que permitiram a Bush trazer de volta, como sua bússola estratégica, o projeto de construção do "século americano" formulado durante o governo do seu pai, George H. W. Bush (que presidiu os EUA durante a "virada histórica", entre 1989 e 1991), por uma *task-force* liderada pelo mesmo Dick Cheney que havia sido ministro de Defesa no governo do pai e que agora era seu vice-presidente.

---

12. "*From 1989 to 2002, there was a revolution in America's relations with the rest of the world. At the beginning of that period, the conduct of foreign policy was still largely a civilian operation. [...] By 2002, all this had changed. The United States no longer had a 'foreign policy'. Instead, it had a military empire [...] During this period of little more than a decade, a vast complex of interests, commitments, and projects was woven together until a new political culture paralleling civil society came into existence. This complex, which I am calling an empire [...] It consists of permanent naval bases, military airfields, army garrison, espionage listening posts, and strategic enclaves on every continent of the globe*" (Johnson, 2004, p. 22-23).

Quando se analisam mais de perto o desenho e a trajetória da nova guerra global ao terrorismo declarada pelos EUA, percebe-se de imediato sua natureza extremamente ambígua, ou mesmo contraditória. Por um lado, a guerra começou de forma clássica, como uma guerra interestatal, com o ataque ao Afeganistão, em 2001, e depois ao Iraque, em 2003. A partir daí, nas duas décadas seguintes, os EUA mantiveram sua guerra ao terrorismo bombardeando sucessivamente o território de pelo menos sete países do Oriente Médio, do norte da África e da Ásia Central: começando pelo próprio Afeganistão (durante 20 anos), seguindo por Iraque (durante 8 anos), Líbia (durante 1 ano), Síria (durante 10 anos), Iêmen (durante 6 anos), além da sua intervenção na guerra civil do Mali (durante 8 anos) e dos ataques aéreos contra tribos situadas no norte do Paquistão. Portanto, não há como se enganar, porque a guerra ao terrorismo se transformou muito rapidamente numa guerra quase contínua contra Estados nacionais situados no "Grande Médio Oriente", predominantemente árabes e de forte influência islâmica. Nesse sentido, a guerra ao terrorismo foi, ao mesmo tempo, uma guerra interestatal clássica e uma guerra civilizatória não declarada contra o mundo islâmico.

Por outro lado, a nova doutrina estratégica americana se propunha a combater um inimigo terrorista que podia ser qualquer pessoa ou grupo, dentro ou fora dos EUA. Por isso, Paul Wolfowitz, subsecretário de Defesa do governo George Bush e considerado o arquiteto da invasão ao Iraque em 2003, costumava dizer que o novo inimigo americano podia estar em qualquer lugar – na água, na terra ou no ar, dentro ou fora do país – e que, portanto, os norte-americanos deviam estar preparados para lutar contra o "desconhecido, o incerto, o inesperado":

> Decidimos abandonar a antiga estratégia baseada em "ameaças" que imperou no planejamento militar de nosso país por quase meio século e adotar uma nova abordagem baseada em "capacidades" – que enfoca menos quem pode vir nos ameaçar, ou onde, e se desloca para como podemos vir a ser ameaçados e o que é necessário para deter tais ameaças e nos defendermos delas[13].

Tratava-se de um inimigo universal e ubíquo, e, deste ponto de vista, qualquer um poderia ser considerado uma ameaça à segurança dos EUA, ser declarado terrorista e atacado pelas forças americanas onde estivessem e por cima do princípio de qualquer reivindicação de soberania nacional. Assim, aceitar participar dessa guerra do lado dos americanos significava a imediata transferência, para os

---

13. "We also decided to move away from the old 'threat-based' strategy that had dominated our country's defense planning for nearly half a century and adopt a new 'capabilities-based' approach – one that focuses less on who might threaten us, or where, and more on ho how we might be threatened and what is needed to deter and defend against such threats" (Rumsfeld, 2002, s/p).

EUA, do poder imperial de definir quem seria o adversário numa guerra que não teria limite nem fim e que seria cada vez mais extensa, criando uma situação de permanente "insegurança imperial" dentro do sistema interestatal.

Foi por isso que os demais países – em particular, as demais potências – passaram a temer as ações terroristas contra os EUA em seus próprios territórios, tanto quanto temiam a inevitável resposta que viria a ser dada pelos americanos. E tinham razão para temer, porque o foco da nova estratégia foi progressivamente retomando a direção dos Estados que pudessem ameaçar o novo poder do império militar global dos EUA. Basta dizer que o governo de George Bush anunciou a retirada norte-americana do Tratado Antimísseis Balísticos, assinado pelos EUA com a URSS em 1972, imediatamente depois dos atentados de 11 de setembro de 2001. E mais tarde anunciou a instalação de um sistema balístico de defesa antimísseis no território da Polônia e da República Checa, justo em frente à fronteira da Rússia, mesmo quando justificasse seu "escudo antimísseis" como forma de prevenir a Europa contra um ataque terrorista do Oriente Médio – em particular, do Irã.

Na verdade, em todos esses casos, a mensagem era uma só: os EUA estavam decididos a manter sua dianteira tecnológica e militar com relação a todas as demais potências do sistema, e não apenas com relação aos grupos terroristas. Uma dianteira que desse aos americanos o poder de arbitrar isoladamente a hora e o lugar em que seus adversários reais, potenciais ou imaginários devessem ser "contidos" através de ataques militares diretos. E, por conta desse lado imperial da "guerra global contra o terrorismo", já na segunda década do século XXI, a resistência ao poder americano acabou surgindo de onde sempre veio, ou seja, de dentro do núcleo geopolítico central do sistema interestatal: em primeiro lugar da Rússia, do ponto de vista militar, e depois da China, sobretudo do ponto de vista econômico.

É desnecessário sublinhar, por óbvio, que nesse novo contexto as ideias de paz e democracia, e de defesa dos direitos humanos, perderam relevância ou foram praticamente esquecidas, sendo utilizadas apenas de forma ocasional e oportunística para encobrir guerras e intervenções feitas em nome dos interesses estratégicos dos EUA e de seus aliados mais próximos.

Guerra da Líbia (2011-2021)

Como aconteceu na Guerra da Líbia, que pode ser considerada como a última das "intervenções humanitárias" dos EUA e da OTAN, ao lado das forças internas que se rebelaram em 2011 contra o governo do presidente Muammar al-Gaddafi, talvez a última das grandes "guerras humanitárias" travadas em nome da proteção das populações civis e da defesa dos direitos humanos. Foi feita com a autorização da ONU, que utilizou sua Resolução nº 1.973 para permitir a criação de uma "zona de exclusão aérea" sobre a Líbia antes da intervenção terrestre das forças da OTAN. Naquele momento também se falou de "Primavera Árabe", mas na prática foi uma guerra extremamente violenta entre regiões e tribos que já eram historicamente inimigas e que foram mobilizadas e depois "pacificadas" – transitoriamente – pelas forças estrangeiras.

O comandante supremo da OTAN, almirante James G. Stavridis, afirmou na época que havia relatórios da Inteligência que sugeriam a presença de grupos da al-Qaeda no território líbio participando da guerra civil, o que juntaria, em um só conflito, a defesa dos direitos humanos e a guerra global ao terrorismo. Tais informações, no entanto, nunca foram confirmadas e hoje se pode compreender melhor o lugar que ocupou essa guerra na redefinição do escopo e da própria estratégia da OTAN, acompanhando e secundando a estratégia expansionista dos EUA depois do fim da Guerra Fria. Primeiro, ela se voltou para o Leste e para a ocupação/incorporação dos países da Europa Central que haviam pertencido ao Pacto de Varsóvia, participando diretamente das Guerras do Kosovo e da Sérvia. Mas, logo em seguida, a OTAN se voltou, a partir de 1994, para os países árabes do norte da África, que incluía a Líbia de Muammar al-Gaddafi. E, dez anos depois, a OTAN decidiu expandir seu "projeto de segurança" – através da sua "Iniciativa de Cooperação de Istambul" (ICI) – para todo os países do "Grande Médio Oriente", espaço preferencial da guerra global ao terrorismo dos EUA, que se transformou na prática numa nova guerra contra o mundo islâmico.

Apesar da intervenção e da pacificação promovida pelas forças da OTAN depois do fim da guerra civil, as forças que derrubaram e mataram Gaddafi voltaram a se dividir e a lutar umas contra as outras, e hoje o país tem dois governos rivais envolvidos em uma nova guerra civil que começou em 2014 e já se prolonga há sete anos. De um lado, o Governo de União Nacional (GNA), comandado por Fayez al-Sarraj, com sede em Trípoli, que conta com o apoio da ONU e da Turquia; do outro, o governo do Marechal Khalifa Haftar, que ocupa as regiões leste e sul do país e conta com o importante apoio da Rússia. Um verdadeiro "desastre humanitário" que se somou ao descobrimento tardio do que havia acontecido também no caso das antigas "guerras humanitárias" na região dos Bálcãs.

Posteriormente houve a denúncia, no Tribunal Especial do Kosovo, contra o presidente Hashm Thaçi, que foi considerado herói do "exército de libertação" do Kosovo na guerra de 1999 e, depois, foi o acusado por "crimes contra a humanidade" – que incluem assassinatos, desaparecimento forçado de pessoas, perseguições e torturas praticadas durante o conflito que levou à independência do Kosovo. Um triste fim para um "projeto humanitário" que parece ter naufragado definitivamente com a Guerra da Líbia. Por isto, com certeza, a "retórica humanitária" dos anos 90 foi sendo abandonada e trocada, uma vez mais, pela retórica pura e simples da defesa de interesses geopolíticos, no caso das novas intervenções externas dos norte-americanos e dos europeus.

Guerra da Geórgia (2008)

Outro momento decisivo dessa mesma história aconteceu na Geórgia em 2008, quando o poder soberano e arbitral dos EUA encontrou seu primeiro limite depois do fim da Guerra Fria. A chamada Guerra da Geórgia foi muito rápida e talvez até passasse despercebida na história do século XXI, se não fosse por uma interveniência surpreendente e inesperada. Os fatos são conhecidos: em abril de 2008, na cidade de Bucareste, a OTAN se propôs seguir expandindo seu controle sobre o antigo território de influência soviética, ao iniciar o processo de incorporação da Geórgia entre seus Estados-membros, apesar da resistência da Alemanha e da oposição explícita da Rússia. No dia 11 de julho de 2008, aviões da Força Aérea russa sobrevoaram o território da Ossétia do Sul, na véspera de um exercício militar conjunto do exército norte-americano com as tropas de Geórgia, Ucrânia, Armênia e Azerbaijão na Base Aérea de Vaziani, que havia pertencido à Força Aérea russa até 2001. Em seguida, no dia 8 de agosto de 2008, as Forças Armadas da Geórgia atacaram a província da Ossétia do Sul e conquistaram sua capital, Tskhinvali, provocando uma resposta inesperada: a intervenção das Forças Armadas russas, que em poucas horas cercaram o território da Geórgia, em uma demonstração contundente de que a Rússia havia decidido colocar um limite à expansão dos EUA e de suas tropas da OTAN para o Leste.

Vale lembrar que, logo depois da Segunda Guerra Mundial, o cientista político norte-americano Hans Morgenthau retomou uma velha tese formulada pelo Abbé de Saint Pierre, no início do século XVIII[14], e que se transformou numa fórmula clássica de explicação da origem das guerras. Segundo Morghentau:

> [...] a permanência do status de subordinação dos países derrotados numa guerra pode facilmente produzir a vontade destes países desfazerem a derrota e jogarem por terra o novo status quo internacional criado pelos vitoriosos, retomando seu antigo lugar na hierarquia do poder mundial. Ou seja, a política imperialista dos países vitoriosos tende a provocar uma política imperialista igual e contrária da parte dos derrotados. E, se o derrotado não tiver sido arruinado para sempre, ele quererá retomar os territórios que perdeu e, se possível, ganhar ainda mais do que perdeu na última guerra[15].

---

14. Abbé de Saint Pierre (2003, p. 20).

15. "*This very status of subordination, intended for permanency, may easily engender in the vanquished a desire to turn the scales on the victor to overthrow the status quo created by his victory, and to change places with him in the hierarchy of power. In other words, the policy of imperialism pursued by the victory is likely to call forth a policy of imperialism on the part of the vanquished. If he is not forever ruined or else won over to the cause of the victor, the vanquished will want to regain what he has lost and, if possible, gain more*" (Morgenthau, 1993, p. 66).

Em 1991, a URSS não foi atacada, seu exército não foi destruído e seus governantes não foram punidos, mas, durante toda a década de 90, os EUA e a UE incentivaram e patrocinaram, em muitos casos, a autonomia dos países da antiga zona de influência soviética, promovendo ativamente o desmembramento do território russo. Basta dizer que, em 1890, o Império Russo, construído no século XVIII por Pedro, o Grande e Catarina II, tinha 22.400.000 Km^2 e 130 milhões de habitantes, era o segundo maior império contíguo da história e uma das cinco maiores potências da Europa. Cento e cinquenta anos depois, durante o período soviético, o território russo se mantinha com a mesma extensão e sua população chegou a ser de 300 milhões de habitantes, quando se transformou na segunda maior potência militar e econômica do mundo. Hoje, no entanto, a Rússia tem 17.075.200 km^2 e apenas 152 milhões de habitantes, isto é, em uma década, exatamente na "década humanitária" de 1990, perdeu cerca de 5.000.000 km^2 e 140 milhões de habitantes.

Ou seja, a derrota e dissolução da URSS trouxe de volta ao cenário internacional uma Rússia mutilada e ressentida, que perdeu um quarto do seu território e metade de sua população, mas que ainda mantinha, depois de tudo, seu exército e armamento atômico e estava decidida a retomar sua posição na hierarquia do sistema de poder internacional. Foi nesse contexto que a Rússia se colocou como a primeira potência do sistema mundial, no século XXI, a mostrar decisão e capacidade militar para opor-se ou vetar o exercício arbitrário do poder global dos EUA e de seus aliados da OTAN. Portanto, pode-se dizer que foi na Geórgia que o expansionismo americano começou a ser questionado e foi ali também que começou o fim do unilateralismo "liberal-cosmopolita" dos anos 90.

Guerra da Síria (2011-2021)

A Guerra da Síria começou em 2011 como uma revolta popular contra o governo de Bashar-al-Assad, mas acabou transformando-se numa guerra internacional que já dura uma década, envolvendo quase todas as grandes potências do sistema mundial, dentro e fora do Oriente Médio. Dois anos depois de iniciado o conflito, em 2013, a ONU denunciou que já haviam morrido 90 mil pessoas e declarou que a guerra civil síria havia se transformado numa "calamidade humanitária".

O conflito se agravou ainda mais em 2014, quando as forças irregulares do Estado Islâmico iniciaram sua própria guerra na Síria contra o governo de Assad e também com o propósito de criar um califado que teria sua base territorial na Síria e no Iraque, distinguindo-os dos grupos terroristas tradicionais, que não tinham um território próprio. Quase ao mesmo tempo, começaram os primeiros ataques aéreos da coalizão internacional liderada pelos EUA para derrotar as forças leais ao governo e derrubar o governo Assad, com o objetivo, ainda, de destruir o novo Estado Islâmico, formado inicialmente por soldados sunitas que haviam abandonado o exército iraquiano depois da vitória das forças xiitas no Iraque.

Em 2017, tiveram início as primeiras negociações de paz no contexto do "Processo de Astana", mas a guerra não foi interrompida até o momento em que o presidente Donald Trump anunciou a retirada de suas tropas do território sírio em 2018, processo que vem estendendo-se e sendo adiado até 2021. Então a guerra síria já tinha provocado meio milhão de mortes, um milhão e meio de feridos e cerca de sete milhões de refugiados que haviam partido, na sua maioria, para a Turquia e outros países da Europa, provocando uma reação de fechamento, xenofobia e avanço da extrema-direita em quase todo o continente. Mesmo assim, a Guerra da Síria acabou transformando-se no espaço e no tempo de uma grande inflexão geopolítica do sistema mundial, que começou no ano de 2015, quando a Rússia decidiu intervir de forma maciça e arrasadora, ao lado do governo de Bashar-al-Assad, contra as forças do Estado Islâmico, sem maiores consultas prévias e públicas aos EUA e às demais potências que já se encontravam envolvidas no conflito.

Com sua intervenção militar na Síria, a Rússia já não estava propondo-se apenas a vetar decisões e iniciativas estratégicas dos EUA e da OTAN; estava reivindicando seu direito de arbitrar e intervir nos conflitos internacionais, contra os mesmos inimigos e a partir dos mesmos valores defendidos por europeus e norte-americanos. Algo assim como se depois de oito séculos das primeiras Cruzadas, em 1095, os ortodoxos russos estivessem colocando-se ao lado dos latinos e anglo-saxões na sua luta milenar contra a "barbárie islâmica". Mais do que isto, graças à contundência e ao sucesso militar de sua intervenção, a Rússia passou a exigir o reconhecimento de seu direito de compartilhar o poder arbitral dos EUA, pelo menos em certas regiões do mundo, e de ocupar seu assento tradicional como membro nato da "civilização europeia e cristã".

A surpresa e a gravidade para os EUA dessa mudança de rumo da Guerra da Síria contribuíram de forma importante para a derrota dos democratas de Barack Obama nas eleições presidenciais americanas de 2016. O envolvimento dos EUA no conflito da Síria foi uma decisão do governo Obama, e a entrada vitoriosa da Rússia na mesma guerra, ao lado do governo sírio e contra o chamado Estado Islâmico, representou uma desmoralização e uma derrota para o governo democrata junto à opinião pública norte-americana. E, depois da vitória republicana, contribuiu também para o descrédito e o ataque imediato do novo governo conservador ao "cosmopolitismo globalista" e seu projeto "liberal e humanitário" da década de 90[16], com a desqualificação simultânea de quase todos os "regimes" e "instituições multilaterais" criados sob a égide da política externa dos EUA desde o fim da Segunda Guerra Mundial.

Um novo posicionamento e uma nova estratégia internacional que foram consagrados com a publicação da nova Estratégia de Segurança Nacional dos EUA, em dezembro de 2017, contendo as principais diretrizes da nova doutrina de segurança e da nova política externa dos norte-americanos.[17] Os grandes inimigos estratégicos dos EUA não mudaram: seguiram sendo a Rússia, a China, a Coreia e o Irã. O que realmente mudou foi o surpreendente reconhecimento, pela nova doutrina – pela primeira vez em toda a história dos EUA – de que os valores nacionais da cultura americana não são necessariamente universais, nem existe nada que possa garantir que algum dia esses valores sejam reconhecidos e aceitos pelas demais culturas e civilizações[18]. Ou seja, durante a administração de Donald Trump, os EUA abriram mão da ideia de que caberia a eles a missão conquistadora, missionária e civilizatória de catequisar o resto do mundo e converter os povos aos valores americanos e ocidentais, optando pela defesa pura e simples de seus interesses nacionais e estratégicos, apoiados no enorme diferencial do seu poder militar, financeiro e informacional.

A vitória democrata nas eleições presidenciais de 2020 interrompeu esse projeto republicano, mas não é provável que a proposta da extrema-direita conservadora de Donald Trump desapareça do cenário político e estratégico dos EUA. O novo presidente democrata, Joe Biden, trouxe de volta o ideário liberal-cosmopolita e tentará refazer as alianças e instituições que foram atacadas e desmoralizadas pelo governo Trump. Mesmo assim, não está claro o futuro político da ultradireita republicana, tampouco de sua estratégia internacional, que não caiu do céu e que, pelo contrário, representa e expressa a posição de um amplo e poderoso espectro ideológico e de interesses materiais do *establishment* civil e militar norte-americano, com ramificações internacionais extensas e poderosas.

---

16. Fiori (2019).

17. Presidency... (2017).

18. De forma sintética, quase telegráfica, é possível listar alguns dos principais pontos desta nova visão do mundo da política externa americana: i) os EUA reconhecem que este é um mundo formado por nações fortes, independentes e soberanas, com culturas, valores, conceitos e sonhos próprios; ii) os EUA reconhecem que seus valores não são universais – e que não existem de fato "valores universais"; além disso, consideram que não existe nada que assegure que os valores americanos algum dia venham a se impor, seja pela força da expansão dos mercados ou da democracia; e iii) os EUA definem seus interesses nacionais como ponto de partida de todas as suas tomadas de posição e negociação, abdicando da posição de árbitros dos conflitos mundiais. In Fiori (2020, p. 59).

Cinco hipóteses, uma refutação final e um comentário final

A história dos últimos trinta anos do sistema internacional é analisada de forma mais detida e extensa, em alguns trabalhos deste livro. Neste prefácio, ela aparece como ponto de partida das hipóteses mais gerais que pautaram a montagem desta pesquisa e deste livro, a partir do momento em que o sistema mundial chegou mais próximo da ideia de um único império militar global e depois entrou num estado de guerra contínua. São hipóteses que procuram dar conta desse paradoxo imediato, mas que transcendem esta conjuntura, projetando-se sobre a história de longo prazo da guerra e da paz através da evolução das sociedades humanas:

1ª hipótese: A grande maioria das guerras não tem como objetivo a obtenção da paz ou da justiça, nem leva necessariamente à paz. Elas buscam sobretudo a vitória e submissão ou "conversão" dos adversários e a expansão do poder dos vitoriosos.

2ª hipótese: A "paz" não é sinônimo de "ordem", e a existência de uma "ordem internacional" não assegura a paz. Basta ver o que aconteceu nos últimos 30 anos, com a "ordem liberal-cosmopolita" que foi tutelada pelos Estados Unidos depois do fim da Guerra Fria e que se transformou num dos períodos mais violentos da história norte-americana. Como já havia acontecido, também, com a "ordem internacional" que nasceu depois da "Paz de Westfália", período em que a Grã-Bretanha, sozinha, iniciou uma nova guerra a cada três anos, entre 1652 e 1919, mesma periodicidade que teriam as guerras norte-americanas, entre 1783 e 1945[19].

3ª hipótese: Dentro do sistema interestatal, a "potência dominante", mesmo depois de conquistar a condição de um "superestado", segue expandindo-se e fazendo guerras, e necessita fazê-lo para poder preservar sua posição monopólica já adquirida. O envolvimento dos EUA, a "potência dominante", não tem compromisso obrigatório com o *status quo* que ela tutela e que ela mesmo ajudou a criar. E, muitas vezes, ela é obrigada a modificar ou destruir esse *status quo*, uma vez que suas regras e instituições comecem a obstruir o caminho de expansão do seu poder[20].

4ª hipótese: A paz é quase sempre um período de "trégua"[21] que dura o tempo imposto pela "compulsão expansiva" dos ganhadores e pela necessidade de "revanche" dos derrotados. Esse tempo pode ser mais ou menos longo, mas

---

19. Holmes (2001).
20. Fiori (2008, p. 31).
21. "[...] a paz é apenas uma longa trégua, obtida por meio de um estado de crescente, persistente e progressiva tensão" (Bobbio, 2002, p. 73).

não interrompe o processo de preparação de novas guerras, seja da parte dos vitoriosos[22], seja da parte dos derrotados[23]. Por isso se pode dizer, metaforicamente, que toda paz está sempre "grávida" de uma nova guerra.

5ª hipótese: Por último, em todo tempo e lugar, a guerra aparece associada de forma indisfarçável com a existência de hierarquias e desigualdades, ou, mais exatamente, com a existência do "poder" e da "luta pelo poder".

Uma Refutação: Enquanto estas hipóteses não sejam falsificadas, em particular a hipótese da associação universal da guerra com as "relações de poder", a ideia kantiana da "paz perpétua"[24] deixa de ser apenas uma utopia, para se transformar num "círculo quadrado", ou seja, uma impossibilidade absoluta.

Apesar disso, a "paz" mantém-se como um desejo de todos os homens e aparece no plano da sua consciência individual e social, como uma obrigação moral, um imperativo político e uma utopia ética quase universal. Nesse plano, a guerra e a paz devem ser vistas e analisadas como dimensões inseparáveis de um mesmo processo contraditório, perene e agônico de anseio e busca dos homens por uma transcendência moral muito difícil de ser alcançada.

Referências

ABBÉ DE SAINT PIERRE. *Projeto para tornar perpétua a paz na Europa*. Brasília: Editora UnB, 2003.

BACEVICH, A. *American Empire*. Massachusetts: Harvard University Press, 2002.

BOBBIO, N. *O problema da guerra e das vias da paz*. São Paulo: Editora Unesp, 2002.

FIORI, J. E. Guerras humanitárias e ordem ética. In: FIORI, J. L. (Org.). *Sobre a guerra*. Petrópolis: Editora Vozes, 2018. p. 231-256.

---

22. "Porque tal como a natureza do mau tempo não consiste em dois ou três chuviscos, mas numa tendência para chover que dura vários dias seguidos, assim também a natureza da guerra não consiste na luta real, mas na conhecida disposição para tal, durante todo o tempo em que não há garantia do contrário. Todo o tempo restante é de paz" (Hobbes, 1983, p. 76).

23. "O desejo de se ressarcir de um prejuízo que se crê haver sofrido, de vingar-se mediante represálias, de tomar ou retomar o que se considera sua propriedade, a inveja do poder, ou da reputação, o desejo de mortificar e rebaixar um vizinho de quem se pensa haver causa para detestar: eis aí tantas fontes de querelas que nascem nos corações dos homens e que somente podem produzir incessantes embates, seja com razão e com pretexto, seja sem razão e sem pretexto" (Abbé de Saint Pierre, 2003, p. 18).

24. A proposta kantiana de uma "paz perpétua" supunha duas condições fundamentais e igualmente inviáveis, segundo as hipótese levantadas neste texto: i) de que fosse possível a uniformização dos sistema de valores do mundo, através da guerra; e ii) que fosse possível constituir uma Liga ou Aliança de repúblicas que administrassem coletivamente e de forma não competitiva a paz mundial.

FIORI, J. L. *Formação, expansão e limites do poder global.* In: _____. (Org.). *O poder americano.* Petrópolis: Editora Vozes, 2004.

_____. A Guerra Pérsica: uma guerra ética. *Cadernos de Conjuntura.* Rio de Janeiro, n. 8, 1991.

_____. Império e pauperização. *Folha de São Paulo,* 16 out. 2001.

_____. O sistema interestatal capitalista na primeira década do século XXI. In: FIORI, J. L. et al. *O mito do colapso do poder americano.* Rio de Janeiro: Editora Record, 2008.

_____. *Réquiem por uma utopia defunta às vésperas da eleição americana.* Disponível em: <www.ihu.unisinos.br> Acesso em: 16 fev. 2020.

_____. The Babel Syndrome and the Security Doctrine of the United States. *Journal of Humanitarian Affairs,* v. 1, n. 1, 2019.

_____. *O poder global e a nova geopolítica das nações.* São Paulo: Boitempo, 2007.

_____. *A síndrome de Babel e a disputa do poder global.* Petrópolis-RJ: Vozes, 2020.

FUKUYAMA, F. *The end of the history and the last man.* New York: Free Press, 1992.

HEGEL, G. W. *Philosophy of right.* Ontario: Batoche Books, 2001.

HOBBES, T. *Leviatã ou matéria, forma e poder de um Estado eclesiástico e civil.* São Paulo: Victor Civita, 1983 (Coleção Pensadores).

HOLMES, R. (Edit) *The Oxford Companion to military history,* Oxford University Press, 2001

HUME, D. *Political essays.* Cambridge: Cambridge University Press, 2006.

JOHNSON, C. *The sorrows of empire.* New York: Metropolitan Books, 2004.

KISSINGER, H. *Diplomacy.* New York: Simon& Schuster, 1994.

MORGENTHAU, H. J. *Politics among nations, the struggle for power and peace.* New York: McGraw Hill, 1993.

PRESIDENCY of the United States. *National Security Strategy of the United States.* Washington-DC, Dec. 2017.

RUMSFELD, D. Transforming the military. *Foreign Affairs,* maio-jun. 2002.

1
A Idade Originária

Ecologia, evolução e paz social
Daniel de Pinho Barreiros

I

O emprego da violência interpessoal tem destaque no portfólio comportamental de uma ampla gama de espécies que habitam ou habitaram o planeta, e é algo que representa um diferencial evolucionário na competição individual pelas fontes de subsistência e no sucesso reprodutivo, de acordo com as circunstâncias ecológicas[1].

> Os interesses em termos de *fitness* de dois indivíduos podem se sobrepor em muitos graus, ou podem ser estritamente antitéticos [...]. Então, é uma hipótese de trabalho razoável a de que a psicologia evolucionária do conflito interpessoal será responsiva a pistas evolucionárias confiáveis acerca de quanto interesse em termos de *fitness* é compartilhado, bem como acerca dos contextos ou circunstâncias delimitadas nas quais ele é compartilhado ou envolve conflito[2].

Mas essa mesma violência, em suas muitas formas (física, psicológica), é capaz de impor severos custos à estabilidade social[3]. Ainda que possamos assumir que a violência consiste em "uma estratégia adaptativa, favorecendo o sucesso reprodutivo do perpetrador em termos de parceiros, *status* ou recursos [...], isso não significa que a violência é invariante ou mesmo adaptativa em todas as situações" e depende das pressões ambientais, bem como da cultura (quando praticada por *Homo sapiens*)[4]. Uma vez fora de controle, os custos sociais podem ser intoleráveis.

---

1. Chauvin (1977, p. 134-136).
2. "The fitness interests of two individuals may overlap to varying degrees, or may be strictly antithetical, and the basic sources of commonality versus conflict of fitness interests are ancient and enduring. It is thus a reasonable working hypothesis that the evolved psychology of interpersonal conflict will be responsive to evolutionarily reliable cues of the extent to which fitness interests are shared, as well as the delimited contexts or circumstances in which they are shared or in conflict" (Daly, 2016, p. 670).
3. Verbeek & Peters (2018, p. 2).
4. Goméz et al. (2016, p. 233).

Esse raciocínio se aplica às sociedades humanas tal como conhecemos, mas também a sociedades de primatas não humanos.

> Comportamento agressivo em primatas ocorre normalmente durante competição intra ou intergrupal por recursos limitados, *status* de dominância e parceiros sociais. Mas isso não significa que a agressão ocorra toda vez que essas situações estão envolvidas [...]. Levando isso em conta, mecanismos comportamentais para controlar agressão precisam estar ativos de modo que os relacionamentos prevaleçam [...]. Primatas contam com estratégias comportamentais para diminuir a frequência com que a agressão ocorre [...].[5]

A presença de mecanismos psicossociais capazes de controlar a intensidade do comportamento agonístico e de viabilizar sanções coletivas é frequente nas formações sociais de grupos humanos diversos, mesmo entre sociedades sem Estado, estratificação e excedente (EEE). É comum que se estabeleça alguma espécie de determinismo cultural quando se fala do incentivo ao comportamento prossocial, enfatizando-se o papel das instituições[6], dos tabus e das práticas simbólicas, elementos pertencentes, assim, à "trajetória histórica" de uma sociedade. Entretanto, ainda são raras as ocasiões em que se reconhece que a própria cultura humana pertence ao campo do *natural*, visto inexistirem evidências de que provenha de forças sobrenaturais.

Assim sendo, se todas as culturas humanas (e as instituições por ela geradas) são necessariamente produto da arquitetura cognitiva de *H. sapiens*, e a constituição dessa arquitetura tem também uma história (de longuíssima duração), isso implica dizer que os mecanismos institucionais de resolução de conflitos – e, portanto, de pacificação social – dependem não só da história evolucionária humana, mas também da trajetória de especiações e extinções de centenas de outras espécies primatas desde o Paleoceno, há 65 milhões de anos no passado.

Essa "história profunda" da paz social se propõe a acrescentar, às explicações correntes no campo das ciências sociais, camadas de fenômenos históricos explicativos que se transformam em temporalidades lentíssimas e que transcendem

---

5. "*Aggressive behaviour in primates usually occurs during intra- and inter-group competition for limited resources, dominance status and social partners. But this does not mean that aggression occurs every time those situations arise [...]. Taking this into consideration, behavioural mechanisms to control aggression must be at work so that relationships can prevail [...]. Primates have behavioural strategies to decrease the frequency of aggression [...]*" (Souza & Casagrande, 2006, p. 77). O grifo na tradução é meu.

6. Entende-se por instituições "um complexo de posições, papéis, normas e valores alojados em tipos particulares de estruturas sociais e que organizam padrões relativamente estáveis de atividade humana com respeito a problemas fundamentais no que tange a produção de recursos de subsistência, na reprodução dos indivíduos, e em manter estruturas sociais viáveis em um dado ambiente" (Turner, 1997, p. 6).

o ritmo da longa duração das civilizações, como quis Braudel (2009). Assim, o exercício da paz intrassocietária entre humanos não só dependeu de uma extensa história evolucionária, como também essa mesma história deixou marcas comuns nas formas pelas quais cada cultura, à sua maneira, ergue suas instituições prossociais.

Por prossocial, entende-se aqui uma categoria de comportamentos etologicamente deflagrados, com ou sem o intermédio de ativações culturais (ritos, mitos, narrativas, leis, símbolos), e que limitam a escalada do comportamento agonístico, reduzindo as chances de que disputas em torno de agendas individuais resultem em violência letal e generalizada. O comportamento prossocial não se confunde com o altruísta, embora este último possa ser uma parte importante do portfólio de comportamentos prossociais. A paz, assim, aparece como um hiato na persistente prática do conflito de agendas individuais e fenômeno determinante na sustentação da sociabilidade.

II

O desenvolvimento da sociabilidade dos grandes antropoides ganhou forma após uma longa trajetória percorrida por espécies de comportamento solitário. Durante o Eoceno Inicial, por volta de 52 Ma[7] – dezenas de milhões de anos, portanto, antes da existência do último ancestral comum entre nossa espécie e os chimpanzés –, emergiu entre determinados táxons de primatas a prática da formação de agregações multissexuais, associada à adoção de hábitos diurnos e à ocupação de novos nichos ecológicos, condições essas possibilitadas pela extinção em massa dos até então dominantes dinossauros, por volta de 65 Ma[8]. A diuturnidade decerto facilitou práticas de forrageamento eficientes a partir da percepção visual: uma importante distinção entre esses pequenos primatas e os demais mamíferos contemporâneos a eles provinha de especializações pouco comuns, como as órbitas oculares convergentes, que permitiam visão estereoscópica. A fixação desse traço morfológico pode ser comum entre espécies predatórias – e que dependem da visão para rastrear a presa – e/ou portadoras de comportamento arbóreo – para as quais a percepção de profundidade é crucial no ato de mover-se, aos saltos, entre galhos. A visão tridimensional também fora acompanhada de uma acrescida capacidade cerebral e de comportamento manipulatório. Talvez ainda mais importante que a hipótese predatória, a relação entre esses primatas e as plantas angiospermas deva ser considerada: incapazes de se reproduzir por meio

---

7. Milhões de anos atrás.
8. Fleagle (2013).

da dispersão de pólen pelo vento, as angiospermas oferecem recompensas na forma de frutos adocicados, que, atraindo espécies comensais, as engajam em uma relação mutualística (não sendo digeridas, as sementes acabam dispersadas através dos dejetos, permitindo a reprodução desses vegetais). Tal fato abrira um rico nicho explorável por primatas capazes de visualizar os frutos em condições de poluição visual e baixa luminosidade (florestas tropicais densas) e de manipulá-los[9].

Não obstante, os hábitos diurnos trouxeram simultaneamente sérios riscos envolvendo a maior exposição a predadores, e é exatamente neste ponto que a sociabilidade se torna decisiva; a gregariedade pode ter emergido como estratégia evolucionária antipredatória. É muito provável, contudo, que esse fosse o limite das práticas sociais primatas entre 52-23 Ma, em consonância com os desafios evolucionários enfrentados àquela altura: a formação de agregações frouxas, meramente pragmáticas e ocasionais, voláteis quanto à composição de seus membros e quanto aos laços entre eles e marcadas pela dispersão multissexual (o que implica que machos e fêmeas não se fixam ao território nem demonstram propensão à formação de agregações permanentes)[10].

Este portfólio comportamental parece, então, selecionado tão somente pelo potencial reprodutivo inerente à socialização dos riscos de predação e da informação a respeito desses mesmos riscos. A defesa coletiva de recursos naturais, o comportamento cooperativo nas práticas de forrageamento e a hierarquização social estariam ainda num horizonte longínquo.

Tal devia ser o estado de coisas no nascedouro da infraordem dos simiformes, que ocorreu por volta da transição entre o Eoceno-Oligoceno, há 40-37 Ma. Com uma centralidade geo-histórica de dezenas de milhões de anos na história da humanidade[11], é no Egito, na região do Fayum, onde encontramos uma verdadeira explosão especiativa que deu origem ao bem documentado *Aegyptopithecus zeuxis*, uma das prováveis espécies que dariam origem à parvordem dos catarrinos e anteriores à própria divergência entre hominídeos e cercopitecídeos no Velho

---

9. Groves & Cameron (2004, p. 36); Ladeia & Ferreira (2015, p. 56-58); Shultz, Opie & Atkinson (2011, p. 219).

10. Shultz, Opie & Atkinson (2011, p. 222).

11. A relevância geo-histórica da depressão do Fayum supera, em muito, a própria história natural de nossa espécie. Cabe, assim, que flexibilizemos o problema da longa duração braudeliana, uma vez que precisamos aceitar que uma reflexão histórica que aceite dialogar com uma longuíssima duração pode – e deve, em certos casos – transcender os próprios limites do que é considerado tradicionalmente "humano". Urge que desmontemos, de vez, um certo humanismo vitoriano, no qual a espécie é tida como centro da existência e autora de atos e fatos completamente exclusivos, gerados por sua condição de "ser cultural" e de "ser social", referendando a arbitrária separação entre a instância do "homem" e a da "natureza".

Mundo. É entre os vestígios paleontológicos do Fayum que notamos não só o aprofundamento de traços primitivos – estima-se uma maior eficiência da visão estereoscópica, inferida a partir da morfologia – como também a redução do tamanho das narinas e, presumidamente, da relevância evolucionária do aparato olfativo, nas condições ecológicas então presentes. É provável que um grande número de espécies pouco ou não identificáveis tenham se sucedido desde os primatas do Fayum, passando pelo surgimento dos primeiros cercopitecídeos e platirrinos (macacos do Novo Mundo, distantes da linhagem do humano moderno) sem que, em tese, tenhamos qualquer forte evidência que contraindique a persistência da organização social de grupos instáveis multissexuais. O processo de fusão-fissão faz parte da sociabilidade primata desde então, e não caracteriza essencialmente determinadas espécies sociais, em detrimento de outras. A coesão espacial e o grau de permanência na composição interna dos grupos variam não só com aspectos etológicos de cada espécie, mas também com a saturação demográfica e a oferta de recursos alimentares[12].

III

O drama evolucionário que marcaria a divergência entre humanos modernos e chimpanzés, milhões de anos depois, parecia recapitular os desafios ambientais enfrentados por seus ancestrais oligocênicos: revertia-se a homogeneidade ambiental global, marcada até então pela expansão latitudinal das florestas tropicais perenes, pelos altos índices pluviométricos por toda a África, pela elevação do nível dos mares e pela retração das calotas polares[13]. Tal era a situação do planeta, com as Américas do Norte e do Sul separadas (até 3 Ma), e o continente africano, ainda uma ilha. O resfriamento planetário por volta de 25 Ma – ainda que abrandado por volta dos primeiros milhões de anos do Mioceno – somou-se à crescente aridificação, acentuada por intensa atividade tectônica e radicais mudanças orográficas decorrentes da elevação da cordilheira do Himalaia, do Planalto Tibetano e do Altiplano Etíope (este último, inclusive, dando origem ao Vale do Rift, berço geográfico da linhagem do homem moderno). Essas colossais transformações

---

12. Aureli et al. (2008, p. 627).

13. A expansão latitudinal do clima e paleofauna tropicais é um fenômeno de extrema relevância. Sabemos que o número de espécies e de nichos ecológicos estáveis é muito maior nos trópicos que nas latitudes mais altas, e, a cada momento na história natural do planeta que as condições tropicoequatoriais eram ampliadas em direção aos polos, explosões especiativas se tornavam ainda mais possíveis. Isso significava maior energia disponível, mais espécies vegetais, mais herbívoros e, por sua vez, mais carnívoros. As altas latitudes sofrem tradicionalmente de forte homogeneidade ambiental (algo evidente nos polos glaciais), limitando o número de nichos a serem explorados por novas espécies. Ver Foley (2003, p. 153-154).

geomorfológicas não foram capazes de impedir que a África Central e Ocidental continuasse a registrar altos índices pluviométricos, preservando em certa medida o perfil de flora e fauna herdados do passado oligocênico. É na África Oriental, por sua vez, que o impacto é fortemente sentido, na medida em que o Altiplano Etíope preveniu a entrada de massas de ar marítimas, ampliando o potencial de aridificação já intenso, em decorrência do declínio das temperaturas globais[14].

Era assim, no Mioceno inicial (após 23 Ma, aproximadamente), que as mudanças geológicas geravam uma "colcha de retalhos" em termos de perfis climáticos e pluviométricos na África Oriental e Meridional, razoavelmente homogeneizados sob a rubrica da aridez e das temperaturas em queda, mas diversos o suficiente para dar origem a nichos específicos e razoavelmente apartados. Essa foi a provável ocasião na qual os padrões de sociabilidade dos primatas antropoides passaram a se complexificar com o surgimento, entre determinadas espécies, de agregações estáveis no tempo e no espaço, na forma de haréns (com um ou poucos machos dominantes, acompanhados ou não de machos socialmente inferiores) ou de pares monogâmicos[15]. Não é improvável, contudo, que esse tipo de estrutura social já estivesse presente antes disso, e apenas tornada mais comum a partir da pressão ambiental nas condições do Mioceno africano oriental.

Sem que as agregações multissexuais instáveis ou o comportamento solitário deixassem de se replicar, inclusive entre espécies novas – respeitadas suas heranças filogenéticas[16] –, a eclosão de grupos sociais estáveis em outras espécies primatas implicou, em seu âmbito, uma relação diferenciada com o território, com os recursos naturais, bem como tornou ainda mais complexa a resolução de conflitos intragrupo.

Grosso modo, uma família de primatas extintos merece destaque nesse quadro de transformação climática e ambiental, porque algumas de suas espécies deixaram boas evidências de que seu comportamento social já discrepava das associações multissexuais instáveis. Os proconsulídeos (*Proconsul* sp., *Rangwapithecus*

---

14. Cameron & Groves (2004, p. 38).
15. Shultz, Opie & Atkinson (2001, p. 220).
16. Shultz, Opie e Atkinson sugerem que a hipótese de flexibilidade comportamental deva ser rejeitada diante de importantes evidências estatísticas que apontam para um padrão de transformação que parte da vida solitária para grupos multissexuais instáveis, sem possibilidade de retorno. Assim, uma vez que os processos especiativos selecionam a formação de grupos sociais (ainda que instáveis), eles tendem a se reproduzir nas espécies posteriores que guardarem relação filogenética com a espécie social. Desse modo, nenhum primata de comportamento solitário tem como ancestral um primata social, ainda que o inverso seja comum. Ou seja, a sociabilidade é um Rubicão evolucionário, e, dele, os desenvolvimentos historicamente registrados são a formação de grupos multissexuais estáveis e de pares monogâmicos, caminhos entre os quais são possíveis idas e vindas. Ver Shultz, Opie & Atkinson (2011, p. 220).

sp., *Turkanapithecus* sp.) habitavam as zonas de florestas tropicais e subtropicais fechadas, cada vez mais insuladas e cercadas por extensões de vegetação savânica. Demonstrando um arraigado conservantismo de nicho diante da mudança climática, tiveram seu alcance geográfico circunscrito pela retração das florestas[17]; preservaram hábitos arborícolas, com forrageamento realizado na galhada das árvores, e, principalmente, locomoção acima dos galhos, algo que se infere a partir de vestígios pós-cranianos.

Além disso, permaneciam fiéis ao pacote odontomorfológico esperado de espécies primatas tropicoflorestais: a) molares proporcionalmente menores que os registrados em espécies de ambientes áridos; e b) esmalte dentário de fina espessura, propenso ao desgaste e à maximização de ação cortante das cúspides, algo apropriado para uma dieta de folhas e frutas macias, que exige pouco tempo de preparação e mastigação[18]. Pelo menos no que diz respeito às espécies do gênero *Proconsul*, verificava-se outra característica, relativamente presente entre antropoides detentores de amplos grupos sociais e de habitat florestal: um notável grau de dimorfismo sexual, que expressa a diferença morfológica entre machos e fêmeas em uma mesma espécie. No caso dos antropoides, os graus de dimorfismo usualmente considerados dizem respeito ao tamanho e ao formato dos dentes caninos, bem como à massa corporal (paleontologicamente inferida a partir dos vestígios ósseos)[19].

O comportamento social, então, é elemento predominante no desenvolvimento de dimorfismos sexuais, normalmente relacionado à competição reprodutiva e territorial, o que implica um razoável contexto para o exercício da violência física e da intimidação (ao que se relaciona a seleção de dentes caninos de grande porte e o hábito de mostrá-los aos oponentes, demonstrando ameaça). Uma hipótese sobre a relação entre o habitat tropicoflorestal, o dimorfismo sexual e a transmissão filogenética do comportamento violento interpessoal serão discutidos mais adiante. O fato a ser destacado, por hora, é o de que as espécies do gênero *Proconsul*, e os proconsulídeos em geral, situam-se na raiz evolucionária dos potenciais ancestrais dos hominídeos e, de forma verossímil, foram primatas sociais etologicamente agressivos.

O reconhecido grau de dimorfismo sexual (que sugere intensa competição sexual entre machos), as mudanças climáticas que levaram à retração das florestas tropicais perenes e ao insulamento (e concentração no espaço) das faixas

---

17. Barnosky & Kraatz (2006, p. 528).
18. Pampush et al. (2013, p. 218).
19. Cameron & Groves (2004, p. 39-40); Ladeia & Ferreira (2015, p. 75); Nordhausen & Oliveira Filho (2015, p. 37).

restantes e os traços morfológicos entre os proconsulídeos que sugerem o consumo de alimentos tipicamente florestais (existentes, portanto, somente nesses espaços insulados) nos conduzem à hipótese de que, nessas espécies, o primitivo padrão de dispersão multissexual vinha sendo substituído, pioneiramente, pela concentração de fêmeas em territórios circunscritos. Esse era o primeiro passo em direção a uma forma diferenciada de sociabilidade primata, com grupos de composição estável.

Na formação dos vínculos sociais em longuíssima duração, devemos considerar, em primeira mão, a geo-história da distribuição dos recursos naturais, isto é, as relações que estas sociedades primatas estabeleceram com o espaço, no tempo. Nos mamíferos em geral, sendo os custos reprodutivos altamente desiguais entre os sexos, estabelecem-se diferentes estratégias de sobrevivência. Os custos energéticos da gestação interna e da lactação impõem significativa vulnerabilidade às fêmeas, que se veem sob a pressão de obter acesso a fontes nutricionais suficientes e estáveis, sem as quais tanto a mãe quanto a prole estariam severamente ameaçadas.

Já os custos reprodutivos para os machos são pequenos (inclusive na produção gamética), de modo que o acesso à energia se torna menos crucial que o acesso às próprias fêmeas. A proliferação de indivíduos do sexo masculino é, nesse caso, reprodutivamente redundante[20], o que impõe a eles intensa pressão competitiva por oportunidades sexuais, diante de sua razoável descartabilidade no processo reprodutivo. Na circunstância, então, de diferentes estratégias, etologicamente se verifica um padrão geral de distribuição espacial no qual as fêmeas buscam assegurar seu controle territorial sobre os recursos nutricionais, enquanto os machos visam justamente o acesso às fêmeas (com variados graus de sucesso)[21].

A distribuição de recursos alimentares de alta qualidade em grandes manchas, de forma geograficamente regular pelo território, é algo que fornece um contexto evolucionário positivo para a fixação de grupos estáveis entre os primatas antropoides. Nesse caso, a exploração conjunta das oportunidades nutricionais não teria como *trade-off* uma significativa redução do consumo calórico *per capita* (considerando o facilitado acesso ao alimento, sua concentração e abundância), sobressaindo-se as vantagens em termos de socialização da informação e da vigilância, facultadas pelos grupos estáveis.

A espacialidade da distribuição dos recursos (concentrados em territórios contínuos e acessíveis) permitiria, por assim dizer, ganhos de escala provenientes da exploração conjunta por grupos de fêmeas aparentadas e seus filhotes

---

20. Muito embora a multiplicidade de machos não aparentados contribua para a diversidade genética numa população.
21. Foley (2003, p. 220); Nordhausen & Oliveira Filho (2015, p. 36).

(apoiando-se mutuamente na proteção ao seu fundo genético comum), capazes de defender coletivamente as fontes energéticas contra a intrusão de fêmeas não aparentadas, para as quais, tanto quanto para as primeiras, o amplo acesso ao alimento é um motor etológico indiscutível. Essa, aliás, é a forma de comportamento mais comum entre os primatas sociais[22].

Diante, então, da formação de coletivos estáveis de fêmeas com laços consanguíneos, cooperando pela exploração e defesa comum das fontes de alimentos, agrupam-se em torno delas machos, em busca de oportunidades reprodutivas. Como a territorialidade, neste caso, é definida pelas estratégias evolucionárias femininas, a etologia do comportamento socioespacial masculino é determinada pelos deslocamentos dos grupos de fêmeas; e, sendo os vínculos sociais estáveis de corte matrilinear, entende-se que o mais provável tenha sido o fim da dispersão multissexual entre as espécies adaptadas a esse portfólio e uma razoavelmente acrescida dispersão dos machos. São eles que majoritariamente deixam seu grupo matrilinear ao atingirem a maturidade sexual e migram em direção a grupos de fêmeas com as quais não guardam consanguinidade direta, sendo obrigados, assim, a enfrentar outros machos também migrantes, pelo acesso às oportunidades de cópula.

Quanto aos machos, mais uma vez é a distribuição geográfica das fontes nutricionais que indicará a formação de agrupamentos e a natureza destes. Na circunstância de o território e os recursos serem suficientemente extensos e de alto valor nutricional (ainda que concentrados a ponto de viabilizarem a formação de grupos locais de parentesco matrilinear), será tolerada pelo coletivo de fêmeas a presença de grupos instáveis de machos ao seu redor (todos eles não aparentados, provenientes de outras linhagens maternas e lutando por oportunidades sexuais). O custo energético dessa estratégia etológica é baixo porque, a despeito de a demanda por alimento sofrer elevação diante da presença de elementos desvinculados do grupo de parentesco feminino, a oferta é suficiente para manter a todos, fazendo assim sobressaírem vantagens em termos de defesa, provenientes da presença dos machos no bando.

Considerando ainda esse intenso contexto de alterações climáticas do Mioceno, uma ainda maior concentração de alimentos ricos e abundantes poderia facilitar a formação de um harém, tão logo se tornasse possível para um único macho dominante defender simultaneamente todas as fêmeas concentradas no espaço contra as tentativas de cópula de outros machos postulantes. Nesse caso, seriam mínimas as requisições alimentares de indivíduos alheios ao círculo matrilinear,

---

22. Foley (2003, p. 223-224); Shultz, Opie & Atkinson (2011, p. 222); Wrangham & Peterson (1996, p. 131).

favorecendo a etologia energética feminina, estando preservadas as vantagens habituais de defesa e vigilância.

Podemos esperar, entre espécies cuja formação de haréns conste em sua estratégia social mais comum, um elevado grau de tensão e de violência interpessoal entre machos, considerando a ampla exclusão formal das oportunidades reprodutivas para a maior parte deles e uma sinalização negativa no sentido da formação de coalizões masculinas. Note-se que, no caso da formação de haréns, os vínculos de parentesco seguem sendo matrilineares[23].

Consolidemos, então, os elementos de que dispomos: a) proconsulídeos viviam em florestas tropicais, em acelerado processo de insulamento e concentração espacial, decorrente das alterações geoclimáticas do Mioceno inicial; b) teriam demonstrado forte conservantismo de nicho, inferido a partir de sua anatomia dentária, com esmalte de fina espessura e molares modestos, apropriados para o consumo de alimentos macios, típicos do ambiente florestal e tropical perene; c) através de sua morfologia óssea, infere-se locomoção sobre os galhos, na horizontal (e não suspensória, ou mesmo terrestre); d) pela morfologia dos dentes caninos, infere-se intenso dimorfismo sexual em algumas das espécies pertencentes à família.

E, prosseguindo: e) considerando, entre os cercopitecídeos, a plausibilidade do desenvolvimento dos vínculos sociais matrilineares, acompanhados de haréns ou de grupos de machos não aparentados, por volta de 16-14 Ma[24]; f) que alguma espécie proconsulídea pode, potencialmente, ter ocupado o lugar de ancestral comum entre hominídeos e cercopitecídeos; g) que as condições climático-ambientais nas quais passaram por especiação e viveram os proconsulídeos, com retração das florestas tropicais e concentração dos recursos alimentares no espaço, fornecem contexto evolucionário para a seleção de vínculos sociais matrilineares, incluindo a presença de machos dominantes em haréns; logo, podemos sugerir que *Proconsul* e/ou espécies congêneres podem razoavelmente ter inaugurado essas novas formas de sociabilidade entre os primatas antropoides e que a matrilinearidade / dispersão masculina se configura como traço primitivo entre os simiformes.

IV

O surgimento de estratégias sociais envolvendo grupos estáveis, centrados no parentesco feminino, teve como *trade-off* níveis acrescidos de violência interpessoal. Podemos inferir, a partir dos graus de dimorfismo sexual, uma intensa competição reprodutiva, envolvendo, inclusive, estratégias de exclusividade no acesso

---

23. Foley (2003, p. 224-227).
24. Shultz, Opie & Atkinson (2011, p. 220).

às oportunidades de cópula por machos dominantes (haréns), além de formas de sociabilidade masculina que congregam machos não aparentados e concorrentes. Em suma, é altamente provável que, entre os proconsulídeos, os mecanismos de resolução de conflito envolvessem comportamento agonístico com alto grau de violência interpessoal masculina, para o qual a evasão seguia sendo um mecanismo de controle. Essa tendência comportamental não advogava em prol da formação de grupos extensos e cooperativos, com relações intragrupais mediadas por uma etologia de manejo de conflitos complexa.

Mas, alteradas as condições ecológicas, até onde determinado portfólio comportamental pode ser mantido? Consideremos inicialmente os cercopitecinos estantes, que incluem as espécies mais conhecidas de babuínos, da África Ocidental à Península Arábica. Tal como os hominídeos, provavelmente tiveram um proconsulídeo como ancestral e desenvolveram estruturas sociais permanentes, com a presença de machos dominantes em haréns ou de grupos de machos não aparentados, por volta de 14 Ma. Os babuínos em geral são forrageadores altamente oportunistas, adaptados a uma razoável gama de condições ambientais, que envolvem espaços desertificados, altiplanos, savanas, bosques e florestas. Para estas espécies, o confinamento territorial em regiões florestais, decorrente de restrições dietárias, já não era uma questão, de modo que, também para eles, estava ausente o contexto ambiental para a concentração de fêmeas aparentadas no território, com a presença de um macho dominante portador de exclusividade reprodutiva, ou de grupos de machos sem consanguinidade. Entretanto, é exatamente a formação de grupos femininos matrilineares com um ou mais machos não aparentados que se verifica entre os cercopitecinos[25]. Isso é algo compreensível sob uma perspectiva filogenética, já que muito provavelmente divergiram de um ancestral arbóreo portador desse portfólio etológico. Ficaríamos, assim, diante de uma cisão entre a determinação do ambiente – que deveria ter sido suficiente para eliminar o comportamento de harém – e a dinâmica evolucionária. Não obstante, a distinção entre *nature* e *nurture* se restringe a um expediente didático, sendo uma e outra resultante de um todo, dialeticamente retroalimentado.

A ampliação das possibilidades de exploração de recursos através de eficiente quadrupedismo terrestre e de adaptações odontomorfológicas[26] impactou claramente na etologia das espécies cercopitecinas, mesmo que tenham recebido o

---

25. Identifica-se a formação de haréns, por exemplo, em *Papio hamadryas* (babuíno-sagrado), *Theropithecus gelada* (babuíno-gelada) e em *Papio papio* (babuíno da Guiné). Já entre os seguintes cercopitecinos, temos grupos de fêmeas aparentadas cercadas de machos com diferentes níveis de hierarquia entre si: *Papio anubis* (babuíno-sagrado, ou babuíno-anúbis) e *Papio cynocephalus* (babuíno-amarelo).

26. Foley (2008, p. 150-151).

comportamento de formação de haréns de seus ancestrais. Entre elas, vemos a organização de tropas, que forrageiam e se deslocam conjuntamente pelo território, formadas por múltiplas unidades compostas por um macho dominante, fêmeas aparentadas e um macho subalterno; as tropas aparecem, assim, como "confederações" de haréns, com unidades firmemente estáveis em seu âmbito interno e frouxamente ligadas no âmbito externo[27]. A oferta ampliada de recursos nutricionais permite o forrageamento por múltiplos indivíduos em conjunto, organizados nos haréns, sem impactar no consumo *per capita* de toda a tropa, mantidas as vantagens da vigilância e da segurança provenientes dos grupos sociais de grande porte[28]. Preserva-se, então, a herança filogenética, ainda que adaptada às circunstâncias do ambiente.

A formação de haréns (com exclusividade sexual), de coletivos de machos não aparentados ou de formas híbridas entre esses dois polos (como parece acontecer entre os cercopitecinos) faz parte da "sintonia fina" gerada pelo ambiente sobre traços comportamentais filogeneticamente herdados. Então, a fluidez entre essas formas específicas de organização masculina responde às condições do meio, sem que se altere o fato essencial: a organização de coletivos matrilineares femininos em torno das fontes de energia, mesmo que as condições ambientais sejam relativamente diferentes daquelas que selecionaram, em primeira instância, essa forma de comportamento. Devemos considerar que existem "bandas de flexibilidade" na relação entre a herança filogenética e as mudanças climático-ambientais[29]. Quando as últimas se acirram e ultrapassam um limite de tolerância admitido pelas estratégias comportamentais e pelas características fisiomorfológicas de uma espécie, ela se verá sob intenso estresse evolucionário. Rápidas extinções e múltiplas especiações costumam advir desses contextos de crise. A longa estase tem fim, dando lugar às intermitentes explosões especiativas[30].

V

A chegada de hominídeos eurasianos ao território africano era parte de uma colossal relocalização de espécies coincidente com um novo patamar de agravamento

---

27. Há razoável nível de fissão nas tropas de babuínos em decorrência do menor tempo de interação social, causado pelo forrageamento em regiões cada vez mais distantes, algo que toma grande parte das horas ativas desses animais (Foley, 2003, p. 184).
28. Aureli et al. (2008, p. 630).
29. Jones (2015).
30. Essa é a imagem popularizada por S. J. Gould e N. Eldredge, que chamamos de "equilíbrio intermitente" e referida no início desse artigo. Ver Cameron & Groves (2004, p. 2-3).

climático, com o aproximar-se do Mioceno Tardio. Bosques e matagais ganhavam espaço sobre florestas perenes, inclusive nas regiões intertropicais, o que levava ao limite da ruptura as estratégias de forrageamento dos grandes primatas. Tal fato reduziu sensivelmente a diversidade de espécies hominídeas entre 10-7 Ma, gerando o primeiro grande gargalo evolucionário em sua história. Ao mesmo tempo que os grandes símios sofriam acentuada crise demográfica, incapazes de multiplicar seu número com rapidez (deve-se considerar que temos mais vestígios de hominídeos extintos que estantes), outros primatas do Velho Mundo, como colobinos e cercopitecinos, enfrentavam as mesmas condições através de uma elevada taxa de reprodução (para o que contribuía uma massa corporal média de proporções modestas e um período de amadurecimento dos filhotes menor).

Provavelmente, ao final do Mioceno as pressões ecológicas haviam superado a margem de flexibilidade admitida tanto pela morfologia quanto pelo comportamento demonstrados pelos grandes símios entre 18-10 Ma, e sua sobrevivência pode ter dependido de um novo conjunto de estratégias etológicas.

Os gorilíneos, cujos únicos representantes estantes são *Gorilla* spp., mas que incluíram potencialmente *Samburupithecus* sp., desenvolveram-se no processo de migração de volta para a África a partir de 10 Ma. Não obstante terem enfrentado condições ambientais em mudança, o perfil assumido por essas transformações na África Centro-Oriental foi de tal natureza que não conduziria ao quase completo esgotamento da sociabilidade grupal permanente; mais moderada, a transformação dos habitats africanos não esgarçaria rápida e suficientemente as formas de sociabilidade primitivas de modo a inviabilizar a formação de haréns, traço etológico esse herdado por determinadas espécies ao longo de milhões de anos.

A ruptura ambiental na África Centro-Oriental era suficientemente moderada, permitindo a persistência de núcleos florestais com razoável concentração de alimentos, ainda que cada vez mais circunscritos e insulados em meio ao acelerado processo de savanização. Ainda que espacialmente concentrados e distribuídos com relativa uniformidade, a qualidade nutricional dos recursos diminuía, acirrando uma competição tácita no âmbito da etologia energética feminina. A espacialidade dos recursos era suficiente para a manutenção de grupos sociais femininos permanentes, com a presença de um macho dominante com exclusividade no acesso às oportunidades sexuais, mas a qualidade nutricional dos recursos concentrados sinalizava negativamente para a preservação de laços entre fêmeas consanguíneas. Assim, a primitiva etologia da gregariedade feminina matrilinear e matrilocal encontrava seu limite.

No caso dos gorilíneos nas florestas em retração na África Centro-Oriental, a espacialidade dos recursos nutricionais era o bastante para a preservação de grupos sociais permanentes de fêmeas, ainda que não aparentadas. No cálculo evolucionário, pontuavam mais as fêmeas que buscavam disputar recursos empobrecidos, ainda que concentrados, com outras alheias à sua herança genética[31]. Enfraqueciam-se os laços matrilineares, erodindo a firme capacidade de autoproteção feminina; e a redução no alcance dessas alianças abria espaço evolucionário para o realinhamento da estratégia etológica masculina. Temos que, entre os gorilíneos estantes (e presumidamente *Samburupithecus* sp.), o afrouxamento das iniciativas de ação coletiva autoprotetora por parte dos grupos sociais de fêmeas não aparentadas demonstrava, potencialmente, menor propensão à cooperação do que o manifestado em sociedades primatas matrilineares e matrilocais. A manifestação de um traço comportamental primitivo – a presença de um macho dominante e a organização de haréns – deixava de privilegiar, nessas circunstâncias, a etologia energética feminina, uma vez minimizada sua capacidade de cooperar e coibir o saque de outros machos contra os fundos nutricionais defendidos.

Abria-se uma brecha evolucionária para que a estratégia de formação de haréns privilegiasse eventualmente a etologia reprodutiva masculina, nos casos em que vínculos de parentesco patrilineares levaram à permanência, no grupo de origem, de um ou mais filhos adultos (machos) de determinado "dorso prateado" dominante[32]. Essa presença pressiona negativamente, em algum grau, os recursos energéticos disponíveis, retroalimentando o imperativo de migração feminina entre os gorilíneos; além disso, permite que um dos descendentes do macho dominante venha a herdar o domínio sobre o harém, garantindo assim, por mais uma geração, a transmissão dos genes paternos. A transmissão filogenética do comportamento de harém seria pressionada entre os gorilíneos a partir do empobrecimento e da maior dispersão dos recursos naturais e, por sua vez, da dissolução dos laços matrilineares. Mas sabemos que, enquanto for possível acomodar traços filogenéticos à transformação das condições ambientais, eles persistirão, ainda que flexibilizados.

Se os consórcios femininos se fragilizam com a ruptura dos laços matrilineares e com a dispersão, nem por isso surgem efetivos laços de cooperação entre machos aparentados. A exclusividade sexual desfrutada pelo macho dominante num bando é tributária da submissão dos demais indivíduos masculinos a esse estado de coisas; há dominância em sentido estrito. Da mesma forma que as fêmeas adultas, todas não aparentadas, estão totalmente subjugadas e, somente em raros casos, conflitam abertamente entre si (antes de terem suas querelas suprimidas

---

31. Foley (2008, p. 224).
32. "Dorso prateado", ou *silverback*, é como chamamos um gorila adulto, em função do clareamento da pelagem das costas em decorrência da idade.

pela violência do líder), também os machos adultos descendentes do *silverback* mantêm notável nível de paz interna e de submissão ao "poder constituído". Não existe uma "etologia da rebelião" entre os gorilíneos, de modo que nem machos nem fêmeas cooperam amplamente de forma coalizacional para contestar um poder dominante socialmente desgastado. As ameaças são externas, normalmente: jovens adultos migrantes, e que se aventuram em buscar o controle sobre um harém alheio através da expulsão ou derrota do *silverback* dominante, geram repetidas oportunidades de comportamento agonístico entre machos, com intensa violência física[33].

VI

Foi por volta de 7 Ma que o contínuo resfriamento global e a aridificação ultrapassaram o limiar de resiliência do comportamento social e econômico dos grandes símios africanos, abrindo caminho para novas especiações e mudanças etológicas estruturais. A expansão de matas e savanas, fragmentando cada vez mais intensamente as florestas, contribuía para maior dispersão e distribuição heterogênea de recursos, nutricionalmente empobrecidos. Enquanto o conservantismo de nicho movia espécies mais antigas (como os gorilíneos) em direção aos núcleos florestais ainda homogêneos e circunscritos, populações marginais a esses ecossistemas enfrentavam condições cada vez menos propícias às suas formas de comportamento tradicionais. A espacialidade dos recursos energéticos se tornava suficientemente rarefeita para fazer com que as fêmeas não aparentadas, outrora reunidas de forma permanente num mesmo território, necessitassem dispersar-se simultaneamente por um perímetro incompatível com a capacidade de controle de um macho dominante[34].

Note-se que, nas zonas marginais ocupadas pelos grandes símios africanos, as fêmeas ainda seriam capazes de obter as vantagens de viver em grupos sociais, sendo apenas obrigadas, no ato de forrageamento, a se distanciar por uma área vasta o suficiente para fugir ao "panóptico" do macho dominante. Dessa maneira, nos estertores do Mioceno, as estratégias convencionais de controle, exclusividade sexual e garantia de paternidade empregadas pelos grandes símios africanos, tornavam-se inviáveis para aquelas espécies adaptadas a habitats periféricos às florestas tropicais.

Esse era o provável estado de coisas durante a emergência do último ancestral comum entre os chimpanzés e os humanos modernos, e devemos considerar que

---

33. Wrangham & Peterson (1996, p. 147-149).
34. Aureli et al. (2008, p. 629-630); Foley (2008, p. 230).

tais transformações etológicas devem ter tomado lugar no intervalo entre 8-6 Ma, a partir de alguma linhagem divergente dos gorilíneos, e que resultaria no UAC[35]. A quebra do sistema de haréns teria levado a uma franca expansão demográfica dos bandos; chimpanzés estantes chegam a estabelecer grupos de quarenta a cem indivíduos, enquanto um bando comum de gorilas tem cerca de dez indivíduos. Nessas condições ecológicas e etológicas, as fêmeas deixam de se ligar quase que exclusivamente a um macho dominante e passam a acasalar em regimes poliginândricos. Rompida a matrilinearidade e a agregação de fêmeas aparentadas, desde pelo menos 10 Ma, e herdada a formação de grupos patrilineares de machos aparentados, desenvolve-se a mais rara condição etológica em toda a ordem dos primatas, que é a gregariedade masculina cooperativa e coalizacional.

Os machos em um bando, todos parentes e organizados em uma complexa hierarquia[36], cooperam entre si, com sinalização ritualística de lealdade e de reconhecimento de *status*, visando estabelecer o domínio sobre o território disperso por onde as fêmeas do grupo forrageiam e, assim, negar a bandos "estrangeiros" de machos o acesso a elas. O poder que era exercido individualmente pelos *silverbacks* na linhagem dos gorilíneos, e voltado contra outros indivíduos alheios ao bando, se torna, na linhagem do UAC, uma prerrogativa das coalizões.

Importa enfatizar que o que gera a relativa dispersão espacial feminina, a ruptura do sistema de harém e a oportunidade evolucionária para o raro fenômeno da cooperação masculina é, em última instância, o conservantismo de nicho, mantido por todos os ramos da árvore evolucionária dos grandes primatas africanos desde pelo menos 10 Ma, até o surgimento dos primeiros homíneos. Esse conservantismo se revela em uma especialização dietária menos estrita que a demonstrada pelos gorilíneos, mas ainda suficiente para impedir a *Pan troglodytes* (os chimpanzés estantes) e, presumidamente, ao UAC a ocupação e a exploração efetiva dos territórios savanizados (Wrangham & Peterson, 1996, p. 52). Um consumo acrescido de proteína animal (proveniente de pequenos mamíferos, para além dos insetos que também são consumidos por certas espécies de gorilas estantes), de algumas sementes e de nozes não seria o bastante para transformar radicalmente a espacialidade relativa dos recursos naturais. Lembremo-nos de

---

35. Último Ancestral Comum entre chimpanzés e humanos.

36. As relações hierárquicas envolvem algum componente etário, já que a dominância é normalmente exercida por machos em pleno vigor reprodutivo. Machos idosos são normalmente desprivilegiados, e jovens impúberes sempre o são. Entre as fêmeas também se manifesta uma hierarquia de prestígio, mas não há nada como a posição de dominância masculina nem como as lutas pela conquista desse *status*. Insultos à posição hierárquica provocados por uma fêmea contra outra dificilmente conduzem ao conflito, enquanto entre os machos essa frequência é radicalmente maior (Wrangham & Peterson, 1996, p. 190-191).

que *P. troglodytes* demonstra dentição grácil, compatível com a exploração de territórios úmidos e florestais, tal como os gorilíneos, sendo essa a provável condição primitiva do último ancestral entre chimpanzés e humanos, igualmente.

Caso estivéssemos falando de uma linhagem de dentição robusta, capaz de explorar com eficiência recursos em ambientes savanizados, o comportamento de harém potencialmente seguiria sendo transmitido de modo filogenético, porque não haveria qualquer tensão de ruptura sobre ele, impulsionada pela oferta energética. Hipoteticamente esse seria o caso de reproduzirem-se as "confederações de haréns" cercopitecinas, com pequenos bandos autônomos formados por um macho dominante, suas fêmeas e seus filhotes (e, eventualmente, machos sem privilégios sexuais ou subalternos), coligados de forma frouxa, beneficiando-se dos ganhos defensivos proporcionados pela gregariedade. Entretanto, para espécies de dentição grácil, espaços savanizados não trazem qualquer recurso amplamente explorável.

Quando a dispersão das fontes energéticas superar um limiar no qual não seja mais possível o controle do território de forrageamento e habitação das fêmeas por apenas um macho, a estratégia de harém estará evolucionariamente liquidada entre as espécies submetidas a essas condições. Nesse caso, as fêmeas não podem simplesmente forragear juntas, simultaneamente, indo de área produtiva em área produtiva, por mais dispersas que sejam, já que a qualidade do alimento não é suficiente. Elas sofreriam restrições se tivessem de forragear juntas num mesmo bolsão empobrecido de alimentos. Então, elas devem dispersar-se individualmente, levando seus filhotes, por uma ampla área. Caso dispusessem de condições anatômicas capazes de lhes garantir recursos energéticos nas condições ambientais em agravamento, o comportamento de harém, filogeneticamente herdado, poderia ter sido preservado, tendo a dentição como um *buffer* de acomodação para esse traço comportamental. Não sendo o caso, devemos, então, considerar que tanto chimpanzés quanto humanos modernos – e decerto também seu ancestral comum – desenvolveram suas formas específicas de sociabilidade a partir de uma etologia pós-harênica.

O crescimento demográfico dos grupos permanentes e sua estrutura interna complexa, decorrentes do colapso dos arranjos etológicos estáveis que estabeleciam claramente uma hierarquia simples, fazem escalar a incerteza quanto às expectativas e aos lugares de poder interpessoais. Movidas pela formação das coalizões masculinas patrilineares e pelo colapso do exclusivismo sexual e da dominância monocrática dos *silverbacks* sobre os haréns e sobre os adultos mais jovens, redes hierárquicas complexas, com vários níveis de prestígio, oportunidades de ascensão e risco de declínio, surgem nas sociedades de grandes primatas às margens dos territórios florestais em retração.

Entre 8-6 Ma, as potenciais espécies desconhecidas que resultariam no também incógnito último ancestral comum entre homens e chimpanzés, bem como em *P. troglodytes*, demonstrariam, pelas circunstâncias evolucionárias, forte disposição em despender tempo e energia nos jogos de *status* e no comportamento social em geral. A incerteza e o excesso de informação social fazem emergir complexificadas formas de expressão gestual, comunicação e interação, instrumentos indispensáveis para o gerenciamento de conflitos em sociedades permanentes, de grandes dimensões[37].

A etologia política masculina envolve a reafirmação cotidiana da posição de poder por meio de demonstrações somáticas, de intimidação e de violência não letal, além do *grooming* como elemento de pacificação, uma vez que a contestação das hierarquias estabelecidas é frequente. Além disso, verifica-se em *P. troglodytes* que um jovem macho deve primeiro conquistar os degraus superiores na pirâmide hierárquica feminina antes de disputar posições mais elevadas na hierarquia de seu próprio gênero. Os "ritos de passagem" nas sociedades chimpanzés envolvem o exercício da violência não letal contra as fêmeas por parte dos jovens machos chegando à maturidade, até que reconheçam seu prestígio[38]. Adultos migrantes são igualmente incorporados aos grupos sociais e alocados nos escalões mais baixos da hierarquia geral, devendo conquistar o prestígio nos mesmos moldes que os jovens autóctones (Nordhausen, Oliveira Filho, 2015, pp. 36-38).

Nesse quadro, os grandes grupos fendem-se cotidianamente em bandos menores e voláteis (como associações de interesses, por analogia), voltados para finalidades específicas e temporárias; essas breves alianças envolvendo forrageamento e acasalamento podem converter-se em laços de cooperação duradouros entre determinados indivíduos, visando à reprodução de seu *status* social mútuo ou a voos mais ousados na hierarquia do grupo.

VII

São os parâmetros de uma sociabilidade gregária altamente físsil e de hierarquias complexas o fator responsável mais provável pelo aumento do quociente de encefalização entre 10-6 Ma, na linhagem que conduziria ao UAC entre humanos e chimpanzés, quando comparada aos gorilíneos. O crescimento do tamanho dos grupos sociais significa que mais relações precisam ser gerenciadas, hierarquias relativas precisam ser compreendidas e registradas, estratégias precisam ser montadas com a finalidade de galgar degraus na pirâmide social ou,

---

37. Aureli et al. (2008, p. 632).
38. Wrangham & Peterson (1996, p. 143-144).

no mínimo, manter-se onde se está. Além disso, grupos maiores geram pressão sobre os recursos naturais, de modo que maior território precisa ser conhecido e mapeado, para o que uma acrescida capacidade de memória é indispensável[39].

Foi então que, provavelmente, sob pressão de uma necessária "inteligência social", com processos neurológicos especializados e altamente dedicados, capazes de lidar com a complexidade apresentada pela formação de grupos sociais permanentes, mas altamente físseis, que a modularidade da mente primata deu seu primeiro passo. Na psicologia evolucionária, a ontogenia da mente é entendida como a resultante de mecanismos de resposta moldados pela seleção natural; nesse caso, o complexo cognitivo é formado por módulos mentais com determinados conteúdos básicos inatos (especialmente regras de aprendizado e de organização da informação), altamente seletivos quanto ao tipo de *input* sensorial que absorvem, e tendo como finalidade a resolução de problemas específicos enfrentados no âmbito do processo de especiação de um determinado táxon. Não se trata de considerarmos a mente primata apenas como um grande instrumento de inteligência geral, indistinto, com regras de aprendizado padronizadas para quaisquer domínios cognitivos; tampouco, um mecanismo de tipo "esponja", que absorve indistintamente conteúdo através dos sentidos e se molda exclusivamente a partir do meio.

Ao contrário, o entendimento de que determinados problemas requereram processos mentais altamente especializados e neurologicamente concentrados leva a psicologia evolucionária a reconhecer que a aplicação de regras gerais de aprendizado à solução de desafios com risco evolucionário resulta em erro ou em respostas demasiado lentas, a ponto de produzir uma sinalização negativa para a persistência desse tipo de comportamento cognitivo. Uma vez exposto a pressões radicais dessa natureza, um organismo deve ser capaz de excluir rapidamente e de forma involuntária informações adquiridas pelos sentidos e que são irrelevantes ou contraproducentes na resolução de um dado problema. Se todo tipo de informação tiver de ser analisado simultaneamente pelos mesmos processos mentais gerais e não dedicados, uma decisão vital e eficaz pode jamais ser obtida a tempo. Ignorar o que é evolucionariamente irrelevante; captar, organizar e analisar a informação decisiva: assim funcionam módulos mentais especializados.

Os simiformes, e os chimpanzés em particular, dispõem de uma bem desenvolvida inteligência geral. Isso significa dizer que contam com um eficiente mecanismo de regras de aprendizado genérico, adequado para os desafios mais amplos que enfrentam. É através dela que *P. troglodytes* e, presumidamente, o UAC foram

---

39. Foley (2008, p. 207-210).

capazes de modificar seus comportamentos a partir da experiência de vida, por mecanismos de tentativa e erro, aplicados à maioria esmagadora dos domínios cognitivos existentes. No caso dos chimpanzés, isso significa que, através dessa inteligência geral, são capazes de aprender alguns símbolos humanos simples e seus significados (quando a eles ensinados exaustivamente em laboratório, nunca em habitat natural), bem como de manusear e produzir algumas ferramentas, como as varetas para a "pesca" de cupins (feitas a partir de ramos de arbustos, depois de arrancados os galhos), marretas e martelos para quebrar nozes (leia-se, duas pedras de tamanho adequado para a tarefa) e esponjas (feitas de folhas) para coletar água.

Entretanto, é próprio da inteligência geral operar com soluções simples, de lento aprendizado, e seus processos gerarem erros frequentes. Ela é um instrumento de menor custo evolucionário e pode ser eficaz em determinadas circunstâncias. Suas ineficiências, contudo, podem converter-se num passivo quando a precisão, a eficácia e a velocidade na tomada de decisão, bem como na análise do ambiente, se tornam questão de sobrevivência. Então, em algum momento evolucionário entre 8-6 Ma, a complexidade das relações sociais entre aquelas populações marginais que dariam origem ao UAC e a *P. troglodytes*, provocadas pela reconfiguração dos habitats florestais, geraria uma sinalização positiva para a seleção de processos mentais especializados e voltados exclusivamente para a interpretação e previsão do comportamento de terceiros, tendo como referência uma autoimagem consciente do próprio comportamento do organismo que observa[40]. Em outras palavras, a ruptura ambiental gerava contexto para o aprofundamento da "teoria da mente" entre chimpanzés, e acreditamos que essa condição estivesse também presente no último ancestral comum, já que nós, humanos, dela também dispomos.

A convivência, simultaneamente competitiva e cooperativa, em grupos multissexuais permanentes, tornou os instrumentos cognitivos de manutenção e reconhecimento de hierarquias uma condição importante para a redução e o manejo de conflitos intrassociais ao longo das linhagens de hominídeos africanos que divergiram entre 8-6 Ma. Isso porque, em um contexto pós-harênico, no qual a espacialidade da ocupação territorial acaba por diluir a perceptividade do lócus de dominância masculina, as oportunidades de fazer cumprir uma agenda energética e reprodutiva estritamente "egoísta", tanto por parte de machos quanto de fêmeas, são razoavelmente grandes. Esse seria um contexto forte para um "retorno" à sociabilidade multissexual instável, na qual os mecanismos de fuga e migração funcionavam como um *buffer* no gerenciamento de conflitos.

---

40. Mithen (2002, p. 67-71; 102-111).

Entretanto, a persistência de laços masculinos patrilineares permanentes em *P. troglodytes* nos faz crer que a resposta às pressões impostas pela territorialidade social foi respondida não por meio da eliminação de tais laços e do renascimento da dispersão multissexual, mas pelo extraordinário desenvolvimento da cognição social, em direção à modularização e à especialização de processos mentais, aprofundando radicalmente aspectos que já se faziam presentes, mas de forma embrionária, desde a eclosão da sociabilidade permanente. É sob essa luz que devemos entender a notória astúcia e a dissimulação que envolvem as relações cotidianas dos chimpanzés comuns, com suas alianças e amizades de ocasião.

Em última instância, está em jogo buscar o equilíbrio entre as necessidades energéticas e reprodutivas de cada organismo engajado na rede de relações sociais e as vantagens advindas da cooperação permanente, o que exige a operação de mecanismos comportamentais prossociais. Para tal, surgem no tempo evolucionário processos modulares plenos de conteúdo e de modelos que permitem a esses organismos não só gerar hipóteses sobre comportamentos futuros de terceiros, mas de compreender o conjunto de regras que impedem que o confronto pelas agendas individuais se torne uma luta fratricida.

Confrontos entre machos adultos, e com pretensões à preservação ou à conquista da dominância, podem durar meses. Demonstrações de comportamento agonístico entre os contendores são observadas pelos demais membros do grupo, que se posicionam na disputa, sem se envolver diretamente nela, de acordo com uma intrincada lógica de suporte ou oposição. O estado de contestação da hierarquia vigente pode ser notado através da troca de olhares entre os machos e por maior instabilidade na composição das coalizões masculinas, entre outros marcadores. Nesses casos, ficam mais frequentes as demonstrações de força e poder do macho dominante em exercício, e de seus aliados, direcionadas contra as fêmeas. Um macho contestante demonstra sua clara insubordinação ao poder da ocasião ao dirigir-lhe apenas vocalizações tímidas e por meio de postura corporal. O desafiante se mostra desrespeitoso e se recusa a promover rituais de submissão direcionados ao macho alfa, como dar as costas, curvar-se ou abaixar-se diante dele (sinais de inofensibilidade), ou mostrar-lhe o "sorriso assustado", expressão facial padronizada e demonstração de reconhecimento da dominância alheia. As tentativas do macho dominante de tocar o ombro de seu oponente com a mão estendida são rechaçadas.

Os dois lados buscam ocasionalmente reconciliar-se por meio da proximidade física, por demonstrações de afeição e *grooming*. Entretanto, na luta pelo poder interno, normalmente a situação escala para o isolamento social de um dos machos e a perda de seu poder, consubstanciada pela defecção dos demais componentes do grupo. O disputante mais hábil pode lograr desferir seu golpe final por meio da conquista do apoio do coletivo de fêmeas não aparentadas, o que envolve investir tempo em atividades lúdicas e de higiene com a prole dessas mães observadoras, enquanto o outro macho contestante se encontra fora do alcance sensorial. Outro passo importante é investir tempo em atividades similares, mas com as fêmeas. Machos em situação inferior, mas desejosos de galgar alguns degraus na pirâmide social a partir da submissão a um dos disputantes (na hipótese, naturalmente, de ele ser o vencedor da corrida pelo poder), podem ser um instrumento importante: durante as oportunidades de interação social entre seu "candidato" e as fêmeas receptivas, esses machos inferiores podem responsabilizar-se por afastar fêmeas partidárias do oponente, e evitar que elas provoquem qualquer interferência na estratégia política. Não raras vezes, machos inferiores, desprezados pela maior parte das fêmeas, com pouquíssimo prestígio no grupo, tomam o segundo lugar na hierarquia interna, logo abaixo do macho dominante a quem apoiaram, o que amplia suas oportunidades reprodutivas.

Uma vez conquistado ou preservado o poder, o macho dominante reduz seu comportamento agonístico e, com atitude pacificadora, aparta lutas entre fêmeas (envolvendo ocasionalmente o acesso aos recursos energéticos) e apoia os machos mais fracos, física e socialmente, em seus conflitos com outros mais poderosos. Em geral, ciclos assim logo se reiniciam, com uma coalizão entre os machos subalternos ao dominante (até então a ele aliados) e o antigo líder destronado, voltando-se contra o poder estabelecido[41].

Todos esses atos envolvem uma teoria da mente bem desenvolvida. Desse modo, chimpanzés precisam ser capazes de dispor de um modelo de funcionamento das principais linhas de comportamento social normais de sua espécie; em certo aspecto, precisam ser conscientes de como se comportariam sob determinado conjunto de pressões, para que, a partir daí, sejam capazes de prever como outros se comportariam diante de condicionantes análogos[42]. Mais ainda, essa etologia política em *P. troglodytes* requer não só que se possam formular hipóteses a respeito das expectativas e reações de determinado indivíduo em relação ao comportamento daquele que analisa, mas também acerca das expectativas e reações mútuas entre dois ou mais indivíduos, sem que o observador esteja envolvido. Requer, finalmente, que os modelos mentais devotados à análise do comportamento alheio sejam realinhados caso a caso, a partir de informações a respeito de indivíduos específicos e de seus temperamentos individuais e momentâneos. Sem que essa sintonia fina aconteça, expectativas estereotipadas podem induzir ao erro, e é justamente a uma capacidade de ajuste e adaptação rápida a alterações de cenários que inteligências especializadas se prestam.

---

41. Mithen (2002, p. 129-131); Wrangham & Peterson (1996, p. 128; 186).
42. Aureli et al. (2008, p. 636-637).

É razoável que, pela seleção natural, chimpanzés tenham desenvolvido consciência a respeito de sua própria mente, de serem seres pensantes, mas somente quando os raciocínios envolvem aspectos variados da interação social. Decerto são capazes de se perceberem como indivíduos, contrapostos a outros, e de reconhecerem sensorialmente sua autoimagem, conclusão essa que conta com suporte laboratorial já bem estabelecido. Isso significaria que um "pensamento sobre o pensamento", ou seja, a consciência acerca do pensar, ocorre quando as estratégias sociais para a luta diária pela dominância estão em jogo, mas não quando quaisquer outras competências cognitivas estão em questão.

VIII

A modularização da inteligência social entre os grandes primatas africanos, e especialmente, no UAC, em chimpanzés e em humanos, foi provavelmente fruto do notório desenvolvimento do córtex insular entre esses animais. A ínsula está localizada nas paredes dos hemisférios cerebrais, no interior da dobra formada pelo sulco lateral, e é associada à manifestação de estados comportamentais que remetem a representações mentais internas do próprio corpo. É verossímil, então, que o córtex insular nos possa fornecer a localização anatômica dos mecanismos neurais responsáveis pela consciência subjetiva no que tange às interações sociais. Em humanos, ele está associado ao autorreconhecimento sensorial (visual, inclusive), à percepção de emoções próprias e de terceiros, à intersubjetividade, à percepção do tempo, à formulação de hipóteses e à tomada de decisões em situações de incerteza. A linguagem e a música também estão associadas ao funcionamento da ínsula em humanos, reforçando a dimensão social e relacional desses atos psicoculturais.

Os grandes símios contam com uma subdivisão no córtex insular, com determinado grau de especialização: enquanto sua seção posterior é dedicada ao processamento de informação sensorial referente à dor, à fome, à sede e ao toque; sua seção anterior se dedica à autoconsciência social e ao exercício da teoria da mente (o que inclui competências empáticas). Nessa fração anterior dedicada à inteligência social, o lado direito é ativado a partir de experiências que exijam resposta rápida do sistema nervoso simpático, tais como aquelas relacionadas ao comportamento agonístico, ao risco de vida, à ameaça ao *status*, à competição sexual; enquanto o lado esquerdo da ínsula anterior é ativado em situações emocionais de calma, nas quais os marcadores fisiológicos de resposta a ameaças são desativados. Ambas trabalham em oposição e concorrem para a homeostase e para um senso unificado de consciência[43].

---

43. Bauernfeind et al. (2013, p. 263-264).

No tempo evolucionário, conhecemos a relação entre aumento do volume das regiões corticais, a neurogênese e a pressão por maior capacidade de processamento de informações. Nos grandes primatas, chimpanzés e humanos em particular, a região anterior esquerda do córtex insular, ligada ao manejo de conflitos e ao sistema nervoso parassimpático, apresenta forte perfil alométrico em relação ao volume cerebral como um todo (considerando uma taxa de crescimento homogênea para o cérebro em seu conjunto, a ínsula esquerda é de 5% a 22% maior do que deveria ser em caso de um desenvolvimento plasticamente isométrico). Além disso, a dimensão do córtex insular como um todo varia de acordo com o tamanho total do cérebro, algo esperado se considerarmos a conexão entre o processo de encefalização, o número médio de indivíduos em grupos sociais típicos e a necessidade de gerenciamento de relações sociais[44].

Então, a ampla centralidade dos jogos de *status* na vida coletiva dos chimpanzés e o *modus operandi* desses primatas nessas interações são suficientemente familiares aos observadores humanos a ponto de suscitar certo olhar antropomórfico em nossa leitura dessas formas de sociabilidade. Também é significativo, contudo, que não seja tão simples a "humanização" de nosso olhar a respeito do comportamento social de outras espécies mais distantes de nós na árvore evolucionária. Do vício de medirmos o mundo à nossa imagem e semelhança, devemos extrair conhecimento: nosso espanto diante do "maquiavelismo" chimpanzé, sem igual entre os grandes primatas africanos (excetuando os humanos), e o modo pelo qual parece fazer com que nos deparemos com um desconfortável espelho trazem, subterrâneo, um problema filogenético. Hominíneos e paníneos compartilham dessa inteligência social modularizada, como condição primitiva.

Mas essa inteligência modular entre os paníneos (e, presumidamente, no UAC), a despeito de sua complexidade, parece suficientemente apartada da inteligência geral, não interagindo plenamente com outros domínios cognitivos. Se é verdade que todas as táticas parecem abertas rumo à dominância nos jogos de *status*, não há entre eles o uso, como entre os humanos, da cultura material com a finalidade de se obter vantagens na disputa por espaço na hierarquia. Ferramentas e objetos não são empregados por esses primatas com a finalidade de sinalização social, de expressão de interesses, de aspirações, de poder. Não ocorre entre eles qualquer dimensão "simbólica" da cultura material que transmita imediatamente ao coletivo noções a respeito do lócus ocupado na pirâmide social, nem que permita dissimulação capaz de ocultar um *status* inferior.

---

44. Bauernfeind et al. (2013, p. 271-273).

Então, se os jogos de *status* ocupam parte importante da vida ativa desses primatas, nem por isso a inteligência social modular é capaz de acessar plenamente domínios cognitivos alternativos e de colocá-los ao seu serviço. Parece haver uma barreira que torna apartados o saber social e o comportamento a respeito do mundo material e natural; isso significa que podem interpretar e prever os raciocínios de outros no âmbito das disputas por prestígio, mas não são capazes de imaginar os pensamentos alheios quanto aplicados ao forrageamento e à elaboração de ferramentas.

A transmissão filogenética do comportamento gregário permanente, quando somada a condicionantes ambientais conducentes à dispersão espacial feminina, poderia ter sinalizado negativamente para a preservação dos laços de parentesco masculino e feito ressurgir os grupos multissexuais instáveis; tal desdobramento evolucionário hipotético, supondo-o plausível, teria sido, então, obstado pelo acelerado desenvolvimento de uma inteligência social modularizada, capaz de regular, ritualizar e modelizar o conflito reprodutivo entre machos consanguíneos, limitando a escalada de violência interna aos grupos e permitindo não só que se mantivessem socialmente coesos, mas que alcançassem um grau diferenciado e incomum de cooperação. Vemos, assim, nas relações intragrupo, como normas de demarcação de *status* e de contestação da ordem funcionam enquanto mecanismos de regulação de conflitos e de promoção de uma instável paz social, permitindo demonstrações de força, de intimidação e de subterfúgio sem a produção de danos físicos necessariamente letais entre machos aparentados.

IX

A capacidade humana de alcançar formas de relativo equilíbrio entre as agendas individuais e a preservação dos coletivos sociais não se deve, então, às vicissitudes de formas "históricas" de organização social num sentido convencional. Embora as formas pelas quais cada cultura cumpre esse objetivo no tempo sejam diversas, as diferentes instituições sociais surgidas ao longo da história humana, modeladas a partir de ideologias, visões de mundo e da interação com o ambiente, todas se prestaram a dar forma a expectativas etológicas presentes na cognição social de *H. sapiens* e fixadas pela seleção natural desde o último ancestral comum entre chimpanzés e humanos. Muitas foram (e são) as formas histórico-institucionais surgidas ao longo dos milênios, e níveis acrescidos de complexidade tenderam a engendrar sociedades mais opressivas e mais desiguais, se considerarmos um recorte de longa duração. Mas, em geral, normas que regem a violência retributiva, ou que rechaçam a agressão e o homicídio em nome da estabilidade social, são visíveis tanto em âmbito do registro histórico quanto do etnológico, perpassando sociedades com ou sem Estado, estratificação e excedente.

As instituições humanas, então, operam como ferramentas sociais que buscam, através de seu emprego, ativar complexos etológicos presentes na cognição social humana, de modo a fazer com que os atores compreendam as expectativas coletivas em relação ao seu comportamento e se conformem a elas. Isso não implica, contudo, que a paz social, construída institucionalmente e atuando como catalisadora da etologia prossocial, deva ter qualquer implicação necessária em termos de equidade. A limitação da violência letal e da agressão em geral não significa que arraigadas hierarquias e desigualdades serão eliminadas e que, em grande medida, a "violência estrutural"[45] deixará de estar presente (entendida aqui em sentido amplo, que inclui a discriminação, a exploração e a pobreza). Assim, a dinâmica entre as instituições e a etologia, ao gerar contexto para a paz social, pode, para essa finalidade, conduzir tanto a arquiteturas sociais simples e igualitárias, bem como a macrossociedades complexas e desiguais.

Referências

AIELLO, L., DUNBAR, R. Neocortex size, group size, and the evolution of language. *Current Anthropology*, v. 34, n. 2, p. 184-193, 1993.

AURELI, F. et al. Fission-fusion dynamics: new research frameworks. *Current Anthropology*, v. 49, n. 4, p. 627-654, 2008.

BARNOSKY, A. & KRAATZ, B. The role of climatic change in the evolution of mammals. *BioScience*, v. 57, n. 6, p. 523-532, 2007.

BAUERNFEIND, A. et al. A volumetric comparison of the insular cortex and its subregions in primates. *Journal of Human Evolution*, v. 64, n. 4, p. 263-279, 2013.

BRAUDEL, F. *Escritos sobre a História*. São Paulo: Perspectiva, 2009.

CAMERON, D. & GROVES, C. *Bones, stones and molecules: 'out of Africa' and human origins*. San Diego: Elsevier, 2004.

CHAUVIN, R. *A etologia: estudo biológico do comportamento animal*. Trad. Roberto Cortes de Lacerda. Rio de Janeiro: Zahar, 1977.

DALY, M. Interpersonal conflict and violence. In: BUSS, D. (Org.). *The Handbook of Evolutionary Psychology*: vol. 5 – Group Living, Hoboken: Wiley, 2016. p. 669-683.

FERGUSON, C. & BEAVER, K. Natural born killers: the genetic origins of extreme violence. *Aggression and Violent Behavior*, v. 14, n. 5, p. 286-294, 2009.

FLEAGLE, J. *Primate adaptation and evolution*. San Diego, Elsevier, 2013.

FOLEY, R. *Os humanos antes da humanidade: uma perspectiva evolucionista*. Trad. Patrícia Zimbres. São Paulo: UNESP, 2003.

---

45. Veerbek & Peters (2018, p. 1).

GÓMEZ, J. M. et al. The phylogenetic roots of human lethal violence. *Nature*, v. 538, p. 233-243, 2016.

JONES, C. *Behavioral flexibility in primates*: causes and consequences. New York: Springer, 2005.

LADEIA, I. & FERREIRA, P. A história evolutiva dos primatas. In: NEVES, W. et al (Orgs.). *Assim caminhou a humanidade*. São Paulo: Palas Athena, 2015. p. 48-85.

MITHEN, S. *A pré-história da mente*: uma busca das origens da arte, da religião e da ciência. Trad. Laura Cardellini Barbosa de Oliveira. São Paulo: UNESP, 2002.

NORDHAUSEN, M. & OLIVEIRA FILHO, P. Nós, primatas. In: NEVES, W. et al (Orgs.). *Assim caminhou a humanidade*. São Paulo: Palas Athena, 2015. p. 14-47.

PAMPUSH, J. et al. Homoplasy and thick enamel in primates. *Journal of Human Evolution*, v. 64, n. 3, p. 216-224, 2013.

ROSCOE, P. Intelligence, coalitional killing, and the antecedents of war. *American Anthropologist*, v. 109, n. 3, p. 485-495, 2007.

SHULTZ, S.; OPIE, C. & ATKINSON, Q. Stepwise evolution of stable sociality in primates. *Nature*, v. 479, n. 7372, p. 219-222, 2011.

SOUZA, C.; CASANOVA, C. Are great apes aggressive? A cross-species comparison. *Antropologia Portuguesa*, v. 22-23, p. 71-118, 2006.

TURNER, J. *The Institutional Order*. New York: Longman, 1997.

VERBEEK, P.; PETERS, B. The Nature of Peace. In: _____. (Orgs.). *Peace Ethology*: behavioral processes and systems of peace. Hoboken: Wiley, 2018. p. 1-15.

WRANGHAM, R., PETERSON, D. *Demonic males*: apes and the origins of human violence. Boston: Mariner, 1996.

A evolução humana e a possibilidade de uma Ética da Paz

Daniel de Pinho Barreiros
Daniel Ribera Vainfas

Ética como comportamento; ética como reflexão

A ética, como um campo próprio da filosofia, desdobra-se em ramificações incalculáveis. Apesar disso, é possível identificar duas grandes orientações que norteiam os debates sobre a ética. De um lado, estão aqueles que entendem a ética como uma manifestação espontânea de determinado comportamento (por exemplo, o altruísmo, a cooperação, as recompensas e as punições). De outro, a ética aparece como um fenômeno que requer reflexão sobre si; assim, uma ação só poderá ser considerada verdadeiramente ética quando o agente responsável por ela for consciente do ato que realiza. Essas orientações estão enraizadas na filosofia moral de dois autores do século XVIII: de um lado, Hume, ao argumentar que as paixões humanas são a bússola moral, é o expoente da primeira visão; em oposição a ele, Kant, ao defender a postura racional diante da realidade, configura o grande nome da segunda orientação. Para fins deste trabalho, interessa-nos uma questão mais específica: poderia o comportamento ético dos animais não humanos trazer alguma luz para o debate sobre a ética entre os humanos?

É sabido, pela literatura biológica, que os animais (sobretudo os mamíferos) sociais, grupo do qual fazemos parte enquanto *Homo sapiens*, possuem uma série de mecanismos autônomos que regulam as relações sociais, determinando as instâncias de conflito e cooperação. O problema geral da ética animal pode ser dividido em dois grandes paradigmas: o exclusivo e o inclusivo, cuja distinção fundamental é a incorporação ou não dos animais não humanos naquilo que se considera ética. Considerando a filosofia da biologia, existe o consenso de que a ética deriva da seleção natural, constituindo-se a partir de um substrato biológico de onde surgem as variações interculturais[1]. Nesse sentido, os códigos éticos, como toda manifestação cultural, existem em constante diálogo com a biologia, sendo assim uma manifestação culturalmente específica de um elemento fundamental enraizado na constituição humana[2].

A grande divergência está entre aquilo que constitui o substrato geral e o que constitui a variante. Sob certa luz, o problema é o mesmo que Hume formula sobre a forma de pensamento humano. Quando pensamos sobre a realidade, começamos por um elemento geral e relativamente certo, sobre o qual há concordância geral; depois, nos movemos para um território desconhecido, no qual a percepção é menos precisa e os debates são mais intensos. O elemento central sobre o qual o consenso científico existe é a seleção natural e a capacidade inata para a ética; a área nebulosa é a forma de constituição das normas éticas.

No debate contemporâneo, podemos distinguir três níveis distintos de interpretação sobre a ética animal. Esses níveis correspondem a uma gradação de máxima, média e mínima concordância acerca da inclusão dos animais não humanos no rol das criaturas éticas[3]. Aqueles que não incluem esses animais em hipótese alguma são os que identificam que a ética se constitui não pelo comportamento ético em si, mas pela reflexão crítica sobre o comportamento. Assim, somente os seres dotados de um grau suficiente de racionalidade seriam considerados éticos. Sobre isso, Ayala diz:

> A capacidade para a ética é um resultado de evolução gradual, mas [a ética mesma] é um atributo que só existe quando os atributos subjacentes (isto é, as capacidades intelectuais) atingem um grau avançado. As condições necessárias para um comportamento ético surgem depois de cruzar um limiar evolutivo. A aproximação é gradual, mas as condições só aparecem quando um grau de inteligência é alcançado de tal forma que a formulação de conceitos abstratos e da antecipação do futuro sejam possíveis, embora nós não sejamos capazes de determinar quando o limiar é cruzado[4].

No extremo oposto, há os que defendem que a ética seja definida pelo próprio comportamento ético; dessa forma, como os animais sociais apresentam comportamentos éticos (por exemplo, premiam determinados comportamentos e punem outros, apresentam atitudes altruístas com os membros do bando), eles seriam

---

1. Ruse (2010) e Ayala (2010).
2. Tooby & Cosmides (2015, p. 7).
3. Fitzpatrick (2017).
4. Ayala (2010, p. 326). A tradução desta citação e das seguintes é de responsabilidade dos autores deste capítulo.

inequivocamente criaturas éticas. O fato de pensarem ou não sobre as próprias ações seria algo desprovido de consequência[5]:

> [...] nós humanos temos uma capacidade inata ou instintiva, se preferir, para trabalhar socialmente. E essa capacidade se manifesta no nível físico como um senso moral. Assim, a moralidade, ou melhor, um senso de moral é algo programado nos humanos – mediado e modelado pela cultura. A moralidade foi posta pela seleção natural de modo a nos fazer trabalhar em conjunto ou cooperar[6].

Entre os dois polos, há os que postulam o comportamento ético animal como um degrau rumo à ética humana; nesse sentido, a diferença entre os animais não humanos e os animais humanos seria uma questão de intensidade, e não de qualidade. Aqui se configura a ideia de uma ética gradualista, na imagem da torre de De Waal:

> Negligenciar os pontos em comum com os demais primatas e negar as raízes evolucionárias da moralidade humana seria como, ao chegar no topo de uma torre, declarar que o resto da construção é irrelevante, que o precioso conceito de "torre" deve ser reservado para o topo. Embora isso sirva bem para boas disputas acadêmicas, a discussão semântica é, principalmente, um desperdício de tempo. São os animais morais? Vamos concluir simplesmente que eles ocupam vários pisos da torre da moralidade. Rejeição mesmo dessa modesta proposição só pode redundar em uma visão empobrecida da estrutura como um todo[7].

Se retornarmos para Ayala em defesa de um paradigma exclusivo da ética, veremos que o autor a apresenta como uma exaptação[8], ao invés de vê-la como uma adaptação. Fundamentalmente, isso significa que, por mais que a ética seja uma realidade biológica concreta, ela não foi fruto direto da seleção natural; isto é, a ética em si não foi selecionada, mas as bases que permitem o comportamento ético foram. Em especial, Ayala identifica três fundamentos gerais: 1) a capacidade de prever o resultado de uma ação; 2) a capacidade de julgar o resultado de uma ação; e 3) a capacidade de escolher executar ou não uma ação.

Há questões interessantes a serem levantadas contra a formulação de Ayala. No cerne, seu argumento é o de que a ética existe apenas quando os três predicados

---

5. Fitzpatrick (2017) e Ruse (2010).
6. Ruse (2010, p. 307).
7. De Waal (2006, p. 181).
8. A exaptação é um fenômeno da seleção natural na qual um determinado comportamento ou uma determinada estrutura anatômica não é selecionado diretamente para exercer a função a ele associada. Uma exaptação ocorre quando há a mudança do uso de uma estrutura (física ou comportamental) sem que haja mudança na estrutura em si (Ayala, 2010).

são simultaneamente verdadeiros, e sendo isso possível apenas quando um organismo possui um grau de racionalidade elevado, significaria dizer que se trata de uma exclusividade humana, fruto da racionalidade da espécie. Quanto à primeira afirmativa, é relativamente simples reconhecer que ela não é exclusiva dos seres humanos: a capacidade de relacionar meios e fins é relativamente comum entre os mamíferos e, por mais que haja uma elaboração abstrata entre os humanos, é perfeitamente possível identificar que animais não humanos são capazes de prever as consequências de seus atos[9].

A segunda afirmativa é mais interessante. A capacidade de julgar um ato é mais escorregadia; muito embora animais sociais sejam capazes de recompensar e punir determinados comportamentos gerais, postular que o fazem por conta de um juízo de valor pode ser um passo excessivo. Assim, o segundo predicado nos coloca na posição inicial: estamos diante de uma situação na qual a ética se define a partir da reflexão crítica do indivíduo e, portanto, fora do campo observável (até o momento).

Por fim, temos o ponto mais interessante no terceiro predicado. Fundamentalmente, o argumento de Ayala é o de que a ética precisa do livre arbítrio para existir; caso não haja livre arbítrio, então não há espaço para reflexão. Nesse contexto, o autor se aproxima de Maquiavel, que, ao admitir sua incapacidade de afirmar se a vida é dominada pela *Fortuna* ou pela *Virtù*, opta por delegar 50% de tudo a cada uma delas, porque reconhece que não seria possível qualquer tipo de ciência política caso não houvesse algum grau de interferência humana sobre o futuro.

Apesar dessa resposta elusiva, há um desafio empírico à terceira afirmação de Ayala. Há um corpo relevante de estudos na neurociência[10] que aponta que, em alguns casos, a suposta capacidade humana de tomar uma decisão não passa de um elaborado processo de racionalização de uma escolha que já foi tomada pelo cérebro momentos antes. Assim, por extrapolação, pelo menos uma parcela do livre arbítrio seria ilusória.

Evidentemente, a existência ou não do livre arbítrio é um dos mais longevos debates filosóficos da humanidade, de modo que escapa completamente ao escopo deste trabalho solucioná-lo. Entretanto, podemos propor um desafio contrafactual à tese de Ayala: se não houver livre arbítrio, de fato não haveria ética? Dito pelo seu oposto: haveria uma formulação do conceito de ética que prescindisse da noção de liberdade[11]?

---

9. Ayala (2010).
10. Cf. Libet (1985), Soon et al. (2008) e Bode et al. (2011).
11. Ayala (2010).

Curiosamente, Ruse, em debate direto com Ayala, oferece-nos uma resposta para essa ponderação[12]. Propõe que a ética é, na realidade, uma mentira biologicamente programada, cuja existência se justifica por sua efetividade. Trata-se de uma ética voltada à finalidade biológica máxima, a manutenção da vida. Essencialmente, Ruse propõe uma ética de sentimentos, isto é, caso determinada atitude seja sentida pelo sujeito como errada, ela será antiética. Como os sentimentos são, simultaneamente, biologicamente condicionados e relativamente gerais (por mais que os indivíduos divirjam em grau, eles convergem na média e no sentido geral), então a ética é uma construção biológica relativamente autônoma e funcional, como uma parte anatômica, prescindindo, portanto, do livre arbítrio.

Assim, apesar das diferenças, as abordagens são mais semelhantes do que aparentam. Fundamentalmente, o ponto de discordância é uma questão de definir se a ética precisa ou não de uma reflexão sobre si mesma para existir. Em momento algum se questiona a existência do chamado comportamento ético entre os animais sociais, em particular, entre os mamíferos sociais. Desse modo, uma abordagem das consequências da ética pode prescindir da diferenciação dos autores e pode considerar que a existência do comportamento ético é suficiente para as conclusões mais importantes. Dito de forma mais específica, para o problema da guerra, não importa se o altruísmo verdadeiro (ou a ausência dele, dependendo se consideramos o "inimigo" ou os "aliados") requer uma reflexão crítica por parte do agente; havendo um altruísmo natural comum aos primatas sociais, então o comportamento deve manifestar-se à revelia das considerações racionais. Não obstante, o mesmo não pode ser dito em relação a uma ética da guerra e da paz, como veremos.

A ética como comportamento e a arqueologia da mente

Do ponto de vista da arqueologia da mente e da psicologia evolucionária, a controvérsia a respeito do par comportamento ético / ética racional pode ser suficientemente acomodada, de modo que aspectos que à primeira vista parecem excludentes venham a compor um quadro de simultaneidade ou mesmo de retroalimentação. Essa acomodação em um mesmo modelo, comportando a presença da ética tanto como etologia (ou seja, comportamento inato, em forma e/ou conteúdo) quanto como expressão específica e circunscrita a determinado contexto, tempo e grupo (cultural, portanto), está no cerne da discussão acerca da relação entre a ética intrassocial, o conflito intersocietário (o que inclui o, mas não se resume ao, conflito interestatal) e as possibilidades evolucionárias de uma ética da guerra e da paz na longuíssima duração.

---

12. Ruse (2010).

Pelo ângulo primatológico, somos dados a conhecer que os grandes símios sociais, com particular destaque para os chimpanzés-comuns (*Pan troglodytes*, parente evolucionário vivo mais próximo de *H. sapiens*), são etologicamente dotados de mecanismos cognitivos especializados, de alto custo energético, voltados para a mediação de conflitos intragrupo, mecanismos esses que garantem alguma "ordem instável" no gerenciamento das disputas entre agendas individuais. Minimizando-se o grau de comportamento agonístico na unidade social e, principalmente, de violência letal interpessoal, ampliam-se as condições de perseverança da sociabilidade permanente, um importante ativo na luta pela expansão coletiva do *fitness* reprodutivo. Esse aspecto geral, seja manifestado por padrões de comportamento com conteúdo inato, seja na condição de expectativa e atenção à existência de normas éticas culturalmente pactuadas, é comum a duas longas linhagens evolucionárias, que divergiram de um ancestral comum por volta de seis milhões de anos no passado e que resultaram no humano moderno e nos chimpanzés-comuns.

Ao mesmo tempo, também pela primatologia, conhecemos as irrestrições "éticas" que sempre envolvem o conflito coalizacional entre grupos sociais diferentes de chimpanzés-comuns, nos quais inexistem quaisquer freios etológicos à violência letal, nem mecanismos inatos que determinam quando e como deve o "estado de guerra" se declarar suspenso, ainda que provisoriamente. No mesmo sentido, a história da guerra, desde os campos de batalha de Jebel Sahaba e Talheim, anteriores à Idade do Bronze[13], passando pelos sistemas interestatais da Antiguidade aos dias atuais, sugere a grande frequência com que a violência irrestrita pode tomar conta das relações intersocietárias humanas. Em termos simples, "*War is Hell*", resumiu W. Tecumseh Sherman aos formandos da Academia Militar de Michigan, em 1879.

Assim, alguma versão de uma ética social intragrupo, emergindo de forma inata entre humanos, chimpanzés e outros primatas sociais, assume diferentes graus de complexidade segundo cada espécie, de acordo com as condições ecológicas em que se especiaram e em que vivem, os nichos que ocupam, o tamanho das unidades sociais em que convivem e sua história filogenética. Em todos os casos, essa ética é produto de uma inteligência social com diferentes graus de complexidade, de especialização neurocognitiva e de integração com a inteligência geral, bem como com outros módulos mentais. Essa inteligência social, que pode ser composta por módulos mentais dedicados, mas relativamente desconexos, ou por um verdadeiro "domínio cognitivo" de alto custo energético, integrado por esses módulos, é a fonte da etologia da resolução de conflitos entre primatas sociais.

---

13. Keeley (1996).

Nesse sentido, a "ética" emerge de forma convergente com o entendimento de autores como Fitzpatrick e Ruse, que enfatizam sua dimensão comportamental e inata (geral, comum a muitos primatas), em detrimento de sua dimensão específica (o emaranhamento entre a etologia e a cultura, como em *H. sapiens*). Humanos, incluídos nesse conjunto, são compelidos etologicamente, digamos, a conceber suas relações sociais com outros humanos em termos éticos, cujo conteúdo específico acaba por ser culturalmente moldado, tendo por base um corpo de "temas" em maior ou menor medida universais. Humanos podem não ter acesso imediato e automático à totalidade dos conteúdos que habitam seu inconsciente coletivo (lar dos complexos etológicos na mente metarrepresentacional), mas, em suas relações sociais, estão inatamente atentos a informações do ambiente que remetam, no inconsciente, a problemas morais e éticos (critérios distributivos, de reconhecimento de prestígio, de "justiça" etc.) que acabem invocando imagens e respostas arquetípicas, plenas de conteúdo cultural, mas enraizadas na psique profunda. Por outro lado, não estamos inatamente atentos a informações relativas às flutuações no campo magnético da Terra, como muitas espécies de aves migratórias estão; a regulação de conflitos intrassociais é tão vital para primatas como nós quanto é determinante para certas espécies de pássaros saber para onde fica o Sul e fugir do inverno. Então, esse poder de recorrer à etologia, em menor grau em seus conteúdos e valores predeterminados, e em maior na condição de um algoritmo comportamental sobre o qual se aplicam valores culturalmente produzidos, é função da mente transdominial metarrepresentacional, inovação evolucionária absolutamente inédita e recente na história natural dos primatas, que, trazendo um grau maior de complexidade para o problema da ética, converge com a concepção gradualista de Frans de Waal.

A ética da paz e da guerra: entre a etologia e a cultura

Mas e quanto a uma ética da guerra e da paz? Ela é uma possibilidade primatológica ubíqua? Nesse caso, apenas os seres humanos parecem capazes de estabelecer alguma forma de ordenamento de suas relações intergrupais, bem como normas sobre os limites da guerra – em nenhuma medida, isso nos parece fruto de uma predisposição etológica para a ética intersocietária. Como os chimpanzés-comuns, nós humanos não estamos aparelhados em nossos módulos etológicos para um comportamento dotado de restrições e normatividade em nossas interações com congêneres integrantes de outros grupos sociais, de modo que, suspensos certos freios de natureza cultural e institucional, humanos se tornam capazes da mais ampla violência contra todo aquele interpretado como o "outro".

Acontece, contudo, que, trilhando um caminho convergente ao proposto por Ayala, os humanos emergem como incapazes de serem "éticos" exclusivamente em termos etológicos (aliás, são incapazes de ser exclusivamente etológicos em qualquer domínio comportamental); isso implica que, inevitavelmente, a ética entre humanos envolve (mas não se resume) a capacidade de reflexão e, em alguma medida, de fazer escolhas comportamentais. Esse é um típico atributo da mente transdominial metarrepresentacional, de modo que somos capazes de olhar como um observador externo (ainda que de maneira imprecisa e problemática) para nossos algoritmos comportamentais dotados de forte carga etológica. Nesse processo, abre-se a oportunidade de analisá-los (com graus variados de sucesso), de decidir em alguma medida a respeito de sua aplicação, de deliberar acerca dos termos dessa mesma aplicação e de selecionar a situação em que serão aplicados. Assim, é essa dimensão "racional" da ética enfatizada por Ayala que nos faculta o poder de aplicar algoritmos dedicados a regular nossas relações intragrupo a contextos nos quais a contraparte da relação social não é reconhecidamente "um de nós".

Entre chimpanzés-comuns, qualquer coespecífico externo à pirâmide de relações hierárquicas intragrupais não é objeto da etologia de mediação de conflitos (a "ética" segundo Fitzpatrick e Ruse) e, portanto, pode ser, e provavelmente será, alvo de violência letal se assim as circunstâncias permitirem. Entre humanos, nossa capacidade natural de "confundir" conteúdos etológicos e aplicá-los a situações diferentes daquelas para as quais surgiram e foram adaptativos (por isso, Ayala entende a "ética" como exaptação) nos capacita olhar o "outro", o "estrangeiro" como passível de ser integrado a nossos mecanismos inatos de resolução de conflitos. A mesma vicissitude cognitiva que nos leva a falar com animais de estimação (a despeito de sabermos, "racionalmente", que não entendem nossa linguagem verbal), ou a tratá-los como sujeitos de direitos (como fazem diariamente ativistas e cidadãos bioeticamente comprometidos), nos permite erguer a bandeira branca, declarar uma guerra "justa" ou assinar a Convenção de Genebra.

Pressões seletivas para a ética como comportamento

Tornemos à ética social, intragrupo. Que pressão seletiva teria sido essa que, na linhagem conducente a *P. troglodytes* e a *H. sapiens*, tornou os instrumentos cognitivos etológicos de gerenciamento de conflitos tão essenciais? Naturalmente, outras espécies de primatas sociais, alheias ao ancestral comum que compartilhamos com os chimpanzés, também desenvolveram regras inatas para compatibilização de agendas individuais sem prejuízo à sociabilidade permanente, mas que, a partir de histórias evolucionárias distintas, talvez tenham sido movidas por desafios e fenômenos específicos e diferentes daqueles que, cremos, estiveram por trás da adaptação do último ancestral comum entre humanos e chimpanzés ao seu ambiente. Desse modo, evitando maiores extrapolações, concentremo-nos em nosso ancestral comum. Reconheçamos que, através de uma interpretação parcimoniosa e filogenética, um aspecto na sociabilidade potencialmente presente em sua etologia pode ter sido chave para deflagrar o contexto seletivo em prol da etologia do "ordenamento interno" em humanos e chimpanzés: a sociabilidade permanente patrilinear, patrilocal, masculina e cooperativa.

É um fenômeno bastante raro na história natural dos primatas a cooperação social entre machos. É muito comum que fêmeas aparentadas formem o núcleo dos grupos sociais primatas, juntamente com suas filhas (nulíparas ou sexualmente maduras) e seus filhos (antes da maturidade sexual)[14]. A cooperação familiar feminina mostra-se um traço comportamental de longuíssima duração, cuja emergência antecedeu em muitos milhões de anos a sociabilidade permanente masculina. Entre espécies com esse padrão social, os machos formam grupos instáveis e não cooperativos, na periferia do espaço vital feminino, competindo entre si por oportunidades sexuais e periodicamente migrando em direção a outros núcleos.

Em casos determinados, formam-se haréns nos quais um único macho dominante busca exercer exclusividade sexual sobre fêmeas aparentadas e cooperativas, excluindo, na medida do possível, acesso de outros machos às oportunidades de acasalamento por meio de intenso comportamento agonístico, envolvendo alto grau de violência física. Não é esse o padrão de sociabilidade reconstruído para o último ancestral comum entre homens e chimpanzés; nele, a estrutura de cooperação envolve não só as fêmeas (neste caso, não mais aparentadas, já que migram para outros grupos ao atingirem a maturidade sexual), mas, principalmente, machos aparentados. Num contexto em que a perceptividade do lócus de dominância sexual de um único macho se encontra diluída, como vemos acontecer entre humanos e chimpanzés-comuns, a ausência de nítida dominância abre espaço para que o conflito entre agendas masculinas individuais escale na direção de uma luta fratricida envolvendo parentes diretos, caso a sociabilidade permanente masculina seja mantida.

Seleciona-se, mediante esse desafio, um conjunto de comportamentos inatos que, ao preservarem os coletivos masculinos patrilineares, o fazem mediante um rígido escalonamento, em uma hierarquia com nítida ritualística quanto ao reconhecimento mútuo do *status* dos pares. O reconhecimento da hierarquia reduz o comportamento agonístico intragrupo (ou seja, entre machos aparentados) e, principalmente, a violência letal, ao fixar "cláusulas de escape" através das quais se é permitido contestar o lugar hierárquico de determinado indivíduo, pondo em marcha uma dinâmica de "circulação" entre os escalões de dominância. De forma

---

14. Fleagle (2013, p. 45).

análoga, as relações sociais entre fêmeas também se conformam em um padrão hierárquico, ainda que menos intenso e ritualizado do que entre machos do último ancestral comum entre humanos modernos e chimpanzés-comuns[15].

O estabelecimento de hierarquias bastante fluidas, com movimentos e contramovimentos verticais e estratégias de ampliação individual de *status*, esteve no centro da manutenção dos grupos sociais permanentes, com persistência da cooperação masculina. A complexidade de que são dotadas as sociedades com forte ocorrência de processos de fusão-fissão, tal como ocorre entre chimpanzés-comuns e humanos[16], dificilmente pôde ser gerenciada por meio do recurso à chamada inteligência geral, instrumento presente, em graus variados de desenvolvimento, em muitas espécies de primatas (especialmente antropoides).

Por inteligência geral designamos um conjunto de instrumentos cognitivos de caráter generalista, cuja principal característica reside em funcionar como um circuito alternativo aos simples conteúdos modulares etológicos, de conteúdos rígidos, desconectados entre si e inatos. A inteligência geral se manifesta paralelamente a esses módulos etológicos, sem eliminá-los, e se dedica a apreender e processar informação sensorial, tendo por objetivo o aprendizado a partir da interação com o ambiente. Essa interação, não obstante, é mediada a partir de regras genéricas, aplicáveis a quaisquer contextos e desafios cognitivos, fundando-se em uma dinâmica de tentativa e erro (revisão comportamental pela observação do resultado de ações, processos e fenômenos). Formas de sociabilidade instáveis, com intensa rotação de parceiros e com maior possibilidade de resolução de conflitos por meio de recurso à dinâmica simples de "lutar ou fugir", podem ser suficientemente manejadas através da atuação (desarticulada) de poucos módulos mentais inatos dedicados à sociabilidade e pela sintonia fina dada pelos instrumentos genéricos da inteligência geral.

A inteligência social especializada e a ética como comportamento

Os desafios da sociabilidade permanente, especialmente em contexto de esvaziamento do lócus de dominância (sociedades pós-harênicas), parecem andar lado a lado com a evolução de um "departamento" cognitivo especializado em gerenciar conflitos, com regras e mecanismos de atenção especificamente voltados para essa finalidade. Se a inteligência geral deposita seu foco na contingência do acontecimento, por meio de instrumentos genéricos e aplicáveis a todas as outras interações com o ambiente, decerto não foi suficiente para lidar com a complexi-

---

15. Cf. Foley (2008) e Wrangham & Peterson (1996).
16. Cf. Fleagle (2013, p. 45-46) e Aureli et al. (2008).

dade da vida social do último ancestral comum entre humanos e chimpanzés-comuns. Nesse caso, o desenvolvimento de uma inteligência social composta por módulos etológicos especializados, energeticamente custosos, altamente eficientes e isolados da inteligência geral, resultou nas competências de: 1) analisar dedicadamente todo tipo de informação sensorial que sinalize o corrente lócus de *status* ocupado por um coespecífico; 2) analisar informações que permitam mapear as relações sociais entre dois ou mais indivíduos, com triangulações que incluam ou não o observador; e 3) formular hipóteses a respeito das possibilidades de ascensão e queda de indivíduos ou coalizões de indivíduos e, a partir delas, elaborar estratégias de reposicionamento pessoal na pirâmide hierárquica[17].

O modelo empregado pela inteligência social especializada para o teste de hipóteses a respeito do comportamento de terceiros é a própria mente do observador, que, por meio de habilidades empáticas bem desenvolvidas, "se projeta" para a situação analisada e pondera, com base em suas próprias reações hipotéticas, a respeito do eventual curso de ação que será assumido por um congênere em um dado contexto. Tal projeção é, num segundo momento, regulada a partir de informações sobre as próprias circunstâncias da ação e do temperamento do indivíduo analisado (ou seja, é a capacidade de prever o resultado de uma ação, primeira condição para a ética social estabelecida por Ayala). Esse padrão geral de comportamento social, estando presente tanto em *H. sapiens* quanto em *P. troglodytes*, é provável que derive de condição filogenética compartilhada pelas duas linhagens a partir de seu ancestral comum, muito embora nunca possamos descartar a possibilidade de um desenvolvimento homoplásico (independente, nas duas linhagens, sem que envolva herança direta).

O rito, a hierarquia e os freios prossociais

O rito e a etologia da luta por *status* entre chimpanzés-comuns são regulados justamente por esses mecanismos próprios da inteligência social, que permitem a manutenção e o funcionamento da hierarquia sem os excessos da violência letal interpessoal (muito embora desvios dessa norma, e de caráter contingencial, venham a ocorrer). A especialização da cognição social, gerando normas etológicas de comportamento na interação entre congêneres (uma "ética" segundo Fitzpatrick e Ruse), produz igualmente em chimpanzés consciência de si e dos outros. No entanto, isolado da inteligência geral, aquele domínio cognitivo produz somente consciência de si e dos outros enquanto *atores sociais* e no próprio exercício dessas relações. Trata-se, então, de consciência voltada para uma finalidade espe-

---

17. Cf. Mithen (2002) e Wrangham & Peterson (1996).

cífica, fortemente etológica, inata, com algoritmos e conteúdos predeterminados, inaplicável a quaisquer outros contextos de interação com o ambiente, uma vez que desprovida de articulação plena e fluida com o restante da psique primata. Não se trata absolutamente da "consciência da consciência", do saber que se sabe, que caracteriza a mente transdominial metarrepresentacional humana, holística, com percepções e autorrepresentações mentais de conhecimentos de domínios específicos e conectados[18]. Se a consciência social em *P. troglodytes* e, presumimos, no último ancestral comum, é suficiente para que se cumpra o terceiro dos fundamentos gerais da ética segundo Ayala, é algo que não exploraremos aqui.

Não entraremos também em detalhes a respeito do rito da luta pelo *status* entre chimpanzés-comuns, mas alguns de seus aspectos devem ser destacados[19]:

1) É próprio do funcionamento das relações de *status* o reconhecimento de que todos os arranjos são fluidos, as coalizões são instáveis e que uma posição superior não será mantida indefinidamente, mesmo valendo para uma posição inferior, configurando-se uma expectativa etológica de "circulação" nas posições hierárquicas.

2) Quando um indivíduo galga um degrau acima na pirâmide de *status*, outro galga um degrau abaixo; essa imagem, vinda do campo da primatologia, nos remete sintomaticamente à percepção socioantropológica de Elias[20] sobre as relações de poder no "processo civilizador" europeu, e de Fiori[21] sobre o sistema interestatal capitalista:

> A mera preservação da existência social exige, na livre-competição, uma expansão constante. Quem não sabe, cai. [...] O ganho de um neste caso é necessariamente a perda de outro, que se dê em termos de terra, capacidade militar, dinheiro ou qualquer outra manifestação concreta de poder social[22].

3) É esperado que machos confrontem outros machos por degraus mais elevados na pirâmide, que lhes garantam especialmente privilégios reprodutivos.

4) É esperado que a luta por *status*, ainda que manifeste agendas individuais, ocorra por meio de coalizões de agentes que buscam o suporte um dos outros e intimidar seus adversários.

---

18. Cf. Aureli et al. (2008, p. 632, 636-637), Bauernfeind et al. (2013, p. 263-264, 271-273), Foley (2008, p. 207-210), Mithen (2002, p. 67-71, 102-111, 126-131, 139-142), Nordhausen & Oliveira Filho (2015, p. 36-38).
19. Para mais detalhes, ver Wrangham & Peterson (1996) e Mithen (2002).
20. Elias (1993).
21. Fiori (2014).
22. Elias (1993, p. 134).

5) Espera-se, ainda, que o início de um ciclo de disputa por *status*, em especial nos escalões superiores, envolva uma sucessão de violações de comportamentos "éticos" esperados, que, quando cumpridos corretamente, sinalizam que seu praticante reconhece a superioridade de terceiros (abaixar-se, deixar-se tocar no ombro, oferecer o "sorriso assustado" de que falam os primatólogos). A não execução desses comportamentos vai produzido gradualmente a chave etológica para o início de um ciclo de disputa por *status*.

6) Uma disputa pode produzir coalizões de apoiadores em torno de um postulante à dominância e em torno daquele que, correntemente, dispõe do grau de *status* almejado pelo contestante; a vitória de competidores garante ganhos de *status* em cadeia a todos os apoiadores, que ascendem socialmente em prejuízo dos derrotados.

7) As disputas se interrompem (até se reiniciarem) a partir de uma "política de consenso"; os membros do grupo vão progressivamente convergindo para o apoio à determinada coalizão e ao seu líder, isolando o outro competidor e seus correligionários.

8) A nova "liderança" assume postura conciliatória e pacificadora.

Desse modo, gerenciando um universo de informações e escolhas em um cenário com muitas partes móveis, a inteligência social funcionará como genuíno freio etológico prossocial, passível, naturalmente, de operação anômala e patológica, dependendo do contexto ambiental. A respeito de condições anormais gerando patologias sociais, Stevens nos remete a um episódio no zoológico de Londres em 1925, quando cerca de uma centena de babuínos-sagrados machos (*Papio hamadryas*) foram reunidos numa pequena ilha de concreto, para exposição, e, junto deles, seis fêmeas foram incluídas por descaso. Babuínos-sagrados, como chimpanzés, estruturam suas sociedades patriarcalmente, embora entre eles, e diferentemente dos chimpanzés, se manifestem dominância sexual masculina estrita, relações não cooperativas entre machos e formação de haréns.[23] Os mecanismos cognitivos de manejo de conflitos sociais em *P. hamadryas* são menos complexos que em *P. troglodytes*, mas, ainda assim, conformam essa tendência comum aos catarrinos (macacos e grande símios do Velho Mundo) de disporem de uma inteligência social em especialização. Em resumo, a centena de babuínos, postos em condições ambientais anômalas, engajou-se em devastador conflito letal interpessoal, que ceifou a vida de quarenta e dois deles, até que algum nível de dominância tenha sido estabelecido, dois anos depois[24].

---

23. Fleagle (2013, p. 45-47).
24. Stevens (2002, p. 265-266).

Assim, ao determinar o rito e os limites da violência no conflito entre agentes individuais, a etologia social preserva a sociabilidade permanente. É desafiador que consideremos a possibilidade de que nós, humanos modernos, nos deparamos frequentemente com ecos, com a imagem dessas condições, funções e expectativas que, profundamente ocultas em nosso inconsciente coletivo, se projetam sem muito aviso em nossa mente consciente, levando-nos a fazer escolhas e/ou influenciando nossas ações como "vozes do subterrâneo"[25].

A ausência de freios etológicos prossociais nas relações interssocietárias

Não há mecanismos prossociais etológicos nas relações intersocietárias entre chimpanzés, e estamos convencidos de que eles inexistem também em humanos modernos. As instâncias de interação entre unidades sociais distintas, deixadas a cargo exclusivo da etologia, resumem-se à violência letal coalizacional, desprovida de mecanismos de contenção. Sua origem está na fragmentação dos grupos sociais, precipitada pelas lutas por dominância interna em um possível contexto de pressão ambiental, ou, principalmente, de desequilíbrio na razão operacional entre o número de machos e de fêmeas[26]. Os ciclos de disputa interna, nesses casos, podem resultar no fracionamento da macrounidade social, de modo que a segmentação do grupo em facções durante o processo conduz à secessão, esgotando a "política de consenso". Áreas de forrageamento distintas são constituídas, com o que duas unidades sociais surgem, cada qual com uma pirâmide hierárquica própria. Daí por diante, os contatos entre os grupos serão gradualmente limitados à violência letal e coalizacional, na qual pequenos bandos de machos invadem deliberadamente o território onde vivem seus vizinhos (e outrora membros da mesma unidade) com o objetivo de eliminar quaisquer machos "inimigos" que sejam encontrados desgarrados de seu grupo. Essa forma de "guerra primitiva" é essencialmente assimétrica e encontra, no registro etnológico, ecos na prática das emboscadas e de reides promovidos por sociedades de caçadores-coletores.

Uma avaliação errada, que leve a um encontro com um grupo numericamente equivalente de adversários, resulta em recuo imediato dos atacantes ao seu território de origem. Essa perspectiva, da assimetria, é o que qualifica a viabilidade da violência coalizacional intersocietária; a agressão letal, por si mesma, não é fenômeno comportamental raro entre mamíferos, mas a quase totalidade dos eventos desse tipo consiste em infanticídio em nível interpessoal, ou em eventualidades nas disputas por recursos escassos. Duelos interpessoais em contextos de acasalamento

---

25. Jung (2015).
26. Feldblum et al. (2018, p. 738).

são igualmente comuns, ainda que a letalidade não seja regra. Vemos, portanto, que os contextos mais comuns de agressão letal interpessoal envolvem uma relação nitidamente assimétrica (o infanticídio), já que a violência entre adultos é um comportamento de alto risco e custo; em condições de simetria, pode resultar na morte de qualquer dos contendores.

Assim, a lógica da letalidade nas relações intersocietárias pode se fixar como comportamento padrão quando promovida em situação na qual os riscos são controlados. A capacidade de cooperação e coordenação social desde o último ancestral comum entre homens e chimpanzés é capaz de provocar um desequilíbrio de poder, gerando assimetria a ser explorada taticamente[27].

> Números, como armas, mudam o cálculo da violência através da criação de poder desequilibrado [...]. É claro, o mesmo princípio orienta um líder militar sensato no nosso mundo. Imponha força massiva. De outro modo, evite o engajamento. Isole e circunde, ou apenas aguarde e observe. Essa é a mensagem ensinada em Sandhurst, em West Point, e indubitavelmente em pequenos conselhos de aldeia por toda a terra dos ianomâmis[28].

O equilíbrio de poder é, provavelmente, o mecanismo mais eficaz de restrição da violência letal intersocietária; uma vez rompido pela via das coalizões masculinas, permite que os agressores se exponham a risco mínimo e eliminem fisicamente outros machos externos à pirâmide social e à corrente comunidade genética patrilinear.

Por detrás da fragmentação das unidades sociais e da violência coalizacional intersocietária, estão os limites de processamento da inteligência social especializada e, portanto, da própria "ética" enquanto comportamento. Há uma sugerida relação entre o quociente de encefalização em primatas, o volume do neocórtex cerebral, o número de integrantes dos grupos sociais permanentes e o tempo usado em socialização. Um crescente número de relacionamentos simultâneos a serem analisados pelos processos cognitivos dedicados pode superar os limites da mente modularizada, prejudicando as formas de contenção de conflitos nas agendas individuais. Nesses casos de desequilíbrio, avaliar o lócus de *status* de todos os indivíduos com quem se mantém relacionamento permanente (ainda que mais ou menos intermitente) pode tornar-se difícil, de modo que se compromete a eficácia dos freios etológicos. Os lugares hierárquicos de certos indivíduos se tornam vagos, fazendo com que hipóteses sociais sobre eles se tornem falhas. O

---

27. Ferguson & Beaver (2009), Mithen (2002, p. 140-141), Wrangham & Peterson (1996, p. 5-18, 158-159, 179).

28. Wrangham & Peterson (1996, p. 162).

facciosismo e a ruptura consistem justamente em fenômeno homeostático, que reconduz a intensidade das relações sociais a níveis administráveis.

Entre humanos modernos, o módulo de metarrepresentação emprega a linguagem verbal e simbólica, bem como a cultura material, como gigantescos *buffers* de acomodação, ampliando o volume de interações sociais que se pode estabelecer simultaneamente, e fornecendo sinalizações instantâneas sobre *status*[29], produzindo o fenômeno da ultrassociabilidade. Assim, embora a cognição social humana também encontre limites capazes de gerar comportamento patológico quando ultrapassados, o conflito letal intersocietário entre humanos modernos não precisa resultar dessas mesmas causas ancestrais – o mais importante é como complexos tão arcaicos como esse podem ser deflagrados na mente humana em contextos variados. A condição de "outro", o estigma do não pertencimento, o ódio de raça, classe ou nacionalidade, todos eles em uma dimensão inconsciente recorrem à "desumanização", a esse instrumento da psique profunda, capaz de suspender nossa etologia de regulação de conflitos e condenar nossos congêneres a um mesmo destino que o enfrentado por um chimpanzé desgarrado diante de um bando agressivo. Nas palavras de dois insuspeitos professores universitários:

> Nossas tropas não podem e não devem evitar desumanizar seus inimigos em algum grau. Da maneira que é sua responsabilidade matar apenas certas pessoas, de certas formas em momentos determinados, é responsabilidade da liderança ajudá-las a cumprir essa tarefa treinando-as a apenas desumanizar certas pessoas de certas maneiras em momentos determinados[30].

A transmodularidade metarrepresentacional e a ética da guerra e da paz

Encontramos, então, nos chimpanzés e (hipoteticamente) em nosso último ancestral comum uma etologia voltada para a resolução de conflitos entre unidades sociais distintas? Há, por assim dizer, uma "cognição diplomática" em nosso passado evolucionário que torne a nós, humanos modernos e chimpanzés, inatamente predispostos, em circunstâncias ambientais normais, a resolver nossos conflitos contra membros de outras pirâmides sociais de forma a limitar o potencial de violência letal? Não parece haver módulos cognitivos especializados em tal finalidade em qualquer dessas espécies primatas, nem tampouco podem os chimpanzés-comuns empregar sua inteligência social com o objetivo de mitigar o conflito intersocietário. Mais ainda, é o próprio esgotamento da cognição social

---

29. Aiello & Dunbar (1993).
30. French & Jack (2015, p. 194).

especializada o fenômeno que promove a fissão permanente entre grupos, de sua separação no espaço e da hostilidade letal entre eles.

H. sapiens, capaz de amalgamar seus módulos cognitivos inatos em um mesmo cadinho – o grande módulo de metarrepresentação e linguagem – e nele enxergar sombras e ouvir ecos da etologia inconsciente, é capaz não somente de empregar sua cognição social, com suas formas, funções e algoritmos, para promover a violência intersocietária, como também de emaranhar esses conteúdos com outros de mesmo caráter etológico, bem como com outras tantas leituras culturais e específicas dessas imagens ancestrais, e interpretar o "outro" como "um de nós" e submetê-lo aos instrumentos etológicos de regulação de conflitos. Não obstante, nem em chimpanzés, nem em humanos modernos, há qualquer dose de capacidade inata que nos torne propensos a olhar imediatamente "o outro" como objeto de nossos freios prossociais, exigindo-se, entre os humanos, uma variada dose de esforço cognitivo consciente e transmodular que ponha em marcha mecanismos comportamentais originalmente surgidos e dedicados a outro propósito.

Considerações finais

O exemplo dos chimpanzés-comuns é bastante elucidativo do problema central deste trabalho. Muito embora entre eles seja a vida em grupo normatizada a ponto de qualquer membro ter a clareza intuitiva e etológica sobre tudo aquilo que constitui o comportamento ético esperado nas relações intrassociais – o que conforma uma ética instintiva (nos moldes de Ruse e de Waal) –, essa imediação comportamental foi perdida nos mundos sociais construídos após a Revolução Cognitiva de 40 mil anos atrás, que dotou *H. sapiens* de sua mente metarrepresentacional. Persistem conteúdos e formas inatas na inteligência social dos humanos modernos (que, com a cognição transdominial, se tornou totalmente permeada pelos demais domínios cognitivos especializados), imersos no inconsciente coletivo, e para os quais o volume de evidência sugestiva vem crescendo, com o empenho cada vez maior de pesquisadores compromissados com uma perspectiva transdisciplinar.

As possibilidades de uma etologia humana não devem ser confundidas; embora os mecanismos e as dinâmicas do inconsciente coletivo ecoem em cada ação e interação humana, suas manifestações e, principalmente, o entendimento a respeito da ocorrência individual desses fenômenos são mediados pela consciência holística que nasce do módulo de metarrepresentação, câmara escura na qual imagens provindas desses profundos recônditos da psique são projetadas, retalhadas, remendadas, combinadas entre si e recontadas de formas inovadoras e criativas, na condição de narrativa e de mito. Não deve surpreender, ainda, que o módulo de metarrepresentação esteja associado à nossa linguagem verbal, instrumento que torna efetiva a dimensão social, coletiva e comunicacional das imagens arquetípicas. Aliás, é essa capacidade potencializada de compartilhar informações sobre comportamento, confiança, cooperação e conflito pela via da linguagem verbal que parece estar no cerne da complexidade social e da ultrassociabilidade humana, de modo que esse instrumento privilegiado da transdominialidade emerge como nexo integrador e ao mesmo tempo mediador entre a etologia e a cultura. Desse modo, são nossos "mitos compartilhados" o que nos permite um tipo de sociabilidade em escala para além do nível familiar e do bando, produzindo unidades políticas que são, antes de tudo, macroficções narrativas compartilhadas culturalmente – Tribos, Estados, Impérios, Civilizações.

> Ao contrário da mentira, uma realidade imaginada é algo em que todo mundo acredita e, enquanto essa crença partilhada persiste, a realidade imaginada exerce influência no mundo [...]. A maioria dos ativistas de direitos humanos acredita sinceramente na existência de direitos humanos. Ninguém estaria mentindo quando, em 2011, a ONU exigiu que o governo líbio respeitasse os direitos humanos de seus cidadãos, embora a ONU, a Líbia e os direitos humanos sejam todos produtos de nossa fértil imaginação[31].

Essas ficções narrativas operam, em última instância, como "gambiarras" adaptativas, permitindo que lidemos com desafios coletivos através de soluções de "curtíssimo prazo" (se comparadas aos milhões de anos por vezes necessários para uma mudança etológica se processar pela via da seleção natural).

> Se você tentasse agrupar milhares de chimpanzés na praça Tiananmen, em Wall Street, no estádio do Maracanã ou na sede da ONU, o resultado seria um pandemônio. Já os Sapiens se reúnem regularmente aos milhares em tais lugares. Juntos, criam padrões ordenados – tais como redes de negócios, celebrações em massa e instituições políticas – que jamais poderiam criar de forma isolada. A diferença real entre nós e os chimpanzés é a cola mítica que une grandes quantidades de indivíduos, famílias e grupos[32].

Por fim, e não obstante, se a mente metarrepresentacional é capaz de combinar de forma criativa informação produzida na longa, média e curta duração – tipicamente culturais – com fórmulas e conteúdo arraigado nas profundezas do inconsciente coletivo – etológicos, por definição – e, a partir disso, ter o potencial de produzir soluções adaptativas altamente sensíveis às menores mudanças do ambiente, isso *não* significa que:

1) Sua capacidade de gerar um "circuito alternativo", através de soluções culturais de latência curta, simplesmente tenha eliminado a presença da etologia

---

31. Harari (2015, p. 40-41).
32. Harari (2015, p. 46).

inconsciente; ao contrário, é justamente a cultura humana, com suas "gambiarras adaptativas", que vem impedindo que as pressões do ambiente eliminem comportamentos não adaptativos. Antes que tenhamos alguns milhões de anos para que uma etologia "ecológica/pacifista" se fixe no inconsciente, ou nossos mitos compartilhados terão freado a destruição planetária que virá da guerra termonuclear ou da poluição, ou esses mesmos mitos terão fundamentado com sucesso o estrondoso grau de cooperação necessário para deixarmos nosso planeta moribundo – e continuarmos fazendo a guerra e devastando Marte, ou algum exoplaneta em Alfa Centauri. Em suma, no que diz respeito à nossa etologia inconsciente, continuaremos tão insanamente devastadores de nosso ambiente e de nós mesmos como temos sido desde nosso papel na aniquilação da megafauna eurasiana e norte-americana, e nos primeiros massacres, entre 40 mil e 15 mil anos atrás.

2) A cultura "ultrapassou" a seleção natural; embora essa seja uma noção comemorada secularmente pela opinião culturalista militante e que apareça essencialmente com um sinal de valência positivo, vale insistir para que existe vastíssimo volume de evidência – passível de debate, naturalmente – que sugere a persistência de elementos cognitivos e comportamentais herdados de nosso passado evolucionário e gerados exatamente por meio de mecanismos seletivos. Desse modo, parece-nos incoerente que a seleção natural seja admitida como fenômeno quando seus processos são observáveis, mas não quando seus resultados já consolidados seguem sendo efetivos.

3) A mente metarrepresentacional e a cultura humana tenham somente gerado potencialidades em termos sociais: lembremos que a ultrassociabilidade humana provoca, com grau crescente de intensidade, desde as primeiras tribos até a "sociedade planetária", uma cisão entre o mundo dos que estão próximos e o mundo dos que estão distantes, em termos afetivos, sociológicos, psicológicos e mesmo espaciais. Desse modo, se os comportamentos éticos (na acepção de Fitzpatrick e Ruse) se encontram mediados pela consciência holística, isso significa dizer que essa consciência, ao se apropriar deles, os potencializa em muitas direções inovadoras, mas também os imiscui em um tumulto de interseções com outros domínios, dificultando que suas soluções simples e energeticamente módicas sejam suficientes para os desafios da sociabilidade em micronívels. Ou seja, mesmo que *H. sapiens* fosse capaz de ativar automaticamente sua etologia social inata e fazê-la funcionar exatamente nos termos em que a seleção natural a produziu, ela não se aplicaria sobremaneira a mais indivíduos que aqueles compreendidos em um grupo social de cerca de uma centena e meia[33]. E, como *H. sapiens* efetivamente se

---

33. Aiello & Dunbar (1993, p. 188-189).

tornou incapaz de permitir a operação imediata de seus domínios cognitivos etológicos – mesmo no âmbito psicopatológico, projeções inconscientes seguem sendo mediadas, ainda que de forma anômala, por instrumentos da consciência holística, como a representação e a linguagem –, os relacionamentos sociais de mais intensa intimidade também são operados por uma mente metarrepresentacional intrincada, onerosa, complexa e, por isso, não isenta de distúrbios.

4) Nossos mitos compartilhados e o poder de nossa mente moderna e cultura têm também seus limites na produção da ultrassociabilidade. Ficções narrativas que produzem *insiders* (*"E Pluribus Unum"*, *"Virtus unita Fortior"*, *"Einigkeit macht stark"*) gerarão, por definição, *outsiders*. Desse modo, a cognição metarrepresentacional combinará uma pletora de conteúdos culturais com elementos firmemente enraizados na inteligência social, permitindo, então, que complexos etológicos inconscientes se imiscuam nesses conteúdos representacionais, tornando familiar e verossímil a cada um de nós a noção de que "os brasileiros" (ou finlandeses, ou belgas etc.) equivalem a "nós", "uma família", "filhos da pátria-mãe" (espetacular invocação de imagem andrógina, profundamente arquetípica). Nesse processo, ecos e imagens projetadas da inteligência social são invocados pelo módulo de metarrepresentação para a construção de instrumentos institucionais com a finalidade de edificar o que Anderson chamou antropologicamente de "comunidades imaginadas".[34] Simultaneamente, invoca-se a imagem do "outro", e mais uma vez os espectros evolucionários da cognição social (dessa vez, de seu esgotamento) são conjurados – algo que, em tempos de crise, facilita enormemente a tarefa de produzir violência coalizacional intersocietária, com desdobramentos letais em larga escala, ou de apoiá-la política e culturalmente no *home front*[35].

5) Por fim, é nessa ausência da ética intuitiva imediata que a cognição tipicamente humana, transdominial e metarrepresentacional, capaz de misturar os elementos mais díspares possíveis, surge como peça fundamental de um comportamento ético entre os povos. A partir da capacidade de transladar os comportamentos éticos universais elaborados pela sociabilidade estável, cujas raízes se confundem com as da nossa linhagem evolutiva, o ser humano inventa a possibilidade de uma ética que possa contemplar agentes etologicamente sujeitos a um enquadramento "desumanizante" (ou seja, o "estrangeiro"). Tal como parece ocorrer com os mecanismos cognitivos da ultrassociabilidade, uma ética da paz e da guerra também é construída a partir do recurso à combinação de ecos e imagens do inconsciente coletivo. Neste caso, entretanto, com uma dificuldade em potencial: a de amainar provisoriamente a avassaladora torrente de conteúdo

---

34. Anderson (2008).
35. Steuter & Wills (2010).

etológico invocado na construção da díade *ingroup/outgroup* – um requisito que, em graus variados, é necessário para a produção dos mitos compartilhados que informam as identidades de grupo. Que a Paz de Versalhes e a retórica da "humilhação alemã" não nos deixe esquecer.

Assim, podemos retomar o debate sobre os paradigmas éticos e formular a hipótese de uma ética de duas faces. Uma é a natureza mais antiga, que olha para aquilo que está imediatamente próximo e expressa os códigos arcaicos de sociabilidade. A outra é a nossa natureza especificamente humana, que é a face capaz de ver o que está longe (fora do grupo e das estruturas sociais enraizadas na nossa genética) como objetos dos mesmos códigos, ou pelo menos dos mesmos princípios.

O exercício de compor as duas faces requer a compreensão de que todos os códigos éticos são simultaneamente um exercício de abstração e criação a partir de um substrato arcaico. Assim, talvez mais do que a racionalidade reflexiva proposta por Ayala, que requer um livre-arbítrio autocrítico, a fundação da ética humana (sobretudo em sua esfera intersocietária) seria mais o arbítrio mediado dos nossos instintos sociais pela nossa capacidade imaginativa.

Referências

AIELLO, L. & DUNBAR, R. Neocortex size, group size, and the evolution of language. *Current Anthropology*, v. 34, n. 2, p. 184-193, 1993.

ANDERSON, B. *Comunidades imaginadas*: reflexões sobre a origem e a difusão do nacionalismo. Rio de Janeiro: Companhia das Letras, 2008.

AURELI, F. et al. Fission-fusion dynamics: new research frameworks. *Current Anthropology*, v. 49, n. 4, p. 627-654, 2008.

AYALA, F. What the biological sciences can and cannot contribute to ethics. In: AYALA, F. & ARP, R. (Org.). *Contemporary debates in Philosophy of Biology*. Singapura: Wiley-Blackwell, 2010, p. 316-336.

BAUERNFEIND, A. et al. A volumetric comparison of the insular cortex and its subregions in primates. *Journal of Human Evolution*, v. 64, n. 4, p. 263-279, 2013.

BODE, S. et al. Tracking the unconscious generation of free decisions using ultra-high field fMRI. *PLoS ONE*, v. 6, n. 6, 2011.

DE WAAL, F. The tower of morality. In: DE WAAL, F.; OBER, J. & MACEDO, S. (Org.). *Primates and philosophers*. Princeton/ Oxford: Princeton University Press, 2006, p. 161-182.

ELIAS, N. *O processo civilizador*. Vol. 2: Formação do Estado e civilização. Rio de Janeiro: Jorge Zahar Editor, 1993.

FELDBLUM, J. et al. The timing and causes of a unique chimpanzee community fission preceding Gombe's "Four-Year War". *American Journal of Physical Anthropology*, v. 166, n. 3, p. 730-744, 2018.

FERGUSON, C. & Beaver, K. Natural born killers: the genetic origins of extreme violence. *Aggression and Violent Behavior*, v. 14, n. 5, p. 286-294, 2009.

FIORI, J. L. História, *estratégia e desenvolvimento*: para uma geopolítica do capitalismo. São Paulo: Boitempo, 2014.

FITZPATRICK, S. Animal morality: what is the debate about? *Biology and philosophy*, v. 32, n. 6, p. 1151-1183, 2017.

FLEAGLE, J. *Primate Adaptation and Evolution*. San Diego: Elsevier, 2013.

FOLEY, R. *Os humanos antes da humanidade*: uma perspectiva evolucionista. São Paulo: UNESP, 2003.

FRENCH, S. & JACK, A. Dehumanizing the enemy: the intersection of neuroethics and military ethics. In: WHETHAM, D. & STRAWSER, B. (Org.). *Responsibilities to protect: perspectives in theory and practice*. Leiden/Boston: Brill/Martinus Nijhoff, 2015, p. 169-195.

HARARI, Y. *Sapiens*: uma breve história da humanidade. Porto Alegre: L&PM, 2015.

JUNG, C. G. *O Eu e o Inconsciente*. Petrópolis: Vozes, 2015.

KEELEY, L. *War before civilization:* the myth of the peaceful savage. Oxford: Oxford University Press, 1996.

LIBET, B. Unconscious cerebral initiative and the role of the conscious will in voluntary action. *Behavioral and Brain Sciences*, v. 8, n. 4, p. 529-566, 1985.

MITHEN, S. *A pré-história da mente*: uma busca das origens da arte, da religião e da ciência. São Paulo: UNESP, 2002

NORDHAUSEN, M. & OLIVEIRA Filho, Paulo. Nós, primatas. In: NEVES, W. et al (Org.). *Assim caminhou a humanidade*. São Paulo: Palas Athena, 2015, p. 14-47.

RUSE, M. The biological sciences can act as a ground for ethics. In: Ayala, Francisco; Arp, Robert (Org.). *Contemporary debates in Philosophy of Biology*. Singapore: Wiley-Blackwell, 2010, p. 297-315.

SOON, C. et al. Unconscious determinants of free decisions in the human brain. *Nature Neuroscience*, v. 11, n. 5, p. 543-545, 2008.

STEUTER, E. & WILLS, D. 'The vermin have struck again': dehumanizing the enemy in post 9/11 media representations. *Media, War & Conflict*, v. 3, n. 2, p. 152-167, 2010.

STEVENS, A. *Archetype revisited:* an updated natural history of the Self. London: Routledge, 2002.

TOOBY, J. & COSMIDES, L. The theoretical foundations of evolutionary psychology. In: BUSS, D. (Org.). *The handbook of evolutionary psychology*. Vol. I. Foundations. Hoboken: Wiley and Sons, 2015, p. 3-87.

WRANGHAM, R. & PETERSON, D. *Demonic males*: apes and the origins of human violence. Boston: Mariner, 1996.

2
A Idade Clássica

A *pax grega*: sistema de *poleis* e Guerra do Peloponeso

Mário Maximo

O mundo grego antigo não conheceu um período de paz prolongada. Os gregos guerreavam frequentemente entre si e contra forças externas, a ponto de ter chegado a nós um adágio que professava: "De vez em quando a paz estoura entre os gregos". Não é possível exagerar a importância que a guerra possui na cultura helênica. Os gregos respiravam a guerra. Para verificarmos o peso do tema no pensamento clássico, basta lembrarmos que Platão introduziu a classe dos guardiões, logo no segundo livro da *República*, para defender a cidade de agressões externas[1]. Aristóteles, por sua vez, vinculou a virtude da coragem à fortaleza de se manter de pé, imperturbável, diante do perigo iminente da morte em batalha. Contudo, o tópico da guerra não seria inteligível sem sua contraparte, a paz. Se os gregos dedicaram a força do seu pensamento para desvendar a causa e a função da guerra, só o fizeram porque também se empenharam em pensar a paz.

Assim, neste texto, proponho um argumento sobre a paz a partir da experiência grega, em especial, com base no seu mais notável conflito, a Guerra do Peloponeso. O argumento pode ser sistematizado da seguinte forma: a despeito de a modernidade ter se esforçado para encontrar a explicação da paz em um "equilíbrio de poderes", esse arranjo é instável e a guerra irá irromper mais cedo

---

1. É necessário reconhecer, entretanto, que Platão inicia o raciocínio com uma versão idílica e pacífica da cidade-Estado (*pólis*). O abandono desta versão por uma que terá como vértice a proteção contra as ameaças externas ocorre somente após a introdução do luxo e do excedente. Seja como for, Platão dedica os oito livros restantes da "República" para explicar a formação, a função e a organização da classe dos guardiões. Não menos significativa é a inserção (já nas primeiras linhas!) do personagem Polemarco, que força Sócrates a acompanhá-lo. Polemarco afirma que, estando Sócrates numa posição mais fraca, terá que fazer o que ele diz. O nome Polemarco se traduz como "senhor da guerra" (*polemarchos*), e sua adição no momento inicial do diálogo revela que Platão tinha como preocupação central da sua obra magna o tema da guerra e da paz.

ou mais tarde. O pensamento clássico aponta corretamente, no meu entender, para a necessidade de conectar o tema da paz com a razão e com a virtude. Em outras palavras, na modernidade estamos habituados a pensar a paz como fruto de "estruturas" ou "instituições" que agem para frear impulsos e oferecer pesos e contrapesos à ação dos agentes. Todavia, o pensamento grego clássico explicita o conteúdo, digamos, "psicológico" do conflito: o papel da arrogância (*húbris*), da honra (*timé*) e da coragem (*andreia*). Como veremos, não se trata de diminuir a relevância da "estrutura" ou das "instituições", mas de afirmar que, sem a orientação da virtude, a balança de poder cederá espaço para um ciclo persistente de potências vitoriosas e derrotadas, intercalando-se indefinidamente. Nesse cenário, a paz não passa de um interregno entre guerras, como foi o caso do período entre a primeira e a segunda Guerra do Peloponeso[2], conhecido como "paz de trinta anos".

Portanto, para compreender por que a paz duradoura não foi alcançada pelo sistema grego de cidades-Estado (*poleis*) e por que Atenas e Esparta guerrearam de forma tão violenta, é preciso questionar o que é a própria paz e se ela não passa de um fino tecido que se rasga diante de qualquer tensão mais forte. Os gregos estão numa posição privilegiada para nos ajudar nesta reflexão, não apenas devido ao fracasso retumbante representado pela Guerra do Peloponeso, do ponto de vista da manutenção da paz, mas pela análise que o pensamento grego nos legou desta experiência.

O sistema das *poleis* no período clássico

O nascimento da *pólis* é geralmente identificado no oitavo século antes de Cristo.[3] Seu surgimento ocorre após uma "idade de trevas" grega, resultante do aniquilamento do Império Micênico. Nesse período obscuro, os gregos viram o comércio atrofiar, a população reduzir, a organização política de tipo palaciana desaparecer e, o que foi tido como o mais terrível, o conhecimento da linguagem escrita se perder. Essa fase sombria marca os gregos de várias formas, mas o desenvolvimento do sistema de *poleis* e do pensamento político associado a ele é, sem dúvida, o evento decisivo. Diferentemente da estrutura palaciana dos tempos micênicos, a *pólis* não se baseia em um núcleo de comando central, nem numa figura monárquica (o ánax ou o *basileus* homérico), mas em uma configuração descentralizada do poder (*arché*). Acompanhada dessa descentralização está a

---

[2]. A principal obra contemporânea sobre a Guerra do Peloponeso é a de Donald Kagan (2004). Outras obras importantes são de Hanson (2012) e Roberts (2017).

[3]. Todas as referências temporais no texto são ao período anterior a Cristo conhecido como "Grécia Clássica", que vai do oitavo ao quarto século antes da nossa Era.

própria noção de política, que coloca no espaço público o que antes estava reservado aos salões privados do poder. O que é de interesse da comunidade passa a ser visto como objeto de deliberação conjunta, racional, fruto do debate e da palavra, e não do arbítrio de um indivíduo soberano. Nas palavras de um classicista: "A cultura grega constitui-se, dando a um círculo sempre mais amplo – finalmente ao *demos* todo – o acesso ao mundo espiritual, reservado no início a uma aristocracia de caráter guerreiro e sacerdotal"[4].

A invenção da política como esse espaço aberto e deliberativo terá consequências decisivas para o tema da guerra e da paz. Afinal, as principais decisões a respeito do confronto são tomadas em assembleia, sejam elas influenciadas por generais ou por retóricos. Tucídides, por exemplo, relata como a eclosão da Guerra do Peloponeso ocorreu após um discurso inflamado do éforo Estenelaídas à assembleia espartana[5]. A despeito de o Peloponeso ser governado por uma oligarquia, os lacedemônios deliberaram e votaram pelo fim do tratado com Atenas e a favor da guerra[6].

Em suma, o que se deseja aqui destacar é que, com o nascimento da *pólis*, seja ela de maior ou menor participação popular (democrática como a Atenas de Péricles ou oligarca como Esparta), nasce também a política como diálogo, discurso e razão deliberativa. Platão expressa essa ruptura definitiva no diálogo "Leis", no qual afirma que há dois tipos fundamentais de constituições: a "monárquica", que predomina no Oriente, e a "democrática", que predomina entre os gregos. Todas as cidades são combinações imperfeitas de cada uma dessas duas constituições "mães", que Platão distingue justamente pela liberdade e pela participação nas decisões públicas[7]. Da mesma forma, Aristóteles constrói uma evolução histórica das organizações humanas no seu tratado da "Política". Segundo o estagirita, as primeiras comunidades emulam o formato de uma família e são monárquicas, com "reis heróis" que se destacam por sua virtude e que distribuem benesses para seus afiliados. Nesse cenário, o poder está concentrado nas mãos de uma figura central que o exerce monocraticamente. Na medida em que as comunidades avançam, a liberdade ganha corpo, a virtude floresce em outros homens e o poder naturalmente se descentraliza[8].

Portanto, o surgimento do sistema de *poleis* representa, no nível do pensamento, a compreensão da política como algo distinto do poder exercido privadamente

---

4. Vernant (2013, p. 55).
5. Guerra I. 86.
6. Guerra I. 88.
7. Leis III. 693 d-e.
8. Pol. III. 15. 1286b.

por um senhor. Esse tipo de poder passa a ficar reservado à casa (*oikos*): propriedades rurais nas quais o senhor exerce domínio direto sobre aqueles que não são cidadãos – as mulheres, os escravos e as crianças. Por contraste, a praça (ágora) e as refeições comuns (*syssitia*) são os lugares típicos da convivência política. Apesar de as *poleis* apresentarem grande diversidade, com mais de mil cidades-Estado diferentes, há uma notável integração cultural, linguística e religiosa entre elas. Essa homogeneidade é, em larga medida, resultado do sistema de *poleis* e sua forma interativa, baseada na palavra e na exposição das razões para se fazer isso ou aquilo (*logos*). É possível afirmar, por exemplo, que durante as guerras médicas, na primeira metade do século V, os gregos tinham maior unidade entre si do que os combatentes do Império Persa, mesmo que este conseguisse se organizar numa única entidade para a guerra. Ao contrário do que se possa imaginar, a forma unitária do poder persa não os unificava culturalmente. Por esta razão, a Guerra do Peloponeso é vista como uma tragédia por Tucídides, porque se trata de uma guerra fratricida, interna ao mundo grego, que convulsiona valores e rompe os laços civis (*stásis*)[9].

Contudo, antes de investigarmos o cataclismo que a Guerra do Peloponeso representou para o conjunto das *poleis* e tentarmos retirar as conclusões teóricas do conflito, é preciso observar uma consequência importante desse sistema grego. Como vimos, ao nascimento da *pólis* acompanham-se decisões propriamente políticas, isto é, debatidas e sentenciadas em comum. Isto torna as centenas de cidades-Estado da Hélade relativamente autônomas entre si, cada uma com seus próprios conflitos internos, suas facções e deliberações. É claro que as *poleis* mais poderosas influenciavam, ou mesmo determinavam diretamente, o destino das cidades menores. Os principais atores deste sistema foram inevitavelmente Atenas, Esparta, Tebas e Corinto, justamente os poderes que controlavam as maiores quantidades de terras agrícolas, o recurso econômico mais importante das sociedades pré-industriais. Atenas, por exemplo, se estendia pela península Ática, de cerca de dois mil e quinhentos quilômetros quadrados, e podia reunir um exército de dez mil hoplitas, enquanto uma *polis* típica poderia reunir, com sorte, um décimo disso. Entretanto, ao longo dos séculos, as alianças e o dinamismo interno do sistema de *poleis* garantiram que nenhum desses poderes titânicos engolisse a região como um todo, preservando a autonomia e a liberdade que marcaram a Hélade.

A explicação que Tucídides nos oferece da Guerra do Peloponeso, que se tornou notória, é precisamente o expansionismo ateniense que ameaçava destruir a relativa independência característica das *poleis*[10]. Os lacedemônios temiam que o

---

9. Guerra III. 82-85.
10. Os relatos da guerra registram que os peloponésios vitoriosos derrubaram as grandes muralhas atenienses que ligavam a cidade ao Pireu ao som de música e aplausos, tamanho era o regozijo na derrubada do Império Ateniense.

poder de Atenas se tornasse demasiado, fora de controle, ou, em luz do que foi exposto, apavoravam-se com a perspectiva do poder palaciano, arbitrário, imperial – o que significaria o fim da própria *pólis* e da ideia de política que lhe é própria. Como se sabe, isto afinal ocorre não com a ascensão ateniense, mas com Alexandre "O Grande" e a expansão Macedônica do quarto século.

Ao analisar o sistema de *poleis*, com sua autonomia relativa, muitos autores enxergaram uma situação arquetípica do que veio a ser chamado de "equilíbrio de poderes" e sua correspondente teoria da paz. Segundo esse raciocínio moderno, que busca inspiração na eminente explicação de Tucídides para a Guerra do Peloponeso, a paz é fruto de um mundo "multipolar" no qual os poderes se contrabalanceiam. Em outras palavras, nenhum ator tem a capacidade de impor seus desejos aos demais nem sequer ameaça fazê-lo. Esse cenário, argumentam, conduziria as unidades políticas ao acordo, sem que os conflitos escalassem para a guerra. Assim, nesta leitura, Atenas e Esparta estavam numa "balança de poder" e se equilibravam numa série de tratados e alianças. A guerra eclode quando a balança pende perigosamente para um dos lados e o outro revida com agressividade.

Não há dúvida de que essa teoria encontra, mesmo que superficialmente, eco na obra de Tucídides e nos acontecimentos da Guerra do Peloponeso. Porém, defendo que as razões para a paz são mais densas e potencialmente mais duradouras do que a mera estrutura de relação entre os Estados. Pode parecer um truísmo, mas é preciso ter em mente que a paz é alcançada quando se quer a paz. É muito frequente, principalmente para nós modernos, supormos que a paz é sempre desejável, mas a história dos conflitos e a própria natureza aberta da política, que apresentamos nesta seção, nos mostram que isto não é verdade.

Para que possamos estudar as teorias da paz que o sistema de *poleis* nos ajuda a construir, é preciso, primeiro, examinar a sua maior crise, quando a estabilidade da Hélade deu lugar à doença, ao fogo, à morte e à destruição.

A Guerra do Peloponeso

O sistema de *poleis* entrou em declínio no último terço do século V, com a invasão dos peloponesos à Ática em 431 a.C. O início da guerra ocorreu no auge do poder ateniense. Não apenas Atenas tinha derrotado um exército persa inúmeras vezes maior do que o seu na batalha de Maratona em 490 a.C., como dedicou as décadas seguintes para construir uma série de monumentos que simbolizavam seu poder (sendo o Partenon o mais emblemático deles). Junto a essas obras majestosas, há o avanço propriamente militar, com a construção das muralhas que ligavam a cidade ao Pireu, com 28 quilômetros de extensão, e o desenvolvimento de uma abundante frota de trirremes.

As conquistas intelectuais são igualmente notáveis: a filosofia de Anaxágoras e Sócrates, o movimento sofista de Protágoras, o teatro de Ésquilo, Sófocles, Eurípides e Aristófanes e a escrita da história de Heródoto e do próprio Tucídides. O sucesso ateniense se manifesta também pela expansão do seu "modo de vida", em especial, sua organização política radicalmente democrática. Ao longo do século, um número cada vez maior de *poleis* passou a copiar a democracia ateniense: "O 'atenianismo' foi o primeiro exemplo de globalização do mundo ocidental. Havia um nome especial para o expansionismo ateniense na língua grega, *attikizô*, 'aticizar', significando tornar-se como os atenienses ou se juntar a eles"[11]. Assim, não surpreende que, às vésperas da guerra, o líder espartano Arquídamo acreditasse que Esparta diminuía diante do agigantamento da Atenas de Péricles.

A Grande Guerra do Peloponeso (ou a Segunda Guerra do Peloponeso) começou após a interrupção de um tratado de paz que estava previsto para durar o dobro do tempo que efetivamente durou, o que revela a tensão dominante na região. A Primeira Guerra do Peloponeso (460-445 a.C.) não registra conflitos diretos entre Atenas e Esparta, sendo o que nós chamaríamos atualmente de uma "guerra por procuração", na qual poderes menores se digladiam influenciados pelos interesses das potências maiores. O conflito direto eclode quando Esparta, pressionada por seus aliados, decide invadir a península Ática e pôr um fim nas diversas interferências atenienses na região.

À essa altura, Atenas exercia domínio no mar Egeu e influenciava os acontecimentos de todas as colônias gregas no seu entorno, o que era profundamente amedrontador para Esparta, um poder terrestre que não compreendia a extensão ou o funcionamento de um poder eminentemente marítimo. A realidade atingiu os lacedemônios quando estes perceberam que suas campanhas de invasão da Ática eram inúteis. Os atenienses permitiram que os espartanos marchassem por suas terras, destruíssem suas plantações e bloqueassem as estradas, pois nada disso se traduzia numa vantagem expressiva. O plano ateniense posto em prática era migrar a população rural para dentro das grandes muralhas recém-construídas e exercer o controle do mar, o que lhes permitiria contra-atacar a península do Peloponeso pelo litoral e manter os fluxos comerciais.

Essa é a estratégia inicial dos dois lados do conflito: Esparta pretendia obter uma vitória tradicional, no campo de batalha, com seus superiores hoplitas, enquanto Atenas visava refugiar-se dentro de suas muralhas, controlar os mares e enfraquecer o inimigo ao longo do tempo com ataques pontuais. É difícil de saber o que teria ocorrido se essas estratégias tivessem sido desenvolvidas até sua conclusão. É possível que o impasse tivesse conduzido a novos acordos de paz,

---

11. Hanson (2012, p. 34).

sem que o mundo grego fosse arrastado ao caos por décadas. Contudo, logo no segundo ano de guerra (430 a.C.), uma praga (*nosos*) terrível abateu Atenas. Não sabemos exatamente o que ocorreu, mas é razoável imaginar que a doença tenha relação com a quantidade imensa de refugiados rurais na cidade, o que colapsou a infraestrutura de moradia, saneamento, transporte etc. A descrição que Tucídides faz da praga, da qual ele mesmo foi acometido, é atemorizante:

> Externamente o corpo não parecia muito quente ao toque; não ficava pálido, mas de um vermelho forte e lívido, e cheio de pequenas bolhas e úlceras; internamente, todavia, a temperatura era tão alta que os doentes não podiam suportar sobre o corpo sequer as roupas mais leves ou lençóis de linho, mas queriam ficar inteiramente descobertos e ansiavam por mergulhar em água fria – na realidade, muitos deles que estavam entregues a si mesmos se jogavam nas cisternas – de tão atormentados que estavam pela sede insaciável; e era igualmente inútil beber muita ou pouca água[12].

Tucídides estima que um terço do exército ateniense morreu com a doença e que as perdas decorrentes da praga foram muito maiores do que as de qualquer batalha. Apesar de a doença ter retornado apenas uma única vez, em 426 a.C., e numa versão mais fraca, a memória de milhares de corpos se amontoando em piras funerárias nunca abandonou os atenienses. Se considerarmos que as mortes na população em geral são similares às do exército, ou seja, em torno de um terço, os números são grotescos: cem mil pessoas morreram num espaço de poucos meses.

A doença legou dois efeitos de cunho moral cuidadosamente sublinhados por Tucídides. Primeiro, a praga deixou os atenienses com uma sensação de imediatismo, de urgência, como se a vida estivesse em seu último fio. Isto causou uma disrupção nas leis, nos costumes e nas instituições. Qualquer arranjo pensado para o longo prazo perdeu sua legitimidade e apenas o "aqui" e o "agora" passaram a ter espaço: "Todos resolveram gozar o mais depressa possível todos os prazeres que a existência ainda pudesse proporcionar, e assim satisfaziam os seus caprichos, vendo que suas vidas e riquezas eram efêmeras"[13].

Em segundo lugar, aqueles que sobreviveram se sentiram especialmente acolhidos pela boa sorte, como se fossem dotados de um destino grandioso. Foram dominados pela arrogância (*húbris*) e, a partir dali, ações imprudentes e decisões descabidas passaram a ser mais comuns. Nenhuma figura representa melhor essa *húbris* do que Alcibíades e a expedição à Sicília (415-13 a.C.), cujo fracasso selou a derrota ateniense na guerra. Péricles, o símbolo maior da moderação e da pru-

---

12. Guerra II. 49.
13. Guerra II. 53.

dência, que havia aconselhado aos atenienses a estratégia defensiva, morreu tragicamente da praga, logo no início da guerra. Sucedeu-lhe a geração de Alcebíades, arrogante, vaidosa e ansiosa:

> De fato, ele [Péricles] havia aconselhado os atenienses a manterem uma política defensiva, a cuidarem de sua frota e a não tentarem aumentar o seu império durante a guerra. Eles, porém, agiram contrariamente a tudo isto e, mais ainda, em assuntos aparentemente alheios à guerra foram levados por ambições pessoais e cobiça a adotar políticas nocivas a si mesmos e aos seus aliados; enquanto produziram bons resultados, tais políticas trouxeram honras e proveito somente a cidadãos isolados, mas quando começaram a fracassar foram altamente prejudiciais a toda a cidade na condução da guerra[14].

A morte de Péricles deve ter sido um choque brutal para os atenienses. Amigo do filósofo Anaxágoras e do sofista Protágoras, promotor da grandeza ateniense, orador extraordinário e líder político da cidade durante os trinta anos anteriores, Péricles expressava o significado da razão prática (*phrônesis*) em suas ações. Aristóteles, por exemplo, o utilizará como exemplo do homem prudente (*phrônimos*)[15]. Todavia, não é apenas a praga e a morte de Péricles que escalam o conflito e arrastam os gregos à entropia do seu próprio sistema.

Igualmente importante é a forma como a guerra foi conduzida a partir desse ponto. Os 27 anos da guerra do Peloponeso são dominados por assassinatos, escaramuças, traições e genocídios. Durante as décadas do conflito, os valores gregos associados à morte em batalha foram progressivamente substituídos pelo mero ardil. Não surpreende, portanto, que personalidades como Alcebíades, com suas artimanhas e arapucas, tenham ascendido meteoricamente nesse período. A Guerra do Peloponeso é o momento em que os gregos perdem de vista a diferença entre combater hoplitas no campo de batalha e assassinar civis. É quando o sistema de *poleis* passa a ignorar a distinção entre a diplomacia e o simples uso da força e trata como equivalentes a ambição e o que é próprio.

Assim, a narrativa de Tucídides para a guerra não é motivada somente pelo medo dos lacedemônios diante do crescimento ateniense, mas é principalmente propiciada pela decadência moral do sistema das *poleis*. A guerra é fruto de decisões humanas e, portanto, há sempre uma interpretação de como o conflito se relaciona com o bem. Por mais que Tucídides aponte que o expansionismo ateniense "forçou" os espartanos a agir, ele também sublinha ao longo de todo o texto o vício dos personagens envolvidos. Nossa sensibilidade moderna tende a

---

14. Guerra II. 66.
15. EN VI.5 1140b5-10.

destacar o primeiro fator, mas é certo de que o segundo exerce papel essencial na narrativa. Afinal, o expansionismo ateniense foi causado, em primeiro lugar, por uma ambição desmedida (*húbris*). Ademais, a situação se degenerou ao longo do conflito até se tornar irreparável. O sistema de *poleis* jamais voltou a se reestruturar, tendo os espartanos implodido sua própria liderança logo após a vitória na Guerra do Peloponeso. Conclui-se que os vitoriosos, em verdade, também pertenciam ao grupo dos derrotados.

Para compreender qualquer guerra, é preciso ver com clareza as motivações envolvidas, como Tucídides nos aconselha a fazer. Tanto atenienses quanto espartanos lutavam por motivos moralmente equivocados. Aqueles guerreavam por ambição; estes, por medo. Há outras razões para a batalha. As Guerras Médicas, por exemplo, nos oferecem um contraste fabuloso. Nelas, os gregos lutaram unidos e em defesa do seu sistema político, que preconizava a autonomia e a liberdade. Entretanto, não são somente os motivos do conflito que importam, mas a forma de lutar. Enquanto nas Guerras Greco-Persas os gregos combateram com seus hoplitas em campo aberto, como nas batalhas de Maratona e Plateia, na Guerra do Peloponeso os confrontos foram de natureza sombria, evasiva e tortuosa.

Modernamente, tendemos a pensar que as guerras são iguais: ou igualmente condenáveis, se assumirmos uma posição pacifista, ou igualmente motivadas por interesses particulares, se assumimos uma posição cínica. Se, por outro lado, procuramos entender a diferença entre as guerras, de motivação e forma, veremos que a Guerra do Peloponeso representou uma ruptura decisiva no mundo grego.

Na Grécia clássica, os hoplitas guerreavam lado a lado, com o escudo de cada soldado protegendo o companheiro ao lado. Os generais não ficavam sentados à distância, gritando ordens e observando as movimentações, mas combatiam nas fileiras da frente, à direita, justamente o lado que é responsável por romper as forças inimigas numa falange. Dessa maneira, a formação da infantaria grega era um esforço coletivo, de confiança e unidade, que emulava em campo de batalha os ideais políticos da Hélade. Igualmente, o combate marítimo devia ser conectado com o avanço dos valores democráticos. Os marinheiros frequentemente vinham das parcelas mais pobres da população, que não podiam comprar os instrumentos custosos da guerra, como o escudo, a armadura ou o elmo. Assim, a superioridade do poder naval legitimava as classes despossuídas porque dava ao marinheiro, que tinha apenas a força do seu braço, a mesma importância militar que um hoplita armadurado com uma onerosa placa de metal. Quando a batalha naval é substituída por ardis e maquinações, esse símbolo democrático que é o trirreme dá lugar ao sussurro traiçoeiro. Portanto, quando a forma de lutar não representa mais os valores políticos gregos, é porque o próprio sistema de *polei* se encontra em declínio.

Esse declínio do final do século V pode ser visto nas investigações incessantes de Sócrates, que perguntava incansavelmente aos seus compatriotas o que estavam fazendo com suas vidas e os conclamava à virtude. Sócrates lutou em diversas batalhas da guerra do Peloponeso, inclusive, numa das mais terríveis, a de Délion, na qual Atenas sofreu uma de suas derrotas mais sangrentas. Segundo consta, Sócrates salvou o jovem Alcebíades em outra batalha, de Potideia, um pouco antes do início da guerra, e, em Délion, não capitulou mesmo diante da derrota ateniense.

Sem dúvida, Sócrates era um observador astuto do expansionismo de sua cidade natal, que dominou o cenário político durante toda a sua vida. Crítico feroz da arrogância ateniense, Sócrates se exasperava ao ver que os cidadãos do império se preocupavam mais com o acúmulo de suas riquezas e com a glória em batalha do que com a virtude. Não há testemunho mais claro dessa decadência moral, seja de Atenas, seja do mundo grego em geral, do que o oferecido por Sócrates na "Apologia". Como se sabe, Sócrates foi acusado de impiedade e de corromper a juventude. Contudo, em sua famosa defesa, Sócrates afirma que não é ele o corrupto, mas que, ao contrário, ele apenas revela a corrupção e a ignorância que estão por toda parte: nos poetas, nos artífices e nos políticos.

> Porque a verdade, segundo penso, nenhum se atreve a confessar: que todos eles se revelaram simuladores de sabedoria, quando, de fato, nada sabem. E por serem ambiciosos, é o que imagino, e arrebatados, e por constituírem multidão, além de se organizarem sob esse aspecto e de serem hábeis em persuadir, há muito encheram-vos os ouvidos com suas assacadilhas a meu respeito. Desses tais é que provêm as acusações de Méleto, Ânito e Lico formuladas contra mim: Méleto, infenso à minha pessoa por causa dos poetas; Ânito, como porta-voz dos artesãos e dos políticos, e Lico, aliado aos oradores[16].

O tema da decadência moral está presente na obra platônica como um todo. No oitavo e nono livros da "República", por exemplo, Platão explica que a queda dos regimes políticos ocorre por causa do seu fracasso moral. A timocracia, regime baseado na honra e que Platão identifica com Esparta, se degenera porque, com o tempo, a busca pelo prestígio sem a compreensão adequada da sua causa gera a avidez por dinheiro. Isto ocorre já que o dinheiro passou a ser visto como um substituto aceitável aos grandes feitos e, por si só, conferidor de notoriedade a quem o possui. Por sua vez, o regime democrático, de sua própria *pólis* Atenas, se degenerou, segundo Platão, pelo valor exacerbado dado à liberdade, que se corrompeu numa espécie de licenciosidade.

---

16. Apologia X. 23d-24b.

Nesse tipo de constituição, todos podem fazer o que bem entendem e a igualdade presumida entre os cidadãos elimina diferenças substanciais de conhecimentos, habilidades e virtudes. Aristóteles, já no século IV, registra a mesma ruína moral que atinge as *poleis*. Segundo ele, a maioria das *poleis* são oligarquias (Esparta) ou democracias (Atenas) e as duas fracassam porque tendem a excessos. No primeiro caso, os afortunados com riqueza, força, beleza etc. governam em benefício próprio e desprezam os demais. Estes não sabem ser governados, porque se reconhecem apenas como os únicos dignos e capazes. Na democracia, por outro lado, os desafortunados governam, mas não sabem fazê-lo, porque, acostumados com a penúria, não desenvolveram a razão como a parte que exerce autoridade na alma. Desse modo, impera a inimizade política tanto na oligarquia quanto na democracia e as facções dos ricos e dos pobres se digladiam pelo poder nas suas respectivas *poleis*.

> É, pois, em virtude de uma situação assim que se forma uma cidade de servos e de senhores, não uma cidade de homens livres, uma cidade em que uns têm inveja e outros revelam desprezo, sentimentos, de resto, muito distantes do que deve ser a amizade e a comunidade política[17].

Dessa forma, conclui-se que a manutenção da paz e a eclosão da guerra devem ser interpretadas segundo os termos da virtude. Não há, com isso, qualquer sugestão de que a paz seja sempre o caminho virtuoso, o que seria um acinte ao pensamento grego. Como vimos, não é tanto a escolha ou não pelo conflito que norteia a questão, mas as motivações envolvidas na batalha: a ambição, o medo, o desejo pela liberdade etc. Por fim, gostaríamos de oferecer uma investigação mais detalhada das motivações para a paz na experiência grega clássica, da formação das *poleis* até seu declínio na Guerra do Peloponeso.

A paz no pensamento grego clássico

Como vimos, uma teoria para explicar a paz, inspirada em Tucídides, é a "balança de poder", segundo a qual a paz é alcançada quando há um equilíbrio fino entre as unidades políticas autônomas (como as *poleis*). Isto significa que nenhum dos entes do sistema possui poder para impor sua vontade sobre os demais, o que os força a negociar e solucionar suas divergências pelo caminho do discurso racional (*logos*). Em contrapartida, a paz é encerrada quando um dos elementos cresce em poder e ameaça desequilibrar a balança para um dos lados, o que provoca uma reação nos demais agentes.

---

17. Pol. IV.11 1295b20-25.

Em passagem frequentemente citada, explica Tucídides: "A causa mais verdadeira, embora menos declarada, é, penso eu, que os atenienses, tornando-se poderosos, inspiraram temor aos lacedemônios e os forçaram a lutar"[18]. Entretanto, como investigamos na seção anterior, essa teoria deixa em aberto um fator essencial: por que os atores políticos, indivíduos ou Estados, desejam impor suas vontades uns sobre os outros. Em outras palavras, é preciso questionar o desejo de glória, se quisermos compreender a natureza da paz. Do contrário, caso o desejo de glória seja percebido como uma constante, qualquer balança de poder será frágil e, portanto, transitória, como o foi a Paz de Nícias durante a Guerra do Peloponeso[19].

Por conseguinte, uma teoria da paz animada pelo legado grego clássico deve superar a ideia de que o exercício do poder é necessariamente arbitrário, fruto de um permanente desejo de glória. É forçoso investigar o desejo dos agentes, não pela glória, mas pelo bem e pela justiça. Esse é o ponto que move a obra máxima de Platão, a "República". Não é exagero afirmar que o objetivo de Platão na "República" é refutar definitivamente o argumento de Trasímaco, que representa o movimento sofista como um todo. Ou melhor, refutar o argumento sofista na sua versão mais forte, a que é apresentada por Glaucon por meio da lenda do anel de Giges[20].

O argumento a ser refutado pode ser assim resumido: os homens apenas aparentam desejar o bem e a justiça, mas, na verdade, desejam apenas a glória. Se eles pudessem cometer injustiças sem serem descobertos e, portanto, sem sofrer as consequências da lei (como a invisibilidade conferida pelo anel na lenda), os homens não se preocupariam com o bem ou com a justiça e fariam de tudo para acumular o máximo de glória possível – riquezas, prestígio, posições de mando etc. Isto significa que o bem e a justiça só funcionam como convenções estabelecidas por lei (*nómos*) e não possuem substância em si.

Sócrates, diante desse desafio monumental, visa demonstrar que o bem e a justiça são desejáveis por si mesmos. Seu raciocínio, penso, deve ser utilizado para fundamentar uma teoria da paz. Sócrates prossegue da seguinte forma: o bem e a justiça são desejáveis por si mesmos, e não a glória, porque conciliam o homem

---

18. Guerra I. 23.
19. A Paz de Nícias foi um tratado acordado durante a Guerra do Peloponeso, em 421 a.C., após Atenas e Esparta exaurirem muitos dos seus recursos em batalhas que não conduziam a uma conclusão clara do conflito. O tratado, contudo, não lidou com as verdadeiras causas da guerra e foi formalmente abandonado em 414 a.C.
20. República II. 359a-367e. Segundo a lenda, um pastor encontra um anel de ouro dentro de uma cratera após um terremoto. Ao ajustar o anel no dedo, ele percebe que a joia o torna invisível. Em posse do poder da invisibilidade, o pastor seduz a rainha e, com a ajuda dela, mata o rei, tornando-se o novo monarca do reino.

com aquilo que ele é – uma estrutura anímica com o *lógos* no topo. Aristóteles, seguindo o mesmo raciocínio socrático, explica-nos que a glória e todos os seus apetrechos são alvos indefinidos. Eles não são objetos adequados do desejo porque são recursivos, ou seja, há sempre uma nova terra a se conquistar, um novo povo a submeter etc. O prestígio ou o status são adequados quando se faz algo de bom e, portanto, estão determinados pelo bem e pela justiça. Em outras palavras, não é o prestígio em si que se deve buscar, mas a virtude[21].

A relação com o tema da paz é evidente. Não que a paz se confunda com o bem e com a justiça. Já vimos que a ação virtuosa por vezes significa defender com a própria vida valores que são fundamentais, como a liberdade. Contudo, sendo o bem e a justiça desejáveis por si mesmos, e não a glória, a orientação moral do conflito muda por completo. É estabelecida uma linha de causalidade. Em primeiro lugar, a guerra deve objetivar a paz, e não os interesses materiais, a fama ou o que quer que seja, que agrupamos em torno da expressão "desejo de glória". Segundo, a paz deve objetivar o bem e a justiça, ou seja, a vida de acordo com a virtude, e não a inação ou a passividade. Por fim, o bem explica a si mesmo, porque é a única etapa da cadeia que não exige nenhuma motivação extra.

Essa explicação em termos de desejos pode atrair um olhar desconfiado, pois estamos acostumados com a explicação moderna de que os agentes respondem a ameaças e a "pressões sistêmicas". Todavia, o pensamento clássico é inequívoco em afirmar que é no desejo que devemos procurar a explicação para a paz e para a guerra. Incontáveis batalhas já ocorreram, e continuarão a ocorrer, porque determinado indivíduo proeminente ou um povo orgulhoso não quis parecer "fraco" ou "humilhado" diante de seus pares. Para citar apenas um exemplo da Guerra do Peloponeso, a Batalha de Plateia (429-427 a.C.) não é explicável em termos estratégicos ou táticos. Os espartanos levaram anos sitiando Plateia para conquistar uma *pólis* pequena, sem nenhuma importância concreta para a guerra, somente para não figurarem como fracos diante de seus aliados e, principalmente, de seus subalternos.

Ademais, a teoria moderna da "balança de poder", ao observar apenas a correlação de forças entre os entes, admite como uma circunstância possível uma estrutura "unipolar". Nessa teoria, como vimos, o equilíbrio pode ser atingido com unidades autônomas competitivas, mas também através de uma unidade hegemônica. Neste caso, um elemento do sistema possui uma posição de poder inconteste e, portanto, há equilíbrio (paz) porque não há ameaça. O poder hegemônico governa

---

21. EN I. 5 1095b20-30.

unidades menores no que poderíamos chamar de uma "paz do vencedor". Segundo a análise sistêmica, esse equilíbrio produzido pelo poder hegemônico pode ser, inclusive, considerado mais estável do que o equilíbrio competitivo, porque não há riscos de a balança pender para um lado ou para o outro. Desse modo, a teoria da "balança de poder" não distingue essencialmente os dois tipos de equilíbrio. Ela os diferencia apenas quanto à propriedade da estabilidade.

Ora, as duas situações, mesmo que possam ser descritas como equilíbrios, são circunstâncias muito diferentes, e a perspectiva clássica nos ajuda a explicar o porquê. Se a paz deve servir ao bem e à justiça, e a boa vida é uma vida autônoma, não há paz verdadeira sem autonomia. O poder hegemônico não é fundamento para a paz porque haverá sempre o surgimento de um poder alternativo que contestará a hegemonia estabelecida. Foi o que ocorreu com o fim da Guerra do Peloponeso, quando os espartanos se viram como o poder incontestável do mundo grego, após a derrota de Atenas. Logo em seguida, seus antigos aliados em Tebas os contestaram e os venceram numa nova guerra, liderados pelo lendário general tebano Epaminondas[22].

Esta é, sem dúvida, a contribuição mais importante do pensamento grego vinculado ao sistema de *poleis*: a realidade é composta de contrários. Aristóteles nos relata na *Metafísica* que há um consenso no pensamento grego de que o "ser" é feito de contrários, seja o quente e o frio, seja o determinado e o indeterminado, ou, ainda, a amizade e a discórdia[23]. Não há possibilidade de "unipolaridade" porque, se determinado polo elimina o outro da relação, ele perde seu próprio sentido. Só é possível falar do "ser" quando se faz menção ao "não ser".

A multiplicidade do sistema de *poleis* revela no âmbito político o mesmo que se percebe na realidade enquanto tal, quer dizer, o estabelecimento de uma unidade absoluta destrói o que quer que ela que seja. Isso não significa que a unidade seja incompreensível e que nós estamos condenados à diferença, à divergência e ao conflito. Como no sistema de *poleis*, a unidade está contida na multiplicidade e é justamente nisso que consistem o "bem" e a "justiça": enxergar a unidade na multiplicidade. Assim o sendo, a paz não é um equilíbrio de forças opostas. A isso dá-se o nome de guerra iminente. Da mesma forma, a paz não é o domínio de um poder hegemônico, monárquico, como os *basileus* do Império Micênico. A isso dá-se o nome de submissão. A paz é o tempo dedicado ao que há de comum em nossas múltiplas existências.

---

22. As guerras Tebanas-Espartanas (378-362 a.C.) encerraram a hegemonia lacedemônia na Grécia e estabeleceram, por um breve período, a liderança de Tebas. Os tebanos, por sua vez, viram sua hegemonia desaparecer com a súbita ascensão da Macedônia de Felipe II e Alexandre.
23. Met. IV.2. 1004b-1005a.

Referências

ARISTÓTELES. Ética a Nicômaco. Tradução e notas de Antônio de Castro Caeiro. 2. ed. São Paulo: Forense, 2017.

_____. Política. Tradução e notas de Antônio Campelo Amaral e Carlos de Carvalho Gomes. Lisboa: Vega Editora, 1998.

_____. Metafísica. Tradução de Valentín García Yebra. Madrid: Gredos, 1998.

HANSON, V. Uma guerra sem igual: como atenienses e espartanos lutaram na guerra do Peloponeso. Tradução de Maria Lúcia de Oliveira. Rio de Janeiro: Record, 2012.

KAGAN, D. The Peloponnesian War. Nova York: Penguin Books, 2004.

PLATÃO. Apologia de Sócrates. Tradução de Carlos Alberto Nunes. 3. ed. revista e bilíngue. Belém: ed.ufpa, 2015.

_____. Laws. Tradução, introdução e comentários de Trevor Saunders. Nova York: Penguin Classics, 2004.

_____. República. Tradução e organização de Jacó Guinsburg. São Paulo: Editora Perspectiva, 2010.

ROBERTS, J. The Plague of War: Athens, Sparta, and the Struggle for Ancient Greece. New York: Oxford University Press, 2017.

TUCÍDIDES. História da Guerra do Peloponeso: Livro I. Tradução, apresentação e notas Anna Lia Amaral de Almeida Prado. 3 ed. São Paulo: Editora Martins Fontes, 2013.

_____. História da Guerra do Peloponeso. Tradução de Mário da Gama Kury. 4. ed. Brasília: Editora Universidade de Brasília; Instituto de Pesquisa de Relações Internacionais; São Paulo: Imprensa Oficial do Estado de São Paulo, 2001.

VERNANT, J-P. As origens do pensamento grego. Tradução de Ísis Borges B. da Fonseca. 21. ed. Rio de Janeiro: Difel, 2013.

A *pax romana*: conquista, império e projeto universal

José Luís Fiori

> Empire has always tended to be the political face of a great civilization or at least of a culture off far more than purely local significance. The civilization itself has often been, in part anyway, the embodiment of some great religion. In Roman eyes, the Roman Empire was a universal monarchy: it encompassed the whole globe, or at least all of it that was worth bothering about [...]. The adoption in the fourth century of Christianity, a world religion which recognizes no ethnic or cultural borders, could only increase the Roman imperial sense of universalism.[1]
>
> Lieven (2000, p. 9).

Introdução

O primeiro grande "tratado de paz" da História, entre o Egito e o Império Hitita, foi assinado em 1259 a.C. pelo faraó Ramsés II e pelo rei Hatusil III, depois da Batalha de Kadesh, travada às margens do rio Orontes, atual território da Síria. A "paz de Kadesh" ocupa lugar importante na história final do primeiro "sistema mundial" que reuniu e integrou, em um mesmo conjunto articulado de relações comerciais, diplomáticas e bélicas, várias cidades, reinos e impérios da Mesopotâmia, Ásia Menor e Norte da África, durante um período de cinco séculos – entre 1700 e 1200 a.C., aproximadamente. Depois disso, entretanto, esse sistema entrou em crise, se desintegrou e desapareceu subitamente. E não existe até hoje uma explicação convincente para esse fenômeno de fragmentação, desintegração e en-

---

1. "O império foi quase sempre a face política das grandes civilizações, ou, pelo menos, de culturas que transcenderam sua dimensão puramente local. A civilização, por sua vez, também foi muitas vezes a corporificação de grandes religiões. Aos olhos dos romanos, o Império Romano era uma monarquia universal que incluía todo o globo, ou pelo menos tudo aquilo que valia a pena [...]. E a adoção do Cristianismo no quarto século, uma religião que não reconhecia nenhuma fronteira étnica ou cultural, só poderia ter aumentado o sentido imperial do universalismo romano".

tropia coletiva de todos os grandes poderes territoriais que existiam então naquela região. Desintegração que foi seguida pela primeira grande "idade das trevas", que durou quatro séculos, entre 1200 e 800 a.C.[2].

Foi só depois desse "período das trevas" que se iniciou a história dos "grandes impérios antigos", que durou aproximadamente 1.600 anos, entre 800 a.C. e 800 d.C.[3] Sucederam-se de forma quase regular os impérios dos assírios, dos medos, dos neobabilônicos, dos persas, dos gregos, dos macedônicos, dos selêucidas, dos ptolomaicos e, finalmente, o Império Romano. De forma paralela, mas inteiramente independente, também se desenvolveu no mesmo período a longa guerra dos "estados combatentes", que culminou na formação do Império Chinês, primeiro sob a Dinastia Qin, no ano 221 a.C., e depois sob a dominação da Dinastia Han, entre 206 a.C. e 220 d.C. No Ocidente como no Oriente, esta foi uma longa história de guerras e pazes, mais de guerras do que de pazes. Por isso mesmo, o que passou para a história como um fato notável foi a duração, a legitimidade e o sucesso da *Pax Romana*[4], um longo período de quase 200 anos na história do império em que quase não houve grandes guerras, entre os anos 28 a.C. e 180 d.C.

Este artigo não é um texto de História nem se propõe a oferecer alguma nova interpretação da história do Império Romano ou do período da *Pax Romana*. Propomos uma reflexão sobre o tema da "paz", com base na história do período em que os romanos conseguiram pacificar sua relação com seus povos periféricos e vassalos, e também com seus estados competidores, em particular o Império Persa. Nossa reflexão começa por uma apresentação sintética da história romana, antes e depois do seu grande "período de paz", para, posteriormente, destacar alguns traços específicos do seu poder imperial. Em seguida, sugerimos algumas

---

2. "Por razões bastante discutidas por eruditos, esse período impressionante de integração, expansão e política foi interrompido de maneira abrupta. Da mesma forma que, de repente, todo o sistema que surgiu no século XV a.C., ele se desmantelou quase por completo no início do século XII a.C." (Lieven, 2000, p. 51).

3. "A Era dos Antigos Impérios, aquela sucessão amplamente ininterrupta de impérios que se estendeu do século VIII a.C. até o século VIII d.C., não surgiu *ex nihilo*, do nada. Quando a era se iniciou, um longo histórico de cidades, Estados, reinos e até mesmo alguns impérios já haviam estabelecido seu curso – uma história rica com quase o dobro da Era dos Antigos Impérios em si. Antes disso, houve um período indefinido e muitas vezes mais longo de colonização humana 'pré-histórica'. A Era dos Antigos Impérios foi construída sobre alicerces muito antigos" (Cline & Graham, 2012, p. 30).

4. Expressão que foi cunhada pelo historiador inglês Edwrad Gibbon (1737-1794), na sua obra clássica *A História do Declínio e Queda do Império Romano*, publicada em 1788, para referir-se ao período da história romana que se inicia quando Augusto, em 28 a.C., declarou o fim das guerras civis e das guerras de conquista e que durou até o momento da morte do imperador Marco Aurélio em 180 d.C.

lições que podem ser extraídas da experiência romana, para iluminar a discussão sobre a paz dentro do sistema de Estados nacionais inventados pelos europeus na altura dos séculos XVII e XVIII. Propomos, então, um paralelo entre a "paz dos impérios antigos", de Roma em particular, com o novo desafio da "paz entre as civilizações", no início do século XXI.

Por fim, com base nessa experiência histórica, analisamos alguns limites de todo e qualquer projeto de paz, assumindo de forma explícita que a paz é uma grande utopia moral que vem mobilizando a humanidade, desde o momento em que a própria paz passou a ser valorizada como um objetivo ético pelo universalismo cívico dos estoicos romanos e pelo universalismo religioso dos primeiros cristãos. Pelo menos durante o período em que os cristãos foram pacifistas radicais, até o momento em que começaram a perseguir e matar os hereges e passaram a defender a necessidade das "guerras santas" para converter ou matar pagãos[5].

Um breve relato histórico

O primeiro aspecto que chama atenção na história de Roma é sua longevidade, e o segundo é sua permanência, ou melhor, a permanência de seus traços fundamentais e de sua identidade cultural e civilizatória, através de tantos séculos, guerras e rupturas e de tantos governos e regimes políticos. Uma história de dois mil e duzentos anos, que começa com a fundação da cidade de Roma, em 753 a.C., e se estende até o fim do Império Romano do Oriente e do Império Bizantino, depois da queda da cidade de Constantinopla, ocupada pelas tropas turco-otomanas, no ano de 1453. No entanto, é mais comum atribuir o fim do Império Romano à queda de seu último imperador ocidental, Rômulo Augusto, em 476 d.C., ou ainda ao fracasso da última tentativa de reconquista de seu território ocidental pelo imperador bizantino Justiniano I, entre 527 e 565 d.C.

Existe muito pouca documentação sobre o "período monárquico" da história de Roma, entre os anos 753 e 509 a.C. Mas costuma atribuir-se ao segundo rei desse período, Numa Pompílio (716-674 a.C.), a invenção da religião romana e ao rei Sérvio Tulio (578-534 a.C.) a criação do exército, dos censos e das tribos que serviram de base para a organização da vida política de Roma, mesmo depois da deposição do último dos sete reis, Tarquínio, o Soberbo (534-509 a.C.), que foi deposto e expulso da cidade de Roma, antes da fundação da República. O "período republicano", por sua vez, durou quase quinhentos anos, de 509 a.C. até a data da fundação do império, em 28 a.C. Nesse período, Roma construiu seu sistema jurídico e suas instituições políticas fundamentais, em meio a uma

---

5. Santo Agostinho (2016).

sucessão de guerras civis e de grandes guerras de conquista[6], que estenderam seu domínio sobre o Mediterrâneo, o Norte da África e a Ásia Menor e definiram quase todas as suas fronteiras, antes mesmo da criação do Império no ano de 28 a.C.

Durante os cinco séculos da República, Roma foi governada por uma sucessão de cônsules eleitos com mandatos relativamente breves. Mas, de fato, foi sempre o Senado que deteve o comando, em última instância, do governo, do culto estatal e da política externa de Roma, incluindo o direito de declarar guerra e fazer a paz. Foi uma república aristocrática e extremamente hierárquica, com uma elite política militarizada, porém, mesmo assim, conviveu com uma luta de classes quase contínua, entre patrícios e plebeus, mas que foi mais intensa no período inicial e nos dois últimos séculos republicanos.

Essa luta de classes teve papel importante na produção das leis e na construção do sistema jurídico romano, desde a criação do "colégio de tribunos da plebe", em 457 a.C., e da promulgação da "Lei das Doze Tábuas", em 449 a.C., que foi a pedra fundacional de todo o Direito Romano. O "tribuno da plebe" era um cargo do Estado romano aberto para plebeus como contraponto ao poder do Senado e dos magistrados romanos. Os tribunos do povo eram eleitos e tinham o direito de convocar o Senado e propor a criação de novas leis; tinham ainda o direito de vetar decisões dos magistrados que governavam Roma, em nome dos interesses da plebe que eles representavam. Além disso, a plebe conquistou o direito de seus tribunos serem protegidos fisicamente pela República, apesar de que eles tenham ido perdendo independência e importância durante o período imperial.

As "guerras de conquista", no entanto, responsáveis pela expansão do poder romano, se concentraram nos séculos IV e III a.C., período em que Roma se transformou em uma potência expansiva, alargando suas fronteiras através de uma sucessão de guerras contra cidades, povos e impérios que foram sendo derrotados, submetidos e, na maioria dos casos, integrados ao território do que viria a ser o grande Império Romano. Nesse período, Roma expandiu-se em todas as direções, após a conquista da própria península italiana. Sobretudo depois de sua vitória nas três grandes guerras contra Cartago, as "Guerras Púnicas", que deram a Roma o controle definitivo do Mar Mediterrâneo (*"mare nostrum"*). A primeira delas foi entre 264-241 a.C.; a segunda, entre 218-201 a.C.; e a terceira e última, que ter-

---

6. "Conflitos sociais de um tipo ou de outro ocorreram durante toda a história romana. Mas a violência urbana e as guerras civis que tiveram início no final do século II a.C. estavam em um novo patamar. O último século da república livre foi ao mesmo tempo o período de maior expansão territorial; o período em que as culturas literária e intelectual romanas atingiram sua forma clássica; e o período de cem anos de um sangrenta guerra civil" (Woolf, 2012, p. 25).

minou com a destruição completa da cidade de Cartago, em 146 a.C. No mesmo período, as tropas romanas derrotaram e conquistaram os territórios das tribos gaulesas ao norte e ao sul dos Alpes; combateram na Espanha e contra os germânicos; e derrotaram os reinos macedônico, selêucida e ptolomaico, herdeiros de Alexandre, o Grande, conquistando Egito, Grécia e parte da Pérsia e da Anatólia.

De todas essas conquistas, a que teve mais consequências para a história de Roma e, no longo prazo, para a humanidade foi a conquista romana da Grécia e do espaço cultural helênico. Como no caso de outros povos conquistadores, também neste caso, a conquista romana da Grécia e de sua cultura científica, filosófica e artística acabou "helenizando" o Império Romano e contribuindo para o nascimento da "síntese civilizatória greco-romana", que se projetou sobre os séculos seguintes e influenciou – de forma direta ou indireta – o desenvolvimento das sociedades e das culturas daquilo que veio a ser a Europa, a América e, de certa forma, o mundo inteiro.

No último século da República romana, estabeleceu-se uma espécie de "efeito retroalimentador" entre as guerras externas vitoriosas e o aumento da intensidade dos conflitos sociais e políticos e da guerra civil entre vários comandantes militares, que abalou a vida e as instituições romanas, dividiu suas elites e liquidou o próprio sistema político republicano[7]. Esse processo terminal começou exatamente por uma derrota dos exércitos romanos, que foram massacrados pelas tropas do rei Mitrídates VI, Rei do Ponto, que invadiu e conquistou a Ásia Menor, assumindo o controle dos territórios romanos do leste do Adriático. Como resposta, o Senado nomeou o general Lucio Cornelio Sula, ditador responsável pelas tropas que acabaram derrotando Mitrídates VI, impondo-lhe a assinatura da Paz de Dárdanos, em 85 a.C. A volta de Sula a Roma, após a vitória, desencadeou uma sucessão de guerras civis entre os próprios generais romanos e seus respectivos exércitos acantonados nas várias fronteiras do vasto território. Uma sucessão de guerras, conflitos e assassinatos ou suicídios políticos, como o do imperador Nero em 68 a.C.; de Júlio Cesar em 44 a.C., de Cícero em 43 a.C.; e de Calígula em 41 a.C. Tudo isso, pouco antes da última guerra civil desse século turbulento, que culminou com a vitória do general Caio Otaviano sobre Marco Antonio e Cleópatra, na Batalha de Accio, no ano de 31 a.C. Pouco depois, em 27 a.C., o Senado romano deu por encerrada a República, concedendo poderes absolutos a

---

7. "Foi criado um destrutivo circuito retroalimentador entre a competição doméstica e o agressivo estado de guerra no exterior. Os generais pensavam em termos de curto prazo, sempre de olho nas oportunidades que teriam ao retornar. Assumiam riscos espetaculares, atacavam vizinhos de Roma sem a permissão do Senado ou do povo, cediam territórios conquistados para serem explorados pelos aliados políticos e não se preocupavam muito com a segurança de Roma no longo prazo" (Woolf, 2012, p. 25).

Otaviano junto com o título de Augusto, já na condição de primeiro príncipe do Império Romano[8].

A última guerra civil republicana marcou também o início da chamada *Pax Romana*, o período mais longo de paz e estabilidade de toda a história de Roma, da Europa e do "Ocidente", que durou de 31 a.C. até a morte do imperador Marco Aurélio, em 180; ou ainda, segundo alguns historiadores, até o assassinato do imperador Alexandre Severo, no ano de 235. O certo é que, nos cinquenta anos que se seguiram à morte do imperador Alexandre Severo, o Senado romano proclamou 26 imperadores, todos eles militares, muitos dos quais provenientes das províncias do Império ou povos bárbaros que foram "romanizando-se" com o passar dos séculos[9]. Por fim, nomeou-se uma Tetrarquia, que proporcionou um breve período de estabilidade até o governo de Diocleciano I, que dividiu o império em dois – Império do Ocidente e Império do Oriente – antes da guerra sucessória que culminou com a vitória de Constantino. O imperador Constantino I transferiu a capital do império para Bizâncio e mudou seu nome para Constantinopla, antes de converter-se ao cristianismo em 323, antecipando a transformação deste na religião oficial do Império, por decisão do imperador Teodósio I, através do seu Edito de Tessalônica, datado de 380.

No século IV, portanto, o "Império Romano" mudou completamente sua fisionomia: dividiu-se em dois, passou a ter uma nova capital e adotou o cristianismo como sua religião oficial. Deixando para trás o "universalismo cívico" e a formação estoica de suas elites governantes, adotou uma nova religião monoteísta, com um projeto universalista de combate aos hereges e de conquista e conversão catequética dos pagãos. Um projeto que não poderia ter lugar na cabeça das elites romanas clássicas, que sempre devotaram profundo desinteresse ou indiferença com relação às "populações bárbaras".

Também nesse período, sucederam-se as primeiras grandes invasões "bárbaras" do território romano, pelos godos, vândalos, ostrogodos, visigodos, suevos, francos etc. Muitas vezes de forma violenta, como no caso do duplo saqueio de Roma pelos godos, no ano 410, ou pelos vândalos em 455, culminando com a deposição do último imperador romano do Ocidente, Rômulo Augusto, como já vimos, no ano 476. É necessário sublinhar que muitas dessas "invasões" eram pacíficas e foram realizadas na forma de progressiva assimilação aos hábitos e cultura cívica romana, lembrando muito as invasões de povos oprimidos ou miseráveis

---

8. Cline & Graham (2012, p. 281).

9. "A maioria dos imperadores não durava mais que poucos anos, alguns apenas alguns meses, e poucos morriam na própria cama. Eles saíam cada vez mais do ambiente militar, e os laços com Roma e com o Senado foram se tornando ainda mais tênues" (Woolf, 2012, p. 30).

que buscam refúgio no território dos poderes vizinhos mais ricos e desenvolvidos – como era o caso de Roma e de sua oferta de "cidadania universal", consagrada pelo Edito de Caracala, do ano 212.

Nessa mesma época, entretanto, o Império Romano enfrentou um desafio inteiramente diferente, vindo do Oriente, do Império Persa, depois da ascensão da nova Dinastia Sassânida (224-651) e, em particular, depois da ascensão do rei Sapor II, que governou a Pérsia entre 309 e 379 e criou um império altamente centralizado e expansivo, adotando como religião oficial – antes dos romanos – o Zoroastrismo, que também era monoteísta e que era muito anterior ao cristianismo. No início do século VII, o imperador persa Cosroes II lançou um ataque frontal ao Império Romano e lhe tomou Jerusalém, para logo em seguida lhe tomar também a Anatólia, avançando em direção ao Egito, onde ocupou a cidade de Alexandria, no ano 619. Encerrou-se, desta forma, um longo período de convivência quase sempre pacífica entre os dois impérios que durou cerca de 700 anos.

No exato momento em que surgiu na Península Arábica uma nova força política e religiosa que desafiou imediatamente e derrotou de forma rápida e contundente os dois grandes impérios da Antiguidade clássica: os romanos foram derrotados de forma avassaladora pelas forças árabes e islâmicas na Batalha de Jarmuque, no ano 636; e os persas foram derrotados logo em seguida pelas mesmas forças islâmicas em 651. A partir desse momento, as forças militarizadas do Islã árabe avançaram e ocuparam todos os territórios que haviam pertencido ao Império Romano, no norte da África até a Península Ibérica, onde foram contidos na fronteira da atual França, na Batalha de Poitiers, no ano de 732. E, na direção oposta, essa mesma onda se espalhou na direção do Oriente, conquistando os territórios do antigo Império Persa, chegando até a Ásia Central e a Índia.

Depois da derrota de Jarmuque e da conquista islâmica dos antigos territórios romanos da África e da Península Ibérica, os herdeiros do Império Romano se dividiram em três grandes nichos defensivos, em que permaneceram em estado de "hibernação" até o arrefecimento da força expansiva do Califado Assânida, de Damasco, por volta por volta do ano 750, quando foi substituído pelo novo Califado Abássida, com sede em Bagdá. Uma vertente dos herdeiros do Império Romano sobreviveu em Bizâncio até o século XV e adotou uma nova identidade religiosa depois do "cisma grego'" do ano 1054. Outra vertente ressurgiu com Carlos Magno e sua aliança com o Papa Leão III, que deu origem ao Império Germânico Cristão, um simulacro do antigo Império Romano do Ocidente. Por último, depois da conversão cristã dos imperadores russos e sua adesão ao novo cristianismo ortodoxo grego, estes também se consideraram herdeiros do Império Romano e, por isso, adotaram o nome de César ou Czar para designar seus imperadores. Dessas três vertentes, duas retomaram seu ímpeto expansivo entre os séculos XI e

XV. Primeiro, no caso da aliança entre a Igreja de Roma e a nobreza feudal franca, normanda e germânica, que permitiu a formação das Cruzadas; depois, a aliança do mesmo papado com as coroas ibéricas, que viabilizou os "descobridores da América"; e, por fim, os russos ortodoxos, que iniciaram no século XVI o movimento expansivo da Rússia na direção do Oriente. Voltaremos a este ponto mais à frente.

A *Pax Romana*

Na sexta cena do quarto ato da peça "Antônio e Cleópatra", de William Shakespeare, Cleópatra anuncia que "uma paz universal estava se aproximando"[10]. De fato, ela estava antevendo e anunciando um longo período de paz no Império Romano e em todo o Mediterrâneo, logo depois de sua derrota e suicídio junto com Marco Antônio, o general romano por quem se apaixonara. Em 1780, o historiador inglês Edward Gibbon cunhou a célebre expressão *Pax Romana* para se referir a esse tempo do Império que muitos consideram o mais glorioso de toda a história de Roma e que ele descreveu de forma sintética em seu livro clássico, *The History of the Decline and Fall of the Roman Empire*[11]. Apesar disso, há muito pouca pesquisa histórica sobre esse longo período de paz e estabilidade experimentado pelos romanos.

Três anos depois de sua vitória sobre Antônio e Cleópatra, na Batalha de Accio, em 31 a.C., Otaviano compareceu diante do Senado romano e se ofereceu para entregar todos os seus títulos e deixar a vida pública. Mas o Senado recusou sua oferta, prolongou seu mandato de cônsul e lhe concedeu poderes quase absolutos, conferindo-lhe o título de Augusto e promulgando simultaneamente o Acordo Constitucional de 27 a.C., que permaneceu vigente e quase intacto e regulou as relações institucionais de poder durante a longa duração da *Pax Romana* até o século III, quando as crises e lutas internas e externas voltaram a abalar a vida institucional do Império. Durante seu reinado, Otaviano, ou Augusto, manteve seu respeito quase absoluto pelas antigas regras republicanas e sempre preferiu ser chamado de *princeps*, que queria dizer "primeiro cidadão" ou "principal estadista", expressões que ainda tinham fortes conotações republicanas. Como ele mesmo diria mais tarde: "depois de encerrar as guerras e em um momento em que, com

---

10. Shakespeare (2005).
11. "No século II, o Império de Roma compreendia a parte mais promissora da terra e a porção mais civilizada da humanidade. As fronteiras desta extensa monarquia eram defendidas por seu antigo renome e por uma coragem disciplinada. A influência gentil e poderosa das leis e dos costumes aos poucos pavimentou a união das províncias. Seus habitantes tranquilos desfrutavam e abusavam dos benefícios das riquezas e dos luxos. A imagem de uma constituição livre era preservada com uma reverência decente: o Senado romano parecia possuir a autoridade soberana e delegava aos imperadores todos os poderes executivos do governo" (Cline & Graham, 2011, p. 288).

a aprovação universal, estava no controle absoluto dos problemas, eu transferi a República do meu poder para o domínio do Senado e do povo de Roma"[12].

Augusto confirmou e consolidou o domínio romano direto de metade da Europa atual até os rios Reno e Danúbio, mas sua decisão mais importante talvez tenha sido o estabelecimento de uma paz duradoura com o Império Persa, junto com sua afirmação no seu *Res Gestae* de que o império já se expandira o suficiente e que, portanto, abdicava do seu ímpeto expansivo do período republicano, aceitando as fronteiras como elas estavam. Seus sucessores respeitaram essa regra na maior parte do tempo, com exceção das conquistas do segundo século, em particular no reinado de Trajano (98-117), na Bretanha, na Dácia, no sul da Alemanha e na Mesopotâmia[13]. Seu sucessor, Adriano (117-138), viajou por todo o império e foi um grande empreendedor, mas não um grande guerreiro. Durante seu reinado, o império passou a ser governado do lugar em que o imperador estivesse em cada uma de suas viagens[14].

Ao mesmo tempo, a despeito de seu "pacifismo", Augusto implementou várias reformas militares, criando pela primeira vez, na história de Roma, um exército permanente e verdadeiramente profissional de cerca de 300 mil homens, treinados e encarregados de proteger as fronteiras, estabelecendo-se de forma permanente longe das grandes cidades e, de forma muito particular, longe de Roma. Ao mesmo tempo, Augusto reconheceu todos os soldados romanos que haviam pertencido às várias facções que disputaram o poder até a Batalha de Accio como veteranos dispensados, legítimos e com os mesmos direitos à posse de terras e de dinheiro, independentemente de quais tivessem sido suas antigas lealdades. Dessa forma, consolidou seu poder e sua legitimidade universal entre as tropas romanas, deixando claro que todos mereciam os mesmos frutos do seu trabalho ao serem liberados do serviço militar.

No ano 12, Augusto assumiu também o cargo de *pontifex maximus*, chefe do Império, ao mesmo tempo responsável por estabelecer as conexões entre os

---

12. Cline & Graham (2011, p. 182).

13. "Augusto deixou claro em seu *Res Gestae* que ele expandira as fronteiras do império até onde elas deviam ir. De modo geral, seus sucessores o seguiram e o Principado realizou apenas algumas conquistas dignas de nota – na Bretanha, na Dácia, no sul da Alemanha e na Mesopotâmia. O impulso da coragem não estava totalmente morto entre os imperadores, como estas conquistas comprovam, mas não havia mais senhores de guerra competindo por essas conquistas. As fronteiras do império permaneceram estáveis de modo geral por algum tempo, e o exército estava lá para garantir isso" (Cline & Graham, 2011, p. 284).

14. "Os imperadores tornaram-se mais abertamente monárquicos e dinásticos, em particular fora de Roma, onde não precisavam se preocupar com a sensibilidade do Senado. Emergiu uma corte itinerante, em que favoritos e concubinas competiam por influência, intelectuais e poetas eram acolhidos, e os prefeitos da Guarda Pretoriana agiam como grandes vizires" (Woolf, 2012, p. 28).

deuses e os cidadãos romanos, estabelecendo as bases de culto, honra e veneração religiosa, o que aumentou sua legitimidade e a dos seus sucessores frente à sociedade romana. Estimava-se a população do império, então, em 70 a 100 milhões de habitantes, dos quais cerca de 80% viviam em zonas rurais, dedicando-se à produção agrícola de alimentos demandados em quantidades cada vez maiores pela rede de cidades que constituíam uma espécie de infraestrutura do poder imperial romano. Por sua vez, essas cidades eram conectadas por uma rede de estradas cada vez mais extensa, por onde circulava um comércio que cresceu de forma contínua, durante os duzentos anos da *Pax Romana*.

A população do Império Romano reunia povos e etnias de várias procedências, e o império sempre respeitou sua diversidade e convicções religiosas. Ao mesmo tempo, favoreceu e incentivou a incorporação de novos povos, promovendo a cooptação ativa das elites locais desses povos periféricos ou vassalos, alargando cada vez mais o número dos cidadãos romanos, até o momento em que a cidadania romana foi universalizada, no ano 212 a.C., no fim do Primeiro Império, por um edito do imperador Caracala (198-217). Este outorgou direitos civis a quase todos os cidadãos do império, fazendo com que o Direito e a Lei romana passassem a valer para todos, excluindo mulheres, crianças, trabalhadores pobres e escravos. Na verdade, todo membro do império tinha direito a uma dupla cidadania, a de Roma e a de sua comunidade ou povo local, o que caracterizava um comportamento típico do Império Romano em todos os planos nesse período: o respeito pela diversidade e pela identidade de todos os povos abrigados sob a proteção do império.

Como manifestação do seu poder e como infraestrutura de sua dominação, Roma construía os mesmos teatros, anfiteatros e templos em todas as cidades do império, criando as condições materiais para a difusão da cultura, dos valores, da ciência e da arte próprias da síntese greco-romana que foi consolidando-se, sobretudo depois da incorporação romana da Grécia e da conquista dos reinos que herdaram pedaços do antigo Império Macedônico de Felipe e de Alexandre, o Grande. Os jogos e espetáculos ocupavam lugar central na vida do império e cumpriam função unificadora e integradora de seus vários povos e etnias. Um satirista romano afirmou, em algum momento, que durante o Primeiro Império as pessoas haviam deixado de lado suas ambições guerreiras e ansiavam por apenas duas coisas: "pão e circo". Mas, na verdade, os jogos iam além disso e proclamavam um sentido romano de unificação e consolidação da ordem e da convivência imperial. Os espetáculos difundiam e universalizavam valores e costumes, mas também serviam para reafirmar o respeito às hierarquias sociais indispensáveis à preservação da ordem, da disciplina e da paz. A própria distribuição dos assentos realçava as divisões sociais dos romanos, que se sentavam obedecendo rigorosamente a sua posição social. Próximos à arena, ficavam os senadores; no meio, a plebe; nos lugares mais altos e distantes, o povo mais pobre, as mulheres e os escravos, deixando claro que a paz se assentava sobre uma hierarquia social incontestável.

Esse retrato sintético e estilizado, de certos ângulos e aspectos desse longo e surpreendente período de paz do Império Romano, destaca algumas condições históricas prévias e alguns traços sociológicos que tiveram papel importante na instalação e preservação da paz. O primeiro e mais importante aspecto foi a suspensão das guerras externas e guerras civis que se sucederam com enorme intensidade e violência nos dois ou três últimos séculos do período republicano. Foi um processo que avançou por disputas e liquidações sucessivas, que foram marcando, simultaneamente, a expansão e os novos limites territoriais do império, a centralização do seu poder interno, com a unificação do comando militar do exército romano e a eliminação do sistema de governo com múltiplos magistrados e com dois cônsules, que eram eleitos a cada dois anos e compartilhavam com o Senado sua função governamental. Como já vimos, durante um século, pelo menos, Roma não viveu nenhuma guerra civil e expandiu-se de forma muito limitada no tempo e no espaço, transformando-se num império relativamente pacificado, uma espécie de império "hierárquico-tributário", ao estilo do Império Chinês durante a Dinastia Han (226 a.C.-220 d.C.) e depois, em particular, durante a Dinastia Ming (1368-1644), considerada a "era de ouro" da história chinesa.

Desse ponto de vista, a paz assinada por Augusto com o Império Persa logo no início de seu reinado teve papel decisivo na instalação e sustentação da *Pax Romana*, porque implicou a suspensão das hostilidades com aquele poder territorial que era o vizinho e concorrente mais próximo e importante do Império Romano. Em segundo lugar, deve-se sublinhar as iniciativas e reformas promovidas por Augusto, que lograram pacificar e estabilizar as relações sociais e políticas internas do império, com o estabelecimento de hierarquias claras, a incorporação e cooptação das elites dos povos periféricos, subordinados ou vassalos, e a universalização progressiva do direito à cidadania romana. Hierarquia, mas com acentuado respeito e com o preservação das religiões e dos hábitos locais desses povos, com a aceitação da dupla cidadania e com o estímulo permanente à incorporação de novas populações provenientes do *Barbaricum,* local de residência dos "bárbaros"[15]. O Direito Romano foi aceito e aplicado a todos, indiferentemente

---

15. "Os romanos podem ter sido mais inclusivos do que qualquer outro império antes de seu tempo, mas havia limites, apesar das contínuas e insistentes reivindicações romanas da universalidade. As relações romanas com os bárbaros, antes e durante o Principado, ajudaram a definir a identidade romana imperial tanto quanto contribuíram para moldar a identidade bárbara" (Cline & Graham, 2011, p. 296).

de sua procedência, e a população usufruiu de uma expansão continuada da produção agrícola, do comércio e da acumulação de riqueza em todas as cidades do império, em particular na cidade de Roma, que contava com mais de um milhão de habitantes. Nesse sentido, pode-se afirmar que o período da *Pax Romana* foi um "momento histórico" raro – o primeiro, talvez, de toda a história do *Homo sapiens* – em que se deu uma combinação e uma retroalimentação absolutamente virtuosa, em um mesmo espaço imperial, entre "abundância" de poder, glória, riqueza, produção artística e intelectual, com a interrupção consciente e prolongada do "expansionismo" do império e a desaceleração interna de sua luta entre as classes e dentro das próprias elites aristocráticas.

Esta síntese histórica permite ver a dificuldade e as limitações de todo tipo de tipologia ou classificação conceitual estática da guerra ou da paz, como a que propõe, por exemplo, Raymond Aron, em seu livro clássico *Paz e Guerra entre as Nações*. Aron fala primeiro de três tipos de paz – de "equilíbrio", de "hegemonia" e de "império"[16] – e depois acrescenta a ideia de uma "paz de satisfação"[17]. Mas, quando se olha para o processo completo que precedeu e acompanhou a instalação e sustentação da *Pax Romana* em seus duzentos anos de duração, pode-se concluir que a paz dos romanos se enquadra em todos os tipos de Aron, ou foi, simultaneamente, todas elas ao mesmo tempo. Na verdade, ela foi uma "paz imperial" por definição, mas ao mesmo tempo se pode considerar que foi simultaneamente uma "paz de equilíbrio" com relação aos persas e uma "paz hegemônica" com relação aos povos periféricos e vassalos do império. E se pode afirmar também, finalmente, que foi uma "paz de satisfação" com relação à própria população do império, seus cidadãos e sua plebe, e com relação às elites dos povos vassalos que foram cooptadas e incorporadas à vida política e econômica de Roma, muitos dos quais se transformando em membros do Senado, comandantes dos exércitos, ou mesmo magistrados, juízes e imperadores. Ou seja, a *Pax Romana* teria reunido em si todos os tipos de paz concebidos teoricamente por Raymond Aron, e, por isso mesmo, não se enquadra em nenhum deles,

---

16. "Ou as forças das unidades políticas estão em *equilíbrio,* ou estão dominadas por uma dentre elas, ou então são superadas a tal ponto pelas forças de uma unidade que todas as demais perdem sua autonomia e tendem a desaparecer como centros de decisão política [...] e a 'paz imperial' pode transformar-se em 'paz civil' à medida que se apagam as lembranças da vida independente das unidades políticas" (Aron, 2002, p. 220-221).

17. "Só pode haver paz genuína num mundo em que todos os Estados estivessem satisfeitos com sua situação. Mas quais as condições abstratas de uma paz de satisfação? As unidades políticas deveriam, antes de mais nada, deixar de ambicionar a extensão da sua soberania a territórios ou população estrangeira" (Aron, 2002, p. 231).

sendo de fato um fenômeno novo e absolutamente original na história completa do *Homo sapiens*[18].

O projeto universal

Além dos fatores sociológicos, políticos e geopolíticos, existiram dois fatores culturais ou espirituais que contribuíram decisivamente para a ordem e a paz do Império Romano em seus dois primeiros séculos de existência. O primeiro foi a difusão e a hegemonia do pensamento estoico, de origem grega, entre as elites do Império Romano, com sua concepção cosmopolita da igualdade humana e seu novo sentido ético do governo e da convivência social, além de sua valorização da "paz" como um objetivo ético e um valor moral, por si mesma, independentemente de qualquer outra circunstância[19]. E o segundo foi a difusão progressiva do "igualitarismo" e do "pacifismo" cristão, primeiro no meio da "plebe" e da população mais pobre da periferia do império, depois entre setores do patriciado, antes de conquistar a própria elite governante de Roma. Sobretudo depois que São Paulo redefiniu o próprio cristianismo como uma religião universal, sem fronteiras e sem etnias e com ideias muito próximas do estoicismo, que exerceu, aliás, uma influência indiscutível sobre o apóstolo cristão.

Nos dois casos – tanto do estoicismo como do cristianismo – a ideia da igualdade moral, ou mesmo da igualdade social entre os homens, trouxe para o primeiro plano da filosofia romana um novo conceito que revolucionaria a história do pensamento e se transformaria num componente central da chamada "civilização ocidental": o conceito de "natureza humana" junto com a suposição de que todos os homens compartem a mesma condição universal de "seres humanos". Uma invenção do pensamento grego que se cristalizou no Direito romano e na sua concepção jurídica da "cidadania"; e ainda na concepção "paulina" da igualdade e do

---

18. "O Primeiro Império (que coincide, em grande medida, com o período da *Pax Romana*) era um mundo de paz. A guerra existia em menor escala, e os imperadores raramente tinham dificuldade em restringi-la às fronteiras. A economia e a população cresciam. O número de romanos aumentava à medida que era concedida cidadania a aristocratas das províncias, ex-soldados e escravos libertos [...] o estilo romano de vida foi amplamente adotado; novas tecnologias de arquitetura e manufatura disseminaram-se nas províncias [...]. Mesmo os mais pobres assistiam a combates de gladiadores, caçadas de animais, festivais atléticos e outras cerimônias, com frequência concentradas na sede imperial" (Woolf, 2012, p. 29).

19. "Foram os estoicos, em particular o estoicismo romano de Cícero (106-43 a.C.) e Sêneca (4 a.C.-65), que elevaram a 'paz' à condição de um valor ético 'universal'. E foi dentro desta mesma matriz de pensamento 'estoico-cristã' que se conceberam a possibilidade e a necessidade de julgar a natureza e a legitimidade moral da 'guerra', a partir de critérios jurídicos ou religiosos que tivessem validade universal" (Fiori, 2018, p. 79).

direito de todos os povos à religião e à salvação através do seu Deus único e universal. A origem comum desse "humanismo cosmopolita" se transformou numa marca distintiva da tradição cultural e da civilização greco-romana e cristã[20].

A ideia da "universalidade" nasceu como uma exigência lógica e epistemológica da filosofia e da ciência grega, e de sua busca conceitual da verdade, que por definição teria que ser universal[21]. Para os gregos, a "universalidade" era um imperativo lógico do "conceito de verdade", um imperativo ético do conceito do "bom governo" e da "boa moral" privada. Mas o universalismo grego nunca foi efetivamente igualitário, com exceção do estoicismo. E, mesmo neste caso, seu universalismo cosmopolita e igualitário foi sempre moral, muito mais do que político ou social, e sua concepção de "natureza humana" nunca incluiu mulheres, escravos, metecos e "outros povos".

A escola estoica foi fundada em Atenas em 300 a.C. por Zenão de Citio (344-262 a.C.), mas, a partir do primeiro século, o epicentro do estoicismo deslocou-se para Roma, dando origem ao que se chamou de "estoicismo imperial", por sua grande influência sobre os pensadores e a elite política romana. Isso se pode ver pela importância da obra de Cícero, que foi escritor, jurista e político, além de cônsul republicano eleito em 63 a.C.[22], ou através da obra de Sêneca (4 a.C.-65), que foi filósofo, escritor e preceptor de Nero na primeira hora do Império Romano; e ainda através da obra de Marco Aurélio (121-180), que também foi filósofo e ao mesmo tempo imperador, entre os anos 161 e 180. No caso romano, ao contrário da Grécia, o estoicismo teve papel mais prático e institucional[23], sendo decisivo

---

20. "A pretensão de universalidade do conhecimento e igualmente dos valores é, pode-se dizer, uma característica da cultura ocidental, ou melhor, das culturas que se formaram pela influência greco-romana e cristã, projetando-se hoje sobre toda a grande diversidade de culturas do nosso mundo. Que a realidade tenha uma unidade, que possa ser pensada como totalidade é resultado da visão desta cultura, logo, é uma forma particular – isto é, de uma cultura determinada – de ver a realidade" (Jullien, 2010, p. 7).

21. "Sócrates, por tê-lo feito, desempenha um papel primordial (no que é definitivamente Pai da filosofia). Ele é o primeiro, nos diz Aristóteles, a 'buscar', em suas reflexões sobre a ética, 'segundo o todo, e conjuntamente, fixar o pensamento nas definições' (Metafísica, A6, M4). 'Segundo o todo' (*hat-holu*) será a maneira grega de exprimir o universal; quanto às "definições", são efetivamente aquilo que visara Sócrates para fazer o espírito por indução passar (*epagoge*), a partir da diversidade dos exemplos e dos fenômenos, à unidade do conceito" (Jullien, 2010, p. 57).

22. "Não seria equivocado descrever *De Officiis* como um manual para membros da classe governante sobre seus deveres para com seus colegas na vida privada e seus concidadãos na vida pública" (Griffin & Atkins, 2009, p. xxv).

23. "Diante dessa herança grega, bem como das separações que ela instaura e das exclusões que abandona, o que trouxe Roma? Precisamente, em geral Roma goza do crédito de ter feito advir no seio do 'concreto', o da História e das instituições, essa exigência de universalidade que define a filosofia" (Jullien, 2010, p. 63).

na pacificação da elite política[24] durante o Primeiro Império. E, mais do que isso, desempenhou papel muito importante na evolução imperial da justiça e na sua concepção de cidadania e direitos universais do "cidadão romano"[25]. Ou seja, foi em Roma que a "cidadania universal" dos estoicos gregos saiu do plano puro da filosofia e das meditações morais para se transformar em lei, adquirindo *status* jurídico e político reconhecido pelo império. Enquanto os gregos não queriam se confundir nem se misturar com os outros povos, os romanos orgulhavam-se de incorporar as populações "alienígenas" e de transformá-las progressivamente em cidadãos do seu império, de seus exércitos, de sua cultura e do seu próprio sistema político de poder imperial.

Por outro lado, mas simultaneamente, cresceu entre os povos periféricos ou vassalos de Roma a influência revolucionária do pensamento cristão, que foi também universalista, igualitário e pacifista, sobretudo depois da reforma empreendida pelo soldado romano Paulo de Tarso (5-67), depois chamado de São Paulo, que foi contemporâneo de Sêneca e de sua filosofia estoica[26]. Para Paulo, ao contrário dos apóstolos que permaneceram em Jerusalém, todas as divisões deveriam ser abolidas – de origem, raça, sexo – e o catolicismo deveria ser universal, igualitário e pacífico. A diferença é que os cristãos desse período inicial da história praticavam dentro de suas comunidades o princípio da igualdade de todos frente a Cristo e dentro da própria Igreja Católica. Além disso, durante

---

24. "A solidariedade, por exemplo, dos seres humanos uns com os outros e com Zeus, baseada em nossa racionalidade comum, significa que é errado ser hostil, raivoso e cruel (o tema de *On Anger*). É também por isso que os príncipes devem ser misericordiosos (*On Mercy*), porque é bem possível ser tão útil na aposentadoria quanto na vida pública (*On Private Life*), e porque devemos ser altruístas em fazer favores uns aos outros (*On Favors*) [...]. Uma boa sociedade e um estado bem governado são objetivos que devemos fazer o nosso melhor para alcançar" (Cooper & Procopé, 2010, p. xxiv).

25. "No desabrochar da cidadania romana, com efeito, os dois cruzam-se pela primeira vez: seu status jurídico, de um lado, no modo do dever-ser e não podendo sofrer exceção, define uma prescrição necessária que vale universalmente; e, de outro, a partilha dessa cidadania estende-se progressivamente até torná-la a "pátria romana" comum a todo o Império, sem mais exclusão. A importância de Roma é ter, assim, reunido os dois sob um mesmo vínculo legal: a 'cidade' e o 'mundo', a *urbe e o orbis*" (Jullien, 2010, p. 63).

26. Pertence a São Paulo a ideia do cristianismo como uma religião universal, sem fronteira e de todo o império, ou de todo o mundo, como se pode ler na sua famosa *Epístola aos Gálatas (3,28)*: "Não há judeu, nem grego, nem escravo, nem homem livre, nem homem nem mulher, todos sois um em Cristo Jesus". Uma ideia que repete praticamente o pensamento de Sêneca, que se encontra no seu *On Favors*: "por que a ação do escravo deveria ser diminuída por sua posição e não, ao invés, sua posição ser dignificada pela própria ação? Todos nós temos os mesmos princípios, a mesma origem. Ninguém é mais nobre do que o próximo, exceto aquele cuja natureza é mais reta e mais inclinada à ação virtuosa" (Sêneca. *On Favours*, in Cooper & Procopé, 2010, p. 262).

o Primeiro Império, mesmo quando perseguidos, os cristãos foram sempre defensores e praticantes de uma posição pacifista intransigente e radical – posição que seria abandonada mais tarde, depois que o cristianismo se transformou na religião oficial do Império Romano, como já vimos e voltaremos a discutir mais à frente.

O universalismo cristão se diferenciava do "cosmopolitismo estoico", que era essencialmente cívico e laico, porque os cristãos consideravam que "a superação das separações entre os homens baseava-se no fato de que estes existiam senão por intermédio e dentro de uma mesma filiação com Deus, que não era mais Deus de uns que dos outros, não mais dos judeus que dos pagãos (Romanos 3, 27)"[27]. Neste sentido, o universalismo cristão incorporava também uma dimensão religiosa, catequética e salvacionista que não fazia parte da filosofia estoica, muito menos do Direito romano. Estabelecia uma conexão universal e obrigatória entre o homem comum e todos os homens, e a figura de um Deus criador e salvador que obrigava e disciplinava a coletividade humana, por cima do próprio poder imperial, porque a "propaganda da fé" deveria ser feita *urbi et orbi*, incluindo os povos vassalos de Roma e os de outros reinos ou impérios concorrentes com Roma. E foi por esse caminho que o universalismo cristão acabou transformando-se, contraditoriamente, em um universalismo exclusivo e excludente, na medida em que seu monoteísmo excluía outras divindades e seu salvacionismo catequético se transformou no ponto de partida de verdadeiras campanhas de extermínio de pagãos e hereges.

Não foi Roma que "inventou" o conceito de "natureza humana"; tampouco foi Roma que concebeu pela primeira vez os conceitos de "igualdade" e "universalidade" como formulados pela filosofia grega e pela teologia cristã. Os historiadores costumam falar de uma "era da elevação dos espíritos" que teria ocorrido entre os anos 600-200 a.C., quando os homens – em várias latitudes do mundo – começaram a se perguntar e refletir racionalmente a respeito do "bem" e do "mal", sobre a conduta ética dos indivíduos e sobre o que seria um "bom" e um "mau" governo. Perguntas que foram formuladas quase ao mesmo tempo na China, na Índia, na Grécia, na Mesopotâmia e no Egito e que obtiveram respostas filosóficas ou religiosas muitas vezes convergentes, apesar da distância geográfica e da ausência de comunicação direta entre esses vários povos e civilizações. Nesse momento, a humanidade tematizou de forma paralela, em vários lugares, os temas do "bem" e do "mal", da "justiça" e da "injustiça", da igualdade e da heterogeneidade dos homens. E, finalmente, também, da paz e da guerra.

---

27. Jullien (2010, p. 77).

O que fez efetivamente a diferença no Império Romano foi ele ter sido o lugar (e o momento) em que essas distintas tradições universalistas se encontraram e se combinaram, contribuindo decisivamente para a estabilização da *Pax Romana*. Foi ali que nasceu um fenômeno cultural inteiramente novo, da combinação destas três vertentes e fontes principais do conceito de "universalidade", "igualdade" e "natureza humana": o absolutismo epistemológico do conceito grego de verdade, próprio da tradição helênica; o universalismo jurídico do direito à cidadania, própria do direito romano; e, finalmente, o universalismo religioso e cristão, com sua visão da igualdade e do direito de todos os homens que participam "cidade de Deus"[28]. E foi exatamente no período da *Pax Romana* que essas três vertentes se combinaram, produzindo um fenômeno inteiramente novo e inseparável do que viria ser chamado mais tarde de "civilização greco-romana-cristã".

> Roma não se limitava mais a ser determinada cidade individual e concreta no mapa, mas a "segunda mãe do mundo", *parens mundi altera*; tornara-se um espaço único, abstraído da geografia e nascido de uma consanguinidade nova: a de todos os cidadãos das outras cidades reunidos por um mesmo direito cívico, igualmente protetor, na *civitas* romana tornada *máxima*[29].

Império e Religião

Nos primeiros séculos do império, a relação entre Roma e os cristãos foi de desconhecimento ou de indiferença, como com todas as demais religiões de seus povos vassalos ou periféricos. De fato, a "perseguição dos cristãos" nos primeiros 300 anos do Império Romano foi absolutamente localizada e intermitente, e se deu quase só no reinado dos imperadores Nero (37-68), Décio (201-251) e Diocleciano (243-311). Estima-se em cinco ou seis mil o número total de cristãos que foram martirizados nessas campanhas persecutórias. Mas depois da emissão do Edito da Tolerância, em 311, e do Edito de Milão, em 313, e, mais ainda, depois da conversão cristã do imperador Constantino, em 325, as perseguições cessaram quase inteiramente. Sessenta anos depois, o cristianismo foi transformado na religião oficial do império, no ano 380, através do Edito de Tessalônica, do imperador Teodósio I (347-395).

---

28. Santo Agostinho (2016).
29. Jullien (2010, p. 68).

Durante o longo processo de "conversão de Roma" ao monoteísmo cristão[30], o império sofreu uma transformação radical, e o próprio cristianismo também modificou sua organização, sua mensagem e sua trajetória. Mas, finalmente, a soma de seus dois "universalismos", jurídico e religioso, acabou dando origem a um fenômeno novo que se projetou no tempo e no espaço, e exerceu influência decisiva no desenvolvimento da história do Ocidente até o início da idade moderna, e mesmo depois do surgimento dos Estados nacionais soberanos e laicos.

Depois de sua conversão ao cristianismo, o Império Romano abandonou sua legitimidade cívica e trocou seu "universalismo jurídico" por uma nova retórica religiosa monoteísta e salvacionista, que passou a estar presente em suas guerras contra os "bárbaros" e também contra os persas, sobretudo depois que sua nova dinastia governante – dos sassânidas – adotou o Zoroastrismo monoteísta como religião oficial do Império Persa.[31]. Depois da paz assinada por Augusto com os persas, logo no início de seu reinado em 28 a.C., tanto os romanos quanto os persas haviam abdicado de seus projetos expansionistas e a qualquer pretensão de conquista de um império universal. Mas no terceiro século, e em particular depois da conversão do império e do início das chamadas "invasões bárbaras", o cristianismo deixou para trás seu pacifismo originário e adotou um novo tipo de universalismo expansivo, catequético e punitivo[32]. A própria guerra passou a ser considerada justa e necessária, sempre que fosse feita em defesa da fé cristã e segundo a vontade de Deus.

---

30. "O cristianismo começou como uma seita judaica esotérica que procurava convencer os judeus de que Jesus de Nazaré era seu tão esperado messias. No entanto, um dos primeiros líderes da seita, Paulo de Tarso, ponderou que, se o poder supremo do universo tem interesses e inclinações, e se ele se deu ao trabalho de encarnar e morrer na cruz para a salvação da humanidade, então isso é algo que deve ser comunicado a todos e não só aos judeus. Portanto, era necessário difundir a boa palavra – o evangelho – sobre Jesus para o mundo inteiro. Os argumentos de Paulo caíram em solo fértil. Em toda parte, os cristãos começaram a organizar atividades dirigidas a todos os humanos. Em uma das guinadas mais estranhas da história, essa seita judaica esotérica controlou o Império Romano" (Harari, 2018, p. 223).

31. "Diferentemente do estado persa Arsácida de mais de 450 anos de idade que eles derrubaram, os sassânidas surgiram com uma forte centralização e se tornaram cada vez mais sólidos [...]. A expansão sassânida chegou a Roma na metade da crise do século III. Comandados por Ardacher e seu sucessor Sapor I, que reinou entre 241 e 272, os sassânidas tiveram grande sucesso em sua fronteira ocidental com Roma, onde conseguiram dominar algumas cidades muito importantes" (Cline & Graham, 2011, p. 375).

32. "Poucas décadas depois dessa fusão entre império e religião, e logo depois do Saque de Roma pelos visigodos de Alarico I, em 410, Santo Agostinho retomou a discussão de Cícero sobre a natureza jurídica das guerras e deu um passo a mais, ao introduzir a 'vontade de Deus' como um novo critério de distinção das 'guerras lícitas'. E assim nasceu o conceito de 'guerra santa', travada em nome de Deus, em defesa da fé, e contra os hereges, pagãos e bárbaros" (Fiori, 2018, p. 80).

Esta concepção da "guerra justa" e das "guerras santas" transformou-se no pensamento hegemônico da Igreja e dos governantes da Europa Medieval, entre o fim do Império Romano e o início da Modernidade, de tal maneira que só a própria Igreja Católica conseguiu desfazer este consenso, no Concílio de Constança (1414-1418), quando fixou a nova doutrina da ilegitimidade da "conversão forçada", e de todo tipo de guerra que visasse a conquista e a "salvação" violenta dos povos considerados bárbaros ou pagãos[33].

Essa nova síntese universalista, imperial e cristã adquiriu impulso notável no final do Império Romano do Ocidente, o que se pode apreciar com todas as letras no famoso *Codex Justiniano*, publicado em 529 na forma de uma Suma Completa de todo o Direito Romano e que começa com uma afirmação de natureza política e religiosa inteiramente alheia ao estoicismo das velhas elites imperiais de Roma:

> É nosso desejo que todos os povos que são governados pela minha administração de nossa clemência pratiquem essa religião que o divino Pedro, o apóstolo transmitiu aos romanos [...]. Acreditamos na divindade única do Pai, do Filho em do Espírito Santo sob a aparência da mesma majestade e da Santa Trindade. Ordenamos que essas pessoas que seguem essa lei adotem o nome de cristãos católicos. O restante, porém, que julgamos ser dementes e insanos, terá de sustentar a infâmia dos dogmas hereges. Seus locais de encontro não deverão receber o nome de igrejas serão primeiramente atingidos pela vingança divina e, em segundo lugar, pela retaliação de nossa própria iniciativa que executaremos de acordo com o julgamento divino[34].

No século VII, entretanto, tanto os romanos como os persas tiveram que enfrentar uma nova onda guerreira vinda do sul e da periferia dos seus impérios, como se fosse uma emulação ou um espelho invertido dos seus próprios impérios monoteístas: um verdadeiro levante das populações árabes militarizadas que vinham dos desertos unificadas por um nova religião monoteísta, o Islã, que reivindicava a mesma origem do cristianismo e se propunha a fazer seu mesmo tipo de "guerra santa", só que agora contra os romanos e os persas[35]. Naquele momento, foram definidas as novas coordenadas religiosas e civilizatórias da guerra e da paz, vigentes até hoje no espaço do Mediterrâneo, da antiga Mesopotâmia, da Anatólia

---

33. Fiori (2018, p. 81).
34. Cline & Graham (2011, p. 373).
35. "Em um momento de desespero, um imperador bizantino concentrou uma forma de fervor apocalíptico ao proclamar abertamente uma Guerra Santa contra os pagãos persas. Ele fez isto exatamente no mesmo momento em que o movimento de Maomé começava a surgir. O Islã, então, foi moldado segundo a disposição apocalíptica geral da Antiguidade Tardia e a ideologia dessa Guerra Santa" (Cline & Graham, 2011, p. 391).

e de todos os territórios por onde se espraiaram os projetos conquistadores e catequéticos, exclusivos e excludentes dessas grandes religiões monoteístas, de mãos dadas com seu poderes imperiais.

Do lado islâmico, o Califato dos Omíadas derrotou os persas na Batalha de Cadésia, em 635, e conquistou a capital do império persa, Ctesifonte, no ano seguinte. Em seguida, os árabes derrotaram os romanos bizantinos, na Batalha de Jamurque, em 636, mas não conseguiram conquistar Constantinopla; avançaram e conquistaram em poucas décadas todo o território romano do norte da África até a Península Ibérica, só interrompendo sua expansão depois da derrota na Batalha de Poitiers, em 732. Nesse momento, começou a atenuar-se o ímpeto expansionista islâmico, quase ao mesmo tempo em que o Califato dos Omíadas, de Damasco, foi substituído pelo Califato dos Abássidas, de Bagdá. Depois disso, o Islã só retomaria o caminho das guerras como resposta às invasões mongóis, vindas do Oriente, e das Cruzadas cristãs, vindas do Ocidente, a partir do século XII. Ataques externos contribuíram decisivamente para a convergência entre o monoteísmo islâmico com o projeto imperial da dinastia turca dos Osmanis, que deu origem ao Império Turco-Otomano e sobreviveu do século XIV até o início do século XX.

Pelo lado cristão, por sua vez, depois do colapso de Roma, a Igreja Católica manteve sua aliança com Bizâncio, e dois séculos mais tarde, ensaiou uma restauração do Império Romano do Ocidente, junto com Carlos Magno, quando de sua coroação pelo Papa Leão III, no Vaticano, no ano 800. Esse projeto imperial durou pouco e se fragmentou; a Igreja teve que esperar mais 200 anos para financiar uma nova aliança com a nobreza franco-normanda, depois do Cisma Grego que a separou de Bizâncio, no ano 1054. A nova aliança foi articulada diretamente pelo poder papal, que assumiu o comando de uma grande "guerra santa" travada em vários tabuleiros: na Palestina, mas também dentro do próprio território europeu, entre os séculos XII e XV. Foram guerras de conquista e de "reconquista", de "almas e territórios", contra os mulçumanos da Palestina e da Península Ibérica e contra os "pagãos" da Escandinávia e dos Países Bálticos, mas também contra os "hereges" e os "ortodoxos" da Europa Central e da Rússia. Nesse período foram criadas as ordens religiosas militares da Igreja Católica, como os Templários, os Hospitalários e os Teurônicos, entre outras, que se transformaram numa espécie de "braço armado" e "agente financeiro" do Vaticano. Foi uma guerra contínua que não poupou os próprios reis católicos do Sacro Império, como foi o caso da longa disputa entre Frederico II (1194-1259) e o Papa Inocêncio III e seus sucessores pelo controle do poder do Império Germano Cristão.

Depois da derrota de Inocêncio III e seu grande projeto de centralização do poder imperial europeu do Vaticano, e mais ainda, depois da derrota da última das Cruzadas da Terra Santa, em 1291, o projeto de construção de uma "monarquia universal" da Igreja Católica perdeu força política e militar no território europeu. Mesmo assim a Igreja Católica ainda conseguiu associar-se com a Dinastia Habsburgo, que herdou o Sacro Império e liderou, junto com Portugal, a conquista e construção dos primeiros impérios coloniais europeus no continente americano – uma das iniciativas imperiais e religiosas mais violentas e bem-sucedidas do "universalismo catequético", levada à frente mesmo depois de a Igreja Católica já ter condenado a "conversão forçada" dos gentios, no seu Concílio de Constanza de 1414.[36]

Em 1517, o processo da Reforma Protestante rompeu definitivamente a unidade "revelada" do universalismo cristão e jogou os povos europeus uns contra os outros. O Vaticano, aliado com o Império Habsburgo de Carlos V e Felipe II, enfrentou várias guerras simultaneamente: contra os turco-otomanos de Suleiman, o Magnífico, ou Suleiman I (1494-1520), através de todo o Mediterrâneo; contra as várias dissidências protestantes através da Europa; e contra as populações pagãs das novas colônias ibéricas transatlânticas. No mesmo período, o império russo, junto com seu cristianismo ortodoxo, empreendia suas guerras de reconquista na direção do Oriente, sob o comando dos Czares Ivan III e Ivan IV, que se consideravam herdeiros do Império Romano e também invocavam uma "guerra santa" contra os *khanatos* mongóis de Kazan e de Astrakhan. No Ocidente como no Oriente, o objetivo dos herdeiros do projeto universal romano era o mesmo: expandir o poder de seus impérios para propagar os valores do "universalismo cristão".

Olhando dessa perspectiva de longo prazo da história dos impérios e de suas religiões monoteístas, fica claro que o "pacifismo radical" dos cristãos primitivos foi enterrado no século IV, quando o cristianismo se transformou na religião oficial do Império Romano. Mesmo depois do fim das "guerras religiosas" dos séculos XVI e XVII e da vitória definitiva das soberanias nacionais sacramentadas pela Paz de Westfália de 1648, o impulso do poder religioso não se separou jamais dos grandes projetos imperiais europeus. Foi o caso da Santa Aliança que se formou depois do Congresso de Viena de 1815, reunindo os "impérios cristãos" russo, austro-húngaro e prussiano, para lutar pela restauração conservadora na Europa e pela reversão das independências latino-americanas. Um projeto que foi vetado e bloqueado pelo Império Britânico, o mesmo que depois liderou a

---

36. "Na primeira hora da conquista e colonização ibérica da América, no século XVI, ainda ocorreu o célebre debate entre os teólogos espanhóis Juan Ginés de Sepúlveda e Bartolomeu de las Casas, que defendiam e condenavam, respectivamente, o direito de os espanhóis conquistarem e converterem os indígenas americanos, através do uso da força, por se tratar de povos pagãos que violavam sistematicamente os 'valores universais' do cristianismo, segundo Juan Sepúlveda" (Fiori, 2018, p. 81).

conquista colonial e a violenta "conversão cristã" da África na segunda metade do século XIX.

E ainda hoje, em pleno século XXI, os presidentes norte-americanos costumam invocar o nome de Deus quando anunciam suas novas "guerras humanitárias", como no caso recente das Guerras do Golfo, da Bósnia ou do Kosovo; em particular, no caso da "Guerra ao Terrorismo", que começou no ano de 2001, mas que acabou transformando-se, na prática, em mais um episódio da guerra milenar entre os herdeiros cristãos do Império Romano e de Bizâncio, e os herdeiros islâmicos do Califato dos Omíadas e dos Abássidas.

O "projeto universal" e a paz das nações

O historiador inglês Edward Gibbon publicou sua obra monumental sobre o "declínio do Império Romano" em vários volumes, na década de 1780, e desenvolveu seu célebre conceito – da *Pax Romana* – a meio caminho entre a publicação da obra do diplomata francês Abbé de Saint Pierre, propondo um *"Projeto para tornar perpétua a paz na Europa"*[37], em 1713, e a obra do filósofo alemão Immanuel Kant, *"Sobre a paz perpétua"*[38], em 1794. A preocupação dos três autores era a mesma: o desafio da conquista e a preservação da paz no novo sistema de Estados nacionais soberanos que havia sido consagrado na Europa pela Paz de Westfália, de 1648[39]. Não há dúvida, entretanto, de que a referência "utópico-retroativa" dos três autores era a extraordinária experiência da *"pax"* dos dois primeiros séculos da história do Império Romano.

Hugo Grotius (1583-1645) e Thomas Hobbes (1588-1679) captaram, no seu primeiro momento de existência, a grande dificuldade da paz no novo sistema interestatal que estava nascendo frente aos seus olhos[40], após o fim da Guerra dos Trinta Anos (1618-1648): "sempre existiriam 'múltiplas inocências' ao tentar arbitrar-se um conflito envolvendo dois ou mais Estados soberanos que tivessem

---

37. Abbé de Saint Pierre (2003).
38. Kant (2020).
39. "A relação entre os Estados tem como princípio a soberania; eles apresentam até hoje uma condição natural. Seus direitos são reais não em uma vontade geral, que se constitui como um poder superior, mas em suas vontades particulares. Consequentemente, a proposição fundamental do direito internacional permanece uma boa intenção, enquanto na situação real a relação estabelecida pelo tratado está sendo continuamente alterada ou revogada" (Hegel, 2001, p. 262).
40. "Sempre existiram reis ou autoridades soberanas que, para defender sua independência, viveram em eterna rivalidade, como os gladiadores mantendo suas armas apontadas sem se perderem de vista, ou seja, seus fortes e guarnições em estado de vigia, seus canhões preparados guardando as fronteiras de seus reinos e ainda espionando territórios vizinhos" (Hobbes, 1983, p. 96).

interesses opostos frente a um mesmo conflito"[41]. Ao mesmo tempo, nunca haveria no plano internacional um árbitro que pudesse cumprir a mesma função do *Leviatã* de Hobbes.

Depois do fim do Império Romano e, em particular, depois da desintegração do império de Carlos Magno, o território europeu se fragmentou e deu origem a um grande número de unidades territoriais de poder competitivas e bélicas, que conviveram e lutaram durante vários séculos com o poder centralizador e interventor do Vaticano, e de sua extensa rede de bispados, paróquias e conventos, com suas terras e próprio sistema de tributação. Dessa luta, nasceram os primeiros grandes Estados nacionais da Era Moderna[42], que também lideraram o processo dos "descobrimentos" e de expansão imperial e colonial da Europa. Dessa maneira, os primeiros Estados nacionais foram também, e ao mesmo tempo, centro de um novo tipo de império transoceânico e transcontinental.

Nesse primeiro momento, foram pelo menos três as forças fundamentais que atuaram na origem deste "processo universalizante": em primeiro lugar, a disputa milenar do "mundo romano-cristão" com o "mundo islâmico" que derrotou as Cruzadas, conquistou Constantinopla e dominou o Mediterrâneo, pelo menos até o século XVI; em segundo, a competição sistêmica e expansiva entre as próprias unidades de poder europeias em luta pelo poder global europeu[43]; e, em terceiro lugar, atravessando todas as demais disputas, o impulso conquistador e catequético do "universalismo europeu"[44] que se gestara dentro do Império Romano, sobretudo depois de sua conversão ao cristianismo[45]. Isto fica visível nos primeiros "des-

---

41. Fiori (2018, p. 83).

42. "Ele só surgiu por ter-se formado uma nova ordem espacial concreta, um equilíbrio entre os Estados territoriais do continente europeu na sua articulação com o império marítimo britânico, tendo gigantescos espaços livres como pano de fundo. Com o surgimento, no solo europeu, de múltiplas formações de poder territorialmente unificadas e com fronteiras fixas, surgiram os portadores de um novo *jus gentium*" (Schmitt, 2013, p. 149).

43. "O solo europeu converte-se, de modo particular, em teatro de guerra, o *theatrum bell*, o espaço circunscrito no qual poderes estatalmente autorizados e militarmente organizados medem forças sob os olhos de todos os soberanos europeus" (Schmitt, 2013, p. 151).

44. "Há três tipos principais de apelo ao universalismo. O primeiro é o argumento de que a política seguida pelos líderes do mundo pan-europeu defende os 'direitos humanos' e promove uma coisa chamada 'democracia'. O segundo acompanha o jargão do choque entre as civilizações, no qual sempre se pressupõe que a civilização 'ocidental' é superior às 'outras' civilizações porque é a única que se baseia nesses valores e verdades universais. E o terceiro é a afirmação da verdade científica do mercado. Do conceito de que 'não há alternativa' para os governos senão aceitar e agir de acordo com as leis da economia neoliberal" (Wallerstein, 2007, p. 19).

45. "Essa compulsão expansiva que se transforma numa regra de comportamento quase mecânica dentro do sistema político europeu aponta na direção inevitável do monopólio. Isto é, todas as unidades competidoras se propõem, em última instância, a conquistar um poder global e incontras-

cobrimentos" americanos, em que o peso da Igreja Católica e de sua ambição catequética foi decisivo para o sucesso das potências ibéricas. Essa mesma "compulsão catequética" se manteve presente, já sob a égide dos ideais iluministas das "potências protestantes", em particular Holanda e Inglaterra, nos séculos XVII e XVIII, e de todas as demais "potências imperialistas" durante os séculos XIX e XX[46].

À sombra deste impulso expansivo inicial e como consequência de suas próprias necessidades materiais, desenvolveu-se na Europa a revolução financeira e produtiva que deu origem ao modo de produção capitalista, que se transformou em peça decisiva do próprio sucesso expansionista dos europeus.[47] A partir daí, às próprias exigências da acumulação capitalista somaram-se as forças anteriores para alargar as fronteiras do sistema interestatal capitalista, até sua completa universalização no final do século XX[48].

Na origem desse processo "moderno", sempre estiveram os Estados e as economias nacionais ganhadoras dentro da competição interestatal, que acabaram transformando-se em verdadeiras "máquinas de acumulação de riqueza e de poder"[49]. E foi assim que se formou na Europa um amálgama absolutamente original, entre poderes territoriais expansivos e imperiais, com seus "projetos universalizantes" e economias capitalistas, que se transformou na marca diferencial dos europeus com relação aos demais impérios asiáticos, onde não existiram religiões universalistas

---

tável que possa ser exercido sobre um território cada vez mais amplo e unificado, sem fronteiras [...] nesse sentido, em clave psicanalítica, se pode falar da existência de uma 'pulsão expansiva' ou 'desejo de exclusividade' em todas e em cada uma das 'unidades imperiais' deste sistema de poder territorial" (Fiori, 2004, p. 27).

46. "De fato, o primeiro impulso expansivo europeu teve forte orientação religiosa, mas a partir do século XVIII, e em particular depois da 'Guerra dos 7 Anos' (1756-1763), essa expansão teve uma dimensão ideológica cada vez mais 'civilizatória', movida pelo projeto cosmopolita da universalização dos valores europeus" (Fiori, 2018, p. 89).

47. "Max Weber descreveu esta nova realidade com absoluta precisão, sobretudo as novas relações entre a competição política dos Estados e a acumulação do capital, dentro do sistema internacional nascido em Westfália: 'os Estados nacionais concorrentes viviam numa situação de luta perpétua pelo poder, na paz e na guerra'. Essa luta competitiva criou as mais amplas oportunidades para o moderno capitalismo ocidental" (Fiori, 2018, p. 36).

48. "A formação do sistema político mundial não foi produto de uma somatória simples e progressiva de territórios, países e regiões; foi uma criação do poder expansivo de alguns Estados nacionais europeus que conquistaram e colonizaram o mundo, durante os cinco séculos em que lutaram entre si pela conquista e monopolização das hegemonias regionais, e pelo 'poder global'" (Fiori, 2004, p. 40).

49. "Desta vez o encontro do poder com os bancos produziu um fenômeno absolutamente novo e revolucionário: os 'Estados-economias nacionais'. Verdadeiras máquinas de acumulação de poder e riqueza que se expandiram a partir da Europa e através de todo o mundo, numa velocidade e numa escala que permitem falar num novo universo em expansão, com relação ao que havia acontecido nos séculos anteriores" (Fiori, 2018, p. 34).

nem surgiram economias capitalistas até pelo menos o século XIX ou XX. Ou seja, noutras palavras, foi só na Europa, e na esteira do Império Romano, que se deu essa conjunção absolutamente "explosiva" entre a força expansiva do próprio poder e a competição pelo poder, com a energia gerada pelo universalismo greco-romano e cristão, e com a acumulação sem fim do capital. É esta combinação peculiar que explica, em última instância, a impotência real dos projetos de "paz perpétua" do Abbé de Saint Pierre e de Immanuel Kant, frente à avalanche de guerras desencadeadas na Europa, e a partir da Europa, ao redor de todo o mundo, em particular depois da assinatura da Paz de Westfália, em 1648.

O próprio Abbé de Saint Pierre percebeu, com extraordinária lucidez, que não haveria possibilidade de obter uma paz permanente no novo sistema político europeu através da guerra[50], dos tratados[51] ou simplesmente através do "equilíbrio de poder" entre os Estados.[52] Como disse Saint Pierre, "não haveria jamais segurança suficiente para a execução dos Tratados de Paz e de Comércio na Europa, enquanto não existisse uma sociedade permanente entre todos os Estados cristãos"[53]. Algo muito parecido com a proposta kantiana de criação "de uma espécie de Liga ou Federação que se poderia chamar de aliança da paz"[54].

O problema é que as duas soluções propostas pelo Abbé Saint Pierre e por Kant pressupunham a possibilidade e a existência de um acordo "inicial" ou "fundacional", o que acabava conduzindo a um raciocínio circular e a uma *aporia* incontornável, como percebeu o filósofo alemão George F. Hegel (1770-1831), de forma sintética e realista, na sua *Filosofia do Direito*:

---

50. "Esse meio de resolver uma divergência pela Guerra na verdade não a resolve enquanto subsistirem os dois pretendentes ou seus sucessores, pois o malogro de uma Guerra jamais persuadiu o perdedor de que não tinha razão ao engajar-se nela. Assim, na verdade este não abandona suas pretensões; ao contrário, multiplica-as, devido aos prejuízos sofridos para financiar a Guerra que sustentou e devido à porção de território que foi obrigado a ceder no Tratado que a interrompeu" (Abbé de Saint Pierre, 2003, p. 20).

51. "Os soberanos podem empenhar suas palavras, comprometer-se em promessas mútuas, assinar Tratados entre si; mas não haverá segurança suficiente de que um ou o outro dos contratantes não venha a mudar de ideia, ou que seus sucessores não desejem fazer valer alguma pretensão antiga ou nova para eximir-se de executar o que foi prometido" (Abbé de Saint Pierre, 2003, p. 24).

52. "O Equilíbrio é por natureza uma situação na qual tudo o que está em repouso pode ser facilmente posto em movimento e assim ser conservador; a menor causa interna ou externa é bastante para dar-lhe um movimento novo ou para fazer prosseguir o movimento que já existia. Assim, o Equilíbrio entre duas Casas pode perfeitamente permitir a cessação do movimento, algumas tréguas, porém longe de produzir um repouso firme, uma Paz inalterável, ele proporciona a qualquer Soberano ambicioso, impaciente e inquieto, a faculdade de recomeçar a Guerra e mesmo de fazê-la durar mais tempo após recomeçá-la" (Abbé de Saint Pierre, 2003, p. 34).

53. Abbé de Saint Pierre (2003, p. 31).

54. Kant (2012, p. 61).

Não há juiz de estados, no máximo apenas árbitro ou mediador, e mesmo a função mediadora é apenas acidental, devendo-se a vontades particulares. A ideia de Kant era que a paz eterna deveria ser garantida por uma aliança de estados. Essa aliança deveria resolver todas as disputas, inviabilizar o recurso às armas para uma decisão e ser reconhecida por todos os estados. Essa ideia pressupõe que os Estados estão de acordo, um acordo que, embora fortalecido por considerações morais, religiosas e outras, sempre se baseou na vontade soberana privada e, portanto, estava sujeito a ser perturbado pelo elemento de contingência. Portanto, quando as vontades particulares dos Estados não chegam a um acordo, a controvérsia pode ser resolvida apenas pela guerra[55].

Assim mesmo, esse debate do século XVIII e início do século XIX influenciou decisivamente as decisões do Congresso de Viena em 1815, quando foi criada a Quádrupla Aliança; assim como os Acordos de Paz de Paris de 1919, quando foi criada a Liga das Nações; e, finalmente, os acordos pós-Segunda Guerra Mundial, quando foram criadas as Nações Unidas e todas as demais organizações multilaterais concebidas para fazer funcionar uma espécie de "governança mundial" que respeitasse as soberanias nacionais e que, ao mesmo tempo, tivesse o poder de arbitrar seus conflitos, sem que fosse necessário o recurso à guerra. E, ainda mais, influenciaram o que talvez possa ser concebido como a maior utopia do século XX: a construção de uma organização supraestatal pacífica e pacificadora unindo todos os Estados que estiveram na origem conflitiva do próprio sistema interestatal: a União Europeia.

Apesar de todas essas sucessivas construções institucionais, segundo o historiador escocês Niall Ferguson, "os 100 anos depois de 1900 foram sem dúvida alguma o século mais violento da história moderna, de longe o mais violento em termos absolutos e relativos, do que qualquer outro período anterior"[56]. A própria construção da União Europeia entrou em crise e enfrenta problemas e desafios cada vez mais graves e paralisantes neste início do século XXI, com a volta da competição geopolítica entre seus próprios Estados dentro da União Europeia e a crescente disposição de suas principais potências de construir uma nova força militar centralizada que capacite os europeus a voltarem ao grande "jogo da guerra" no sistema interestatal que eles inventaram. Exatamente quando o sistema interestatal se "universalizou", na segunda metade do século XX, depois da independência das colônias europeias da África e da Ásia e depois que o sistema incorporou a China como um novo "Estado-civilização" nacional.

---

55. Hegel (2001, p. 263, 333-334).
56. Ferguson (2006, p. xxxiv).

A civilização chinesa e o desafio de uma paz universal

Nos últimos 500 anos, a expansão do sistema estatal europeu, liderada por suas grandes potências marítimas, projetou a sombra da civilização greco-romana e cristã sobre quase todos os povos do mundo. Mas, mesmo assim, quando se olha para o mapa geopolítico e geocultural do século XXI, verifica-se que seus grandes conflitos e centros de poder e de influência mundial ainda são os mesmos do período final do Império Romano e da Idade Média, e permanecem como se fossem quatro grandes "sombras do "inconsciente coletivo" da humanidade:[57] em primeiro lugar, a Europa e suas antigas colônias, que se consideram herdeiras culturais diretas do império e da civilização greco-romana; em segundo, a Rússia, que também se considera descendente de Bizâncio e de sua cultura cristã ortodoxa; em terceiro lugar, a Mesopotâmia e a Península Arábica, onde se concentra o poder cultural e religioso do Islã, que penetrou em parte da Ásia e da África, com maior sucesso do que o do monoteísmo cristão; e, por fim, a China, que se desenvolveu de forma autônoma da cultura greco-romana e das civilizações mediterrâneas e mesopotâmicas, preservando sua autonomia cultural mesmo depois da sua derrota e submissão aos europeus, em meados do século XIX.

Apesar disso, no final do século XX, logo depois do fim da Guerra Fria e da União Soviética, muitos analistas consideraram que essa "repartição do mundo" havia sido soterrada pela vitória da "civilização ocidental", herdeira de Roma. Foi quando se travou o famoso debate entre o cientista social americano Francis Fukuyama, com sua tese sobre "fim da história"[58], e outro norte-americano, Samuel Huntington, com sua tese a respeito do "confronto das civilizações"[59]. Naquele momento, Francis Fukuyama considerava que a derrota da URSS na Guerra Fria havia sido, simultaneamente, uma vitória definitiva do "universalismo europeu", a escala mundial; e, dentro da tradição europeia, havia sido também uma vitória da "liberal-democracia" e da "economia de mercado", com relação aos desafios – também europeus – do nacionalismo, do fascismo e do comunismo. Samuel Huntington, pelo contrário, considerava que o fim da "era das ideologias"

---

57. Carl Jung "deu o nome de 'inconsciente coletivo' à camada mais profunda da psique humana e concebeu seu conteúdo como uma combinação de padrões e forças universalmente predominantes, chamadas 'arquétipos' e 'instintos'. Em sua concepção, nada existe de individual ou único nos seres humanos nesse nível" (Stein, 2014, p. 83).
58. Fukuyama (1992).
59. Huntington (1996).

e dos Estados nacionais[60] não implicaria o fim dos conflitos e das guerras, e que estas, pelo contrário, se deslocariam para o campo dos enfrentamentos entre as velhas civilizações e religiões da humanidade.

Os dois erraram, mas Huntington errou menos que Fukuyama, porque trinta anos após seus prognósticos, o fantasma do nacionalismo e do fascismo voltou a rondar a Europa, e, o que é mais significativo, passou a ocupar lugar central na vida política dos Estados Unidos. Além disso, os dois também erraram porque o sistema de Estados nacionais não acabou, e suas grandes potências seguem ocupando – como sempre – o epicentro do "jogo internacional de poder". A particularidade, agora, é que o "jogo" inclui um novo Estado nacional, que é ao mesmo tempo uma civilização que se desenvolveu de forma autônoma com relação às grandes culturas e religiões da Mesopotâmia, do Norte da África e do Mediterrâneo. Por isso, é fundamental diferenciar o "desafio à paz das nações", representado pelo conflito do século XX entre as potências ocidentais e a União Soviética, do desafio que se anuncia para o século XXI, entre os herdeiros do mundo greco-romano e do próprio mundo islâmico e o "Estado-civilização chinês".

O fim da União Soviética foi uma derrota comunista, mas foi ao mesmo tempo a derrota de um projeto universalista igualmente europeu, com um povo herdeiro da mesma tradição romana e ortodoxa que lutou ao lado dos europeus e teve papel decisivo na derrota do fascismo e do nazismo. Uma situação muito diferente da que se coloca no século XXI, em particular na relação entre a "civilização ocidental" e a "civilização chinesa".

No início do século XXI, a China aceitou as regras do sistema interestatal e da economia capitalista, que foram as duas criações europeias responsáveis por sua vitória sobre o resto do mundo nos últimos 400 anos. No entanto, o que mais chama atenção na história dessa "conversão" é que a China ingressou no sistema interestatal e alcançou rapidamente a condição de grande potência, mantendo sua cultura e civilização autônomas, mas se mostrando capaz de incorporar os aspectos vitoriosos da civilização greco-romana, sem demonstrar, no entanto, até agora, vontade de transformar seu "modelo nacional" em um novo tipo de "projeto universalista".

O Império Chinês também nasceu depois de duzentos anos de uma guerra quase contínua entre seus "reinos combatentes", e de um processo simultâneo de centralização de poder que durou de 481 a.C. a 221 a.C., concluindo-se com a vi-

---

60. Sua tese foi exposta pela primeira vez em 1992, no American Enterprise Institute, e depois foi desenvolvida em artigo publicado no *Foreign Affairs*, em 1993, com o título "*The Clash of Civilizations*", finalmente na forma de um livro em resposta ao seu antigo aluno, Francis Fukuyama, e ao seu livro *The End of the History and the Last Man*, que havia sido publicado em 1992.

tória de dois pequenos reinos situados no nordeste da China – o estado Qin, que foi o grande vencedor, e o estado Han, que herdou e dirigiu o império a partir de 206 a.C. Os chineses nunca tiveram nenhuma religião oficial, nem jamais compartilharam seu poder com qualquer instituição religiosa, nobreza hereditária ou classe econômica, como aconteceu no Império Romano e em todas as sociedades europeias posteriores. Durante suas sucessivas dinastias, o Império Chinês foi governado por um *mandarinato* meritocrático que pautou sua conduta pelos princípios da filosofia moral confuciana, extremamente hierárquica e conservadora. Esta foi adotada como doutrina oficial do Primeiro Império Han e se transformou numa espécie de bússola ética do povo e do governo chinês até os dias de hoje, com a valorização, acima de tudo, da obediência familiar e do compromisso moral dos governantes com seu povo e com a civilização chinesa.

Durante o império Han (206 a.C.-220 d.C.), a China estendeu sua influência a Coreia, Mongólia, Vietnã e Ásia Central, e até o Mar Cáspio, dando início à famosa "Rota da Seda", por onde expandiu sua influência e foi estabelecendo um sistema de relações "hierárquico-tributárias" com seus vizinhos, que reconheciam e aceitavam a superioridade da civilização chinesa e pagavam um tributo regular ao seu governo imperial[61]. Muitos anos depois, já no século XIV, após um novo período de luta e fragmentação, o império voltou a se unificar e viveu um novo momento de glória durante a Dinastia Ming (1368-1644), que reorganizou o Estado e liderou uma nova época de ouro nas artes e na filosofia, além de expandir e conquistar novos territórios e povos vassalos ou tributários, como foi o caso de Java, Brunei, Sirijaya, Sião e Camboja.

Mesmo depois de haver suspendido as expedições navais do almirante Cheng Ho, em 1423[62], a China conquistou, nos três séculos da Dinastia Ming, mais do que o dobro do que foi conquistado pela Europa e seus impérios marítimos no mesmo período, em territórios, população e capacidade de tributação. O mesmo fenômeno se repetiu mais tarde, durante a Dinastia Qing, que governou a China entre 1644 e 1912, e que duplicou uma vez mais seu território, conquistando Tibet, Taiwan e todo o oeste do território chinês até o Turquistão. Depois disso, entretanto, a China foi derrotada pela Grã-Bretanha e pela França nas duas Guerras do Ópio,

---

61. "A oportunidade de comércio lucrativo, com o sistema de tributação, atraiu emissários estrangeiros que pagavam tributos em todos os lugares, em uma escala sem precedentes" (Mote & Twitchett, 1988, p. 236).

62. "Cheng Ho cruzou metade da terra e disseminou a influência do Império Ming por sua maior extensão. Nesse processo, ele empreendeu a maior série de explorações marítimas da história mundial, antes das viagens europeias de descobertas no final do século XV" (Mote & Twitchett, 1988, p. 237).

em 1839-1842 e 1856-1860, e foi submetida a um século de assédio e humilhação por parte das grandes potências europeias.

No início século XX, entretanto, a China se desfez do império e se transformou numa república, e, a despeito de sua enorme humilhação histórica frente aos povos europeus, não teve nenhuma dificuldade de incorporar os grandes avanços trazidos pela modernidade europeia nos campos da economia, da ciência e da tecnologia. A revolução nacionalista e republicana que derrubou a Dinastia Manchu, em 1912, foi inspirada pelos ideais europeus republicanos e nacionalistas; e a própria revolução comunista, vitoriosa em 1949, foi inspirada por Karl Marx, que, a despeito de tudo, foi um típico europeu. Além disso, já no final do século XX, os chineses também assimilaram as regras de funcionamento do "Sistema de Westfália", com seus "Estados-economias nacionais", e incorporaram, com velocidade e sucesso extraordinários, as estruturas e o funcionamento da economia de mercado e do próprio capitalismo.

O "novo" Estado nacional chinês comporta-se como todos os Estados europeus originários, mas, diferentemente deles, considera que seu "desenvolvimento capitalista e seu próprio Estado nacional estão a serviço de sua civilização milenar, que já é considerada (há muitos milênios) o pináculo da história humana"[63]. Além disso, a economia capitalista chinesa vem se expandindo a uma velocidade cada vez maior e hoje já é uma peça indispensável para o funcionamento da economia mundial. Mas a China não se propõe a ser um modelo econômico universal; tampouco se propõe a difundir ou catequizar o resto do mundo. Ao contrário, a China vem se relacionando com todos os países e povos do mundo independentemente de seus governos, regimes políticos, religiões ou ideologias. No entanto, é absolutamente inflexível com relação a qualquer nova tentativa de lhe impor ideias e instituições que não correspondam a seus valores tradicionais e a seus interesses contemporâneos.

Para pensar o futuro da paz a partir dessa nova configuração civilizatória do sistema mundial, é preciso, primeiro, reconhecer que as quatro grandes "sombras" do "inconsciente coletivo" do sistema mundial ainda existem e correspondem a espaços civilizacionais onde sempre ressurgiram grandes projetos imperiais. Em segundo lugar, deve-se ter claro que é num desses espaços que a China está ressurgindo como uma grande potência mundial. A China não se propõe a substituir os Estados Unidos como centro articulador de um "projeto universal", mas não há dúvida de que seu extraordinário sucesso econômico e tecnológico já a transformaram numa vitrine para o resto do mundo. Além disso, o capitalismo chinês segue o mesmo padrão de acumulação descrito por Marx e, por isso, deverá seguir

---

63. Fiori (2014, p. 93).

expandindo-se *urbe et orbi*, transformando a China num pulmão indispensável da economia mundial. Este, portanto, é o novo enigma que se coloca no caminho de toda e qualquer reflexão sobre a paz: sobre a viabilidade da existência paralela e da convivência pacífica entre uma parte do mundo regida pelo Sistema de Westfália, de origem europeia, com outra parte do mundo regida pelo Sistema Hierárquico-Tributário, de origem asiática.

Uma hipótese realista sobre a história da paz

Mil e oitocentos anos depois do fim da *Pax Romana*, em pleno século XX, e um pouco antes do início da Segunda Guerra Mundial, Albert Einstein, o físico e pai da Teoria da Relatividade, enviou uma carta a Sigmund Freud, médico e pai da Psicanálise, sobre o tema da "guerra e da paz". Perguntou a Freud como ele explicaria a permanência da violência e das guerras através dos tempos, e se seria "possível controlar a evolução da mente do homem de modo a torná-la à prova das psicoses do ódio e da destrutividade"[64]. Na ocasião, Freud respondeu a Einstein que, do ponto de vista de sua teoria psicanalítica, "não havia maneira de eliminar totalmente os impulsos agressivos do homem", apesar de que fosse possível "tentar desviá-los num grau tal que não necessitassem encontrar sua expressão na guerra"[65].

Logo depois, na mesma carta, Freud devolve a Einstein uma pergunta que parece muito estranha, à primeira vista: "por que o senhor, eu e tantas outras pessoas nos revoltamos tão violentamente contra a guerra, mesmo sabendo que o instinto de destruição e morte é inseparável da libido humana?". E responde, para si mesmo, "que a principal razão por que nos rebelamos contra a guerra é que não podemos fazer outra coisa. Somos pacifistas porque somos obrigados a sê-lo, por motivos orgânicos, básicos [...], temos uma intolerância constitucional à guerra, digamos, uma idiossincrasia exacerbada no mais alto grau"[66].

A verdade é que mesmo depois da longa *Pax Romana*, e a despeito do pacifismo dos estoicos e dos cristãos ter se transformado num valor universal, a história dos homens tem sido uma história de guerras quase contínuas. Apesar disso, não existe até hoje nenhuma teoria que tenha conseguido explicar – nem mesmo a psicanálise – o fim da *Pax Romana* e a sucessão das guerras que se seguiram, apesar do desejo de paz da maioria dos homens "sensatos", como Freud e Einstein, e de quase todas as sociedades, culturas e religiões desde o tempo do Império Romano.

Assim mesmo, é possível formular a hipótese final de que, depois do fim do Império Romano, a "paz" se transformou numa das grandes utopias que moveram

---

64. Freud (1969, p. 205 e 207c).
65. Freud (1969, p. 217).
66. Freud (p. 218, 219 e 220).

a espécie humana através dos séculos. E, por outro lado, que a "guerra" funcionou durante todo esse tempo como instrumento de uma "teleologia ética" que foi sendo tecida através de sucessivos "acordos" e "tratados", que primeiro foram impostos pelos "vitoriosos", mas que depois foram questionados pelos "derrotados", numa sucessão contínua de novas guerras. Guerras que foram construindo e destruindo hierarquias, e que foram construindo e destruindo sucessivos sistemas de crenças e de justiça, e de novas "ordens internacionais" que vigoraram durante determinados períodos até serem sucedidos por novos conflitos, guerras, hierarquias e "ordens internacionais"[67] – como aconteceu com a relação entre as guerras, a paz e a construção do Direito e da Justiça no Império Romano. E também como aconteceu muito depois, de forma exemplar, com a Paz de Westfália, em 1648, que deu origem a um sistema de poder e a um direito internacional que permanecem vigentes até hoje, apesar das modificações que foram sofrendo através do tempo, impostas por guerras interestatais que se sucederam de forma quase contínua durante o século XVIII e, depois, no século XX.

O mesmo se pode dizer da Paz de Viena de 1815, que deu origem a uma ordem e uma paz na Europa que durou quase um século, apesar das infinitas guerras coloniais feitas pelos europeus em todo o mundo, no mesmo período de paz em seu continente. Esse fenômeno se repetiu uma vez mais após o fim da Segunda Guerra Mundial, dando origem a uma nova "ordem internacional liberal" contemporânea da Guerra Fria e a várias "guerras quentes" na Ásia e no Oriente Médio. E, de novo, após o fim da Guerra Fria, em 1991, encerrou a "era das guerras ideológicas", segundo Samuel Huntington, dando início a um dos períodos mais violentos da história recente da humanidade, sobretudo para o "mundo islâmico", que sofre até hoje as consequências de ter desafiado, derrotado e conquistado territórios do antigo Império Romano do Ocidente, além de ter derrotado Bizâncio, e conquistado Constantinopla, transformando-se em herdeiro e concorrente do monoteísmo cristão, e em verdadeiro *alter-ego* do universalismo greco-romano nos últimos mil e quatrocentos anos.

Uma utopia pirrônica[68] sobre o futuro da paz

No início do século XXI, o poder militar mundial alcançou um nível tão alto de concentração e centralização em mãos de três ou quatro grandes potências que

---

67. Uma hipótese sugerida pela visão dialética, realista e cética do filósofo grego Heráclito de Éfeso (521-487 a.C.) a respeito da "guerra", como origem de todas as hierarquias e desigualdades, e da justiça, como uma obra, ou como um produto progressivo dos conflitos humanos.

68. "Os pirrônicos propunham a suspensão do juízo acerca de qualquer questão em relação à qual houvesse evidências em conflito, incluindo a questão sobre se podemos ou não conhecer algo" (Popkin, 2000, p. 3).

é quase impossível imaginar uma guerra frontal entre essas potências, a menos que elas estejam dispostas a pagar um preço muito alto para si mesmas e, muito provavelmente, para toda a humanidade. Isto não quer dizer, entretanto, que tenha se tornado necessariamente menos factível e menos provável o estabelecimento de uma paz duradoura entre essas grandes potências.

Por quê? Porque essa nova configuração mundial de forças contém uma diferença fundamental com relação à situação anterior da guerra e da paz entre as nações. E a diferença está no fato de que o novo equilíbrio de forças mundial envolve povos e Estados nacionais com sistemas de valores e heranças culturais e civilizatórias muito diferentes entre si, o que pode vir a ser mais favorável ao encaminhamento da paz do que no sistema anterior, ao contrário do que previu Samuel Huntington. Na verdade, está consolidando-se uma nova espécie de "equipotência civilizatória" global que desafia o monopólio do "universalismo europeu"[69], que foi responsável pela definição das normas e pela gestão das instituições que regularam a guerra e a paz no sistema internacional nos últimos 400 anos.

A perda desse "monopólio ocidental" manifestou-se, em primeiro lugar, na luta interna dentro das grandes organizações multilaterais construídas depois da Segunda Guerra Mundial para administrar a "governança liberal" do mundo, tutelada pelas grandes potências ocidentais. Logo em seguida, na medida em que o equilíbrio militar entre as velhas e novas grandes potências foi modificando-se, a própria arbitragem global da Europa e dos Estados Unidos começou a ser questionada, como no caso da intervenção russa na Geórgia, em 2008, e de sua nova intervenção na Guerra da Síria, em 2015. E sobretudo no caso da expansão da presença chinesa ao redor do mundo, em particular no mar do Sul da China e na Ásia Central.

Essa quebra de monopólio desvelou um segredo muito bem guardado pelas potências vitoriosas e hegemônicas desde sempre: o fato de que só elas fazem parte do "círculo privilegiado dos criadores da moral internacional".[70] Há quatro séculos, pelo menos, esse pequeno círculo de "fazedores de regras" vem sendo ocupado e controlado, de forma inquestionável, pelos povos herdeiros do "uni-

---

69. Vide Wallerstein (2007).

70. "Teorias da moralidade social são sempre produto de um grupo dominante que se identifica com a comunidade como um todo e que possui facilidades negadas a grupos ou indivíduos subordinados, de modo a impor sua visão de vida à comunidade. Nos últimos cem anos, mais especialmente desde 1918, os povos de língua inglesa formaram o grupo dominante no mundo; e as teorias atuais da moralidade internacional foram concebidas para perpetuar sua supremacia expressa no idioma que lhe é peculiar [...] o círculo encantado dos criadores da moralidade internacional" (Carr, 2001, p. 80).

versalismo greco-romano e cristão", que começou a ser construído, como já vimos, durante o Império Romano. É este "consenso ético ocidental" que está sendo questionado pela ascensão da civilização chinesa ao epicentro do sistema mundial, trazendo consigo uma nova tábua de valores e normas morais e internacionais diferente da agenda ocidental. Hoje já não existe a menor possibilidade de que esse processo possa ser revertido, e que o sistema mundial possa ser devolvido à sua situação anterior, de completa supremacia eurocêntrica. Pelo contrário, tudo indica que essa nova situação deverá estabelecer-se e consolidar-se nas próximas décadas. E, mesmo que o eixo do sistema mundial ainda não tenha se deslocado para a Ásia, como muitos acreditam, o certo é que já se estabeleceu um novo tipo de equilíbrio mundial que deslocou e arquivou a hegemonia anterior do projeto universal e do "expansionismo catequético" da tradição greco-romana e cristã.

Hoje a China já se somou ao mundo muçulmano na sua função de *alter-ego* da cultura ocidental e ocupa no sistema internacional uma posição que pode ser comparada com a do Império Persa, com relação ao Império Romano, há dois mil anos[71]. Como vimos, esses dois impérios antigos conviveram durante sete séculos seguidos; competiram, fizeram guerras localizadas e se emularam em quase todos os seus costumes, mas jamais se atacaram ou destruíram mutuamente, como ocorreu, por exemplo, na terceira Guerra Púnica, em que Roma destruiu Cartago completamente. Tudo indica, portanto, que a paz assinada por Augusto com os persas, na primeira hora do Império, funcionou e se manteve estável durante seu reinado e durante todo o período da *Pax Romana*.

Isso demonstra que não é impossível a estabilização da paz no relacionamento entre dois grandes impérios que se aceitam e respeitam mutuamente. O desafio maior é que essa paz duradoura requeria a aceitação comum de uma regra fundamental que foi proposta pela primeira vez, de maneira explícita, pelos persas aos bizantinos no início do século VII: que os dois impérios abrissem mão de seu desejo de dominar o mundo, ou seja, que abrissem mão de seus projetos de universalização de seus valores particulares[72]. É uma hipótese que su-

---

71. "A Roma greco-latina e o Irã eram impérios que se espelhavam em sua expansão militar, criação de leis, realizações culturais, construção de estradas e exuberância arquitetônica – universos em expansão cuja violência nos pontos de contato se assemelhava ao encontro explosivo entre a matéria e a antimatéria. A competição de sete séculos entre eles foi um caso de sístole-diástole entre armas, instituições e culturas, da qual quase todos os povos da Ásia Menor foram obrigados a participar" (Lewis, 2008, p. 2).

72. "O emissário que Khurso – o imperador *persa* – enviou até os bizantinos, apresentou seu apelo de intervenção junto com uma fórmula sem precedentes de uma paz duradoura entre os dois impérios. A paz poderia ser mantida se os dois impérios simplesmente abrissem mão de suas respectivas reivindicações de dominar o mundo, ou seja, do seu universalismo" (Cline & Graham, 2011, p. 392).

poria a "suspensão do juízo", preconizada pelos filósofos pirrônicos, de todas as partes envolvidas, o que é muito fácil de ser proposto, mas é extraordinariamente difícil de ser implementado, apesar de que seja mais provável que isso possa acontecer num mundo dominado por poucos grandes impérios equipotentes, que pode ser o futuro da humanidade nos séculos XXI e XXII, como aconteceu no período da *Pax Romana*.

Referências

ABBÉ DE SAINT PIERRE. *Projeto para tornar perpétua a paz na Europa*. Brasília: Ed. UnB, 2003.

ARON, R. *Paz e Guerra entre as Nações*. Brasília: Ed. UnB, 2002.

BOBBIO, N. *O problema da guerra e as vias da paz*. São Paulo: Ed. UNESP, 2002.

CARR, E. H. *The Twenty Years' Crisis, 1919-1939*. New York: Perennial, 2001.

CLINE, E. H. & GRAHAM, M. W. *Impérios Antigos*. Da Mesopotâmia à origem do Islã. São Paulo: Madras, 2012.

COOPER, J. M. & PROCOPÉ, J. F. (Eds.). General Introduction. In: SENECA. *Moral and Politics Essays*. Cambridge: Cambridge University Press, 2010, p: xxiv.

DAWSON, C. *A formação da Cristandade*. São Paulo: É Realizações Ed., 2014.

_____. *Criação do Ocidente, a religião e a civilização medieval*. São Paulo: É Realizações Ed., 2016.

FERGUSON, N. *Empire*. How Britain made the Modern World. London: Penguin Books, 2004.

FIORI, J. L. A dialética da guerra e da paz. In: _____. (Org.). *Sobre a Guerra*. Petrópolis: Ed. Vozes, 2018. p. 75-102.

FIORI, J. L. Formação, expansão e limites do poder global. In: _____. (Org.). *O Poder Americano*. Petrópolis: Ed. Vozes, 2004.

_____. *The war of the World, Twentieh-Century conflict and the descent of the world*. New York: The Penguin Press, 2006.

_____. (Org.). *Sobre a Guerra*. Petrópolis: Ed. Vozes, 2018.

_____. *A síndrome de Babel e a disputa do poder global*. Petrópolis: Ed. Vozes, 2020.

_____. *História, estratégia e desenvolvimento*. Para uma geopolítica do capitalismo. São Paulo: Ed. Boitempo, 2014.

_____. *O poder americano*. Petrópolis: Ed. Vozes, 2004.

_____. *O poder global e a nova geopolítica das Nações*. São Paulo: Ed. Boitempo, 2007.

FREUD, S. Novas Conferências Introdutórias sobre Psicanálise e outros trabalhos (1932-1936). Vol. XXII, *Edição Standard Brasileira das Obras Psicológicas Completas de Sigmund Freud*. Rio de Janeiro: Imago Editora, 1969.

FUKUYAMA, F. *The End of the History and the and the Last Man*. New York: Free Press, 1992.

GAGARIAN, M. & WOODRODRUFF, P. *Early Greek Political Thought from Homer to the Sophists*. Cambridge: Cambridge University Press, 2004.

GRIFFIN, M. T. & ATKINS, E. M. (Eds.). *Cicero: On Duties*. Cambridge: Cambridge University Press, 2009.

GROTIUS, H. *O direito da guerra e da paz*. Ijuí: Ed. Unijui, 2005.

HARARI, Y. N. *Sapiens. Uma breve história da humanidade*. Porto Alegre: LPM, 2018.

HEGEL, G. F. R. *The Philosophy of Right*. Kitchener: Batoche Books, 2001.

HOBBES, T. *Leviatã ou matéria, forma e poder de um Estado eclesiástico e civil*. São Paulo: Victor Civita, 1983

HUNTINGTON, S. *The Clash of Civilizations and the remaking of the World*. New York: Simon & Schuster, 1996.

JACQUES, M. *When China Rules the World*. London: Penguin Books, 2009.

JULLIEN, F. *O diálogo entre as culturas. Do universal ao multiculturalismo*. Rio de Janeiro: Zahar, 2010.

KANT, I. *A paz perpétua: um projeto filosófico*. Petrópolis: Ed. Vozes, 2020.

KANT, I. *Filosofia da História*. São Paulo: Ícone, 2012.

LEWIS, D. L. *O Islã e a Formação da Europa de 570 a 1215*. São Paulo: Editora Amarilys, 2008.

LIEVEN, D. *Empire. The Russian empire and its rivals*. New Haven: Yale University Press, 2000.

MARCONDES, D. *Iniciação à filosofia. Dos pré-socráticos a Wittgenstein*. Rio de Janeiro: Zahar, 2015.

MARINHO, N. Sobre a guerra e a paz – A aporia freudiana, Trieb, v. II, set. 2003.

MORGENTHAU, H. J. *Politics among nations. The struggle for power and peace*. New York: McGrawHill, 1993.

MOTE, F. W. & TWITCHETT, D. *The Cambridge History of China*. Cambridge : Cambridge University Press, 1988 (vol 7: The Ming Dinasty 1368-1644).

POPKIN, R. H. *História do Ceticismo de Erasmo a Spinoza*. São Paulo: Livraria Francisco Alves, 2000.

SANTO AGOSTINHO. *A Cidade de Deus*. Petrópolis: Ed. Vozes, 2016.

SCHMITT, C. *O Nomos da terra no direito das gentes do jus publicum europaeum*. Rio de Janeiro: Ed. Contraponto, 2013.

SHAKESPEARE, W. Antônio e Cleópatra. Porto Alegre: L&PM Pocket, 2005.

STEIN, M. *Jung o mapa da alma*. São Paulo: Ed. Cultrix, 2014.

STEVENS, A. *Jung*. Porto Alegre: LP&M Pocket, 2012.

TUCÍDITES. *História da Guerra do Peloponeso*. Brasília: UnB, 1987.

WALLERSTEIN, I. *O universalismo europeu, a retórica do poder*. São Paulo: Boitempo Editorial, 2007.

WOOLF, G. *Roma. A História de um Império*. São Paulo: Ed. Cultrix, 2012.

A *pax chinesa*: um longo processo de formação

Milton Reyes Herrera

Este texto analisa, numa perspectiva histórico-estrutural, o produtivo período entre o início da expansão do núcleo do mundo chinês, com a dinastia Zhōu – no qual podemos encontrar dois subperíodos, caracterizados como Primavera e Outono –, e o dos Reinos Combatentes, durante a dinastia oriental de Zhōu até a fundação da chamada Pax Chinesa, já na dinastia Han. Aí teve início, precisamente, a consolidação da unidade e continuidade do núcleo do Estado chinês baseado na matriz confucionista, mas informado por outras matrizes de pensamento, como a advinda do legalismo, baseada em ideias de longo prazo que formaram o império chinês por cerca de dois mil anos e ainda sobrevivem na República Popular da China[1].

Embora o período da Pax Chinesa possa ser estendido às dinastias Tang, Yuan, Ming e até mesmo os primórdios da Qing, este texto analisa o longo processo de construção de seus fundamentos, considerando as contribuições no nível das ideias, instituições, configuração geográfica e capacidades materiais que formaram os alicerces da continuidade da civilização chinesa, legitimada pelo sistema tributário Tiānxià, 天下 (tudo sob o céu).

Apresentamos inicialmente uma revisão histórica dos antecedentes e nós constituintes da construção da China como representação de uma ordem, unidade, território e continuidade "civilizacional" (mais do que cultural) organizada e diferenciada, para em seguida revisarmos a conformação dos elementos que irão caracterizar a Pax Chinesa, que se estabelecerá como uma ordem constitutiva da dinastia Han.

---

1. Cox (1993).

Antecedentes: as primeiras dinastias

Para compreender o processo histórico e o surgimento do núcleo chinês como uma ideia de longo prazo, com sucessivas competições, disputas, pacificações, des(ordem) etc., é necessário reconhecer a chamada era dos oráculos e a idade do bronze[2], que compreendem as dinastias *Xià* 夏 (2070-1600 a.C., aproximadamente), *Shāng* 商 (1600-1046 a.C.) e *Zhōu* 周 (770-221). Esta, por sua vez, compreende duas dinastias: *Zhōu* do Ocidente (1046-771) e *Zhōu* do Oriente (770-256 a.C.), além de dois períodos conhecidos como: Primavera e Outono, *chūn qiū shí dài*, 春秋 时代 (770-476 a.C.); e os Reinos (ou Estados) combatentes *Zhànguó shídài* 战国 时代 (475-221 a.C.)[3]. Posteriormente, serão revistos os elementos centrais da dinastia *Qin* (221-206 a.C.), bem como os elementos que se articulam para a consolidação da chamada *Pax Chinesa* na dinastia *Han*.

Os antecedentes da China como continuidade: Xià 夏

A primeira dinastia, *Xià* 夏, é importante por sua ideia relacionada com a origem (ou melhor, representação mediadora entre uma origem mítica e a materialização da origem das dinastias chinesas), que mais tarde será valorizada como parte de um passado que precisava ser resgatado, mesmo por pensadores como Confúcio.

Por exemplo, antes desta dinastia, as histórias sobre o mítico imperador amarelo *Huangdi* – que dizem ter reinado desde 2697 a.C., e a quem se atribui, entre outras coisas, a introdução da criação do bicho-da-seda, o uso do arco e flecha, a escrita e a cerâmica[4]; e que, além de ser considerado um sábio, também se diz que era um guerreiro extraordinário – permitem compreender as bases de uma representação orientada para a construção da comunidade imaginada e os ideais da longeva civilização chinesa[5]. Assim:

> Cada um dos soberanos ou imperadores lendários carrega algum elemento civilizador: agricultura, controle da água, escrita, música, calendário [...]. Também naquelas lendas o ideal de estado na China está claramente delineado: um estado imperial, centralizado e com uma organização capaz de, por exemplo, controlar as águas [...]. As virtudes que se destacam e que esses soberanos exemplares realizam são as virtudes que indicam a preferência pelo mérito, e não o nascimento como critério para governar[6].

---

2. Doval (2010).
3. Anguiano (2011).
4. Botton (2000, p. 45-46).
5. Anderson (1993).
6. Botton (2000, p. 47).

Sobre a origem e existência dos *Xià*, pode-se mencionar que, embora esta dinastia fosse mencionada nos textos clássicos (da dinastia *Zhōu*), não estava nos textos da dinastia que a sucedeu (*Shāng*); assim, sua existência tem sido bastante discutida. No entanto, Anguiano[7] argumenta que, segundo a tradição, esta foi (entre 1994-1766 a.C.) a primeira dinastia chinesa hereditária, que só desapareceu quando seu último governante foi expulso devido ao poder tirânico que exercia sobre seu povo. Para esse autor e vários outros sinologistas, não há evidências históricas e materiais para confirmá-lo. Flora Botton, embora reconheça que a existência dos *Xià* não seja legitimada por evidências históricas convincentes, afirma que, "desde a década de 1960, foram descobertos sítios arqueológicos que deram origem a um interessante debate sobre sua existência, sendo o mais importante o sítio de Erlitou, na província de Henan, onde se encontram vestígios de uma cultura que floresceu entre 1900 e 1500 a.C."[8].

Mapa da dinastia *Xià*

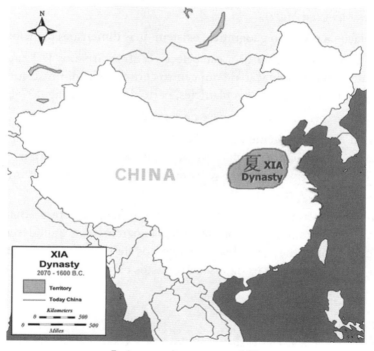

Fonte: museocineseparma.org (s/d).

---

7. Anguiano (2008, p. 1).
8. Botton (2010, p. 47-48).

É interessante enfatizar que, para esses e outros autores, o declínio dos *Xià* é atribuído à crueldade de seu rei, que deu início à dinastia seguinte. Isso parece ser recorrente no relato dos dirigentes depostos na história da China tradicional, o que também inclui o direito de punir o tirano (não o regicídio, neste caso) segundo os pensadores confucionistas *Mengzi* (Mencio) e *Xunzi*, estando ainda relacionado à ideia de perda do mandato do Céu[9].

A dinastia Shāng 商

A também mítica dinastia *Shāng* possui um registro completo de sua existência, suas instituições, mundo de ideias e contribuições para as capacidades materiais. Aqui, a tecnologia do bronze é desenvolvida, assim como a "escrita, expressões artísticas (bronze, cerâmica)"[10]. Há registros de adoração aos ancestrais, assunto que é reconhecido como um elemento central do mundo chinês (mas que é posteriormente debatido em termos de prioridades: reproduzir a hierarquia na ordem social, ou resolver primeiro os problemas materiais práticos – segundo os pensadores *Mengzi* e *Mozi*).

Em relação à projeção geográfica, existem duas dimensões principais:

– eles foram os "primeiros a estabelecer centros urbanos [...] cada um dos quais era uma combinação de um centro cerimonial, administrativo e de defesa, geralmente erguido em planícies, perto de cursos de água"[11]; e

– há uma expansão para o norte e para o sul.

Com tal expansão, elementos civilizadores foram transportados para outras geografias do mundo chinês (então em plena formação), "onde foram assimilados de tal forma que, para determinar-se o que é a China, torna-se mais importante a cultura do que a origem étnica"[12].

No plano material, pode-se afirmar que a agricultura era a atividade mais importante da economia, mas com tecnologia aparentemente subdesenvolvida – por exemplo, "foram encontrados instrumentos de pedra, e não há indícios de irrigação"[13]. Considerando os dados sobre gastos com a aristocracia e o exército,

---

9. Yao (2004).
10. Que consistia em caracteres pictográficos, ideográficos e fonéticos. "Mesmo assim, o pincel e a tinta eram usados para escrever em tiras de bambu ou madeira que eram amarradas com uma corda [sendo] [...] uma das conquistas mais impressionantes do início da história chinesa" (Yao, 2004, p. 57).
11. Yao (2004, p. 52).
12. Yao (2004, p. 60).
13. Yao (2004, p. 53).

Mapa da dinastia *Shāng*

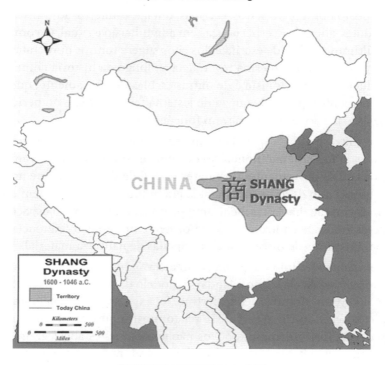

Fonte: museocineseparma.org (s/d)

pode-se concluir que havia uma hierarquia social pré-feudal já estruturada, com capacidade administrativa para gerar e "administrar" os excedentes produzidos pela população.

No mesmo sentido, na relação entre capacidades materiais e ideias (legitimidade), os primeiros reis da China, segundo Dobson:

> Eles eram sacerdotes cativos, deputados do céu na terra e, a partir do século 10 a.C., eram chamados de Filhos do Céu. O Céu, segundo o antigo pensamento chinês, conferiu seu mandato de governar o mundo a um homem que designou como seu Filho, que por sua vez delegou esse mandato aos feudatários, que o delegaram aos subfeudatários, e assim estabeleceu-se uma cadeia feudal, a partir do rei ao governador da guarnição local[14].

Desta forma, o rei era "chefe secular e líder religioso; chefe de governo, chefe militar e responsável pelo ritual religioso, além de descendente direto de um an-

---

14. Dobson (1967, p. 195).

cestral comum de todo o povo"[15]. Aqui, o corpo administrativo que rodeava o rei já era composto por "conselheiros, escribas, oficiais militares, administradores civis e sacerdotes-adivinhos, especialistas em adivinhação e ritual. O conhecimento que estes últimos tinham da escrita e dos ritos sugere futuros burocratas letrados, que serão tratados com a mesma reverência ao longo da história chinesa"[16], mas, dada a influência confucionista e de outras escolas de pensamento, que floresceram especialmente a partir da queda do sistema feudal *Zhōu* e no período Outono-Primavera, já não desempenhavam funções sacerdotais.

No que diz respeito às capacidades materiais em termos de comércio, segundo Botton, "existia um sistema monetário decimal, e como moeda usavam conchas, algumas das quais provenientes dos mares do Sul da China"[17], o que nos permite deduzir que seu raio de ação comercial já era muito amplo. Para além do mundo chinês em formação, havia também uma projeção que definia o espaço com um horizonte definido de controle-unidade-ordem e um espaço diferenciado com o qual havia dinâmicas de troca, ainda que apenas de natureza material.

Em relação ao declínio e à queda da dinastia *Shāng*, que "aparece nas histórias tradicionais chinesas, ela segue o lendário modelo da deserção dos *Xià*. O último monarca *Shāng*, um tirano cruel e libertino, foi expulso por um enérgico *Zhōu* de um estado no vale do rio Wei"[18]. Esse relato mostra que, como afirma Botton[19], ao longo de sua história, mesmo povos não autóctones estabeleceram seu poder na China, mas sem alterar a base cultural que perdura e os assimila, podendo até contribuir com novos elementos, mas que também apresentam características de construção de uma comunidade imaginada que estabelece limites, sanções e os horizontes ideais e normativos que legitimam o poder. A interpretação da história se desenvolveu mais tarde, quando os chineses já tinham uma ideia clara sobre os critérios de legitimidade do poder, o que prova mais uma vez que esse critério era mais cultural do que étnico.

Os Zhōu 周

Em primeiro lugar, pode-se mencionar que *Zhōu* e *Shāng* mantiveram contato, desde o século XVI a.C., através de alianças e casamentos, havendo uma acei-

---

15. Botton (2000, p. 54).
16. Botton (2000, p. 55).
17. Botton (2000, p. 54).
18. Anguiano (2008, p. 1).
19. A tradição narrada da queda de *Shāng* novamente se deve "à perda da virtude dos soberanos. Assim como o último monarca de *Xià*, o rei *Jie*, chegou a extremos de maldade e corrupção, o último rei *Shāng* também foi um monstro que teve que se render a um rei *Zhōu*, infinitamente mais virtuoso" (Botton, 2010, p. 60).

tação gradual da cultura *Shāng*. Os *Zhōu* aprenderam "fundição em bronze, adivinhação e escrita; para depois se tornarem aliados, quase vassalos, culturalmente inferiores, para usarem seu poder bélico para conquistar *Shāng*"[20]. A localização geográfica em ambos os períodos foi orientada basicamente na parte oriental do rio Amarelo.

Mapa da dinastia *Zhōu*, do Oeste e do Leste

Fonte: learnodo-newtonic.com (2016).

---

20. Botton (2010, p. 61).

Deve-se reconhecer, ainda, que essa dinastia alcançou a hegemonia em uma realidade intertribal complexa, sem ser "a maior das tribos, logo perceberam que o uso da força coercitiva não teria sucesso"[21], sendo uma de suas preocupações manter a legitimidade, a ordem e a paz. Da mesma forma, deve-se notar que tanto nas dinastias *Shāng* anteriores como nesta, o conceito predominante de "Céu" é estabelecido a partir da ideia de um deus antropomórfico, que será transformado pelo pensamento matricial confucionista e que se constrói como uma concepção "mais próxima da natureza"[22].

Nesta continuidade sobre a ideia de Céu (天, *Tiān*), os *Zhōu*

> acreditavam no poder que emanava do Céu, que autorizava o poder dos reis; eles fizeram sacrifícios ao Senhor do Alto, agora chamado *Tiān* ("Céu") e a seus ancestrais. O senhor das propriedades fez sacrifícios à natureza local e às divindades agrícolas, bem como aos seus ancestrais. As famílias também ofereciam sacrifícios a seus ancestrais para evitar infortúnios e calamidades[23].

Tudo isso seria complementado pelo estabelecimento de um sistema que tem a ver com o mundo chinês: "Tudo o que está sob o céu" (*Tiānxià*), um sistema universal que integra todas as nações e um mundo constituído por e para todas as cidades"[24], que também poderia ser mais bem interpretado como o ideal de um sistema de mundo (os chineses), e não de Estados, legitimando, assim, uma articulação entre a possibilidade de hegemonia, mas com autonomia[25].

Essa articulação poderia ser resumida do texto de Zhao, citado por *Qin & Yan*, em três pilares ideais: a) as soluções para os problemas políticos dependem de um sistema universalmente aceito, e não da força coercitiva; b) tal sistema se justifica em termos políticos se seus acordos beneficiarem todos os membros; e c) esse sistema funciona se gerar harmonia entre as unidades[26]. Além disso, pode-se notar que durante a dinastia *Zhōu* "já existiam relatos de reinos, crônicas de tempos remotos, textos que contavam acontecimentos passados com algum elemento moralizante"[27], enquanto as práticas religiosas correspondiam ao sistema social hierárquico[28].

---

21. Qin & Yan (2013, p. 3).
22. Zhao (2014, p. 168).
23. Anguiano (2008, p. 2).
24. Eles se referem ao texto "*Making the World into All-under-heaven (Tiānxià)*" [Transformando o Mundo em Tudo-sob-o-céu], citado com a autorização do autor, inédito até a data de publicação do artigo aqui citado.
25. Qin & Yan (2013, p. 3).
26. Qin & Yan (2013, p. 4).
27. Botton (2000, p. 135).
28. Anguiano (2008, p. 2).

É importante resgatar historiograficamente alguns dos elementos da dinastia Zhōu周 do Ocidente (1046-771) e do Oriente (771-256): sua cultura era uma síntese dos elementos básicos do Shāng 商 e de certas tradições marciais características dos povos não chineses do norte e do oeste, onde uma comunidade de longo prazo também foi promovida e imaginada e que, no Zhōu Oriental, seria por fim abarcada no conceito de Huáxià 华夏. Foi assim que o processo formativo do Huáxià ocorreu no período Zhōu oriental. A identidade Huáxià se originou na classe dominante dos Estados Combatentes no norte da China em resposta a uma intensa mudança ecológica humana – o aparecimento de pastores guerreiros mobilizados ao longo das franjas do norte desses estados[29]. Por outro lado, embora haja relatos sobre a continuidade da unidade política econômica que estava formando-se, eles se referiam ao fato de que:

– Em primeiro lugar, havia a ideia de centralidade do espaço aqui analisado, como uma continuidade que se iniciou com os primeiros imperadores míticos.

– Após o surgimento da primeira dinastia Xià, quando a cidade de Luoyang (atual província de Henan) teria sido o epicentro da consolidação da futura China, gerou-se um significado central relacionado a um conteúdo geográfico, econômico e político: "terra central", a mais rica, mais populosa e mais civilizada, à qual estão associadas outras quatro caracterizações: as terras "leste", "sul", "oeste" e "norte", consideradas "quatro terras periféricas".

– A conceituação de "terra central" e "quatro terras periféricas" continuaria a se desenvolver durante a dinastia Shān商, acrescentando-se ao conceito de "terra central", o "estado central" político no início da dinastia Zhōu.

– A partir dessa mesma história, durante a unificação, ao longo das três dinastias anteriores, os habitantes desse espaço se identificaram enquanto um povo.

– Foi nessa época que a China, como uma "terra central", surgiu como uma civilização culturalmente uniforme[30].

Aqui também é necessário reconhecer que, "como um grupo étnico, o recém-formado Huáxià tentou construir uma 'crença comum das origens' para reforçar os vínculos primordiais entre eles"[31]. Assim, por exemplo, pode-se apontar como elemento central que, "[...] depois de debates e compromissos, finalmente um

---

29. Wang (2010).
30. Terol (2011).
31. "[...] as an ethnic group, the newly formed Huaxia had attempted to build a |common belief of origins| for reinforcing primordial attachments among them" (Wang, 2010, p. 7.394).

ancestral heroico, o Imperador Amarelo, tornou-se o ancestral originário comumente acreditado de todos os nobres clãs *Huáxià*"³².

No entanto, pelo que se observou, também vale lembrar a existência de registros lineares desde pelo menos o século XII a.c., que permitiram construir uma espécie de comunidade imaginada, cujo presente se colocou entre a projeção para o futuro e um olhar idealizado para seu passado, a partir do qual se alimenta e alimenta sua projeção. Assim, por exemplo:

> Será difícil responder quando a mentalidade de ancestral heroico apareceu na China. Pelo menos sabemos que na era do final do período *Shang e início do período Zhōu* (séculos XII-IX a.c.), nomes de ancestrais importantes, alguns de uma sequência linear, já haviam sido registrados em ossos de oráculo e inscrições de bronze. No entanto, só foi no final do período *Zhōu* Oriental (771-221 a.c.) que essa mentalidade histórica se tornou uma ideologia dominante entre os recém-formados *Huáxià*³³.

Deve-se notar que o processo de unificação da concepção de *Huáxià* no período do *Zhōu* oriental, que significou a unificação gradual dos clãs em termos de elementos de legitimidade como a gênese dos ancestrais[34], foi acompanhado pelo surgimento da idade de ouro do pensamento chinês. Foi um período seminal para a construção do pensamento prático, cognitivo e estratégico da civilização estatal chinesa (assunto a ser revisto durante os períodos de Primavera e Outono, e os Estados Combatentes). Apesar disso, também é necessário reconhecer que "a guerra

---

32. "After debates and compromises, finally a heroic ancestor, the Yellow Emperor, became the commonly believed originate ancestor of all the Huaxia noble clans" (Wang, 2010, p. 7.394).

33. "It will be difficult to answer when the mentality of heroic ancestor appeared in China. At least we know that in the era of the later Shang and early Zhōu period (12-9 century BC) important ancestors' names, some of a lineal sequence, had already been recorded in oracle bone and bronze inscriptions. However, it was not until the end of the Eastern Zhōu period (771-221 BC) that this historical mentality had become a dominant ideology among the newly formed Huaxia" (Wang, 2010, p. 7.394).

34. "[...] enquanto a identidade *Huáxià* emergiu entre a realeza dos estados da Planície Central, o que ocorreu em paralelo foram suas tentativas de unificar os clãs *Huáxià*, cada um com seu ancestral heroico. De todos os cenários de resolução, uma história começando com dois irmãos – o Imperador Amarelo 黃帝 e o Imperador Yan 炎帝 – foi sugerida por autores contemporâneos. No entanto, a ideia de que o Imperador Amarelo foi o único conquistador, civilizador e ancestral que gerou os *Huáxià* foi gradualmente aceita pela maioria dos autores no período posterior, o *Zhōu* oriental". ["[...] while the Huaxia identity had emerged among royalties of the states in the Central Plain, what had occurred in parallel were their attempts (of) unifying Huaxia clans who each had their own heroic ancestor. Of all the resolving scenarios, a history starting with two brothers – the Yellow Emperor 黃帝 and Emperor Yan 炎帝 – had been one suggested by contemporary authors. Nevertheless, the idea that the Yellow Emperor was the only conqueror, civilizer and genesis ancestor of the Huaxia gradually was accepted by most authors in the later Eastern Zhōu period"] (Wang, 2010, p. 7.394).

ocorreu 75 por cento do tempo nos cinco séculos entre 722 e 222 a.C."[35], o que, no entanto, não representa necessariamente uma porcentagem maior de passagens de guerra se, por exemplo, o compararmos com o período de formação do sistema das grandes potências europeias entre os séculos XVI e XIX.

Por outro lado, e analisando de forma geral outras estruturas de força que nos permitem compreender a centralidade do poder nesta dinastia, ao contrário da anterior, a base material da sociedade da dinastia *Zhōu* organizou-se em torno da produção agrícola[36]. Ao longo desse período, houve momentos de expansão econômica, especialmente durante a Primavera-Outono e os Estados Combatentes, considerando-se as inovações e os requisitos para manter as múltiplas guerras que foram geradas, além da existência de uma ordem e sistema idealizados, e tentativas de promover a paz.

Aqui também vale a pena mencionar que, durante esta dinastia e sua projeção territorial, houve gradual expansão em direção ao norte, com ocupação do "vale do rio *Yangtzé*. No entanto, a ampla expansão por este território e o estado primitivo das comunicações terrestres impossibilitaram que o *Zhōu* exercesse controle direto sobre toda a região; assim, delegavam autoridade aos vassalos, cada um dos quais geralmente governava uma cidade e seu território circundante"[37].

Nos planos político e administrativo, a hierarquia dos Estados vassalos surgidos nesse período poderia ser caracterizada como feudal por natureza: eram chefiados por um senhor, cargo que era hereditário; abaixo dele, estava a classe guerreira e, na base social, estavam os camponeses e escravos domésticos. Com o tempo, esses estados vassalos tornaram-se cada vez mais autônomos[38]. Em suma, encontramos na dinastia *Zhōu* ocidental um espaço cultural que pode ser caracterizado como unitário, mais descentralizado e de caráter semifeudal. Ao mesmo tempo, embora possa ser claramente considerado patrimonial, há características de elementos protoburocráticos[39].

Apesar disso, também se deve reconhecer que, embora a dinastia *Zhōu* "tenha permanecido até 222 a.C. [por volta de 722 a.C.] ela sofreu com a perda do poder real [...]. O território do imperador foi reduzido à capital, *Loyang*, e seu papel foi restrito a atividades puramente cerimoniais"[40]. Por volta dos séculos VIII e VII

---

35. "[...] *warfare occurred 75 percent of the time in the five centuries between 722 and 222 BC*" (Kiser & Cai, 2003, p. 519).
36. Anguiano (2008, p. 2).
37. Anguiano (2008, p. 2).
38. Anguiano (2008).
39. Kiser & Cai (2003, p. 519).
40. Herranz (2005, p. 2).

a.C., houve um duplo movimento que significou o início da consolidação de uma ordem no mundo chinês:

1) o declínio e a queda do sistema semifeudal e da pirâmide no século 8 a.C., quando os antigos feudatários proclamaram a independência e as cidades-guarnição se tornaram cidades-Estado autônomas[41], especialmente no final da Primavera e Outono[42]; e

2) o surgimento de um sistema multiestado na China antiga[43].

O exposto, entretanto, deve ser relativizado, visto que tal ordem não significou ausência de desordem, mas a implicou[44]. Então:

a) As disputas geradas por ex-membros da aristocracia e novos aspirantes ávidos por reproduzir o antigo mundo semifeudal chinês continuaram, já que nem estes, nem esse tipo de feudalismo foram totalmente derrotados e mantiveram certa capacidade de manobra durante vários séculos.

b) Embora o sistema multiestatal fosse acompanhado de tentativas de manutenção da autonomia, e ainda considerando a continuidade civilizacional, estava sujeito à unificação. Mesmo assim, nos séculos seguintes, houve tentativas de retomar velhas unidades ou de gerar novas unidades políticas autônomas a partir do poder central e unificado.

Neste ponto, é necessário rever a conformação da antiga ordem do mundo chinês, no período entre a "Primavera e o Outono" e o dos "Estados Combatentes".

A formação do sistema multiestados: de Primaveras e Outonos até a (re)unificação como primeiro império chinês universal

Na transição entre as duas dinastias *Zhōu*, encontramos o período de "Primavera e Outono", *Chun qiu shí dài*, 春秋 时代, (770-476 a.C.), que coincide com "o declínio e eventual colapso da autoridade pública central da Dinastia *Zhōu*"[45], considerado o surgimento do sistema multiestado do antigo mundo chinês (característico da nova dinastia *Zhōu* oriental).

Para caracterizar o período, podemos apontar que, "[e]mbora as configurações de poder sistêmico no período da Primavera e Outono (770-476 a.C.) e no período dos Reinos Combatentes (475-221 a.C.) variassem radicalmente, este sis-

---

41. Dobson (1967).
42. Zhang (2001) e Botton (2000).
43. Zhang (2001).
44. Cf. Cox (1993).
45. Zhang (2001, p. 45).

tema de estados sustentou as relações 'internacionais' da China Antiga por mais de cinco séculos, sendo substituído pelo primeiro império chinês universal do Qin"[46]. Isso não pode ser entendido sem que se compreenda a existência de uma continuidade ou pelo menos de uma representação dela que se vai construindo como comunidade imaginada desde as dinastias anteriores, mas que também tem relação (não necessariamente orientada para a expansão) com outros povos considerados alheios à sua tradição (bárbaros).

> Ao contrário do sistema grego de cidades-Estado, que surgiu da barbárie, o sistema multiestado da China Antiga surgiu no coração da civilização chinesa. Além disso, nos cinco séculos de sua existência, nunca se expandiu além da área cultural chinesa. A comunhão cultural foi ainda mais enfatizada por um passado recente compartilhado e lendas compartilhadas, que uniam esses estados. Também se poderia falar de uma descendência comum, já que os governantes desses estados nascentes eram todos da aristocracia da dinastia *Zhōu*. Isso reforçou sua identidade comum e até mesmo a moralidade comum. *Zhōu Li* (os ritos do *Zhōu*), por exemplo, informaram extensivamente várias instituições que desempenharam o papel mais importante na regulação das relações entre os antigos estados chineses[47].

No mesmo sentido, complementando as diferenças do sistema interestadual do antigo mundo chinês da dinastia *Zhōu* em relação às referências do mundo helênico nas relações internacionais ocidentais, pode-se apontar, segundo Qin e Yan, que: "o sistema *Tiānxià* estabelecido na dinastia *Zhōu* refletia o autêntico 'mundismo', um exemplo de unidade na diversidade. Por definição, o *Tiānxià* diz respeito à política do mundo, sendo, portanto, essencialmente diferente da prática grega da *polis* que se reduz à política dos estados"[48].

Para aprofundar o assunto, a seguir, vamos analisar cada subperíodo.

---

46. "Although the systemic power configurations in the Spring and Autumn period (770 BC to 476 BC) and the Warring States period (475 BC to 221 BC) varied radically, this system of states sustained 'international' relations of Ancient China for over five centuries, only to be replaced by the establishment of the first universal Chinese empire by the Qin" (Zhang, 2001, p. 46).

47. "Unlike the Greek city-states system, which grew out of barbarism, the multi-state system in Ancient China emerged in the heartland of the Chinese civilization. Moreover, in the five centuries of its existence, it never expanded beyond the Chinese cultural area. Cultural commonality was further underscored by a shared recent past and shared legends, which bound these states together. One could also talk about a common descent, as the rulers of these nascent states were all from the aristocracies of the Zhōu Dynasty. That reinforced their common identity, and even common morality. Zhōu Li (the rites of the Zhōu), for example, informed extensively various institutions that played the most important role in regulating relations among Ancient Chinese states" (Zhang, 2001, p. 46).

48. Qin & Yan (2013, p. 4).

"Primaveras e Outonos"[49] *(770-476 a.C.)*

De acordo com Zhang, no início do período, "havia cerca de 170 desses estados, cada um centrado em sua capital murada"[50], que haviam sido principados da Dinastia *Zhōu*; enquanto para Herranz, em "722 a.C., a China foi de fato dividida em sete ou oito reinos, que mantiveram uma situação de guerra constante, o da Primavera e do Outono, nomes que seriam devidos às crônicas daquela época [atribuídas a] Confúcio sob o título de história do seu próprio estado, *Lu*"[51].

Aqui também há a versão de que "[a]s disputas tiveram uma série de 'gestos honrosos': todas as guerras foram travadas no outono e no inverno (meses destinados à morte) [...] Eles lutaram por justiça, e não por lucro. E os derrotados foram perdoados, evidenciando sua coragem [...]. A guerra era guerra de bairro, não havia grandes campanhas militares ou expedições com objetivos profundos"[52]. No entanto, deve-se considerar que o *Sima Fa* 司马法, (ou o *Livro de Artes Marciais*), embora seja considerado um dos sete clássicos da estratégia militar da China antiga, foi publicado na dinastia *Son* (mais de um milênio mais tarde), cujas contribuições são atribuídas a um dos líderes militares supremos (espécie de ministro), *Tian Rangju* (também chamado de *Sima Rangju*), do estado de *Qi* no final deste período ou durante os Estados Combatentes[53]. Apesar das contradições, atribuídas ao fato de que esta seria uma compilação de vários autores, é interessante verificar que os ideais sobre os valores em torno da guerra estão relacionados aos ideais presentes na tradição confucionista compilada e estabelecida em textos durante a dinastia *Han*, em processo de formação da indicada *Pax Chinesa*.

Voltando aos períodos Primavera e Outono, observa-se uma continuidade cultural na qual a linguagem pode ser considerada um fator que solidifica o espaço de encontro entre membros de uma comunidade, que pode ser lido como politicamente em disputa, mas articulado por tradições e valores, e por uma representação em referência àqueles que não pertencem a essa continuidade.

---

49. A data exata é objeto de controvérsia; segundo o historiador chinês Fan Wenlan, começa em 722 a.C. e termina em 481 a.C. (Botton, 2000, p. 61), assim como para Fairbank & Goldman (2006); para outros autores aqui citados, como Zhang (2001), seria 770-476 a.C.

50. "[...] *there were about 170 such states, each centered in its walled capital*" (Zhang, 2001, p. 49).

51. Herranz (2005, p. 2).

52. Cf. enclavedewen.wordpress.com (2012).

53. Esse livro, também conhecido como *Sima rangju bingfa*司馬穰苴兵, pode ser considerado, além de *Sunzi* (*Sun Tsu*, *A Arte da Guerra*), "o clássico militar mais conhecido que reitera a ideia de não interferência em comandos de campo e data de meados ao final do século IV a.C." [*"the best known military classics that reiterates the idea of noninterference with field commands is datable to the mid to late fourth century BC"*] (Lu, 2009, p. 16).

A língua comum dos chineses desempenhava funções duplas no aumento da base cultural do sistema de estados da Antiga China. A identidade comum dos estados contra os "bárbaros" que não falam chinês foi reforçada, e a comunicação e diplomacia bilateral e multilateral de estado a estado e o entendimento mútuo entre os povos foram facilitados. Esse alto grau de comunalidade em termos de cultura, história e língua entre os membros do mundo chinês antigo contribuiu muito para explicar sua homogeneidade em termos da estrutura tanto do estado quanto do governo que caracterizava os antigos estados-sistema chineses[54].

Por volta do século 7 a.C., ocorreram várias mudanças e inovações, que, no entanto, não significariam necessariamente descontinuidades, uma vez que, no campo das ideias da tradição chinesa, há o reconhecimento do passado, que ao mesmo tempo é presente, e a projeção, como se observa nos períodos seguintes.

No nível das inovações relacionadas às capacidades materiais, o uso do ferro generalizou-se, indicando enorme sofisticação no nível produtivo, e a moeda começou a circular. Da mesma forma, a velha aristocracia, "que até então se preocupava com a guerra e o sacerdócio, passou a se dedicar ao comércio e a ensinar a arte da vida do Estado"[55].

Acompanhando as transformações produtivas, sociais e políticas, e em meio aos problemas gerados na organização das cidades-Estado, que eram "governadas por príncipes, oligarcas e ditadores de origens humildes, foram feitas tentativas de formar coalizões de cidades-Estado – uma espécie de Liga das Nações"[56]. Assim, como propõe Anguiano, "[...] durante os séculos VII e VI a.C., breves períodos de estabilidade foram alcançados para organizar alianças interestaduais sob a hegemonia do membro mais forte"[57]. Dobson afirma que, "uma vez no século VII a.C., as cidades-estados tentaram se comprometer por meio de um acordo para a abolição da guerra e do desarmamento, a primeira notícia histórica que temos de uma conferência de desarmamento"[58]. Essa abordagem coincide em parte com a de Zhang, para quem, entre os séculos VII-V a.C., "[...] era costume que os pró-

---

54. *"The common language of the Chinese performed dual functions in enhancing the cultural basis of the Ancient Chinese states-system. The common identity of the states against the non-Chinese speaking 'barbarians' was enhanced, and the bilateral and multilateral state-to-state communication and diplomacy, and mutual understanding among peoples, was facilitated. Such a high degree of commonality in terms of culture, history and language among members of the Ancient Chinese world went a long way towards accounting for the homogeneity of members in terms of the structure both of the state and of government that characterized the Ancient Chinese states-system"* (Zhang, 2001, p. 46).
55. Dobson (1967, p. 196).
56. Dobson (1967).
57. Anguiano (2008, p. 3).
58. Dobson (1967, p. 196).

prios governantes comparecessem e assinassem tratados bilaterais e multilaterais comprometendo seus estados. Alega-se que o chefe do estado de *Qi* convocou e compareceu pessoalmente a 24 'reuniões de cúpula' bilaterais e multilaterais entre 681 e 644 a.C."[59]. No entanto, o trabalho deste autor difere do de Dobson, porque ele antes aponta que "o que às vezes se afirma ser a primeira conferência multilateral de desarmamento do mundo foi realizada em 546 a.C."[60].

Além da precisão de datas, constatamos que, apesar dos esforços de redução de conflitos mencionados acima, as seguintes dinâmicas coexistiam: a) o sistema mantinha idealmente uma orientação para a legitimidade da ordem; e b) havia ainda uma lógica competitiva, que se expressou em uma dinâmica expansiva. No segundo caso, a lógica competitiva se processava por meio de ações diretas, mas também por meio da diplomacia e das práticas a ela relacionadas, o que, no caso da longa continuidade chinesa, reafirma a centralidade da importância dada aos ritos e às cerimônias.

> Uma ampla gama de práticas diplomáticas foi conduzida entre os membros dos Estados-sistema da Antiga China, variando de mensageiros diplomáticos frequentes, visitas regulares à corte e conferências de príncipes como "momentos de comunicação máxima" [...]. Espiões e reféns eram instituições bem estabelecidas também no sistema diplomático. Embora as missões diplomáticas de residentes permanentes não fossem mantidas, o contato diplomático e a comunicação frequentes eram garantidos pelo fato de que todas as ocasiões importantes na vida de um príncipe/rei governante, incluindo seu nascimento, morte, casamento, sepultamento e posse do trono, todas obrigavam os Estados a enviar representantes para dar os parabéns ou transmitir condolências. Depois de dispensadas as cerimônias adequadas, essas ocasiões se tornaram canais diplomáticos regulares para discutir assuntos interestaduais [...]. Reciprocidade e imunidade diplomáticas eram normas reconhecidas e concedidas[61].

---

59. "It was customary that the rulers themselves attended and signed bilateral and multilateral treaties committing their states. It is claimed that the head of the Qi state called for and attended personally twenty-four bilateral and multilateral 'summit meetings' between 681 and 644 BC" Zhang (2001, p. 48).
60. "what is sometimes claimed to be the world's first multilateral disarmament conference was held in 546 BC" (Zhang, 2001, p. 48).
61. "Wide range of diplomatic practices was conducted among members of the Ancient Chinese states--system, ranging from frequent diplomatic messengers, regular court visits and conferences of princes as 'moments of maximum communication' [...] Spies and hostages were well-established institutions in the diplomatic system, too. Although permanent resident diplomatic missions were not maintained, frequent diplomatic contact and communication was ensured by the fact that all important occasions in the life of a ruling prince/king, including his birth, death, marriage, burial and assumption of throne, all obliged friendly states to send diplomatic envoys to deliver congratulations or convey condolences. After dispensing with proper ceremonies, these occasions became regular diplomatic channels to discuss interstate affairs [...]. Diplomatic reciprocity and diplomatic immunity were norms recognized and granted" (Zhang, 2001, p. 48-49).

No caso da dinâmica expansiva, o sistema gerou pressão em direção às margens externas do sistema (mundo chinês). Assim, por exemplo:

> Os estados nas fronteiras externas da zona cultural chinesa se expandiram às custas de seus vizinhos não chineses menos avançados e, à medida que se expandiam, sua própria cultura era estimulada e diversificada pela aquisição de elementos culturais de civilizações externas. Por exemplo, por aculturação das populações não chinesas do noroeste; os chineses nas regiões fronteiriças adotaram pela primeira vez unidades de cavalaria montada, por volta do século VI a.C.[62].

Em relação à primeira dinâmica apontada acima, pode-se argumentar que politicamente o sistema se baseava: a) na possibilidade de emergência de um *hegemon* (伯" *bó*) – ou seja, um estado que poderia ser considerado o mais forte com capacidade de gerar articulações militares e de prestígio e, portanto, capacidade de gerar segurança para outros pequenos estados e estabilidade para todo o sistema, em troca de tributos (não necessariamente no sentido pecuniário); b) a manutenção dos rituais de *Zhōu*; e c) a continuidade cultural daquele mundo em suas múltiplas dimensões. Nesse contexto, esse período é apontado como o início da construção de importantes escolas de pensamento na China e de dois pensadores centrais: Confúcio e Lao Tse.

Confúcio (551-479 a.C.), *Kong Qiu*[63], foi um pensador fundamental para se entender a continuidade do que veio a ser conhecido como *Pax Chinesa*. Fundador da Escola Confucionista ou *Ru* (*Rujia*, 儒), é o filósofo mais antigo e influente desse período no que se relaciona ao pensamento sobre o Estado. Sua proposta representou a restauração das instituições políticas e sociais do início da dinastia *Zhōu*. Acredita-se que os governantes sábios daquele período haviam trabalhado para criar uma sociedade ideal[64]. Sua ideia de ordem exaltava a virtude dentro de um sistema social hierárquico, mas benfeitor (como nas relações familiares), que se vinculava às práticas religiosas da ordem e estrutura hierárquica *Zhōu*[65]. Segundo

---

62. Anguiano (2008, p. 3).
63. Seu nome original, de acordo com Xu (2013). Ou ainda 孔子 *Kǒngzǐ*; 孔夫子 *Kǒng Fūzǐ*, mestre *Kǒng*.
64. Anguiano (2008, p. 3-4).
65. Para saber mais sobre ordem, guerra e paz e confucionismo, consulte o texto "Confucianismo y Geopolítica China" (Reyes, 2018). No caso aqui assinalado, é interessante observar a influência da importância dos ritos, das cerimônias e da ideia de Céu (*Tiān* 天) presente em Confúcio (mais ligado à ordem e unidade política) e também no *Zhōu*. No caso de Confúcio, além do sistema de valores proposto, segundo Xu (2013, p. 5), "são necessários rituais e sacrifícios regulares. O culto do Céu exigia que o Imperador, como 'filho do Céu', realizasse uma vez por ano o sacrifício de um animal [...]. Sacrifícios também eram oferecidos à Terra, ao Sol, à Lua e aos antepassados imperiais".

Xu Sicheng[66], o pensador, além de resgatar os antigos sábios, "se encarregou de ordenar e revisar os clássicos culturais[67], dando importantes contribuições ao patrimônio e à difusão da cultura chinesa milenar. Ele compilou seis livros clássicos [...] e temos acesso ao seu pensamento através dos *Analectos* (论语), obra compilada por seus discípulos e considerada a mais confiável fonte de informações sobre sua vida e seus ensinamentos".

Lao Tse (*Lǎozǐ* 老子) é um personagem semi-histórico e mítico que, acredita-se, influenciou politicamente seus seguidores, por um retorno às comunidades agrícolas primitivas, nas quais a vida poderia seguir um curso mais natural[68]. No entanto, a vida e a data de nascimento deste pensador não puderam ser confirmadas; há diferentes hipóteses, das quais uma muito popular aponta que "*Lao tzu é Lao Dan* (e que) ele viveu no final do período de Primavera e Outono [...] e foi contemporâneo de Confúcio e cronista por um tempo na corte de *Zhōu*. Esta opinião se baseia sobretudo no testemunho de *Sima Qian*"[69].

Paralelamente ao desenvolvimento do ensino de pensadores, houve um processo que pode ser caracterizado como o final do período da Primavera e do Outono, por volta de 550 a.C., em um cenário marcado pela presença de quatro grandes potências chamadas *Qin*, no oeste; *Jin*, no centro; *Chu*, no sul; e *Qi*, no leste. Fatos específicos, como o ocorrido em 497 a.C., quando os nobres de *Jin* (clã da dinastia *Zhōu*) iniciaram uma guerra civil, confirmam a proposta de Anguiano, de que "no século V a.C. o sistema de alianças era insustentável e a China dos *Zhōu* levou ao chamado período dos Reinos Combatentes (481-221 a.C.), caracterizado pela anarquia"[70].

Deve-se notar também que, na ordem do mundo chinês desse período e na dos Reinos Combatentes, que serão analisados a seguir, apesar da pressão competitiva gerada pelo longo declínio da dinastia *Zhōu*, o pensamento se tornou mais dinâmico. "As cidades-Estado tornaram-se, assim, grandes fóruns de discussão, lugares de experimentação política, viveiros de teorias e especulações [...]. Seu problema central era o da ordem social, sua questão fundamental, 'como podemos governar o Estado?' E também os problemas centrais da filosofia, ordem e unidade"[71]. No final desse período e em boa parte do seguinte, pensadores polí-

---

66. Xu Sicheng (2013, p. 2).
67. Primavera e Outono (春秋经), Clássicos da Música (乐经), Clássicos da Poesia (诗经), Clássicos de *Yi* (易经), Clássicos de cerimônias (礼经) e Clássicos de Livros (书经).
68. Doval (2011).
69. Román (2018, p. 41).
70. Anguiano (2008, p. 3).
71. Dobson (1967, p. 196).

ticos (e também militares) foram de estado em estado oferecendo suas teorias, experiências e habilidades a serviço dos monarcas; exceto para os taoístas, que pregavam uma vida afastada do barulho mundano[72].

Mapa do período de Primaveras e Outonos

Fonte: arrecaballo.es (s/d)

Apesar de tudo isso e do fato de as guerras serem cerimoniais e estilizadas, "houve apenas 38 anos pacíficos de 722 a 464 a.C. (períodos de Primaveras e Outonos)"[73]. Também houve "480 guerras, sendo que 52 estados vassalos foram derrotados e 36 reis executados"[74]. Ao final, a competição e a consolidação de unidades resultaram em sete estados: *Qi, Chu, Yan, Han, Zhao, Wei* e *Qin* (embora *Yue* também seja mencionado por especialistas). *Qin*, localizado na margem ociden-

---

72. Herranz (2005).
73. "[...] there were only 38 peaceful years from 722-464 B.C. (Spring and Autumn periods)" (Kiser & Cai, 2003, p. 519).
74. Mayhew (2012, p. 403).

tal, "era o mais pobre e tinha raízes bárbaras. Portanto, Qin não foi considerado pelos contemporâneos como um competidor adequado na unificação da China"[75].

Reinos Combatentes 战国时代 *(475-221 a.C.)*

O período caracterizado como Estados ou Reinos Combatentes (*zhànguó shídài*) foi parte de um processo de competição, expansão e contenção entre os reinos. Para Fairbank e Goldman, "na era dos Reinos Combatentes (403-221 a.C.), apenas sete estados principais permaneceram na competição, a maioria deles no populoso norte da China"[76], produzindo um período de conflitos armados entre eles, que incluiu o então considerado reino semibárbaro Qin, que – como uma unidade – passou de estado (por volta do ano 897 a.C.) para dinastia (ano 221 a.C.), para finalmente atingir o declínio em 206 a.C.[77].

Mapa dos Reinos Combatentes, ano 450 a.C.

Fonte: arrecaballo.es (s/d).

---

75. "[...] *was poorest and had barbarian roots. Hence, Qin was not considered by contemporaries as a proper contender for the unification of China*" (Mayhew, 2012, p. 404).
76. "*By the era of Warring States (403–221 BC) only seven major states remained in the competition, most of them on the populous North China*" (Fairbank & Goldman, 2006, p. 49).
77. Kiser & Cai (2003).

Nesse contexto de ordem competitiva, pode-se compreender a consolidação de um modo de pensar – sobre estratégias e estratagemas de guerra – presente nos escritores militares; assim, a esse período se atribui a produção de seis dos sete clássicos militares: (1) *A Arte da Guerra*, de Sun Tzu; (2) *Seis Ensinamentos Secretos*, de Jiang Ziya; (3) *Os Métodos de Sima*, de Sima Rangju; (4) *Wu-tzu*, por Wu Qi; (5) *Liao-tzu*, por Wei; e (6) *Três Estratégias*, de Huang Shih-kung[78].

Esse modo de pensar também se correlaciona com uma dinâmica implantada no nível administrativo da guerra e que foi gerada a partir do seguinte cenário:

> A mudança de um exército aristocrático semifeudal para um baseado em uma infantaria de massa, juntamente com o declínio do poder dos aristocratas que outrora dominavam o exército, teve outro efeito importante na estrutura organizacional da guerra. Os governantes tiveram que aprender a organizar e controlar grandes grupos de camponeses [...]. A maneira como alguns governantes fizeram isso foi começar a burocratizar seus exércitos[79].

Essa capacidade dos governantes dos estados combatentes, de burocratizar o exército, não só enfraqueceu o poder aristocrático e suas capacidades relacionadas à guerra, mas também pode ter influenciado as reformas administrativas do aparelho do estado civil – um primeiro nível de construção da protoburocracia na China antiga. Da mesma forma, em relação a esta construção protobrucrática nos Estados Combatentes, vale a pena mencionar que, "por exemplo, no estado de *Qi*, borda oriental da planície do norte da China, onde é agora a província de Shandong [...], governantes capazes começaram a construir uma administração centralizada com impostos uniformes, códigos legais, um monopólio do sal e exército central [...] (mas) outros estados eram comparáveis"[80].

Nesse cenário de sofisticação administrativa e de competição militar, onde, "segundo Hsu, houve apenas 89 anos pacíficos de 463-222 a.C."[81], uma discussão

---

78. "*(1) The Art of War by Sun Tzu, (2) Six Secret Teachings by Jiang Ziya, (3) The Methods of Sima by Sima Rangju, (4) Wu-tzu by Wu Qi, (5) Liao-tzu by Wei, and (6) Three Strategies of Huang Shih-kung*" (Mayhew, 2012, p. 405). Segundo o mesmo autor, o sétimo foi escrito oito séculos depois: *Perguntas e Respostas*, de Tang Tai-tsung e Li Wei-kung.

79. "*The shift from an aristocratic, semi-feudal military to one based on a mass infantry, coupled with the decline in power of the aristocrats who once dominated the military, had another important effect on the organizational structure of warfare. Rulers had to learn how to organize and control large groups of peasants (on the increasing size of armies, see Hsu 1999:573). The way some rulers did this was to begin to bureaucratize their armies*" (Kiser & Cai, 2003, p. 521).

80. "*[...] for example, the state of Qi on the eastern edge of the North China plain in what is now Shandong province [...]. Able rulers had begun to build there a centralized administration with uniform taxes, law codes, a salt monopoly, and central army [...] (but) other states were comparable*" (Fairbank & Goldman, 2006, p. 54).

81. "*According to Hsu, there were only and only 89 peaceful years from 463-222 B.C.*" (Kiser & Cai, 2003, p. 519).

voltada para o alcance da ordem, paz, harmonia e legitimidade, mas também de ideais de administração, foi gerada em resposta, permitindo a eficiência dos estados e do sistema interestadual caracterizado na figura de um mundo (chinês), o que levou às chamadas "100 Escolas de Pensamento".

100 Escolas de Pensamento (Zhuzi baijia 諸子百家)

Podemos encontrar várias correntes principais de pensamento nesse período, como o Moísmo, fundado por *Mòzǐ* (470-391 a.C.); as construções divergentes sobre a filosofia confucionista de Mêncio (371-289 a.C.), e a de Xunzi, *Xún Zǐ*荀子 (300-237 a.C.); a doutrina do legalismo atribuída a Li Kui, Shang Yang (338 a.C.), Han Feizi (¿- 233 a.C.) e Li Si (¿-208 a.C.); Taoísmo, a escola *Yin-Yang* ou naturalística (陰陽家 / 阴阳家); a escola de nomes ou nominalismo ou logicismo (名家; *Míngjiā*), que se desenvolveu a partir do Moísmo[82]; e a escola dos militares (兵家; *Bingjia*) – como se vê na descrição dos antigos escritores militares –, entre várias outras. Dentre essas, é preciso revisar as principais correntes que estavam na base do debate e da construção do pensamento que a ordem e o estado aplicavam nas dinastias seguintes, especialmente a *Han*.

Mòzǐ (墨子)

Mòzǐ (墨子), também conhecido como mestre *Mo, Mo Tzu,* Micio, ou pelo seu nome original *Mo Di* (墨翟), nasceu neste período, embora ainda se discutam as datas – 468-391 a.C.[83] ou 479-381 a.C.[84]. Sua origem tem várias interpretações: alguns acadêmicos acham que ele foi engenheiro e pensador, mas outros propõem que ele tenha sido membro de uma irmandade de artesãos ou organizações militares. Coincidem, no entanto, quanto a sua capacidade de tentar evitar a guerra pela persuasão, quando os estados mais fortes decidiam atacar os mais fracos, e sua grande capacidade de construção de defesa, tanto no nível material (fortificações) como no tático-militar.

O pensamento de *Mòzǐ* representaria o utilitarismo[85], embora a importância do celestial (aqui, o mundo espiritual, ao contrário de Confúcio) e dos ritos e cerimônias fosse reconhecida. Para *Mòzǐ*, o principal era garantir o acesso aos meios materiais aos que não os possuíam, por isso criticou os excessos do luxo nos ritos (*li*). Atingir os objetivos morais, para *Mòzǐ*, estava baseado na frugalidade e na

---

82. Craig (2005) e García Barreno (2017).
83. Herranz (2005).
84. Botton (2010).
85. Dobson (1967).

modéstia, ou seja, unidade entre pensamento e ação. No entanto, fazer o bem aos outros ou defender os fracos não significava esperar recompensa em um mundo sobrenatural, mas gerar paz no mundo concreto em que se vivia, relacionada à necessidade de ordem e unidade desse mundo.

O utilitarismo da ética moísta é considerado uma forma de consequencialismo, segundo o qual:

a) Os bens básicos do Moísmo eram ordem, riqueza (ou bem-estar) e ao mesmo tempo o crescimento populacional, também inserido em um debate racional que cobria tópicos amplos como política, ética e direito, economia, governo e guerra[86].

b) a moralidade de uma ação, declaração, ensino, política, julgamento etc., determinada pelas consequências que produz.

> Da mesma forma, ele propôs que a cooperação do poder político e da educação tinha o potencial de promover e implementar valores unificados e duradouros para a paz humana. O extremo otimismo de *Mòzǐ* sobre a educação civil e sua crença em hábitos adquiridos inspirados por muitos confucionistas. Se Confúcio defendeu a importância da influência pessoal como "cavalheiros estudiosos que podem influenciar os outros como a grama se dobraria com o vento", a grande esperança dos moístas seria criar um sistema político ideal e ambiente social para ajudar todas as pessoas a formarem grandes personagens[87].

Talvez o conceito mais reconhecido de *Mòzǐ* seja 兼愛 *jiān ài*, traduzido como amor universal (ou amor e cuidado inclusivos), no qual se podem encontrar contradições com a matriz confucionista, já que "o amor à família e a lealdade ao clã, aceitos pelo confucionismo, não satisfaziam os moístas, que proclamavam que o único amor válido é o amor universal"[88]. A consequência natural era que os homens deveriam amar uns aos outros sem distinção e com igual intensidade[89], mas, novamente, não apenas por meio de sentimentos, mas através de ações e comportamentos. Embora o pensamento moísta fosse contraditório em relação à perspectiva hierárquica, ele propunha uma ordem em que os beneficiários da

---

86. Yen (2015).
87. *"In the same way He proposed that the cooperation of political power and education has the potential to promote and implement unified and enduring values for human peace. Mozi's extreme optimism about civil education and his belief in acquired habits inspired many Confucianists. If Confucius advocated the importance of personal influence as 'gentlemen scholars who can influence others like the grass would bend with the wind', the strong hope of the Mohist would be to create an ideal political system and social environment to help all the people form great characters"* (Yen, 2015, p. 25).
88. Botton (2010, p. 92).
89. Dobson (1967).

educação deveriam – com base no mérito – direcionar os estados em favor da população, e eles próprios para a ordem e a unidade.

兼愛 *jiān ài* também está ligado à ideia de ordem, porque "o amor universal é o consenso comum do bem comum. Isso levou Micio (*Mòzǐ*) aos seus dois axiomas políticos mais reconhecidos"[90]: o critério do bem comum (o maior benefício para o maior número); e a aceitação do acordo comum (a teoria segundo a qual o sistema que produz os maiores benefícios para todos deve ser aceito por todos). Assim, acima do clã família, herança, classe etc., apenas os mais competentes poderiam ser servos idôneos da comunidade, e suas maiores recompensas deveriam ser dirigidas a eles.

As implicações de *jiān ài* na concepção de reciprocidade também coincidem com as interpretações do confucionismo estabelecidas na dinastia *Han*. Por exemplo:

> *Mòzǐ* propôs o conceito de amor universal (*jian ai*) [兼愛], determinando que as pessoas deveriam tratar as outras como tratam a si mesmas e amar o que as outras pessoas amam da mesma maneira que elas. Universalidade e igualdade são regras básicas de moralidade, enquanto o interesse próprio e a parcialidade são raízes do dano. Praticar *jian ai* requer ações que beneficiem outras pessoas, como "é obra do homem de *ren* tentar promover tudo o que traz bem-estar ao mundo e eliminar tudo o que traz dano" (*Mòzǐ*: *Jian Ai*). Tratar os outros como se tratasse a si mesmo exige um racionalismo extremo. O guia moral em todas as coisas é *yi* [義], paralelamente ao utilitarismo, o que pode ser provado por meio de argumentos estritamente fundamentados[91].

Deve-se notar que, apesar de os moístas reverenciarem a antiguidade, tanto quanto os confucionistas, e de basearem "seus argumentos nos santos imperadores das lendárias dinastias que mantiveram o mundo unido e em ordem"[92], para *Mòzǐ*, era preciso também dar oportunidade ao novo, ao presente. No entanto, a avaliação do passado, do rito e dos funerais de *Mòzǐ* parece ter sido mal interpretada pelos seguidores de Mêncio, que, no entanto, nos permite ver que, apesar da diferença na ênfase do presente e na praticidade de *Mòzǐ*, a continuidade dos

---

90. Botton (2010, p. 199).

91. "*Mozi proposed the concept of universal love (jian ai)* [兼愛;], *stipulating that people should treat others as they treat themselves and love what other people love in the same way they do. Universality and equality are basic rules of morality, while self-interest and partiality are roots of harm. To practice jian ai requires actions that benefit other people, as "It is the works of the man of ren to try to promote whatever brings welfare to the world and to eliminate whatever brings harm" (Mozi: Jian Ai). To treat others like treating oneself require extreme rationalism. The moral guide in everything is yi* [義], *paralleling utilitarianism, which can be proved through strictly reasoned arguments*" (Yen, 2015, p. 24-25).

92. Herranz (2005, p. 2).

princípios de um mundo chinês existe em ambas as matrizes de pensamento, o que também se relaciona com a necessidade de ordem e unidade do sistema para evitar a guerra. Assim, tanto para esse pensador como no confucionismo de Mêncio (mesmo caracterizado como liberal), ou *Xunzi* (caracterizado como realista), encontramos a ideia de evitar a violência sem de fato considerar um pacifismo radical, propondo antes o direito à autodefesa e ao apoio dos mais fracos, ou mesmo quando um estado ou governante fosse contra o mandato do Céu[93].

Finalmente, deve-se notar que, de acordo com Yen, "[o] professor e sua escola foram bastante influentes até que perderam sua vitalidade após o *Han*"[94]; para outros, o moísmo é visto como a principal escola de pensamento, assim como o confucionismo; ou pelo menos eles reconhecem que seu pensamento é considerado um dos três mais importantes durante os Reinos Combatentes[95], junto com Mencius e *Zhuāngzǐ* 庄子[96], *Chuang Tzu* ou *Chuang Tse*, ou Mestre *Zhuang*[97].

Mêncio (*Mencius, Mèngzǐ*孟子 ou Mengke)

Mêncio (*Mencius, Mèngzǐ*孟子 ou Mengke) (371-289) e Xunzi (*Xún Zǐ*; 荀子) ou Hsün Tzu (c. 300-237 a.C.) representaram a escola confuciana. Quanto ao primeiro, é possível conhecer seu pensamento através da obra compilada *O Mencius*, também incluída em *O Grande Aprendizado*, segundo a qual a natureza humana é basicamente boa. Mêncio (*Mèngzǐ*) entendia que certas propriedades e éticas – as capacidades morais, incluindo as de humanidade e de retiro – são inerentes a cada pessoa e que, com a perda de qualquer uma delas, o indivíduo se tornava menos ele mesmo[98], precisando, no entanto, de treinamento e educação. Mêncio baseava muito de sua teoria filosófica neste axioma. Por outro lado, Xunzi poderia ser considerado no Ocidente como "realista", devido ao pessimismo sobre a natureza humana, apesar de considerar o rito fundamental para reformar sua natureza original. Xunzi ao mesmo tempo explica, redefine e expande o conceito de *Dào*. Se, para Confúcio e Mêncio, o caminho são justamente as virtudes da humanidade (*jen / rén*) e a justiça-retidão (*yì*), Xunzi "vai além, quando explica o caminho em

---

93. Para aprofundar as reflexões sobre guerra e paz no pensamento confuciano, ver Reyes (2018).
94. Yen (2015, p. 24).
95. Mencius representa o confucionismo; Mozi, o utilitarismo; e Chuang Tzu, o transcendentalismo (Dobson, 1967, p. 196).
96. E mesmo os meios de comunicação de massa às vezes se referem aos "moístas como ocupando o segundo lugar nas listas antigas" ["the Mohists, (as) occupying the second place in ancient listings"] (Cf. chinaknowledge.de, 2017).
97. Dobson (1967).
98. Chen (2013, p. 264)

seis virtudes ou princípios morais: além de *yì*, indica: *li* (propriedade), *zhong* (lealdade), *ci* (recusa educada), *rang* (deferência) e *xin* (confiança)"[99].

O próprio Xunzi, por viver no contexto dos Reinos Combatentes, reconhecia a necessidade do poder militar e deu continuação à tradição confucionista anterior, sobre a força dos princípios e da ética, bem como a necessidade de práticas benevolentes, tanto para com a própria população como para as forças militares e as pessoas com quem se travasse um conflito. A partir de um ponto de vista ético que se alia à realidade das necessidades de eficiência na competição dentro do sistema, Xunzi

> [...] pensa que a habilidade militar e as tecnologias de guerra são realmente importantes como instrumentos de poder, mas que são um tanto superestimadas em seu contexto. Ele quer sugerir que governar com justiça e compaixão ajudará a cultivar tropas leais, obedientes, harmonizadas e disciplinadas que são dramaticamente mais eficazes com os mesmos implementos do que os mercenários, sem falar da população apavorada e faminta que às vezes servia de pessoal para os exércitos dos Estados Combatentes[100].

Ele também propõe que "um governante benevolente não realizaria um único ato injusto ou que resultasse na execução de até mesmo um homem inocente, embora pudesse ganhar o império ao fazê-lo"[101].

***

O Taoísmo representado por *Zhuangzi*, ao contrário dos anteriores, não desenvolve uma perspectiva de estado, educação, ordem etc. Para esta escola,

> [...] o único acesso ao conhecimento era a experiência mística. O verdadeiro conhecimento está disponível apenas para o adepto em estado de transe. Nos transes, vê-se todo o universo, a criação como uma só, a unidade natural e a ordem natural, que o adepto, ao "navegar com o Infinito", pode induzir no mundo real, recusando-se a intervir e rendendo-se à "individualidade" – isto é, ao Tao[102].

---

99. Yao (2004, p. 98).
100. "[...] *thinks military skill and technologies of war are truly important as instruments of power, but that they are somewhat overrated in his context. He wants to suggest that ruling justly and compassionately will help cultivate loyal, obedient, harmonized, and disciplined troops that are dramatically more effective with the same implements than mercenaries, let alone the terrified and starving populace that sometimes staffed Warring States armies*" (Stalnaker, 2012, p. 101).
101. "*A benevolent ruler would not perform even a single act that is unjust or that would result in the execution of even one innocent man, although he might gain the empire by doing so* (Yao, 2004, p. 98).
102. Dobson (1967, p. 199).

O ponto de vista taoísta pode ser considerado relativista, ao mesmo tempo que o taoísta típico se refugiou em uma filosofia de passividade expressa no termo *wuwei*, que significa "ação por inação ou sem esforço", o que assumiu a forma de *laissez-faire*"[103], desenvolvendo e aplicando a ideia da unidade dos opostos atribuída aos primeiros taoístas[104], para os quais "as ideias morais humanas são reflexo da depravação humana, a ideia de piedade filial surge do fato da impiedade, que a declaração confucionista das regras de propriedade é realmente um reflexo da desordem moral do mundo"[105].

Apesar das preocupações taoístas com o Estado, a economia etc., típicas de pensadores anteriores, atribui-se ao taoísmo certa influência no primeiro governante *Han*, e um tempo de desordem na gestão do império, dada a pouca praticidade da filosofia para os altos negócios de estado, ordem, sua unidade e legitimidade. No entanto, também se pode reconhecer a contribuição do taoísmo para a perspectiva correlacional do pensamento tradicional chinês.

Quanto ao Legalismo, embora não haja consenso se se tratava de uma escola formal, a formulação de seu pensamento é atribuída a Han Feizi[106]. Para Kiser & Cai, o rótulo de legalismo foi gerado por um "grupo vagamente organizado de filósofos e conselheiros estatais. Seus principais representantes incluem Guan Zhong (m. 645 a.C.), Li Kui (c. 450-400 a.C.), Sheng Buhai (m. 337 a.C.), Shang Yang (m. 338 a.C.), Han Fei (Zi) (m. 233 a.C.) e Li Shi (m. 209 a.C.)"[107].

Para além das propostas e aplicações concretas do legalismo, é importante apontar alguns elementos que permitem compreender a consolidação deste pen-

---

103. "*the typical Daoist took refuge in a philosophy of passivity expressed in the term wuwei, meaning "action by inaction" or effortlessness."This took the form of laissez-faire*" (Fairbank & Goldman, 2006, p. 54).

104. Diz-se que Zhuangzi, com sua pluma e palabra espirituosa, "encantou as gerações seguintes escrevendo que tinha sonhado que era uma borboleta brincando ao sol, e depois que acordou não pôde ter certeza se ainda era Zhuangzi que tinha sonhado que era uma borboleta, ou na verdade uma borboleta sonhando que era o filósofo Zhuangzi" [*who delighted succeeding generations by writing that he had dreamed that he was a butterfly playing in the sunshine and after he awoke he could not be sure whether he was still Zhuangzi who had dreamed that he was a butterfly, or actually a butterfly dreaming that it was the philosopher Zhuangzi*] (Fairbank & Goldman, 2006, p. 54). Ele aplicou e representou graficamente a ideia da unidade dos opostos e o sentido do relativo no Taoísmo, contribuindo para a matriz do pensamento tradicional chinês correlacional.

105. "*the human moral ideas are the reflection of human depravity, that the idea of filial piety springs from the fact of impiety, that the Confucian statement of the rules of propriety is really a reflection of the world's moral disorder*" (Fairbank & Goldman, 2006, p. 54).

106. Mayhew (2012).

107. "*loosely organized group of philosophers and state advisors. Its main representatives include Guan Zhong (d. 645 BC), Li Kui (c. 450-400 BC), Sheng Buhai (d. 337 BC), Shang Yang (d. 338 BC), Han Fei (Zi) (d. 233 BC), and Li Shi (d. 209 BC)*" (Kiser & Cai, 2003, p. 521).

samento e sua eficácia, pelo menos em dois níveis: a) no avanço para a administração, via construção da burocracia e força do estado; e b) no potencial que oferece ao reino *Qin*, ainda competindo no período dos reinos combatentes. É aí que "a presença de um elaborado fundamento filosófico para a burocratização no legalismo parece ter facilitado a difusão do modelo burocrático"[108].

A chave aqui é a figura de Shang Yang (nomeado oficial do Tribunal no ano 361). Durante as duas décadas em que governou, fez grandes mudanças políticas. Ele uniu e governou de acordo com um conjunto definido de regras estritas e uma filosofia política que visava fortalecer o Estado e sua autoridade, representada no mandatário. Nesse sentido, o legalismo poderia ser "assim chamado porque sua confiança em regras rígidas e rápidas (*fa*, não 'lei' no sentido moderno) defendia recompensas e punições como as 'duas alças', com as quais submetia a população"[109].

As propostas incluíam submissão às leis do Tribunal, que teriam a principal responsabilidade e aplicariam tratamento igual sob uma lei clara e fixa, fosse um membro de um clã governante ou de um clã camponês. No entanto, segundo Shang Yang, "o objetivo do governante era preservar seu poder, sem beneficiar o povo. Não havia harmonia de interesses assumida entre governante e povo"[110], e suas reformas, com pouca legitimidade, acabaram fortalecendo o poder do até então frágil Estado de *Qin*.

Em suma, em meio a expansões, avanços e derrotas *Qin*, "um dos emergentes estados periféricos do Noroeste adotou um programa de reformas administrativas, econômicas e militares, seguindo doutrinas legalistas. Ao mesmo tempo, o poder dos *Zhōu* tornou-se cada vez mais fraco até o colapso do regime em 256 a.C. Uma geração depois, o *Qin* subjugou os outros estados"[111], da seguinte forma: em 230 a.C., *Han* se rendeu a *Qin*; este derrotou *Wei* em 225; em 223, conquistou *Chu*; em 222, o estado *Qin* conquistou *Yan* e *Zhao* e, em 221, conquistou o último estado, *Qi*; depois, "reunificou a China e destruiu a liberdade de pensamento e expressão"[112].

---

108. "the presence of an elaborate philosophical foundation for bureaucratization in legalism seems to have facilitated the diffusion of the bureaucratic model" (Kiser & Cai, 2003, p. 525).

109. "so called for its reliance on hard and fast rules (fa, not 'law' in the modern sense), advocated rewards and punishments as the 'two handles' by which to keep the people in order" (Fairbank & Goldman, 2006, p. 55).

110. "[...] the ruler's aim was to preserve his power, never mind benefiting the people. There was no harmony of interests assumed between ruler and people" (Fairbank & Goldman, 2006, p. 55).

111. Anguiano (2008, p. 4).

112. Herranz (2005, p. 2).

Junto com o fortalecimento do *Qin* e sua vitória sobre os demais atores do sistema (graças a sua efetiva superioridade militar e dimensão administrativa, construção de um corpo burocrático e à mobilização de recursos materiais para a guerra), e apesar de este estado ter sido considerado periférico e semibárbaro, verifica-se mais uma vez que, com o surgimento de uma nova dinastia, deu-se prosseguimento à ideia de unidade da China (espacial, é claro, mas também linguística, cultural e agora territorialmente reunificada).

> A área cultural chinesa estava, deve-se notar, em constante expansão. A comunhão cultural no mundo chinês antigo se refere tanto a um estado de coisas existente quanto a um processo criativo. A sinicização dos bárbaros (*yi xia bian yi*) já estava em pleno andamento no período de Primavera e Outono. Os estados de *Chu* e *Yue*, que eram considerados "não chineses", foram totalmente assimilados através da participação na rivalidade por *Ba* (hegemonia / liderança) e na ordem política. Ambos venceram concursos de liderança várias vezes durante o período de Primavera e de Outono. O estado de *Qin*, que acabou unificando a China no final do período dos Reinos Combatentes, já foi considerado "semibárbaro", pois estava situado na periferia do mundo cultural chinês[113].

Assim, como nas dinastias passadas e nas subsequentes, com Qin se observa uma continuidade, em que os povos não autóctones estabeleceram seu poder na China, mas sem alterar a base cultural que perdura e os assimila[114]. Além disso, foram observadas capacidades em nível material e militar, em que coexistiram elementos convergindo na direção da nova ordem unificada, tais como:

> [...] o uso de exércitos de infantaria em terrenos montanhosos nas fronteiras norte e sul, áreas que eram difíceis para os carros de manobra [...] o uso de ferro para ferramentas e armas, levando a uma maior produção agrícola, mais comércio e maior exército. Finalmente, tribos não chinesas da Ásia Interior começaram a usar o cavalo na guerra de cavalaria, obrigando os chineses a fazer o mesmo[115].

---

113. "The Chinese cultural area was, it should be noted, an ever-expanding one. Cultural commonality in the Ancient Chinese world refers to an existing state of affairs as much as a creative process. The sinicization of barbarians (yi xia bian yi) was already in dynamic full swing in the Spring and Autumn period. The states of Chu and Yue, which were regarded as 'non-Chinese', were fully assimilated through participating in the rivalry for Ba (hegemony/leadership) and in the political order. Both indeed won leadership contests at various times during the Spring and Autumn period. The state of Qin, which eventually unified China at the end of the Warring States period, was once regarded as 'semi-barbarian', as it was situated at the periphery of the Chinese cultural world" (Zhang, 2001, p.46).
114. Como já mencionado em Botton (2000).
115. "the use of infantry armies in hilly terrain on the northern and southern frontiers, areas which were difficult for chariots to maneuver in [...] the use of iron for tools as well as weapons, leading to greater agricultural production, more trade, and larger armies. Finally, non-Chinese tribes of Inner Asia began to use the horse in cavalry warfare, obliging the Chinese to do the same" (Fairbank & Goldman, 2006, p. 54).

Deve-se enfatizar que, ao final do período dos Estados Combatentes, os pensadores das principais escolas se rebelaram contra o princípio do privilégio hereditário, invocado pelos governantes de muitos estados-família, e promoveram a igualdade natural de homens ao nascer[116]. Assim, virtude, educação e mérito foram valores que, com diferentes tessituras, foram compartilhados pelos representantes das escolas orientados para as preocupações com a ordem e a unidade, bem como com a legitimidade do governante e do mundo (chinês), que visava minimizar a guerra (ainda mais injusta) e promover a paz. O legalismo, entretanto, era orientado para o poder, e a paz pareceria possível de ser alcançada por meio de uma ordem vertical, um comando centralizado, uma burocracia eficiente que administra a economia e a força, mas sem meios suficientemente legítimos para que a ordem impulsionada pela dinastia perdurasse além do primeiro imperador da China.

A Dinastia *Qin* 秦 (221-206 a.C.)

Após um período de quase trezentos anos de luta pela hegemonia, o reino de *Qin* derrotou e absorveu todos os outros feudos. Seu rei, Zheng (政), que governou de 247 a 221 a.C., se autoproclamou imperador *Shǐ Huángdì* (始皇帝), tendo "a vantagem de reformas que, por toda uma geração, já haviam sido instituídas pelos conselhos legalistas dos constituintes"[117], e assim começou uma das mais conhecidas, mas também polêmicas dinastias – como objeto de interpretação.

Qin tentou superar o problema dos governantes durante o sistema interestadual chinês, de como o centro (político) poderia dominar as linhagens locais. Então, uma das medidas promovidas foi que famílias aristocráticas locais foram transferidas em massa para a capital, armas não governamentais foram derretidas e alguns muros da cidade foram destruídos[118], abolindo-se ainda as aristocracias hereditárias[119]. Assim, ao mesmo tempo, "os laços e lealdades de grupo foram, portanto, minados em favor da obediência ao estado [...] O controle do Estado sobre o povo aumentou o poder militar de *Qin*"[120].

No que diz respeito à gestão administrativa e militar das capacidades da força e das capacidades burocráticas do Estado sobre o espaço territorial, foram feitas

---

116. Fairbank & Goldman (2006).
117. Fairbank & Goldman (2006, p. 55).
118. Fairbank & Goldman (2006, p. 56).
119. Anguiano (2008, p. 4).
120. *"Group ties and loyalties were thus undermined in favor of obedience to the state... State control of the people enhanced Qin's military power"* (Fairbank & Goldman, 2006, p. 55).

reformas para fortalecer um comando centralizado. Assim, imediatamente após a vitória de *Qin* em 221,

> [...] o imperador dividiu seu novo império em 36 comandos (*jun*), cada um subdividido em vários condados (*xian*). (*Junxian* tem sido uma abreviatura para governo burocrático centralizado desde então, ao contrário de *fengjian*, que significa descentralizado ou "feudal"). Cada comando era chefiado por um governador civil e um comandante militar, com um inspetor imperial para vigiar o governador. Os magistrados do condado eram nomeados de forma centralizada, assalariados e sujeitos à revogação[121].

Em relação ao comando sobre o território administrativo e político, também foram adotadas medidas como "dividir o estado em 31 condados, cada um administrado por um magistrado nomeado centralmente que reportava à capital por escrito"[122]. Aprofundou-se o problema das linhagens locais na ordem anterior *Zhou* e descentralização de seu poder (político, material e prebendário), já que, sob o mandato do imperador, "diversos postos honorários com isenção de serviços de trabalho ou impostos e (em determinados níveis) atribuição de renda de algumas terras e pessoas foram usados para criar uma nova elite separada da velha aristocracia e dependente do governante"[123].

Dessa forma, seguindo o conselho do ministro legalista Li Si, embora este tenha sido discípulo de Xun Zi[124], o imperador "unificou os estados feudais em um império administrativamente centralizado e culturalmente unificado [estabelecendo] a capital de *Qin*, próximo à atual cidade de *Xi'an*"[125]. Essa unificação cultural convergiu em linguagens, valores e ideias de um mesmo mundo, e se aprofundou por meio de regulamentações burocráticas homogeneizadoras que reforçavam o sentido de uma mesma unidade.

---

121. "*The emperor divided his new empire into 36 commanderies (jun), each subdivided, into a number of counties (xian). (Junxian has been shorthand for centralized bureaucratic rule ever since, as opposed to fengjian meaning decentralized or "feudal.") Each commandery was headed by a civil governor and a military commander, with an imperial inspector to watch the governor. County magistrates were centrally appointed, salaried, and subject to recall*" (Fairbank & Goldman, 2006, p. 56).

122. "*The state was divided into 31 counties, each administered by a centrally appointed magistrate who reported to the capital in writing*" (Fairbank & Goldman, 2006, p. 55).

123. "*[...] a score of honorary ranks with exemption from labor service or taxes and (at certain levels) conferment of income from certain lands and people were used to create a new elite separate from the old aristocracy and dependent upon the ruler*" (Fairbank & Goldman, 2006, p. 55).

124. Bottom (1969).

125. Anguiano (2008, p. 4).

Assim, o processo de homogeneização incluiu a escrita obrigatória em todo o Império, que foi "padronizada e unificada sob duas formas, a chamada escrita de pequeno selo (na verdade, de aparência bastante complexa), usada para inscrições em pedra e gravuras formais, e uma escrita mais cursiva e escrita clerical simples usada para negócios do dia a dia. Este último venceu quando foi escrito com um pincel em tiras de bambu ou tiras de seda e depois no papel"[126]. Além disso, pesos e medidas foram padronizados, a cunhagem de moeda, bem como a conexão em infraestrutura, foi vigorosamente ampliada. Tudo isso teve impacto na continuidade do comércio no espaço imperial unificado, assim como na integração econômica (nível de mercado) e sua relação mútua com o sentido de unidade cultural (imagem da nação).

Sob o mandato de *Qin*, uma enorme rede de estradas, além de "rodovias imperiais foram construídas, totalizando mais de 6.400 km [...]. Uma era uma 'estrada reta' através da região árida de Ordos, para alcançar a fronteira de frente para os nômades da estepe. Ao sul, vias navegáveis e canais foram cortados para permitir o transporte de água por 1.900 km, do Yangzi a Guangzhou (Cantão)"[127]. A infraestrutura, além dos elementos de integração apontados, facilitou também o direcionamento político-administrativo, assim como as capacidades de defesa.

O fortalecimento das capacidades materiais para resolver a concentração de poder, segurança e defesa do império, o aumento do poder econômico e a provisão de bens, significou uma enorme capacidade de mobilização política de caráter autoritário (Estado, governante sobre indivíduos, clãs e famílias). Nesse esforço, ao mesmo tempo que se adotava a propriedade privada da terra, impostos eram cobrados e milhares de pessoas eram mobilizadas em grandes obras públicas com terrível custo de vidas humanas[128]. Simultaneamente:

> O estado exaltou seus administradores e seus fazendeiros (que eram soldados em potencial) [...] as pessoas comuns foram autorizadas a comprar e vender terras, o que estimulou as empresas agrícolas [...] e rebaixou os mercadores e artesãos. Contra outros estados, a posição defensável de *Qin* a oeste na área das atuais províncias de Shanxi e Shaanxi

---

126. "[...] *standardized and unified under two forms, the so-called small seal (actually rather complex-looking) script, used for inscriptions on stone and formal engravings, and a more cursive and simple clerical script used for everyday business. The latter won out when it was written by a brush on bamboo slips or strips of silk and then on paper*" (Fairbank & Goldman, 2006, p. 56).

127. "[...] *imperial highways were built totaling over 4,000 miles [...] One was a 'straight road' through the arid Ordos region to reach the frontier facing the nomads of the steppe. To the south, waterways and Canals were cut to allow water transport for 1,200 miles from the Yangzi to Guangzhou (Canton)*" (Fairbank & Goldman, 2006, p. 56).

128. Dobson (1967).

e também em Sichuan, sua primeira conquista, foi fortalecida economicamente pela construção de canais e redes de irrigação[129].

Como foi observado, durante *Qin*, junto com as capacidades materiais, houve também o refinamento da administração das organizações e capacidades militares. Isso fez parte de um processo iniciado antes, quando "formas semifeudais típicas de organização militar foram substituídas durante a era dos Estados Combatentes por um sistema militar mais burocrático. [...] Este foi o resultado do desenvolvimento de armas de ferro baratas e a mudança de exércitos aristocráticos usando carros e cavalaria para exércitos de infantaria maiores empregando camponeses"[130].

Deve-se notar que, embora os esforços de *Qin* sejam importantes na história da burocratização na China, eles foram precedidos pelos avanços protoburocráticos nos estados de períodos anteriores, e ainda não alcançaram o nível de profundidade e eficiência do período *Han* e seu início da chamada *Pax Chinesa*. Segundo Kiser & Cai, "no sistema burocrático criado pela efêmera dinastia *Qin* sobreviveu à própria dinastia [...] (a) burocratização foi apenas parcial"[131].

No mesmo sentido, vale apontar uma abordagem resumida da complexidade histórica das capacidades burocráticas e administrativas de *Qin*:

> A unificação *Qin* da China, encerrando o período dos Estados Combatentes e criando o Império *Qin*, foi finalmente concluída em 221 a.C. Os avanços administrativos promovidos pelos *Qin* na era dos Reinos Combatentes foram estendidos ao restante do país. O breve Império Qin (221-206 a.C.) marca um segundo estágio de burocratização significativa. Creel (1964) conclui que esse sistema produziu "um controle centralizado do estado que pode muito bem ter sido mais sistemático e eficaz do que qualquer outro que existisse anteriormente" (p. 171). Fu (1993) argumenta que "tinha todas as características apontadas por Weber como típicas da burocracia (p. 27)"[132].

---

129. "*The state exalted its administrators and its farmers (who were potential soldiers) [...] the common people were permitted to buy and sell land, which stimulated farm Enterprise [...] and downgraded merchants and artisans. Against other states Qin's defensible position on the west in the area of today's Shanxi and Shaanxi provinces and also in Sichuan, its first conquest, was strengthened economically by building canals and irrigation networks*" (Fairbank & Goldman, 2006, p. 55).

130. "*Typical semi-feudal forms of military organization were re- placed during the Warring States era by a more bureaucratic military system [...]. This was the result of the development of cheap iron weapons and the shift from aristocratic armies using chariots and cavalry to larger peasant-based infantry armies*" (Kiser & Cai, 2003, p. 516).

131. "*[...] in the bureaucratic system created by the short-lived Qin dynasty outlasted the dynasty it- self [...] (the) bureaucratization was only partial*" (Kiser & Cai, 2003, p. 512).

132. "*The Qin unification of China, ending the period of Warring States and creating the Qin Empire, was finally completed in 221 BC. The administrative advances developed by the Qin in the Warring States era were further developed and extended to the rest of the country. The short-lived Qin Empire (221-206 BC)*

Deve-se reconhecer, no entanto, que se, com as dinastias anteriores e no antigo sistema interestadual de *Zhou* Oriental, havia uma ordem baseada em uma centralidade, ao mesmo tempo descentralizada dentro dos limites do mundo chinês (vários estados com os mesmos valores, língua, cultura, etc.), com *Qin*, a ordem gerou uma unidade totalmente centralizada dentro do mundo chinês em um cenário de expansão territorial, ampliando a noção do próprio mundo, mas mantendo a dinâmica de "tudo sob o céu".

Mapa da Dinastia *Qin* 秦

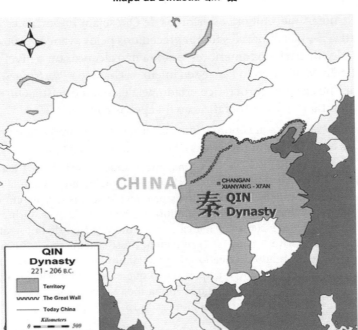

Fonte: museocineseparma.org (s/d)

Nesse processo de unificação e expansão do império, o Imperador tentou estender as fronteiras externas da China marchando para o sul em direção ao delta do Rio Vermelho (hoje Vietnã), enquanto, no sudoeste, o domínio se estendia à maioria das atuais províncias de Yunnan, Guizhou e Sichuan. No noroeste, suas

---

marks a second stage of significant bureaucratization. Creel (1964) concludes that this system produced 'a centralized control of the state that may well have been more systematic and effective than any that had previously existed elsewhere' (p. 171). Fu (1993) argues that it 'had all the characteristics identified by Weber as typical of bureaucracy' (p. 27)". (Kiser & Cai, 2003, p. 529).

conquistas alcançaram Lanzhou, na atual província de Gansu, enquanto no nordeste, o território da atual Coreia, reconheceu o governo de *Qin*[133]. Da mesma forma, pode-se reconhecer que nas fronteiras externas do mundo (chinês) – aqui, na expansão territorial – "*Qin* lidou com os nômades por meio do comércio, da diplomacia ou da guerra, não apenas por fortificações"[134].

Junto com o enorme poder alcançado e várias conquistas no fortalecimento do espaço unificado, o império tentou pela força um controle centralizado sob uma ordem no nível material, político e no mundo das ideias, de caráter monopolista. Assim, no nível material e político, por exemplo, sob a doutrina legalista, "as leis criminais foram promulgadas de forma que punições severas, bem como recompensas, fossem conhecidas por todos e igualmente aplicáveis a todas as pessoas. Doutrinas legalistas de governo tinham por objetivo fazer cumprir as leis de apoio à agricultura e fortalecer o estado sobre a família"[135].

Além de Li Si e seus ensinamentos sobre a natureza humana egoísta, segundo os quais um governo forte precisava de uma mão imperial forte, com leis rígidas, para a ordem social, a teoria de governo forte do filósofo legalista Han Fei Zi (que também era discípulo de Xunzi), tornou-se a doutrina oficial do governo do estado de *Qin*[136].

Apesar do ferrenho desprezo deste e de Li Si pelo confucionismo, e da extrapolação do pensamento de Xun Zi sobre a natureza egoísta do homem (esvaziando-o do conteúdo das possibilidades da educação para alcançar a virtude necessária para um ordenamento justo da sociedade e contra o Estado), alguns elementos sobre a necessidade de uma ordem social – dirigidos monoliticamente do império –, especialmente sobre a virtude por mérito, e não por herança são mantidos no legalismo *Qin*, embora o mérito dos funcionários – futuros conselheiros – não se baseasse em avaliações e exames, como no *Han*.

Ao contrário da concepção confucionista de "autenticidade", expressa na figura de Junzi, na matriz confucionista[137], e do relativismo taoísta, a doutrina jurídica orientada para a homogeneização e uniformidade até mesmo no campo das ideias, levou os *Qin* a tornarem ilegais muitas escolas filosóficas que floresceram

---

133. Anguiano (2008).

134. "*Qin had dealt with the nomads through trade, diplomacy, or warfare, not by fortifications alone*" (Fairbank & Goldman, 2006, p. 57).

135. "[...] *criminal laws were promulgated so that severe punishments as well as rewards would be known to everyone and equally applicable to all persons. Legalist doctrines of government aimed at enforcing laws to support agriculture and strengthen the state over the family*" (Fairbank & Goldman, 2006, p. 55).

136. Botton (1969, p. 205).

137. Reyes (2018).

no final do período *Zhōu*. No entanto, é comumente aceita a história da queima dos livros de todas as outras escolas, exceto das cópias que foram mantidas na biblioteca imperial, e que pensadores tenham sido enterrados vivos, sobretudo confucionistas:

> Estudos recentes lançam dúvidas sobre se o Primeiro Imperador, que não gostava de ouvir as reclamações dos estudiosos, tenha realmente enterrado 460 deles vivos. Derk Bodde [...] sugere que a ideia vem de uma tradução incorreta – os estudiosos foram simplesmente assassinados. O controle legalista da história de *Qin* pela queima de livros também estava longe de ser completo, embora os arquivos dos estados conquistados tenham sido destruídos e apenas os registros de *Qin* tenham sido preservados[138].

Ainda que o poder e a capacidade burocrática da dinastia gerassem benefícios para a ordem social em construção e concentração política no nível administrativo, uma vez que "a administração parcialmente burocratizada que se desenvolveu também criou uma nova classe de elites dependentes do estado para seus cargos e, portanto – como argumenta Weber (1978, p. 988) –, tinha fortes interesses em manter uma administração burocrática"[139], isso não foi suficiente para a reprodução da referida tentativa de ordem hegemônica.

Os elementos para legitimar o poder de *Qin* baseado exclusivamente na força eram insuficientes, de modo que, após a morte de *Qín Shǐ Huángdì*, ocorreram duas dinâmicas paralelas: a) por um lado, o país caiu na anarquia mais assustadora e os chefes do exército se apoderaram de várias províncias; enquanto b) há uma disputa interna dentro da dinastia, a partir da morte de *Shǐ Huángdì*, e, sob as próprias intrigas de Lisi, ascendeu ao trono Huhai (como *Qín Èr Shì*, 秦二世), um imperador fantoche que conspirou para que o herdeiro legítimo – Fusu – cometesse suicídio.

Sem capacidade suficiente para manter a dinastia, Huhai, "após três anos de revolta geral, foi forçado a cometer suicídio"[140]. Por sua vez, seu sucessor (que havia demitido o usurpador), *Qín-wáng Zǐyīng*, 秦王子嬰 (filho de Fusu), rendeu-se,

---

138. "*Recent scholarship casts doubt on the question of whether the First Emperor, who disliked hearing the complaints of scholars, actually had 460 of them buried alive. Derk Bodde (in CHOC 1) suggests the idea comes from a mistranslation; the scholars were merely murdered. Qin's Legalist-minded control of history by the burning of books was also far from complete, although the archives of conquered states were destroyed and the records of Qin alone were preserved*" (Fairbank & Goldman, 2006, p. 56).

139. "*[...] the partially bureaucratized administration it developed also created a new class of elites who were dependent on the state for their positions and thus (as Weber [1921/1922] 1978: 988 argues) had strong interests in maintaining a bureaucratic administration*" (Kiser & Cai, 2003, p. 529).

140. Grousset (1952, p. 48).

após um ano, a um dos dois guerreiros mais poderosos que lutaram contra a dinastia *Qin*, *Liú Bāng* 刘邦, o futuro imperador da dinastia *Han*.

Finalmente, deve-se notar que, apesar do exposto acima, os textos de Li Si sobre política e direito e outros acabariam influenciando o pensamento e a prática política nas dinastias *Han* e seguintes – influência que seria matizada pelo exercício metarrelacional do pensamento tradicional chinês, e que também foi alimentada por matrizes confucionistas, moístas, etc.

Han 汉 e o estabelecimento das bases da *Pax Chinesa*

O estabelecimento das bases da chamada *Pax Chinesa*, atribuída à dinastia *Han*, foi ao mesmo tempo fruto de um longo processo anterior visto em dinastias e períodos anteriores, como o processo de consolidação de um espaço territorial, imaginado como unidade e continuidade cultural (ou melhor, civilizacional); um processo de burocratização cada vez mais eficiente, que deslocou a legitimidade da gestão estadual com base na linhagem, dando lugar a uma burocracia baseada no mérito, embora se reconheça que o anterior estava hierarquicamente abaixo da figura de um imperador legitimado pelo mandato do Céu (desde que fosse percebido como um governante que o cumprisse); e uma capacidade administrativa e militar aliada a elementos de atração por sofisticados canais diplomáticos diante dos habitantes das fronteiras externas do mundo (chineses). A tudo isso, somou-se a consolidação de um pensamento político-filosófico que iria gerar as bases de legitimidade que permitiram consolidar o sistema tributário *Tiānxià*, estabelecido na dinastia *Han*.

Antes de analisar tal estabelecimento, é necessário rever o contexto e os principais elementos que explicam a construção das bases da *Pax Chinesa* durante a dinastia *Han*. Deve-se analisar, portanto, a ascensão do primeiro imperador *Han*, *Liú Bāng* 刘邦, de origem camponesa, que ascendeu de rebelde a imperador quando, em 207 a.C., o último governador de *Qin*, *Ziying* (子 嬰), se rendeu às suas tropas. Como rebelde, ele integrou e liderou a rebelião camponesa contra as políticas repressivas da decadente Dinastia *Qin*, o que foi determinante para sua queda, e não por causa da ascensão de algum dos reinos anteriormente subjugados[141].

No entanto, após a vitória sobre *Qin*, teve início uma competição por outro líder que se tornaria seu rival, Xiang Yu (*Hsiang Yü* ou *Xiàng Yǔ*, 項羽), príncipe de *Chu* Ocidental (ainda considerado o homem forte da rebelião). No início, *Liú Bāng* desistiu do cargo, mas, diante do risco de morte, entrou em conflito armado.

---

141. Herranz (2005) y Ortuno (s/d).

Finalmente, durante a derrota na batalha final em 203 a.C., às margens do rio Huai, *Hsiang Yü* cometeu suicídio[142].

Sem outro rival, *Liú Bāng* – a quem o próprio Xiang Yu, antes da rivalidade declarada concedeu o título de Rei de *Han*, *Han Wang* (漢王) – tornou-se o primeiro a ser conhecido como Imperador *Tàizǔ* (太祖) e, posteriormente, Imperador *Gāozǔ* (高祖) em 202 a.C. Curiosamente, "por uma mudança imprevista do destino, o filho deste camponês lucrou tanto com os trabalhos de trinta e sete gerações dos príncipes de Ch'in (*Qin*), que no final, para seu benefício, *Ch'in Shih-huang-ti* (*Qin Shi Huang ti*) criou a autocracia chinesa"[143].

Teve início, assim, a dinastia *Han* anterior ou ocidental 西汉. O Imperador *Gāozǔ* estabeleceu a capital da dinastia como Chang'an (*Cháng'ān* 长安), que curiosamente significa "Paz Perpétua", no mesmo lugar da capital *Qin*, Xi'an (*Xī'ān* 西安) ou "Paz do Ocidente". Essa capital está localizada estrategicamente na convergência de todas as principais rotas da China, ocupando posição central dentro da espacialidade do mundo chinês[144].

Nesse cenário, é compreensível a seguinte interpretação sobre os primeiros anos da dinastia: "Depois de muitos anos de guerra, todo o país e seu povo precisam de descanso e paz para recuperar as energias para sobreviver e melhorar seu padrão de vida. Por outro lado, durante a fase inicial do Império *Han*, a meritocracia militar era o pedestal do governo, o novo imperador devia equilibrar o poder político entre sua família e toda a meritocracia militar"[145].

Além do caráter alegre, simples e humilde atribuído ao imperador, e das múltiplas anedotas de seus anseios de homem comum, que privilegiava uma imagem legítima diante da população, e embora não perseguisse sistematicamente os escritores confucionistas, como seu antecessor, o imperador *Han* "desprezava-os profundamente e os crivava de sarcasmo [...]: 'Conquistei o império a cavalo, quais são as suas canções e documentos para mim?' foi a forte reprimenda aos que

---

142. Grousset (1952).

143. "*By an unforeseen turn of fortune came about this peasant´s son was so profit from the labours of thirty-seven generations of the princes of Ch´in (Qin), an it was in the end for his benefit that Ch´in Shih-huang-ti (Qin Shi Huang ti) had created the chinese autocracy*" (Grousset, 1952, p. 49).

144. Ortuno (s/d).

145. "*After many years war, the whole country and its people do need the rest and peace to regain the energy to survive and improve their living standard. At the other hand, during the initial stage of the Han Empire, the military meritocracy was the pedestal of the government, the new emperor has to balance the political power between his family and all the military meritocracy*" (Entrevista 莎莎, estudiosa confuciana, Pequim, China, nov. 2019). A entrevista foi concedida ao autor deste capítulo.

Mapa da dinastia *Han* 汉, 206-220 a.C.

Fonte: museocineseparma.org (s/d).

tentaram apresentar os textos clássicos aos seus ouvidos: o *Livro das Canções* e o *Livro dos Documentos*"[146].

Além do exposto e de outras anedotas sobre sua vida, o ceticismo era compartilhado com o mesmo desprezo geral pelos médicos que ele demonstrou pelos intelectuais. Isso permitiria entender por que "o governo adotou a teoria de Huang Lao – imperador Huang (o Imperador Amarelo) Lao Zi – como forma de governar o país, especificamente a política de 无为 而 治 (*Wú Wéi Ér Zhì*), que significa 'governe sem intervenção ou governe sem interferir nas regras da natureza'"[147].

Com base na ordem e na unidade como no confucionismo, e mesmo no legalismo, é compreensível que os problemas decorrentes das políticas do imperador *Han* mencionadas acima fossem negativos para as gerações seguintes e que "a

---

146. Grousset (1952, p. 51).

147. "[...] *the government adopted the Huang Lao´s theory (Huang emperor Lao Zi) the way to rule the country, specifically the policy of* "无为而治" *(Wú Wéi Ér Zhì), which means 'Govern without intervention or govern without interfering the nature rules'*" (Entrevista 莎莎, estudiosa confuciana, Pequim, China, nov. 2019). A entrevista foi concedida ao autor deste capítulo.

173

política trouxesse prejuízos para as gerações futuras. Embora o país tenha tido permissão para se desenvolver na fase inicial, os diferentes distritos se tornaram muito independentes para serem contidos pelo governo central e a guerra civil se seguiu"[148].

Após a morte do imperador em 195 a. C., a viúva Lu Zhi[149] assumiu imediatamente a dinastia, aproveitando sua autoridade para colocar membros de seu próprio clã em posições-chave[150]. As intrigas e massacres palacianos de membros reais são renovados (como no *Qin*), as tentativas de distribuir terras aos parentes, etc. são aprofundadas, o que, junto com o que foi dito acima, gerou um período de desordem, que foi ilustrado com a ascensão e morte de quatro imperadores em aproximadamente 15 anos.

Em 180 a.C., Wen, um dos filhos sobreviventes da Imperatriz Lu Zhi, recuperou o controle da dinastia. Primeiro, ele puniu Lu Zhi e seus cúmplices pela rebelião e por terem assassinado todos os membros da família; e, como medidas políticas, restaurou a linhagem quebrada e aliviou impostos[151].

O Imperador Wen (que governou entre 180-157 a.C.) ou Hsiao Wenti, segundo Grousset, falava como um estudioso confucionista, usando constantemente expressões como "a sabedoria sagrada do imperador nas alturas", "a influência sobrenatural no céu e na terra", "o culto aos antepassados e a importância da agricultura", "a bênção dos deuses da terra e das colheitas", seguindo o regime patriarcal que os literatos confucionistas projetaram na miragem da era mítica. No entanto, a política *Wú Wéi Ér Zhì* ainda estava em vigor, com poucas imposições ao povo. Durante seu mandato, porém, o exame para ingresso no serviço público foi finalmente instituído, em 165 a.C., com forte conteúdo do pensamento confucionista[152]. Seu neto, o imperador Wu, governou entre 140-87, sendo também conhecido como Han Wudi (汉 武帝). Ele aprofundou a consolidação da Ordem

---

148. "*the policy has brought harm to future generations. Although the country was allowed to develop in the early stage, the different districts were too independent later to be restrained by the central government and civil war followed*" (Entrevista 莎莎, estudiosa confuciana, Pequim, China, nov. 2019). A entrevista foi concedida ao autor deste capítulo.

149. "*Muito conhecida como a implacável imperatriz da China, ela tomou medidas extremas para confiscar o império para sua própria família. O conflito durou 15 anos, resultando na morte de todos os seus filhos, exceto um, que mais tarde se tornaria imperador*" ["*Famously known as the ruthless empress of China she goes into extreme measures to confiscate the empire for her own family. The conflict lasts for 15 years. Resulting in deaths of all her sons except one, who will later become emperor*"]. (ORTUNO, s/d).

150. Grousset (1952, p. 52).

151. Ortuno (s/d).

152. Grousset (1952, p. 52).

Confucionista, que já foi chamada de Confucionismo Imperial – amálgama entre confucionismo e legalismo, segundo Fairbank & Goldman[153].

Deve-se reconhecer, ainda, que foi na primeira Dinastia *Han* que as obras confucionistas e analectas[154], atribuídas ao próprio Confúcio, foram compiladas e assentadas, gerando um espaço para o aprofundamento da legitimidade do o imperador e, ao mesmo tempo, a administração do mérito do estado, sem que isso significasse que o ideal (representado pelos literatos confucionistas) e as complexidades da disputa de interesses (legalismo e interesses militares) houvessem realmente cessado. Nessa dinastia haveria, por exemplo, "debates intermináveis sobre as 'regiões ocidentais' e os estados periféricos, sobre governá-los diretamente ou manter sobre eles uma espécie de soberania liberal, simbolizada por um tributo nominal que os bárbaros levariam ao tribunal"[155]. Portanto, também se discutia onde continuar uma expansão espacial.

Apesar de, após o primeiro *Han* e o estabelecimento da *Pax Chinesa*, guerras, expansões e retrocessos territoriais continuarem ocorrendo, o espaço do mundo chinês e os limites de interação com outros espaços físicos e culturais seriam estabelecidos como ideais. Da mesma forma, havia toda uma discussão entre duas formas de administrar os espaços ampliados das fronteiras. "A política de ocupação foi defendida pelos grupos militares, e a de 'governar pela virtude', pelos confucionistas"[156]. Além disso, para Dobson, "essas duas escolas de pensamento colidiram historicamente com frequência" durante a história chinesa, e o estabelecimento do sistema tributário *Tiānxià* representou mais obrigações para o centro (chinês) do que para os espaços tributários. Obrigações que representavam a China, entre outras, como a apresentação de homenagens, por vezes de natureza simbólica (reconhecimento da centralidade) das contrapartes, significando inclusive que a China forneceria uma garantia de segurança, incluindo defesa contra possíveis ataques de atores externos ao sistema.

Por outro lado, deve-se notar que, embora a compilação e a implantação do pensamento confucionista possam ser interpretadas a partir de uma projeção política que legitima a ordem em construção e complemento o fortalecimento da unidade chinesa, também é necessário reconhecer que compiladores e governantes também seriam influenciados por uma construção cultural-civilizadora que, como vimos, era de muito alcance.

---

153. Fairbank & Goldman (2006).
154. Entrevista de Romer Cornejo e Daniel Oviedo, 6°. Congreso de la Asociación Internacional Confuciana, nov. 2019. A entrevista foi concedida ao autor deste capítulo.
155. Dobson (1967, p. 209).
156. Dobson (1967).

A consolidação do confucionismo pode ser analisada não como o estabelecimento de uma filosofia pura e exclusiva (nem por decisão meramente política, nem pelo próprio caráter do pensamento confucionista), mas pelo mesmo caráter relacional do pensamento chinês desde os tempos antigos. Assim, resumindo o processo político filosófico dessa consolidação, podemos validar o seguinte relato:

> O imperador Wu da Dinastia *Han* rejeitou uma centena de escolas de pensamento e considerou o confucionismo o único pensamento para governar o país. A política foi proposta por *Dong Zhongshu* no primeiro ano de *Yuanguang* (134 a.C.). Na *Biografia de Dong Zhongshu*, está registrado que *Dong Zhongshu* propôs a frase original como "inferindo a família de Kong e suprimindo centenas de escolas". Em *O Imperador Wudi Jizan*, está registrado que a prática do Imperador Wu da Dinastia *Han* era "dispensar cem escolas". Essa ideia não é mais a aparência original do confucionismo durante a Primavera e o Outono e os períodos dos Estados Combatentes. É misturado com alguns pensamentos de Taoísmo, Legalismo e *YinYang Five Elements*, que refletem as características "compatível" e de "desenvolvimento" do confucionismo, sendo uma nova ideia que acompanha o ritmo dos tempos. Ele salvaguardou a ordem de governo feudal e divinizou a realeza autocrática. Foi, portanto, admirado pelos governantes feudais da China antiga e se tornou o pensamento ortodoxo e dominante da cultura tradicional chinesa por mais de 2.000 anos[157].

Assim, o sistema tributário *Tiānxià* se consolidou e se fortaleceu "todo sob o Céu", um mundo chinês, sem sentido de alteridade, atualizando a visão de um centro e de anéis concêntricos[158], em que, segundo a mesma interpretação de Confúcio, elementos do Moísmo (que o fortalecem) são incluídos, tais como os princípios de reciprocidade, virtude de governar, bem-estar do povo para a realização da ideia confucionista de cadeia harmoniosa, evitar guerra contra estados mais fracos etc.

---

157. *"Emperor Wu of the Han Dynasty dismissed a hundred schools of thought and esteemed Confucianism as the only thought to govern the country, the policy was proposed by Dong Zhongshu in the first year of Yuanguang (134 BC). In the "Dong Zhongshu Biography", it is recorded that Dong Zhongshu proposed the original sentence as "inferring Kong's family and suppressing hundreds of schools." In "The Emperor Wudi Jizan", it is recorded that the practice of Emperor Wu of the Han Dynasty was "dismissing a hundred schools". This idea is no longer the original appearance of Confucianism during the Spring and Autumn and Warring States Periods. It is mixed with some thoughts of Taoism, Legalism, and Yinyang Five Elements, which reflects the "compatible" and "development" characteristics of Confucianism, and is a new idea that keeps pace with the times. It safeguarded the feudal ruling order and deified the autocratic kingship. Therefore, it was admired by the feudal rulers of ancient China and became the orthodox and mainstream thought of Chinese traditional culture for more than 2,000 years"* (Entrevista 莎莎, estudiosa confuciana, Pequim, China, nov. 2019). A entrevista foi concedida ao autor deste capítulo.

158. Qin (2007) e Reyes (2018).

Por outro lado, os mecanismos de controle burocrático já presentes em *Qin* foram ampliados (com maior sofisticação), alcançando maior eficiência. Tanta legitimidade se alcançou que fortaleceu a hegemonia do império-estado ao ser gradativamente combinada com "uma cosmologia moral abrangente que se concentrava no imperador"[159].

Tal sofisticação ocorreu porque os imperadores *Han* aplicaram o princípio confucionista (legitimado por outras escolas) de selecionar os homens com base no mérito de sua linhagem, sendo os mais qualificados escolhidos por meio do referido processo de exames escritos. No final do século II a.C., foi fundada uma universidade imperial na qual futuros funcionários foram treinados nos cinco clássicos da escola confucionista[160]. O processo de seleção dos melhores homens ao serviço do Estado foi aprofundado desde o imperador Wen da seguinte forma:

> O confucionismo *Han* ganhou força quando a academia imperial foi fundada, em 124 a.C. Havia especialistas nos cinco clássicos [...]. Os imperadores *Han*, que já haviam pedido que homens talentosos fossem indicados para exame e nomeação, agora acrescentaram aos critérios de seleção oficial o treinamento clássico, além dos exames escritos nos clássicos confucionistas. Em meados do século II d.C., 30.000 alunos foram registrados na academia, presumivelmente listados como acadêmicos, não residentes todos de uma vez[161].

Por outro lado, convém lembrar que o início da chamada *Pax Chinesa* foi também a consolidação definitiva da centralidade do mundo chinês, para onde convergiam elementos internos, como quando Wudi combinou a autocracia em bases firmes dos letrados e a ruína dos últimos senhores feudais[162], acompanhadas, entretanto, por um processo de expansão, definição de espaço e diplomacia. No primeiro caso,

> [...] o crescimento econômico *Han* no norte da China estimulou o comércio exterior e a expansão militar. Sob o mais enérgico dos governantes *Han*, o Imperador Marcial (*Han Wudi*, reinou em 140-87 a.C.), os exércitos chineses penetraram no sul da Manchúria e na Coreia a

---

159. "*[...] a comprehensive moral cosmology that focused on the emperor*" (Fairbank & Goldman, 2006, p. 57).
160. Anguiano (2008).
161. "*Han Confucianism came into its own when the imperial academy was founded in 124 bc. There were specialists on the five classics... The Han emperors, who had already asked for talented men to be recommended for examination and appointment, now added classical training to the criteria for official selection, plus written examinations in the Confucian classics. By the mid-second century ad, 30,000 students were reported at the academy, presumably listed as scholars, not resident all at once*" (Fairbank & Goldman, 2006, p. 67).
162. Grousset (1952).

nordeste e no sul e sudoeste da China e norte do Vietnã. Nessas áreas, comandantes podiam dominar os agricultores. Apenas no norte e noroeste havia uma fronteira instável[163].

Apesar do acima exposto, as fronteiras foram definidas externamente: elas se estendiam para o sul até os portos de Chekiang e Cantão. No exterior, foi distribuído por toda a Ásia central até o Turquestão ocidental, pela península coreana até as alturas de Seul e pela Indochina até Hue. Os exércitos de Wu-ti estabeleceram uma *Pax Chinesa* na Ásia Central e Oriental[164]. Ao mesmo tempo, o tratamento dado à Diplomacia (em relação aos que estão nas fronteiras do mundo) foi sendo aprimorado quando a política externa necessária para garantir relações estáveis não se mostrava suficiente. Assim:

> A alternativa – expedições punitivas à estepe – era cara e perigosa; dentro de algumas semanas, a falta de suprimentos de comida obrigaria a retirada [...]. Quando militarmente fracos, o que acontecia na maior parte do tempo, os imperadores *Han* adotavam uma política de "paz e parentesco" (*heqin*) – manter o chefe nômade, dando-lhe princesas *Han* em casamento, e distribuir presentes luxuosos, especialmente de sedas. Os guerreiros nômades aprenderam que, se realizassem um ritual em *Chang'an* no qual aceitassem a suserania *Han*, poderiam lucrar substancialmente enquanto se divertiam. *Ying-shih Yü* observa que essa política de apaziguamento foi a precursora dos tratados desiguais da época de *Song* e do final dos anos *Qing*, que reconheciam a fraqueza militar da China[165].

Com o imperador Wudi, consolidou-se a noção de "harmonia", que representava a artéria do pensamento político confucionista sobre os assuntos de Estado desde então, e ao longo da chamada Antiga *Pax Chinesa* e os dois mil anos do sistema tributário *Tiānxià* (fundado pelos *Han*). A "harmonia" tornou-se o eixo

---

163. "Han economic growth in North China stimulated foreign trade and military expansion. Under the most energetic of the Han rulers, the Martial Emperor (Han Wudi, reg. 140-87 BC), Chinese armies penetrated into southern Manchuria and Korea to the northeast and into south and southwest China and northern Vietnam. In these areas commanderies could be established over farming peoples. Only on the north and northwest was there an unstable frontier". (Fairbank & Goldman, 2006, p. 61).

164. Grousset (1952, p. 60).

165. "The alternative – punitive expeditions into the steppe – was costly and perilous; within a few weeks, lack of food supplies would oblige retreat [...]. When militarily weak, which was much of the time, Han emperors used a policy of "peace and kinship" (heqin) – entertaining the nomad chieftain, giving him Han princesses in marriage, and making lavish gifts, especially of silks. Nomad warriors learned that if they performed a ritual at Chang'an in which they accepted Han suzerainty, they could profit substantially while having a good time. Ying-shih Yü notes that this appeasement policy was a forerunner of the unequal treaties of Song and late Qing times, which acknowledged China's military weakness" (Fairbank & Goldman, 2006, p. 61).

da vida cotidiana, da sociedade e da cultura da China, fortalecendo, assim, a articulação como um complexo estado-sociedade.

Resumidamente, por um lado, "o sistema de tributos gerou mais benefícios da China para os Estados tributos, e não o contrário. A China também desempenhou o papel de balanceador, intervindo onde quer que houvesse na região a invasão de um estado vassalo contra outro, geralmente mais fraco"[166]. Por outro lado, a *Pax Chinesa* pode ser entendida como a consolidação de uma realidade geopolítica e o estabelecimento de legitimidade em que "a China como o 'Império do Meio' ocupava lugar central não só geograficamente na parte oriental do continente eurasiático, mas também política e estrategicamente, em sua estrutura de poder. A posição central da China foi a chave para a compreensão do sistema hierárquico na Ásia"[167].

Esse sistema, sendo hierárquico, representava uma ordem que devia preservar a harmonia por meio de um poder de comando benevolente, permanecendo como um "mundo" até o século XIX, ou pelo menos até o século XVI, sob uma perspectiva metarrelacional diferente daquela da construção da dinâmica ego-alter ego[168] presente no "DNA" da soberania westfaliana. Por tudo isso, resultou em uma estruturação de poder diferente daquela da hierarquia anárquica do mundo ocidental[169].

Por fim, deve-se notar, então, que o assentamento da Pax Chinesa em *Han* – apesar da realidade posterior de violenta competição dentro do próprio mundo chinês e nas fronteiras do último círculo que delimitava o exterior – conseguiu consolidar não só a China imperial e a continuidade da unidade e ordem cultural e civilizatória, mas também gerar uma forma de pensar a ética e a etiqueta (como em Confúcio, Mozi, Mêncio, Xunzi, ou mesmo nos clássicos militares escritores etc.) sobre como lidar com os períodos de anarquia ou de guerra.

Se considerarmos a *Pax Chinesa* como uma ideia, ela representou uma forma concreta de relação entre o poder imperial e os povos tributários, bárbaros, inimigos etc., já que o funcionamento eficiente do sistema tributário hierárquico garantiu um período de estabilidade e paz (o que não significou ausência absoluta de conflito e violência) durante a dinastia *Han*, e pelo menos nas cinco dinastias seguintes e mesmo além.

---

166. *"The tribute system saw more benefits going from China to the tribute states rather than the other way round. China also played the role of a balancer, intervening wherever in this region invasion by one vassal state against another, usually weaker, occurred"* (Qin, 2007, p. 9).

167. *"China as the 'Middle Kingdom' occupied the central place not only geographically in the eastern part of the Eurasian continent, but also politically and strategically in its power structure. China's central position was the key to understanding the hierarchical system in Asia"* (Chen Y Pan, 2011, p. 79).

168. Qin (2007).

169. (Chen Y Pan, 2011).

Referências

ANDERSON, B. *Comunidades imaginadas: Reflexiones sobre el origen y la difusión del nacionalismo*. México: Fondo de Cultura Económica, 1993.

ANGUIANO, E. Historia China, 2008. Disponível em: <http://www.economia.unam.mx/deschimex/cechimex/chmxExtras/seminarios/CursoChinaEcPolSoc/historiachina.pdf>.

BOTTON, F. *China Su Historia Y Cultura Hasta 1800*. 2 ed. México: Colegio de México, 2000.

BOTTON, F. La naturaleza del hombre es mala. *Estudios de Asia y África*, vol. 4, n. 2, p. 205-271, maio-ago. 1969.

CHEN, X. Happiness and Authenticity: Confucianism and Heidegger. *Journal of Philosophical Research*, vol. 38, p. 261-274, 2013.

CHEN, Z.; PAN, Z. China in its Neighbourhood: a "Middle Kingdom" not Necessarily at the Centre of Power. *The International Spectator*, vol. 46, n. 4, p. 79-96, 2011.

CHINAKNOWLEDGE.DE. *zhuzi baijia* 諸子百家, the Hundred Schools of Thought, 2017. Disponível em: <http://www.chinaknowledge.de/Literature/Terms/baijia.html>. Acesso em: 10 dez. 2020.

COX, R. Fuerzas Sociales, Estado y Órdenes Mundiales: más allá de la teoría de las Relaciones Internacionales. En: MORALES, A. (Org.). *El poder y el orden mundial*. San José de Costa Rica: FLACSO, 1993, p. 119-197.

DOBSON, W. China, pasado y presente. *Estudios Orientales*, vol. 2, n. 3, p. 187-212, 1967.

DOVAL, G. *Breve historia de la China milenaria*. Madrid: Ediciones Nowtilus, 2011.

ENCLAVEDEWEN.WORDPRESS.COM. Zhou Oriental 东周 (**770**-256a.C.): Periodo de Primaveras y Otoños 春秋时代 (722-481a.C.). Disponível em: <https://enclavedewen.wordpress.com/2012/12/04/reinado-zhou-oriental-periodo-de-primaveras-y-otonos/>, 2012.

FAIRBANK, J-K; GOLDMAN, M. *China: a new history*. Cambridge, MA: The Belknap Press of Harvard University Press, 2006.

GARCÍA BARRENO, P. *La Academia "Chi-Hsia" o "Jixia" en su entorno*, 2017. Disponible en: <https://www.pedrogarciabarreno.es/2.%20Reales%20Academias/Academia%20Jixia/Academia%20Jixia.pdf>. Acesso em: 3 maio 2020.

GARCÍA BARRENO, P. La Academia "Chi-Hsia" o "Jixia". *BRAE*, vol. XCVII, n. CCCXV, p. 257-265, jan-jun 2017.

GROUSSET, R. *The Rise and Splendour of the Chinese Empire*. London: Geoffrey Bles, 1952.

HERRANZ, M. Filosofía Política China Clásica, Historia y pensamiento en China. *Web Casa Asia*, 2005. Disponível em: <http://www.casaasia.es/pdf/3606110454AM1141639494244.pdf>.

KISER, E.; CAI, Y. War and Bureaucratization in Qin China: Exploring an Anomalous Case. *American Sociological Review*, vol. 68, n. 4, p. 511-539, 2003.

LU, Y. *Talons and Fangs of the Eastern Han Warlords.* Tese (Doutorado) – Department of East Asian Studies, University of Toronto, 2009, 333p.

MAYHEW, G. The Formation of the Qin Dynasty: A Socio-technical System of Systems. *Procedia Computer Science*, 8., Conference on Systems Engineering Research (CSER), Missouri University of Science and Technology, 2012, p 402-412. Doi:10.1016/j.procs.2012.01.079

ORTUNO, A. *The Han Dynasty*. Disponível em: <https://www.sutori.com/story/the-han-dynasty--EPbvSRiqCvELX2SBypzFoZ2j>. Acesso em: 3 maio 2020.

QIN, Y. Why is there no Chinese international relations theory? *International Relations of the Asia-Pacific*, vol. 7, n. 3, p. 313-340, 2007. Disponível em: <http://citeseerx.ist.psu.edu/viewdoc/download?doi=10.1.1.456.9361&rep=rep1&type=p> Acesso em: 15 maio 2015.

QIN, Y.; YAN X. Pensamiento Chino y Relaciones Internacionales: dos miradas. *Documentos CIDOB Asia*, vol. 28, 2013, 17p.

REYES, M. A visão confuciana e a geopolítica chinesa. In: FIORI, J. L. (Org.). *Sobre a Guerra*. Petrópolis: Editora Vozes, 2018, p. 371-396.

ROMÁN, M.T. Lao Tse and Tao te Ching. *Espacio, Tiempo y Forma, Serie II, Historia Antigua*, vol. 21, p. 39-50, 2008.

STALNAKER, A. Xunzi's moral analysis of war and some of its contemporary implications. *Journal of Military Ethics*, v. 11, n. 2, p. 97-113, 2012.

TEROL, G. Del porqué los chinos llaman a China el "país central". *Revista Instituto Confucio*, vol. 6, n. 3, p. 66-71, 2011.

WANG, M. A Historical Anthropological Perspective on Surprising Discoveries in the Archaeology of Ancient China. *Procedia Social and Behavioral Science*, vol. 2, , p. 7392-7398, 2010 (Selected Papers of Beijing Forum 2004.

XU, S., Confucio y el Confucianismo. *Observatorio virtual Asia Pacífico Universidad de Bogotá Jorge Tadeo Lozano*, 2013. Disponível em: <http://titan.utadeo.edu.co/joomlas/asiapacifico/wp-content/uploads/2013/04/Confucio-y-el-Confucianismo.pdf> Acesso em: 3 maio 2020.

YAO, X. Conflict, Peace and Ethical Solutions: A Confucian Perspective on War. *Journal of East Asian Studies*, vol. 4, n. 2, p. 89-111, 2004.

YEN, H. Human Nature and Learning in Ancient China. In: HSU, S.; WU, Y.-Y. (Eds.). *Education as Cultivation in Chinese Culture*, 2015 (Education in the Asia-Pacific Region: Issues, Concerns and Prospects 26. Doi: 10.1007/978-981-287-224-1_2

ZHANG, Y. System, empire and state in Chinese international relations. *Review of International Studies*, vol. 27, p. 43-63, 2001.

ZHAO, Z. Confucio, ética y civilización. *Revista Co-herencia*, vol. 11, n. 20, p. 165-178, jan-jun 2014.

Mapas

ANCIENT HISTORY ENCICLOPEDYA. *Han Dinasty*, 2020. Disponível em: <https://www.ancient.eu/Han_Dynasty/>

ARRECABALLO.ES. *Reinos Combatientes en China* (475-221 AC), s/d. Disponível em: <https://arrecaballo.es/edad-antigua/la-caballeria-oriental/reinos-combatientes-en-china>.

LEARNODO-NEWTONIC.COM. *10 Major Achievements of the Zhou Dynasty of China*, 2016. Disponível em: <https://learnodo-newtonic.com/zhou-dynasty-achievements>.

MUSEOCINESEPARMA.ORG. 1600-1046 B.C. *Shang Dynasty*. Disponível em: <https://museocineseparma.org/en/scuole/le-dinastie-della-cina/103-1600-1046-bc-shang-dynasty>.

MUSEOCINESEPARMA.ORG. 2070-1600 B.C. *Xia Dynasty*. Disponível em: <https://museocineseparma.org/en/scuole/le-dinastie-della-cina/102-2070-1600-bc-xia-dynasty>.

MUSEOCINESEPARMA.ORG. 221-206 B.C. *Qin Dynasty*. Disponível em: <https://museocineseparma.org/en/scuole/le-dinastie-della-cina/105-221-206-bc-qin-dynasty>.

MUSEOCINESEPARMA.ORG. 206 BC - 220 AD: Han Dynasty https://museocineseparma.org/en/scuole/le-dinastie-della-cina/106-206-bc-220-ad-han-dynasty

3
A Idade Moderna

As guerras italianas do século XV e a "Paz de Lodi" de 1454*

Mauricio Metri

> *A Paz de Lodi concretizou o equilíbrio italiano, do qual o equilíbrio europeu, mais tarde, será apenas uma retomada e uma extensão.*
>
> Fernand Braudel (*O Modelo Italiano*).

Introdução

Em abril de 1454, a República de Veneza, o Ducado de Milão, a República de Florença, o Estado Pontifício e o Reino de Nápoles puseram fim a trinta anos de guerras, iniciadas em maio de 1423 no norte da Itália. Ao longo dos confrontos, consolidou-se na península italiana um sistema de unidades político-territoriais independentes, que passou a operar progressivamente com base em um jogo instável de equilíbrio de poder, cuja dinâmica respondia a uma pressão competitiva entre os próprios "príncipes" da península. Como descreveu Garret Mattingly: "a Itália estava começando a se tornar um sistema de partes mutuamente balanceadas em equilíbrio instável, como toda a Europa seria trezentos anos depois, um modelo em pequena escala para experimentos com as instituições do novo Estado"[1].

Surpreende que o sistema italiano não tenha resultado em uma perene dinâmica de conflitos, como posteriormente predominou em toda a Europa desde a invasão francesa na Itália em 1494 até o fim das guerras napoleônicas em 1814.

---

* Texto baseado em palestra apresentada no Seminário "Sobre a Paz", em 27/04/2018, no Programa de Pós-Graduação em Economia Política Internacional do Instituto de Economia da Universidade Federal do Rio de Janeiro (IE-UFRJ). Uma primeira versão preliminar e resumida foi publicada na Revista Sul Global em janeiro de 2020.

1. "*Italy was beginning to become such a system of mutually balanced parts in unstable equilibrium as all Europe was to be three hundred years later, a small-scale model for experiments with the institutions of the new state*" (Mattingly, 1971, p. 60). A tradução desta citação e das seguintes é de responsabilidade do autor deste capítulo.

Ao contrário, a península viveu quatro décadas (1454-94) de relativa paz entre suas principais potências. Nesse contexto, são três as questões que organizam a pesquisa deste trabalho. Como se deu o surgimento do sistema de equilíbrio de poder ao longo da Guerra de Trinta Anos Italiana (1423-1454)? Quais teriam sido as condições presentes nos Acordos de Paz, negociados em Lodi no ano de 1454, que permitiram a consolidação de um concerto que durou 40 anos? Como, quando e por que razões ocorreu a europeização do sistema de equilíbrio italiano?

Em última instância, no limite do conjunto das indagações, seria possível reinterpretar as origens do sistema internacional moderno, situando-as não exatamente nas negociações de encerramento da Guerra de Trinta Anos Europeia em Westfália no território do Sacro Império Romano-Germânico em 1648, mas, sim, em outro espaço e em outro tempo, isto é, na *Itália Quatrocentista*?

Sob as sombras do Império Otomano e do Reino da França: o primeiro nível de ameaças

A Guerra de Trinta Anos Italiana transcorreu dentro de um quadro maior de grandes transformações na Europa. Além do surgimento dos primeiros Estados territoriais, houve o alargamento das fronteiras do sistema europeu-mediterrâneo, até então limitadas, a leste, pelas bordas do Atlântico; ao sul, pelo Saara; ao norte, pelas águas geladas do Mar do Norte; e a oeste, pelos Cárpatos e pelos limites mais fluidos da planície do Norte[2]. Para além dessas fronteiras, durante o século XV, houve a mais importante revolução geográfica do sistema internacional ora em gestação. Esta foi capitaneada pelo empreendimento português das Grandes Navegações, cujos grandes marcos se iniciaram com a conquista de Ceuta em 1415, prosseguiram com a superação do Cabo de Bojador em 1434, com a ultrapassagem do Equador em 1471, com a travessia do Cabo das Tormentas em 1488, com a chegada de Vasco da Gama ao subcontinente indiano em 1498 e, por fim, a tomada de Malaca em 1511, consagrando a política oceânica de Afonso Albuquerque.

Tratou-se de um esforço sistemático e contínuo. Um feito com impacto inclusive sobre a dinâmica das disputas de poder dentro do próprio continente europeu. "Os historiadores estudaram mais de mil vezes a sorte de Portugal: o pequeno reino lusitano desempenha um dos principais papéis na enorme reviravolta cósmica introduzida pela expansão geográfica da Europa, no fim do século XV, e por sua explosão para o mundo"[3].

---

2. Para uma sistematização das grandes transformações por que passou a Europa no século XV, ver Metri (2018a).
3. Braudel (1998, p. 122).

Não é difícil perceber que não houve exatamente uma racionalidade econômica que *por si só* explique tal esforço de um século para além-mar. A disposição que empurrou as caravelas portuguesas por tanto tempo, a despeito dos sucessivos naufrágios, provinha mais de medos do que de ambições. Talvez tenha prevalecido mais no espírito do europeu *quatrocentista* sua natureza *hobbesiana* de receios do que sua faceta *smithiana* de propensão à barganha e a ganhos materiais. Algo que se explica em grande medida pela ascensão de uma poderosa ameaça a toda cristandade, o Império Otomano.

Antes mesmo da invasão mongol na Anatólia em 1402, o Império Otomano já havia se expandido consideravelmente, cobrindo uma área que se estendia do Eufrates ao Danúbio, principalmente depois da conquista do reino da Bulgária em 1393. Para a cristandade europeia e o Império Bizantino, a sombra otomana recolocava em escala ampliada a pressão sobre ambas as herdeiras da civilização cristã romana, algo muito semelhante ao que ocorrera três séculos e meio antes, quando da expansão dos turcos seljúcidas na Anatólia em 1072, principal razão da Primeira Cruzada de 1096-99. E os medos tornaram-se realidade depois da tomada de Constantinopla pelos otomanos em 1453, quando se pôs fim a uma civilização inteira, a bizantina[4]. Na Europa, exacerbou-se ainda mais o sentimento de insegurança.

Por isso está correto Panikkar ao afirmar, em oposição às leituras históricas convencionais, que: "Numa só palavra: o Islã era o inimigo a ser combatido onde quer que se manifestasse. Foi em grande parte por isso que os portugueses partiram para conquistar os mares da Ásia"[5]. Para tanto, a estratégia desde o início buscava contornar o Império para atacá-lo por diferentes lados. "[Infante Dom Henrique] compreendeu que uma ação muito localizada contra o Islã era de pouquíssimo interesse. Desde 1417 concebera um vasto plano para contornar o Islã pelo flanco e ir plantar o estandarte de Cristo diretamente nas Índias."[6]. Não por outra razão, seu financiamento não proveio da riqueza acumulada por comerciantes ávidos por oportunidades de negócios, mas fundamentalmente da Igreja Católica[7].

Ainda no quadro da revolução geográfica, não menos importantes foram as viagens do genovês Cristóvão Colombo sob patrocínio da coroa espanhola, que alcançaram a massa continental do hemisfério ocidental em 1493, inserindo-as a

---

4. "Em fins do século [XV], eles tinham tomado a Grécia e as Ilhas Jônicas, Bósnia, Albânia e grande parte do resto dos Balcãs. [...] No sul, onde as galeras otomanas atacavam os portos italianos, os papas começavam a temer que o destino de Roma fosse, sem demora, igual ao de Constantinopla." (Kennedy, 1989, p. 13-14).
5. Panikkar (1977, p. 36).
6. Panikkar (1977, p. 36).
7. Ver Panikkar (1977, p. 36).

partir de então como uma nova fronteira de expansão, mais precisamente como áreas de domínio e colonização, com base na conquista e violência.

Por fim, simultaneamente e não menos extraordinária, houve a expansão russa em direção à Sibéria, cujo primeiro impulso se deu sob comando de Ivan III a partir de 1462, processo este que culminou séculos depois com a conquista do *heartland* de que falou H. MacKinder.[8] Por isso, estava correto Leonel Itaussu Mello quando afirmou que "a conquista das estepes siberianas pelos russos produziu, a longo prazo, consequências tão relevantes quanto a descoberta da rota do Cabo pelos portugueses e o domínio do Novo Mundo pelos espanhóis"[9].

Alteraram-se significativamente, portanto, as zonas estratégicas de expansão e disputa. Antes, estas se concentravam sobretudo na porção oriental do Mediterrâneo, regiões da Terra Santa, foz do Nilo e os acessos ao Mar Negro; depois, abarcaram progressivamente nada mais nada menos do que a navegação dos oceanos Atlântico, Índico e Pacífico, toda a massa continental do hemisfério ocidental e posições na costa africana e no sul e sudeste asiáticos. O sistema que ora nascia passava a incorporar cada vez mais um espaço impensável ao europeu do início do século XV. A figura 1 ilustra a revolução geográfica em proposição.

Figura 1. A revolução geográfica

Fonte: o autor.

---

8. Ver MacKinder (1904).
9. Mello (2011, p. 28).

O fortalecimento do Islã, com a ascensão do Império Otomano, não somente reintroduziu a barreira ao comércio de longa distância depois da reconquista da Terra Santa, da tomada de Constantinopla e do controle da região do Baixo Egito no norte da África, como também projetou suas sombras sobre toda a cristandade europeia. Sombras semelhantes às que já haviam pairado outrora e pressionado a Europa nos séculos VII e VIII, até a vitória do imperador carolíngio Carlos Martel na Batalha de Tours e Poitiers em 732, quando, segundo a historiografia ocidental, defendera o que ainda restava da civilização cristã e impedira sua destruição e assimilação[10].

Além da revolução geográfica, a Europa sofreu outra transformação no século XV: o surgimento dos primeiros Estados territoriais, cuja consolidação apontava uma *contiguidade* crescente de sua geografia política de então. Isso ocorreu depois de um longo processo histórico, denominado por Norbert Elias de *sociogênese* dos Estados[11], resultado da pressão competitiva entre os poderes leigos locais desde o século XI até o século XV. As lutas de eliminação de que falou Elias foram responsáveis pela crescente monopolização dos instrumentos de coerção e violência física, como também dos instrumentos de tributação e sua monetização, sob comando das autoridades centrais vitoriosas[12].

A dinâmica das guerras implicou a concentração do poder e o fortalecimento da função central nas mãos de alguns poucos poderes leigos locais. Em geral, a lógica da conquista acarretava a expansão da área de domínio, tributação e extorsão. Incorporavam-se populações e territórios aos domínios originais da autoridade central mais bem-sucedida na guerra. Daí nasceram Portugal, França, Castela, Aragão, Inglaterra, assim como as cinco potências italianas, embora estas sem uma expansão territorial significativa.

No caso da França, com a ascensão de Luís VI (1108-1137) teve início um longo processo repleto de descontinuidades, mas que ao final produziu o fortalecimento da autoridade central e sua expansão a partir da Île de France (região em

---

10. Em geral, a historiografia ocidental atribui a este fato enorme importância pelas razões descritas acima, embora do ponto de vista da historiografia oriental a interpretação seja outra. Foram os bizantinos e não só francos que salvaram a civilização cristã. "A tradição muçulmana reflete uma visão diferente dos feitos de Carlos Martel e dos resultados da Batalha de Tours e Poitiers. [...] Parece haver poucas dúvidas de que, ao ignorar Poitiers e salientar Constantinopla, os historiadores muçulmanos estavam vendo os acontecimentos de uma perspectiva mais correta que os historiadores ocidentais que viriam a escrever mais tarde. [...] Foi o fracasso dos exércitos árabes em conquistar Constantinopla – e não a derrota de um bando de árabes incursionando por Tours e Poitiers – que tornou possível a sobrevivência da cristandade tanto no Oriente quanto no Ocidente." (Lewis, 2001, p. 3-4).
11. Ver Elias (1993, cap. 2).
12. Sobre o papel da moeda nesse processo, ver Metri (2014, cap. 7).

torno de Paris)[13]. Considera-se o fim da Guerra de Cem Anos em 1453 um marco das lutas de formação da França, quando esta adquiriu suas principais fronteiras como a conhecemos hoje. Como afirmou Elias, "[a] pendência se decidiu em favor de Paris, e o governo de Londres ficou reduzido à ilha. A Guerra dos Cem Anos acelerou e tornou irreversível o rompimento entre o território continental, que só nesse momento se tornou 'la France', isto é, o domínio dos soberanos de Paris"[14].

Embora estivesse fora da Europa e sob a influência de outras dinâmicas e processos sociais, o caso otomano caracterizou-se também por uma longa e descontínua expansão por meio das guerras[15]. Começou como um pequeno principado na Anatólia Ocidental no final do século XIII e logrou uma expressiva expansão no século XV, com imperador Mehmed II al Fatih, o Conquistador (1451-1481). Depois da conquista de Constantinopla, projetou-se na direção dos Balcãs e do Norte da África, aumentando a percepção de cerco aos europeus. Segundo Paul Kennedy, "[s]obre grande parte do mundo ocidental, pairava ainda o choque da queda de Constantinopla em 1453, acontecimento que parecia muito mais importante porque não marcou, de modo algum, os limites do avanço dos turcos otomanos"[16].

Surgiam, então, dois gigantes territoriais, o Reino da França e o Império Otomano, que lançavam suas sombras aos povos da península italiana, pressionando-os sobremaneira. De fato, seus *príncipes* e *repúblicas* individualmente não estavam muito preparados para tais desafios, mesmo considerando suas principais potências. O mundo medieval ruía e com ele os alicerces sobre as quais os italianos haviam conquistado glória, poder e riqueza. A figura 2, a seguir, expõe o mapa político da Europa no ano de 1453.

É interessante notar que a contiguidade crescente entre as unidades político-territoriais no sistema em formação fez com que a dinâmica das disputas adquirisse outros níveis de pressão, muito mais intensos quando comparados ao das lutas de eliminação de Elias, características do Medievo. Muitas vezes negligenciada, a *contiguidade geográfica* forjada na Europa *quatrocentista* se tornou uma das mais importantes características do sistema internacional moderno. Está correto Camille Vallaux ao concluir que "não se registra transformação tão profunda nem tão rica em consequências, na história do globo, como o advento da contiguidade sem interrupção dos Estados"[17].

---

13. Para mais detalhes, ver Barraclough (1993, p. 122-123) e Perroy (1994, p. 196-201).
14. Elias (1993, p. 130).
15. Para mais detalhes, ver Barraclough (1993: 136-137) e Perroy (1994, p. 127-147).
16. Kennedy (1989, p. 13).
17. Apud Arroyo (2004, p. 56).

Figura 2. A Itália quatrocentista sob cerco

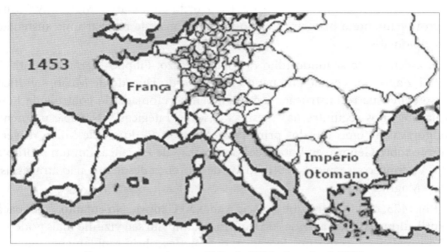

Fonte: o autor, com base em McEvedy (2007) e Barraclough (1993).

Em suma, para os europeus do final do século XV, as fronteiras do mundo haviam se expandido; sobre eles pairavam ameaças que há tempos não se viam, e seus principais atores já não eram mais os mesmos, haviam se transformado de modo significativo.

A Guerra de Trinta Anos Italiana (1423-1454): o segundo nível de ameaças

Região mais rica da Europa, a Itália não se moveu indiferente a esse quadro de grandes transformações. As disputas dentro da península ao longo da primeira metade do século XV foram atropeladas pelos acontecimentos no continente e no Mediterrâneo. Nas primeiras décadas, havia três importantes unidades político-territoriais no norte da Itália: o Ducado de Milão e as Repúblicas de Veneza e de Florença, além do Estados Pontifícios ao centro e do Reino de Nápoles ao sul. As autoridades de Milão, de modo bastante precoce, já atuavam então com base numa diplomacia ativa e permanente, com orientação pragmática e um olhar para um jogo mais sistêmico. Algo muito diferente da tradição da diplomacia medieval, marcada pela troca intermitente de informações e diálogos ocasionais pautados por um calendário que se baseava em eventos solenes (nascimentos, casamentos, lutos etc.).

As primeiras ações na direção de uma diplomacia moderna foram implementadas pelo Duque de Milão, Giangalleazzo Visconti, na virada para o século XV (1395-1402). Porém, levaria ainda algum tempo para que seus rivais começassem a entender as vantagens da nova estratégia (a diplomacia moderna) nas relações internacionais entre vizinhos próximos e distantes, pertencentes a um mesmo tabuleiro em contiguidade crescente. De acordo com Garret Mattingly, "Milão foi provavelmente o primeiro Estado italiano capaz de realizar uma sustentada ação diplomática"[18].

A ascensão do segundo filho de Giangaleazzo, Filippo Maria Visconti, em 1412, dez anos após a saída do pai do comando do Ducado de Milão, significou não somente sua reconstrução, como também a retomada do controle da Lombardia nos anos seguintes nas mesmas bases estratégicas[19]. Naquele momento, configurava-se como um dos principais objetivos do duque de Milão reaver o controle sobre Gênova, embora receasse a reação de Florença. Em um acordo de 1420, Visconti conseguiu a neutralidade de Florença desde que não atravessasse os rios Magra e Panaro.

Em 1423, o Duque invadiu Brescia e anexou Gênova. No entanto, a ocupação de Furli, ultrapassando as águas do rio Panaro, impeliu seu vizinho mais poderoso na Toscana a uma resposta[20]. Florença, porém, descobriu rapidamente que sozinha não conseguiria frear as forças de Visconti, sobretudo depois de sua derrota na Romanha em julho de 1424. Procurou então a República de Veneza, para formar uma coalizão contra o Ducado de Milão. Para tanto, foi decisiva a ascensão do Doge Francesco Foscari na Sereníssima República, que aceitou a proposta, embora esta colocasse Veneza diante de duas frentes de guerra, uma ao norte, contra os Visconti, e outra no Mediterrâneo Oriental, contra os otomanos. De acordo com o historiador Frederic Lane:

> Foscari foi eleito, e a aceitação da aliança florentina contra Milão provou ser o início de 30 anos de guerras quase constantes na Lombardia, que se tornaram mais custosas a cada ano. [...] Uma vez profundamente engajada nas guerras no Vale do Pó, Veneza investiu menos homens e menos dinheiro na defesa de seu império colonial[21].

Tais disputas no norte da Itália envolviam também o controle dos estratégicos rios Po e Adige, canais de circulação na região e de acesso a outras partes da Europa[22]. Essa conjuntura forjou o início da Guerra de Trinta Anos Italiana

---

18. "*Milan was probably the first Italian state to be capable of sustained diplomatic action*" (Mattingly, 1971, p. 74).
19. Para mais detalhes, ver Mattingly (1971, p. 75).
20. Para mais detalhes, ver Lane (1973, p. 228).
21. "*Foscari was elected, and the acceptance of the Florentine alliance against Milan proved to be the begin of 30 years of almost constant warfare in Lombardy, becoming every year more costly. [...] Once deeply engaged in wars in the Po valley, Venice devoted fewer men and less money to the defense of her colonial empire*" (Lane, 1973, p. 229).
22. Para mais detalhes, ver Chambers (1972, p. 55).

(1423-1454), na qual já despontavam algumas iniciativas próprias de um jogo de coalizões e alianças estratégicas contra ameaças comuns.

A reação conjunta de Veneza e Florença na Lombardia teve resultados positivos, pois logo conquistaram as cidades de Brescia (1426) e Bergamo (1428), distantes de Veneza e Florença, e próximas a Milão. Ainda em 1428, as três potências do norte negociaram um acordo de paz. Os florentinos conseguiram retomar territórios perdidos na Romanha e os venezianos ratificaram seus domínios sobre Brescia e Bergamo. No entanto, sem temporizar, as disputas voltaram por iniciativa de Milão, como na conquista da cidade de Lucca, onde impuseram outra derrota aos florentinos.

Em 1433, mais uma tentativa de paz com o Tratado de Ferrara entre o Duque e a coalizão. Nesta, Visconti reconheceu novamente os domínios de Veneza sobre Brescia e Bergamo. Porém, como das outras vezes, não tardou a guerra a recomeçar, em 1434, na cidade de Bolonha, na Romanha, quando Visconti percebeu a oportunidade de se projetar atendendo ao pedido de ajuda de um grupo contra o governador do pontífice nas disputas internas da cidade. Imediatamente, o Papa reagiu com o apoio de Veneza e Florença. Embora o Ducado de Milão tivesse saído vitorioso num primeiro momento, sofreu uma derrota que o obrigou a negociar uma nova paz em 1435. Como resultado, ao pontífice restituíram as terras na Romanha ocupadas pelo Duque, e obrigaram o retorno deste e de suas tropas à Lombardia.

Ainda em 1435, a morte da rainha Joana no Reino de Nápoles deflagrou uma intensa disputa sucessória. Havia três postulantes, Renato de Anjou, herdeiro por testamento da rainha, Afonso de Aragão e um representante do Papa. Renato obteve apoio de Visconti e derrotou as tropas de Afonso. No entanto, este conseguiu convencer o Duque de Milão a não apoiar mais Renato, o vitorioso, mas sim ele, o derrotado. Segundo Maquiavel,

> Afonso era um homem prudente e, assim que pôde falar com Filipe, mostrou-lhe o quanto estava enganado ao apoiar Renato e opor-se a ele, porque Renato, tornando-se rei de Nápoles, teria de fazer o máximo esforço para que Milão viesse a pertencer ao rei da França [...]. E ao contrário, disse, aconteceria quando ele, Afonso, se tornasse príncipe, porque não temendo outro inimigo senão os franceses era necessário amar, afagar e, principalmente, obedecer àquele que a seus inimigos podia abrir caminho. E por isso o título de rei viria estar consigo, mas a autoridade e poder com ele, Filipe[23].

---

23. Maquiavel (1998, p. 236).

Portanto, ao convencer Filipe Visconti de sua utilidade em um quadro mais amplo, incorporando a França, Afonso tornou-se rei pelas mãos de seu vencedor, contexto que chama a atenção pelo pragmatismo radical do Duque. Esse caso ilustra bem a percepção e o raciocínio sistêmico sobre um tabuleiro em contiguidade crescente com o qual os *príncipes* de então tiveram que aprender a lidar. Antes, as lutas envolviam sobretudo ameaças vizinhas próximas e muitas vezes bilaterais; a partir da Guerra de Trinta Anos Italiana, começou a prevalecer um cálculo mais complexo, cujas ameaças passaram a envolver tabuleiros cada vez maiores e mais integrados por uma nova geografia política (marcada pela contiguidade crescente), com diferentes atores envolvidos (próximos e distantes) e distintas estratégias possíveis (diplomáticas e militares). Nesse contexto, o sucesso das autoridades centrais daqueles tempos passou a depender mais do pragmatismo das alianças e da orientação das ações políticas num jogo cada vez mais sistêmico e baseado num "equilíbrio instável de poder" em um quadro de pressão competitiva crescente. Algo percebido de forma mais rápida por alguns, como os Visconti de Milão.

Ademais, naqueles tempos ficou claro também que as disputas internas de todas as cidades do tabuleiro italiano se tornaram espaços prolongados das guerras entre as principais potências, querendo ou não. Em 1436, por exemplo, Gênova transformou-se em palco de rebeliões e lutas permeadas pelas disputas entre Milão e a coalizão Veneza-Florença. Da mesma forma, Lucca e Monte Carlo em 1437. Para Maquiavel, "[a] Itália tinha sido levada a tal ponto pelos que a governavam que, quando pela concórdia dos príncipes vinha uma paz, pouco depois era perturbada pelos que tinham armas em mãos; assim, com a guerra não conseguiam glória nem com a paz tranquilidade"[24]. Havia, na verdade, diferentes níveis espaciais em que se manifestavam as lutas de poder na Itália Quatrocentista. Com base na ideia de espacialidade diferencial de Lacoste[25], a figura 3, a seguir, ilustra esses diferentes níveis de lutas e ameaças a que estava submetido um "príncipe", no caso, o de Florença.

No primeiro nível de análise, numa escala continental, existiam as forças externas à península italiana (o Reino da França, o Império Otomano e o Reino de Aragão) que a pressionaram sob a forma de ameaças para quais suas unidades político-territoriais pouco podiam fazer individualmente. Tratava-se de ameaças externas comuns aos povos da península. No segundo nível, encontravam-se as principais potências italianas (Milão, Veneza, Florença, Roma e Nápoles), cuja percepção recíproca era de receio e insegurança. Elas estiveram ao centro das disputas da Guerra de Trinta Anos Italiana e das negociações de paz dos Acordos de Lodi.

---

24. Maquiavel (1998, p. 231).
25. Lacoste (2008).

**Figura 3. Anatomia das lutas de poder na Itália Quatrocentista:
a perspectiva florentina**

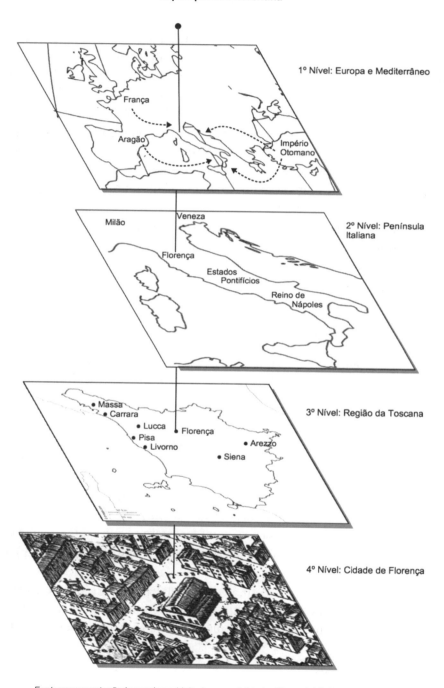

Fonte: representação baseada na ideia de *espacialidade diferencial* de Lacoste (2008).

Em um terceiro nível de âmbito mais regional, como na Toscana, havia uma hierarquia bem definida entre os poderes leigos locais, prevalecendo em geral uma potência (Florença, no caso) rodeada por uma série de outros "príncipes" menores (Lucca, Pisa, Siena etc.), que procuravam jogar nas rivalidades das potências da península. Havia uma convergência de interesses entre as unidades menores de determinada região e os rivais da potência ali dominante. Tal tendência produzia uma perene tensão nas relações entre os envolvidos que, por vezes, se transformava em intrigas, levantes, intervenções e guerras.

Por fim, num nível mais interno a cada unidade político-territorial, existiam diferentes grupos que, valendo de suas conexões externas, lutavam pelo controle da função central. Quando pensou a partir desse nível de análise, Maquiavel se referiu explicitamente à "ambição dos grandes", à "insubordinação dos povos" e à "crueldade e avidez dos soldados"[26].

Um dos biógrafos de Maquiavel, Maurizio Viroli, descreveu bem esses diferentes níveis de disputas de poder que incidiam, por exemplo, sobre Florença, objeto de grande preocupação de Maquiavel em seus tempos na Segunda Chancelaria e no Conselho Maior.

> Maquiavel coloca diante dos olhos de seus concidadãos a real situação na qual Florença se encontrava, para dissipar de vez suas ilusões. Os florentinos estão desarmados, e não são nem amados nem temidos pelos seus súditos. Se olhassem em volta, a começar pela Toscana, veriam que estavam entre Luca, Siena e Pisa, cidades que desejam mais a morte de Florença que a própria vida. Ao contemplar toda a Itália, veriam que ela girava à volta do rei da França, de Veneza, do papa e de Valentino [César Bórgia][27].

É interessante notar que, nesses anos, transcorreu também outro conflito decisivo para os acontecimentos futuros da península e da própria história do sistema internacional. As disputas entre Constantinopla e Roma pela herança da cristandade romana haviam adquirido novos contornos. As crescentes ameaças das forças otomanas sobre o que ainda restava do Império Bizantino fizeram com que este procurasse a ajuda do Papa, como ocorrera séculos antes, diante da invasão dos turcos seljúcidas em 1071, cuja resposta resultou na Primeira Cruzada de 1096-99.

O pontífice se dispôs a discutir, desde que Bizâncio cedesse nos debates sobre as interpretações do "divino culto", ou seja, se submetesse às interpretações de Roma quanto aos textos sagrados, reconhecendo a primazia desta dentro da

---

26. Maquiavel (1996, p. 137).
27. Viroli (2002, p. 91).

civilização cristã. Recolocou assim a mais importante fratura presente no âmago da cristandade de então, inaugurada no "Grande Cisma" de 1054, quando a Igreja Apostólica Romana se dividira em Igreja Católica Romana e Igreja Ortodoxa. Diante disso, em 1437-39, "depois de muitas e longas discussões, os gregos cederam e fizeram um acordo com a Igreja e o pontífice romano"[28]. Embora o acordo não tenha sido reconhecido pelo clero e pelo povo de Constantinopla, ele evidenciou uma das mais perenes forças que incidiam sobre a Europa e que, um pouco depois, acabaria por influenciar o próprio resultado das guerras na Lombardia, a ameaça islâmica sobre a cristandade em geral.

Ainda no final dos anos 1430, Visconti investiu contra posições venezianas na Lombardia próximas a Milão, principiando novas batalhas. A percepção de insegurança recíproca impelia, por vezes, os príncipes a movimentos expansivos. À medida que perdiam territórios, os venezianos buscaram renovar os acordos com os florentinos, retomados efetivamente em 1438, o que acabou por alterar novamente a conjuntura na Lombardia. Diante das dificuldades, Milão atacou Florença. Como resposta, os venezianos, com apoio do *condottiere* Francisco Sforza, conseguiram derrotar as tropas milanesas e, dentre as conquistas, libertaram a cidade de Brescia de um cerco de três anos.

Em 1441, a curta Paz de Cremona logrou a Veneza novos avanços. Visconti cedeu cidades e fortificações, além de entregar sua filha como esposa ao mercenário Francesco Sforza. Mas a tentativa do Duque de contar com um dos principais comandantes do Conde Sforza resultou no assassinato do capitão pelo conde e no retorno dos conflitos entre eles. Nessa nova rodada de lutas, a guerra ultrapassou o rio Adda e chegou às portas de Milão, levando o duque a recorrer a Afonso de Aragão, com base na avaliação dos perigos que haveria ao Reino de Nápoles caso a Lombardia caísse sob o domínio de Veneza.

Com a evolução dos conflitos, aprofundava-se a passos largos, de norte a sul da península italiana, a dinâmica de um jogo sistêmico de alianças pragmáticas, organizadas a partir de uma pressão competitiva estrutural de todos contra todos, em um tabuleiro geográfico em contiguidade *crescente*. De acordo com Mattingly:

> Na década de 1440, começou a formar-se em determinadas mentes italianas uma concepção da Itália como um sistema de estados independentes, coexistindo em virtude de um equilíbrio instável que era função do estadista preservar. Essa concepção foi fomentada pelas alianças em toda a península, cujo nivelado equilíbrio de forças havia encerrado todas as guerras dos últimos vinte anos em impasse. [Tal concepção] foi cada vez mais recomendada aos estadistas que haviam aceitado uma

---

28. Maquiavel (1998, p. 249).

política de objetivos limitados e tinham mais medo do que esperança de prosseguir numa luta total[29].

Nesse contexto, coube ao Duque Visconti, em setembro de 1443, formular a primeira proposta entre Florença, Veneza e Milão para dirimir a pressão competitiva na Itália, a partir do reconhecimento comum de suas áreas de dominação, com base em um acordo estruturado em garantias e negociado durante um congresso, com a presença das principais potências italianas[30].

Visconti efetivamente vislumbrou algo revolucionário, que mais tarde passou a ser a tônica do sistema internacional criado pelos italianos, expandido para a Europa e depois para o mundo: a possibilidade de, em contexto de intensa rivalidade, estabelecer negociações entre as partes em disputa, com base no desenvolvimento de uma diplomacia moderna que permitisse submeter as estratégias militares a revisões, ajustando, assim, a própria lógica militar aos anseios e objetivos políticos. Não foram poucas as vezes na história do sistema internacional que essa engrenagem diplomática deixou de funcionar adequadamente com resultados desastrosos, ao ser ultrapassada por uma dinâmica estritamente militar, colocando o sistema numa espiral de corrida e tensionamento[31].

Havia na proposta de Visconti de 1443 a ideia implícita de que não se elimina em tempos de paz a própria tensão que impele à guerra, por isso o reconhecimento comum dos territórios políticos de origem e suas respectivas áreas de dominação. No entanto, seria ainda necessária outra década para que efetivamente fosse negociado um acordo nesses termos e que se interrompessem as intermináveis guerras na Lombardia.

De acordo com Maquiavel, ainda houve uma segunda tentativa nesse sentido. O Papa Nicolau, em 1447, no início de seu pontificado, promoveu conversas para a pacificação de toda a Itália. Realizou uma assembleia em Ferrara, onde estiveram presentes, além do pontífice, representantes venezianos, florentinos e milaneses. Depois de muitas tratativas, tiraram uma proposta de paz permanente

---

29. "*In the 1440s, there began to form in certain Italian minds a conception of Italy as a system of independent states, coexisting by virtue of an unstable equilibrium which it was the function of statesmanship to preserve. This conception was fostered by the peninsula-wide alliances whose even balance of forces had ended every war of the past twenty years in stalemate. It recommended itself increasingly to statesmen who had accepted a policy of limited objectives, and had more fear than hope from a continuance of an all-out struggle*" (Mattingly, 1971, p. 83).

30. Mattingly (1971, p. 83).

31. Um exemplo muito citado na literatura é o da conjuntura do final do século XIX, quando a política externa de Bismarck foi abandonada pelo Imperador Guilherme, levando a Alemanha e a Europa a um engessamento da configuração política no início de século XX. Para mais detalhes, ver Kissinger (1994, caps. VII e VIII).

ou uma trégua de cinco anos, a depender da posição do Duque Visconti. E para Milão enviaram a proposta, mas não houve tempo para uma resposta. O Duque Filipe Visconti havia falecido, deixando Milão em um grave contexto de crise sucessória[32].

A morte do duque reacendeu a dinâmica das guerras ao dar oportunidade para que Veneza expandisse suas posições na Lombardia, abandonando a proposta de paz negociada em Ferrara. Por outro lado, os milaneses se agarraram aos acordos, pois sabiam que sem o duque sua capacidade de defesa estava comprometida. E não erraram quanto aos seus receios. Com as disputas no Ducado de Milão, Pavia e Parma se tornaram livres, e as cidades de Lodi e Piacenza se voltaram para Veneza. Sem ter muita consciência, os italianos estavam percebendo que a paz não se apresentava como resultado de vontades individuais, mas como uma solução instável que não eliminava as disputas. O que ainda não estava claro era a condição necessária para amadurecimento e efetiva implementação de uma "paz em tempos de guerras".

Na segunda metade dos anos 1440, a crise sucessória em Milão e o fortalecimento do *condottiere* Sforza, por suas conquistas na Romanha e seu casamento com a filha de Visconti, renovaram as dinâmicas competitivas na península. Como resposta, em 1447, houve a articulação do papado com Milão, apoiado ainda pelo reino de Nápoles e Veneza, contra Sforza na Romanha. Em 1448, os venezianos se reposicionaram e assinaram um acordo com o Conde Sforza, segundo ao qual forneceriam dinheiro e homens. Sforza se comprometeu a restituir a Veneza as cidades de Crema e Brescia, dentre outras, preservando para si o controle das cidades que o Duque Visconti dominara antes de falecer. Foi quando ocorreu mais uma traição com efeitos decisivos para as lutas na Lombardia.

> O conde estava com seu exército tão perto de Milão que já lutava nos burgos, quando os venezianos, tendo tomado Crema, decidiram não mais retardar a aliança com os milaneses [opositores de Sforza]. Com estes fizeram um acordo e entre os primeiros itens estava a defesa de sua liberdade.[33]

Como resultado, houve uma rápida expansão de Veneza no Norte da Itália, que, somada aos seus vastos domínios navais no Mediterrâneo, inverteu a percepção de qual unidade político-territorial constituía a principal ameaça na península. "A questão surgiu mais tarde, devido à incerteza dos objetivos dos venezianos. Onde parariam? Contentar-se-iam com o que haviam sempre considerado como

---

32. Ver Maquiavel (1998, p. 294).
33. Maquiavel (1998, p. 304).

a sua esfera de interesses, ou continuariam a expandir-se indefinidamente?"[34]. Sobre esse tema, alguns autores atribuem a Cosimo de Médici uma emblemática mudança de sua política externa, ao abandonar prontamente sua antiga aliança com Veneza e apoiar Sforza em Milão, em razão da reconfiguração das relações de poder na Lombardia. Nas palavras de Mattingly:

> Ou talvez ele devesse ser lembrado mais por sua participação na revolução diplomática de 1451. A decisão de aliar Florença a Sforza contra Veneza foi de Cosimo. [...]. Ela significou o abandono de uma aliança que havia sido a pedra angular da política florentina durante uma geração. Significou o início de uma nova e duvidosa guerra [...]. Significou também que Cosimo pretendia usar Florença como contrapeso de um equilíbrio italiano e, portanto, estava, implicitamente, adotando a política de Fillipo Maria para salvar o *status quo*[35].

Embora as disputas sucessórias em Milão tivessem se tornado o centro de gravidade das lutas de poder na península italiana, a dinâmica dos conflitos alterou-se radicalmente e de forma inimaginável até então. Na verdade, forças externas contiveram as iniciativas individuais dos italianos, a despeito da estrutural pressão competitiva entre eles. Como visto, de um lado, a ascensão do Império Otomano que havia conquistado Constantinopla em 1453, projetando-se sobre os Balcãs, a Dalmácia e o Adriático; e, de outro, a consolidação da França como o mais importante poder territorial na Europa após sua vitória na Guerra de Cem Anos, também no ano de 1453, quando expulsou os ingleses do continente. De acordo com Maquiavel:

> Essa conquista [de Constantinopla e de toda a Grécia] acabrunhou todos os cristãos, e mais particularmente os venezianos e o Papa, parecendo-lhe já ouvir as armas dos turcos em toda a Itália. O Papa pediu, portanto, aos potentados italianos que lhe mandassem embaixadores com autoridade para assinar uma paz geral; obedeceram, porém uma vez reunidos em mérito a isso encontraram muita dificuldade ao tratá-la [...]. No entanto, o que em Roma entre muitos parecia difícil de se fazer, muito facilmente em Milão e Veneza, entre dois se resolvia [...]. Em virtude desse acordo, cada um voltou à posse dos territórios que possuía antes da guerra, [...] aos outros príncipes italianos foi concedido um

---

34. Chambers (1972, p. 58).
35. "*Or perhaps he should be remembered most for his share in the diplomatic revolution of 1451. The decision to ally Florence with Sforza against Venice was Cosimo's. [...] The decision meant abandonment of an alliance which had been the corner-stone of Florentine policy for a generation. It meant the beginning of a new and doubtful war [...]. It also meant that Cosimo intended to use Florence as the makeweight of an Italian balance, and was thus adopting by implication Fillipo Maria's policy of saving the status quo*" (Mattingly, 1971, p. 85-86).

mês para ratificá-lo. O Papa e os florentinos, e com ele os sienenses e outros menos poderosos, ratificaram-no em tempo.[36]

Não por outra razão, em abril de 1454, cercadas por tais ameaças, contra as quais individualmente pouco se podia fazer, as potências italianas optaram por suspender suas querelas, congelar suas posições relativas, reconhecer as áreas de dominação de cada uma e, por fim, articular-se conjuntamente contra franceses e otomanos a partir de uma aliança defensiva. Para tanto, encontraram-se na cidade de Lodi, onde assinaram um tratado de paz e formalizaram uma aliança defensiva contra ameaças externas à península.

Da guerra à paz, não ficaram estabelecidas punições a nenhuma das partes beligerantes, sobretudo as responsáveis pelo início dos conflitos ou em situação desfavorável no momento das tratativas, como Milão. O resultado procurou envolver todos sem criar disposições revisionistas posteriores. Para Mattingly:

> [O solene tratado] Firmou uma aliança defensiva por 25 anos, com disposições para renovações posteriores. Os signatários prometeram defender os territórios uns dos outros na Itália (nem Milão nem Florença se preocuparam em empreender a defesa do império ultramarino de Veneza) contra todo e qualquer agressor e, para esse fim, acordaram-se um cronograma de ação militar que eles deveriam manter separadamente e um programa de ação militar conjunta em caso de emergência. Cada signatário reservou-se o direito de incluir seus aliados[37].

Em suma, lidar com essa dupla dimensão das disputas de poder de então passou a ser parte importante do desafio das autoridades centrais italianas daquele momento. Não havia como eliminar as pressões competitivas dentro da península, como também não havia como enfrentar as poderosas ameaças externas se não fosse com uma ação conjunta. Com efeito, para resolver tal contradição, os italianos na prática reconheceram a existência de um sistema de equilíbrio instável de poder ligado ao pragmatismo e à diplomacia moderna, elementos que se assemelham ao que, séculos depois, passaram a chamar de sistema *interestatal* anárquico e *razão de Estado*. Germinavam ali, na península italiana, as primeiras sementes do sistema internacional atual.

---

36. Maquiavel (1998, p. 318-19).
37. "It concluded a defensive alliance for twenty-five years, with provisions for subsequent renewals. The signatories promised to defend each other's territories in Italy (neither Milan nor Florence cared to undertake the defense of the Venice overseas empire) against any and all aggressors, and for this purpose agreed on a schedule of military action in case of emergency. Each signatory reserved the right of its allies to be included" (Mattingly, 1971, p. 88).

O Concerto Italiano de 1454 a 1494: as condições de "paz em tempos de guerras"

Em um primeiro momento, poder-se-ia imaginar que a Paz de Lodi tivesse eliminado as tensões entre as potências italianas ao articulá-las diante de ameaças comuns, como a ascensão do Império Otomano e a consolidação do Reino da França. Ao contrário, a Paz de Lodi não suprimiu as pressões competitivas no interior da Itália, mas as manteve na verdade sob precário controle.

> O que precisa ser explicado é que, embora a situação em 1454 exigisse uma política de unidade, tudo o que se conseguiu durante os quarenta anos seguintes foi uma política de tensão. [...] Em vez do equilíbrio estável da confederação, a Itália chegou apenas a um equilíbrio instável de poder, um contraponto precário aos interesses conflitantes de estados soberanos e invejosos[38].

A lógica de relações baseadas no que se convencionou chamar de equilíbrio de poder não elimina a possibilidade de guerras entre as unidades político-territoriais. Isto porque o princípio de orientação estratégica se baseia na disposição de se aliar contra uma ameaça maior, e a redefinição das alianças não necessariamente produz um efeito dissuasório efetivo. Não raras vezes, o conflito torna-se o resultado natural dessa dinâmica, como via de regra ocorreu na Europa ao longo dos séculos XVI, XVII e XVIII.

Assim sendo, o pragmatismo adquiriu enorme importância como elemento estruturante do cálculo e da ação das autoridades centrais em geral, uma vez que a redefinição das alianças necessária à reconfiguração das relações de poder num tabuleiro implica uma disposição de enxergar qualquer outra autoridade central como potencial aliado ou adversário, dependendo das circunstâncias. Para Paul Larivalle, tratava-se de algo já presente na Itália dos tempos de Maquiavel: "a preocupação que têm os Estados de ver um deles tornar-se muito poderoso e perigoso leva quase infalivelmente os mais fracos de um liga vitoriosa a aliar-se aos vencidos para pregar uma peça no vencedor da véspera"[39].

Portanto, no pós-Guerra de Trinta Anos Italiana, embora a presença de ameaças externas aos italianos tenha estimulado a articulação da aliança, ela não eliminou a tensão entre as partes signatárias do Acordo de Paz e suas relações com as demais autoridades centrais da península.

---

38. *"What needs to be explained is that although the situation in 1454 called for a policy of unity, all that was achieved during the next forty years was a policy of tension. [...] Instead of the stable equilibrium of confederation, Italy arrive only at an unstable balance power, a precarious counterpoising of the conflicting interest of jealous, sovereign states"* (Mattingly, 1971, p. 91).

39. Larivaille (1988, p. 67).

Nos preâmbulos dos documentos públicos e nos discursos formais de embaixadores, o objetivo sempre foi a paz da Itália e a segurança da Cristandade. O inimigo sempre foi o infiel. Mas, nas instruções confidenciais do embaixador, o objetivo era muito mais os lucros de algumas salinas ou os pedágios de uma cidade montanhosa, e o inimigo estava sempre à espreita[40].

As lutas de poder prosseguiram quentes, sobretudo nas relações entre as grandes potências italianas e suas respectivas áreas de dominação. Por exemplo, Lourenço, o Magnífico, senhor de Florença (1469-1492), reprimiu violentamente uma rebelião na cidade de Prato em 1470, como também em Volterra, outra cidade súdita de Florença sitiada e saqueada em 1472 pelas tropas de Lourenço ao tentar reagir a interferências abusivas[41].

Efetivamente, o concerto italiano perdurou enquanto conseguiu: (i) evitar ofensivas exteriores; (ii) dissuadir iniciativas revisionistas; e (iii) manter-se hierarquizado internamente. Algo surpreendente, uma vez que a Europa seguia no ritmo das guerras. Nas palavras de Braudel:

> Uma Itália pacífica, que criou ela mesma sua paz depois dos complicados e difíceis acordos de Lodi (9 de abril de 1454), que saberá dela usufruir, preservando-a a qualquer custo, de 1454 a 1494 (que milagre!), durante quase cinquenta anos, em meio a uma Europa cheia do fragor das armas.[42]

Pode-se dizer, de tal modo, que a presença das ameaças externas – Reino da França e Império Otomano – foi a primeira condição necessária ao seu funcionamento. Uma segunda, a construção de uma paz não punitiva a nenhuma das partes envolvidas na Guerra de Trinta, evitou posições revisionistas entre os signatários ao longo das décadas seguintes. Por sua vez, o reconhecimento de uma hierarquia dentro da península viabilizou o sucesso na defesa dos termos do Acordo, quando estes foram postos em questão por disputas das mais diversas, que seguiam vivas no espaço italiano. Mas houve também uma quarta condição necessária para que a tensão entre os italianos não se transformasse numa guerra a despeito das ameaças externas. Preservar o concerto italiano dependeu do desenvolvimento e da difusão da prática da diplomacia moderna e do pragmatismo que ora nasciam.

---

40. "In the preambles to public documents and in formal ambassadorial orations the objective was always the peace of Italy and the security of Christendom. The enemy was always the infidel. But in the ambassador's confidential instructions the objective was much more likely to be profits of some salt pans, or the tolls of a hill town, and the enemy was always a good deal near home" (Mattingly, 1971, p. 93).

41. Larivaille (1988, p. 67).

42. Braudel (1994, p. 57).

Isso porque a velocidade de articulação política deveria ser mais eficiente do que a lógica defensiva militar. Embora aquela não eliminasse esta, tornava possível outras soluções diferentes a um enfrentamento efetivo. De acordo com Paul Larivaille, "o que impressiona na política externa de Lourenço e na de seus parceiros e adversários italianos é a submissão crescente da guerra à diplomacia"[43].

Em suma, estas constituíram as quatro condições centrais para uma "paz em tempos de guerra" no sistema que ora nascia: um receio comum derivado da própria pressão competitiva característica do jogo de ameaças, mas externa aos envolvidos na concertação internacional; a inexistência de posições revisionistas entre os signatários dos acordos de paz; uma hierarquia interna ao sistema reconhecida por seus participantes; e uma capacidade de resolver, contornar ou apenas congelar os contenciosos e situações de conflito entre os signatários, por meio da diplomacia moderna. "Assim, durante quarenta anos, em virtude dos ciúmes mútuos de seus estados equilibrados por uma política de tensão contínua e com a ajuda de sua nova máquina diplomática, a Itália desfrutou de uma espécie de paz inquietante"[44]. Do ponto de vista histórico, ao longo dos quarenta anos posteriores ao Acordo de Lodi, ocorreram seis guerras na península italiana: nenhuma contra suas principais ameaças externas; duas foram guerras de agressão; e quatro guerras civis, que acabaram por envolver atores externos[45].

A primeira das guerras de agressão ocorreu entre os anos de 1456-58 e envolveu Gênova e Nápoles, a respeito do domínio da Ilha de Córsega. Contra o ataque de Nápoles, Gênova recorreu aos signatários do Acordo em busca de apoio. Conseguiu no máximo algumas declarações de simpatia genérica e nenhuma ajuda efetiva. Veneza, Florença, Milão e o Papado não perceberam muitas vantagens em ajudar Gênova contra Nápoles. Sem apoios e diante de um forte adversário, os genoveses buscaram ajuda e se entregaram a um aliado ainda mais poderoso, a França. "[Os genoveses] cederam sua cidade à proteção do rei da França, de modo que o resultado líquido foi trazer de volta a intervenção francesa e manter o sul em turbulência pelos próximos seis anos"[46].

Diante desse cenário, Milão percebeu o risco de um ataque francês contra Nápoles, seu aliado. No mesmo cenário, dada a aliança da casa de Savoia com

---

43. Larivaille (1988, p. 67).

44. "*So for forty years, by virtue of the mutual jealousies of its balanced states by a politics of continuous tension, and by the help of its new diplomatic machinery, Italy did enjoy a kind of uneasy peace*" (Mattingly, 1955, p. 96).

45. Ver Mattingly (1955, p. 94).

46. "[...] *gave their city into the protection of the king of France, so that the net result was to bring back French intervention, and to keep the south in a turmoil for the next six years*" (Mattingly, 1955, p. 92).

Veneza, mais forte potência italiana no Norte da península, Cosimo de Florença também resolveu agir e pressionou Sforza de Milão a se voltar mais para a França. Para lidar com essas relações contraditórias que a cercavam, Milão estabeleceu o primeiro embaixador permanente na corte francesa. Suas missões nada triviais foram: distensionar as relações da França com Nápoles; verificar as ambições francesas e sua aquiescência em relação à independência de Gênova; e desencorajar uma aproximação com Veneza[47].

A segunda guerra de agressão no período da Paz de Lodi foi a Guerra de Ferrara (1482-84). Depois de perder posições estratégicas no levante para os otomanos, Veneza se voltou para a conquista do território vizinho de Ferrara. Durante a disputa, o Papa Sisto IV, que havia em princípio apoiado a Sereníssima República, mudou de posição, alterando a correlação de forças.

> Mas, no momento em que um condottiere enviado por Veneza lhe consegue uma vitória, Sisto IV, inquieto com os sucessos venezianos, apressa-se em concluir a paz com Fernando [Rei de Nápoles] e, mudando de lado de um dia para o outro, coloca-se do lado de Nápoles, Florença, Milão e Ferrara contra a sua aliada da véspera![48]

Como resultado final, Veneza sofreu algumas derrotas militares antes dos Acordos de Bagnolo em 1484, quando conseguiu negociar uma situação relativamente favorável.

O Concerto Italiano teve fim no exato momento em que uma força externa quebrou seu isolamento. Devido a questões sucessórias em Nápoles, Carlos VIII, rei da França (1470-1498), invadiu a Itália em 1494 em nome do parentesco entre Valois e os Anjou. Passou sem resistências pelas cidades de Milão, Florença e Roma antes de chegar a Nápoles em fevereiro de 1495. Havia uma assimetria de poder significativa por conta da revolução militar empreendida pelo monarca francês, com o desenvolvimento da artilharia associado ao emprego da pólvora. Segundo Larivaille, "[n]a França, ao final de uma lenta evolução, chegou-se, no último quartel do século XV, ao que já se pode chamar de um exército nacional permanente"[49]. Em O Príncipe, Maquiavel descreveu o ocorrido da seguinte maneira: "Carlos, rei da França, pôde apoderar-se da Itália com giz"[50]. Isso porque os franceses nem chegaram a travar combate e somente marcaram com giz as casas para uso dos soldados como alojamento.

---

47. Ver Mattingly (1955, p. 97).
48. Larivaille (1988, p. 68).
49. Larivaille (1988, p. 71).
50. Maquiavel (1996, p. 101).

Como resposta, houve a formação da Liga de Veneza a partir da articulação de uma aliança defensiva entre Milão, Veneza, Áustria, Estado Pontifício e Aragão contra a França em 1495, que efetivamente conseguiu dissuadir as tropas francesas. Se, por um lado, Carlos VIII pôs fim ao concerto italiano, por outro, a Liga de Veneza europeizou o jogo do equilíbrio instável de poder, definindo-o como elemento estruturante das relações internacionais no continente. Desde então, o pragmatismo das alianças e a diplomacia moderna somaram-se à própria lógica da guerra como práticas constitutivas das disputas interestatais no âmbito europeu, um tabuleiro já em etapa bastante avançada na consolidação de uma contiguidade territorial efetiva.

Portanto, dependendo de como se defina o sistema internacional moderno, suas origens não estarão exatamente nas negociações para encerramento da Guerra de Trinta Anos Europeia na Paz de Westfália em 1648, mas na Paz de Lodi, dois séculos antes, ao fim de outra Guerra de Trinta Anos, no caso a Italiana.

Breves reflexões a partir de Lodi

No início do século XVI, Maquiavel, descendente direto do concerto italiano, escreveu sobre a necessidade de se pensar as relações internacionais apoiado na história. Em suas palavras:

> Em todas as cidades e em todos os povos existem aqueles mesmos desejos e aqueles mesmos humores, e tal como sempre existiram. De modo que é fácil a quem examina com diligência as coisas passadas prever o futuro em cada república e dar os remédios que foram usados pelos antigos, ou, não encontrando os usados, pensar em novos pela semelhança dos acontecimentos.[51]

Seguindo-o em suas sugestões, não sem riscos e, decerto, de modo bastante objetivo, empreende-se, por fim, alguns breves comentários acerca da evolução do sistema internacional à luz das lições de Lodi.

No período posterior ao concerto italiano, houve uma duradoura disputa entre franceses, espanhóis e otomanos no Longo Século XVI (1494-1659), com a participação de uma série de atores menores. Essa disputa acabou por reproduzir em grande medida as dinâmicas criadas durante a Guerra de Trinta Anos Italiana. Não foram poucas as vezes, por exemplo, que o Rei da França, católico, se aliou aos otomanos contra o imperador Habsburgo, também católico e mais importante força desestabilizadora do sistema europeu. Tal fato impeliu a formação de alianças improváveis de um ponto de vista religioso, sinal de que o pragmatismo

---

51. Maquiavel (1998, p. 318).

se espalhava pela Europa. "O que também agravou essa situação foi a aliança tácita e ímpia existente nessas décadas entre o sultão otomano e Francisco I [monarca francês]: contra os Habsburgos, em 1542, as armadas francesa e otomana combinaram num ataque a Nice"[52].

Deve-se lembrar que o Tratado de Wesfália (1648) não colocou fim ao conflito entre França e Espanha, que prosseguiu após o fim da Guerra de Trinta Anos Europeia (1618-1648). Para os espanhóis, o Tratado significou principalmente a retirada de um importante aliado da França, as Províncias Unidas. Como resposta, a França conseguiu envolver a Inglaterra contra a Espanha em 1655, o que viabilizou a derrota efetiva dos Habsburgos espanhóis em 1659, quando da assinatura do Tratado dos Pirineus[53]. Não se eliminou, contudo, a pressão competitiva do sistema. Houve a reconfiguração da hierarquia das guerras, assim como a redefinição de seu epicentro desestabilizador. A França tornou-se a mais importante força expansiva do sistema europeu. A partir de então, durante o Longo Século XVIII (1661-1815), com a ascensão de Luís XIV e o início da Segunda Guerra de Cem Anos (1689-1815), com seus intermináveis conflitos, reproduziu-se uma dinâmica cuja essência era similar à da Itália *quatrocentista*, acrescida de alianças mais amplas, disputas mais prolongadas e tabuleiros mais globalizados[54].

Na história do sistema europeu de Estados, um concerto similar ao italiano só ocorreu novamente depois das Guerras Napoleônicas (1803-1815). Foram necessários mais três séculos de guerras intermináveis e sucessivos acordos fracassados sem efetivamente produzir algo semelhante. Reapareceram, então, as condições básicas à construção de uma "paz em tempos de guerra" como em Lodi. Os Acordos de Viena foram construídos em razão de ameaças comuns aos beligerantes; evitou-se uma paz punitiva ao derrotado e, portanto, posições revisionistas; hierarquizou-se o sistema por meio das instituições criadas nos acordos de paz; e a diplomacia moderna pôde operar de forma a buscar soluções não militares aos contenciosos.[55]

Não deixa de ser curioso que, assim como o concerto italiano de Lodi de 1454, o concerto europeu de Viena de 1815 funcionou também por aproximadamente quarenta anos, interrompido por um novo conflito, no caso, a Guerra da Crimeia de 1853-56. Desde então e até o início da Guerra Fria (1947), o sistema internacional moderno inventado pelos italianos seguiu intensificando as rivalidades interestatais, dinâmica esta que culminou na terceira "Guerra de Trinta Anos", não mais italiana nem europeia, mas mundial (1914-45).

---

52. Kennedy (1989, p. 44).
53. Ver Kennedy (1989, cap. 2).
54. Sobre a dinâmica das guerras nesse período, ver Kennedy (1989, cap. 3).
55. Para mais detalhes, ver o capítulo sobre a Paz de Viena neste livro.

No pós-guerra, diferentemente de Lodi e Viena, o princípio de mútua destruição, instaurado efetivamente com a era nuclear, tornou-se a própria ameaça comum que passou a organizar o tema da segurança internacional entre as grandes potências, evitando conflitos diretos sem, no entanto, eliminar a pressão competitiva característica do sistema internacional. Ademais, a estrutura inaugurada pelos Acordos de São Francisco de 1945 reconheceu a hierarquia do sistema a partir da criação de um Conselho de Segurança restrito a alguns poucos. Por fim, não houve uma paz punitiva e revanchista em relação aos derrotados (Alemanha e Japão) – ao contrário. Reapareceram, portanto, as condições para uma "paz em tempos de guerra" entre as grandes potências.

No entanto, depois do fim da Guerra Fria em 1991, têm havido por parte dos Estados Unidos tentativas para superar o princípio de mútua destruição. Em 2002, saíram unilateralmente do Tratado sobre Mísseis Antibalísticos (Tratado ABM) e assinaram acordos com a Polônia para desenvolvimento de um sistema antimísseis com o propósito de tornar inócuo o arsenal atômico russo e das demais potências. Talvez, para sorte do resto do mundo, em 2017, a Rússia logrou desenvolver um conjunto de artefatos militares de difícil bloqueio por sistemas defensivos antibalísticos, reassegurando, por mais contraditório que seja, o princípio de mútua destruição e, portanto, a "paz em tempos de guerra" neste início de século XXI. Na linha do que fora sugerido pelo famoso pensador florentino, eis aqui uma interpretação sobre alguns aspectos específicos da conjuntura mais contemporânea, estruturada com base em dinâmicas sociais mais antigas – no caso, nascidas durante a Guerra de Trinta Anos Italiana e consolidadas na Paz de Lodi.

Referências

BARRACLOUGH, G. (Ed.). *Atlas da História do Mundo*. São Paulo: Times Book e Empresa Folha da Manhã, 1995.

BATISTA NETO, J. *História da Baixa Idade Média: 1066-1453*. São Paulo: Ática, 1989.

BRAUDEL, F. *Civilização material, economia e capitalismo*: séculos XV-XVIII. São Paulo: Editora Martins Fontes, 1998 (O Tempo do Mundo, v. 3).

BRAUDEL, F. *O modelo italiano*. São Paulo: Companhia das Letras, 1994.

CHAMBERS, D. S. *Veneza imperial*. Lisboa: Editorial Verbo, 1970.

ELIAS, N. *O processo civilizador*, v. 2. Rio de Janeiro: Jorge Zahar Editor, 1993.

KENNEDY, P. *Ascensão e queda das grandes potências*. Rio de Janeiro: Campus, 1989.

KISSINGER, H. *Diplomacia*. Lisboa: Gradiva, 1994.

LACOSTE, Y. *A Geografia: isso serve, em primeiro lugar, para fazer a guerra*. Campinas: Papirus Editora, 2008.

LANE, F. C. *Venice: a maritime republic*. London: The Johns Hopkins University Press, 1973.

LARIVAILLE, P. *A Itália no tempo de Maquiavel*. Coleção A Vida Cotidiana. São Paulo: Companhia das Letras / Círculo do Livro, 1988.

LEWIS, B. *A descoberta da Europa pelo Islã*. São Paulo: Editora Perspectiva, 2001.

MacKINDER, H. J. The Geographical Pivot of History. *Geographical Journal*, n. 23, p. 421-44, 1904.

MAQUIAVEL, N. *História de Florença*. São Paulo: Musa Editora, 1998.

_____. *O Príncipe*. São Paulo: Hemus Editor, 1996 (Coleção Ciências Sociais & Filosofia).

MATTINGLY, G. *Renaissance Diplomacy*. Boston: Houghton Mifflin Company, 1971.

McEVEDY, C. *Atlas de História Medieval*. São Paulo: Comp. das Letras, 2007.

MELLO, L. I. A. *Quem tem medo da Geopolítica*. São Paulo: Hucitec Editora, 2011.

METRI, M. A paz em tempos de guerra: dos Acordos de Lodi e Viena aos desacordos da conjuntura atual. *Le Monde Diplomatique Brasil*. Acervo Online. 23 ago. 2018b.

_____. Guerra, *virtù* e ética em Maquiavel. In: FIORI, J. L. (Org.). *Sobre a guerra*. Petrópolis: Editora Vozes, 2018a. p. 119-151.

_____. *Poder, riqueza e moeda na Europa Medieval*. Rio de Janeiro: Ed. FGV, 2014.

PANIKKAR, K. M. *A Dominação Ocidental na Ásia*: do século XV aos nossos dias. Rio de Janeiro: Paz e Terra, 1977.

PERROY, E. A Idade Média: os tempos difíceis (fim). In: CROUZET, M. (Org.). *História geral das civilizações*. Rio de Janeiro: Bertrand Brasil, 1994. v. 8.

A Guerra dos Trinta Anos e a "Paz de Westfália" de 1648

Clarice Vieira

A Guerra dos Trinta Anos e o Tratado de Westfália são temas que seguem despertando interesse, seja no campo da história e da historiografia, seja nos assuntos da política e das relações internacionais. Além dos debates acerca da possível superação do "sistema westfaliano", que se intensificaram nas primeiras décadas do século XX, o Tratado vem sendo ocasionalmente evocado como modelo para orientar a resolução de conflitos contemporâneos[1].

Neste artigo, pretende-se analisar o Tratado a partir das premissas teóricas e históricas concebidas em Fiori[2]. Nessa perspectiva, a Europa ocidental já havia ingressado, no século XVII, em uma dinâmica sistêmica em que "a guerra e a preparação para a guerra são o instrumento em última instância de conquista e acumulação de poder e, também, de defesa e preservação do poder" e estas atividades já haviam se transformado na "mola propulsora" daquele sistema de Estados. Dentro deste panorama, qual teria sido a natureza da "paz" que o Tratado de Westfália estabeleceu? Que parâmetros teria definido em termos das disputas entre os Estados

---

1. Como foi feito em 2016, por exemplo, pelo então ministro das Relações Exteriores da Alemanha, Frank-Walter Steinmeier, que em uma série de discursos públicos sugeriu sua utilização como referência para solucionar os conflitos no Oriente Médio. Em julho daquele ano, por exemplo, dizia: "A Paz de Westfália não é um projeto de paz no Oriente Médio. Mas, se olharmos bem de perto, veremos que nos oferece uma série de instrumentos, métodos e ideias. Cabe a nós identificá-los, extraí-los, refiná-los e fazer uso deles em nossa diplomacia hoje". ["*The Peace of Westphalia is not a blueprint for peace in the Middle East. But if we look at it closely enough, we will see that it does offer us a number of instruments, methods and ideas. It is up to us to identify these, to extract them, refine them and make use of them in our diplomacy today*"]. O discurso completo está disponível em <https://www.auswaertiges-amt.de/en/newsroom/news/160712-westfaelischer-frieden/282280> (consultado em set. 2020).

2. Fiori (2020, 2018, 2014).

signatários, especialmente no que diz respeito a futuros conflitos? Em que medida Westfália teria produzido uma (nova) ordem, com "hierarquias, normas e instituições, árbitros e protocolos de punição"?

Adiantando os argumentos que serão desenvolvidos, o Tratado significou pouco do ponto de vista da paz, já que, por um lado, a guerra prosseguiu em curso para os então principais Estados europeus – França e Espanha; e que, por outro, a maioria dos conflitos entre os demais signatários foram reanimados em curtos intervalos de tempo. Westfália teve, porém, papel relevante na organização hierárquica da guerra, pois definiu as regras gerais dos conflitos vindouros e em grande medida estipulou a posição relativa dos envolvidos. Ainda mais significativamente, no que diz respeito à dinâmica de longo prazo, o Tratado, sobretudo a partir das compensações territoriais outorgadas à França (ou seja, a região da Alsácia-Lorena), representou uma importante contribuição para a principal transformação sistêmica em curso, isto é, a substituição da Espanha pela França como sua potência líder. Estes argumentos serão construídos em três etapas. Em primeiro lugar, serão discutidos os contornos gerais da guerra que levou ao Tratado, ou seja, da Guerra dos Trinta Anos; serão então analisados os contornos da paz, ou seja, a natureza e as características gerais da Conferência e do Tratado de Westfália; só assim será possível, na sequência, debater a natureza da "ordem" por ele estabelecida.

Os contornos das guerras

Para compreender de forma adequada a Guerra dos Trinta Anos, é necessário retroceder em pelo menos cem anos, já que o conflito foi fruto de processos sociais de longo prazo[3]. Em linhas gerais, divide-se o século XVI em dois períodos no que diz respeito ao padrão das guerras na Europa ocidental: os primeiros 60 anos, marcados por conflitos entre seus principais Estados e entre estes e o Império Otomano; e os últimos quarenta, quando as guerras religiosas que se seguiram à Reforma Protestante ocuparam a maioria de seus recursos militares[4]. Esse padrão pode ser notado nas informações do quadro 1, a seguir, ao perceber que entre 1480 e 1600

---

3. Existe um grande volume de literatura a respeito da Guerra, que pode ser apreciado no ensaio bibliográfico contido em Parker (2006, p. 225-251). A obra de Parker é, de fato, considerada uma das principais referências em língua inglesa para a Guerra; para um panorama geral, pode-se utilizar Booney (2002) ou Whaley (2012, parte VII); para o debate sobre seu significado, pode-se consultar Asch (1997, p. 1-8), Shutherland (1992) e Mortimer (2001); a interpretação aqui utilizada pode ser encontrada resumidamente em Gutmann (1989).
4. Cf. Konigsberger, Mosse e Bowler (1999, caps. 10 e 12).

aumenta o número geral de guerras, mas diminuem tanto o número de guerras entre as grandes potências como o número de Estados participantes. Na primeira metade do século XVII, por sua vez, por conta da ocorrência da Guerra dos Trinta Anos entre 1618 e 1648, aumentam significativamente o volume de batalhas, o número de Estados participantes e a duração média das guerras. É relevante ressaltar, desde já, que, a partir dos dados do quadro 1, a segunda metade do século XVII parece ter restabelecido em linhas gerais o padrão das guerras da segunda metade do século anterior, exceto no volume de batalhas, que seguiu se expandindo.

Quadro 1. Guerras na Europa por períodos de 50 anos – de 1480 a 1750[5]

	1480-1550	1550-1600	1600-1650	1650-1700	1700-1750
Número de guerras	28	31	31	26	18
Número de guerras entre as grandes potências[a]	22	16	19	15	9
Número de batalhas relevantes	39	48	116	119	276
Estados participantes	22	18	30	17	19
Duração média das guerras	3,5	4,9	8,2	4,9	4,9

Fonte: Wright (1942, p. 651); Levy (1983, p. 88-91).

A Guerra dos Trinta Anos pode ser compreendida, seguindo uma interpretação relativamente bem estabelecida[6], como a confluência de três conflitos distintos que possuíam, como tais, personagens, enredos e temporalidades próprias, mas que convergiram para um único embate, travado não apenas, mas majoritariamente, no território do Sacro Império Romano[7]. A Guerra fundiu no mesmo

---

5. Tanto Wright quanto Levy incluem em seus inventários das guerras aquelas travadas entre os Estados europeus e o Império Otomano. Wright inclui ainda em suas estatísticas as guerras civis e religiosas e as guerras de expansão colonial, a isso se devendo o maior volume em seus valores.

6. Para o debate sobre as interpretações da Guerra, pode-se consultar Asch (1997, p. 1-8) e Shutherland (1992); a perspectiva aqui apresentada segue em linhas gerais Gutmann (1989).

7. O Sacro Império Romano foi estabelecido originalmente a partir da divisão do Império de Carlos Magno no século IX e ocupava então o território formado pelas atuais Alemanha, Áustria, Bélgica, Holanda, República Tcheca e partes da Polônia, sendo composto por mais de duzentas entidades políticas, seculares e religiosas, bastante distintas em termos de extensão e estrutura, variando desde grandes monarquias dinásticas até pequenos feudos e cidades livres, e fazendo parte de uma estrutura hierárquica e jurídica que tinha como lideranças as figuras do Papa e do Imperador, este último eleito por um Conselho de Eleitores formado por oito membros. A dinastia mais importante por volta do século XV era a dos Habsburgo, que governavam a Áustria e outros territórios do Império, e da qual era tradicionalmente escolhido o Imperador. Para a história do Império, ver Whaley (2012).

espaço e no mesmo momento, em primeiro lugar, um conflito de natureza "interna" ao Império, produto direto das guerras religiosas e do processo de fortalecimento dos poderes dos Estados *vis-à-vis* os do Imperador[8]; em segundo, o conflito dinástico entre a Espanha e a França; e, finalmente, um conflito entre as nações escandinavas, Rússia e Polônia, que vinha ocorrendo desde o século XIV como fruto da desintegração do império da Livonia dos Cavaleiros Teutônicos. Esses confrontos vinham desenrolando-se de forma relativamente paralela há pelo menos um século, mas o processo de complexificação gradativa das relações políticas no espaço europeu, que levaria à formação de um sistema de Estados, os tornou indissociáveis[9]. Assim é que uma guerra de natureza "civil", que se inicia no interior do Império por questões de soberania, e que poderia limitar-se a ser apenas uma sequência das guerras religiosas do século anterior, reverbera no espaço europeu a ponto de produzir 30 anos de guerras quase ininterruptas que envolveram todos os seus principais Estados[10]. A razão central para a amplificação de um conflito relativamente contido em um conflito generalizado está no fato de a questão imperial, naquele momento, já se ter imbricado densamente na principal disputa geopolítica da Europa ocidental – disputa esta que, por conta disso, organizava e orientava as demais, isto é, o conflito dinástico entre França e Espanha[11].

Considera-se em geral que esse conflito se iniciou ainda na segunda metade do século XV, tendo como marcos o fim da Guerra dos Cem Anos entre França e Inglaterra em 1453 e a união das coroas de Castela e Aragão em 1479; e, como primeira manifestação aberta, as Guerras Italianas iniciadas em 1494. Esse processo pode ser acompanhado observando as informações gerais sobre as guerras do século XVI, apresentadas no quadro 2. Como se nota, França e Espanha parti-

---

8. Algumas das unidades políticas do Império vinham gradativamente experimentando processos de centralização política e questionando a autoridade imperial sobre seus territórios, incluindo a autoridade religiosa; entre estas se destacam os Estados que formavam o Conselho de Eleitores, o colégio que elegia o Imperador; no século XVI, além da Áustria dos Habsburgo, os Estados mais fortes eram o Palatinado, o Brandemburgo, a Saxônia e a Baviera.

9. Para Gutmann (1989), por exemplo, os fatores diretos que mais contribuíram para a unificação daquelas disputas foram tanto o perigo de uma aliança entre as duas Dinastias Habsburgo (ver à frente) quanto as ligações internacionais estabelecidas entre os protestantes; o processo de formação de um sistema de Estados voltará a ser debatido na última seção deste artigo. Seja como for, em fins do século XVI, o "sistema" político europeu já integrava de Portugal ao Estado Moscovita e da Escandinávia ao Império Otomano (Tilly, 1992, cap. 6).

10. O estopim da Guerra ocorre quando a Boêmia, Reino protestante que fazia formalmente parte do Sacro Império Romano, mas que possuía características históricas e jurídicas bastante próprias, se revolta contra a autoridade do Imperador acerca da escolha de seu soberano. Ver Asch (1997, cap. 1) e Sturdy (2002, p. 28-43).

11. Para um panorama geral da disputa, ver Kennedy (1989, cap. 2); para sua relação com a Guerra dos Trinta Anos, ver Sutherland (1992) e Trevor-Roper (1971).

ciparam em todas as grandes guerras do século e, dos 75 anos entre 1495 e 1559, estiveram formalmente em guerra durante cinquenta.

Quadro 2. Principais guerras entre as potências da Europa do século XVI[12]

Guerra	Início	Término	Estados envolvidos
Guerras Italianas	1495	1504	França, Espanha, Florença, Milão, Nápoles, Papa
Guerra da Liga de Cambrai	1508	1509	França, Espanha, Imperador, Veneza, Papa,
Guerra da Liga Santa	1511	1514	Inglaterra, França, Espanha, Imperador, Milão, Suíça, Veneza, Papa,
Guerra Franco-Suíça	1515	1515	França, Suíça, Milão
1ª. Guerra contra Carlos V	1521	1526	França, Espanha, Imperador
2ª. Guerra contra Carlos V	1526	1529	França, Espanha, Imperador, Nápoles, Papa
Guerra Polonesa	1532	1533	Império, Polônia, Moldávia
Guerra de Lübeck	1533	1536	Lübeck, Dinamarca, Suécia
3ª. Guerra contra Carlos V	1536	1538	França, Países Baixos, Espanha, Imperador, Papa
4ª. Guerra contra Carlos V	1542	1544	França, Espanha, Imperador, Papa
5ª. Guerra contra Carlos V	1552	1559	Inglaterra, França, Espanha, Imperador, Saxônia, Suíça, Veneza, Papa,
Grande Guerra do Norte	1561	1570	Dinamarca, Polônia, Rússia, Suécia
Guerra Italiana	1575	1575	França, Suíça, Veneza
Guerra dos Três Henriques	1585	1598	França, Espanha

Fonte: Wright (1942, p. 641-3).

Esta disputa dinástica também é frequentemente interpretada como o processo de resistência que a França conseguiu exercer à tentativa de imposição de um Império encabeçado pelos Habsburgos espanhóis a todo o espaço europeu[13]. Ao longo do século XVI, a Espanha foi, de fato, um Estado tipicamente expansionista, processo que culminou nos reinados de Carlos V (Rei da Espanha a

---

12. Wright utiliza o termo "família moderna de nações" para se referir aos Estados do sistema europeu, classificando, assim, as guerras em quatro tipos: "guerras de balanço de poder" (no interior daquela "família"), "guerras civis" (no interior de uma nação), "guerras defensivas" (para defender a "família" de agressores externos) e "guerras imperiais" (para expandir o sistema europeu). No quadro estão incluídas todas as guerras do tipo "balanço de poder" travadas entre mais de dois Estados e ainda as guerras entre a França e a Espanha. Para detalhes sobre a classificação de Wright, consultar as páginas 636-640.

13. Dependendo da forma como o processo é interpretado mudam, inclusive, as nomenclaturas das guerras do período; no *Cambridge Illustrated Atlas of Warfare* (Black, 1996), por exemplo, as guerras contra Carlos V são denominadas como "Guerras Franco-Habsburgo";

partir de 1516, e Imperador a partir de 1521) e de Filipe II (Rei da Espanha de 1556 a 1598)[14].

De todo modo, deve-se destacar que, além de serem as duas dinastias mais poderosas da Europa, a localização geográfica de suas possessões tornava suas relações particularmente delicadas. Do ponto de vista da França, os Habsburgo praticamente cercavam seu território, seja diretamente, através de suas possessões espanholas (Península Ibérica, Países Baixos Espanhóis e o Franco-Condado), ou indiretamente, por sua influência, através da linhagem austríaca, sobre os territórios do Império. Do ponto de vista da Espanha, a região da fronteira oriental da França era de especial importância, pois através dela se dava a ligação terrestre entre os Países Baixos e os territórios Habsburgo na Itália, especialmente Milão e Nápoles (via Estrada Espanhola[15]); e destes com a Península Ibérica através do Mediterrâneo (via Genova e Barcelona) e ainda com os territórios do ramo dos Habsburgos austríacos do Império. Essa ligação era fundamental para a saúde política do Império Espanhol, não apenas pelo fato de seus recursos financeiros por ela fluírem, mas igualmente em função da passagem de tropas, especialmente quando a ligação marítima, via Atlântico e Mar do Norte, se tornou crescentemente perigosa em função dos ataques de navios holandeses e ingleses. Como Castela e Nápoles eram os territórios que forneciam os maiores volumes de moeda e soldados para as forças espanholas, manter aquela conexão aberta e segura configurava uma questão central da política externa da Espanha ao longo de todo o século XVI, particularmente quando a Holanda iniciou seu processo de revolta contra o domínio dos Habsburgo em 1568, revolta que duraria 80 anos e só se revolveria ao fim da Guerra dos Trinta Anos.[16] Ou seja, "[...] enquanto a Holanda e Milão permaneceram espanholas (no caso, até 1713), o conflito franco-espanhol recorrente era inevitável"[17].

Quando irrompeu a guerra no Império em 1618, seria provável, portanto, que a balança de forças entre França e Espanha se alterasse bastante, especialmente por duas particularidades da guerra imperial. Em primeiro lugar, pois se iniciou quando restavam apenas três anos para o fim da Trégua estabelecida na guerra

---

14. Carlos V unificou as duas linhagens dos Habsburgo e, com isso, seu império incluía Espanha, Países Baixos Espanhóis (Bélgica, Holanda e Luxemburgo atuais), Milão, Sicília, Sardenha, partes do sul da Alemanha, Áustria, Boêmia, Hungria, Borgonha e Franco-Condado, além dos territórios ultramarinos. Ver Maltby (2009, cap. 2) e Konigsberger, Mosse e Bowler (1999, p. 230-41).

15. Para detalhes sobre a Estrada Espanhola, ver Parker (1975, cap. 3).

16. Para a Revolta Holandesa, ver Israel (1995, cap. 5).

17. "[...]so long as the Netherlands and Milan remained Spanish (in the event, until 1713), recurrent Franco-Spanish conflict was inevitable" (Sutherland, 1992, p. 595).

Quadro 3. Cronologia da Guerra dos Trinta Anos

Guerras	Período	Principais Estados		Tratado de Paz
Boêmia	1618-1623	Espanha, Baváría, Imperador	Boemia, Palatinado, Saxânia, Transilvania	Nikolsburgo
União Evangélica	1618-1620	Imperador (Liga Católica)	Palatinado (União Protestante)	Ulm
Palatinado	1618-1623	Espanha, Baváría, Imperador	Brunswick, Palatinado, Transilvania	
Espanha-Holanda	1621-1648	Espanha	Holanda	Münster (30/01/1648)
Dinamarca	1623-1629	Imperador	Dinamarca	Lûbeck
Espanha-Inglaterra	1625-1630	Espanha	Inglaterra	Madrid
Prússia-Suécia	1626-1629	Polônia, Prússia	Suécia	Strohm
Sucessão de Mântua	1627-1631	Espanha, Imperador	Inglaterra, França, Veneza	Cherasco
Imperador-Suécia	1630-1648	Espanha, Imperador, Bavária	Brunswick, Hesse-Cassel, Mecklenbugo, Palatinado, Prússia, Saxe-Weimar, Saxônia, Suécia	Osnabruck (24/10/1648)
Saxônia	1630-1635	Imperador	Mecklenbrugo, Prússia, Saxe-Weimar, Saxônia	Praga
Dinamarca--Hamburgo	1630-1643	Hamburgo	Dinamarca	
França-Império	1635-1648	Espanha, Baváría, Imperador	Brunswick, Hesse-Cassel, França, Mecklenbugo, Palatinado, Prússia, Saxe--Weimar, Saxônia, Suécia	Münster (24/10/1648)
Suécia-Dinamarca	1643-1645	Dinamarca	Suécia	Bromsebro
Guerras pós 1648				
França-Espanha	1635-1659	Espanha	França, Inglaterra	Pirineus
Espanha-Portugal	1640-1668	Espanha	Portugal	Lisboa

Fonte: Wright (1942, p. 642).

entre Espanha e Holanda[18]. Em segundo, pois ela envolvia diretamente o Palatinado, Estado do Império que não apenas havia intercedido significativamente nas guerras religiosas na Holanda e na França, enviando tropas para os exércitos protestantes, mas cujo território havia se tornado particularmente estratégico em função da passagem de rotas da Estrada Espanhola[19].

A ampliação gradativa do conflito até se tornar uma guerra europeia generalizada pode ser acompanhada no quadro 3. Como se percebe, a Guerra se iniciou em 1618 como uma disputa entre alguns Estados do Império, o Imperador e a Espanha e, a partir de então, incluiria sucessivamente Holanda (1621), Dinamarca (1623), Inglaterra (1625), Suécia (1626), Mântua (1627), França (1635) e Portugal (1640), chegando, segundo Wright[20], a englobar 13 guerras distintas, mas sobrepostas, envolvendo por volta de 50 disputas bilaterais e 25 Estados.

Como se pode observar no quadro 3, a partir de 1635 estão em guerra, de um lado, o Imperador, alguns Estados católicos do Império e a Espanha e, de outro, a coalizão formada por França, Suécia, os Estados protestantes do Império e a Holanda. É nesse contexto que se iniciam as negociações que produziriam os Tratados de 1648, conhecidos como o Tratado de Westfália[21], que, embora tenha encerrado as guerras envolvendo o Imperador (com a França e com a Suécia), não levou à paz entre a França e a Espanha.

Os contornos da paz

Um dos elementos que mais chamam a atenção a respeito da Paz de Westfália[22] é precisamente o fato de o Tratado não ter encerrado a guerra entre França e Espa-

---

18. Espanha e Holanda tentaram negociar a paz em uma conferência em 1608; na ocasião, a Espanha exigia, entre outras coisas, a interrupção dos ataques holandeses às colônias portuguesas e espanholas nas Índias Orientais e o fim do bloqueio à costa flamenga do Mar do Norte, especialmente a abertura do Rio Scheldt, através do qual se atingia Antuérpia. Na impossibilidade de chegar aos termos da paz, foi acertada uma trégua com a duração de 12 anos, que esteve a ponto de ser abandonada por diversas vezes antes de 1618. Para detalhes, ver Israel (1995, p. 399-405); para o desencadeamento da guerra, ver Gutmann (1989), Sutherland (1992) e Trevor-Roper (1971).

19. Após a conversão do Eleitorado ao Calvinismo em 1560, o Palatinado se tornou gradativamente um importante personagem geopolítico na Europa central; não por acaso, James I da Inglaterra casou sua filha em 1613 com o Eleitor, e a Espanha invadiu seu território em 1620. Sobre o Palatinado, ver Pursell (2014).

20. Wright (1942, p. 642).

21. O Tratado tem uma natureza híbrida pois, embora seja considerado como único, é, de fato, composto por dois tratados bilaterais: o Tratado de Münster e o Tratado de Osnabruck, ambos de 24 out. 1648; o Tratado de Münster, de 30 de janeiro de 1648, entre a Espanha e a Holanda, também está associado à Paz de Westfália, embora formalmente não faça parte do primeiro. Ver Lesaffer (2004).

22. As informações relativas às negociações antes e durante o Congresso de Westfália e sobre os Tratados são de Croxton (2013), exceto quando indicada outra fonte.

nha, fruto do que vinha sendo o principal conflito europeu ao longo dos 150 anos anteriores. Sua última manifestação aberta fora resolvida com o Tratado de Vervins, de 1598, e foi retomado quando a França declarou oficialmente guerra ao Imperador em 1635[23]. Antes de retomá-la, e desde que a guerra no Império se iniciara em 1618, a França vinha liderando a articulação ofensiva contra os Habsburgo, seja através de incentivos (políticos, militares, diplomáticos ou financeiros) para novos Estados declararem guerra ao Imperador (como foi o caso da Suécia em 1630) ou da abertura de novas frentes para deslocar os exércitos Habsburgo (como na Guerra de Sucessão do Ducado de Mântua)[24]. Em 1635, porém, o Imperador conseguiu articular um acordo de paz com a Saxônia, líder do bloco protestante, o que tornava iminente um acordo semelhante com a Suécia e, com isso, o encerramento do conflito imperial. A França, então, não apenas entrou formalmente na guerra contra os Habsburgo, mas assinou tratados de aliança com a Holanda e a Suécia para garantir que estas não negociassem separadamente a paz com o Imperador[25].

Assim, a disputa entre França e Espanha seguiria como guerra generalizada entre 1635 e 1648, quando, através do Congresso de Westfália, os demais Estados saíram do conflito. Observando esta cronologia, percebe-se que, se os três conflitos (a guerra imperial, a guerra báltica e a guerra dinástica) se fundiram entre 1618 e 1648 de tal modo que a guerra se generalizou, após 1648 eles se separaram novamente. O conflito imperial não assumiu novamente as feições de uma guerra civil, embora tenha sido retomado em guerras entre seus principais Estados no século XVIII (especialmente entre a Prússia e a Áustria); o conflito na região báltica prosseguiria, novamente se abrindo em guerra na Primeira (1654-60) e na Segunda Grandes Guerras do Norte (1700-21) (ver quadro 4); e o conflito entre França e Espanha seguiria até a próxima trégua, com o Tratado dos Pirineus, de 1659.

A Paz de 1648 começaria a ser desenhada antes mesmo de 1635[26]. Após ingressar formalmente na Guerra, a França seguiu com a política de tentar manter

---

23. O período a partir de 1598 é frequentemente associado à ideia de uma *Pax Hispanica* (Trevor-Roper, 1971; Maltby, 2009, cap. 5), embora, para Gutmann (1989), a guerra só tenha sido interrompida pela exaustão mútua dos participantes e por problemas domésticos enfrentados por ambas (p. 187).

24. Sturdy (2004, p. 39-42).

25. O Tratado de Paris, de fevereiro de 1635, entre Holanda e França, e o Tratado de Compiègne, de abril de 1635, entre França e Suécia; ambos previam a provisão de subsídios franceses para os exércitos combatentes; no tratado com a Holanda, estavam previstos ainda o ataque e a ocupação conjunta dos Países Baixos Espanhóis, que depois seriam divididos entre França e Holanda; sobre as movimentações diplomáticas e políticas na França antes de sua entrada na Guerra, ver Sturdy (2004, p. 51-58) e Croxton (2013, p. 48-54).

26. A iminência da guerra entre os principais Estados católicos levou, em 1634, o Papa Urbano VIII a articular uma conferência para evitar a quebra da *Pax Christiana*; a tentativa foi frustrada pois, embora a França tenha concordado em participar da Conferência, que deveria ocorrer em Colônia, nunca chegou a enviar representantes (Croxton, 2013, p. 48-50).

os exércitos Habsburgo dispersos em várias frentes, enquanto a Espanha buscava esvaziar ao máximo, através de negociações bilaterais, as frentes contrárias ao Imperador. A dinâmica desse processo, que marcou em linhas gerais o período entre 1635 e 1648, foi influenciada por elementos de diversas naturezas, como questões de sucessão dinástica, surgimento de novas revoltas ou novos focos de guerra, mudanças diplomáticas e, sobretudo, resultados obtidos nos campos de batalha, pois, mesmo quando o Congresso se iniciou, por volta de 1644, não foi negociada uma trégua entre os exércitos beligerantes[27]. De particular importância para a disputa entre Espanha e França e para a dinâmica das negociações em Westfália foram a Revolta da Catalunha, em 1640, quando a região não apenas se autodeclarou independente da Espanha, mas se colocou sob proteção do Rei francês, e a Revolta de Portugal no mesmo ano[28]. Através dessa dinâmica, foram sendo encaminhados os contornos da Paz de 1648: à França interessava que esta fosse negociada através de um acordo "universal" único, pois, desta forma, seria mantida a pressão ofensiva sobre os Habsburgo durante as negociações; a Espanha, por sua vez, tentava costurar negociações bilaterais, especialmente entre o Imperador e seus oponentes, para liberar seus exércitos para a guerra contra a França[29].

As dificuldades em costurar um acordo universal advinham não apenas da resistência da Espanha, mas igualmente da natureza da guerra discutida anteriormente, pois esta era antes uma sobreposição de conflitos bilaterais, orientados por um conflito central, do que propriamente de uma guerra única. Como sugerido, o processo de desenvolvimento de um sistema de Estados já havia levado a que estes conflitos tivessem se tornado indissociáveis, mas não ainda que se tratasse de uma guerra geral ou "mundial", no sentido que serão as dos séculos posteriores. À maior parte de seus participantes interessava negociar bilateralmente, visto que uma conferência única implicaria que cada uma de suas negociações estivesse vinculada às

---

27. Durante o Congresso ocorreram apenas negociações de tréguas bilaterais e, mesmo assim, em geral, limitadas a certas regiões e/ou campanhas (Croxton, 2013).

28. Portugal estava sob a coroa espanhola desde 1580, e só concluiria seu processo de Restauração em 1668 (Maltby, 2009, cap. 5).

29. O processo, que teve muitas reviravoltas, pode ser acompanhado com detalhes em Croxton (2013, parte II), ou resumidamente em Beller (1971, p. 350-8). Dentre os eventos que influenciaram as negociações, os mais frequentemente citados são: a morte do Cardeal Richelieu, em dezembro de 1642, e sua substituição pelo Cardeal Mazarin (ver à frente); a morte de Luís XIII, em maio de 1643, quando Luís XIV ainda tinha cinco anos de idade, e a regência de sua mãe, Ana da Áustria, irmã de Filipe IV da Espanha; a guerra entre Suécia e Dinamarca, em 1643, quando o Congresso já havia sido aberto; as vitórias do exército francês nos Países Baixos Espanhóis, que chegou a ocupar Dunkirk, o último porto espanhol na costa do Mar do Norte; e, finalmente, a paz celebrada entre o Império Otomano e a Pérsia em 1640, a partir da qual os otomanos voltam a ameaçar as fronteiras do Sacro Império. Ver ainda, sobre o período, Sturdy (2002, cap. 4) e Livet (1971, p. 411-15).

demais. Concretamente, um acordo único implicaria que a paz entre a Suécia e o Imperador dependeria das negociações entre Espanha e França/Holanda, e formalmente nem a Suécia estava em guerra com a Espanha, nem a Holanda estava com o Imperador.

Em 1641, no que é considerado um primeiro grande sucesso da estratégia francesa, um Tratado assinado entre o Imperador, a Suécia e a França (Tratado de Hamburgo), que depois deveria ser garantido para seus aliados, definiu os termos gerais para o que seria o Congresso de Westfália. A paz seria negociada em duas reuniões paralelas, mas simultâneas, que ocorreriam em duas cidades diferentes da região da Westfália, na porção noroeste do Império: em Münster, o Imperador negociaria com a França e seus aliados, com a mediação do Papa e de Veneza; e, em Osnabrück, negociaria com a Suécia, com a mediação da Dinamarca[30]. Este desenho, que seria efetivamente colocado em prática, levou à natureza híbrida do Tratado de Paz comentada anteriormente, ou seja, o fato de se tratar de dois (ou três) tratados bilaterais considerados como um único.

Em 1643, as delegações começaram a chegar naquelas cidades e, após acertadas as bases gerais para as negociações[31], em junho de 1645 França e Suécia apresentaram, separadamente, mas em acordo e de forma simultânea, suas demandas ao Imperador. Essas demandas eram de duas ordens: em primeiro lugar, a definição de regras de organização política para o Império que deveriam ser seguidas para garantir a "liberdade" de seus Estados, argumento utilizado originalmente por ambas para a entrada na Guerra; em segundo, suas demandas por "compensações", ou seja, territórios do Império cuja soberania deveria ser transferida para a França e para a Suécia, também a partir da mesma alegação anterior.

As negociações sobre essas compensações seriam as mais delicadas, pois as demandas, tanto suecas quanto francesas, tinham vínculos diretos com os conflitos a respeito dos quais a Guerra fora travada: no caso sueco, a região da Pomerânia, palco da disputa no Báltico, ocupada pela Suécia desde 1630; e, no caso

---

30. A escolha das cidades se deu por suas localizações: próximas à Holanda, centralmente posicionadas em relação a Madri, Estocolmo, Roma, Paris e Viena, e ao mesmo tempo relativamente próximas entre si – um dia de deslocamento pelos padrões da época (Croxton, 2013, p. 132).

31. Não havia precedentes de congressos europeus da dimensão de Westfália, seja em termos do volume de participantes ou da duração: estima-se que estiveram presentes em Münster e Onasbrück 194 missões diplomáticas, algumas chegando a 200 membros, 176 plenipotenciários representando 16 países da Europa e aproximadamente 140 Estados do Império (Whaley, 2012, p. 620), ao longo de aproximadamente quatro anos, além dos três anos necessários para a preparação do Congresso; os acertos prévios foram extremamente complexos e colocaram diversas dificuldades práticas e políticas; uma das questões centrais dizia respeito à participação dos Estados do Império, já que não havia prerrogativas dessa participação em conferências internacionais; eventualmente estes participaram como membros efetivos, especialmente a partir da pressão da França e da Holanda (Croxton, 2013, cap. 6).

francês, as regiões da Alsácia, da Lorena e dos Países Baixos Espanhóis, ou seja, a fronteira com o Império por onde circulavam os recursos e exércitos da Espanha.

Em termos mais específicos, a França demandava que o Ducado da Lorena, aliado da Espanha e ocupado pelos exércitos franceses desde 1633, não fosse mencionado no acordo final; que a soberania francesa sobre a Alsácia fosse reconhecida, incluindo Breisach, importante fortaleza Habsburgo na margem oriental do Reno, ao sul de Estrasburgo; e que fosse reconhecida a soberania francesa sobre os territórios ocupados por seus exércitos nos Países Baixos Espanhóis[32]. As regiões da Alsácia e da Lorena, porém, como discutido, eram estratégicas do ponto de vista espanhol, por serem aquelas por onde passavam as rotas da Estrada Espanhola e por representarem uma entrada para o Sacro Império. Assim, o Imperador, ao negociar com a França aquelas demandas, estava definindo indiretamente novos parâmetros para o conflito entre a França e a Espanha. Gradativamente, conforme os impasses entre França e Espanha se confirmavam e indicavam que não haveria possibilidade de interrupção em seus conflitos, a Espanha tenta resolver sua contenda com a Holanda, para, com isso, se desembaraçar de mais um inimigo e concentrar seus esforços sobre a França[33].

O resultado dessa dinâmica seria o conjunto dos três Tratados assinados em 1648: o Tratado entre a Espanha e a Holanda em janeiro e os dois tratados de outubro entre a França e o Imperador e entre a Suécia e o Imperador[34]. Além de definir as compensações territoriais e os princípios para o ordenamento do Império[35], os Tratados também estabeleceram certas diretrizes necessárias para o

---

32. A Lorena era formalmente um ducado do Sacro Império, mas o direito sobre seu território era complexo: algumas porções eram de soberania do Império, outras, da França e ainda outras eram regiões autônomas; os Bispados de Metz, Verdun e Toul, no interior do Ducado, estavam ocupados pela França desde meados do século XVI; a Alsácia era então um conjunto de territórios com distintas jurisdições, algumas sob controle do Imperador e outras autônomas; as demandas francesas incluíam outros assuntos, como o direito de auxiliar Portugal em seu processo de independência, a libertação do irmão de Dom João IV aprisionado desde 1641 e o direito de construir novas fortalezas na Catalunha (Rodriguez-Salgado, 1990; Croxton, 2013, cap. 7).

33. Tanto a Holanda quanto a França tentaram negociar com a Espanha, secretamente, já que tal negociação violava os acordos que haviam estabelecido em 1635 e que foram sucessivamente renovados ao longo do Congresso. A França chegou a propor o casamento de Maria Tereza, filha de Filipe IV, com Luis XIV para "trocar" os Países Baixos Espanhóis, que ficariam com a França como dote de Maria Tereza, pela Catalunha, que retornaria à Espanha (Sturdy, 2004, p. 100; Croxton, 2013, cap. 7). O casamento viria a se concretizar pelo Tratado dos Pirineus de 1659 (ver à frente).

34. Os termos da paz entre a Espanha e a Holanda foram relativamente favoráveis à Holanda: além do reconhecimento formal de sua independência, foram concedidas todas as colônias tomadas da Espanha e de Portugal, incluindo o Brasil (Croxton, 2013, cap. 7; Levit, 1971, p. 413).

35. Para as compensações da Suécia e os resultados para o ordenamento do Império, ver Croxton (2013, cap. 8) e Whaley (2012, cap. 58).

prosseguimento da guerra entre a França e a Espanha, em especial que o território do Império onde efetivamente era travada (o Franco-Condado, os Países Baixos Espanhóis e o Luxemburgo) estaria excluído do acordo, e que tanto o Imperador quanto os Estados imperiais ficariam impedidos de declarar guerra à França.[36] Em termos territoriais, foram reconhecidos para a França os três Bispados de Metz, Toul e Verdun e algumas outras cidades na Lorena, quatro cidades alemãs na margem direita do Reno e alguns territórios na Alsácia, sem contudo especificar maiores detalhes a respeito destas posses[37]. Assim, em 1648, "A França e a Espanha permaneceram, frente a frente, para concluir aquele negócio inacabado do século XVI e travar a guerra de atrito que nenhuma das duas desejava mais"[38].

Guerra, paz e a "ordem" de Westfália

O debate mais acirrado acerca do Tratado de Westfália diz respeito à sua contribuição para a formação de um moderno sistema de Estados na Europa. A visão tradicional, ponto de partida para questionamentos e refinamentos ulteriores, é aquela em torno da qual os estudos das relações internacionais se organizaram, qual seja, a de que os Tratados de 1648 representaram algo como a certidão de nascimento daquelas relações, pois definiram o conjunto de regras gerais básicas a partir das quais deveriam ocorrer: relações políticas seculares entre unidades territoriais soberanas de mesma natureza baseadas na ideia de balanço de poder. Eles teriam servido, dessa forma, para enterrar definitivamente o sistema medieval fundado em relações feudais entre entidades heterogêneas a partir de princípios de hierarquia vinculados às figuras do Papa e do Imperador[39].

Essa visão recebeu diversas qualificações, especialmente para indicar que os Tratados de 1648 guardam poucas relações com o estabelecimento daquelas regras de ordenamento do sistema, ou porque não disseram respeito a elas; ou porque algumas já estivessem bem estabelecidas antes de 1648; ou porque ainda outras, se

---

36. A França queria evitar especificamente que o Imperador e/ou algum Estado do Império viesse em apoio da Espanha; segundo os termos finais do Tratado, estes poderiam interferir em guerras entre França e Espanha exceto naquelas que ocorressem no interior do Império. Para indicar a excentricidade deste arranjo, Croxit comenta que é como se, no caso de Rússia e Canadá entrarem em guerra no Alaska, os EUA pudessem apoiar o Canadá em qualquer outro lugar, exceto no Alaska (2013, p. 317).

37. Deixando diversos pontos abertos para interpretação, como, por exemplo, se a França passaria ou não a fazer parte do Império e, portanto, a participar dos órgãos e das decisões imperiais (incluindo a escolha do Imperador), além de não especificar como seriam operacionalizadas as novas possessões. Ver, a respeito, Croxton (2013, cap. 8) e Levit (1971).

38. *"France and Spain remained, face to face, to complete that unfinished business of the sixteenth century, and fight the war of attrition which neither power any longer desired"* (Shuterland, 1992, p. 621).

39. Sobre a relação entre Westfália e o campo das Relações Internacionais, ver Teschke (2003, cap. 1).

não existiam antes de 1648, tão pouco passaram a existir por conta dos Tratados[40]. O conceito de soberania, por exemplo, não fez parte do Tratado e, em geral, não regulava as relações entre os Estados naquele momento, o que não implica, em outro aspecto, que estes não se reconhecessem mutuamente enquanto unidades políticas legítimas. Aquelas relações ainda se davam sobremaneira a partir de princípios dinásticos, como alianças por ligações maritais, e a integridade dinástica ainda era um fator central para a deflagração de guerras e a conquista de territórios. Por outro lado, a prática diplomática e de resolução de conflitos através de tratados de paz já era relativamente bem disseminada na Europa e, nestas negociações, tanto o Imperador quanto o Papa já não possuíam poderes extraordinários de arbítrio. Os Tratados não estabeleceram regras de organização política para a Europa, mas apenas para o Sacro Império Romano, e as "compensações" territoriais recebidas pelos Estados não tinham como objetivo estabelecer um "balanço" europeu, tratando-se antes de demandas relacionadas aos seus conflitos centrais[41].

De qualquer forma, essas qualificações não implicam, em geral, questionar que estivesse em curso um processo de formação e/ou desenvolvimento de um sistema de Estados e, portanto, de alguma "ordem" para aquele sistema. O debate acaba recaindo, portanto, sobre quais seriam as características desta ordem e do "moderno sistema de Estados" e o quão ele já estaria desenvolvido em meados do século XVII. Dependendo da forma como se considere este sistema, portanto, variam as percepções sobre a contribuição do Tratado para a sua formação[42].

---

40. Cf. Teschke (2003, cap. 7) e Osiander (2001).

41. Cf. Lesaffer (1997 e 2004) e Duchhardt (2014).

42. Wigh resume assim o debate: "No início, questionou-se se nosso sistema de Estados se originou por volta do final do século XV, tendo a invasão francesa da Itália como evento crítico, ou em meados do século XVII, com o acordo de paz de Westfália como o evento crítico" ["At the outset the question was posed as to whether our states-system originated about the end of the fifteenth century, with the French invasion of Italy as the critical event, or about the middle of the seventeenth, with the Westphalian peace settlement as the critical event"] (1977, p. 156). Lesaffer, por exemplo, considera que o "sistema medieval" teria se quebrado já na primeira metade do século XVI, mas que o "sistema moderno" só viria a se formar com Westfália (1997); Teschke, por sua vez, considera 1648 como ponto culminante, não da formação do sistema de estados moderno, mas sim de um sistema de estados dinásticos absolutistas, localizando no século XVIII, com a ascensão da Inglaterra, o nascimento do primeiro (2003, cap. 7). Levy prefere trabalhar com a ideia de um "sistema de grandes potências", ou seja, uma "coleção de estados territoriais soberanos interagindo com considerável frequência em um ambiente internacional anárquico" ["collection of sovereign territorial states interacting with considerable frequency in an anarchic international environment"] (1983, p. 19), e localiza em meados do século XV sua formação, com a invasão da Itália pela França em 1494 e o Tratado de Veneza de 1495 (ver cap. 1). Embora para Charles Tilly (1996) a invasão da Itália marque de fato o início do processo de formação do sistema de estados moderno, Westfália seria o marco para sua existência, na medida em que o acordo "travou definitivamente a consolidação de um império dos Habsburgos, tocou o dobre de finados do Sacro Império Romano dominado pelos Habsburgos e tornou improvável que qualquer outro império – com exceção do russo ou do otomano – pudesse expandir-se dentro do continente" (p. 244). Para o debate, ver Wight (1977, caps. 4 e 5) e Larkins (2010, cap. 1).

Do ponto de vista das perguntas aqui definidas, o foco está em refletir acerca da natureza da "paz" estabelecida pelo Tratado e sobre que tipos de "hierarquias, normas e instituições, árbitros e protocolos de punição" aquele teria definido para as futuras guerras, considerando que os Estados da Europa ocidental já estavam envolvidos em dinâmica sistêmica com centralidade na guerra, independentemente dos demais elementos que poderiam sobre ela agir. Para refletir sobre essas questões, convém observar rapidamente os principais conflitos dos cem anos que se seguiram a Westfália, conforme apresentado no quadro 4.

Quadro 4. Principais guerras entre as potências da Europa de 1650 a 1750*

Guerra	Início	Término	Estados envolvidos
Grande Guerra do Norte	1654	1660	Holanda, Imperador, Prússia, Dinamarca, Polônia, Rússia, Suécia
Guerra Naval Anglo-Holandesa (Segunda)	1665	1667	Holanda, Inglaterra, França, Portugal, Dinamarca
Guerra França-Espanha (Guerra de Devolução)	1667	1668	Inglaterra, França, Holanda, Espanha
Guerra Naval Anglo-Holandesa (Terceira)	1672	1674	Holanda, Inglaterra, França
1ª Coalizão contra Luís XIV (Guerra Holandesa)	1672	1678	Inglaterra, França, Holanda, Espanha, Imperador, Prússia, Dinamarca, Suécia
Guerra França-Espanha (Guerra das *Reunions*)	1683	1684	França, Espanha
Guerra França-Império (Guerra das *Reunions*)	1683	1684	França, Espanha, Imperador
2ª Coalizão contra Luís XIV (Guerra dos Nove Anos)	1688	1707	Inglaterra, França, Holanda, Espanha, Imperador, Prússia, Savoia,
Segunda Guerra do Norte	1700	1721	Grã-Bretanha, Holanda, Prússia, Saxônia, Dinamarca, Polônia, Rússia, Suécia
Guerra de Sucessão Espanhola	1701	1713	França, Grã-Bretanha, Holanda, Portugal, Espanha, Áustria, Prússia, Savoia
Guerra da Aliança Quádrupla	1718	1720	França, Grã-Bretanha, Espanha, Holanda, Áustria, Savoia
Guerra Suécia-Hanover	1719	1721	Hanover, Rússia, Suécia
Guerra de Sucessão Polonesa	1733	1738	França, Espanha, Áustria, Prússia, Savoia, Polônia, Rússia
Guerra de Sucessão Austríaca	1739	1748	França, Grã-Bretanha, Holanda, Espanha, Áustria, Bavária, Prússia, Savoia, Saxônia, Rússia

Fonte: Wright (1942, p. 641-3). * A nomenclatura das guerras entre parênteses é de Black (1996).

Como se nota pelo volume de guerras e suas localizações, o Tratado de Westfália teve poucos efeitos sobre a manutenção da paz na Europa ocidental. A França e a Espanha seguirão em guerra até 1659, retomando-a em 1667-8, 1672-8 e 1683-4; mais geralmente, todos os Estados envolvidos nas guerras anteriores seguirão combatendo, incluindo os Estados do Império[43]. De fato, como destacado anteriormente, Westfália não representou uma ruptura no padrão das guerras entre os séculos que separa. O que chama a atenção nos Tratados é, paradoxalmente, sua natureza instável, já que deixou uma série de questões ambíguas ou mal resolvidas[44]. Ainda mais significativamente, a presença francesa nos territórios do Império que o Tratado ratificou representou, em grande medida, uma alteração da hierarquia nas disputas geopolíticas continentais que traria consequências de longo prazo para sua dinâmica e, que, portanto, se tornaria pivô para a deflagração de novos conflitos. As compensações concedidas à França, ainda que fossem seguir sendo disputadas na sequência das guerras posteriores de Luís XIV[45], significavam que ela passaria a ter uma presença nos assuntos do Império e, ao mesmo tempo, teria maior facilidade em desarticular a união entre os Habsburgos.

Após o fim do Congresso de Westfália, as negociações entre França e Espanha que levariam ao Tratado dos Pirineus, retomadas já em 1649, enfrentaram as mesmas dificuldades anteriores, especialmente o impasse a respeito de quais conquistas militares francesas (nos territórios da Alsácia, nos Países Baixos e no Ducado da Lorena, entre outros) seriam mantidas, assim como sobre as garantias mútuas em relação a Portugal e à Catalunha. Como antes, a solução desenhada em 1659 não se revelaria estável, pois as guerras futuras continuariam referindo-se aos mesmos problemas[46]. A aliança dinástica acertada em Pirineus (o casamento de Luís XIV com a filha do Rei da Espanha) também não contribuiu para a estabilidade do Tratado, uma vez que o descumprimento de seus trâmites seria utilizado como justificativa para o novo conflito[47]. Em termos mais gerais, precisamente as

---

43. O quadro não inclui aquela que é considerada por alguns autores como a primeira guerra de natureza mundial, por ter sido travada simultaneamente na Europa, nas colônias e nos mares, ou seja, a Guerra dos Sete Anos (1756-1763).

44. No que se refere às questões da Europa ocidental, dois problemas eram particularmente delicados: o significado e a operacionalização das aquisições territoriais francesas e a manutenção da neutralidade do Imperador na guerra entre França e Espanha. Sobre a instabilidade e a ambiguidade dos Tratados, ver Sturdy (2002, cap. 4), Livet (1971) e Asch (1997, cap. 5).

45. De fato, a sequência de Tratados que encerram as guerras posteriores – Tratados de Aix-la--Chapelle (1668), Nijmegen (1678) e Ryswick (1697) – confirmaram e/ou acrescentaram novos territórios às provisões francesas definidas em 1648; para estes tratados, ver Sturdy (2002, cap. 8).

46. Ver, sobre estas, Zeller (1961) e Livet (1971).

47. Ao se casar com Maria Tereza, Luís XIV renuncia à herança ao trono espanhol em troca do pagamento de um dote; o não pagamento deste foi o argumento utilizado pelo monarca para iniciar a guerra em 1667 (Zeller, 1961).

questões deixadas em aberto ou que se mostraram ambíguas, tanto em Westfália como nos Pirineus, seriam aquelas exploradas por Luís XIV a partir de 1661 para conduzir o processo de expansionismo francês por ele liderado. E a questão da fronteira francesa com a Alemanha, que se iniciara desde o reinado de Carlos V e havia sido o ponto nevrálgico das relações entre França e Espanha nos dois séculos seguintes, encontraria uma solução minimamente estável apenas com o Tratado de Utrecht, de 1713[48].

Assim, do ponto de vista da "ordem" europeia, Westfália representou uma peça relevante na sequência de eventos que conjurava uma grande transformação geopolítica, ou seja, a substituição da Espanha pela França como Estado líder ou hegemônico do sistema, transformação esta que só estaria plenamente concluída em 1713, quando:

> A Espanha não sofreu apenas derrotas para a França: ela também foi repartida, Holanda e Itália foram para a Áustria. Consequentemente, os problemas remanescentes decorrentes da divisão de seu império por Carlos V foram finalmente resolvidos. O cerco da França, o domínio espanhol da Itália e a Estrada Espanhola haviam deixado de existir [...]. Auxiliado pelo tempo e pelo acidente dinástico, Luís XIV finalmente presidiu a destruição do poder espanhol na Europa[49].

Ao atribuir compensações territoriais à França no interior do território do Sacro Império e, simultaneamente, deixar em aberto ou definidas de modo ambíguo questões relativas àquela posse, ao mesmo tempo em que retirava do combate todos os demais Estados, o Tratado de Westfália definiu as regras gerais para que uma nova rodada naquela disputa se iniciasse, rodada esta que esteve longe de

---

48. Shuterland (1992).

49. "Spain not only suffered loses to France: she also suffered partition, the Netherlands and Italy going to Austria. Consequently, the remaining problems arising from the division by Charles V of his empire were finally resolved. The encirclement of France, the Spanish domination of Italy and the Spanish road had all ceased to exist [...]. Assisted by time and dynastic accident, Louis XIV ultimately presided over the destruction of Spanish power in Europe" (Shuterland, 1992, p. 625). Existem polêmicas a respeito de quando o processo estaria concluído. Para Livet (1971, p. 432), por exemplo, em 1661, ano da morte de Mazarin: "o grande duelo entre a França e a Espanha pela ascensão continental estava encerrado. A Espanha estava moribunda. Sua decadência, iniciada no reinado de Filipe II, havia sido selada pelo Tratado dos Pirineus. Sob Luís XIV, o processo de desmembramento continuaria, e sua própria monarquia, como resultado de casamentos que foi incapaz de evitar, cairia nas mãos de uma dinastia francesa" ["the great duel between France and Spain for continental ascendancy was now over. Spain was moribund. Her decadence which began in the reign of Philip II, had been sealed by the Treaty of the Pyrenees. Under Louis XIV the process of dismemberment was to continue, and her very monarchy, as the result of marriages it was unable to avoid, was to fall into the hands of a French dynasty"].

ser pacífica. Não se tratava, portanto, de promover ou garantir a paz, exceto na medida em que esta ordenasse a guerra[50].

Como forma de ilustrar estas considerações, pode-se observar como foram conduzidas as negociações francesas no Congresso de Westfália. Embora na ocasião de sua morte o Congresso ainda não houvesse se iniciado, o Primeiro-Ministro francês, o Cardeal Richelieu, chegou a rascunhar instruções gerais para sua delegação[51]. Nesses rascunhos, concebeu a criação de um sistema internacional que deveria ser estabelecido para preservar a paz após o Tratado através de duas Ligas de Estados, com centros na Alemanha e na Itália. No Congresso, além de uma paz universal, deveriam ser estabelecidos acordos bilaterais, cujos cumprimentos seriam futuramente supervisionados pelas Ligas[52]. Se nas primeiras instruções de seu sucessor, o Cardeal Mazarin, à sua delegação, que chegou a Münster em 1643, ainda havia indicações para o estabelecimento das Ligas, com o desenrolar das negociações, porém, estas passaram a se focar nas compensações territoriais que deveriam caber à França[53], com o Cardeal se mostrando cada vez mais cético quanto às possibilidades de um consenso. Embora haja divergências acerca das reais motivações de Richelieu[54], se seu plano tivesse sido executado, a

---

50. Como resume Duchardt (2004, p. 46): "Os historiadores são bastante céticos no que diz respeito à construção da 'ordem Westfaliana', e na perspectiva do direito internacional e da política externa, eles tendem a reduzir a qualidade do ponto de inflexão da Paz de Westfália, sobretudo quando tomam consciência de que nenhuma ordem política durável de dimensão continental foi alcançada em 1648, mas apenas uma ordem de paz que se limitou ao centro do continente e, além disso, entrou em colapso com relativa rapidez". ["*Historians are rather sceptical as far as the construct of the 'Westphalian order' is concerned, and in the perspective of international law and foreign politics they rather tend to reduce the turning point quality of the Peace of Westphalia, above all as they become conscious that no durable political order of continental dimension was achieved in 1648, but only a peace order which was limited to the centre of the continent and, moreover, actually collapsed relatively quickly*"].

51. Richelieu ascende como Primeiro-Ministro da França em 1624 e conduz a política externa francesa até sua morte, em 1642, sendo um dos grandes responsáveis pelas articulações que levaram ao Congresso de Westfália; após sua morte, foi substituído pelo Cardeal Mazarin, que liderou as negociações através de suas instruções aos plenipotenciários da França. Para as movimentações de Richelieu antes do Congresso, ver Croxton (2013, caps. 2-3); para a estrutura de poder na França no período, ver Sturdy (2004, caps. 1-3); sobre as movimentações de Mazarin no Congresso, ver Sonnino (2008, caps. 3-5).

52. Croxton (2013, p. 107) e Sturdy (2004, p. 100).

53. Croxton (2013, cap. 4) e Sturdy (2004, p. 108).

54. Segundo Sturdy (2002, p. 63): "Para alguns, a política externa de Richelieu foi impulsionada por uma visão que transcendeu até mesmo a busca por território ou a defesa da França. Ele buscava nada menos do que uma nova ordem internacional para a Europa. [...] O que estava em jogo [...] era a busca de uma nova ordem internacional preservada desta vez por várias potências, incluindo a França. A Europa que Richelieu imaginou [...] era aquela em que várias bases de poder se contrabalançariam e ofereceriam proteção aos Estados menores. [...] Uma alternativa cínica a esta interpretação aprovadora é que a guerra da França contra a Espanha garantiu a sobrevivência de

natureza da ordem criada por Westfália poderia ter tido relações mais diretas com a paz. As instruções de Mazarin para seu representante no Congresso de abril de 1646, no entanto, indicam precisamente o quanto ela estava fora de questão:

> Você deve aceitar isso como um artigo de fé, que, como os espanhóis naturalmente nos odeiam, e como esse ódio acaba de ser agravado pelas perdas e afrontas que os fizemos sofrer, temos que torná-los o mais incapazes possível de nos prejudicar, uma vez que eles nunca perderão o desejo ou a oportunidade de fazê-lo[55].

Deve-se enfatizar, finalmente, que estas considerações não têm como objetivo questionar a importância histórica ou política do Tratado, ou o uso do termo "westfaliano" para caracterizar o moderno sistema de Estados. De fato, mesmo que já se tenham levantado questionamentos acerca do Tratado como "certidão de nascimento" daquele sistema, não parece ter entrado em disputa sua relevância, no mais não seja pelo número de signatários e pelas inovações que trouxe para a prática das relações internacionais[56]. O que elas tentam sublinhar é que a natureza do Tratado indica o quanto a guerra era o elemento que conduzia a dinâmica daquele sistema, mesmo quando se tratava de decidir pela paz.

Referências

ASCH, R. G. *The Thirty Years War*: The Holy Roman Empire and Europe, 1618-48. Macmillan Education, 1997.

BELLER, E. A. The Thirty Years War. In: COOPER, J. P. (Ed.). *The New Cambridge Modern History*. Vol. IV. The decline of Spain and the Thirty Years War. 1609-48/59. Cambridge University Press, 1971.

BLACK, J. *The Cambridge Illustrated Atlas of Warfare*. Renaissance to Revolution, 1492-1792. Cambridge University Press, 1996.

Richelieu como ministro principal de Luís XIII". ["*To some, Richelieu's foreign policy was driven by a vision which transcended even the search for territory or the defence of France. He was seeking nothing less than a new international order for Europe. [...] What was at stake [...] was the search for a new international order preserved this time by several powers, including France. The Europe which Richelieu envisaged [...] was one in which several power bases would counterbalance each other and afford protection to smaller states. [...] A cynical alternative to this approbatory interpretation is that France's war against Spain guaranteed Richelieu's survival as principal minister to Louis XIII*"].

55. "*You must accept it as an article of faith, that since the Spanish naturally hate us, and since this hatred has just been augmented by the losses and affronts that we have made them suffer, we have got to make them as incapable as possible to harm us, since they will never lose the urge or the occasion to do so*" (Sonnino, 2008, p. 81).

56. Sobre estas, ver Croxton (2013, cap. 11).

BONNEY, R. *The Thirty Years' War 1618-1648*. Essential Histories. Osprey Publishing, 2002.

CROXTON, D. *Westphalia*. The last Christian Peace. Palgrave Macmillan, 2013.

DUCHHARDT, H. Peace treaties from Westphalia to the Revolutionary Era. In: LESAFFER, R. (Ed.). *Peace treaties and international law in European history*. From the Late Middle Ages to World War One. Cambridge University Press, 2004. p. 45-58.

DUCHHARDT, H. The peace of Westphalia: a European peace. In: ASBACH, O. & SCHRÖDER, P. *The Ashgate companion to the Thirty Years' War*. Ashgate Publishing, 2014. p. 309-318.

FIORI, J. L. Dialética da guerra e da paz. In: _____. (Org.). *Sobre a guerra*. Rio de Janeiro: Vozes, 2018. p. 82-102.

FIORI, J. L. *O "paradoxo de Kant" e a leveza da paz*. mimeo, 2020.

FIORI, J. L. Prefácio. In: _____. *O poder global e a nova geopolítica das nações*. São Paulo: Boitempo, 2007.

GUTMANN, M. P. The origins of the Thirty Years' War. In: ROTBERG, R. I. & RABB, T. K. (Eds.). *The Origin and Prevention of Major Wars*. Cambridge University Press, 1989. p. 177-198.

ISRAEL, J. *The Dutch Republic*. Its rise, greatness, and fall 1477-1806. Oxford University Press, 1995.

KENNEDY, P. *Ascensão e queda das grandes potências*: transformação econômica e conflito militar de 1500 a 2000. Rio de Janeiro: Campus, 1989.

KOENIGSBERGER, H. G. Western Europe and the power of Spain. In: WERNHAM, R. B. (Ed.). *The New Cambridge Modern History*. Volume III. The Counter-Reformation and Price Revolution. 1559-1610. Cambridge University Press, 1968. p. 234-318.

KOENIGSBERGER, H. G.; MOSSE, G. L.; BOWLER, G. Q. *Europe in the sixteenth century*. Pearson Education Limited, 1999.

LARKINS, J. *From Hierarchy to Anarchy*: Territory and Politics before Westphalia. Palgrave Macmillan, 2010.

LESAFFER, R. Peace treaties from Lodi to Westphalia. In: _____. (Ed.). *Peace treaties and international law In European history*. From the Late Middle Ages to World War One. Cambridge University Press, 2004. p. 9-44.

LESAFFER, R. The Westphalia peace treaties and the development of the tradition of great European peace settlements prior to 1648'. *Grotiana*, vol. 18, n. 1, 1997. p. 71-95.

LEVY, J. S. *War in the modern great power system*, 1495-1975. The University Press of Kentucky, 1983.

LIVET, G. International relations and the role of France 1648-60. In: COOPER, J. P. (Ed.). *The New Cambridge Modern History*. Vol. IV. The decline of Spain and the Thirty Years War. 1609-48/59. Cambridge University Press, 1971. p. 411-434.

MALTBY, W. S. *The Rise and fall of the Spanish Empire*. Palgrave Macmillam, 2009.

OSIANDER, A. Sovereignty, international relations, and the Westphalian myth. *International Organization*, vol. 55, n. 2, 2001, p. 251-87.

PARKER, G. (Ed). *The Thirty Years War*. Taylor & Francis e-Library, 2006.

PARKER, G. *The army of Flandres and the Spanish Road*, 1567-1659. The logistics of Spanish victory and defeat in Low Countries' War. Cambridge University Press, 1975.

PURSELL, B. The Palatinate and its networks in the Empire and in Europe. In: ASBACH, O. & SCHRÖDER, P. *The Ashgate companion to the Thirty Years' War*. Ashgate Publishing Limited, 2014. p. 25-36.

RODRIGUEZ-SALGADO, M. J. The Habsburg-Valois wars. In: ELTON, G. R. (Ed.). *The New Cambridge Modern History*. Volume II. Second Edition. The Reformation, 1520-1559. Cambridge University Press, 1990. p. 377-400.

SONNINO, P. *Mazarin's Quest*. The congress of Westphalia and the coming of the Fronde. Harvard University Press, 2008.

STURDY, D. J. *Fracture Europe*: 1600-1721. Blackwell Publishers, 2002.

STURDY, D. J. *Richelieu and Mazarin*. A study in statesmanship. Palgrave Macmilliam, 2004.

SUTHERLAND, N. M. The origins of the Thirty Years War and the structure of European politics. *English Historical Review*, vol. 107, n. 424, July 1992.

TESCHKE, B. *The myth of 1648*: class, geopolitics and the making of modern international relations. London: Verso, 2003.

TILLY, C. *Coerção, capital e Estados europeus*. Editora USP, São Paulo, 1996.

TREVOR-ROPER, H. R. Spain and Europe 1598-1621. In: COOPER, J. P. (Ed.). *The New Cambridge Modern History*. Volume IV. The decline of Spain and the Thirty Years War. 1609-48/59. Cambridge University Press, 1971. p. 260-282.

WHALEY, J. *Germany and the Holy Roman Empire*. Vol. 1. From Maximilian I to the Peace of Westphalia 1493-1648. Oxford University Press, 2012.

WHALEY, J. Imperial politics. 1555-1618. In: ASBACH, O. & SCHRÖDER, P. *The Ashgate companion to the Thirty Years' War*. Ashgate Publishing Limited, 2014. p. 13-24.

WIGHT, M. *System of states*. Leicester University Press, 1977.

WRIGHT, Q. *A study of war*. Vol. I. The University of Chicago Press, 1942.

ZELLER, G. French diplomacy and foreign policy in their European setting. In: CARSTEN, F. L. *The New Cambridge Modern History*. Volume V. The ascendancy of France 1648-88. Cambridge University Press, 1961. p. 198-221.

As Guerras Napoleônicas e a "Paz de Viena" de 1815*

Mauricio Metri

> *Parece-me que, por enquanto, estamos apenas nos moldando à posição de grande potência, esforçando-nos ao máximo para que nossos vizinhos não percebam logo essa situação. Nesse aspecto, a ignorância europeia generalizada em tudo o que tange à Rússia pode nos ser de grande ajuda. [...]. O fato de eles não terem compreendido nada a nosso respeito constitui uma força poderosa.*
>
> Dostoiévski. O Cidadão, n. 21, maio 1873.

Introdução

Depois de um longo período de guerras contínuas na Europa, os Acordos de Viena de 1815 inauguraram o concerto europeu, quarenta anos sem conflitos diretos entre as principais potências do continente, embora sem efetivamente eliminar a pressão competitiva característica do sistema internacional nascido na Itália *quatrocentista*[1]. Em outras palavras, as negociações na capital do império austríaco criaram as condições necessárias para uma "paz em tempos de guerra". Mas, para isso, tiveram que lidar com: o instável jogo de equilíbrio de poder europeu; os ressentimentos acumulados durante os longos e violentos conflitos; os distintos interesses envolvidos; e a necessidade de se estabelecer uma hierarquia para arbitrar a construção de uma paz. Tratou-se efetivamente de uma engenharia político-diplomática singular, porém efêmera quando pensada no horizonte temporal da história do sistema internacional.

Numa perspectiva geo-histórica de mais longa duração, a Paz de Viena consolidou e expôs dinâmicas sociais mais profundas, de movimentos lentos. Não por outra razão, representou o fim da Segunda Guerra de Cem Anos (1689-1815),

---

* Texto baseado em palestra apresentada no Seminário "Sobre a Paz", em 18 de maio de 2018, no Programa de Pós-graduação em Economia Política Internacional do IE-UFRJ.

1. Para mais detalhes sobre as origens do sistema internacional, ver neste livro: "As Guerras Italianas do século XV e a Paz de Lodi: as origens do sistema internacional moderno".

rebaixando a França na hierarquia internacional e alçando a Rússia ao seu núcleo principal. Forjou, com efeito, uma nova geopolítica entre as grandes potências, associada, dentre outros aspectos, aos antagonismos geoestratégicos entre as potências vencedoras.

São, com efeito, dois os conjuntos de indagações principais que organizam a pesquisa deste trabalho. Por um lado, quais foram e como se desenvolveram as dinâmicas geo-históricas que se consolidaram durante as Guerras Napoleônicas? Como elas estruturaram as negociações em Paris e Viena (1814-15)? E como elas moldaram as lutas de poder no núcleo das grandes potências desde então? Por outro lado, quais foram e como se engendraram as condições que permitiram a preservação do concerto europeu por aproximadamente quarenta anos até o início da Guerra da Crimeia em 1853? E, por fim, quais as razões de sua implosão e os efeitos daí decorrentes?

A revolução geográfica russa

Em meados do século XV, o Grão-Ducado de Moscou (Moscóvia) achava-se relativamente isolado das unidades político-territoriais da Europa Ocidental, algumas das quais se encontravam em fase avançada das guerras de eliminação de que falou Norbert Elias[2], relacionadas ao processo de formação dos Estados europeus, por meio da expansão territorial e do fortalecimento da função central com base na monopolização dos instrumentos de violência e tributação e, também, na monetização dos tributos[3]. Embora estivesse desconectada de tais dinâmicas, a Moscóvia igualmente imergia em inúmeras guerras, mas de um outro tabuleiro próximo, a planície russa. Tratava-se de dois distintos espaços ainda não integrados[4].

Esse relativo isolamento da Moscóvia no século XV refletia também outras fissuras ainda mais antigas. Sua cristianização efetiva remete a Vladimir I, autoridade da Rússia de Kiev entre os anos de 980 a 1015. Seu batismo na Igreja Ortodoxa precedera algumas décadas o Grande Cisma Oriente-Ocidente de 1054, quando a Igreja Apostólica Romana se dividiu em Igreja Ortodoxa e a Igreja Católica Romana, inaugurando uma disputa entre Roma e Constantinopla pela condição de verdadeira herdeira da civilização cristã romana. Alguns séculos depois, a independência da Igreja Ortodoxa Russa diante de Constantinopla em 1448

---

2. Para mais detalhes, ver Elias (1939, cap. 2). Para uma análise semelhante, ver também Tilly (1996, p. 91-93).
3. Para mais detalhes, ver Metri (2014, cap. 7).
4. "A Moscóvia medieval era cercada e praticamente não tinha acesso ao mar. A Leste, havia apenas a Taiga, estepes e mongóis. Ao Sul, os turcos e os mongóis das estepes negavam-lhe uma saída para o Mar Negro. A Oeste e Noroeste, suecos, poloneses e lituanos bloqueavam-lhe a passagem até o Báltico (Kaplan, 2013, p. 165).

aprofundou seu isolamento, algo exacerbado ainda mais com o fim do próprio Império Bizantino em 1453[5]. Segundo Braudel,

> Para além da Polônia, a Moscóvia mantém-se durante muito tempo à margem. Como não concordar com Immanuel Wallerstein, que sem muito hesitar coloca-a fora da esfera ocidental, fora da "Europa europeia", pelo menos até o início do governo personalizado de Pedro, o Grande (1689)?[6]

Embora tenha sido marcado por inúmeras descontinuidades – como a invasão polonesa e a ocupação do Kremlin no ano de 1611[7] –, o Ducado de Moscou inaugurara na segunda metade do século XV um longo movimento expansivo, preservado em sua essência por diversas autoridades centrais descendentes da Moscóvia, cujo resultado histórico foi um dos mais significativos processos de conquistas territoriais de todos os tempos. A maior parte da incorporação dessa vastidão ocorreu na fronteira leste da Moscóvia, Ásia adentro. Ao fim e ao cabo, houve a formação da mais extensa unidade político-territorial do sistema internacional, a Rússia, que, em alguns momentos de sua história, chegou a possuir um território de aproximadamente 22 milhões de km². Nos dias atuais, este abrange uma área de 17 mi de km², ainda muito maior do que o Canadá, o segundo, com quase 10 mi km².

Muitos autores atribuem o início dessa expansão a Ivan III (1462-1505), quando a Moscóvia incorporou uma área muito maior do que a original, crescendo para várias direções, mas principalmente sobre o território da República de Novgorod, a noroeste de Moscou, alcançando os limites da própria planície russa nos Montes Urais. No século XVI, tal dinâmica prosseguiu, e a Rússia avançou sobre o Canato de Kazan, em 1552, projetando-se na Planície Ocidental Siberiana, região entre os Urais e o Rio Ienissei, e sobre o Canato de Astrakhan, a sudeste do ducado, chegando em 1556 ao Baixo Volga e ao Mar Cáspio.

No século XVII, o expansionismo russo continuou e de modo ainda mais acelerado. Em aproximadamente três décadas, a Rússia conquistou todo o Planalto Central Siberiano, isto é, a região entre os Rios Ienissei e Lena e, em mais outras duas décadas, alcançou o Lago Baikal ao sul e o Mar Okhotsky no Pacífico. Portanto, de 1618 a 1689, a Rússia incorporou todo o imenso território asiático localizado entre o Ártico e as regiões da Ásia Central, do Planalto da Mongólia e da Manchúria, mais do que dobrando de tamanho[8].

---

5. Para mais detalhes, ver Barraclough (1995, p. 158).
6. Braudel (1979b, p. 409).
7. Para mais detalhes, ver Massie (2011, p. 412).
8. Para mais detalhes sobre a expansão russa, ver, por exemplo, os atlas históricos: Barraclough (1995, p. 158-159) e Santon & McKay (2006, p. 164-169).

Em resumo, "Se a Europa 'inventou' a América, a Rússia precisou 'inventar' a Sibéria. Tanto uma como outra foram submergidas pela enormidade da sua tarefa." (Braudel, 1979b, p. 422). O mapa a seguir (figura 1) expõe a expansão russa entre 1462 e 1689, sendo possível perceber sua considerável extensão.

Figura 1. Expansão do Império Russo – séculos XV-XVII

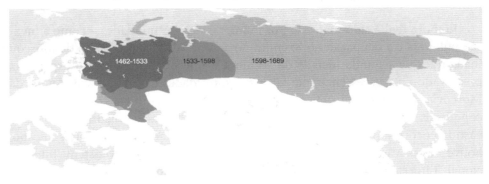

Fonte: elaborado com base em Barraclough (1995) e Santon & McKay (2006).

Observa-se, também, que todo esse processo ocorreu de forma muito acelerada para a direção leste, de maneira que o território russo no final do século XVII, a despeito de seu tamanho expressivo, tinha se projetado até então muito pouco para o ocidente, uma fronteira mais rígida, onde os russos não haviam realizado avanços significativos, inclusive no que diz respeito às saídas para os mares, com destaque para os acessos ao Báltico e ao Mar Negro, até então bloqueados. Naquele momento, seu mais importante porto marítimo localizava-se no Mar de Barents, no Oceano Ártico, na cidade de Arcangel, nordeste de Moscou, cuja navegação, por conta do gelo, encontrava-se fechada em grande parte do ano.

A razão dessas dificuldades em suas fronteiras ocidentais residia no fato de que naquela região a Rússia deparava-se com três importantes autoridades centrais com capacidade e força para bloquear seu expansionismo: o Império Otomano, ao sul; o Reino da Polônia, a oeste; e o Reino da Suécia, a noroeste.

De todo modo, no final do século XVII, nascia às bordas da Europa Ocidental uma vasta unidade político-territorial, que recém-concluía uma revolução geográfica no sistema internacional ainda em expansão. Conquistava e unificava uma grande parte da massa eurasiana, um pedaço expressivo da região que, posteriormente, se tornou basilar no pensamento geopolítico do século XX, denominada, por exemplo, como *Heartland* pelo mais importante geopolítico britânico, Alfred Mackinder, em 1904. Não por outra razão, Leonel Itaussu afirmou que "a conquista das estepes siberianas pelos russos produziu, a longo prazo, consequências tão relevantes quanto a descoberta da rota do Cabo pelos portugueses e o domínio do Novo Mundo pelos espanhóis." (Mello, 2011, p. 28). Eis a essência da *Revolução Geográfica Russa* para o sistema internacional moderno, cujos efeitos sobre as grandes potências europeias começaram a ser sentidos a partir do século XVIII, quando ambos os tabuleiros se integraram por meio das guerras.

A integração da Rússia à Europa

A partir da ascensão de Pedro I (1682 a 1725) e, sobretudo, do início da Grande Guerra do Norte (1700-1721), a Rússia passou a priorizar progressivamente sua fronteira ocidental, em razão das pressões competitivas e das ameaças de potências estrangeiras próximas, redefinindo sua orientação geoestratégica. Símbolo maior dessa inflexão foi a tomada da fortaleza de Nyenskans dos suecos em 1703, no estuário do Rio Neva no Golfo da Finlândia, e a fundação, ali, da cidade de São Petesburgo que dez anos depois se tornou a nova capital do Império. O Tratado de Nystad, de 1721, pôs termo à Guerra do Norte e consolidou as conquistas russas sobre a Estônia e a Livônia, além de confirmar a Rússia como a principal potência no Báltico em detrimento da Suécia. Em termos mais amplos, como resultado dos conflitos, a Rússia inseriu-se efetivamente no tabuleiro das guerras da Europa Ocidental. Nas palavras de Paul Kennedy,

> Depois de mais alguns anos de luta, uma Suécia exausta e isolada teve finalmente de reconhecer a perda de suas províncias bálticas na Paz de Nystad, de 1721. Tinha passado então à segunda ordem de potências, enquanto a Rússia estava na primeira. Para marcar a vitória de 1721 sobre a Suécia, Pedro assumiu, muito apropriadamente, o título de Imperador. [...], a Rússia mostrava claramente que, como a França e a Grã-Bretanha, "tinha capacidade de agir independentemente como grande potência, sem apoio externo." No leste e no oeste da Europa havia agora, na frase de Dehio, um "contrapeso a uma concentração no centro"[9].

Com efeito, as disputas no norte da Europa integraram a Rússia ao grande quadro das guerras do "Longo Século XVIII", recortado pelo que se convencionou chamar de "Segunda Guerra de Cem Anos", cujo início se dera ainda no reinado de Luís XIV da França, mais especificamente com a Guerra de Nove Anos (1689-1697), e cujo término ocorreu somente após a derrota definitiva de Napoleão em 1815. Para os demais países da Europa, a Rússia já era excessivamente

---

9. Kennedy (1989, p. 111).

extensa e com uma grande população[10] para não ser receada, além de uma sociedade muito particular em seus aspectos sociais, econômicos, étnicos e religiosos para ser compreendida.

Depois da morte de Pedro I, em 1725, a Rússia perdeu dinamismo e passou um tempo sem significativos avanços territoriais. Só retomou e empreendeu ações expansivas efetivas décadas depois, no reinado da imperatriz Catarina II (1762-1796), coincidente com o intervalo das Guerras de Sete Anos (1756-63) e as Revolucionárias Francesas (1792-1802). Nesse período, o Império Russo logrou conquistas territoriais em tabuleiros sensíveis.

Logo após a Guerra de Sete Anos (1756-1763), as disputas no lado ocidental da Europa seguiram marcadas pela intensa rivalidade entre França e Inglaterra, que hierarquizava o continente e transbordava para além-mar. No Tratado de Paris (1763), a Inglaterra havia conseguido vantagens consideráveis sobre a França, como nas Índias, nas Antilhas, na África e na América do Norte, além de preservar o equilíbrio de poder no continente. Na prática, expulsou os franceses do subcontinente indiano e intensificou seu longo e violento processo de dominação dos povos da região, a partir de suas posições em Bengala e na costa oriental da Índia, ora Sarkars do Norte[11]. Ali, então, fixou-se um dos lados do que veio a ser tempos depois, no século XIX, o antagonismo entre Rússia e Inglaterra na Ásia Central, denominado de o Grande Jogo.

Já na porção oriental da Europa, a conjuntura do pós-Guerra de Sete Anos fazia-se ainda mais complexa, pois havia quatro potências principais com capacidade de iniciativa estratégica na região: o Reino da Prússia, um dos grandes vitoriosos do conflito, embora desgastado com o esforço de guerra; o Império Austríaco, em relativa decadência e bastante enfraquecido depois dos confrontos; o Império Russo, em processo de recentralização interna, com a ascensão da nova imperatriz; e o Império Otomano ao sul, em declínio lento e gradual, embora ainda com domínios que se projetavam sobre os Balcãs e cobriam todo o Mar Negro, tornando-o efetivamente um mar interior otomano.

Do ponto de vista russo, o império possuía fronteiras diretas com apenas três unidades político-territoriais: a oeste, com o Reino da Polônia, com quase 1.500 quilômetros de fronteiras; ao sul, com o Império Otomano, aliado da França; e, ao norte, com o Reino da Suécia. No entanto, todos se encontravam

---

10. A população russa equivalia aproximadamente à da maior potência europeia, a França. Em 1700, a França possuía uma população de 19 milhões e a Rússia, 17,5 milhões, enquanto as Ilhas Britânicas, 9 milhões. Em 1750, a França chegou a 21,5 mi; Rússia, 20 mi; e Ilhas Britânicas, 10,5. Em 1800, França, 28 mi; Rússia, 37 mi; e Ilhas Britânicas, 16 milhões (Kennedy, 1989, p. 103).

11. Para mais detalhes, ver Barraclough (1995, p. 168-169 e 230-231).

em relativo enfraquecimento, o que permitiu à Rússia uma expansão significativa de suas fronteiras ocidentais até então mais rígidas[12].

A primeira oportunidade surgiu logo no primeiro ano do reinado de Catarina II. A debilidade da saúde do Rei Augusto III da Polônia deflagrou, em 1762, lutas sucessórias naquele reino, tornando-o um tabuleiro de disputas entre potências europeias. Enquanto o filho do rei polonês contava com o apoio da Áustria e da França, Prússia e Rússia costuravam apoio ao ex-amante de Catarina II, Stanislaus Poniatowski, para assumir o reino, além de um tratado de defesa de oito anos entre os dois países. Para tanto, os esforços russos foram bastante incisivos. Enviaram 14 mil soldados para cercar a cidade de Varsóvia de modo a garantir um resultado favorável na eleição do novo rei. Embora Stanislau tenha se comprometido a se casar com uma polonesa católica, evitando a fusão das coroas do Reino da Polônia e do Império Russo, a escolha do novo rei constituiu uma grande vitória de Catarina II, a despeito da contrariedade e oposição austríaca e francesa. Portanto, em sua primeira iniciativa no campo das relações internacionais, a imperatriz conseguiu uma aliança defensiva com a Prússia e incorporou o Reino da Polônia para sua esfera de influência. Desde então, tornaram-se regulares as intervenções russas na Polônia, inclusive por meio do envio de tropas para pressionar as deliberações na Dieta polonesa ainda nos primeiros anos do reinado de Stanislaus[13].

Com efeito, a formação de um bloco de poder russo-polaco preocupou e muito o Império Otomano, confrontação esta que se tornou inevitável. Em 1768, com o apoio indireto da França, os otomanos declararam guerra à Rússia. Deflagrava-se a Primeira Guerra Russo-Turca (1768-1774), cujas batalhas em geral foram vencidas pelas tropas de Catarina, apesar dos esforços otomanos. Em determinada ocasião, a marinha russa deslocou-se do Báltico até o Mediterrâneo e derrotou os navios turcos em Cesme. Temendo uma vitória expressiva da imperatriz, tanto aliados quanto rivais tentaram mediar as negociações de paz de modo a frear uma expansão Romanov "excessiva". Não interessava à Áustria, tampouco à Prússia, assim como à França e à Inglaterra, o domínio russo sobre toda a Polônia e sua

---

12. "Ao longo da fronteira ocidental, estava o enorme reino da Polônia, de governo caótico, que em tempos idos havia despojado a Rússia e a Ucrânia de grandes faixas de território. Portanto, se Catarina queria imitar Pedro expandindo o império e criando novos caminhos para o mundo, precisava olhar para o sul e o oeste. Ao sul estava a Turquia, e a oeste, a Polônia" (Massie, 2011, p. 411).

13. Por exemplo, "Em 7 de novembro de 1767, a Dieta, com muitos membros ausentes, com baionetas russas brilhando por toda a parte e sem apoio de ninguém, se rendeu muito a contragosto, e concordou em dar direitos iguais aos 'dissidentes'. [...] Em fevereiro de 1768, eles [russos] forçaram uma a assinatura de um tratado russo-polonês que garantia a liberdade de culto a minorias dissidentes, e fazia o rei se comprometer a não tentar nenhuma mudança na Constituição polonesa sem o consentimento da Rússia" (Massie, 2011, p. 421).

projeção sobre os Balcãs e, no limite, sobre os estreitos e Constantinopla. Foi a primeira vez que se consolidou, na Europa, uma percepção generalizada de medo e receio quanto à Rússia, já gigante territorialmente, com capacidade de iniciativa estratégica em mares distantes e territórios estrangeiros, e com suas preocupações direcionadas para o Ocidente. Enraizavam-se dinâmicas sociais profundas, de mais longa duração, estruturadas num antagonismo geopolítico em formação entre a Rússia e as potências do Ocidente.

Ainda no contexto dos conflitos entre turcos e russos, coube a Frederico da Prússia uma iniciativa diplomática bastante hábil para conciliar objetivos tão distintos como estancar a evolução das lutas, criar contrapesos à Rússia na Polônia e arrefecer a projeção Romanov nas áreas de dominação otomana, sobretudo Balcãs e Mar Negro. Para tanto, propôs a partilha da Polônia entre Rússia, Prússia e Áustria em 1772. Percebendo a possibilidade de uma grande aliança antirrussa e diante do avanço já consumado da Áustria sobre a Polônia, Catarina aceitou a proposta de Frederico e, assim como a Áustria, as outras duas potências da região, Rússia e Prússia, também saíram à conquista de seu quinhão na Polônia. Em agosto de 1772, chegaram a um acordo e assinaram a Primeira Partilha da Polônia, que perdeu quase um terço de seu território e mais de um terço de sua população. Coube à Rússia a maior fatia (58 mil km^2), grande parte do que hoje é a Bielorrússia. A Prússia adquiriu 21 mil km^2, e a Áustria, 44 mil km^2[14]. Na prática, a Polônia acabou se tornando a variável de ajuste de uma tentativa de acomodação de interesses contraditórios entre as potências de um tabuleiro marcado pela complexidade e intensa rivalidade interestatal.

Para sorte de Catarina II, a morte do Sultão Mustafá III, em dezembro de 1773, impeliu o Império Otomano a encerrar a guerra, dada a situação interna e a avaliação, em Constantinopla, de sua posição desfavorável no conflito. Não por outra razão, o Tratado de Paz de Kuchuk Kainardzhi, de 1774, definiu condições muito vantajosas ao vencedor. A Rússia tomou territórios no Cáucaso e nas margens da foz do Rio Dneiper no Mar Negro, além de estabelecer o fim do domínio otomano na Crimeia, com a independência do canato local, efetivamente incorporado ao Império Russo alguns anos depois, em 1783. Ademais, o Tratado também garantiu liberdade de navegação às embarcações russas em todo o Mar Negro e tráfego irrestrito pelos Estreitos, portanto acesso russo ao Mediterrâneo. Por fim, como em geral ocorria naqueles tempos, o vitorioso impôs indenizações de guerra ao perdedor denominadas em sua moeda, ou seja, fixou dívidas no valor de meio milhão de rublos sobre o Império Otomano.

---

14. Para mais detalhes, ver Massie (2011, p. 429).

Oitenta anos depois de Pedro I, portanto, Catarina II, além de realizar o mesmo feito de conseguir uma nova saída para o mar, logrou projetar a Rússia sobre a Polônia, cercando efetivamente a Europa. "Agora a Europa estava ciente de que a predominância no Mar Negro havia passado para a Rússia"[15].

Ainda durante os últimos anos da primeira guerra contra os otomanos (1773-74), ocorreu dentro do império Romanov uma outra disputa, que influenciou, anos mais tarde, a posição russa nas negociações de Viena. Eclodiu uma violenta rebelião que culminou numa mistura de sublevação e guerra civil. Uma convulsão social que reuniu diferentes grupos étnicos, como cossacos, basquires, calmucos, dentre outros, além de servos metalúrgicos e camponeses, em geral vítimas da violência e da exploração ligadas aos trabalhos forçados característicos da servidão na Rússia. Para alguns, tratou-se de uma das maiores revoltas camponesas da história do país, ao abarcar várias regiões dos Rios Don e Volga e dos Montes Urais. Chegou a contar com um exército de mais de 20 mil homens em Kazan, cidade invadida e queimada pelos revoltosos e onde as forças imperiais, em 1774, derrotaram a rebelião[16].

Efetivamente, a Revolta de Pugachev revelou aos Romanov e a toda a aristocracia russa o grau de tensão acumulado no país, instaurando um receio profundo quanto à preservação da ordem interna. As origens dessas contradições relacionavam-se com a forma como as relações de servidão se desenvolveram na Rússia e com a grande heterogeneidade étnica em seu vasto território. Não é surpreendente que tal medo reapareceu com força na elite russa durante os acontecimentos revolucionários na França e se manifestou com veemência na posição do país nas negociações sobre o pós-guerra napoleônicas em Viena. Eis aqui uma das sementes do que mais tarde levou à criação da Santa Aliança.

Durante o intervalo de 13 anos entre a Primeira e a Segunda Guerras Russo-Turcas, isto é, de 1774 a 1788, os russos promoveram uma intensa ocupação dos territórios conquistados ao sul, a fim de defendê-los e garantir sua nova saída aos mares. Gregório Potemkin, amante da imperatriz, esteve à frente de tais esforços. Para tanto, criaram a importante cidade de Kherson no estuário do Rio Dnieper, onde instalaram a primeira base naval russa no Mar Negro; com a anexação da Crimeia em 1783, construíram a segunda base naval russa no Mar Negro, a de Sebastopol; iniciaram a construção de uma nova capital do Império na Região Sul, Ekaterinoslav, atual Dnipro na Ucrânia, às margens do Rio Dnieper; e fundaram o porto de Nicolaev, próximo à cidade de Kherson.

---

15. Massie (2011, p. 431).
16. Para mais detalhes, ver Massie (2011, p. 440).

Em 1781, ocorreu uma inflexão na política externa russa, afastando-se da Prússia e aproximando-se da Áustria, por iniciativa de José II, imperador austríaco. Áustria e Rússia forjaram uma aliança contra o Império Otomano, cujos territórios ansiavam conquistar e partilhar. Catarina pensava inclusive restaurar o império grego, tendo Constantinopla como capital, mas, claro, sob controle russo. Com o aguçamento crescente da pressão externa sobre suas fronteiras, alguns anos depois, o Império Otomano reagiu e declarou guerra à Rússia em 1788. Buscava nada mais do que recuperar a Crimeia e destruir a frota russa no Mar Negro. Embora tivesse sido surpreendida, Catarina transformou a ação do sultão em uma oportunidade para tentar expulsar os otomanos dos Balcãs e conquistar Constantinopla. Depois de inúmeros conflitos, a guerra terminou em dezembro de 1791, quando da assinatura do Tratado de Jassy na Moldávia. Nenhum dos beligerantes efetivamente alcançou seus objetivos, embora as vantagens tenham sido claramente russas, que garantiu o domínio da Crimeia, o controle da foz do Rio Dneiper e a expansão territorial na região entre os rios Bug e Dniester, onde fundou a cidade de Odessa, reforçando sua presença militar e comercial no Mar Negro.

Ao longo dessa Segunda Guerra Russo-Turca, a Rússia se viu obrigada a lutar na verdade em duas frentes. Isso porque, percebendo o empenho e o foco dos Romanov em sua fronteira sul, o rei da Suécia, Gustavo III, invadiu a Finlândia em 1789 e dirigiu-se à conquista de São Petersburgo, obrigando a imperatriz Catarina a uma resposta imediata. Depois de alguns confrontos que duraram um ano, o monarca sueco recuou. Nos acordos de paz, restabeleceram-se as antigas fronteiras de antes da guerra. Portanto, um pouco antes de a Revolução Francesa estourar, a Rússia estava completamente envolta em dois conflitos em defesa de suas posições estratégicas de saída para os mares Báltico e Negro. Em ambos obteve sucesso, para contrariedade das demais potências.

A Rússia no contexto da Revolução Francesa

Em 14 julho de 1789, a França mergulhou em profundas transformações com impactos sobre toda a Europa. Os eventos que se sucederam à tomada da Bastilha assustaram as monarquias europeias, como a abolição dos direitos da aristocracia e dos privilégios da nobreza e do clero, associada à proclamação da Declaração dos Direitos do Homem. Em seu primeiro artigo de sua primeira versão, esta estabelecia que os homens nascem e são livres e iguais em direitos; em seu segundo artigo, defendia a liberdade, a propriedade, a segurança e a resistência à opressão; em seu terceiro, decretava que a soberania emanava da nação e nenhum indivíduo poderia exercer autoridade sem sua determinação. Em suma, em seu conjunto, a Declaração correspondia à desestruturação total dos pilares do *Ancien Régime*, das monarquias e seus sistemas políticos e sociais aristocráticos. Uma ameaça que perpassava todas as unidades político-territoriais da Europa, a despeito de suas rivalidades geopolíticas.

Tudo isso ocorreu em um dos mais importantes e poderosos Estados europeus. Prússia e Áustria, futuros parceiros da Rússia na Santa Aliança, manifestaram suas preocupações e articularam uma declaração em 1791, a de Pillnitz, afirmando que o destino da França era de interesse comum da Europa. Solicitaram às demais monarquias europeias ajuda na defesa da restauração da monarquia francesa. A imperatriz Catarina, por sua vez, acompanhou com considerável apreensão os desdobramentos na França, embora ainda estivesse então imersa em dois conflitos – a defesa das conquistas de Pedro I no Báltico contra a Suécia e a continuação de sua expansão recente no Mar Negro contra o Império Otomano. No entanto, em memorando escrito em 1792, Catarina afirmou que: "a causa do Rei da França é a causa de todos os reis. Todo o trabalho da Assembleia Nacional é no sentido de eliminar a forma de monarquia existente há mil anos no país. É importante que a Europa veja a França reassumir sua posição de grande potência" (Massie, 2011, p. 587). Não fazia muito tempo e a imperatriz havia se deparado com uma insurreição popular, a Revolta de Pugachev. As preocupações com os eventos na França cresceram a tal ponto nos palácios de São Petersburgo que Catarina, numa iniciativa de enorme pragmatismo, articulou com seu último adversário de véspera, Gustavo III da Suécia, um exército internacional para invadir a França. Contudo, a morte do monarca logo em seguida, por disputas internas na Suécia, impediu a ação.[17]

A imperatriz entendia a intrincada dupla dimensão das lutas de poder características daquele momento: de um lado, as revoltas antimonarquistas relativas à ordem interna de cada Estado e, de outro, as guerras interestatais de natureza geopolítica, ligadas à pressão competitiva entre as unidades político-territoriais do sistema europeu. Anos depois, tal percepção pautou as estratégias e as proposições russas nas negociações em Viena.

O agravamento do contexto francês, com a execução do monarca Luís XVI, em janeiro de 1793, e as derrotas da Áustria e da Prússia diante do governo revolucionário impeliram uma aproximação entre Rússia e Inglaterra. Se, por um lado, a Rússia de Catarina reagiu energicamente contra o que chamava de "veneno francês" dentro dos domínios do seu império, por outro, a imperatriz sabia que sem a Inglaterra pouco poderia fazer para além de suas fronteiras próximas. Por sua vez, a Inglaterra, já sob comando do primeiro-ministro William Pitty, o Novo,

---

17. Massie (2011, p. 587).

não conseguia mais atuar indiretamente pela preservação do equilíbrio de poder na Europa, sobretudo depois de entrar em guerra contra a França revolucionária em 1793[18].

Para complicar a situação russa, a Polônia havia conseguido, em 1790, um acordo com a Prússia de ajuda em caso de invasões externas. Encorajada, a Dieta polonesa estabeleceu uma nova constituição em 1791, diminuindo os poderes da nobreza local e, com efeito, a capacidade de a Rússia exercer seu controle sobre o país. Prússia e Áustria, em um primeiro momento, haviam aceitado a nova Constituição. No entanto, para Catarina, a prioridade era restaurar seu domínio sobre a Polônia. Contou, para tanto, com a ajuda indireta da França revolucionária quando esta declarou guerra à Áustria. Catarina aproveitou a oportunidade para invadir a Polônia novamente em 1792. Embora tenha logrado êxito fácil no campo militar, as intensas disputas internas na Polônia daí decorrentes compeliram a imperatriz a propor uma segunda partilha de forma a envolver também a Prússia na luta contra o "jacobinismo polonês". Em 1793, os dois países assinaram e executaram o que haviam planejado, a Segunda Partilha da Polônia. Para a Rússia, couberam 140 mil km^2 a leste do território da Polônia; e, à Prússia, 37 mil km^2 de territórios a oeste da Polônia. A Áustria não participou, recebendo apenas uma promessa da Prússia de assistência na guerra contra a França. Como resultado, a Rússia seguiu expandido-se Europa adentro às expensas da Polônia, ora reduzida a apenas um terço de seu tamanho original.

Não demorou muito e sobreveio na Polônia uma forte reação popular contra a violência e o arbítrio externos. Em 1794, a revolta se espalhou por várias regiões e alcançou a capital Varsóvia, onde os insurgentes enfrentaram e derrotaram mais de sete mil soldados russos. Sob o medo dos movimentos antimonarquistas de inspiração jacobina, Catarina executou uma resposta imediata e bastante violenta. Apesar do empenho, a resistência polonesa não teve condições de segurar as forças russas. Com a derrota, a Polônia passou a ser tratada como um país conquistado, e as negociações entre as três potências da Europa Central conduziram à Terceira Partilha, então definitiva, da Polônia no ano de 1795. Significou, de um lado, o contínuo avanço russo na Europa e, de outro, o início de uma longa extinção da Polônia que durou 126 anos, revista apenas no contexto dos Acordos de Versalhes, no pós-Primeira Guerra Mundial, em 1919.

Os mapas a seguir (figura 2) comparam as configurações político-territoriais da Europa nos anos de 1700 e 1803.

---

18. "[Em 1793] a Prússia e o Império dos Habsburgos, combatentes originais, passaram a contar com um enorme grupo de outros Estados, chefiados pela Inglaterra e Rússia, e incluindo todos os vizinhos da França" (Kennedy, 1989, p. 124).

Figura 2. Projeção do Império Russo sobre a Europa no século XVIII

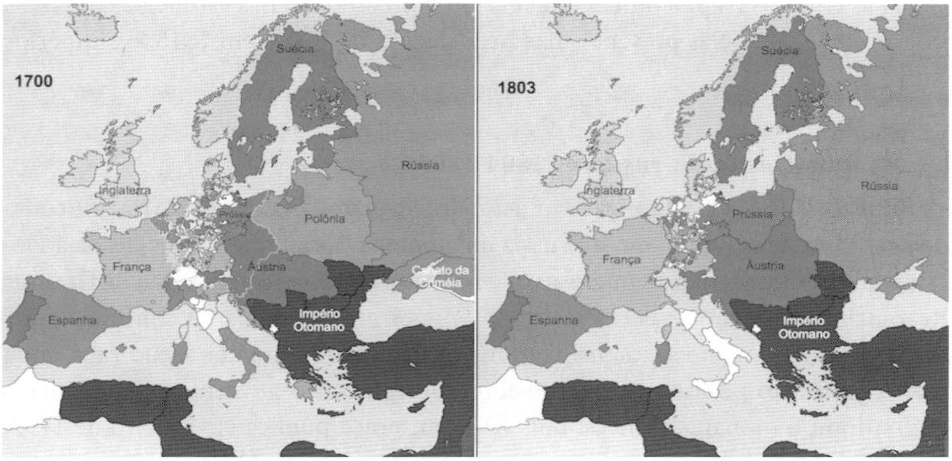

Fonte: elaborado com base em Barraclough (1995) e Santon & McKay (2006).

É possível perceber a projeção da massa continental russa sobre a Europa com base em três distintos movimentos: a abertura de uma saída para o Mar Báltico, projetando-se ao Mar do Norte; a abertura de outra saída marítima, no caso para o Mar Negro, projetando-se para o Mediterrâneo; e o avanço sobre a Polônia, projetando-se para o centro da Europa, ao mesmo tempo que a cercava pelos mares. Portanto, se antes das Guerras do Norte a Rússia se encontrara enclausurada e com uma lógica expansiva voltada para o oriente, ao longo de todo o século XVIII, ela não apenas inverteu a direção de sua expansão em termos geoestratégicos, como conseguiu duas saídas marítimas, cercando o continente, ao mesmo tempo que chegou aos limites da fronteira do Leste Europeu com a Europa Central, pressionando as potências ocidentais de então.

Por fim, faz-se necessária uma breve observação sobre a perspectiva da Inglaterra nesse contexto. Os sucessivos tratados de paz que encerraram cada uma das guerras de que participou entre 1689 e 1803, no contexto da Segunda Guerra de Cem Anos contra a França, evidenciaram seus objetivos geoestratégicos de defender o equilíbrio de poder na Europa, de um lado, e disputar o controle dos mares e construir um vasto império colonial, de outro. O historiador Eric Hobsbawm resumiu o desfecho da política imperial britânica ao longo do século XVIII da seguinte forma: "O resultado desse século de guerras intermitentes foi o maior triunfo jamais obtido por qualquer Estado: o virtual monopólio entre as potências europeias, de colônias externas e o virtual monopólio de poder naval em escala mundial"[19].

---

19. Hobsbawm (2000, p. 47).

Pode-se dizer, em resumo, que este foi o antagonismo geo-histórico que antecedeu as Guerras Napoleônicas e se revelou por completo nas estratégias das mais importantes potências presentes nas negociações de Viena em 1815, os impérios Russo e Britânico.

As tratativas anglo-russas de 1804-1805

Em abril de 1792, a França revolucionária declarou guerra à Áustria por conta de suas manobras junto com a Prússia em apoio ao monarca francês desde a Declaração de Pillnitz, dando início ao que na historiografia se denomina de Guerras Revolucionárias Francesas (1792-1802). Poucos meses depois, os conflitos internos na França também se intensificaram, e seus desdobramentos sacudiram ainda mais o contexto político europeu, sobretudo quando o governo revolucionário guilhotinou o monarca francês, Luís XVI, em praça pública em janeiro de 1793. O regicídio não assustou pouco as monarquias europeias. De imediato, diversos países reagiram contra a França, formando a Primeira Coalizão (1793-97).

A partir de então, as lutas de poder na França aguçaram-se radicalmente em dois níveis diferentes, tanto no que se refere à implosão da antiga ordem interna, combinada à recentralização do poder, quanto no que diz respeito às guerras contra potências estrangeiras. Nesse contexto, o governo revolucionário conseguiu reorganizar as forças militares do país, alicerçando-as numa capacidade expressiva de mobilização de recursos humanos e numa estrutura de disciplina flexível do novo exército francês em formação. Operava-se uma verdadeira revolução na arte da guerra em defesa do território nacional contra potências estrangeiras e em defesa da nova ordem interna[20]. Para surpresa da época, os conflitos internos na França acabaram por envolver todo o continente, unificando ao fim e ao cabo as demais potências em torno do propósito de restauração da antiga ordem na França e na contenção do expansionismo francês[21].

---

20. "O primeiro exército nacional francês foi formado segundo uma lei de 1793, que resumia a nova tendência à guerra absoluta. 'Os jovens devem lutar; os casados devem fabricar armas e transportar mantimentos; as mulheres fabricarão tendas e roupas e servirão nos hospitais; as crianças converterão tecidos velhos em ataduras; os idosos serão levados a praças públicas para discursar e inspirar os soldados, para pregar o ódio aos reis e proclamar a unidade da república'" (Gilbert, 2005, p. 130).

21. Para Paul Kennedy, num primeiro momento, a situação da França não era percebida com receio por parte dos países europeus. "Os franceses estavam interessados apenas nas lutas internas no período que se seguiu à queda da Bastilha; e embora a crescente radicalização da política francesa preocupasse alguns governos estrangeiros, a agitação ocorrente em Paris e nas províncias sugeria que a França pouco peso teria na política de poder europeia. Por isso, Pitt buscava reduzir as despesas militares britânicas ainda em fevereiro de 1792, enquanto no Leste as três grandes monarquias estavam muito mais interessadas na divisão da Polônia" (Kennedy, 1989, p. 123-124).

Embora não faltassem preocupações quanto à intensidade que as disputas dentro da França alcançaram e ao seu transbordamento para além de suas fronteiras, a Primeira Coalizão logrou diversos fracassos, e a França conseguiu expandir seus limites até as margens do Reno, dominar os Países Baixos, onde criou a República Batava, além de impor o realinhamento espanhol contra a Inglaterra. As conquistas francesas decorrentes do desastre da Primeira Coalizão criaram o cenário para novas iniciativas, uma vez que os tratados de paz assinados por diferentes países com a França permitiram que esta se posicionasse no norte da Itália e em outras regiões costeiras do Mediterrâneo. Estabeleceu, por exemplo, a República da Ligúria e a República da Cisalpina (1797). Consolidou domínios na Ístria e na Dalmácia, alargando até as bordas do Adriático e os Balcãs suas possibilidades de ação. Portanto, a França revolucionária projetava-se sobre um tabuleiro há tempos em disputa entre russos, austríacos, otomanos e ingleses, cujo ponto mais sensível era o controle dos estreitos de Bósforo e Dardanelos.

Quando invadiu o Egito em 1798, conquistando no caminho as Ilhas de Malta e Jônicas, posições estratégicas no Mediterrâneo, Napoleão desafiava, além dos otomanos, uma de suas principais rivais, a Inglaterra, cuja marinha já dominava aquelas águas. Sua posterior invasão ao Levante em 1799 intensificou a pressão nesse tabuleiro. Foi diante desse quadro que ocorreu a formação da Segunda Coalizão (1798-1802), composta pelos rivais de ontem, impérios russo e otomano, além de ingleses, austríacos e outras autoridades centrais menores.

As iniciativas francesas fora da Europa não alcançaram seus objetivos. Coube sobretudo à marinha britânica derrotar as forças de Napoleão em Abuquir, próximo de Alexandria, e em aliança com os otomanos vencê-las na Síria. De todo modo, ficaram claras as pretensões expansivas francesas, um horizonte nada despretensioso e bastante desestabilizador das correlações de força de então. A França também perdera Malta e Minorca no Mediterrâneo, além de sofrer derrotas na Itália, mas suas ações na Suíça levaram à saída da Rússia da Segunda Coalizão em outubro de 1799. No ano seguinte, a França derrotou a Áustria e, em 1802, a Inglaterra sozinha preferiu negociar o Acordo de Paz de Amiens com a França. Era o fim da Segunda Coalizão[22].

Duas observações fazem-se necessárias. Em primeiro lugar, foi no contexto do fracasso da Segunda Coalizão que Bonaparte avançou no fortalecimento de seu poder dentro da França com o golpe de 18 de Brumário, pondo fim ao Diretório (1795-99) e inaugurando o Consulado (1799-1804)[23]. Em segundo, na formulação

---

22. Para mais detalhes, ver Crawley (1965, p. 257).
23. "Na mesma semana [da saída da Rússia da Segunda Coalizão] Bonaparte reapareceu em Paris, tendo deixado suas forças abandonadas no Egito. Em 9 de novembro, o golpe de Estado do Brumário pôs fim ao desacreditado Diretório e estabeleceu o Consulado provisório. No final

do Programa da Segunda Coalizão, ainda em 1798, o primeiro-ministro britânico, William Pitt, propusera um primeiro esboço de redesenho das fronteiras na Europa para restauração do equilíbrio de poder com algumas sugestões que, anos depois, acabaram prevalecendo em Viena.

> A França, sugeriu Pitt, deveria ser reduzida às suas fronteiras pré-revolucionárias. A República Holandesa deveria ter sua independência restaurada e poderia ser fortalecida contra futuras agressões francesas, unindo-se às províncias belgas. Da mesma forma, a Suíça deveria recuperar seu território e independência. Como compensação pela perda das províncias belgas, a Áustria receberia território italiano, enquanto à Prússia (como incentivo para se juntar à coalizão) seria oferecida uma compensação na Alemanha [Sacro Império Romano Germânico][24].

Cabe observar que, por um lado, se tratava de algo não muito surpreendente para a longa tradição da política externa britânica, que há séculos, desde sua derrota na Primeira Guerra de Cem Anos (1337-1453), deixou de buscar posições territoriais no continente, passando a defender o equilíbrio de poder na Europa. Não por outra razão, Braudel afirmou que a Inglaterra se tornara uma ilha somente a partir de 1453[25]. Por outro lado, não se deve esquecer que a proposição de Pitt de 1798 ia ao encontro do que Catarina II já havia proposto seis anos antes, em memorando de 1792, quando conclamou os demais países a restaurar a monarquia francesa e a reconduzir o país à sua posição de grande potência, conforme mencionado.

Nos anos de 1803 e 1804, as rivalidades anglo-francesas cresceram novamente, o que implicou o abandono dos acordos negociados na cidade de Amiens. A Inglaterra impôs o bloqueio naval à França, e Napoleão autoproclamou-se imperador em dezembro de 1804 na Catedral de Notre Dame. Foi nesse contexto que

---

do ano de 1799, Bonaparte havia consolidado sua autoridade como primeiro cônsul e chefe da República Francesa". ["*The same week [da saída da Rússia da Segunda Coalisão] Bonaparte reappeared in Paris, having left his marooned forces in Egypt. On 9 November the coup d'etat of Brumaire ended the discredited Directory and established the provisional Consulate. By the close of the year 1799 Bonaparte had consolidated his authority as first consul and head of the French Republic*"] (Crawley, 1965, p. 257).

24. "*France, Pitt suggested, should be reduced to its pre-revolutionary frontiers.The Dutch Republic must be restored to independence and might be strengthened against future French aggression by uniting it with the Belgian provinces. Switzerland must likewise regain its territory and independence.As compensation for the loss of the Belgian provinces,Austria would receive Italian territory, while Prussia (as an inducement to join the Coalition) would be offered compensation in the Germanies*" (Crawley, 2008, p. 256-257). A tradução desta citação e das seguintes é de responsabilidade do autor deste capítulo.

25. "Entre 1453 e 1558, [...] a Inglaterra, sem ter consciência disso na época, tornou-se uma ilha (perdoem-me a expressão), isto é, um espaço autônomo, distinto do continente. Até esse período decisivo, a despeito da Mancha, a despeito do mar do Norte, a despeito do estreito de Calais, a Inglaterra estava corporalmente ligada à França, aos Países Baixos, à Europa" (Braudel, 1986, p. 326).

ocorreu uma reaproximação entre Rússia e Inglaterra, acrescida da Áustria, mas sem a Prússia, formando a Terceira Coalizão[26].

Um documento de comunicação oficial de 19 de janeiro de 1805, enviado pelas autoridades britânicas à embaixada russa em Londres, em resposta à missão de Novossiltzoff à Inglaterra no ano anterior, para uma aliança entre os dois países, revela indícios sobre as origens das primeiras diretrizes do que dez anos depois vieram a fundamentar os Acordos de Viena. A introdução do livro ao documento histórico torna claro o protagonismo da Rússia no processo.

> Em discussões com ele [Novossiltzolf] e o conde Vorontzoff, embaixador russo, [William] Pitt examinou todo o terreno da política europeia que havia sido aberto pela Rússia. A garantia especial foi sugerida originalmente pela Rússia, como o professor Alison Phillips apontou. O resultado final foi o tratado entre a Rússia e a Grã-Bretanha de 11 de abril de 1805 [...][27].

O próprio primeiro parágrafo do documento confirma a satisfação e a concordância da Inglaterra com a proposta russa para Europa: "[...] e Sua Majestade viu com inexprimível satisfação a sábia, digna e generosa política que o Imperador da Rússia está disposto a adotar, nas atuais situações calamitosas da Europa"[28].

Em seguida, é interessante notar o estabelecimento dos principais objetivos da aliança, algo que prevaleceu uma década depois nos Acordos de Viena e fundamentou, inclusive, os propósitos das instituições criadas na ocasião. Em primeiro lugar, retirar do domínio da França os territórios por ela subjugados e reduzi-la a suas fronteiras pré-1789, conforme já havia sido sugerido por William Pitt em 1798 e Catarina II em 1792. Em segundo, empreender um novo redesenho dos territórios recuperados da França com o objetivo de garantir tanto sua segurança

---

26. "Em novembro [1804] Alexandre despachou Nicolai Novosiltsev para Londres com plenos poderes para concluir uma aliança, mas um acordo não foi concluído e assinado até 11 de abril de 1805. A Áustria, aliada à Rússia por um pacto defensivo secreto desde novembro anterior, juntou-se à coalizão em formação e obteve um subsídio britânico em 9 de agosto de 1805" ["*In November [1804] Alexander dispatched Nicolai Novosiltsev to London with full power to conclude an alliance, but an agreement was not completed and signed until 11 April 1805. Austria, allied with Russia by a secret defensive pact since the previous November, joined the crystallising coalition and obtained a British subsidy on 9 August 1805*"] (Crawley, 1965, p. 266).

27. "*In discussions with him [Novossiltzolf] and Count Vorontzoff the Russian Ambassador, [William] Pitt went over the whole ground of European politics which had been opened by Russia. The suggestion of the special Guarantee came originally from Russia, as Professor Alison Phillips has pointed out. The final result was the treaty between Russia and Great Britain of April 11th, 1805 [...]*" (Webster, 1921, p. 389).

28. "*[...] and His Majesty has seen with inexpressible satisfaction, the wise, dignified, and generous, policy, which the Emperor of Russia is disposed to adopt, under the present calamitous situations of Europe*" (Webster, 1921, p. 389).

quanto conter um novo expansionismo francês, o que assumiu a forma, em 1815, da Confederação Germânica, conforme sugerido por Pitt em 1798. Por fim, em nome da restauração da paz, formar um acordo geral com garantias para proteção e segurança mútuas das diferentes potências, como também para o restabelecimento de um regime geral na Europa. Este último era uma proposta à feição russa, que, anos depois, manifestou-se explicitamente na forma da defesa das monarquias baseadas no direito divino contra os ideais republicanos revolucionários de 1789, fundamentando a própria criação da Santa Aliança[29].

Sobre o primeiro ponto, uma vez derrotadas as tropas de Napoleão, não havia nenhuma outra possibilidade à Rússia e à Inglaterra. De acordo com o próprio documento:

> O primeiro [objeto] é certamente aquele para o qual, sem qualquer modificação ou exceção, os desejos de sua Majestade, bem como os do Imperador, seriam preferencialmente dirigidos, e nada menos que isso pode satisfazer completamente os pontos de vista que ambos os soberanos formam para a libertação e segurança da Europa.[30]

Para tanto, o documento aponta a importância decisiva de envolver as outras duas potências militares do continente no concerto em proposição, Prússia e Áustria, sob o risco de inviabilizar o projeto. No entanto, sobre a Prússia, recaíam algumas dúvidas.

> [...] parece haver pouca dúvida de que tal união de forças os capacitaria a realizar tudo o que é proposto. Mas se for impossível envolver a Prússia na Confederação, pode-se duvidar que tais operações possam ser realizadas em todos os cantos da Europa, como seria necessário para o sucesso de todo este projeto[31].

Depois de breves outras considerações relativas a algumas regiões específicas sob domínio francês, o documento abordou o segundo objetivo da aliança, isto é, o redesenho dos territórios vizinhos à França, com vistas a não os deixar excessivamente fragmentados, dissuadindo, assim, um novo expansionismo francês. No entanto, para justificar tal presunção arbitrária sobre a vida de outros povos e espaços do continente, por meio de uma suposta posição desinteressada, o docu-

---

29. Mais detalhes, ver Webster (1921, p. 390).

30. "*The first [object] is certainly that to which, without any modification or exception, his Majesty´s wishes, as well as those of the Emperor, would be preferably directed, and nothing short of it can completely satisfy the views which both Sovereigns form for the deliverance and security of Europe*" (Webster, 1921, p. 390).

31. "*[...] there seems little doubt that such a union of force would enable them to accomplish all that is proposed. But if it should be found impossible to engage Prussia in the Confederacy, it may be doubted whether such operations could be carried on in all the quarters of Europe, as would be necessary for the success of the whole of this project*" (Webster, 1921, p. 390).

mento acabou por evidenciar uma clara consciência geopolítica sobre a inserção de seus respectivos Estados nas lutas de poder do sistema internacional naquele então e, no limite, sobre o próprio antagonismo que se desenhava entre ambos. Em outras palavras, tratava-se nada menos do que um imenso império territorial continental relativamente distante, de um lado, e de um país insular assentado sobre um vasto império colonial e uma superioridade naval nos oceanos e mares, de outro, diante dos quais a França de Napoleão, mesmo considerando suas recentes conquistas, não poderia fazer frente.

> A situação insular e os extensos recursos da Grã-Bretanha, auxiliados por seus esforços militares e superioridade naval; e o imenso poder, a estabelecida superioridade continental e a longínqua distância da Rússia já dão aos territórios dos dois soberanos uma segurança contra os ataques da França – mesmo depois de toda influência, poder e dominação que ela adquiriu – que não pode ser o destino de qualquer outro país.[32]

A partir daí, o documento expôs considerações sobre os redesenhos territoriais na Itália, nos Países Baixos e no antigo Sacro Império Romano-Germânico. Havia a percepção de que o envolvimento da Prússia e da Áustria no concerto dependeria de contrapartidas territoriais importantes. Para tanto, em linhas gerais, a proposta inicial seria conceder à Prússia ganhos sobre os Países Baixos, e à Áustria, sobre a Itália. Se, por outro lado, o documento revelava uma clara intenção de fortalecer a Prússia e a Áustria contra a França, por outro, apontava preocupações tanto com a rivalidade entre ambas, Prússia e Áustria, daí a necessidade de ganhos proporcionais, quanto com o crescimento excessivo de um poder ou de uma aliança de poderes no centro da Europa. Para completar as advertências, os ganhos prussianos e austríacos não deveriam ultrapassar o limite que tornasse inviável a cooperação francesa no novo concerto, por conta de um sentimento de ameaça e, com efeito, uma postura revisionista permanente.

Portanto, percebe-se que havia uma clara consciência entre as autoridades russas e britânicas da complexidade que envolvia o redesenho da Europa com o duplo objetivo contraditório de conter e proteger simultaneamente a França. Havia, assim, uma cônscia tentativa de construir uma "paz em tempos de guerra", ou seja, um acordo para evitar novos conflitos diretos sem a pretensão de eliminar a pressão competitiva que organizava e fundamentava as relações internacionais entre as principais potências de então. Valeram-se do pragmatismo como prin-

---

32. "*The insular situation and extensive resources of Great Britain, aided by its military exertions and naval superiority; and the immense power, the established Continental ascendency and remote distance of Russia already give to the territories of the two Sovereigns a security against the attacks of France – even after all her acquisitions of influence, power and domination – which can not be the lot of any other country*" (Webster, 1921, p. 390).

cípio de orientação estratégica, da diplomacia moderna como meio de se tentar evitar a escalada militar e de se criar em caminhos alternativos aos contenciosos e, por fim, de uma paz não punitiva e não ameaçadora ao (futuro) derrotado, por meio de redesenhos complexos da Europa que contemplassem as percepções recíprocas de ameaças de uns em relação aos outros, características de um sistema instável de equilíbrio de poder.

Mas ainda faltava um elemento estruturante de qualquer contexto de paz em tempos de guerra: o inimigo comum. Sobre isto, o documento manifestou-se explicitamente acerca da necessidade de se restabelecer os direitos e as posses das principais potências europeias, assim como o compromisso mútuo de proteger e apoiar uns aos outros contra qualquer tentativa de infringi-los. Com efeito, o documentou abordou a defesa do antigo regime em todo o continente como um compromisso coletivo contra "quaisquer projetos de engrandecimento e ambição semelhantes aos que produziram todas as calamidades infligidas à Europa desde a desastrosa era da Revolução Francesa"[33].

A ideia de uma Santa Aliança, a pedra angular do concerto europeu, já se encontrava em processo de amadurecimento por iniciativa russa. Como dito antes, tratava-se de um elemento dissonante da tradição da política externa britânica, que, ao contrário, procurava manter-se afastada de disputas no continente, não se amarrando previamente a nenhuma obrigação mais específica, de modo a preservar sua liberdade para intervir quando necessário em defesa do equilíbrio de poder na Europa – este, sim, seu principal compromisso.

Ademais, o documento ainda explicitou a hierarquia principal do sistema pós-guerra, situando ambas as potências em negociação em posição de destaque e assumindo compromisso recíproco diante da nova ordem em desenho. "Este Tratado deve ser colocado sob garantia especial da Grã-Bretanha e da Rússia, e as duas potências devem, por um compromisso separado, vincular-se mutuamente para tomar parte ativa na prevenção de sua violação"[34]. Por fim, depois de algumas considerações relativas ao contexto de fragmentação e reordenamento dos espaços italianos e germânico, apontou a necessidade de restauração da família Bourbon no torno da França.

Como última observação, faz-se necessário reparar que em parte está correto Henry Kissinger quando afirmou que: "O acordo de Viena correspondia ao Plano

---

33. "[...] any projects of aggrandizement and ambition similar to those which have produced all the calamities inflicted on Europe since the disastrous era of the French Revolution" (Webster, 1921, p. 393).
34. "This Treaty should be put under special Guarantee of Great Britain and Russia, and the two Powers should by a separate engagement, bind themselves to each other jointly to take an active part in preventing its being infringed" (Webster, 1921, p. 393).

Pitt tão literalmente que, quando Castlereagh o apresentou ao Parlamento, ele anexou um rascunho do projeto original britânico para mostrar o quão rigorosamente ele havia sido seguido"[35]. Como visto, a proposta de um redesenho da Europa com base na reconstrução do equilíbrio de poder sempre fora um objetivo inglês e objeto central das preocupações de William Pitt desde 1798. No entanto, faltou mencionar paralelamente que os redesenhos da Europa foram elaborados em conjunto com os russos, por iniciativa destes; que tais temas faziam parte dos interesses dos Romanov desde 1792, conforme memorando assinado por Catarina; e que os Acordos de Viena acabaram por envolver outras iniciativas não menos importantes ao pós-guerra, formuladas pelos russos e de que não participaram os ingleses, como, por exemplo, a Santa Aliança. Portanto, dependendo de como se olhe para os Acordos de Viena, eles podem ou não corresponder textualmente à proposta do então primeiro-ministro britânico, William Pitt.

O significado geo-histórico da derrota de Bonaparte

A partir de 1805, Napoleão obteve importantes vitórias militares no continente. Em outubro daquele ano, derrotou o exército austríaco em Ulm e, alguns dias depois, entrou em Viena. Em 2 de dezembro, primeiro aniversário de seu coroamento como imperador, venceu austríacos e russos em Austerlitz, encaminhando o fim da Terceira Coalizão. Nos acordos de paz com a Áustria, em Pressburg, ainda em dezembro de 1805, Napoleão conseguiu reduzir a influência austríaca no espaço germânico, excluiu-os da península italiana, além de impor dívidas indenizatórias em sua moeda no valor de 40 milhões de francos de ouro. Napoleão deixou de reconhecer, ainda, o quase milenar Sacro Império Romano-Germânico (962-1806), iniciando seu desmanche[36].

Alguns meses depois, já no ano seguinte, com vantagens na correlação de forças, Napoleão propôs um acordo à Rússia e à Inglaterra, "as duas grandes potências que ainda se recusavam a reconhecer seu título imperial ou suas conquistas. [...] Tanto a Grã-Bretanha quanto a Rússia rejeitaram as propostas de Napoleão antes do fim do verão"[37]. Não demorou muito e Napoleão seguiu disciplinando

---

35. Kissinger (1993, p. 79).
36. "Quando Napoleão anunciou que não reconhecia mais o Sacro Império Romano (Germânico), Francisco II renunciou a um título eletivo que se tornara uma ficção diplomática e se autodenominou Francisco I, Imperador da Áustria" ["*On Napoleon's announcement that he no longer recognised the Holy Roman Empire {empire germanique), Francis II resigned an elective title that had become a diplomatic fiction and styled himself Francis I, Emperor of Austria*"] (Crawley, 1965, p. 267).
37. "[...] *the two great powers that still refused to recognise his imperial title or his conquests. [...] Both Britain and Russia rejected Napoleon's proposals before the summer ended*" (Crawley, 2008, p. 267).

outras potências na Europa. Em outubro de 1806, foi a vez de a Prússia sucumbir. Napoleão executou dois ataques, um em Auerstadt e outro em Jena. Destruiu o que ainda restava de resistência prussiana e, alguns dias depois, passou com suas tropas pelas ruas da cidade de Berlim, capital do Império.

À medida que consolidava seu domínio na Europa Central, Napoleão redesenhava o tabuleiro, refazendo fronteiras, arbitrando novas unidades político-territoriais e destruindo outras. Por exemplo, criou o Grão-Ducado de Berg, o Reino da Westfália, o Grão-Ducado de Varsóvia, o Reino de Nápoles, o Reino da Itália e o Reino da Holanda no lugar da República Batava. Em 1807, os dois grandes impérios ainda remanescentes no continente, França e Rússia, começaram a colidir progressivamente. Depois de alguns conflitos e da vitória de Napoleão na batalha de Friedland, em 14 de junho, o czar Alexandre I aceitou abrir negociações com Bonaparte, das quais resultaram o Tratado de Tilsit, que "transformou a França e a Rússia de inimigos em aliados e dividiu a Europa entre eles"[38]. Em alguns de seus termos secretos, "Napoleão concordou em ajudar a Rússia a 'libertar' a maior parte da Turquia europeia, enquanto Alexandre prometeu, caso os britânicos recusassem sua mediação, declarar guerra contra eles"[39]. Apesar de se comprometer e ter declarado guerra contra a Inglaterra em novembro de 1807, Alexandre I efetivamente não se empenhava em cumprir o que havia acordado.

Nesse contexto, deu-se início à Guerra Econômica da França contra a Inglaterra, com base na edificação de um bloqueio em suas relações com o continente. No entanto, o poder naval britânico, aliado à Suécia no Báltico, impediu o fechamento desse mar aos ingleses, que seguiram negociando e obtendo betume, madeira e outros suprimentos navais de que tanto necessitavam. Na Península Ibérica, a invasão francesa a Portugal levou à fuga da família real portuguesa para o Brasil e, na Espanha, a intervenção violenta da França teve como resposta uma forte e surpreendente resistência que perdurou de 1808 a 1814, eternizadas em uma série de gravuras de Goya, intitulada de *Os Desastres da Guerra*, além de algumas de suas obras mais clássicas, como *O Três de Maio de 1808 em Madri*.

Outros focos de resistência e oposição antifrancesas emergiram. Em 1809, a Áustria realizou algumas iniciativas de libertação, mas não teve bons resultados. Ao contrário, tais ações lhe custaram caro: cedeu territórios à Confederação do Reno, à Saxônia e ao Reino da Itália, além de ter parte de suas terras polonesas tomadas pela Rússia, que também havia conquistado a Finlândia da Suécia em 1809. Diante desse quadro, Metternich, então chanceler austríaco, empreendeu

---

38. "[...] *changed France and Russia from enemies to allies and divided Europe between them*" (Crawley, 2008, p. 268).

39. "*Napoleon agreed to help Russia 'liberate' most of European Turkey, while Alexander promised, if the British refused his mediation, to declare war on them*" (Crawley, 2008, p. 268).

uma iniciativa bastante audaciosa, ao propor uma aproximação de seu país com a França. Promoveu o casamento de Maria Luísa, filha do imperador austríaco Francisco II, com Napoleão Bonaparte. "Metternich [...] acreditava que a Áustria precisava ter tempo para se recuperar e se reorganizar"[40].

A partir de então e ao longo do ano de 1810, os antagonismos geopolíticos entre os impérios francês e russo tornaram-se insustentáveis. Além da inflexão da Áustria na direção da França, havia impasses e disputas em aberto na Polônia, sem falar da nomeação de um marechal francês ao trono da Suécia, algo não tolerado em São Petersburgo. Havia também as questões relacionadas aos otomanos, que não avançavam no que interessava ao czar, assim como a conquista francesa de algumas posições estratégicas na linha costeira entre a Holanda e o Báltico, vista como uma violação ao que havia sido negociado nos acordos de Tilsit entre França e Rússia. De forma muito rápida, efetivamente, ocorria um avanço francês na direção da Rússia, pressionando-a.

Não por outra razão, em 1811 a aliança foi rompida e, em 1812, aconteceu o conflito direto. Tratou-se de uma questão de tempo para que os dois impérios transformassem sua parceria estratégica em rivalidade aberta. Um resultado natural após as demais unidades político-territoriais do continente sucumbirem uma a uma ao controle direto ou indireto de um dos lados – no caso, principalmente o francês.

Nesse contexto, em julho de 1812, o imperador Alexandre I executou uma série de importantes iniciativas diplomáticas diante do conflito iminente. Rússia e Inglaterra selaram a paz e formaram uma aliança defensiva contra a França, recuperando as linhas do que havia sido compromissado nas negociações de 1805[41]. O imperador russo ainda conseguiu outro feito diplomático de grande importância: negociou um acordo de paz com os otomanos em maio de 1812, o Tratado de Bucareste, pondo fim à Terceira Guerra Russo-Turca (1806-1812). Neste, conseguiu expandir o domínio russo na direção dos Balcãs ao incorporar a região da Bessarábia. Ademais, alcançou uma aliança defensiva com a Suécia em abril de 1812. Estes dois últimos casos significaram a retirada de importantes aliados da França e a simultânea redução das frentes de guerra possíveis.

A Rússia estava prestes a se defrontar com a primeira de suas três grandes guerras contra invasões ocidentais. As tropas do império francês iniciaram sua

---

40. "*Metternich [...] believed that Austria must have time for recovery and reorganisation*" (Crawley, 2008, p. 270).
41. Para a Inglaterra, "a reaproximação com a Rússia provou ser um alívio oportuno, pois as colheitas ruins e a restrição de seu comércio com a Europa a havia exposto a graves dificuldades econômicas em 1810 e 1811" ["*the rapprochement with Russia proved a timely relief, for poor harvests and the curtailment of their trade with Europe exposed them to severe economic hardships in 1810 and 1811*"] (Crawley, 1965, p. 271).

marcha para Moscou em 24 de junho de 1812. Não demorou muito e, em setembro, já haviam alcançado seu destino, o qual encontraram incendiado. Nos meses de novembro e dezembro, ocorreu a retirada das tropas de Napoleão sob o violento inverno e ataque russo. Com a perspectiva de vitória russa, ainda em dezembro, generais prussianos abriram negociações para um acordo de paz secreto com Alexandre I.

Em 1813, formou-se a quarta coalizão contra a França, envolvendo Rússia, Prússia, Inglaterra, Suécia, Espanha e Portugal[42]. Nesse contexto, a Áustria do chanceler Metternich seguiu ainda como aliada de Napoleão até agosto de 1813, quando também aderiu à coalizão. A formação da Grande Coalizão envolvendo as quatro principais potências do continente, isolando a França, permitiu não somente sacramentar a vitória no campo militar, como viabilizar as articulações e a convergência de interesses para o redesenho do continente no pós-guerra.

Não há muita controvérsia sobre a quem coube o principal esforço de guerra na vitória contra os exércitos de Bonaparte, embora o Ocidente não celebre de modo explícito a centralidade da Rússia nesse processo, que, por sua vez, ficou eternizada na literatura com a obra *Guerra e Paz*, de Liev Tolstoi, e na música com a "Abertura 1812", de Piotr Tchaikovsky. Mesmo que com certa discrição, a coleção *The Cambridge Modern History* fez menção à relevância da Rússia na derrota das tropas de Bonaparte e a adesão tardia dos demais, já na conjuntura de uma inevitável vitória russa.

> Enquanto os remanescentes da *Grande Armée* tropeçavam para o oeste, saindo da Rússia, o czar Alexandre I decidiu perseguir Napoleão além do solo russo e por toda a Europa, procurando aliados enquanto as armas russas avançavam. A Prússia tornou-se a primeira, pelo Tratado de Kalisch, de fevereiro de 1813, que provia as necessidades óbvias de guerra e prometia restaurar a Prússia às suas antigas proporções. A Áustria foi mais lenta em responder aos avanços russos, mas a Grã-Bretanha assinou tratados de aliança e subsídio com a Prússia e a Rússia em Reichenbach, em junho[43].

Numa perspectiva temporal mais ampla, o desmoronamento do Império Francês de Bonaparte representou o fim da Segunda Guerra de Cem Anos, ini-

---

42. Crawley (2008, p. 272).

43. "*While remnants of the* Grande Armée *stumbled westward out of Russia, Tsar Alexander I decided to pursue Napoleon beyond Russian soil and out across Europe, seeking allies as Russian arms advanced. Prussia became the first by the Treaty of Kalisch of February 1813, which provided for obvious war needs, and promised to restore Prussia to her former proportions. Austria was slower in responding to Russian advances, but Great Britain signed treaties of alliance and subsidy with both Prussia and Russia at Reichenbach in June*" (Crawley, 2008, p. 639).

ciada com a ascensão de Luís XIV, ainda no século XVII. Mas, no limite, pode-se dizer que os anos de 1812-13 significaram o término do protagonismo francês no sistema internacional desde Carlos VIII, quando em 1494 tentou apoderar-se da Itália apenas com um giz, como descreveu Maquiavel em seu livro mais famoso, *O Príncipe*[44].

A partir de um outro ângulo, pode-se dizer que Bonaparte empreendeu em 1812 a primeira tentativa ocidental de conquista e enquadramento da Rússia desde que esta completou sua formação territorial continental e se integrou ao tabuleiro europeu com as Guerras do Norte. Instaurou-se um sentimento de ameaça recíproca que, para o Ocidente, devia-se ao expressivo tamanho do outro, à contiguidade geográfica e, não menos importante, à inserção de ambos por caminhos distintos à condição de herdeiros da civilização cristã romana. Em outras palavras, a integração da Rússia ao continente europeu consagrada em 1721, por mais contraditório que seja, deu-se por meio da abertura de uma fratura na relação entre a fímbria europeia e a massa continental, um antagonismo geopolítico de difícil superação, que não empurra ao afastamento, mas, sim, à colisão.

Desde então, essa fratura, embora não seja estática, possui uma dinâmica geo-histórica de movimentos lentos e profundos, revelando-se de maneira mais clara em eventos dramáticos, quando os antagonismos e a rivalidades alcançam a forma de confrontação direta. Isso aconteceu, por exemplo, durante o que a historiografia ocidental denomina, estranhamente, de Guerra Civil Russa (1918-21), momento em que a recém-criada União Soviética (URSS) sofreu ataques de diversas forças estrangeiras. Para se ter uma ideia, fizeram-se presentes dentre as forças contrarrevolucionárias, ingleses, franceses, estadunidenses, australianos, canadenses, italianos, finlandeses, romenos, poloneses, dentre muitos outros, atacando a partir de diversas frentes. Nessa invasão generalizada, estima-se que morreram 13 milhões de russos[45]. Alguns anos depois, já no contexto da Segunda Guerra Mundial, a invasão das forças alemãs nazistas por muito pouco não alcançou o objetivo de conquistar e destruir a Rússia. Já na conjuntura pós-Guerra Fria, a despeito da vitória ocidental sem confrontação direta, a Rússia perdeu 23,8% de seu território, 48,5% de sua população e 44,6% de sua capacidade militar em razão da dispersão das forças armadas soviéticas, além da considerável desestruturação

---

44. Ver Maquiavel (1996, p. 101).
45. Ver Barraclough (1995, p. 255).

de sua economia, da grave crise social, da radicalização das lutas internas e das guerras separatistas fomentadas por potências estrangeiras.

A figura 3 sintetiza o argumento em proposição, ao expor o antagonismo entre o Ocidente e a Rússia por meio dos movimentos das fronteiras entre ambos no continente europeu.

Figura 3. O antagonismo geo-histórico entre Europa e Rússia

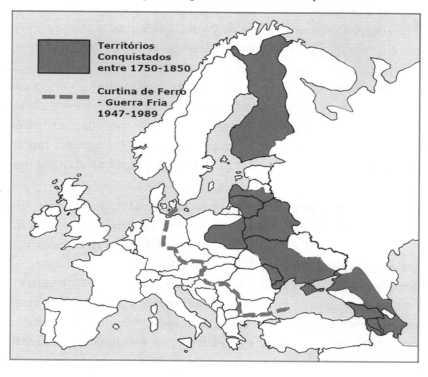

Fonte: elaborado com base em Barraclough (1995) e Santon & McKay (2006).

O mapa mostra as expressivas expansões territoriais no contexto dos Romanov (em cinza), sobretudo as realizadas por Catarina II e Alexandre I. Estas foram seguidas por significativo refluxo em razão da Revolução de 1917 e da invasão estrangeira no contexto da chamada Guerra Civil da Rússia. Pode-se ver, também, a expansão soviética empreendida por Stalin durante a Segunda Guerra Mundial, ultrapassando em muito os feitos da Rússia Imperial, como exposto pela linha tracejada no mapa. Seu mais recente refluxo ocorreu na conjuntura do pós-Guerra Fria, quando a Rússia sofreu perdas territoriais significativas, refluindo suas fronteiras ao seu desenho atual, também exposto no mapa.

Associada a este, embora ausente do mapa, está a expansão da Organização do Tratado do Atlântico Norte (OTAN), a partir do ingresso na organização da: Polônia, República Tcheca e Hungria no ano de 1999; Bulgária, Estônia, Letônia, Lituânia, Romênia, Eslováquia e Eslovênia em 2004; e Albânia e Croácia em 2009.

As negociações de paz em Paris e Viena: "ao vencedor, as batatas"[46]

Diante do avanço das tropas inimigas, Napoleão negociou a rendição e, em 13 de abril de 1814, abdicou do trono de imperador. Dez dias depois, as partes beligerantes assinaram o armistício. A partir de então, deu-se início a uma série de Tratados de Paz para reordenamento do sistema internacional.

O primeiro deles, o Tratado de Paris, de 30 de maio de 1814[47], continha algumas das ideias basilares que passaram a estruturar o concerto europeu ora em negociação, cujas origens remontam às iniciativas russas de diálogos com os ingleses de 1804. Logo no preâmbulo do acordo, ao reconhecer a figura do Rei Luís XVIII como autoridade central francesa com a qual os vitoriosos negociavam, o Tratado restaurou na prática a monarquia, ao reconduzir a casa dos Bourbon ao centro das decisões na França. Já em seu segundo artigo, ao preservar as fronteiras do derrotado tal como eram em 1º de janeiro de 1792, o tratado evitou punições territoriais à França, apesar do ressentimento de muitos dos aliados. Buscava-se dirimir posições revisionistas futuras. Dentro do mesmo espírito restaurador da antiga ordem, no terceiro artigo, definiu-se a renúncia da França a todas as conquistas, posses e direitos sobre outros países adquiridos ao longo dos tempos revolucionários e bonapartistas. O tratado impôs também algumas perdas coloniais exteriores para a França, preservando, no entanto, grande parte de suas colônias. Ainda no espírito de uma paz não punitiva, em seu artigo 18, as potências vitoriosas renunciaram a valores que seus governos reclamavam à França, evitando até então dívidas de reparação de guerras. Por fim, cabe mencionar o compromisso ali definido de todas as potências engajadas nas negociações de paz para realização de um Congresso Geral, com o envio de plenipotenciários a Viena, a fim de erigir os novos parâmetros das relações internacionais do pós-guerra.

Em resumo, no Primeiro Tratado de Paris de 1814, prevaleceu a ideia de uma paz não punitiva ao derrotado, com base no restabelecimento de suas fronteiras

---

46. Filosofia *humanitista* de Quincas Borba, personagem machadiano segundo a qual, quando dois disputam, "Ao vencido, ódio ou compaixão; ao vencedor, as batatas." (Assis, 1997, p. 648-649).
47. A íntegra do tratado pode ser consultada em: < https://www.dipublico.org/116302/tratado-definitivo-de-paz-paris-30-de-mayo-de-1814/ >. Acesso em: 20 jan. 2021.

anteriores ao conflito; na reconstrução da sua ordem interna a partir da restauração do antigo regime monárquico, antagônico aos ideais republicanos e jacobinos; na preservação de parte importante de suas posições coloniais anteriores à guerra; e no abandono até então de reivindicações financeiras indenizatórias. Portanto, como visto, as primeiras iniciativas para o pós-guerra seguiram de perto os termos do que havia sido negociado nove anos antes entre o imperador Alexandre I e o primeiro ministro William Pitt.

Durante o Congresso Geral em Viena, de 11 de novembro de 1814 a 9 de junho de 1815[48], participaram como plenipotenciários representantes do Império da Áustria, do Reino da Espanha, do Reino da França, do Reino Unido, do Reino de Portugal, do Império da Prússia, do Império da Rússia e do Reino da Suécia-Noruega. Em seu primeiro artigo, ficou definido que grande parte do Ducado de Varsóvia, criado por Napoleão em 1807, se incorporaria ao Império Russo, e o segundo artigo estabeleceu qual porção do Ducado ficaria sob domínio prussiano. Os artigos subsequentes arbitraram fronteiras, regras de navegação de rios na região, ratificando em linhas gerais as partilhas da Polônia entre Rússia, Prússia e Áustria consumadas entre os anos de 1772 e 1795. Como única exceção, criaram a cidade livre de Cracóvia, na tríplice fronteira entre os impérios.

Em seu conjunto, a sequência de artigos do 15 ao 52 tratou do redesenho do espaço do antigo Sacro Império Romano-Germânico, mais especificamente quais partes seriam independentes, quais estariam sob dominação prussiana, sob influência austríaca e a singularidade de Hanover sob controle britânico. Muitos artigos apresentaram significativo detalhamento, abarcando questões territoriais, populacionais, regras de circulação e questões militares.

O artigo 53 criou uma das instituições basilares do Concerto Europeu, a Confederação Germânica, formada por 38 unidades votantes (artigo 58), cujo objetivo, segundo o artigo 54, era "manutenção da segurança externa e interna da Alemanha, e da independência e inviolabilidade dos Estados confederados"[49]. Significou redução expressiva do número de autoridades centrais que ocupavam o espaço do antigo Sacro Império Romano-Germânico. O hábil desenho da Confederação baseou-se na rivalidade entre Prússia e Áustria para evitar a formação de uma unidade poderosa no centro da Europa, ao mesmo tempo que se desfazia o contexto de fragmentação excessiva característico do Sacro Império. A engenharia político-diplomática contava também com a supervisão britânica via Hanover.

---

48. A íntegra do tratado pôde ser consultada em: < https://www.dipublico.org/100513/final-act-of-the-congress-of-viennageneral-treaty-1815/ >. Acesso em: 20 jan. 2021.

49. *"maintenance of the external and internal safety of Germany, and of the independence and inviolability of the confederated States"*.

Conforme elaborado por russos e ingleses em 1804-05, havia objetivos contraditórios para a região. Buscava-se fundamentalmente fortalecer a fronteira oeste com a França de modo a contê-la, mas sem criar uma unidade que ameaçasse a própria Rússia e não empurrasse a França para fora das negociações de uma paz não punitiva, evitando, assim, uma permanente postura revisionista da França no pós-guerra. O artigo 63, sobre temas de segurança, organizava parte importante dessa engenharia diplomática.

> Os Estados da Confederação comprometem-se a defender não só a Alemanha inteira, mas cada Estado da União individualmente, caso seja atacado, e garantem-se mutuamente os territórios que estão incluídos nesta União. Quando a guerra for declarada pela Confederação, nenhum membro poderá abrir uma negociação separada com o inimigo, nem fazer a paz, nem concluir um armistício sem o consentimento dos outros membros. Os Estados confederados comprometem-se, da mesma maneira, a não fazer guerra entre si, sob qualquer pretexto, nem perseguir suas diferenças pela força das armas, mas submeter-se à Dieta, que tentará uma mediação por meio de uma Comissão[50].

Em nenhum momento as negociações buscaram edificar um sistema a partir da ideia de que é possível eliminar a pressão competitiva entre as unidades que compõem o sistema europeu inventado pelos italianos no século XV. Procurou-se conter e amarrar a referida pressão por meio de freios e contrapesos contraditórios, envolvendo diferentes atores (potências) com distintas percepções e receios.

A partir do artigo 65, o Acordo de Viena tratou da criação do Reino dos Países Baixos e do redesenho da Suíça. Do artigo 85 em diante, foi a vez das fronteiras do espaço italiano, com a definição do Reino da Sardenha, Reino das Duas Sicílias, Estados Pontifícios, Grão-Ducado da Toscana, Ducado de Parma e Ducado de Modena. As regiões de Veneto, parte da Dalmácia e parte da Lombardia ficaram sob dominação austríaca, conforme discutido nas negociações entre russos e ingleses em 1805, com base na ideia de compensar as aquisições prussianas no espaço germânico com ganhos austríacos na região norte da Itália.

Por fim, o tratado arbitrou questões fronteiriças entre Portugal e Espanha no hemisfério ocidental, além de regras gerais para navegação de importantes rios na Europa, algo apontado no Tratado de Paris do ano anterior. Em suma, o famoso

---

50. "*The States of the Confederation engage to defend not only the whole of Germany, but each individual State of the Union, in case it should be attacked, and they mutually guarantee to each other such of their possessions as are comprised in this Union. When war shall be declared by the Confederation, no member can open a separate negotiation with the enemy, nor make peace, nor conclude an armistice, without the consent of the other members. The confederated States engage, in the same manner, not to make war against each other, on any pretext, nor to pursue their differences by force of arms, but to submit them to the Diet, which will attempt a mediation by means of a Commission*".

Congresso de Viena de 1815 se dedicou principalmente ao redesenho das fronteiras na Europa.

A figura 4 expõe a nova Europa nascida da Paz de Viena. Chamam atenção: a restauração das fronteiras da França pré-revolucionárias; o redesenho do centro da Europa, com a criação da Confederação Germânica; os avanços territoriais da Prússia e da Áustria; e, no caso da Rússia, não apenas a consolidação de suas conquistas no Mar Báltico e no Mar Negro, mas também seu avanço no coração da Europa por meio da incorporação do Ducado de Varsóvia, criado por Napoleão. Tal fato representou uma expansão russa sobre territórios anteriormente prussianos e austríacos, conquistados no âmbito da partilha da Polônia. A comparação entre os mapas das figuras 2 e 4 permite conferir tais fatos.

Figura 4. As fronteiras europeias em 1815

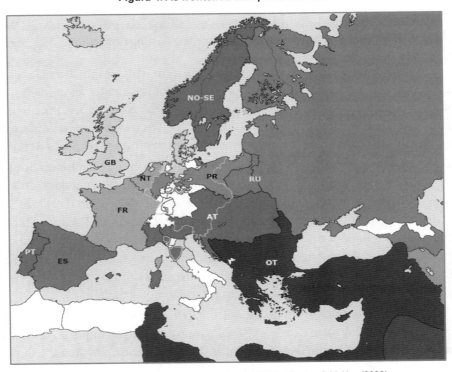

Fonte: elaborado com base em Barraclough (1995) e Santon & McKay (2006).

Ainda durante o período de negociações em Viena, Napoleão Bonaparte retornou do exílio na Ilha de Elba para Paris, mobilizou parte das tropas francesas, deflagrando a Guerra de Cem Dias, encerrada em 8 de julho de 1815 com sua derrota definitiva na Batalha de Waterloo. Tal episódio revelou aos vitoriosos a fragilidade da nova configuração como negociada até então. Tornou-se clara a necessidade de aprofundar a engenharia da diplomacia do pós-guerra, de modo a garantir tanto a ordem interna das monarquias europeias baseadas no antigo regime quanto amarrar efetivamente o expansionismo francês.

De fato, os acordos negociados no âmbito do Congresso de Viena não davam conta de todas as contradições para a confecção de uma paz em tempos de guerra. Faltavam instituições que fossem além do jogo de equilíbrio de poder e que efetivamente amarrassem a França e envolvessem as potências europeias em torno de um compromisso comum. Para dirimir rivalidades interestatais e evitar conflitos diretos, os acordos de paz requerem um elemento comum que atem de algum modo e em algum grau as iniciativas expansivas de cada um. Por exemplo, nas Negociações na cidade de Lodi, em 1454, responsável por uma paz de quarenta anos entre as principais potências italianas, foram as ameaças externas advindas, de um lado, da consolidação da França em 1453 no centro da Europa e, de outro, da tomada de Constantinopla pelo Império Otomano em 1453, que impeliram os italianos a uma concertação internacional com base em uma aliança defensiva no ano seguinte.

No caso do pós-Guerras Napoleônicas, coube a Alexandre I encaminhar uma proposta capaz de amarrar os interesses gerais e antagônicos dos vitoriosos, envolvendo também o derrotado, em torno de uma ameaça em comum: as revoltas e os levantes sociais em geral, então reforçados pelas utopias iluministas, republicanas e jacobinas, contra a ordem interna do antigo regime europeu, suas monarquias baseadas no direito divino e suas formas de violência e exploração associadas a uma sociedade extremamente hierarquizada e desigual.

Para tanto, em 26 de setembro de 1815, as três potências vitoriosas no continente reuniram-se em Paris e assinaram o tratado que criou a Santa Aliança de Soberania da Áustria, Prússia e Rússia[51]. Já no preâmbulo, observa-se o fervor religioso presente no acordo, quando expressou seu objetivo de tornar públicos preceitos da Sagrada Religião como guia dos conselhos dos príncipes e de todos os seus passos, sendo a única forma de consolidar as instituições humanas e corrigir suas imperfeições. Em seu primeiro artigo, os três signatários revelaram sua disposição de atuar além de suas fronteiras ao se comprometerem a se ajudar e apoiar-se mutuamente em todos os lugares e, no que diz respeito aos seus objetivos e exércitos, comandarem a defesa contra quaisquer ameaças à religião, paz e justiça da ordem restaurada pelos vencedores. O segundo artigo intensificou ainda mais o clamor

---

51. A íntegra do tratado pode ser consultada em: < https://www.dipublico.org/16282/tratado-de-la-santa-alianza-paris-26-de-septiembre-de-1815/ >. Acesso em: 20 jan. 2021.

religioso e dirigiu-se aos súditos, numa espécie de ameaça velada, conclamando-os a se juntarem a um compromisso com a (velha) nova ordem, fortalecendo-se dentro dos princípios e deveres que o Salvador ensinara. Por fim, no seu terceiro e último artigo, os membros da Aliança colocaram-se à disposição para receber com entusiasmo qualquer outro Estado que se comprometesse com os objetivos e valores em proposição.

Para alguns autores, além da defesa e preservação das hierarquias internas na Europa em geral, a Santa Aliança foi uma oportunidade dada por Alexandre I aos seus adversários para amarrar as iniciativas estratégicas da Rússia no continente à Áustria e à Prússia. Segundo Kissinger, a "Santa Aliança reuniu os monarcas conservadores no combate à revolução, mas também os obrigou a agir somente em conjunto, dando à Áustria um veto teórico sobre as aventuras de seu sufocante aliado russo"[52]. Isto porque, em geral, na historiografia ocidental, o imperador russo é interpretado como um religioso fervoroso sem compreensão mais acurada do jogo diplomático internacional. Ainda segundo Kissinger:

> Agora Alexandre era escravo da religião e dos valores conservadores e propunha nada menos do que uma reforma completa do sistema internacional com base na proposição de que o curso anteriormente adotado pelos Poderes em suas relações mútuas tinha que ser mudado fundamentalmente e que era urgente substituí-lo por uma ordem de coisas baseada nas verdades exaltadas da religião eterna de nosso Salvador[53].

O que em geral não se aponta é o fato de que, em especial para a aristocracia russa, as revoltas sociais constituíam-se um problema ainda mais eminente do que era para as austríacas, prussianas e inglesas, em razão de sua extensão territorial, da heterogeneidade étnico e cultural de sua população e, sobretudo, de como a servidão se desenvolveu dentro do império ao longo de sua história. Desde antes da Revolução Francesa, os Romanov já haviam enfrentado levantes dos mais diversos, como a Revolta de Pugachev. Na passagem a seguir, Braudel expôs essa especificidade russa daqueles tempos, relativa a um permanente estado de tensões sociais internas.

---

52. "The Holy Alliance brought the conservative monarchs together in combating revolution, but it also obliged them to act only in concert, in effect giving Austria a theorical veto over the adventures of its smothering Russian ally" (Kissinger, 1993, p. 83).

53. "Now Alexander was in thrall to religion and to conservative values and proposed nothing less than a complete reform of the international system based on the proposition that "the course formerly adopted by the Powers in their mutual relations had to be fundamentally changed and that it was urgent to replace it with an order of things based on the exalted truths of the eternal religion of our Savior" (Kissinger, 1993, p. 83).

Por outro lado, o agravamento do estatuto do camponês é evidente: na época de Pedro, o Grande, e de Catarina II, o servo tornou-se escravo, "uma coisa" (quem diz é o czar Alexandre I), um bem móvel que o senhor pode vender à sua vontade; e esse camponês está desarmado diante da justiça senhorial, que o pode condenar à deportação ou à prisão; além disso está sujeito ao serviço militar, até a ser recrutado como marinheiro nos navios de guerra ou nos barcos mercantes, mandado como operário para as manufaturas... **É por isso, aliás, que explodem tantas revoltas, regularmente reprimidas com sangue e tortura. A sublevação de Pugatchev (1775-75) é apenas o mais dramático episódio dessas tempestades nunca acalmadas**[54].

Nesse sentido, a sabedoria estratégica de Alexandre I foi transformar uma vulnerabilidade acentuada da Rússia num objetivo comum da política internacional e num elemento para estruturação de acordos internacionais balizadores da ação e da iniciativa estratégica de rivais. Em outras palavras, conseguiu envolver outras potências do continente num problema comum, mas, sobretudo, russo. Criou, por conseguinte, as condições para a estruturação de um concerto internacional na Europa à sua feição, de acordo com o que vinha propondo há algum tempo. Portanto, se Kissinger tem razão ao afirmar que a Santa Aliança serviu aos interesses britânicos ao amarrar a Rússia à Áustria e à Prússia, não percebeu que a mesma Santa Aliança também serviu aos interesses prioritários da Rússia, ao submeter a Áustria e a Prússia às "tempestades [russas] nunca acalmadas"[55].

Faltava ainda, entretanto, a última peça da arquitetura internacional do que se convencionou chamar posteriormente de Paz de Viena, a saber: uma garantia efetiva contra um novo expansionismo francês. Em 20 de novembro de 1815, as quatro potências vitoriosas nas guerras contra o Império de Napoleão assinaram o Segundo Acordo de Paris. Este reafirmou em seu preâmbulo a preocupação com a restauração da monarquia francesa e, sobretudo, com as relações da França com seus vizinhos. Para tanto, reafirmaram as fronteiras da França pré-revolucionária; impuseram uma dívida indenizatória no valor de 700 milhões de francos; julgaram necessário a colocação de tropas militares aliadas ao longo da fronteira da França durante um determinado período; e ratificaram os Tratados de Paris de 1814 e de Viena de 1815[56]. Completava-se, então, a engenharia político-militar-diplomática da Paz de Viena.

---

54. Braudel (1979b, p. 415). Grifo nosso.
55. Braudel (1979b).
56. A íntegra do tratado pode ser consultada em: Great Britain Foreign Office (1838), British and Foreign State Papers, Volume 3 (1815-1816), Great Britain Foreign and Commonwealth Office, p. 280. Disponível em: < https://babel.hathitrust.org/cgi/pt?id=ucl.c109076302&view=1up&seq=12 >. Acesso em 20 jan. 2021.

O Concerto Europeu: uma nova paz em tempos de guerra

Durante o Concerto Europeu (1814-1853), as potências europeias não entraram em conflito direto. As instituições criadas no âmbito dos diversos tratados negociados ao longo dos anos de 1814-15 conseguiram efetivamente lidar com uma série de dinâmicas contraditórias, a partir da convergência de objetivos russos e ingleses para o continente. No entanto, embora tenham congelado as fronteiras dentro da Europa, não impediram que a competição prosseguisse em outros tabuleiros, posições coloniais, áreas de influência e dominação, como também territórios econômicos. No caso da relação entre russos e ingleses, as zonas em disputa se deslocaram para regiões onde o antagonismo entre ambos tendia a uma colisão.

Um dos principais lugares dessa disputa, que passou a organizar parte importante das relações internacionais entre ambos, foi a Ásia Central, denominada na literatura como o Grande Jogo. Suas origens remetem aos avanços de Alexandre I no Cáucaso, por conta do Tratado de Paz de Gulistão, de 1813, que encerrou a guerra entre o Império Russo e o Persa (1804-1813). Este redesenhou as fronteiras na região, colocando parte da atual Geórgia e a totalidade do Azerbaijão sob domínio russo. Numa perspectiva de mais longa duração, essa projeção russa para a Ásia Central coincidiu com o processo de expansão imperial inglesa no subcontinente indiano, a partir sobretudo da Revolta dos Sipaios, quando a Coroa britânica tomou as concessões da Companhia das Índias Orientais britânicas e assumiu o controle da região, que foi progressivamente dominada e submetida.

> A rivalidade com a Rússia também estava chegando ao clímax. Do Mar Negro à Sibéria, a Grã-Bretanha estava determinada a se opor a qualquer ameaça da Rússia, tanto à Índia quanto às linhas imperiais de comunicação através do Império Otomano. Defender-se desse "homem doente da Europa" tornou-se um axioma da política externa britânica[57].

O concerto europeu nascido em Viena funcionou por quatro décadas e foi interrompido por um novo conflito, a Guerra da Crimeia, de 1853 a 1856. Isso porque, embora os Acordos de Viena buscassem a cooperação da França, como contrapartida a uma paz não punitiva, pautassem como inimigo comum o maior problema russo via Santa Aliança e amarrassem indiretamente a própria Rússia, também via Santa Aliança, eles se estruturavam por receios contra a França por meio da Quádrupla Aliança, isolando-a. Ademais, suas instituições não davam conta de todos os

---

57. "*Rivalry with Russia was also coming to a climax. From the Black Sea to Siberia, Britain was determined to oppose any Russia threat, both to India and to the imperial lines of communication through the Ottoman Empire. Propping up this 'sick man of Europe' became an axiom of British foreign policy*" (Dalziel, 2006, p. 63).

tabuleiros em que se chocavam os interesses de diversas potências comprometidas com os Acordos, como, por exemplo, o espaço de dominação do Império Otomano.

Não interessava à Áustria, tampouco à Inglaterra, o contínuo enfraquecimento do Império Otomano nos Balcãs e no Mar Negro, que já havia perdido sucessivas guerras para a Rússia nas últimas décadas. Por isso, a Inglaterra envolveu-se diretamente no processo de independência da Grécia (1821-27), sob receio de uma nova rodada de expansão russa, que já se movimentava em apoio aos gregos com base no pretexto de defender a população cristã nos Balcãs. Nesse contexto, não chega a ser surpreendente que as iniciativas para implosão dos Acordos de Viena tenham partido da França, insatisfeita com seu isolamento, em uma área de complexa rivalidade interestatal entre otomanos, russos, ingleses e austríacos.

Percebendo o cerco de outros sobre seus territórios, em 1852, o imperador otomano aceitou a proposta francesa, que acabava por aproximar ambos os impérios para que Napoleão III recebesse o título de protetor dos cristãos no Império Otomano, uma afronta ao imperador russo, Nicolau I. Este não aceitou a projeção francesa sobre uma região de seu interesse direto, por meio de uma posição que reivindicava como sua. Tal situação forjou uma aliança entre o imperador francês e o sultão contra o czar, que não demorou e ordenou uma invasão de territórios otomanos nos Balcãs, mais especificamente, da Moldávia e da Valáquia, parte da atual Romênia. Diante desse quadro, a Inglaterra se movimentou em apoio à aliança contra a Rússia, a qual foi seguida pela Áustria. Era o início da Guerra da Crimeia (1853-1856), cujos conflitos mostraram a impossibilidade de a Rússia fazer frente a um conjunto tão amplo de adversários.

Como resultado mais importante, ao opor França, Inglaterra e Otomano, com apoio ao final também da Áustria, contra a Rússia, a Guerra da Crimeia colocou em lados opostos da guerra a maior parte dos membros que compunham a Santa e a Quádrupla Alianças, destruindo, assim, duas das instituições que alicerçavam o concerto europeu. Como consequência, os conflitos concederam à França o que ela tanto procurava, o fim de seu isolamento, ao mesmo tempo que liberaram Prússia e Rússia das amarras da Santa Aliança, alforriando na prática todas as potências europeias para se orientarem exclusivamente por seus propósitos geopolíticos[58].

Com efeito, desencarcerou-se, desde então, a pressão competitiva inerente à relação entre os Estados europeus, até então dirimida pela engenharia diplomática da Paz de Viena, e o sistema inaugurou uma nova fase de conflitos sucessivos. De 1853 a 1871, ocorreram diferentes guerras, por exemplo: a Segunda Guerra de

---

58. Ver Kissinger (1994, p. 79).

Independência Italiana, em 1859, opondo França e Áustria; a Guerra dos Ducados do Elba, de 1864, Prússia e Áustria contra Dinamarca; a Guerra Austro-Prussiana de 1866; e a Guerra Franco-Prussiana de 1870, cujo resultado, a unificação alemã, instaurou um novo e profundo desequilíbrio de poder no coração do continente. Estavam postas algumas das condições que levaram à Primeira Guerra Mundial em 1914, e o sistema internacional retomava suas dinâmicas de intensa rivalidade interestatal sem quaisquer freios e contrapesos, derivada de uma pressão competitiva de uns em relação aos outros, nascida há séculos na Itália.

A título de conclusão geral, pode-se dizer que a Rússia foi a principal vencedora das Guerras Napoleônicas e, como tal, uma das arquitetas da nova ordem internacional do pós-guerra. Reivindicou e logrou conquistas territoriais, inclusive sobre Prússia e Áustria no continente. Redesenhou a quatro mãos, em parceria com seu principal rival, a Inglaterra, as fronteiras e a ordem interna do derrotado, a França, com base numa paz não punitiva, a despeito dos ressentimentos e mágoas. Redefiniu, também junto com a Inglaterra, as fronteiras da Prússia e da Áustria, com base na criação da Confederação Germânica. Conseguiu impor a todo o continente sua principal reivindicação no pós-guerra, a luta em defesa do antigo regime e das monarquias em toda a Europa, por meio da Santa Aliança. Esta se tornou o mais importante pilar do período de quarenta anos sem confronto direto entre as potências da Europa, que se seguiu às negociações de 1815 em Viena. Foi em torno da Santa Aliança que se criou a percepção de um inimigo comum com força suficiente para dirimir, embora sem eliminar, as rivalidades interestatais crônicas.

Portanto, assim como em Lodi no ano de 1454, na cidade de Viena de 1815, estruturou-se uma paz em tempos de guerra. Não se eliminou a pressão de uns em relação aos outros, algo constitutivo do próprio sistema internacional desde suas origens na Guerra de Trinta Anos Italiana no século XV. Da mesma forma que a Paz de Lodi, a Paz de Viena foi uma arquitetura improvável, além de efêmera quando pensada a partir da longa história do sistema internacional.

Por fim, a Paz de Viena inaugurou uma nova geopolítica entre as grandes potências. A vitória da Rússia e a preservação de suas características geográficas únicas transformaram as lutas de poder no centro do sistema internacional que seguiram desde então. Influenciaram a política imperial britânica ao longo de todo o século XIX, as formulações geopolíticas anglo-americanas mais importantes dos séculos XIX e XX e, com efeito, a própria "grande estratégia" estadunidense como implementada desde 1947 até a atualidade. Este é o significado geo-histórico mais profundo da Paz de Viena.

Referências

ASSIS, J. M. M. de. *Quincas Borba*. Rio de Janeiro: Nova Aguilar, 1997.

BARRACLOUGH, G. (Ed.). *Atlas da História do Mundo*. São Paulo: Times Book e Empresa Folha da Manhã, 1995.

BRAUDEL, F. *Civilização material, economia e capitalismo*: séculos XV-XVIII. São Paulo: Editora Martins Fontes, 1998 (O Tempo do Mundo, v. 3).

CRAWLEY, C. W. *The New Cambridge Modern History*: War and Peace in an Age of Upheavel: 1793-1830, vol. IX. Cambridge: Cambridge Histories, 2008.

DALZIEL, N. *Historical Atlas of the British Empire*. New York: Penguin Books, 2006.

ELIAS, N. *O processo civilizador*, v. 2. Rio de Janeiro: Jorge Zahar Editor, 1993.

GILBERT, A. *Enciclopédia das Guerras*: conflitos mundiais através dos tempos. Rio de Janeiro: M. Books do Brasil Editora, 2005.

HOBSBAWM, E. *Da Revolução Industrial inglesa ao imperialismo*. Rio de Janeiro: Editora Forense Universitária, 2000.

KAPLAN, R. D. A Vingança da Geografia: a construção do mundo geopolítico a partir da perspectiva geográfica. Elsevier Editora, São Paulo, 2013.

KENNEDY, P. *Ascensão e queda das grandes potências*. Rio de Janeiro: Campus, 1989.

KISSINGER, H. *Diplomacia*. Lisboa: Gradiva, 1994.

MacKINDER, H. J. The Geographical Pivot of History. *Geographical Journal*, n. 23, p. 421-44, 1904.

MAQUIAVEL, N. *O Príncipe*. São Paulo: Hemus Editor, 1996 (Coleção Ciências Sociais & Filosofia).

MASSIE, R. K. *Catarina, a Grande:* retrato de uma mulher. Editora Rocco, Rio de Janeiro, 2011.

MELLO, L. I. A. *Quem tem medo da Geopolítica*. São Paulo: Hucitec Editora, 2011.

METRI, M. A paz em tempos de guerra: dos Acordos de Lodi e Viena aos desacordos da conjuntura atual. *Le Monde Diplomatique Brasil*. Acervo Online. 23 ago. 2018.

METRI, M. *Poder, riqueza e moeda na Europa Medieval*. Rio de Janeiro: Ed. FGV, 2014.

SANTON, K. & McKAY, L. *Atlas of World History*. Malaysia: Parragon Books, 2006.

TILLY, C. *Coerção, Capital e Estados Europeus*. São Paulo: Editora USP, 1996.

WEBSTER, C. K. M. A. (Ed.) *British Diplomacy 1813-1815*: selected documents dealing with the reconstruction of Europe. London: G. Bell & Sons, 1921.

A Guerra do Paraguai e a "Paz de Assunção" de 1872

Ricardo Zortéa Vieira

Introdução

Na história do sistema interestatal capitalista, a conquista militar é usualmente sucedida pela hegemonia política e econômica, situação que também raramente é revertida senão pela força. Por exemplo, a vitória militar americana sobre a Alemanha e o Japão foi o pilar sobre o qual se sustentaram o padrão monetário internacional baseado no dólar e as instituições globais construídas a partir de 1945. E o lastro militar do dólar e do institucionalismo cosmopolita é bem visível através da permanência das bases americanas nos antigos países do Eixo derrotados em 1945. A esfera de influência soviética conquistada na Segunda Guerra não durou tanto quanto a americana e, mais significativamente, desapareceu sem a necessidade de conflito militar direto, mas assim mesmo a vitória deu a Moscou o *status* de superpotência e o controle da Europa Oriental por meio século. Além dos exemplos acima, mais recentes, outros tantos vêm à mente quando se pensa na relação entre vitória militar e hegemonia político-econômica, como a unificação alemã após as vitórias prussianas sobre Dinamarca, Áustria e França, ou mesmo a construção do império global da Inglaterra após a vitória sobre a França na Guerra dos Sete Anos e nos conflitos napoleônicos.

Dada a relação recorrente entre vitória na guerra e liderança na paz, são especialmente interessantes os desdobramentos da Guerra do Paraguai, maior conflito militar da história da América do Sul. O Império do Brasil foi a potência militarmente vitoriosa, tendo destruído o exército paraguaio até o último homem e ocupado o país. Além disso, o Império possuía Forças Armadas ao final da guerra muito superiores às dos seus aliados[1]. Não à toa era a bandeira do Brasil, e não a

---

1. Em meados de 1869, quando os aliados se preparavam para as últimas ofensivas contra Solano López, após terem ocupado Assunção, o Exército brasileiro tinha 28.507 soldados no Paraguai; a Argentina, 4.000; e o Uruguai, 1.000 (Doratioto, 2002, p. 405).

de seus aliados argentinos, que tremulava sobre o palácio presidencial de Assunção em 1869. Com tal vitória sobre o adversário e vantagem militar sobre os aliados, caso se seguisse o padrão observado em situações semelhantes ao longo da história do sistema interestatal, o resultado da guerra seria o pilar de uma *Pax Brasileira* na região, com o Império sendo a liderança incontestável na Bacia do Prata nas décadas seguintes.

Observando a situação em 1871, não parecia fora das possibilidades imediatas do Brasil anexar o Paraguai e, em seguida, assim como já tinha feito depois de sua última grande vitória regional em 1852, no conflito contra Juan Manoel Rosas, promover o enfraquecimento e mesmo a cisão da República Argentina, tradicional rival do Império no Prata. A consequência econômica disso seria, assim como nos anos 1850, uma hegemonia brasileira na região, sendo o Império o financiador de governos e empresas nas províncias do interior da Argentina e do Paraguai.

Essa visão de *Pax Brasileira* foi praticamente o oposto do que ocorreu após 1870. Curiosamente, ao invés de se comportar como grande potência vitoriosa e se colocar a tarefa de estruturar sua esfera de influência regional, o Império adotou uma estratégia defensiva. Longe de buscar a anexação do Paraguai ou a quebra do poder argentino, o Rio de Janeiro centrou seus esforços em impedir a anexação, pela Argentina, do Chaco paraguaio, pois teria medo de partilhar mais uma fronteira terrestre com Buenos Aires (Doratioto, 2014). A postura defensiva do poderoso Império do Brasil é especialmente intrigante quando se tem em mente que, por mais que a Argentina tivesse se fortalecido durante a guerra, estava ainda longe de ser um Estado consolidado, tendo que enfrentar várias rebeliões regionais ao longo dos anos 1870.

Quando a Argentina finalmente abdicou de seu pleito pela anexação do Chaco paraguaio em 1876, o Brasil aceitou desocupar o Paraguai (Doratioto, 2014). Com o avanço da centralização política e da economia argentina após 1880, não demorou para o Paraguai se tornar um satélite de Buenos Aires, assim como o Uruguai. A inversão da balança de poder a favor da Argentina após o conflito paraguaio é tão clara que, no começo do século XX, o filho do Visconde do Rio Branco, primeiro-ministro do Brasil nos anos seguintes à Guerra do Paraguai, o Barão do Rio Branco, tinha como um dos pontos de sua diplomacia o reconhecimento da tutela de Buenos Aires sobre Assunção[2].

---

2. Apesar de insistir que o Barão do Rio Branco buscava uma "hegemonia compartilhada" no Prata, Doratioto (2000) reconhece que o chanceler brasileiro aceitou a instalação de um governo pró-Buenos Aires em Assunção em 1904, entre outros motivos, pelo poder militar superior que a Argentina possuía naquele momento.

A postura do Barão do Rio Branco é completamente compreensível, não só pelo fato de a Argentina do século XX ser uma potência econômica e militarmente forte, mas também porque o Brasil desse período era uma frágil confederação de oligarquias, financeiramente debilitado e com Forças Armadas desequipadas e desmoralizadas. A questão deste trabalho é, então, como a vitória brasileira na maior guerra da América do Sul levou não à consolidação da preponderância brasileira, mas justamente à inversão da balança de poder regional no Prata a favor da Argentina.

Para atingir nosso objetivo, primeiro caracterizaremos o Império do Brasil que foi capaz de exercer a política expansionista mais consistente e bem-sucedida no Rio da Prata, e como esse ímpeto imperial entrava em contradição com a política britânica para a região. Em seguida, verificaremos como a República Argentina passou de adversária do Império Britânico para um instrumento da política inglesa de balanceamento e liberalismo regional no Prata. Finalmente, exporemos como uma Argentina renovada, somada à política britânica, bloqueou efetivamente a estratégia expansionista brasileira após a vitória do Império na Guerra do Paraguai. O fim dessa estratégia teve consequências para a própria manutenção do regime brasileiro, ao mesmo tempo que indicava um período de ascensão argentina na Bacia do Rio da Prata.

O Império do Brasil: conservadorismo e expansionismo

A Bacia do Rio da Prata é uma região de acentuada disputa geopolítica histórica, estando sempre os conflitos locais entrelaçados com os globais. Desde o princípio da colonização, a área esteve dividida entre dois impérios globais em conflito, o português e o espanhol (Scenna, 1975). A partir do século XVIII, à medida que o eixo de poder europeu se deslocava da Península Ibérica em direção à França e Inglaterra, estas últimas potências se envolveram cada vez mais nas lutas luso-espanholas, a primeira como aliada de Madri e a segunda como protetora de Lisboa.

No início do século XIX, o processo de esvaziamento dos impérios ibéricos chegou ao seu ápice na América do Sul, porém de forma distinta para lusitanos e hispânicos. Os primeiros, enquanto aliados da potência naval dominante após a batalha de Trafalgar, em 1805, conseguiram executar uma audaciosa manobra de transferência do centro imperial da Europa para o Brasil. A instalação da corte no Rio de Janeiro se tornou o pilar fundamental da criação de um renovado império luso-brasileiro, centralizado, conservador e expansionista. Um processo bastante distinto se passou na América hispânica. A Coroa Espanhola, estando do lado perdedor em Trafalgar, não mais dispunha do poder naval necessário para manter suas possessões em linha. Ademais, sofria com a ocupação do seu "aliado" francês e com a guerra civil. A consequência foi o esfacelamento do Império espanhol nas Américas por uma série de movimentos revolucionários e republicanos, mais ou menos radicais, mas todos muito menos conservadores do que os governos monárquicos do Rio de Janeiro.

A Bacia do Prata foi o maior palco do confronto entre o monarquismo centralizador luso-brasileiro e o republicanismo independentista hispânico. Já quando da sua chegada ao Brasil em 1808, o Príncipe Regente português, Dom João de Bragança, tinha a ambição de anexar Buenos Aires e assim dominar a embocadura do Rio da Prata. O governante lusitano pensava contar com o apoio da Inglaterra, dado que Buenos Aires estava então sob controle da Espanha, aliada da França. Entretanto, Londres se preocupava com a continuidade da balança de poder regional, e não só não apoiou a conquista de Buenos Aires, como pressionou pela desocupação do Uruguai, que forças luso-brasileiras conquistaram em 1811.

Apesar de realmente se retirar do Uruguai em 1812, Dom João não abandonou seus planos de conquista regional, e as forças do recém-proclamado Reino Unido de Portugal, Brasil e Algarve voltaram a ocupar o país em 1816. Desta vez, resistindo às novas pressões britânicas pela retirada, Dom João VI foi em frente e anexou formalmente o território a leste do Rio Uruguai ao seu domínio, sob o nome de Província Cisplatina, que seria incorporada um ano depois ao recém-criado Império do Brasil.

A dominação luso-brasileira da Cisplatina foi enormemente facilitada pelo simultâneo colapso do Vice-Reinado do Rio da Prata, que englobava os atuais territórios de Argentina, Uruguai, Paraguai e Bolívia. Ao contrário do Rio de Janeiro, que contava com uma aliança com o poder naval dominante – a Inglaterra –, Buenos Aires sofreu duas invasões inglesas em 1806 e 1807. Quando o Cabildo de Buenos Aires decidiu pela independência, também não dispunha de recursos administrativos ou militares análogos aos do Império Luso-Brasileiro e, assim, foi incapaz de manter o controle sobre a Bolívia ou o Paraguai e de resistir à invasão da Cisplatina. Na realidade, Buenos Aires chegou a ver com bons olhos a ocupação imperial do Uruguai, pois entendia que esse movimento prejudicava o poder do caudilho rebelde José Artigas, que, com um programa de reformas e uma base interiorana, ameaçava o domínio político-econômico da burguesia comercial portenha (Bandeira, 2012).

Em 1820, as forças luso-brasileiras derrotaram definitivamente Artigas na Batalha de Taquarembó. Desse momento em diante, Buenos Aires não tinha mais motivo para tolerar o domínio do Rio de Janeiro sobre Montevidéu, que era na prática uma base de onde se poderia quebrar o controle comercial e militar portenho sobre a Bacia do Prata ou, ainda, lançar um ataque direto à capital argentina.

Em outras palavras, o controle do recém-estabelecido Império do Brasil sobre Montevidéu e Colônia de Sacramento significava uma clara preponderância regional brasileira, que os argentinos não estavam dispostos a tolerar.

A burguesia portenha não era a única que queria a expulsão dos brasileiros de Montevidéu. Ainda que Londres tivesse certa simpatia pelo governo imperial, aparentemente mais estável do que seus análogos republicanos no continente e, assim, mais interessado e capaz de defender os cidadãos e as propriedades britânicas, estava claro para a Inglaterra que o Brasil era a principal ameaça à tão desejada balança de poder regional. Assim, quando se iniciou a guerra entre Brasil e Argentina pelo controle do Uruguai, a diplomacia britânica trabalhava com duas hipóteses: a independência do Uruguai, criando um Estado-tampão entre as duas principais potências platinas; ou a anexação, mediante indenização ao Brasil, da Cisplatina pelas Províncias Unidas (Bandeira, 2010).

Londres não admitia a possibilidade de persistir a dominação brasileira da província, em parte porque o Império era já de fato a única potência com possibilidade de dominar sozinho a embocadura do Prata. Isso, por sua vez, eliminaria as possibilidades de projeção de poder militar e comercial britânica na região. Ademais, o Reino Unido desconfiava da diplomacia europeia de Dom Pedro I: temia-se uma possível aliança com a França, ou uma aproximação com o bloco diplomático mais temido pelos britânicos, a Santa Aliança, dado que o monarca brasileiro era casado com a filha do Imperador da Áustria. A paz de 1828, que garantiu a independência uruguaia, afastou as possiblidades de que uma potência relativamente forte pudesse negar a projeção britânica no Prata.

Expansão brasileira renovada no Rio da Prata: 1845-1852

A derrota brasileira na Guerra da Cisplatina e a consequente independência do Uruguai foram seguidas pela derrubada de Dom Pedro I em 1831, o que eliminou qualquer possibilidade de reunião com Portugal ou associação à Santa Aliança, os principais temores ingleses. Além disso, o regime que se sucedeu ao governo de Pedro I, a Regência, era sistematicamente abalado por revoltas regionais, dentre as quais a maior, a Revolução Farroupilha, dominou parte dos territórios gaúcho e catarinense entre 1835 e 1845. Dessa feita, também a possibilidade de dominação brasileira do Rio da Prata estava enterrada, pelo menos no curto prazo. Por outro lado, Buenos Aires não conseguiu aproveitar sua vitória parcial de 1828 para consolidar seu domínio sobre as províncias, e a Argentina continuaria fragmentada nos anos 1830. Em outras palavras, a bipolaridade regional que tivera lugar até a Guerra da Cisplatina não mais existia devido às crises brasileira e argentina. Do ponto de vista britânico do fim da guerra da Cisplatina até o começo dos anos

1840, o problema não era o surgimento de um *hegemon* regional, mas os possíveis prejuízos derivados do caos instalado no Rio da Prata.

Essa situação começou a mudar no lado argentino quando Juan Manoel Rosas, governador de Buenos Aires desde 1829, conseguiu derrotar uma série de revoltas regionais e submeteu todas as províncias ao seu governo no começo dos anos 1840. No Brasil, a maioridade de Dom Pedro II representou a consolidação de um movimento de centralização política[3]. Inicialmente, esses dois movimentos centralizadores entendiam as rebeliões internas, e não um ao outro, como adversários. Assim, Rosas entendia que o Brasil poderia ser um aliado para derrubar do governo do Uruguai o presidente Fructoso Rivera, seu adversário, pois este auxiliava os farroupilhas. As duas potências chegaram a acertar um tratado, que, todavia, nunca foi ratificado por Rosas. Ao invés de cooperar com o Brasil, Buenos Aires acabou por decidir derrubar sozinha o governo Rivera, substituindo-o por Manoel Oribe. Tal movimento levou a liderança do Império, sobretudo aqueles que integravam o Partido Conservador, a concluir que Rosas buscava a restauração do Vice-Reinado do Rio da Prata sob seu comando. Caso esse intento fosse realizado, Buenos Aires teria controle total sobre o rio e, assim, conseguiria cortar as comunicações do Rio de Janeiro com as províncias de Mato Grosso e Goiás. Uma Argentina fortalecida também poderia atuar para garantir a separação do Rio Grande do Sul do Império, repetindo o que fizera em 1828 com a Província Cisplatina.

O Império não era o único a se preocupar com as intenções expansionistas de Rosas. Para manter seu domínio sobre as províncias do interior, além do Uruguai e do Paraguai, o governo argentino resolveu bloquear o porto de Montevidéu e fechar o Rio da Prata para a navegação estrangeira, causando imediata reação negativa em Londres. Os britânicos anteriormente apoiaram Rosas em suas lutas contra as províncias argentinas e na guerra contra a Confederação Peruana-Boliviana, apoiadas pela França. Todavia, não poderiam tolerar o monopólio de Buenos Aires sobre o lucrativo e estratégico comércio na Bacia do Prata e o controle sobre o Uruguai, que era visto como fonte alternativa de algodão para a indústria têxtil britânica. Assim, Londres se associou a Paris no bloqueio de Buenos Aires, operação militar que duraria cinco anos mas não lograria abrir a bacia à navegação estrangeira (Escudé & Cisneros, 2000).

O que o poder naval anglo-francês foi incapaz de realizar seria executado por uma aliança entre o Império do Brasil e o caudilho argentino Justo José de Urquiza. As forças combinadas argentinas e brasileiras derrotariam Rosas na Batalha de

---

3. Sobre o movimento centralizador articulado pelos conservadores e pela "Facção Áulica" entre o fim da regência e o começo do segundo reinado, que incluiu a vitória militar sobre os liberais autonomistas em 1842, ver Lynch (2015) e Bentivoglio (2010).

Caseiros, em 1852. O fato de o ditador argentino ter se refugiado em um navio de guerra inglês, que o levou para o exílio em Londres, é indicativo da mudança na balança de poder regional trazida pela Guerra do Prata e o novo *status* do Brasil como potencial *hegemon* platino dali em diante.

A posição do Brasil ao longo dos anos 1850 não derivava somente do fato de o Império estar fortalecido com a expansão das exportações de café e com a organização de suas Forças Armadas, em especial a Marinha, mas também da fragmentação argentina que se seguiu à queda de Rosas. Ocorre que Urquiza não conseguiu manter o poder em Buenos Aires por muito tempo, pois a capital argentina se revoltou contra seu governo e se separou efetivamente da Confederação Argentina já em 1852. A Confederação liderada por Urquiza estabeleceu então sua capital na cidade de Paraná, na província de Entre-Ríos. A dualidade argentina se manteria por toda a década de 1850, com cada um dos Estados mantendo sua política externa ativa e buscando dominar o outro.

A continuidade do regime de Urquiza na cidade de Paraná era muito útil ao Império, pois garantia a livre navegação no Rio da Prata e, sobretudo, atuava como bloqueio contra qualquer possibilidade de surgimento de uma potência capaz de desafiar o Brasil na região. Por esse motivo, o Rio de Janeiro sustentaria financeiramente o governo Urquiza, com empréstimos governamentais e também através da atuação privada do Barão de Mauá (Bandeira, 2012).

Se para o Império a secessão era muito positiva, o Reino Unido via com maus olhos a existência de dois Estados argentinos, ainda que essa posição fosse estranha à sua política tradicional. O próprio presidente Urquiza considerava que Londres sempre apoiou a fragmentação da América Hispânica desde a independência, e mesmo a da própria Argentina alguns anos antes, ao incentivar a separação da Mesopotâmia do governo de Buenos Aires. Entretanto, quando Urquiza consultou o almirante inglês Charles Hotham sobre um possível apoio para nova tentativa de separação após a rebelião de 1852, recebeu uma negativa veemente: "Estamos [...] interessados em manter a Confederação Argentina em seu estado atual [...] e nos opomos com todos os meios que nossa influência moral nos possa dar a essa quebra e separação"[4].

Na realidade, a mudança na posição britânica com relação à criação de um Estado Mesopotâmico independente foi feita para conservar a política tradicional do país de manter a balança do poder no Rio da Prata. Assim, se em 1846 a

---

4. "*nosotros estamos [...] interesados en mantener a la Confederación Argentina en su estado actual [...] y nos opondremos por todos los medios que nuestra influencia moral pueda darnos a esta quiebra y separación*" (Hotham (1852, apud Escudé & Cisneros, 2000). A tradução das citações é de responsabilidade do autor deste capítulo.

independência enfraqueceria Rosas com seu projeto de reconstrução do Vice-Reinado do Rio da Prata e sua política econômica nacionalista, em 1852 ela somente reforçaria a preponderância brasileira. Como colocam Escudé e Cisneros:

> Não era o mesmo um desmembramento territorial em 1846, que tinha grande chance de controle inglês, e um em 1852, quando era o Brasil que tinha as maiores oportunidades, como grande vencedor de Caseros e principal potência no Rio da Prata. Na perspectiva do Foreign Office, obcecado com a ideia de conter o Brasil, a nova republiqueta mesopotâmica tinha o risco de repetir o destino do Estado Oriental, títere do poderoso Império Brasileiro[5].

Para o objetivo inglês de contrabalançar o Brasil no Cone Sul, o ideal seria uma Argentina unificada. Porém os britânicos também não queriam que essa Argentina unificada fosse muito forte, ou, pior ainda, continuasse a política rosista de fechamento dos rios à navegação estrangeira. Por isso não poderiam apoiar a reunificação sob comando de Buenos Aires, especialmente depois que Urquiza aceitou a livre navegação. E, diante do fracasso do general em reconquistar a capital, Londres não via outra alternativa a não ser aceitar a secessão argentina pelo menos no curto prazo.

A situação hegemônica brasileira no Prata após a derrubada de Rosas é evidenciada pela redução do Uruguai a "mero protetorado" do Império, como coloca Moniz Bandeira (2012), onde 30% das terras pertenciam a estancieiros brasileiros. Estes transferiam sistematicamente o gado uruguaio para o Rio Grande do Sul, sem pagar tarifas ou se submeter a qualquer controle do governo de Montevidéu, por força do tratado de aliança com o Império estabelecido após a invasão do país por forças brasileiras em 1851, no caminho para a derrubada de Rosas. Para resolver a crise financeira derivada daquela guerra, o presidente Juan Francisco Giró começou a adotar uma postura mais autônoma com relação ao Brasil, buscando renegociar o Tratado de Aliança. O intento autonomista de Giró foi esmagado por uma revolta do partido de oposição, o Colorado, apoiado pelo Brasil e com auxílio de cinco mil soldados do Império que ocuparam Montevidéu em maio de 1854. Na prática, a ocupação de Montevidéu e a posse de Venâncio Flores na presidência sob proteção das forças brasileiras representavam a exata reversão, ainda que extraoficial, da perda da Banda Oriental em 1828. O domínio sobre o Uruguai, somado à estabilização e centralização política do Império, e a secessão argentina

---

5. "No era lo mismo un desmembramiento territorial en 1846, que tenía chance de control inglés, que uno en 1852, donde las oportunidades más grandes las tenía Brasil, el gran vencedor de Caseros y la principal potencia en el Río de la Plata. En la perspectiva del Foreign Office, obsesionado con la idea de contener a Brasil, la nueva republiqueta mesopotámica tenía el riesgo de repetir el destino del Estado Oriental, títere del poderoso Imperio brasileño" (Escudé & Cisneros, 2000).

são os elementos que coroam o segundo ciclo de expansão brasileira no Rio da Prata, dessa vez bem-sucedido.

A Reunificação Argentina e a Guerra do Paraguai

Em 1860, a situação regional favorável ao Brasil começou a mudar. Nesse ano o general Bartolomé Mitre, governador de Buenos Aires, derrotou Urquiza e conseguiu reunificar o país sob seu comando. Além disso, Mitre não cometeu o mesmo erro de Rosas e adotou uma postura extremamente afável frente à Inglaterra: assumiu a dívida da Confederação Argentina contraída por Urquiza, assim como sua postura de livre navegação dos rios interiores. Londres conseguia, assim, o que desejava desde os anos 1840, ou seja, uma potência liberal capaz de contrabalançar o poder brasileiro no Prata.

A postura de Mitre frente à Inglaterra era totalmente oposta à linha de ação imperial frente a esse país. Assim, enquanto a Argentina adotava uma política liberal, permitindo a navegação dos rios interiores, o Império mantinha fechado o Rio Amazonas a embarcações estrangeiras, assim como a política protecionista inaugurada pela Tarifa Alves Branco de 1844 e outras medidas de incentivo industrial[6], ao mesmo tempo que a manutenção da escravidão no Brasil não auxiliava as relações entre os dois países. A isso, claro, se somava ao fato de que, mesmo depois de 1862, o Brasil continuava sendo a principal ameaça ao equilíbrio de poder no Prata e resolutamente resguardava sua autonomia de ação estratégica na região. Como colocara Francisco Moreira, embaixador do Império em Londres:

> [...] nossa posição para com a Inglaterra, se porventura aceitássemos o seu convite para nos acharmos sempre com ela associados na política do Rio da Prata seria, em bom português, a intervenção da Inglaterra nos negócios do Brasil a pretexto do Rio da Prata, e não uma intervenção anglo-brasileira nos negócios daquelas Repúblicas, onde não dará o Brasil um passo sem o controle da Inglaterra[7].

O ponto culminante nessa disposição imperial de seguir seu próprio caminho frente à Inglaterra veio na Questão Christie. Essa crise surgiu de desentendimentos entre os governos brasileiro e britânico acerca do naufrágio do navio *Prince of Wales*, de bandeira inglesa, na costa do Rio Grande do Sul em 1861. A crise se prolongou até 1863, culminando com a apreensão de navios mercantes brasileiros pela Marinha britânica, o que foi respondido com a ruptura das relações diplomáticas

---

6. Para a política econômica do Segundo Reinado, ver Vilela (2005) e Barbosa (2014).
7. Moreira apud Moniz-Bandeira (2012, p. 179).

por parte do Império (Bandeira, 2012). Apesar da gravidade dos acontecimentos que motivaram diretamente a Questão Christie, é bem claro que sem os fatores estruturais que dominavam as relações entre Inglaterra e Brasil no começo dos anos 1860, a crise não chegaria tão longe.

Além da reunificação da Argentina e da crise com a Inglaterra, o Império tinha que lidar a essa altura com o surgimento de uma terceira potência regional no Prata, a República do Paraguai. O Paraguai tinha sido um território do Vice-Reinado do Rio da Prata, porém, quando da independência, a região recusou a liderança de Buenos Aires e instituiu um governo autônomo tanto da Espanha quanto da recém-criada República Argentina. Logo após a independência de fato, o Paraguai passou a ser governado pelo advogado José Gaspar Rodriguez de Francia, que adotou uma política de isolamento e autossuficiência econômica para o país com forte coordenação estatal e prioridade ao fortalecimento militar. Francia seria sucedido por Carlos Lopez, que declararia formalmente a independência do país em 1842. O novo governante, consciente das limitações do Paraguai, buscou uma política de equilíbrio entre Brasil e Argentina, ao mesmo tempo que defendia a livre navegação, essencial para o escoamento das exportações do país (Doratioto, 2002).

O comedimento diplomático de Carlos Lopez não seria seguido por seu filho e sucessor, Solano López, que acreditava que o Paraguai reunia condições para ser um terceiro polo regional. Para isso sendo necessário, todavia, o acesso ao porto de Montevidéu, essencial para o escoamento das exportações paraguaias e, assim, para o financiamento de todos os planos de modernização econômica e militar do país[8]. Dada essa estratégia, Assunção via o fato de o poder em Montevidéu ter sido assumido, em 1860, pelo partido Blanco, com sua linha antibrasileira, como uma oportunidade e buscou a aproximação com o governo uruguaio.

A existência de uma terceira potência regional também abria novas possibilidades ao Uruguai, notadamente, a ruptura com a tradicional política pendular entre Buenos Aires e Rio de Janeiro, e ainda fazia a desforra contra o Império, que tinha submetido o país a um *status* semicolonial desde 1851. Entretanto, os *blancos* uruguaios não calcularam a real capacidade e disposição de López de garantir sua segurança frente às potências tradicionais, e o Uruguai acabou sendo invadido em 1863 por forças do Partido Colorado, sob comando de Venâncio Flores, com apoio de Bartolomé Mitre. A invasão causou dificuldades para o governo no interior, mas os colorados não tinham a capacidade de tomar a capital, fortemente

---

8. Além do porto, López também considerava importante o domínio, pelo Paraguai, do extremo sul do Mato Grosso, área de alto potencial produtivo de erva-mate, cuja exportação renderia bom retorno financeiro ao país. O objetivo de dominar essa área se tornou, assim, mais uma fonte de atrito com o Império do Brasil.

guarnecida. A situação, assim, degenerou em um impasse sangrento, enquanto as violações por parte de uruguaios associados ao Partido Blanco continuavam contra as propriedades brasileiras no interior (Bandeira, 2012).

A esse cenário externo extremamente desafiador, somou-se a mudança de governo no Brasil, que passou para as mãos do Partido Liberal. Os liberais eram bem menos entusiasmados com a *realpolitik* realista de contenção da Argentina do que os conservadores. Enfrentando uma Argentina reunificada, um Paraguai hostil e um governo rebelde no Uruguai, e às voltas com uma crise com a Inglaterra, o governo liberal decidiu então perseguir uma política platina de redução das esferas de atrito, e de fato cedeu a iniciativa das articulações regionais a Buenos Aires e Londres. Assim, o governo argentino, juntamente com o representante britânico em Buenos Aires, propôs como solução ao impasse uruguaio um acordo entre *blancos* e colorados, efetivado através de um ministério de conciliação do qual seriam excluídos os ministros mais hostis ao Brasil. O representante brasileiro em Montevidéu prontamente aceitou a proposta anglo-argentina, que entretanto acabou sendo rejeitada por Aguirre, por acreditar no apoio de López (Doratioto, 2012; Escudé & Cisneros 2000).

Ao contrário de Aguirre, o Império avaliava que López, conhecendo as limitações de seu país, não iria adotar uma ação militar para defender o presidente uruguaio, quando este já estava sofrendo oposição do Brasil e da Argentina. A estimativa brasileira nesse caso cometeu grande erro, que em não pequena medida pode ser atribuída à autodeclarada incapacidade do representante brasileiro em Assunção, que inclusive, não suportando mais as agruras do cargo, se retirou sem autorização da capital paraguaia. E foi essa leitura sobre as intenções paraguaias que esteve no centro da decisão brasileira de intervir militarmente no Uruguai para derrubar Aguirre, com consentimento da Argentina. Uma vez iniciada a ação, o Paraguai respondeu com a declaração de guerra e as invasões dos territórios brasileiro e argentino, este último na tentativa de socorrer os aliados uruguaios (Doratioto, 2012).

A reação paraguaia a uma ação combinada entre Brasil e Argentina causou a situação insólita na qual as duas maiores potências regionais se aliaram para combater um país menor e bem menos poderoso. A Guerra do Paraguai representou o extremo da ruptura liberal com a política conservadora de contenção da Argentina. O fato de Bartolomé Mitre se declarar também liberal, somado às características do regime comandado por Solano López, fizeram com que um dos prismas através do qual se pode ler o conflito seja o do liberalismo representado pela Tríplice Aliança contra o autoritarismo paraguaio (Doratioto, 2012). Essa visão mais ideológica da guerra do Paraguai baseada em dois blocos antagônicos, todavia, esconde a dinâmica de balança de poder operando dentro da própria Tríplice Aliança.

A Argentina, apesar de reunificada em 1862, ainda não tinha condições de enfrentar sozinha o Império do Brasil, muito mais poderoso militar e financeiramente. Assim, do ponto de vista de Buenos Aires, a guerra representou simultaneamente o redirecionamento da atenção brasileira contra o Paraguai e um enorme ganho financeiro com o suprimento do Exército imperial, o que ajudou não só a economia argentina, como também os esforços de centralização empreendidos por Mitre e seu sucessor, Domingo Sarmiento. Para a Inglaterra, interessada em reequilibrar o jogo geopolítico no Prata, essa pausa favorável à Argentina na competição regional também foi muito positiva. Nesse sentido, o real interesse de Londres não era propriamente a destruição do Paraguai, como afirma a vertente revisionista da historiografia[9], mas a mudança na balança de poder entre os aliados. Não por acaso, os conservadores brasileiros, arquitetos tanto da política de contenção da Argentina quanto da autonomia frente à Inglaterra, não tinham o menor entusiasmo com a Guerra do Paraguai (Doratioto, 2014).

A Paz de Assunção: da vitória brasileira à preponderância argentina

Em março de 1868, o Marquês de Caxias assumiu o comando geral das forças aliadas em substituição ao presidente Mitre. Caxias comandaria uma série de vitórias contra o Exército paraguaio que culminariam na tomada de Assunção em janeiro de 1869. Havia então cinco vezes mais soldados brasileiros do que argentinos no teatro de operações. Apesar disso, a preocupação do governo brasileiro não era anexar ou exercer um domínio político permanente sobre o Paraguai, mas impedir que a Argentina anexasse o Chaco paraguaio, região do país a oeste do Rio Paraguai. Foi com esse objetivo em mente que o Império instalou um governo provisório em Assunção, enquanto as forças brasileiras se dedicavam a caçar López no interior. Os argentinos, cientes da intenção brasileira, ocuparam a capital do Chaco, Vila Ocidental, e se recusaram a reconhecer o novo governo provisório, com o qual o Brasil assinou um tratado de paz que mantinha a independência paraguaia e o controle de Assunção sobre a maior parte do Chaco, ao mesmo tempo que estabelecia a soberania brasileira sobre o extremo sul da província de Mato Grosso (Doratioto, 2002; 2014).

Buenos Aires não aceitou o governo títere brasileiro em Assunção nem o tratado de paz por ele assinado com o Império. Diante dessa oposição argentina,

---

9. Para Chiavenatto (1979), a Inglaterra teria manipulado a Tríplice Aliança para destruir o Paraguai, único país de desenvolvimento autônomo na região.

O Brasil optou pelo primeiro recuo do pós-guerra, aceitando instalar um novo governo de comum acordo com Buenos Aires e renegociar o tratado de paz, que foi firmado entre Rio de Janeiro e Assunção em 1872. A Argentina continuava a reivindicar o Chaco paraguaio, e o governo de Assunção – que continuava ocupada por tropas brasileiras – recebia o apoio do Império para evitar essa perda territorial. Entretanto, já em 1875 o presidente paraguaio, João Bautista Gill, iniciou movimento para se afastar da órbita brasileira e se aproximar da Argentina, apesar da continuada presença da guarnição brasileira na capital. Como resultado dessa aproximação, Buenos Aires e Assunção finalmente conseguiram firmar um tratado de paz, em 1876. Pelo acordo, Misiones e o Chaco Central foram imediatamente anexados à Argentina. Uma segunda parte do território do Chaco seria submetido à arbitragem do presidente dos Estados Unidos, país com o qual a Argentina tinha iniciado uma aproximação diplomática desde 1868. Finalmente, a ocupação do país deveria acabar em junho de 1876. O Brasil aceitou todas as deliberações argentino-paraguaias e, assim, retirou suas tropas do Paraguai na data programada (Doratioto, 2012).

A paz acordada entre Argentina, Brasil e Paraguai significou que uma guerra travada sobretudo com dinheiro e soldados brasileiros resultou em ampliação do território argentino superior à área anexada pelo Império, deixando ainda aberta a possibilidade muito concreta de mais uma vasta área do Chaco paraguaio ser anexada por Buenos Aires. A única vantagem para o Brasil em termos de balança de poder do Prata foi controlar o governo paraguaio durante cinco anos, entretanto sem nenhuma intenção de incorporar o país definitivamente ou mesmo torná-lo um satélite brasileiro, mas somente de garantir que a República inteira não caísse em mãos argentinas. Tão logo essa ameaça passou, o Brasil aceitou desocupar o país, que em poucos anos acabaria, ironicamente, se tornando um próximo aliado de Buenos Aires, como veremos adiante.

Considerando que a Argentina não conseguira colocar em campo durante toda a guerra um Exército comparável ao brasileiro e que o país ainda vivia um cenário de rebeliões internas contra o governo central após o fim das hostilidades, não é possível explicar a timidez estratégica do Império através da análise militar regional. De fato, não seria impensável que o Brasil conseguisse impor militarmente sua vontade à Argentina até meados dos anos 1870 e, assim, não só impedisse que ela anexasse parte do Chaco e Misiones, como também reorganizasse a bacia como um todo, de acordo com os desígnios imperiais. Nessa reorganização, possivelmente a Mesopotâmia Argentina poderia ter sua autonomia reconhecida sob protetorado brasileiro, em situação análoga a que à vigorava até 1860 e muito próxima a outras imposições diplomáticas da época de potências militarmente mais fortes sobre as mais débeis (por exemplo, o protetorado austríaco sobre a Bósnia, oficialmente parte do Império Otomano, implantado em 1878).

O problema-chave do ponto de vista do Império era que a Argentina de princípios da década de 1870 não tinha a mesma inserção internacional daquela que fora quebrada em dois pelas forças brasileiras em 1852. Enquanto o regime de Rosas, como colocado acima, provocara a ira da França e da Inglaterra com sua política de fechamento dos rios, o regime de Mitre e Sarmiento perseguia uma política liberal que conquistou a simpatia de Londres. O degelo diplomático promovido pelo governo argentino logo deu frutos na forma de fortes investimentos britânicos. Já em 1871, a Argentina já recebia mais investimentos que o Brasil, indicativo da preferência que se consolidaria nas décadas seguintes[10]. Ao mesmo tempo, os argentinos começaram a ocupar a posição de fornecedores estratégicos de alimentos, principalmente carnes e cereais, para a Inglaterra, situação possibilitada pela abertura comercial praticada pelo governo britânico e por inovações tecnológicas como a Câmara Frigorífica (Gravil, 1985). Por outro lado, o Império enfrentava dificuldades no campo externo. Devido à posição delicada colocada pela guerra, teve que ceder e abrir o Rio Amazonas à navegação estrangeira, um lembrete de como aquela região era vulnerável às pressões das potências imperialistas, que mantinham as Guianas sob seu controle. Ao mesmo tempo, o Império mantinha uma disputa de fronteira com Londres na Guiana Inglesa e necessitava de financiamento constante para gerenciar a enorme dívida externa contraída para pagar pelo esforço de guerra paraguaio (Bandeira, 2012).

Nesse contexto, seria muito difícil para o Império levantar recursos em Londres e impor sua vontade a um governo liberal que se tornara um próximo parceiro financeiro e comercial da Inglaterra. Na realidade, levando em consideração a tradicional política inglesa de balança de poder regional, que remontava ao começo do século, o mais provável nesse cenário seria um apoio financeiro ou mesmo militar inglês à causa argentina.

A nova inserção internacional argentina, somada à fragilidade financeira do Império, conseguiu assim enterrar a política expansionista na Bacia do Prata que caracterizara a política brasileira desde que foi formulada autonomamente, ainda no reinado de Dom João VI. Essa política expansionista brasileira na realidade era um dos pilares fundamentais sobre o qual o Império do Brasil se articulou, pois não só era fonte de segurança territorial, como também motivação e referência para a manutenção e o adestramento de suas Forças Armadas. Tendo a expansão no Prata chegado ao fim, do ponto de vista da elite nacional, e em vista das dificuldades financeiras, também não mais existia razão para manter um Exército

---

10. Nesse ano, a Argentina recebeu 6,154 milhões de libras, enquanto o Brasil recebeu 2,898 milhões. Entre 1865 e 1914, a Argentina receberia 349.243 milhões de libras, contra 172.742 do Brasil. Ver Stone (1999).

ou uma Marinha poderosos. Está aí a raiz da "política de eliminação"[11] das Forças Armadas, perseguida após 1870, que efetivamente divorciou os militares da Coroa, jogando-os nos braços do novo movimento republicano patrocinado pelas oligarquias regionais.

O golpe republicano de 1889 acelerou o processo de desagregação do Estado brasileiro iniciado após a Guerra do Paraguai. Em 1893, a Revolta da Armada destruiu o braço naval do poder militar nacional, enquanto o próprio Exército, autor do golpe, foi desmoralizado com a dificuldade de combater os rebelados do vilarejo de Canudos em 1898. A isso somam-se a descentralização administrativa após o fim do governo do Marechal Floriano Peixoto, em 1894, e as dificuldades financeiras enfrentadas pelo governo central, que levaram à hipoteca da alfândega do Rio de Janeiro. Por outro lado, a República efetivamente buscou alternativas diplomáticas à nova situação na Bacia do Prata, em que uma Argentina em crescimento se colocava como parceira diplomática e econômica vital no Cone Sul do Reino Unido. Já o primeiro embaixador da República em Washington, Salvador de Mendonça, articulou um tratado comercial que abriu o mercado americano ao café brasileiro, garantindo a viabilidade financeira do novo regime, e as forças navais americanas impediram o bloqueio do Rio de Janeiro pela Armada em revolta, o que garantiu sua sobrevivência física (Smith, 1991).

Enquanto o Brasil vivia o colapso interno e buscava aproximação com os Estados Unidos, a Argentina passava pela experiência oposta. A Geração de 1880, sob comando do presidente Julio Argentino Roca, centralizou e estabilizou definitivamente o país, expandiu intensamente as Forças Armadas, conquistou a Patagônia e coordenou uma extraordinária expansão econômica puxada por capitais e pelo mercado inglês de produtos primários. A ligação orgânica da Argentina com a Inglaterra no plano econômico era acompanhada pela articulação política. Assim, Londres tinha em Buenos Aires uma aliada fundamental para bloquear todos os planos de Washington para criar um bloco comercial, diplomático e militar panamericano (Morgenfeld, 2011).

A aliança com o Reino Unido, a força econômica e o poderio militar faziam da Argentina ao final do século XIX indiscutivelmente a principal potência sul-americana, ocupando a posição que tinha sido do Brasil até algumas décadas antes. O próprio comportamento estratégico do Brasil na primeira década do século XX demonstra essa nova situação. Assim, o chanceler brasileiro, o Barão do Rio Branco, adotou uma postura conciliatória com Buenos Aires e, para evitar o confronto

---

11. A "Política de Eliminação" é um conceito formulado por Edmundo Campos Coelho (2000) para descrever o objetivo perseguido pelas oligarquias regionais de enfraquecer e mesmo destruir as Forças Armadas, vistas como instrumento do Estado centralizador que fugia ao seu controle.

com os argentinos, aceitou mesmo reconhecer tacitamente a inclusão do Paraguai na órbita de influência argentina (Doratioto, 2000). Enquanto cedia na esfera diplomática, o Brasil tomava medidas para reconstruir suas capacidades militares e, assim, reequilibrar a balança de poder no Rio da Prata. Para isso iniciou um programa de reequipamento naval, com a compra de encouraçados *Dreadnought* na Inglaterra, e enviou oficiais do Exército para treinamento na Alemanha, para aprender as mais modernas doutrinas de guerra terrestre (Alsina, 2014; Vieira, 2020).

A reação argentina a essas iniciativas, sobretudo aquela na esfera naval que tinha efeito potencial mais imediato, foi dura: ao saber da compra dos *Dreadnoughts*, o chanceler argentino exigiu que um deles fosse transferido à Argentina, e o governo do país planejava invadir o Rio de Janeiro caso o ultimato não fosse atendido (Bandeira, 2010). O plano de invasão da capital brasileira, impensável algumas décadas antes, é a prova definitiva que se nos anos 1870 o maior dissuasor do expansionismo brasileiro em direção a uma Argentina ainda frágil seria uma reação inglesa, no começo do século XX os argentinos não só garantiam a segurança com os próprios meios, mas também possuíam projetos próprios de expansão no continente. Chegava-se assim, 40 anos depois da Guerra do Paraguai, ao ponto mais baixo da posição geoestratégica brasileira no Prata, que levaria décadas de esforços em múltiplas dimensões para ser superado.

Conclusão

A Bacia do Prata é a região sul-americana mais similar a um clássico tabuleiro geopolítico europeu e, assim, também é a área do subcontinente que mais se assemelha à dinâmica europeia de guerra, preparação para a guerra, formação do Estado e operação da balança de poder. Apesar dessas semelhanças, existe uma diferença decisiva: a região não é, como o tabuleiro geopolítico europeu, ocupada por grandes potências, mas é espaço de projeção do poder dos principais Estados do sistema e, sobretudo, do poder marítimo dominante, devido a sua inserção no coração do "Oceano Mundial" de Halford Mackinder.

Durante todo o século XIX, esse poder marítimo dominante, o Reino Unido, teve dois objetivos centrais para a região e que se reforçavam mutuamente: manter o equilíbrio de poder entre as potências regionais e manter a área aberta ao comércio e aos capitais ingleses, o que incluía a livre navegação dos rios interiores. As ameaças percebidas para a consecução desses objetivos variaram ao longo do tempo: o Império Luso-Brasileiro, até sua derrota na Guerra da Cisplatina, depois a Argentina de Juan Manoel Rosas, devido a sua política de fechamento dos rios interiores e de conquista do Uruguai entre os anos 1840 e 1850, até, finalmente, um Império do Brasil que convertera o Uruguai e a Mesopotâmia Argentina em seus satélites de 1852 a 1860. Da mesma forma, a vitória total sobre o Paraguai em 1869-70 colocava novamente o Brasil como maior candidato a destruidor da balança de poder regional.

Enquanto o expansionismo brasileiro ameaçava a estratégia britânica para a Bacia do Prata, a Argentina paulatinamente se converteu de nêmesis, sob Rosas, a parceira em potencial, sob Mitre. Buenos Aires era forte o suficiente para servir de contrapeso ao Rio de Janeiro (porém não tão forte a ponto de poder dominar sozinha a região) e, ao mesmo tempo, tinha uma política de livre navegação adequada aos interesses comerciais britânicos. Essa Argentina renovada sob Mitre e Sarmiento, e que se converteria em potência exportadora sob Julio Roca, era um alvo muito diferente do regime hostil a Londres de Rosas, ou à República isolacionista de Solano López. Na realidade, dado o endividamento imperial em Londres, tornava-se impensável um conflito com uma Buenos Aires favorecida pelo comércio e pelo capital britânico. Chegava-se, assim, ao limite estrutural do expansionismo brasileiro, dado não pelas condições internas da Bacia do Prata, mas, sobretudo, por sua posição na esfera de influência global do Império Britânico.

Ocorre que o expansionismo imperial do século XIX não era uma mera opção de política externa, mas um dos principais pilares do Estado brasileiro. Era o expansionismo em direção ao Rio Paraguai que justificava, perante as elites e ao próprio corpo de oficiais, a existência do Exército e da Marinha imperiais, garantia seu prestígio institucional e seus recursos orçamentários. Quando a "grande estratégia" expansionista se tornou obsoleta em 1870, voltou com toda força o objetivo oligárquico de eliminar as Forças Armadas como ator relevante, e o enxugamento de recursos e desprestígio militar resultante dessa política jogou o oficialato nas mãos do movimento republicano, ironicamente articulado por membros da própria oligarquia que buscavam se livrar da centralização imperial.

O colapso do Império e as turbulências da República Velha resultantes do processo descrito acima foram acompanhados pela transformação da Argentina, no último quartel do século XIX, em um *"dominion* informal" do Império Britânico, e pela gigantesca expansão econômica alimentada pelas exportações para a Inglaterra e pelos capitais vindos de Londres. A nova prosperidade econômica foi canalizada também na direção da expansão territorial e do fortalecimento militar, e na virada do século Buenos Aires controlava as Forças Armadas mais poderosas da América do Sul, enquanto o Exército e a Marinha brasileiros estavam em frangalhos.

A reação brasileira a esse estado de coisas moldaria grande parte da história do país no século XX. No plano diplomático, o Brasil forjou uma aliança estrutural com os EUA para contrabalançar a entente anglo-argentina, que ameaçava tanto a recém-criada República Brasileira quanto os planos americanos de criar um bloco hemisférico sob seu comando. No plano econômico e institucional, as elites militares formadas sob ameaça de domínio continental da Argentina, tradicional adversária brasileira, e influenciadas pelo pensamento germânico sobre a guerra elaboraram um paradigma de centralização administrativa e industrialização autárquica que conduziria o país desde a revolução de 1930 até a crise dos anos 1980.

O entendimento da Bacia do Prata como um tabuleiro geopolítico periférico dentro do sistema interestatal ajuda a explicar não só a incapacidade brasileira de articular uma dominação regional após a Guerra do Paraguai, mas também traz lições para a política externa do país no século XXI. Tendo sido superado pela Argentina após o conflito paraguaio, o Brasil, devido ao seu programa de modernização institucional e econômica aplicado entre os anos 1930 e 1980, está novamente na posição de potência preponderante no Cone Sul. Por outro lado, se o Reino Unido deixou de ser a potência marítima dominante, seu lugar foi ocupado pelos Estados Unidos, cuja política tem fortes semelhanças com aquela perseguida por Londres: equilíbrio regional e liberalismo econômico.

A questão passa a ser, assim, como o Brasil do século XXI vai lidar com as amarras de sua posição geopolítica periférica: aceitá-las e arriscar a destruição do Estado como aconteceu com o Império no século XIX, ou buscar um jeito de livrar-se delas, dessa forma, continuar a trilhar o caminho do desenvolvimento nacional em direção ao merecido *status* de grande potência no sistema interestatal.

Referências

ALSINA, J. P. Rio Branco, grande estratégia e poder naval. *Rev. bras. polít. int.* Brasília, v. 57, n. 2, 2014.

BANDEIRA, L. A. de M. *Brasil, Argentina e Estados Unidos*. Conflito e integração na América do Sul. Rio de Janeiro: Civilização Brasileira, 2010.

_____. *A expansão do Brasil e a formação dos Estados na Bacia do Prata*: Argentina Uruguai e Paraguai (da colonização à Guerra da Tríplice Aliança). Rio de Janeiro: Civilização Brasileira, 2012.

BARBOSA, P. H. B. As tarifas Alves Branco: entre o protecionismo e a preocupação fiscal. *Em tempos de histórias*. Brasília, n. 25, jan-jul. 2014.

BENTIVOGLIO, J. Palacianos e Aulicismo no Segundo Reinado – A Facção Áulica de Aureliano Coutinho. *Revista Esboços*, v. 17, n. 23, p. 187-221, 2010.

CHIAVENATTO, J. J. *Genocídio americano*: a Guerra do Paraguai. São Paulo: Brasiliense, 1979.

COELHO, E. C. *Em busca de identidade*: o exército e a política na sociedade brasileira. Rio de Janeiro: Record, 2000.

DORATIOTO, F. *Maldita guerra*: nova história da Guerra do Paraguai. São Paulo: Companhia das Letras, 2002.

_____. *O Brasil no Rio da Prata*. Brasília: FUNAG, 2014.

_____. A política platina do Barão do Rio Branco. *Rev. bras. polít. int.*, v. 43, n. 2, p. 130-149, 2000. http://dx.doi.org/10.1590/S0034-73292000000200006.

ESCUDÉ, C. & CISNEROS, A. *Historia de las Relaciones Exteriores Argentinas*. Buenos Aires: Consejo Argentino de Relaciones Internacionales, 2000. Disponível em: <http://www.argentina-rree.com/historia.htm>

GRAVIL, R. *The Anglo-Argentine Connection, 1900-1939*. Boulder e London: Westview Press, 1985.

LYNCH, C. Bernardo Pereira de Vasconcelos e o conceito de "regresso" no debate parlamentar brasileiro (1838-1840). *Almanack*. Guarulhos, n. 10, p. 314-334, ago. 2015.

MORGENFELD, L. *Vecinos en conflicto*: Argentina y Estados Unidos en las conferencias panamericanas, 1880-1955. Peña Lillo; Buenos Aires: Ediciones Continente, 2011.

SCENNA, M. A. *Argentina-Brasil*: Cuatro Siglos de Rivalidad. Buenos Aires: Ediciones La Bastilla, 1975.

SMITH, J. *Unequal giants*: diplomatic relations between the United States and Brazil, 1889-1930. Pittsburgh: University of Pittsburgh Press, 1991.

STONE, I. *The Global Export of Capital from Great Britain, 1865-1914*: A Statistical Survey. London: Macmillan Press, 1999.

VIEIRA, R. Z. Rivalidade Geopolítica e Políticas de Desenvolvimento na Era Vargas (1930-1950). *Brazil. J. Polit. Econ.*, São Paulo, v. 40, n. 4, p. 788-806, dez. 2020. https://doi.org/10.1590/0101-31572020-3069.

VILELA, A. A política tarifária do II Reinado: evolução e impactos, 1850-1889. *Nova Economia-Belo Horizonte*, v. 15, n. 1, p. 35-68, jan.-abr. 2005.

4
A Idade Contemporânea

A Primeira Guerra Mundial e a "Paz de Versalhes" de 1919

Juliano Fiori[1]

> *The danger confronting us, therefore, is the rapid depression of the standard of life of the European populations to a point which will mean actual starvation for some... Men will not always die quietly. For starvation, which brings to some lethargy and a helpless despair, drives other temperaments to the nervous instability of hysteria and to a mad despair. And these in their distress may overturn the remnants of organisation, and submerge civilisation itself in their attempts to satisfy desperately the overwhelming needs of the individual. This is the danger against which all our resources and courage and idealism must now cooperate.*
>
> John Maynard Keynes, *The Economic Consequences of the Peace*

A estabilização e a defesa da sociedade burguesa

Após a crise financeira de 2008, tanto os defensores quanto os críticos do socorro aos bancos apontaram John Maynard Keynes como a inspiração intelectual para o aumento dos gastos públicos[2]. Depois de quase três décadas de hegemonia neoliberal, os economistas popularizaram a noção de um "renascimento keynesiano". Mas, como Geoff Mann já argumentou, o retorno de Keynes em tais momentos de crise é axiomático, uma vez que "é uma sensibilidade keynesiana que reconhece e nomeia a crise *per se*, isto é, uma conjuntura ou condição que por definição não pode passar sem solução"[3]. Texto teórico mais completo e influente

---

1. Agradeço às pessoas que leram e comentaram as primeiras versões deste capítulo: Jorge Fiori, Pedro Fiori Arantes, Felipe Eugênio, Bertrand Taithe, Stuart Jones e Laure Humbert. Também agradeço a Ana Silvia Gesteira pela tradução do capítulo do inglês.
2. Para críticas, ver, por exemplo: Reynolds (2009), Sachs (2010), e Woods (2009). Para elogios, ver, em especial: Skidelsky (2010) e Krugman (2008).
3. "[*I*]*t is a Keynesian sensibility that recognises and names the crisis per se, that is, a conjuncture or condition that by definition cannot go unaddressed*" (Mann, 2017a, p. 25-6).

de Keynes, *A Teoria Geral do Emprego, Juros e Dinheiro* [*The General Theory of Employment, Interest, and Money*] é o ponto de partida comum para a discussão de seu diagnóstico da crise liberal-capitalista[4]. No entanto, a preocupação com a ordem e a estabilidade norteou grande parte de seu trabalho como economista profissional, estadista e intelectual público. A "estabilização" diante da crise é a tarefa essencial da economia política de Keynes[5].

Enquanto a Europa enfrentou múltiplas crises após a Primeira Guerra Mundial, Keynes tornou-se um proeminente defensor de uma abordagem coordenada para a recuperação econômica do continente, primeiro como representante do Tesouro Britânico na Conferência de Paz de Versalhes e depois em seus escritos acadêmicos e jornalísticos. O mais influente desses escritos foi *As Consequências Econômicas da Paz* [*The Economic Consequences of the Peace*], uma crítica áspera do Tratado de Versalhes, publicada em dezembro de 1919. Nos anos que se seguiram à guerra, Keynes argumentou que a recuperação da Europa exigiria: estabilidade de preços por meio de reforma monetária; um acordo de indenizações que priorizasse a estabilidade econômica coletiva sobre a segurança territorial; assistência financeira para a reconstrução das indústrias europeias; e políticas para combater a fome, particularmente na Europa Central e Oriental. Muitas vezes ele as apresentou como medidas para manter a paz. E sua crítica aos governos aliados no período após a Conferência de Versalhes influenciaria significativamente uma interpretação comum das razões para o eventual fracasso do tratado a esse respeito. Mesmo hoje, apesar das análises de historiadores das relações internacionais, em particular, a versão mais amplamente aceita dos eventos é que o tratamento duro dado à Alemanha em Versalhes, em 1919, foi uma das causas principais da guerra que eclodiu duas décadas depois.

Mas Keynes não era um pacifista. Ele imaginou relações pacíficas dentro da Europa após a Primeira Guerra Mundial como instrumentais para a proteção da civilização ocidental. Sua promoção da estabilidade por meio da reconstrução do pós-guerra, assim como sua teoria macroeconômica posterior, expressava uma preocupação principal em prevenir o colapso da civilização. Pode ser entendida não tanto como produto de uma disposição positiva para a cooperação, liberdade

---

4. Mann (2017a) analisa *A Teoria Geral* como articulação de uma "crítica keynesiana" que, anterior ao próprio Keynes, remonta às origens da modernidade capitalista e é imanente ao liberalismo. Entre o grande número de estudos da Teoria Geral, destacam-se: Clarke (1992), Kahn (2011) e Klein (2016).

5. Mann (2017a, p. 15). Mann (2017a, p. xi) argumenta que "a economia política é [...] keynesiana por definição: quando a ordem social está se desgastando, ela é a arte e a ciência da revolução sem revolucionários". [*"political economy is [...] Keynesian by definition: when the social order is fraying it is the art and science of revolution without revolutionaries"*].

e autonomia moral, mas como produto de uma disposição negativa – algo como o que Judith Shklar mais tarde chamaria de "liberalismo do medo"[6]. Associada a suas ansiedades sobre a civilização, estava a defesa da ordem social burguesa que ele via como a responsável por esta. Em meio às ruínas da guerra, Keynes via a reconstrução como a base para uma restauração burguesa que poderia salvaguardar a civilização contra as ameaças de desintegração desordenada e violência revolucionária. Essa política de classe pode ser vista a partir de uma leitura atenta de suas respostas escritas ao Tratado de Versalhes e à negociação das indenizações alemãs: de sua concepção organicista da Europa como um "todo econômico", da revisão de sua crítica das indenizações e, em particular, por sua apresentação do combate à fome como tendo um papel estruturante na economia política da reconstrução.

A restauração da Europa como um "todo econômico"

Os governos aliados não convergiram para um entendimento comum do bem coletivo enquanto a poeira assentava nos campos de batalha europeus da Grande Guerra. O Tratado de Versalhes, assinado em 28 de junho de 1919, refletia não as esperanças idealistas de um novo começo, mas as preocupações defensivas dos Aliados, que, não obstante a submissão das Potências Centrais, emergiram da guerra temerosos de seu declínio relativo e sem garantias quanto à segurança nacional. O sucesso da campanha de guerra dos Aliados dependeu de recursos das redes imperiais britânicas e francesas e, especialmente, das finanças americanas. Após a guerra, a Grã-Bretanha deu início a uma retirada relutante dos seus redutos imperiais, apesar de expandir seu domínio colonial no Oriente Médio. Enquanto isso, ao abandonar o padrão-ouro, em março de 1919, a libra foi substituída pelo dólar como principal moeda de reserva do mundo. O endividamento junto aos Estados Unidos se tornaria, então, uma ameaça à estabilidade monetária da Grã-Bretanha. Como credor, os Estados Unidos usaram as condições de guerra para afirmar sua hegemonia e moldar uma nova ordem global, atribuindo à Europa o *status* de província[7].

No final de 1919, a Grã-Bretanha devia cerca de 4,2 bilhões de dólares aos Estados Unidos; a França, 2,8 bilhões de dólares; e a Itália, 1,6 bilhão de dólares[8]. Mas as fragilidades das economias europeias do pós-guerra não foram apenas

---

6. Para Shklar (1989), o liberalismo do medo começa com um *summum malum*. Ela também sugere que é "completamente não utópico" (p. 26). Keynes, entretanto, alimentou visões de um futuro além do presente capitalista. Ver, por exemplo: Keynes (1932).
7. Ver Tooze (2014, p. 6).
8. Esses são os números citados por Keynes em *The Economic Consequences of Peace* (2014, p. 106).

uma consequência de tais complicações financeiras. A inflação seguida por uma recessão deflacionária em grande parte da Europa, bem como nos Estados Unidos, expôs a dificuldade dos países combatentes para fazer uma transição de economias de guerra para economias de paz[9].

Segundo Keynes, a economia europeia já continha "elementos instáveis" antes da guerra. No segundo capítulo de *Consequências Econômicas*, ele sugeriu que, para avaliar os efeitos do tratado, era necessário compreender estes elementos: a expansão das populações; "fatores internos", como o desenvolvimento de um "vasto mecanismo" de transporte, distribuição de carvão e comércio, que criou centros urbanos cada vez mais povoados e industrializados; um pacto entre os capitalistas e a classe trabalhadora baseado em um "duplo blefe" (induzindo o que o marxismo clássico entende como "falsa consciência"); e "fatores externos", principalmente a diminuição do acesso da Europa aos recursos do Novo Mundo[10]. Keynes atribuiu o "extraordinário [...] progresso econômico" das quatro décadas e meia que levaram à Primeira Guerra Mundial a um equilíbrio complexo e delicado na organização econômica da Europa[11]. Sua crítica ao Tratado de Versalhes nos capítulos seguintes de *Consequências Econômicas* foi motivada pelo desejo de restaurar esse equilíbrio prévio. Além disso, ele esperava restaurar as condições materiais, e até mesmo psicológicas, que ela havia fomentado na Grã-Bretanha burguesa de sua adolescência[12]. A restauração era, então, uma aspiração que refletia claramente os interesses de classe de Keynes. Era a única garantia de prosperidade que legitimava a ordem social existente, ela própria necessária para a reprodução da riqueza.

A restauração da organização econômica da Europa exigia o reconhecimento das interdependências entre os estados europeus. Se os governos aliados impusessem uma paz que punisse excessivamente a Alemanha, privilegiando sua segurança territorial em detrimento da organização e estabilidade coletivas, eles inevitavelmente se prejudicariam. Essa posição não era meramente o produto de uma

---

9. Em 1921, o economista sueco Gustav Cassel atribuiu a prolongada crise financeira que se seguiu à guerra a múltiplas causas relacionadas ao comportamento do estado. Ele argumentou que a estabilização coordenada das moedas era necessária para que a economia internacional superasse a turbulência do pós-guerra (Cassel, 1921). Ver também Clavin (2013, p. 17).

10. Keynes (2014, p. 4-10).

11. Keynes (2014, p. 4).

12. Skidelsky (2005, p. xxvi) descreve Keynes como "um eduardiano que tentou, manipulando fatos econômicos, restaurar a alegria pós-vitoriana após os horrores da Primeira Guerra Mundial" ["*an Edwardian who tried, by manipulating economic facts, to restore post-Victorian cheerfulness after the horrors of the First World War*"]. Clavin (2013, p. 12) refere-se ao desejo de funcionários do governo britânico de retornar às condições anteriores à guerra, sugerindo que isso moldou suas opiniões sobre o papel do estado e da cooperação intergovernamental na política financeira.

análise conjuntural discreta, nem de algum idealismo altivo. Derivava do conceito de "unidade orgânica", que informou grande parte do pensamento político, econômico e matemático de Keynes – sobre probabilidade, previsão econômica, política monetária. Conforme definido na obra do filósofo britânico G. E. Moore – talvez a maior influência intelectual sobre Keynes – a unidade orgânica supõe que um todo é feito de partes interdependentes, de modo que ele "não é igual à soma das partes, a comparação quantitativa é falha, pequenas mudanças produzem grandes efeitos, [e] as suposições de um *continuum* uniforme e homogêneo não são satisfeitas"[13]. Isso introduz incerteza: as decisões individuais, de natureza presumivelmente racional, podem ter consequências indesejadas devido ao seu impacto em outras partes do todo[14]. Em resposta a *Consequências Econômicas*, Kingsley Martin, editor do *The New Statesman and Nation*, escreveu que, para Keynes, "a verdadeira falha [da Conferência de Versalhes] foi não tratar a Europa como um todo econômico"[15]. Em agosto de 1945, duas semanas antes do fim da Segunda Guerra Mundial, Keynes falou a um grupo de ministros em Downing Street, 10, sobre uma próxima reunião com representantes do governo dos Estados Unidos. "Temos que olhar para o problema financeiro e comercial do mundo como um todo", disse ele[16]. Ele expandiu os limites do "todo" de acordo com as mudanças na organização econômica, mas o princípio permaneceu o mesmo.

Antes da Primeira Guerra Mundial, a Alemanha não era apenas uma parte do todo econômico da Europa. Tinha se tornado um eixo importante do comércio europeu e das finanças a leste do Reno[17]. Foi o principal parceiro comercial de Rússia, Noruega, Holanda, Suíça, Itália e Áustria-Hungria. Cerca de um terço das exportações da Alemanha foi para os quatro países que decidiriam seu destino em Versalhes. A Grã-Bretanha, seu principal mercado de exportação, só importava mais dos Estados Unidos e só exportava mais para a Índia. Keynes certamente superestimou a possibilidade de restaurar não apenas o comércio alemão, mas o comércio europeu em geral, após uma guerra que devastou indústrias, redesenhou

---

13. Keynes (1926b, p. 150). G. E. Moore (2013) desenvolveu sua tese sobre unidade orgânica em *Principia Ethica*. Este livro teve impacto significativo não apenas em Keynes, mas também em seus companheiros que faziam parte do *Cambridge Apostles* e do Grupo de Bloomsbury.

14. Na medida em que foi escrito em oposição a visões paroquiais, expressivas dos interesses nacionais dos Aliados, *Consequências Econômicas* pode ser lido como uma crítica da "hipótese atômica", que sustenta que as partes de um todo são independentes, em vez de interdependentes. Ver Carabelli & Cedrini (2010, p. 1013). Keynes discutiu o atomismo em *Um Tratado Sobre Probabilidade [A Treatise on Probability]* (Keynes, 1973).

15. Citado em *New York Times* (1946).

16. Keynes (1973, p. 465).

17. Ver Keynes (2014, p. 7).

fronteiras territoriais, desmantelou impérios e deslocou o centro de gravidade econômica para o outro lado do Atlântico. As novas dependências externas dos governos europeus, nos Estados Unidos em particular, pareciam minar a própria ideia de um todo europeu delimitado.

Keynes argumentou que o tratado visava à "destruição sistemática" das três bases da economia alemã: seu comércio exterior; suas indústrias de carvão e ferro; e seu sistema de transporte e tarifário[18]. Mas a maior tolice, segundo ele, era o tratamento das indenizações. Ele aceitou que a Alemanha reparasse os danos causados durante a guerra, e que estes poderiam ser agrupados e distribuídos entre os Aliados "na proporção das reivindicações agregadas"[19]. Mas ele se opôs fortemente à tentativa de fazer a Alemanha pagar pelos "custos gerais da guerra". Muito ainda estava em jogo em relação às indenizações quando *Consequências Econômicas* foi publicado, embora o Tratado de Versalhes tivesse sido assinado quase seis meses antes. Os passivos financeiros da Alemanha não foram determinados em Versalhes porque os Três Grandes – os líderes de Grã-Bretanha, França e Estados Unidos – não puderam pagar uma quantia que fosse plausivelmente pagável e, ao mesmo tempo, politicamente aceitável para seus constituintes domésticos. Keynes sugeriu que "a partir disso [...] uma grande parte da complicação do Capítulo de Reparação brota essencialmente"[20]. Revendo as consequências econômicas no início de 1920, o economista americano Frank William Taussig concordou com a avaliação de Keynes, escrevendo: "É certo que a incerteza é um mal do tipo mais grave"[21]. Mas é plausível que, dadas as pressões políticas sobre cada um dos Três Grandes, suspender a decisão sobre o montante das indenizações fosse a única forma de evitar punir excessivamente a Alemanha. Em março de 1919, em um memorando para um comitê secreto de indenizações dos Aliados, o próprio Keynes havia escrito que era necessário adiar a fixação de uma quantia, uma vez que ainda era impossível determinar a capacidade de pagamento da Alemanha[22].

Em dezembro de 1918, tendo acabado de convocar uma eleição geral repentina, o primeiro-ministro britânico David Lloyd George emitiu um pedido de 220 bilhões de marcos de ouro – mais de cinco vezes a renda nacional estimada da Alemanha antes da guerra[23]. A França e os Estados Unidos concordaram inicialmente

---

18. Keynes (2014, p. 27).
19. Keynes (2014, p. 46).
20. Keynes (2014, p. 61.
21. Taussig (1920, p. 384).
22. *Lothian Papers* G040/17/64, citado em Skidelsky (2005, p. 226). Marc Trachtenberg (1980) aponta que a França, em particular, saiu perdendo com esse adiamento, pois, ao monetizar uma dívida fixa alemã, poderia ter tido acesso ao crédito americano. Ver também Trachtenberg (1979).
23. Tooze (2014, p. 293).

em 120 bilhões de marcos de ouro. Quando parecia que a Grã-Bretanha teria que reduzir suas expectativas, Lloyd George fez uma proposta para que os pagamentos de indenização alemães incluíssem pensões para viúvas de guerra e subsídios de separação para dependentes de recrutas. Keynes reconheceu que o primeiro-ministro estava jogando para seu público, mas se frustrou ao perceber que a política pudesse atrapalhar o que ele via como uma razão econômica sólida.

Keynes escreveu um retrato depreciativo de Lloyd George, que inicialmente pretendia incluir em *Consequências Econômicas*, mas só publicou em 1933. O primeiro-ministro é apresentado como o principal obstáculo ao acordo de um projeto de indenização razoável por causa de sua insistência no pagamento de pensões[24]. Uma *"femme fatale"*, uma "sereia", uma "bruxa galesa", ele seduziu o presidente dos Estados Unidos, Woodrow Wilson, a aceitar termos que traíam os Quatorze Pontos[25]. O principal problema com Lloyd George, argumentou Keynes, era que, apesar de seu interesse genuíno por uma "boa paz", ele carecia de princípios – ele estava "enraizado em nada" – e tinha uma "paixão incurável por um acordo"[26].

Consequências Econômicas incluiu retratos de Wilson e do primeiro-ministro francês, Georges Clemenceau, em seu célebre e polêmico terceiro capítulo. Em geral, Keynes estava mais alinhado com Wilson do que com outros líderes aliados em Versalhes. Foi talvez por causa da desilusão de Keynes que, depois de aceitar a inclusão do pagamento de pensões da Grã-Bretanha no tratado, o presidente se tornou alvo de sua sátira mais contundente[27]. Wilson é apresentado como o "cego e surdo Dom Quixote", um fanático religioso, sem coragem moral, inteligência ou sensibilidade do seu entorno[28]. Clemenceau, por sua vez, é descrito como um político astuto e eminente, mas uma relíquia do passado da Europa; um belicista nostálgico e chauvinista, cuja visão de uma paz cartaginesa acabou vencendo[29].

---

24. "Lloyd George: A Fragment", em Keynes (1978b, p. 19-26).

25. Keynes (1978b, p. 21-22).

26. Keynes (1978b, p. 25).

27. O presidente parece ter mudado de ideia sobre a inclusão das pensões depois de ler um memorando preparado pelo General Jan Smuts, membro sul-africano do Gabinete de Guerra Imperial Britânico. O memorando propôs que, uma vez que os soldados se tornaram civis após a alta, um ferimento de longa duração em um soldado se tornou um "dano causado à população civil". Mesmo assim, Keynes defendeu Smuts contra a acusação de que ele era o responsável por propor formalmente o pagamento de pensões. A íntegra do memorando encontra-se em Baruch (1920, p. 29-32). Quando um delegado americano questionou o presidente, sugerindo que toda a lógica era contra a inclusão de pensões, Wilson teria respondido: "Não me importo nem um pouco com a lógica. Vou incluir as pensões!" (citado em Keynes, 2015a, p. 107).

28. Keynes (2014, p. 15-22).

29. Keynes (2014, p. 11-15).

O capítulo três de *Consequências Econômicas* é uma das demonstrações mais marcantes do talento literário de Keynes. Ele constrói seus personagens (e a *mise-en-scène*) em detalhes dramáticos: "Clemenceau silencioso e indiferente ao seu entorno – pois nada que tocasse a segurança da França estava à frente – entronizado, em suas luvas cinzas, na cadeira de brocado, seco na alma e sem esperança, muito velho e cansado, mas examinando a cena com um ar cínico e quase travesso"[30]; "Como Odisseu, o presidente parecia mais sábio quando estava sentado; e suas mãos, embora capazes e bastante fortes, careciam de sensibilidade e sutileza"[31]. E ele os desconstrói com bravata, escárnio e, muitas vezes, hipérbole: "Raramente pode ter havido um estadista de primeiro nível mais incompetente do que o presidente na desenvoltura da Câmara do Conselho"; "se alguma vez a ação de um único indivíduo importar, o colapso do presidente terá sido um dos eventos morais decisivos da história"[32].

Os companheiros de Keynes do Grupo Bloomsbury responderam positivamente a um primeiro rascunho dos retratos. Em uma carta a Keynes, Leonard Woolf escreveu: "Imagino que sua análise psicológica de Wilson esteja absolutamente correta. Explica tudo"[33]. Mas, como Taussig argumentou, tal "intimidade com os personagens como atores é concedida apenas aos escritores de ficção"[34]. Há, sem dúvida, um certo embelezamento literário nos retratos de Keynes. E, como Skidelsky e vários historiadores do tratado têm argumentado, a crítica dele a Wilson parece ter sido baseada em uma compreensão equivocada das prioridades do presidente[35]. O teatro do capítulo três foi, no entanto, de importância essencial para os objetivos políticos de Keynes. Por meio de elementos de psicodrama em particular, Keynes procurou demonstrar que o tratado nasceu das "disparidades e fraquezas" dos Três Grandes, "filho dos atributos menos dignos de cada um de seus pais, sem nobreza, sem moralidade, sem intelecto"[36]. Em outras

---

30. "*Clemenceau silent and aloof on the outskirts – for nothing which touched the security of France was forward – throned, in his gray gloves, on the brocade chair, dry in soul and empty of hope, very old and tired, but surveying the scene with a cynical and almost impish air*" (Keynes, 2014, p. 12-13).

31. "*[...] like Odysseus, the president looked wiser when he was seated; and his hands, though capable and fairly strong, were wanting in sensitiveness and finesse*" (Keynes, 2014, p. 16).

32. "*There can seldom have been a statesman of the first rank more incompetent than the president in the agilities of the council chamber*"; "*if ever the action of a single individual matters, the collapse of the president has been one of the decisive moral events of history*" (Keynes, 2014, p. 15 e 17).

33. "*I expect your psychological analysis of Wilson is absolutely correct. It explains everything*" (carta de Leonard Woolf para Keynes, 21 ago. 1919, citado em Skidelsky (2005, p. 235).

34. "*[...] intimacy with the characters of the actors is vouchsafed only to writers of fiction*" (Taussig, 1920, p. 384).

35. Skidelsky (2005, p. 245). Ver também Marks (2013, p. 632-59).

36. Keynes (1978b, p. 25).

palavras, não foi um produto de cálculos racionais em conflito, mas de uma falha em aderir à razão – precisamente a razão moral-científica que ele associava à sua própria classe educada. Através de uma apresentação elaborada desse argumento, ele buscou despolitizar a proposição de que o tratado era prejudicial à restauração do todo econômico europeu.

Nos capítulos quatro e cinco, Keynes aborda o próprio tratado e as reparações, respectivamente. No último, ele primeiro aborda os danos à propriedade dos Aliados causados pela Alemanha; e então ele se volta para a capacidade econômica da Alemanha, apesar de ter afirmado apenas alguns meses antes que isso seria impossível. Ambos, ele argumenta, foram inflados pelos governos aliados. Sua análise nesses capítulos é metódica e convincente, mas sua prosa se torna menos fluida. Frases longas e tortuosas, carregadas de estatísticas, diminuem sua cadência. Os "elementos de tensão e tortura" que o economista britânico Richard Kahn observa nos escritos acadêmicos de Keynes estão ocasionalmente presentes, especialmente nos segmentos mais técnicos[37]. A discordância entre o tom desses segmentos e aquele do capítulo três certamente contribuiu para a avaliação de Virginia Woolf de que *Consequências Econômicas* não era, "de forma alguma, uma obra de arte"[38]. Mas também existem tensões substantivas. Em sua descrição do tratado, Keynes transmite a complexidade das negociações de Versalhes. Ele se refere à "controvérsia e intriga sem fim entre os Aliados"[39]. Mas a implicação bastante óbvia dessa complexidade é que o tratado não nasceu das falhas pessoais dos Três Grandes, mas de uma matriz de interesses políticos, representados por um grande número de pessoas com responsabilidade pelo curso das negociações, incluindo o próprio Keynes.

Keynes tentou unificar os elementos conflitantes de *Consequências Econômicas*, incluindo suas omissões, por meio de passagens curtas, quase parentéticas, de hipérbole em meio a sua análise das indenizações. Em particular, essas passagens traziam à tona os Três Grandes como alvos de suas polêmicas acusações de irracionalidade e injustiça. Ele descreveu a campanha para que a Alemanha pagasse os "custos gerais da guerra" como "um dos mais sérios atos de imprudência política pelos quais nossos estadistas já foram responsáveis"[40]. Sobre o desenvolvimento do Capítulo de Reparação do tratado, ele escreveu que "pode ter havido poucas negociações na história tão distorcidas, tão miseráveis, tão absolutamente insatisfatórias para todas as partes"[41].

---

37. "[...] *elements of strain and torture*" (Kahn, 2011, p. 77).
38. "*[not] in the least a work of art*" (Woolf, 1978, p. 33).
39. "[...] *endless controversy and intrigue between the Allies*" (Keynes, 2014, p. 58).
40. Keynes (2014, p. 56).
41. "[...] *there can have been few negotiations in history so contorted, so miserable, so utterly unsatisfactory to all parties*" (Keynes, 2014, p. 58).

Essas passagens também funcionam como comentários sobre a análise econômica de Keynes, animando o texto não tanto por meio de seu conteúdo avaliativo, mas por suas qualidades estéticas e efeitos sobre a forma. Eles demonstram a tendência de Keynes de radicalizar os termos de um debate por meio da forma, abrindo um meio-termo que seu conteúdo (neste caso, suas propostas sobre o projeto de lei de reparações) pudesse ocupar[42]. Discutindo o tratado, Keynes observa que ele deve satisfazer-se com "uma análise dos elementos do compromisso final que é conhecido por todo o mundo"[43]. Mas suas reivindicações históricas grandiosas nos parágrafos anteriores claramente ultrapassam os limites de tal análise. Assim como seus pronunciamentos sobre o futuro: em referência à imposição da paz, ele argumenta que "há poucos episódios na história que a posteridade terá menos motivos para tolerar"[44]. Com esta formulação curiosa e proléptica, Keynes abandona qualquer pretensão de análise científica. Seu compromisso, logo depois, de se concentrar naquilo que é "conhecido por todo o mundo", serve para normalizar suas reivindicações mais abrangentes – para transformá-las de afirmações de autoridade elevada além dos limites temporais em observações sobre questões de bom senso. Desta forma, as passagens hiperbólicas tornam-se fundamentais para a argumentação política de Keynes. Eles são floreios de Keynes, o propagandista, que, como Kahn propõe, "sempre avançou na frente de Keynes, o autor de trabalhos acadêmicos teóricos"[45]. Parte de uma estratégia retórica para minimizar a complexidade das negociações, eles, no entanto, revelam as próprias preferências ideológicas de Keynes – e tiram os holofotes de sua própria participação, ao final, como representante oficial do Tesouro Britânico em Versalhes.

Revisando *Consequências Econômicas*

Consequências Econômicas transformou Keynes em um dos preeminentes intelectuais públicos da Grã-Bretanha, trazendo-lhe renome internacional. Vladimir Lenin e Leon Trotsky recomendaram-no aos membros do Comintern; os republicanos dos Estados Unidos citaram-no para atacar Wilson no Senado[46]. Seja

---

42. Skidelsky (2005, p. 165) argumenta que "foi a subversão do tom, mais do que do pensamento, que deu a [John] Maynard [Keynes] um pouco de sua reputação de radicalismo" ["*it was the subversiveness of tone more than of thought which gave [John] Maynard [Keynes] some of his reputation for radicalism*"]. A força prescritiva de sua prosa "subversiva" depende tanto da apresentação quanto do tom.
43. "[...] *an analysis of the elements of the final compromise which is known to all the world*" (Keynes, 2014, p. 58).
44. "[...] *there are few episodes in history which posterity will have less reason to condone*" (Keynes, 2014, p. 56).
45. "[...] *always forged ahead of Keynes, the author of theoretical academic works*" (Kahn, 2011, p. 77).
46. Tooze (2014, p. 295).

por conta dos interesses inconstantes do Estado Britânico ou da força prescritiva da argumentação de Keynes, até o início da década de 1920, grande parte da elite governante britânica concordava com a crítica ao tratado apresentada no livro. Mas, no momento da sua publicação, ele contrariava a opinião popular e recebeu resenhas variadas da imprensa. Diversos analistas britânicos argumentaram que a obra privilegiava a economia sobre a política, negligenciando as intenções políticas por trás da análise econômica. Um analista do *Times Literary Supplement* afirmou que ela exibia "todo tipo de habilidade, exceto o tipo político"; outro, em *The Spectator*, observou que "o mundo não é governado apenas por forças econômicas"; e o editor do *The Times*, Wickham Steed, descreveu-a como "o grito de uma mente acadêmica [...] em revolta contra os fatos e as forças da existência política real"[47].

Provocou respostas diferentes também dos analistas americanos. O relato americano mais significativo da Conferência de Versalhes foi publicado em outubro de 1920 pelo financista Bernard Baruch, que fazia parte da delegação dos Estados Unidos em Versalhes[48]. Embora não tenha mencionado Keynes, Baruch expressou opinião semelhante, de que "não poucos entre os Aliados estavam tão empenhados em ganhos momentâneos que colocavam em risco toda a estrutura da paz mundial"[49]. Economistas americanos como Taussig, Allyn Young e Clive Day, que de alguma forma participaram da Conferência de Versalhes, aceitaram de modo geral a avaliação de danos feita por Keynes, mas discordaram de sua representação de Wilson[50]. Day levou sua crítica mais longe, reconhecendo os elementos propagandísticos de *Consequências Econômicas*. Ele via a obra como um "tratado político", muito distante dos métodos da "ciência estrita"[51]. E ele sugeriu que a Alemanha poderia pagar uma conta anual de indenizações maior do que a proposta por Keynes. Essa opinião foi amplamente defendida pelos analistas franceses, que foram os mais críticos de todos. O banqueiro Raphaël Georges-Levy, mais tarde eleito para o senado francês, referiu-se ao livro de Keynes

---

47. "[...] *the cry of an academic mind [...] in revolt against the facts and forces of actual political existence*". Citado em Josiah Stamp (1934, p. 105-6). Ao escrever 15 anos após a publicação de *Consequências Econômicas*, Stamps (p. 112) argumentou que [a obra] tinha, "como justificou seu autor, não apenas em suas conclusões gerais, não apenas na maior parte de seus detalhes, mas também na ação e na ocasião de sua escrita" ["*since justified its author, not only in its broad conclusions, not only in the greater part of its detail, but also in the action and the occasion of its writing*"].
48. Baruch (1920).
49. "[...] *not a few among the Allies were so intent upon momentary gains as to imperil the entire structure of world-peace*" (Baruch, 1920, p. 5).
50. Taussig (1920) citado em Keynes (1978d); Day (1920, p. 299-312).
51. Day (1920, p. 301).

como "uma aberração"[52]. Ele argumentou que aqueles que estudam as condições do pós-guerra na Alemanha precisam considerar "não apenas as manifestações externas de riqueza, mas também os elementos profundos do poder produtivo"; a omissão de Keynes sobre isso "invalidou todo o seu trabalho"[53]. O historiador e jornalista conservador Jacques Bainville ofereceu uma das avaliações mais astutas, argumentando que eram precisamente os paradoxos contidos em *Consequências Econômicas* que tornavam o livro objeto de tanta curiosidade[54].

Nas décadas após a publicação de *Consequências Econômicas*, a visão de Keynes do tratado como uma imposição severa e autodestrutiva à Alemanha era dominante entre os estudiosos britânicos e americanos[55]. A interpretação convencional no Ocidente anglófono ainda sustenta que a punição da Alemanha em Versalhes foi parcialmente responsável pela Grande Depressão, a ascensão do nazismo e a Segunda Guerra Mundial[56]. O primeiro desafio proeminente a essa interpretação após a Segunda Guerra Mundial veio do economista francês Etienne Mantoux, que argumentou que, tendo enfraquecido o compromisso dos Aliados com o tratado, *Consequências Econômicas* se tornou uma profecia que se autorrealizou[57].

Do final da década de 1960 em diante, uma historiografia revisionista questionou quase todos os argumentos de Keynes sobre as reparações. O trabalho da historiadora Sally Marks foi, e continua a ser, particularmente influente a esse respeito[58]. Marks argumenta que a ideia de uma "paz injusta" é o resultado de "um dos esforços de propaganda mais bem-sucedidos e mais duradouros do mundo"[59]. Enquanto Keynes contribuiu para isso por meio de sua "polêmica brilhante, mas distorcida", Marks enfatiza a campanha sistemática de propaganda da culpa de guerra da República de Weimar, cujos elementos foram então reproduzidos pelo governo britânico enquanto promovia o apaziguamento da Alemanha[60]. Os Aliados, afirma Marks, fizeram muito pouco para garantir que os cidadãos alemães

---

52. Georges-Levy (1920).

53. "[...] *non seulement les manifestations extérieures de la richesse, mais les éléments profonds de la puissance productrice*";"*cette omission vicie tout son travail*" (Georges-Levy, 1920, p. 12).

54. Bainville (1920, p. 12).

55. Para trabalhos históricos notáveis que expõem essa visão, consulte: Schuman (1937); Halperin (1974); Passant (1959); e Grunberger (1964). Para análises mais recentes, ver: Cohrs (2008) e Andelman (2014).

56. Para uma discussão sobre essa crítica enquanto uma *idée fixe*, ver Keylor (1998).

57. Mantoux (1946).

58. Ver, em especial: Marks (1969; 1976; 1978).

59. "[...] *one of the world's most successful and longest-lasting propaganda efforts*" (Marks, 2013, p. 653).Ver também: Steiner (2001, p. 130-3).

60. Marks (2013, p. 636). Sobre a propaganda alemã, ver Wittgens (1981).

percebessem que seu país havia sido derrotado. A ideia de um "armistício" em novembro de 1918 implicava um cessar-fogo. Weimar foi, portanto, capaz de convencer o público alemão de que havia sido roubado de uma paz justa, embora os serviços de inteligência alemães soubessem que os Aliados haviam concordado em uma interpretação dos Quatorze Pontos para orientar as negociações em Versalhes[61]. Como o historiador alemão Eberhard Kolb aponta, "o reconhecimento franco da derrota [depois de Versalhes] veio como uma bomba para o público alemão, que estava completamente despreparado para isso"[62].

Keynes reproduziu o argumento da República de Weimar em *Consequências Econômicas*, sugerindo que os Três Grandes haviam adaptado sua interpretação do armistício, uma vez que a opinião pública tendia a exigir indenização cobrindo todos os custos[63]. No entanto, ao alegar má-fé, Keynes ignorou o ressentimento britânico e francês por ter sido coagido a aceitar um armistício negociado a portas fechadas entre Woodrow Wilson e o chanceler alemão, Max von Baden. Como Marks, Tooze, Rudin e outros argumentaram, ele também negligenciou o fato de que a Alemanha havia sido trazida à mesa de negociações pela ameaça de colapso político e militar iminente[64].

No entanto, a Alemanha havia sido a potência dominante da Europa antes da guerra. E, enquanto o tratado foi desmantelado na década de 1920, ela se tornou, em certos aspectos, mais dominante do que antes, explorando a fraqueza dos novos Estados da Europa Central e Oriental[65]. Ecoando a observação sagaz de Bainville de que a paz era "muito branda para sua dureza", o historiador britânico Antony Lentin argumenta que a Alemanha tinha poder suficiente para resistir ao tratado, que era "mais formidável na aparência do que na substância"[66]. Marks afirma que os Aliados prestaram pouca atenção à execução e que, apesar da capacidade econômica maior do que a sugerida por Keynes, a Alemanha foi autorizada a torcer e abandonar o pagamento[67]. Clavin, por sua vez, destaca que, durante

---

61. Marks (2013, p. 635).
62. "[...] *the frank acknowledgment of defeat [after Versailles then] came as a bombshell to the German public which was completely unprepared for it*" (Kolb, 2005, p. 5).
63. Keynes (2014, p. 44). Sempre fiel ao seu biografado, Skidelsky (2005, p. 246) sugere que Keynes e a Alemanha tinham motivos para se sentirem prejudicados pela duplicidade dos Aliados.
64. Marks (2013, p. 633), Tooze (2014, p. 229) e Rudin (1944, p. 56-88).
65. Marks (2013, p. 658).
66. Bainville (1920, p. 38): '*Une paix trop douce por ce qu'elle a de dur*'. Lentin (2010, p. 48).
67. Marks (2013, p. 644). Ela também argumenta que os Aliados teriam exigido a cooperação alemã para que o tratado fosse executável, mas a Alemanha foi frequentemente excluída das negociações de reparações. O historiador alemão Jürgen Tampke vai além, sugerindo que a hiperinflação da Alemanha entre 1921 e 1923 foi resultado de uma política deliberada para reduzir o custo das reparações.

a Segunda Guerra Mundial, funcionários do governo dos Estados Unidos que tentavam aprender com a diplomacia que se seguiu à Primeira Guerra Mundial enfatizaram particularmente o fracasso da aplicação dos Aliados.

O peso da evidência histórica apresentada por historiadores revisionistas torna difícil aceitar a análise de Keynes sobre as reparações de forma acrítica ou ignorar suas determinações ideológicas. Parece provável que o eventual fracasso do tratado não foi tanto o produto da severidade excessiva dos Aliados, mas de sua incapacidade de estabelecer uma resposta coletiva coerente ao que esses historiadores chamaram de "problema alemão" – o desafio apresentado por uma Alemanha amargurada assumindo a liderança continental[68]. As preocupações de Keynes sobre o efeito das reparações na restauração da Europa e na ordem social que ela protegeria o levaram a subestimar a capacidade da Alemanha de recuperar seu domínio regional e o impacto que essa recuperação poderia ter no equilíbrio de poder da Europa[69].

O próprio Keynes alterou ligeiramente sua posição sobre a paz no início dos anos vinte. Em janeiro de 1922, ele publicou *Uma Revisão do Tratado [A Revision of the Treaty]*, uma sequência de *Consequências Econômicas* e uma resposta aos seus críticos. Keynes expressou um pouco mais de simpatia para com os líderes aliados, particularmente Lloyd George, que agora aparece "protegendo a Europa de tantas consequências maléficas de seu próprio tratado quanto estivesse ao seu alcance para prevenir"[70].

Nos dois anos que se passaram desde a publicação de *Consequências Econômicas*, uma série de conferências modificou aspectos do tratado de uma forma que muitas vezes agradava a Keynes. Em 1919, os governos aliados apresentaram reivindicações no valor de 225 bilhões de marcos de ouro. A Comissão de Reparação, órgão criado para redigir e administrar uma conta de pagamentos alemães, não contestaria essas reivindicações, ou assim pensava Keynes. Composto exclusivamente por representantes de governos reclamantes, era "um instrumento de opressão e rapina"[71]. No entanto, em 1º de maio de 1921, a comissão anunciou um total de indenizações de 132 bilhões de marcos de ouro, quase igual ao proposto

---

68. Ver, por exemplo: Sharp (2008b); Lentin (2010); e Marks (2013).
69. Skidelsky (comentário em *Economic Consequences*, em Keynes [2015b, p. 99]) da mesma forma argumenta que Keynes subestimou "os poderes de recuperação da Alemanha e de seus vizinhos" ["*the recuperative powers of both Germany and her neighbours*"].
70. "[...] *protecting Europe from as many of the evil consequences of his own treaty as it lay in his power to prevent*" (Keynes, 2015a, p. 4).
71. Keynes (2015a, p. 85).

em *Consequências Econômicas*. Keynes se congratulou por sua previsão acertada anterior[72]. No entanto, em *Uma Revisão do Tratado*, ele expressou reservas sobre a soma. Admitindo que, "em certa medida", ele ainda via o anúncio como um "grande triunfo da justiça nos assuntos internacionais", afirmou que não acreditava que "pudesse ser mantido perante um tribunal imparcial"[73]. Com isso, desconsiderou o fato de que o anúncio da Comissão escondeu a soma muito menor, de cinquenta milhões de marcos, que os Aliados realmente pretendiam exigir da Alemanha[74]. Foi também uma prestidigitação, alinhanda à principal receita de *Uma Revisão do Tratado*: a revogação dos direitos de pensão.

Em *Consequências Econômicas*, Keynes contestou a imposição de pagamentos de pensões, apesar de reconhecer o argumento sentimental para sua inclusão. Mas seu objetivo estava voltado para a redução da conta total de indenização, incluindo pensões. Agora que o anúncio da Comissão de Reparação havia justificado sua estimativa da responsabilidade geral da Alemanha, sua implicação de parcialidade só poderia ser tomada como um ataque à legitimidade das reivindicações de pensões. A decisão da Comissão "não se preocupou de forma alguma com a capacidade de pagamento da Alemanha"[75]. E os pagamentos de pensões eram "a diferença entre uma demanda que [poderia] ser atendida e uma demanda que [não poderia] ser atendida"[76]. Convenientemente, a estimativa anterior de Keynes da capacidade de pagamento da Alemanha era quase igual à sua estimativa de custos dos danos aos Aliados sem pensões[77]. Propondo a anulação dos pedidos de pensão como prioridade para uma revisão do tratado, Keynes apresentou uma soma de indenizações significativamente menor, de 36 bilhões de marcos de ouro[78].

Assim como Keynes, Wilson e a delegação americana em Versalhes se posicionaram originalmente contra a inclusão das pensões. Tanto Keynes quanto Wilson, em certos pontos durante a guerra, desejaram uma "paz sem vitória". E,

---

72. Keynes (1921).
73. Keynes (2015a, p. 82).
74. Ver Marks (2006, p. 337-70).
75. "[…] *in no way concerned with Germany's capacity to pay*" (Keynes, 2015a, p. 81). Já em 1916, Keynes e o historiador de economia Sir William Ashley haviam produzido um memorando do Tesouro propondo que a soma das reparações deveria ser determinada de acordo com o que a Alemanha pudesse pagar. Markwell fornece um resumo útil deste memorando (Markwell, 2006).
76. "[…] *the difference between a demand which [could] be met and a demand which [could not] be met*" (Keynes, 2015a, p. 99).
77. Keynes (2014, p. 78 & 51).
78. Keynes (2015a, p. 126). Marks (2013, p. 643) sugere que os governos aliados viram a inclusão de pensões como um meio de garantir uma distribuição mais justa dos pagamentos de indenizações.

uma vez que a guerra terminou, ambos procuraram desfazer o emaranhamento que ela havia causado[79]. No entanto, eles não concordaram sobre como isso deveria ser feito. Keynes acreditava que a única maneira de fazer os Aliados europeus, a França em particular, aceitarem uma redução nas reivindicações de indenização seria o cancelamento total das dívidas inter-Aliadas contraídas durante a guerra[80]. Grã-Bretanha e Estados Unidos foram os principais credores do tempo de guerra, mas a Grã-Bretanha devia metade aos Estados Unidos do que os outros países lhe deviam. Como Keynes reconheceu em *Consequências Econômicas*, a desalavancagem geral exigiria, acima de tudo, generosidade dos Estados Unidos[81]. Em suas análises sobre *Consequências Econômicas*, Taussig e Day reconheceram essa proposta como boa, mas irreal[82]. Mesmo assim, Keynes repetiu a proposta de cancelamento da dívida em *Uma Revisão do Tratado* e não mencionou que ela havia sido apresentada e rejeitada em Versalhes. A dívida do governo dos Estados Unidos havia subido de um bilhão de dólares, em 1912, para trinta bilhões de dólares, em 1919 – quase um terço dos quais foram emprestados aos Aliados durante a guerra. Embora, em agosto de 1919, Wilson tenha declarado uma moratória de dois anos para o pagamento da dívida de guerra, ele se recusou a cancelar as dívidas aos Estados Unidos ou mesmo permitir que o pagamento da dívida fosse vinculado a um cronograma de pagamento de reparações. Em um documento do Tesouro que circulou em 28 de março de 1919, o próprio Keynes já havia reconhecido que o cancelamento da dívida não era praticável.

Cientistas políticos às vezes têm interpretado o apelo de Keynes à generosidade americana como uma tentativa de moldar uma liderança ética no mundo do pós-guerra[83]. No entanto, Keynes não estava particularmente preocupado com a criação de uma ordem internacional normativa. É mais provável que ele considerasse esse apelo um meio lógico para a restauração da organização econômica da Europa – necessário para a coerência de seu argumento, embora implausível na prática. Na verdade, podemos questionar se, em sua resposta à paz em geral, Keynes foi animado pelas exigências práticas e mundanas da política em si. Ele disfarçou suas ambições políticas por meio de reivindicações de independência, isentando-se da responsabilidade de pensar como suas proposições poderiam ser

---

79. Como Clavin mostra em *Security the World Economy*, a preocupação contínua do governo e do congresso dos Estados Unidos com o emaranhamento aos assuntos europeus moldou sua relação econômica com os estados europeus e com as novas instituições da Liga das Nações que podem interferir na formulação de sua política financeira.
80. Keynes (2014, p. 106).
81. Keynes (2014, p. 107).
82. Taussig (1920) e Day (1920).
83. Ver, por exemplo: Ferrari Bravo (1990) e Markwell (2006).

concretizadas. Em *Uma Revisão do Tratado*, ele afirmou que "faria melhor em construir uma solução independente [...] deixando para aqueles, a quem compete, avaliar o momento em que será sábio bordar tais padrões em uma bandeira política"[84]. Em uma carta ao General Jan Smuts, um dos negociadores da Grã-Bretanha em Versalhes, enviada pouco antes de publicar *Consequências Econômicas*, Keynes escreveu: "Eu pessoalmente me desespero com resultados de qualquer coisa que não seja um violento e implacável apelo à verdade"[85]. Mas ele certamente estava mais inclinado a moderar seus argumentos contra a opinião pública e as consequências políticas do que deixava transparecer, como sua exclusão do retrato de Lloyd George de *Consequências Econômicas* demonstra.

Escrito para *Consequências Econômicas*, no mesmo registro que os retratos de Wilson e Clemenceau, a descrição de Keynes de Lloyd George deve ser lida como simultaneamente algo separado e parte desse mesmo texto. Embora resolva uma desunião "produtiva" no terceiro capítulo, sua omissão, sua forma como um ensaio autônomo e sua publicação posterior também contribuem para uma leitura textual de *Consequências Econômicas*. O processo circular de inserção e extração do fragmento de Lloyd George produz um significado fluido e indefinido, cuja busca revela cada vez mais as ambições políticas de Keynes quanto mais passa o tempo. Em uma nota de rodapé na versão publicada do retrato, Keynes afirma que não o incluiu em *Consequências Econômicas* porque "não estava satisfeito com ele" e "foi influenciado por uma certa compunção"[86]. Roy Harrod, um dos mais notáveis biógrafos de Keynes, viu compunção como o principal motivo – e isso parece uma suposição razoável[87]. Mas, enquanto Harrod a atribui ao entendimento de Keynes das "implicações mais profundas do envolvimento público [como] um homem de honra às pontas dos dedos", Keynes também teria percebido as possíveis consequências para suas ambições políticas, inclusive para a recepção do seu livro. Em 1926, Keynes se uniu à ala de Lloyd George no Partido Liberal depois que ela se separou dos Liberais "Wee-Free" de Herbert Henry Asquith. E, nos anos subsequentes, ele foi capaz de exercer influência significativa no debate político, embora não participasse do governo[88]. Diz-se que Lloyd George reagiu

---

84. "[...] *do better to construct an independent solution [...] leaving it to those, whose business it is, to gauge the moment at which it will be sage to embroider such patterns on a political banner*" (Keynes, 2015a, p. 123).

85. "*I personally despair of results from anything but violent and ruthless truth-telling*" (Carta de Smuts a Keynes, 27 nov. 1919, em Keynes [1978d, p. 7]).

86. Keynes (1978b, p. 20).

87. Harrod (1971).

88. Harrod (1971, p. 937). Há certa ironia nessa trajetória, já que Margot Asquith, esposa de Herbert Henry Asquith, insistiu para que Keynes não publicasse o esboço de Lloyd George.

furiosamente quando o retrato de Keynes foi publicado em 1933. Enquanto as experiências anteriores de Keynes na vida política moldaram sua análise da paz, seu "modo de produção literária" dependia tanto de suas relações sociais no momento da escrita quanto das relações políticas que construiu por meio de sua escrita.

Keynes também parece ter sido movido por um certo orgulho intelectual. Em 5 de junho de 1919, ainda em Versalhes, ele renunciou ao Tesouro. "Não posso fazer melhor aqui [...] A batalha está perdida", escreveu ele em uma carta a Lloyd George[89]. Apenas alguns meses antes, ele havia escrito para a mãe sobre a emoção e a intensidade de seu trabalho como representante do Chanceler do Tesouro britânico no Conselho Econômico Supremo de Versalhes. E para sua amiga Vanessa Bell: "Eu gostaria de poder contar a você todas as noites as voltas e reviravoltas do dia, pois você realmente se divertiria com as complicações surpreendentes da psicologia e da personalidade e da intriga que tornam tão magnífico o esporte da catástrofe iminente da Europa"[90]. Nos últimos anos, ele muitas vezes engoliu as críticas cáusticas de seus amigos de Bloomsbury sobre sua contribuição para o esforço de guerra britânico. É improvável, então, que ele tenha renunciado ao cargo por princípio moral, uma vez que a guerra acabou e a conferência estava chegando ao fim. Em vez disso, Keynes parece ter ficado frustrado com sua incapacidade de influenciar o resultado da conferência de paz, ou mesmo a contribuição final de seu próprio governo para ela. Ganhar o debate sobre as reparações tornou-se, então, um meio de reafirmar suas proezas intelectuais.

O tratamento de Keynes da saga de reparações como uma batalha intelectual reflete a influência duradoura da "religião" de G. E. Moore – a busca de "bons estados de espírito"[91]. Keynes procurava atingir um "estado de contemplação apaixonado" que podia levá-lo à verdade. Mas não uma verdade manifestada nas regras e na mecânica mundana que preocupavam os formalistas; Keynes era pragmático com respeito a essas coisas. Em vez disso, uma verdade profunda e lógica, acessada por meio de uma razão que ele considerava ser uma exclusividade de sua classe social. Isso parece ter produzido nele um compromisso *a priori* com a ideia da Europa como um todo, ao responder à paz – e mesmo à guerra. Havia uma verdade inerente ao conceito de unidade orgânica, e na teoria da probabilidade que ele derivou dela.

---

89. "*I can do no more good here [...] The battle is lost*". Citado em Skidelsky (2005, p. 232).

90. "*I wish I could tell you every evening the twists and turns of the day, for you'd really be amused by the amazing complications of psychology and personality and intrigue which make such magnificent sport of the impending catastrophe of Europe*". As duas cartas são citadas em Skidelsky (2005, p. 224-5).

91. Em seu ensaio *My Early Beliefs*, Keynes escreve que ele e seus companheiros de Bloomsbury "aceitaram a religião de Moore, por assim dizer, e descartaram sua moral" ["*accepted Moore's religion, so to speak, and discarded his morals*" (Keynes, 1978b, p. 435).

A fome como problema fundamental da economia política

Quando Wilson rejeitou a proposta inicial de cancelamento da dívida em Versalhes, Keynes apresentou outro plano para acelerar o pagamento da dívida e a liberação das economias do pós-guerra. Isso envolveu a criação de um consórcio internacional de empréstimos, responsável perante a Liga das Nações (outro produto da conferência de paz). Keynes propôs que a Alemanha fosse autorizada a emitir 1,2 bilhão de libras em títulos estrangeiros, a serem garantidos em primeira instância pelas outras Potências Centrais e, em última instância, pelos Aliados[92]. A Alemanha poderia, assim, cumprir suas obrigações de reparação e suas dívidas comerciais em tempo de guerra, mantendo sua credibilidade[93]. Além disso, os Aliados dariam à Alemanha duzentos milhões de libras em capital de giro, que ela poderia usar para comprar alimentos e matérias-primas no exterior.

O governo Wilson rejeitou o plano de Keynes como mais uma tentativa de impor aos Estados Unidos a responsabilidade final pela resolução do endividamento europeu. Em *Consequências Econômicas*, Keynes ajustou para baixo sua proposta de empréstimo para um bilhão de dólares (duzentos milhões de libras)[94]. Embora ele tenha explicado os motivos da oposição americana, também não fez menção à rejeição anterior desse plano. Como ele reconheceria em *Uma Revisão do Tratado*, os Estados Unidos passaram a conceder empréstimos maiores à Europa do que os que ele havia proposto em *Consequências Econômicas*, embora não na forma de emissões regulares de títulos em dólares[95].

Keynes acreditava que, dadas as condições da economia do pós-guerra, não bastava remover as barreiras ao comércio e confiar a recuperação à iniciativa privada[96]. A Europa precisava de reconstrução, e os governos teriam que construir uma base para que a empresa privada prosperasse novamente. A intervenção do governo no curto prazo para atender aos "problemas econômicos fundamentais" da Europa era a única maneira de restaurar os mercados livres no longo prazo. Aqui, vemos a defesa de Keynes na restauração da Europa como uma expressão da oposição ao *laissez-faire*, ao qual ele se tornaria cada vez mais associado. Keynes "nomeia a crise em si" e reconhece o papel do estado como a única instituição capaz de enfrentá-la[97].

---

92. Keynes (1978c, p. 428).
93. Ver Tooze (2014, p. 300).
94. Keynes, *Economic Consequences*, 113.
95. Keynes (2015a, p. 119-20).
96. Keynes (1978c, p. 434).
97. Mann (2017a, p. 386) descreve a "rota iliberal" para o liberalismo como parte da dialética burguesa ou keynesiana, semelhante à descrição de Marx da especificidade do capital como uma relação sócio-histórica. Como na operação do capital, o dinheiro é transformado em mercadorias, e mercadorias em dinheiro de valor alterado (M-C-M'), então, na dialética burguesa do keynesianismo, o liberalismo deve ser "renovado e reconstituído por meio do estado e sua economia política".

E a vanguarda da crise foi a fome, um dos problemas econômicos fundamentais que os europeus enfrentavam no rescaldo da guerra. Não foi possível estabelecer a ordem necessária para a prosperidade econômica quando os padrões de vida individuais permaneciam tão baixos em diversas partes do continente. No entanto, Keynes argumentou, em *Consequências Econômicas*, que essa era "a única questão em que era impossível despertar o interesse dos Quatro" (os Três Grandes, mais o Vittorio Emanuele Orlando, o primeiro-ministro da Itália)[98]. A Europa não era autossuficiente antes da guerra e dependia de alimentos importados do resto do mundo. A destruição da organização econômica da Europa pela guerra – de suas indústrias de carvão e ferro e de suas redes de transporte – interrompeu o fornecimento de outros continentes[99]. A própria produção agrícola da Europa também havia encolhido significativamente – em um terço na Europa Central e Oriental, as regiões mais afetadas pela fome[100]. Os empréstimos e investimentos do governo eram necessários para a reconstrução das bases econômicas e a estabilização financeira[101]. Mas, argumentaria Keynes, a economia política que proporcionaria estabilidade à Europa precisaria ser desenvolvida de baixo para cima, a começar pelo fornecimento de alimentos aos famintos.

Junto com sua participação no Conselho Econômico Supremo Aliado, Keynes atuou no Conselho Supremo para Socorro e Suprimento. Este último foi presidido por Herbert Hoover, diretor da American Relief Administration (ARA), que atuou como sua agência executiva. Em janeiro de 1919, o conselho de socorro decidiu fornecer 270 mil toneladas de alimentos para a Alemanha, sob condição de rendição da frota mercante alemã[102]. O ministro das finanças francês, Louis-Lucien Klotz, objetou, alegando que "a Alemanha não deveria pagar [pela comida] com ativos que estavam disponíveis para reparação"[103]. Keynes o rebateu em nome do governo britânico, e a disputa foi encaminhada ao Conselho Supremo de Guerra, onde Wilson enfatizou a importância de levar ajuda ao povo alemão. Um acordo foi alcançado: a Alemanha poderia usar alguns de seus recursos disponíveis para pagar pela comida, mas seria submetida a uma investigação dos Aliados

---

98. "[...] *the one question in which it was impossible to arouse the interest of the Four*" (Keynes, 2014, p. 89).

99. Keynes (2014, p. 89).

100. Aldcroft (1981, p. 57).

101. Clavin (2013) descreve as tentativas de garantir a estabilização financeira na Europa após a guerra, particularmente aquelas lideradas pela Liga das Nações e sua Organização Econômica e Financeira.

102. Skidelsky (2005, p. 220).

103. "*Germany should not pay for [the food] out of assets which were available for reparation*" (Dr. Melchior: A Defeated Enemy, em Keynes (1978b, p. 398).

sobre suas finanças. Keynes fez parte da delegação britânica que se reuniu com representantes financeiros alemães e desempenhou papel crucial na resolução do impasse entre os governos alemão e francês[104]. Por fim, a Alemanha concedeu seus navios e a ajuda alimentar foi entregue.

Os programas governamentais de socorro diminuíram drasticamente depois de junho de 1919, quando o Tratado de Versalhes foi assinado e o trabalho do Conselho Supremo para Socorro e Suprimento chegou ao fim[105]. Demoraria quase um ano até que a Seção para Questões Humanitárias e Sociais da Liga das Nações realizasse sua primeira operação (para repatriar prisioneiros de guerra na Sibéria), e mais ainda até a primeira grande distribuição de alimentos (para refugiados russos)[106]. Nesse ínterim, organizações privadas e semiautônomas assumiram a responsabilidade pela maioria das operações de ajuda na Europa, muitas delas focadas no bem-estar infantil. A tarefa básica de alimentar os cidadãos europeus foi deixada em grande parte aos seus próprios governos. Keynes apoiou o trabalho de organizações semiautônomas, como a ARA, que buscavam remediar a ausência de solidariedade internacional. Em *Consequências Econômicas*, ele sugeriu que a "boa vontade desinteressada" da ARA já havia "evitado uma quantidade imensa de sofrimento humano [e] impedido um colapso generalizado do sistema europeu"[107]. Ele elogiou "a capacidade de estadista e a perspicácia" de Herbert Hoover, que faz apenas uma breve aparição em *Consequências Econômicas*, mas é um dos únicos personagens a receber uma avaliação inequivocamente positiva, apesar de ter pressionado Wilson para rejeitar o plano de Keynes para um consórcio de empréstimo internacional.

Keynes alertou que a ameaça imediata que a Europa enfrentava era "a rápida depressão do padrão de vida das populações europeias a um ponto que [signifi-

---

104. Keynes desenvolveu um relacionamento particularmente próximo com um dos delegados alemães, um banqueiro chamado Dr. Melchior. Keynes escreveu um ensaio curto, mas encantador, sobre seu encontro com o Dr. Melchior, no qual fica claro que sua empolgação em levar comida para a Alemanha se mesclava com sua empolgação por estar perto do alemão. É sem dúvida a mais fina obra literária de Keynes. Ela contém o tipo de construção mordaz de personagem que seus leitores poderiam esperar – como o do Dr. Kauffman, "representante do Reichsbank, idoso, quebrado, com olhos famintos e nervosos, profundamente classe média, parecendo de alguma forma um guarda-chuva velho e quebrado, que perdeu o fio da conferência no início e nunca o recuperou, mas estava ansioso para afirmar o que quer que Melchior indicasse". Mas também apresenta ao leitor uma "personalidade narrativa" quase totalmente ausente de outras obras publicadas de Keynes: vulnerável, pessoal, livre da altivez do intelectual (Keynes, 1978b, p. 389-432).

105. Aldcroft (1981, p. 59).

106. Crowdy (1928, p. 350).

107. "[…] *saved an immense amount of human suffering, but averted a widespread breakdown of the European system*" Keynes (2014, p. 107).

caria] fome real para alguns"[108]. Abordar esta ameaça imediata reduzindo a fome não levaria de imediato à restauração da organização econômica da Europa. Mas era parte integrante do processo de restauração. Em outras palavras, Keynes postulou o combate à fome não apenas como complementar à sua economia política, mas como fundamental para ela. Na medida em que essa ação foi, *in extremis*, um primeiro passo necessário para restaurar o todo econômico europeu, ela também teve papel estruturante. Isso é apresentado textualmente em *Consequências Econômicas*. Keynes faz mais referência à fome e suas implicações no início e no final de certos capítulos (5 e 6, principalmente). No caso do sexto capítulo, "A Europa depois do Tratado", seu alerta sobre as implicações da fome no início determina a leitura dos segmentos intermediários – sobre indústria, produtividade, transporte, finanças e estabilidade monetária, que se tornam dependentes da prevenção da fome. E uma passagem semelhante no final do capítulo serve como aviso do que pode acontecer se essas outras questões não forem abordadas.

Se, para Keynes, os programas de socorro para combater a fome forneciam uma base para a estabilização, eles tinham uma função primordial e dissuasora: sua principal contribuição para o ordenamento era prevenir a desordem. Keynes argumentou que a fome levava pessoas com certo temperamento à "instabilidade nervosa da histeria e ao desespero louco"; "a doença do corpo se transforma numa doença da mente"[109]. Ela promovia condições anárquicas nas quais descontentamentos latentes encontraram expressão na violência revolucionária. Em 1919, em meio a greves e revoltas em toda a Europa, e também em outros continentes, Keynes esteve alinhado com as elites políticas e econômicas ao acreditar que a queda dos padrões de vida poderia levar à revolução[110]. Lloyd George, por exemplo, repreendendo Klotz em Versalhes, em março de 1919, sugeriu que, se o francês continuasse a impedir que a ajuda alimentar chegasse aos alemães famintos, ele entraria na história como um dos arquitetos do bolchevismo, ao lado de Lenin e Trotsky[111]. Marks sugere que, para os Aliados, uma das principais motivações para evitar um tratado de paz excessivamente severo

---

108. "[…] *the rapid depression of the standard of life of the European populations to a point which [would] mean actual starvation for some*" (Keynes, 2014, p. 89).

109. "[…] *the nervous instability of hysteria and to a mad despair*";"*the malady of the body passes over into a malady of the mind*" (Keynes, 2014, p. 90 & 98).

110. Em uma passagem de *Uma Revisão do Tratado*, Keynes contradiz suas afirmações sobre a ligação entre fome e revolução, argumentando que, ao contrário da sabedoria convencional, a rebelião da classe trabalhadora ocorre "em tempos de lucros crescentes e não em tempos de angústia crescente" (Keynes, 2015a, p. 123-4).

111. Keynes (1978b, p. 423).

em Versalhes era que eles queriam que a Alemanha servisse como uma barreira, evitando que o contágio da revolução socialista atingisse a Europa Ocidental[112]. No momento em que se estabeleceu na Europa uma variação da paz wilsoniana, a maioria dos liberais concordou sobre o papel indispensável da ajuda humanitária como um instrumento antirrevolucionário da nova ordem[113].

Mas Keynes não era um anticomunista visceral; ele não fazia uma crítica moral sobre as implicações do bolchevismo. Ele estava ideologicamente predisposto a rejeitar o socialismo de estado, sobretudo quando estabelecido por meio da revolução. Mas ele não se opunha a transformações sistêmicas. Eric Hobsbawm observou, certa vez, que Keynes veio para salvar o capitalismo de si mesmo[114]. De fato, sua economia política estava preocupada em estabilizar as instituições capitalistas e preservar a ordem social em face da crise. Mas a preservação do próprio capitalismo não era sua principal preocupação. Ele esperava que a sociedade moderna tendesse para uma espécie de socialismo liberal e se descreveu como um "liberal de extrema esquerda"[115]. Mesmo suas odes à eficiência capitalista contêm uma crítica imanente da cultura capitalista e da economia política liberal[116]. Ele via o amor ao dinheiro e o "apelo habitual ao motivo do dinheiro em nove décimos das atividades da vida" como o problema moral de sua época[117]. E ele enraizou isso na tradição benthamita de filosofia política, que, ele propôs, se apropriara da linguagem dos economistas. Ele reconheceu o desafio soviético ao amor ao dinheiro como uma "tremenda inovação". Ele também suspeitava que o capitalismo moderno acabaria sendo substituído por uma ideologia religiosa que poderia cativar as multidões da mesma forma que o comunismo.

Como Mann argumenta, a principal preocupação de Keynes era salvar a "civilização", que ele descreveu como "uma crosta fina e precária, erguida pela personalidade e vontade de muito poucos e mantida apenas por regras e convenções

---

112. Marks (2013, p. 639).

113. Tooze aponta corretamente que, embora o comunismo tenha sido o bicho-papão dos liberais nos anos que se seguiram à Grande Guerra, não é adequado situar nisso às origens da rivalidade da Guerra Fria. A Rússia enfrentava grandes desafios econômicos em 1918 e o mundo se reorganizou de acordo com a então hegemonia dos Estados Unidos, que só chegaria a ser diretamente contestada após 1945 (Tooze, 2014, p. 10).

114. Hobsbawm (1990, p. 20).

115. John Maynard Keynes, 'Liberalism and Labour in England', *The New Republic*, 3 March 1926, https://newrepublic.com/article/77341/liberalism-and-labor-in-england. Last accessed on 24 June 2019.

116. Ver, por exemplo, o ensaio de Keynes (1926a) "Am I a Liberal?". Sobre a crítica imanente e "relutantemente radical" de Keynes ao liberalismo, ver Mann (2017a).

117. "[...] *habitual appeal to the money motive in nine-tenths of the activities of life*" (Keynes, 1978a, p. 205-306).

habilmente apresentadas e astutamente preservadas"[118]. Embora muitas vezes fizesse referência à civilização, Keynes não apresentou uma definição clara do conceito. No entanto, é claro que ele a via como um fenômeno evolutivo, associado ao desdobramento da razão e ao desenvolvimento de formas cada vez mais elevadas de cultura[119]. Em outras palavras, a civilização foi um produto da ordem social que privilegiou a subjetividade histórica da burguesia educada, que formou o núcleo de uma comunidade em expansão dos iluminados. Keynes atribuiu o protagonismo histórico à classe de intelectuais burgueses progressistas em que cresceu e da qual se tornou um dos personagens mais destacados. Escrevendo sobre a Rússia e o marxismo, em 1925, perguntou: "Como posso adotar um credo que, preferindo a lama ao peixe, exalte o proletariado grosseiro acima da burguesia e da intelectualidade que, sejam quais forem as falhas, mantêm a qualidade de vida e certamente carregam as sementes de todo o avanço humano?"[120].

Keynes foi enfático a respeito do risco que a fome representava para a civilização, como o estágio final do colapso social – ou melhor, a fronteira final da sociedade organizada. O perigo de as pessoas serem levadas ao "desespero louco" pela fome era que "em sua angústia [eles] poderiam derrubar os restos da organização e submergir a própria civilização em suas tentativas desesperadas de satisfazer as necessidades avassaladoras do indivíduo"[121]. Nesta frase reveladora, Keynes aponta para o que está além da crise – uma crise que, em sua opinião, seria agravada pelo impacto prejudicial do tratado na restauração europeia. Mas ele também introduz sutilmente sua crítica imanente do capitalismo individualista. A imagem dos famintos tentando por todos os meios atender às suas esmagadoras necessidades individuais alude à autodestruição do capitalismo (ou, literalmente, sua autofagia). A radicalização do individualismo em circunstâncias extremas por conta da "necessidade" é, para Keynes, o que ameaça o capitalismo e também a civilização, ao derrubar os "resquícios da organização"[122].

---

118. "[…] *a thin and precarious crust, erected by the personality and will of a very few, and only maintained by rules and conventions skilfully put across and guilefully preserved*" ("My Early Beliefs", em Keynes [1978b, p. 446-7]). Mann (2017a).

119. Mann (2017a, p. 9-10) sugere que as referências posteriores de Keynes à civilização se basearam em *Civilisation and Its Discontents*, de Freud (1961). Keynes compartilhava da crença de Freud de que a "substituição do poder do indivíduo pelo poder de uma comunidade constitui o passo decisivo na civilização".

120. "*How can I adopt a creed which, preferring the mud to the fish, exalts the boorish proletariat above the bourgeois and the intelligentsia who, whatever faults, are the quality in life and surely carry the seeds of all human advancement?*". "A Short View of Russia" foi publicado originalmente por *Nation and Athenaeum* como três artigos separados, em outubro de 1925. Foi incluído em Keynes (1978a).

121. "[…] *in their distress [they] may overturn the remnants of organisation, and submerge civilisation itself in their attempts to satisfy desperately the overwhelming needs of the individual*" (Keynes, 2014, p. 89-90).

122. Para uma discussão sobre o "direito de necessidade", ver Mann (2017a), especialmente o quarto capítulo.

É aqui, por meio de sua descrição do impacto da fome, que a política de Keynes é mais claramente revelada. Ele apresenta ao leitor aquilo que a fome pode destruir, mas que deve ser protegido no momento da crise liberal-capitalista: a civilização, entendida como uma "crosta fina e precária", produzida através da ordem social burguesa. Isso, então, dá definição e significado às estratégias que ele desenvolveu para alcançar seus objetivos políticos após o Tratado de Versalhes, que incluiu em *Consequências Econômicas*. Em julho de 1919, logo após a assinatura do tratado, Virginia Woolf escreveu que seu amigo Keynes estava desiludido: "Ele não acredita mais [...] na estabilidade das coisas de que gosta. Eton está condenado; as classes dirigentes, talvez Cambridge, também"[123]. São essas coisas – ou o que elas simbolizam – que Keynes esperava preservar ao promover a reconstrução da Europa. E o socorro aos famintos foi fundamental para esse esforço.

Referências

ALDCROFT, D. H. *From Versailles to Wall Street: 1919-1929*. Berkeley: University of California Press, 1981.

AMBROSI, G. 'Keynes's Principles of European Reconstruction'. *Annals of the Fondazione Luigi Einaudi*, vol 51, n. 2, p. 25-52, 2017. Disponível em: <https://doi.org/10.26331/1014>.

ANDELMAN, D. A. *A Shattered Peace: Versailles 1919 and the Price We Pay Today*. Hoboken, NJ: Wiley, 2014.

ARROW, K. & DEBREU, G. 'Existence of an Equilibrium for a Competitive Economy'. *Econometrica*, n. 20, p. 265-90, 1954.

ASPROMOURGOS, T. 'John Maynard Keynes and the Preservation of Liberal Capitalism'. *Australian Quarterly*, vol. 81, n. 4, p. 1724, July 2009.

BACKHOUSE, R. & BATEMAN, B. W. *Capitalist Revolutionary: John Maynard Keynes*. Cambridge, MA: Harvard University Press, 2011.

BAINVILLE, J. *Les Conséquences Politiques de La Paix*. Paris: Arthème Fayard et Cie, 1920.

BARUCH, B. *The Making of the Reparation and Economic Sections of the Treaty*. New York: Harpers and Brothers Publishers, 1920.

BOEMEKE, M. F.; FELDMAN, G. D. & GLASER, E. (Eds.). *The Treaty of Versailles: A Reassessment After 75 Years*. Cambridge: Cambridge University Press, 2006.

BRESCIANI-TURRONI, C. *The Economics of Inflation. A Study of Currency Depreciation in Postwar Germany*. Milan: Università Bocconi, 1937.

BURNETT, P. M. *Reparation at the Paris Peace Conference from the Standpoint of the American Delegation*. 2 vols. New York: Columbia University Press, 1940.

---

123. *"No more does he believe [...] in the stability of the things he likes. Eton is doomed; the governing classes, perhaps Cambridge too"* (Woolf, 1978, p. 288).

CARABELLI, A. M. & CEDRINI, M. A. 'Keynes and the Complexity of International Economic Relations in the Aftermath of World War I'. *Journal of Economic Issues*, vol. 44, n. 4, p. 1009-28, Dec. 2010. Disponível em: https://doi.org/10.2753/JEI0021-3624440408.

CASSEL, G. *The World's Monetary Problems: Two Memoranda*. New York: E. P. Dutton and Company, 1921.

CHANDAVARKAR, A. *The Unexplored Keynes and Other Essays: A Socio-Economic Miscellany*. New Delhi: Academic Foundation, 2009.

CLARKE, P. 'Keynes and the Manchester Guardian's Reconstruction Supplements'. *Annals of the Fondazione Luigi Einaudi: An Interdisciplinary Journal of Economics, History and Political Science*, vol. 51, n. 2, p. 9-23, 2017. Disponível em: https://doi.org/10.26331/1013.

_____. *The Keynesian Revolution in the Making: 1924-1936*. Oxford: Clarendon Press, 1992.

CLAVIN, P. 'Reparations in the Long Run'. *Diplomacy & Statecraft*, vol. 16, n. 3, p. 515-30, Sept. 2005. Disponível em: https://doi.org/10.1080/09592290500207974.

_____. *Securing the World Economy: The Reinvention of the League of Nations, 1920-1946*. Oxford: Oxford University Press, 2013.

COHRS, P. O. *The Unfinished Peace After World War I: America, Britain and the Stabilisation of Europe, 1919-1932*. Cambridge: Cambridge University Press, 2008.

CROWDY, R. 'The League of Nations: Its Social and Humanitarian Work'. *The American Journal of Nursing*, vol. 28, n. 4, p. 350, April 1928. Disponível em: https://doi.org/10.2307/3409351.

DAVENPORT-HINES, R. *Universal Man: The Lives of John Maynard Keynes*. New York: Basic Books, 2015.

DAVIDSON, P. *John Maynard Keynes*. Great Thinkers in Economics. Basingstoke: Palgrave Macmillan, 2009.

DAY, C. 'Review: The Economic Consequences of the Peace'. *The American Economic Review*, vol. 10, n. 2, p. 299-312, June 1920.

DOBB, M. *Theories of Value and Distribution Since Adam Smith: Ideology and Economic Theory*. Cambridge: Cambridge University Press, 2010.

DOCKRILL, M. L. & FISHER, J. (Eds.). *The Paris Peace Conference, 1919: Peace Without Victory?* Basingstoke: Palgrave Macmillan, 2001. Disponível em: <http://www.dawsonera.com/depp/reader/protected/external/AbstractView/S9780230628083>.

FELDMAN, G. D. *The Great Disorder: Politics, Economics, and Society in the German Inflation, 1914-1924*. Oxford: Oxford University Press, 1997.

FERGUSON, N. *The Pity of War*. New York, NY: Basic Books, 1999.

FERRARI BRAVO, G. *Keynes: Uno Studio di Diplomazia Economica*. Padova: CEDAM, 1990.

FREUD, S. *Civilisation and Its Discontents*. New York: W.W. Norton, 1961.

GEORGES-LEVY, R. *La Juste Paix; Ou, La Verité Sur Le Traité de Versailles*. Paris: Plon-Nourrit et Cie, 1920.

GRAEBNER, N. A. & BENNETT, E. M. *The Versailles Treaty and Its Legacy: The Failure of the Wilsonian Vision*. New York: Cambridge University Press, 2011. Disponível em: <http://search.ebscohost.com/login.aspx?direct=true&scope=site&db=nlebk&AN=400546>.

GRUNBERGER, R. *Germany, 1918-1945*. London: B.T. Batsford Ltd., 1964.

HALPERIN, S. W. *Germany Tried Democracy: A Political History of the Reich from 1918 to 1933*. New York: W.W. Norton, 1974.

HANSEN, A. H. *A Guide to Keynes*. London: McGraw-Hill, 1953.

HARCOURT, G. C. 'On the Influence of Piero Sraffa on the Contributions of Joan Robinson to Economic Theory'. *The Economic Journal*, vol. 96, p. 96-108, 1986. Disponível em: <https://doi.org/10.2307/2232973>.

HARROD, R. 'Keynes on Lloyd George'. *The Economic Journal*, vol. 81, n. 324, p. 936-37, Dec. 1971. Disponível em: <https://doi.org/10.2307/2230332>.

_____. *The Life of John Maynard Keynes*. New York: Norton, 1982.

HOBSBAWM, E. 'Goodbye to All That'. *Marxism Today*, October 1990.

HOBSON, J. A. *The Economics of Unemployment*. London: George Allen and Unwin Ltd., 1922.

JOHNSON, H. G. 'The Early Economics of Keynes'. *The American Economic Review*, vol. 62, n. 1-2, p. 416-21, March 1972.

KAHN, R. F. *The Making of Keynes' General Theory*. Cambridge: Cambridge University Press, 2011.

KEYLOR, W. R. 'Versailles and International Diplomacy'. In: BOEMEKE, M. F.; FELDMAN, G. D. & GLASER, E. (Eds.). *The Treaty of Versailles: A Reassessment after 75 Years*. Cambridge: Cambridge University Press, 1998.

KEYNES, J. M. *A Revision of the Treaty: Being a Sequel to The Economic Consequences of the Peace*. Publisher unknown, 2015a.

_____. *A Tract on Monetary Reform*. Amherst, NY: Prometheus Books, 2012.

_____. *A Treatise on Money: The Pure Theory of Money and The Applied Theory of Money*. Eastford, CT: Martino Fine Books, 2011.

_____. 'Economic Possibilities for Our Grandchildren', in *Essays in Persuasion*. 358–73. New York, NY: Harcourt, Brace and Company, 1932.

_____. *Essays in Persuasion*. New York: Classic House Books, 2009.

_____. 'How Much Has Germany Paid?' *The New Republic*, 22 Nov. 1923. Disponível em: <https://newrepublic.com/article/104358/how-much-has-germany-paid>.

_____. *Indian Currency and Finance*. London: MacMillan and Co. Ltd, 1913.

_____. *John Maynard Keynes: The Essential Keynes*. Edited by Robert Skidelsky. Milton Keynes: Penguin Books, 2015b. Disponível em: <http://www.myilibrary.com?id=876077>.

_____. 'Liberalism and Labour in England'. *The New Republic*, 3 March 1926a. Disponível em: <https://newrepublic.com/article/77341/liberalism-and-labor-in-england>.

_____. 'Mr. Churchill on the War'. *The New Republic*, vol. 23, March 1927a. Disponível em: <https://newrepublic.com/article/77273/mr-churchill-the-war>.

_____. 'Mr. Keynes as a Prophet'. *The New Republic*, vol. 8, June 1921. Disponível em: <https://newrepublic.com/article/77282/mr-keynes-prophet>.

_____. 'Obituary: Francis Ysidro Edgeworth, 1845-1926'. *Economic Journal*, vol. 36, n. 141, p. 140-53, March 1926b.

_____. 'One of Wells's Worlds'. *The New Republic*, 1 Feb. 1927b. Disponível em: <https://newrepublic.com/article/77283/one-wellss-worlds>.

_____. 'Soviet Russia III'. *The New Republic*, 11 November 1925. Disponível em: https://newrepublic.com/article/87511/communism-soviet-russia-religion.

_____. *The Collected Writings of John Maynard Keynes: Volume 8: A Treatise on Probability*. Edited by Elizabeth Johnson and Donald Moggridge. London: MacMillan for the Royal Economic Society, 1973.

_____. *The Collected Writings of John Maynard Keynes: Volume 9: Essays in Persuasion*. Edited by Elizabeth S Johnson and D. E Moggridge. Cambridge: MacMillan for the Royal Economic Society, 1978a. Disponível em: <https://doi.org/10.1017/UPO9781139520195>.

_____. *The Collected Writings of John Maynard Keynes: Volume 10: Essays in Biography*. Edited by Elizabeth Johnson and Donald Moggridge. London: MacMillan for the Royal Economic Society, 1978b.

_____. *The Collected Writings of John Maynard Keynes. Volume 16: Activities 1914-1919. The Treasury and Versailles*. London: MacMillan for the Royal Economic Society, 1978c. Disponível em: <https://doi.org/10.1017/UPO9781139520195>.

_____. *The Collected Writings of John Maynard Keynes: Vol. 17: Activities 1920-1922. Treaty Revision and Reconstruction*. Edited by Elizabeth Johnson and Donald Moggridge. London: MacMillan for the Royal Economic Society, 1978d.

_____. *The Collected Writings of John Maynard Keynes: Volume 24: Activities 1944-1946: The Transition to Peace*. London: MacMillan for the Royal Economic Society, 1978e.

_____. *The Economic Consequences of Peace*. Publisher unknown, 2014.

_____. *The General Theory of Employment, Interest and Money*. London: Wordsworth Editions, 2017.

_____. *Two Memoirs: Dr. Melchior, A Defeated Enemy; and My Early Beliefs*. London: Rupert Hart-Davis, 1949.

KIRSHNER, J. 'Is There a Keynesian High Politics?' *International Studies Review*, vol. 9, n. 2, p. 283-85, Summer 2007.

KLEIN, L. R. *The Keynesian Revolution*. London: Palgrave Macmillan Limited, 2016. Disponível em: https://public.ebookcentral.proquest.com/choice/publicfullrecord.aspx?p=5644235.

KNIGHT, F. 'Unemployment and Mr. Keynes's Revolution in Economic Theory'. *Canadian Journal of Economics*, vol. 3, n. 1, p. 100-123, 1937.

KOLB, E. *The Weimar Republic*. London: Routledge, 2005.

KRUGMAN, P. *The Return of Depression Economics and the Crisis of 2008*. London: Penguin Books, 2008.

LAVINGTON, F. *The English Capital Market*. London: Methuen and Co., 1921.

LEESON, R. 'The Economic Consequences of the Klassical Caricature'. In: AHIAKPOR, J. (Ed.). *Keynes and the Classics Reconsidered*. Boston, MA: Kluwer Academic Publishers, 1998. p. 25-40.

LENTIN, A. 'Reflections from the Hall of Mirrors: The Treaty of Versailles 90 Years On'. *Wolfson College Cambridge Magazine*, n. 34, p. 47-51, 2010.

MACMILLAN, M. 'Keynes and the Cost of Peace'. *New Statesman*, 31 Oct. 2018. Disponível em: <https://www.newstatesman.com/politics/uk/2018/10/keynes-and-cost-peace>.

MACMILLAN, M. *Paris 1919: Six Months That Changed the World*. New York, NY: Random House, 2003.

MANN, G. *In the Long Run We Are All Dead: Keynesianism, Political Economy, and Revolution*. London: Verso, 2017a.

_____. *The General Theory of Employment, Interest and Money: A Reader's Companion*. London: Verso, 2017b.

MANTOUX, E. *La Paix Calomnie, Ou Les Conséquences Économiques de M. Keynes*. Paris: Éditions Gallimard, 1946.

MARKS, S. 'Mistakes and Myths: The Allies, Germany, and the Versailles Treaty, 1918–1921'. *The Journal of Modern History*, vol. 85, n. 3, p. 632-59, Sept. 2013. Disponível em: <https://doi.org/10.1086/670825>.

_____. 'Reparations Reconsidered: A Reminder'. *Central European History*, vol. 2, n. 4, p. 356-65, Nov. 1969.

_____. 'Smoke and Mirrors: In Smoke-Filled Rooms and the Galerie Des Glaces'. In: BOEMEKE, M. F.; FELDMAN, G. D. & GLASER, E. (Eds.). *The Treaty of Versailles: A Reassessment After 75 Years*. Cambridge: Cambridge University Press, 2006. p. 337-70.

_____. *The Illusion of Peace: International Relations in Europe, 1918-1933*. Making of the 20th Century. Basingstoke: Palgrave Macmillan, 1976.

_____. 'The Myths of Reparations'. *Central European History*, vol. 11, n. 3, p. 231-55, Sept. 1978. Disponível em: <https://doi.org/10.1017/S0008938900018707>.

MARKWELL, D. *John Maynard Keynes and International Relations: Economic Paths to War and Peace*. Oxford: Oxford University Press, 2006.

MARTIN, W. '"It Sent a Tremor down My Back": Alistair Darling Reveals How Britain Came within Hours of the "Breakdown of Law and Order"'. *Business Insider* (blog), 28 May 2018. Disponível em: <https://www.businessinsider.com/alistair-darling-uk-breakdown-of-law-and-order-financial-crisis-2018-5>.

MAYER, A. J. *Wilson vs. Lenin: Political Origins of the New Diplomacy 1917-1918*. New York: Meridian Books, 1969.

MAZOWER, M. *Governing the World: The History of an Idea*. London: Allen Lane, 2012.

MERMEIX. *Les Négociations Secrètes et Les Quatre Armistices Avec Pièces Justificatives*. Paris: Librairie Ollendorff, 1919.

MINSKY, H. *John Maynard Keynes*. New York: McGraw-Hill, 2008.

MOORE, G. E. *Principia Ethica*. New York: HardPress Publishing, 2013.

NEGRI, A. 'Keynes and the Capitalist Theory of the State Post-1929'. In *Revolution Retrieved: Writings on Marx, Keynes, Capitalist Crisis and New Social Subjects*, 9–42. London: Red Notes, 1967.

NEW YORK TIMES. 'Obituary: Lord Keynes Dies of Heart Attack'. *New York Times*, 22 April 1946. Disponível em: <https://archive.nytimes.com/www.nytimes.com/learning/general/onthisday/bday/0605.html>.

O'BRIEN, F. W. *Two Peacemakers in Paris: The Hoover-Wilson Post-Armistice Letters, 1918-1920*. College Station: Texas A&M University Press, 2000.

PASSANT, E. J. *A Short History of Germany, 1815-1945*. Cambridge: Cambridge University Press, 1959.

PEUKERT, D. *The Weimar Republic: The Crisis of Classical Modernity*. London: Penguin Books, 1993.

POLITICUS. 'Face the Facts'. *War and Peace*, April 2016.

POSNER, R. *A Failure of Capitalism: The Crisis of '08 and the Descent Into Depression*. Cambridge, MA: Harvard University Press, 2011.

REYNOLDS, A. 'Faith-Based Economics'. *National Review*, 9 Feb. 2009. Disponível em: <https://www.nationalreview.com/magazine/2009/02/09/faith-based-economics/>.

ROBERTSON, D. H. 'Review of The Economic Consequences of the Peace, by John Maynard Keynes'. *Economic Journal*, vol. 30, p. 77-84, 1920.

ROBINSON, J. *An Introduction to the Theory of Employment*. London: MacMillan and Co., 1937.

RUDIN, H. R. *Armistice 1918*. New Haven: Yale University Press, 1944.

SACHS, Jeffrey. 'It Is Time to Plan for the Post-Keynesian Era'. *Financial Times*, 7 June 2010. https://www.ft.com/content/e7909286-726b-11df-9f82-00144feabdc0.

SCHUMAN, F. L. *Germany Since 1918*. New York, NY: H. Holt and Co., 1937.

SCHUMPETER, J. 'A Review of J. M. Keynes's General Theory of Employment, Interest and Money'. *Journal of the American Statistical Association*, n. 31, p. 791-95, 1937.

SHARP, A. *David Lloyd George: Great Britain*. London: Haus, 2008a.

_____. *The Versailles Settlement: Peacemaking After the First World War, 1919-1923*. The Making of the 20th Century. Basingstoke: Palgrave Macmillan, 2008b.

SHKLAR, J. 'The Liberalism of Fear'. In *Liberalism and the Moral Life*, edited by Nancy Rosenblum. Cambridge, MA: Harvard University Press, 1989. p. 21-38.

SKIDELSKY, R. *John Maynard Keynes, 1883-1946: Economist, Philosopher, Statesman.* New York: Penguin Books, 2005.

_____. *Keynes: The Return of the Master.* London: Penguin Books, 2010.

SNOWDEN, E. *A Political Pilgrim in Europe.* London: Cassell and Company, 1921.

STAMP, J. 'Review: The Economic Consequences of the Peace'. *Foreign Affairs*, vol. 13, n. 1, p. 104-12, 1934. Disponível em: <https://doi.org/10.2307/20030645>.

STEINER, Z. *The Lights That Failed: European International History, 1919-1933.* New York: Oxford University Press, 2005.

_____. 'The Treaty of Versailles Revisited'. In: DOCKRILL, M. L. & FISHER, J. (Eds.). *The Paris Peace Conference, 1919: Peace Without Victory?* Basingstoke: Palgrave Macmillan, 2001. p. 13-33.

TAMPKE, J. *A Perfidious Distortion of History: The Versailles Peace Treaty and the Success of the Nazis.* London: Scribe, 2017.

TAUSSIG, F. W. 'Review: The Economic Consequences of the Peace'. *The Quarterly Journal of Economics*, vol. 34, n. 2, p. 381-87, Feb. 1920.

TOOZE, A. *The Deluge: The Great War, America and the Remaking of Global Order, 1916-1931.* Milton Keynes: Allen Lane, 2014.

TRACHTENBERG, M. 'Reparation at the Paris Peace Conference'. *The Journal of Modern History*, vol. 51, n. 1, p. 24-55, March 1979. Disponível em: <https://doi.org/10.1086/241847>.

_____. *Reparation in World Politics: France and European Economic Diplomacy, 1916-1923.* New York: Columbia University Press, 1980.

VEBLEN, T. 'Review of John Maynard Keynes, The Economic Consequences of the Peace'. *Political Science Quarterly*, vol. 35, n. 3, p. 467-72, Sept. 1920.

WEILL-RAYNAL, E. *Les Réparations Allemandes et La France.* Paris: Nouvelles Éditions Latines, 1938.

WEINBERG, G. L. 'The Defeat of Germany in 1918 and the European Balance of Power'. *Central European History*, vol. 2, p. 248-260, 1969.

WITTGENS, H. J. 'War Guilt Propaganda by the German Foreign Ministry during the 1920s'. *Historical Papers.* Canadian Historical Association Ottawa, p. 228-47, 1981.

WOODS, T. *Meltdown: A Free-Market Look at Why the Stock Market Collapsed, the Economy Tanked, and Government Bailouts Will Make Things Worse.* Washington, DC: Regnery Pub, 2009.

WOOLF, V. *The Diary of Virginia Woolf.* Vol. 2: 1920-1924. New York, NY: Jovanovich, 1978.

YEARWOOD, P. J. *Guarantee of Peace: The League of Nations in British Policy, 1914-1925.* Oxford: Oxford University Press, 2009.

ZIMMERN, A. E. *The League of Nations and the Rule of Law, 1918-1935.* London: MacMillan and Co., 1936.

A Segunda Guerra Mundial e a *Pax Americana* de 1945

Andrés Ferrari Haines
Matheus Ibelli Bianco

Introdução: o sonho de uma *Pax Americana* do povo escolhido

"Finalmente todos conhecem a América como a salvadora do mundo", declarou o presidente Woodrow Wilson na Conferência de Paz de Versalhes após a Primeira Guerra Mundial (1GM)[1]. Sua expectativa de uma nova ordem global sob a liderança dos Estados Unidos (EUA), porém, acabou frustrando-se pelo veto do Senado do seu país e pela oposição franco-britânica. Durante a Segunda Guerra Mundial (2GM), Franklin D. Roosevelt (FDR), em termos similares aos *14 Pontos* wilsonianos, advogou que os EUA deveriam ser "o grande arsenal da democracia" do mundo. Harry Truman, após o conflito, afirmou: "Agora essa República – a maior da história, a maior que o sol já brilhou sobre – está encarregada de liderar o mundo ao bem-estar global"[2]. Mas a rivalidade emergente com a União Soviética (URSS) frustrou de novo o projeto. Após o fim da URSS, uma "nova ordem mundial" foi anunciada por George Bush (pai): "Isto é América... uma diversidade brilhante espalhada como estrelas, como mil pontos de luz em um céu amplo e pacífico". Sem obstáculos aparentes, enfim, os EUA poderiam moldar o mundo...[3]

O país entendeu esse momento como a realização de seu destino providencial iniciado no século XVII pelos pioneiros puritanos que chegaram à América do Norte. Ao longo da sua história, foram repetidas as palavras de seu líder, o pastor

---

1. Stone &Kuznick (2012). A tradução desta e das demais citações é de responsabilidade dos autores deste texto.
2. Hixson (2016).
3. https://www.presidency.ucsb.edu/documents/address-accepting-the-presidential-nomination-the-republican-national-convention-new

John Winthrop, de que eles estariam criando uma "cidade sobre a colina", "um farol do mundo, ao qual todos os olhos e atenções seriam conduzidos", deixando para trás a corrupção do "velho mundo". Para os puritanos, o "novo mundo" era o recomeço da humanidade a ser liderada por eles, o "povo escolhido"[4]. Em 1789, George Washington relatou: "cada passo que progredimos a uma nação independente é acompanhado de evidências de nossa agência providencial"[5].

Caberia aos EUA a missão de conduzir o mundo à liberdade e à forma republicana de governo, características que distinguiam a nação das que viviam sob o domínio de soberanos, que manipulavam seus povos e constituíam a razão dos conflitos. Isto os fazia uma nação "excepcional" porque eram os únicos que amavam a liberdade e, em consequência, a paz. Como afirmou Dwight Eisenhower: "buscamos a paz, sabendo que a paz é o clima de liberdade"[6]. Por conta dessa excepcionalidade, nas guerras, os EUA só cumpriam sua missão de expandir a liberdade – e assim a paz – no mundo. "Somos levados, por acontecimentos e bom senso, a uma conclusão: a sobrevivência da liberdade em nossa terra depende cada vez mais do sucesso da liberdade em outras terras. A melhor esperança de paz em nosso mundo é a expansão da liberdade em todo o mundo", expressou George Bush (filho)[7].

Mas os EUA apenas removiam "déspotas" do poder, para que o país pudesse ser uma República, sem possuir o desejo de dominá-lo. Em 1821, John Quincy Adams afirmou: "A glória da América não é o domínio, mas a liberdade. Sua marcha é a das ideias. A América possui uma lança e um escudo: mas seu lema sobre o escudo é a liberdade, independência e paz"[8]. Igualmente, "não somos uma potência imperialista", expressou Bush (filho), "somos uma potência libertadora"[9]. Segundo Reagan, "a paz é a maior aspiração do povo americano"[10]. Assim, os EUA veem suas guerras como pacifistas e libertadoras. Para Washington: "um dos meios mais efetivos para preservar a paz é preparar-se para a guerra"[11]. Para Andrew Jackson: "a paz, acima de tudo, deve ser desejada, mas às vezes é preciso derramar sangue para obtê-la"[12]. "No sentido mais verdadeiro", assegurou FRD, "a liberdade não pode ser

---

4. Kagan (2006).
5. https://www.archives.gov/exhibits/american_originals/inaugtxt.html
6. https://avalon.law.yale.edu/20th_century/eisen2.asp
7. https://avalon.law.yale.edu/21st_century/gbush2.asp
8. https://millercenter.org/the-presidency/presidential-speeches/july-4-1821-speech-us-house-representatives-foreign-policy
9. Immerwahr (2019).
10. https://avalon.law.yale.edu/20th_century/reagan1.asp
11. https://founders.archives.gov/documents/Washington/05-04-02-0361
12. https://educatorpages.com/site/tgreer/pages/indian-removal-act

concedida; deve ser obtida"[13]. Em meio à euforia pós-Guerra Fria, Bush (pai) assegurou: "permaneceremos fortes para proteger a paz"[14].

Sob essa ótica, os EUA parecem constituir a realização do projeto filosófico da Paz Perpétua, de Immanuel Kant. Para ele, na forma republicana de governo, haveria homens livres que – ao contrário dos déspotas – não encontrariam nenhum benefício na guerra, preferindo dedicar-se a melhorar suas vidas a partir de atividades econômicas. Após a queda da URSS, os EUA anunciaram o objetivo de criar um mundo livre de "democracias de mercado". Três décadas depois, escolheram o presidente em 2020 temendo a vigência de sua própria democracia. Donald Trump, sinalizado como responsável dessa implosão, já tinha acenado o fracasso do projeto da *Pax Americana* quando assumiu a presidência, em 2017, ao declarar: "é direito de todas as nações colocar seus próprios interesses em primeiro lugar"[15].

Ao definir o lugar do mundo dos EUA como uma nação comum, Trump abandonou a visão histórica do país de se olhar como "a nação excepcional". O novo presidente, Joe Biden, terá que afrontar os dilemas que ruíram a *Pax Americana* e levaram o país à beira do que muitos denominam uma guerra civil. Analisar este desafio – que é o objetivo deste capítulo – significa compreender a nova sociedade formada a partir dos pioneiros puritanos como projeto universal da humanidade, o qual levaria a uma paz global.

Em 1952, o renomado teólogo Reinhold Niebuhr, em seu livro *A ironia da história americana*, afirmou que "não pensamos em nós mesmos como mestres em potencial, mas como tutores da humanidade em sua peregrinação à perfeição". Bacevich, na introdução desse livro, alerta que tal postura nasce "de uma combinação peculiar de arrogância, hipocrisia e autoilusão" e afirma que essa obra de Niebuhr é "o livro mais importante já escrito sobre a política externa dos EUA", em especial porque "a administração da história emergiu, desde o final da Guerra Fria, como o propósito quase explicitamente declarado da política americana"[16].

De Winthrop a Wilson: a construção histórica da *Pax Americana*

Impactado pelo poder acumulado pelos EUA após a queda da URSS, Paul Kennedy afirmou: "Desde que os primeiros colonos ingleses chegaram na Virgínia

---

13. https://www.presidency.ucsb.edu/documents/greeting-the-seventy-fourth-anniversary-the-emancipation-proclamation
14. https://avalon.law.yale.edu/20th_century/bush.asp
15. https://millercenter.org/the-presidency/presidential-speeches/january-20-2017-inaugural-address
16. Niebuhr (2008).

e iniciaram sua expansão ao oeste, esta nação tornou-se uma nação imperial, uma nação conquistadora"[17]. O expansionismo provém do conceito de *liberdade* dos puritanos, baseado na ideia de que no "novo mundo" havia terras desocupadas; a "América", porém, apenas se encontrava "desocupada" desconsiderando as mais de 500 nações originárias que se estendiam no continente. Os nativos não possuíam direitos sobre as terras, o que significava que os "valores universais" pregados pelos puritanos ficariam restritos a sua civilização.

A violência contínua foi o método pelo qual os nativos foram removidos de suas terras pelos colonos. Estes os desumanizavam à condição de "impiedosos índios selvagens", expressão presente na Declaração de Independência dos EUA. Para Washington, "a gradual extensão de nossos assentamentos provocará um retiro tanto dos selvagens quanto dos lobos; ambos bestas predadoras que diferem apenas em suas formas"[18]. O guerreiro Cherokee Dragging Canoe alertou ao perigo: "parece ser a intenção do povo branco nos destruir enquanto pessoas"[19].

Essa violência também foi empregada nos negros africanos: primeiro sob a forma da escravidão e depois com as leis Jim Crow, que mantiveram os negros em um marco de inferioridade social após a abolição. Os movimentos negros desde 1950 até as manifestações *Black Lives Matter*, de 2020, refletem como o racismo é parte constitutiva da sua civilização. Kastor destaca que a expressão "todos os homens são iguais"[20] não se aplicava nem aos negros nem aos aborígenes. O Compromisso dos Três Quintos da Convenção Constitucional, de 1787, estipulou que cada escravo contaria três quintos de um livre para determinar a repartição dos impostos e deputados – os nativos foram desconsiderados por não formarem parte da nova nação, ainda os que estavam no território do país.

Os limites territoriais obtidos após a independência, em 1783, eram tomados apenas como temporários. A visão era a ocupação continental. Em 1751, Benjamin Franklin afirmou: "O território norte-americano é tão vasto que requer muitas gerações para estabelecer-se"[21]. A ocupação francesa de parte desse território era o maior obstáculo. Para Franklin, impedia a "obtenção de mais subsistência a partir do cultivo de novas terras". A iniciativa de Franklin era uma tentativa de "remover uma ameaça potencial" e liberar a expansão colonial. Em 1763, após derrotar a França na Guerra dos Sete Anos, a Grã-Bretanha (GB) ganhou o direito

---

17. https://www.nytimes.com/2002/03/31/weekinreview/ideas-trends-all-roads-lead-to-dc.html.
18. https://founders.archives.gov/documents/Washington/99-01-02-11798
19. Hixson (2016).
20. Kastor (2010).
21. https://founders.archives.gov/documents/Franklin/01-04-02-0080

de escolher entre as possessões francesas no Canadá[22] ou no Caribe. Em favor destas últimas, William Burke, no parlamento inglês, alertou: "se os colonos não encontrarem resistência no Canadá, irão expandir-se sem limites território adentro". Para ele as ambições eram perigosas, já que passariam a sentir-se seguros "apenas havendo nenhuma nação nos arredores", ou, como referia Franklin, tendo uma "segurança total". Os avisos de Burke foram ignorados e a GB escolheu o Canadá[23].

Vinte anos depois, a GB perdeu tudo. A Linha de Proclamação Real (1763), proibindo as expansões ao oeste da Cordilheira dos Apalaches para controlar gastos coloniais e evitar conflitos com os nativos, enfureceu os colonos[24]. Franklin alertou: "Nem as proclamações reais ou provinciais, nem o pavor e os horrores de uma guerra selvagem impedirão nosso assentamento das terras além das montanhas"[25]. A essa ira, somaram-se outros agravos que justificariam a luta pela Independência, segundo sua Declaração. O território da nova nação livre em 1783 era o dobro das 13 colônias. Um século mais tarde, tornou-se 14 vezes maior. A fronteira "móvel" separava a "civilização" da selvageria empurrada pelo avanço dos colonos, na célebre e bem-avaliada interpretação de Frederick Jackson Turner em sua *Tese da Fronteira Americana*. Para ele, a contínua expansão era fonte da democracia e liberdade.

A expansão foi mediada em 1787 pela Lei Noroeste (*Northwest Ordinance*), considerada por Immerwahr parte da mitologia dos EUA, celebrada por sua "condição de igualdade de *status* oferecida pelos estados originais"[26] a novos territórios, o que permitia aos EUA apresentarem-se como nação não imperialista. Mas Immerwahr afirma que essa lei tornou os EUA não uma União de estados iguais, e sim um amálgama de *estados e territórios*, sob leis desiguais até hoje. Com ela, os "pais fundadores" procuraram controlar a expansão e a posse das terras dos nativos. Para Howard Zinn, a maioria dos líderes da Revolução eram membros da elite colonial que desejavam preservar sua riqueza e poder[27]. Como a GB, tiveram dificuldade para limitar o expansionismo dos que chamavam "selvagens brancos"[28]. As tensões sociais desse elitismo originário levaria à presidência Andrew Jackson,

---

22. Nome dado às posses francesas na América do Norte.
23. Kagan (2006).
24. "A ênfase na 'tributação sem representação' como causa da Revolução Americana muitas vezes obscurece até que ponto uma política externa expansionista contra os povos indígenas alimentou a revolta." (Hixson, 2016).
25. Kagan (2006).
26. Immerwahr (2019).
27. Joyce (2003).
28. Immerwahr (2019).

em 1829. Seus dois períodos constituem a era do cumprimento das promessas antiaristocráticas da Revolução, dando resposta às insatisfações com o governo que impedia tomar terras dos nativos pelo "homem comum". "Que bom homem preferiria um país coberto de florestas e uma área de alguns milhares de selvagens do que a nossa república em expansão?", argumentou Jackson[29]. Para seu biógrafo Remini, Jackson foi "a personificação do novo americano". O consenso que Jackson representou, segundo Grandin, expressava que a expansão era "a resposta para todas as perguntas e solução para todos os problemas, especialmente para aqueles produzidos pela própria expansão"[30].

Jackson passou para a história, ao mesmo tempo, como impulsionador da democracia igualitária e "exterminador de índios". Ambos os legados confluem em sua Lei de Remoção dos Índios de 1830 (*Indian Removal Act),* a qual juntou várias tribos em um *Território Indiano,* com um *status* inferior aos estados. Kastor destaca que essa lei ofuscou a distinção entre política interna e externa porque os nativos não eram considerados cidadãos nem membros de nações soberanas, pelo receio de que viabilizasse relações diplomáticas entre eles e europeus, ameaçando o desejo da "segurança total" continental[31]. Os colonos originários justificaram a tomada de terras dos nativos porque era "contra as leis de Deus e da Natureza que tanta terra ficasse ociosa"[32]. Depois, Jefferson advogou uma visão mais iluminista, considerando que deveriam ser educados e incorporados à civilização, adotando o sedentarismo da vida agrícola[33]. Mas a remoção forçada também se aplicou aos que tinham adotado os costumes brancos, como os Cherokees, no dramático episódio da *Trilha das lágrimas*. Para Kastor: "Assim como a escravidão, a remoção dos índios demonstrou que os EUA evitavam as armadilhas do império criando novas oportunidades para os brancos, a partir de novas formas de desigualdade e sofrimento para os não-brancos"[34].

A remoção dos nativos tornou-se um prelúdio sobre como os EUA passariam a lidar com o México, território que segundo Jackson era necessário para expandir a "área da liberdade e das instituições livres". Seu sucessor, James Polk, assegurou que a anexação do Texas tornaria a "paz perpétua" possível[35]. Sam Houston, patrono do Texas, afirmou que "os mexicanos não são melhores que os índios, e não

---

29. Grandin (2019).
30. Grandin (2019).
31. Kastor (2010).
32. Grandin (2019).
33. https://founders.archives.gov/documents/Jefferson/03-07-02-0011
34. Kastor (2010).
35. Grandin (2019).

vejo razão para não seguirmos o mesmo curso e tomarmos suas terras"[36]. Para o historiador Steven Hahn, a guerra com o México foi um dos "episódios políticos mais vexatórios da história americana", com a realização de "depredações e atrocidades contra o povo, motivadas pelo racismo e anticatolicismo entre as tropas americanas"[37]. Os EUA poderiam ter incorporado todo o México, mas os que advogaram por isso foram vencidos. "Nunca sonhamos em incorporar à União qualquer pessoa exceto a raça branca livre", afirmou o Senador John Calhoun[38]. Os EUA, ao final, anexaram um terço do México, a parte menos populosa. O objetivo, segundo um jornal, era tomar "todo o território de valor que podemos obter sem levar as pessoas". Se entre 1845-1853 a área dos EUA cresceu 69%, os nativos e mexicanos incrementaram a população do país em menos de 1,5%, o que foi facilmente diluído, pois a população vinha crescendo a mais de 3% ao ano[39].

E depois, o *Destino Manifesto* de estender-se ao pacífico ampliou-se enquanto prática e narrativa. John Quincy Adams é o autor intelectual da expressão "América para os americanos", que embasou a Doutrina Monroe. Mas, como explica Octávio Paz, a *América* é uma civilização que se expande sem espaço territorial definido:

> A América era um espaço puro, aberto à ação humana [...]. Os homens não lutavam contra a história, mas contra a natureza. E onde havia um obstáculo histórico como as sociedades indígenas, este foi apagado da história e, reduzido a um mero fato natural. A Revolução de Independência dos EUA é a expulsão dos elementos intrusos, alheios à essência americana. Se a realidade da América deve ser uma invenção constante de si mesma, tudo o que é de alguma forma irredutível ou inassimilável não é americano[...]. O mal está fora: faz parte do mundo natural – como os índios, rios, montanhas e outros obstáculos que devem ser domados ou destruídos[40].

Immerwahr observa que, "embora os habitantes do país fossem frequentemente chamados de americanos, raramente a palavra América era usada" para autodescrição do país, sendo *Estados Unidos* o termo empregado. Apenas após 1898, "os melhores oradores e escritores", sentindo que os *Estados Unidos* não mais capturavam a natureza de seu país, mudaram para o conceito de *América*. *Estados Unidos* passou a ser a representação continental no mapa, enquanto *América* é civilização se projetando ao mundo – na época, chamado de *O Grande Estados*

---

36. Hixson (2016).
37. *Apud* Grandin (2019).
38. Hixson (2016).
39. Immerwahr (2019).
40. Paz *apud* Grandin (2019).

Unidos. Mas os EUA continuam sendo a soma de estados e territórios, desmentindo a ideia de incorporação igualitária da Lei Noroeste usada para legitimar que o país não era um império como os outros, mas uma república. Para Immerwahr, a rejeição de anexar todo o território mexicano revelou que, desde então, ao se escolher o elemento a sacrificar em seu trilema *republicanismo-supremacia branca-expansão ultramarina*, sempre se optou pelo primeiro[41].

A preservação do expansionismo significou que o *Destino Manifesto* não seria restringido chegando-se ao Pacífico. O secretário de Estado Daniel Webster proclamou, em 1851, que era o destino do país "comandar os oceanos, ambos os oceanos, todos os oceanos"[42]. Em 1842, o presidente John Tyler declarou que as ilhas havaianas não seriam objeto de colonização europeia, na Doutrina que leva seu nome como extensão da Monroe. Pouco tempo depois, o secretário de Estado James Blaine considerou "as ilhas havaianas como a chave para o domínio do Pacífico americano". "Necessitamos do Havaí tanto e muito mais que a Califórnia. É o *Destino Manifesto*", declarou o presidente McKinley. Sobre as Filipinas, ele diria que ofereciam "oportunidades comerciais às quais os estadistas estadunidenses não podem ser indiferentes"[43]. Após a guerra de 1898 contra a Espanha, os EUA as teriam sob seu controle junto com Cuba, Porto Rico e Guam. Para Wilson, "nenhuma guerra nos transformou tanto como a guerra com a Espanha", pois nela "fizemos novas fronteiras além dos mares"[44]. Tais territórios não eram tratados como colônias: o Havaí foi incorporado ao sistema territorial, mas sem planos para uma eventual inclusão como novo estado. Porto Rico não foi incorporado: converteram-se no "povo de Porto Rico", uma entidade que não poderia legislar de forma inconsistente à estadunidense. Polk, ao fim da Guerra do México (1848), inaugurou uma resolução do *trilema* que evitaria sacrificar o republicanismo, frente à relutância de incorporar povos não anglo-saxões, e apresentou aos EUA como libertadores do povo mexicano da opressão de seus governantes:

> Ações e medidas foram adotadas para conciliar, na medida em que o estado de guerra permitia, a massa da população mexicana; para convencê-los de que a guerra foi travada não contra os pacíficos habitantes do México, mas contra seu governo desonesto, que havia iniciado as hostilidades; para remover de suas mentes as falsas impressões [...] que a guerra de nossa parte era de conquista, que era uma guerra contra sua religião e suas igrejas, que eles deveriam ser profanados e derrubados, e que seus direitos da pessoa e propriedade privada seriam violados. Para

---

41. Immerwahr (2019).
42. Herring (2008).
43. Hixson (2016).
44. Grandin (2019).

eliminar essas falsas impressões, nossos comandantes em campo foram ordenados a respeitar sua religião, suas igrejas e suas propriedades, que de forma alguma seriam violadas[45].

Bush, ao anunciar a guerra com o Iraque em 2003, pareceu repetir o discurso:
Muitos iraquianos podem me ouvir esta noite [...] e tenho uma mensagem para eles. Se vamos começar uma campanha militar, ela será dirigida contra os homens sem lei que governam seu país, e não contra você. À medida que nossa coalizão tirar o poder deles, governantes autoritários, entregaremos os alimentos e remédios de que vocês precisam. Vamos derrubar o aparato do terror e ajudá-lo a construir um novo Iraque próspero e livre [...]. O tirano logo irá embora. O dia de sua libertação está próximo[46].

Apesar de empreender a Guerra contra a Espanha em 1898 para liberar Cuba, Filipinas e Porto Rico, os EUA tomaram seus territórios em um acordo com a Espanha sem a presença dos representantes desses países. Os filipinos tiveram então de lutar pela independência que já haviam declarado. McKinley, em 1901, afirmou:
Embora o tratado de paz com a Espanha tenha sido ratificado em 6 de fevereiro de 1899 e as ratificações tenham sido trocadas há quase dois anos, o Congresso não indicou nenhuma forma de governo para as Ilhas Filipinas. No entanto, forneceu um exército para permitir ao Executivo suprimir a insurreição, restaurar a paz, dar segurança aos habitantes e estabelecer a autoridade dos Estados Unidos em todo o arquipélago. Não estamos travando uma guerra contra os habitantes das Ilhas Filipinas. Uma parte deles está em guerra contra os Estados Unidos. De longe, a maior parte dos habitantes reconhece a soberania americana e a acolhe como uma garantia de ordem e segurança de vida, propriedade, liberdade, liberdade de consciência e a busca da felicidade. A eles será dada proteção total. Eles não devem ser abandonados. Não deixaremos o destino dos milhões leais das ilhas para os milhares desleais que estão em rebelião contra os Estados Unidos[47].

Para McKinley, os filipinos não tinham capacidade de autogoverno. O senador Albert Beveridge esclareceu que o conteúdo da Declaração da Independência se aplicava apenas às pessoas capazes de autogoverno; se essa capacidade foi negada ao "índio em nosso país, como concedê-la aos malaios no estrangeiro?". O senador Henry Dawes sugeriu que deveriam replicar a relação dos colonos com os

---

45. http://www.let.rug.nl/usa/presidents/james-knox-polk/
46. https://georgewbush-whitehouse.archives.gov/news/releases/2003
47. https://avalon.law.yale.edu/19th_century/mckin2.asp

nativos sobre todas as outras "raças alienígenas cujo futuro se colocou em nosso poder"[48]. Os filipinos apelaram ao combate de guerrilha e os EUA implementaram torturas ilegais de prisioneiros, assassinatos em massa e incêndios em vilas – replicando o comportamento espanhol –, enquanto procuraram ganhar o apoio dos filipinos por meio de obras públicas. Em 4 de julho de 1902, Roosevelt proclamou concluída a guerra nas Filipinas, mas os filipinos continuaram resistindo à ocupação estadunidense. Frisbie Hoar, o principal anti-imperialista no Congresso, lamentou: "destruímos a única república da Ásia"[49].

Enquanto o conflito nas Filipinas perdurou, o "modelo cubano" mostrou-se mais atrativo aos EUA[50]. Por meio da Emenda Platt, que Cuba teve que incluir em sua Constituição, os EUA tinham o direito de intervir quando julgassem necessário para a proteção da vida, da propriedade e da liberdade. Em 1906, após mais um conflito, Theodore Roosevelt declarou: "estou tão zangado com essa pequena república cubana infernal que gostaria de eliminar seu povo da face da terra. Só queríamos que eles se comportassem e fossem prósperos e felizes, para que não tivéssemos que interferir"[51]. Assim, instaurou-se o Corolário Roosevelt, uma extensão da Doutrina Monroe que estabelecia que os EUA poderiam intervir em países continentais, pois se defendia que determinados comportamentos poderiam motivar intervenções europeias na região. Assim, os EUA se colocaram como polícia internacional no continente sob a *diplomacia do grande porrete*.

Ao mesmo tempo, a expansão no Pacífico levou os EUA a seguir a GB na abertura da China, o que fez valorizar o Japão como posto de abastecimento. Em 1853, o presidente Millard Fillmore enviou o Comandante Perry em paz e amizade, mas "com um poderoso esquadrão" para que o Japão reconsiderasse "as antigas leis do governo de sua majestade imperial que não permitem comércio exterior"[52]. "Perry voltou em março de 1854 com uma frota maior, desta vez ameaçando que, se o Japão não chegasse a um acordo, poderia sofrer o mesmo destino do México"[53]. Em 1866, os EUA pressionaram a Coreia para sua abertura e em 1878 participaram na divisão da Samoa. Havaí foi anexado em 1894, após a imposição da "Constituição das Baionetas", que deixou a população nativa sem direito ao voto e lhe outorgou direitos exclusivos para ocupar Pearl Harbor.

---

48. Hixson (2016).
49. Immerwahr (2019).
50. Immerwahr (2019).
51. https://www.nytimes.com/1977/03/13/archives/a-talk-with-castro-castro.html
52. https://www.learnalberta.ca/content/ssbi/pdf/presidentfillmoresletter_bi.pdf
53. Herring (2008).

Mas na China a proposta foi o que o secretário de Estado John Hay chamou *Portas Abertas*, que pregava que as potências da época não fechassem o livre mercado criando colônias. Propunha uma ordem entre nações em base de sua visão originária de excepcionalidade, recuperando seu Tratado Modelo de 1776, elaborado dois meses depois da Declaração da Independência e que expressava seu desejo de possuir livre-comércio com todas as nações, sem estabelecer vínculos políticos. Era "modelo" porque, como aponta Herring, serviria como guia para que o mundo de monarquias o adotasse[54]. Na época, os colonos abriram mão dele, pois tiveram que assinar um tratado junto à França que lhes forneceu apoio econômico e militar para combater a GB. Assim, os colonos "admitiram que o Tratado Modelo era idealista, não possuindo outra forma de lidar com a situação a não ser por meios diplomáticos clássicos e alianças com as nações do Velho Mundo"[55].

A célebre frase "fale suave, mas carregue um grande porrete", de Theodore Roosevelt, não podia aplicar-se a outras potências disputando a China. Sem a capacidade de fazer valer a política de Portas Abertas, Herring explica que a política se tornou importante fonte da mitologia estadunidense. Segundo ele, ao expressar que os desejos dos EUA eram estabelecer "segurança e paz permanentes para a China", apresentou-se a política como "um ato benéfico para salvar a China de mais pilhagens europeias e japonesas", expressões típicas de seu idealismo. Os EUA, entretanto, participaram das invasões na China juntamente com as potências europeias. "Não podemos querer uma fatia, já que será dividida?", questionou McKinley sobre as esferas de influência que dividiam a China[56].

O presidente William Taft buscou na América Latina e no Leste da Ásia adequar os "sentimentos humanitários idealistas, os ditames de políticas e estratégias sólidas e os objetivos comerciais legítimos"[57], com o que ficou conhecido a *diplomacia do dólar*. Taft incorporou o corolário de Roosevelt, mas afirmou que estava procurando intervir somente para a proteção dos interesses econômicos desses países. Assim, "as balas" de Roosevelt seriam trocadas pelos "dólares" de empréstimos dos EUA, buscando evitar as intervenções "usando a influência econômica do país para alavancar 'protetorados' e 'dependências', controlando o comércio e policiando o hemisfério"[58]. Para Taft, estariam ajudando os países a "entrar em uma era de paz e prosperidade, trazendo lucro e felicidade ao mesmo tempo que

---

54. Herring (2008).
55. Hixson (2016).
56. Herring (2008).
57. https://www.mtholyoke.edu/acad/intrel/taft2.htm
58. Hixson (2016).

criavam condições seguras para conduzir um intercâmbio comercial florescente"[59]. Immerwahr, diz que a "*diplomacia do dólar* era, assim, um nome gentil dado à *diplomacia da canhoneira*"[60]. Sob o argumento de garantir a estabilidade política e financeira, as tropas dos EUA intervieram mais de vinte vezes na região, entre 1903 e 1934[61].

Ao assumir a presidência, Wilson desdenhou da diplomacia do dólar porque havia que tratar as nações latino-americanas "em termos de igualdade e honra"[62]. Na plataforma de 1912 do Partido Democrata – que o elegeria presidente–, condenou-se o imperialismo como "um erro imperdoável, que nos envolveu em enormes despesas, nos trouxe fraqueza em vez de força e deixou nossa nação aberta à acusação do abandono da defesa do autogoverno"[63]. Herring afirma que Wilson supunha que a ajuda dos EUA seria bem-vinda; ao ser rejeitada, recorreu "à pressão diplomática e à força militar. O resultado foi um período de intervencionismo superior ao de Roosevelt e Taft"[64].

Ainda assim, Wilson apresentou-se no encontro de Versalhes vendo a "América como a salvadora do mundo". Esse idealismo foi incorporado aos seus famosos *14 Pontos*, que passaram a representá-lo globalmente como um pacifista: "Entramos nessa guerra porque ocorreram violações de direito que tornaram a vida de nosso povo impossível [...]. O que exigimos nessa guerra, portanto, não é nada alheio a nós", afirmou antes de oferecer seu "Programa para a Paz Mundial"[65]. Sua proposta implicava que os europeus aceitassem sua liderança mundial, num momento em que os EUA não possuíam capacidade militar para tanto[66]. "A paz sem vencedores" implicava aceitar um mundo de "portas abertas", sem colônias. As expectativas de Wilson, no entanto, se viram frustradas, pois, por um lado, os repu-

---

59. Hixson (2016).
60. Immerwahr (2019).
61. O então fuzileiro naval mais condecorado dos EUA, Smedley Butler, escreveu sobre sua participação nessas intervenções: "Ajudei a tornar o México seguro para os interesses do petróleo dos EUA, em 1914. Ajudei a tornar o Haiti e Cuba um lugar decente para o pessoal do National City Bank aumentar sua renda. Ajudei na violação de meia dúzia de repúblicas da América Central em benefício de Wall Street e pacificar a Nicarágua para a Brown Brothers House of International Banking em 1902-1912. Apresentei na República Dominicana os interesses açucareiros americanos em 1916. Ajudei a tornar Honduras adequada para as empresas americanas de frutas em 1903. Na China, em 1927, ajudei a garantir que a Standard Oil seguisse seu caminho sem perturbações" (Butler, 2013).
62. Herring (2008).
63. https://www.presidency.ucsb.edu/documents/1912-democratic-party-platform
64. Herring (2008).
65. https://avalon.law.yale.edu/20th_century/wilson14.asp
66. Jones (2008).

blicanos questionaram o Artigo X do Tratado de Segurança Coletiva e, por outro lado, nem franceses ou britânicos tinham intenção de abrir mão de seus impérios.

No entanto, em essência, o que apresentou Wilson em Versalhes foi o esqueleto do projeto de *Pax Americana*. "A concepção americana do *Destino Manifesto*, originalmente vista como expansão transcontinental, foi reformulada com Wilson para a criação de uma ordem mundial que é nominalmente pluralista, mas sob a liderança americana – que, presume-se, seria bem-vinda para quase todos"[67]. Para Kane, "Os *14 Pontos* de Wilson são uma transcrição do espírito da Paz Perpétua kantiana". Assim como Kant, considerava que a "ameaça para a paz e liberdade reside na existência de governos autocráticos", pois cidadãos livres que vivem em democracias não deixam que governantes autocráticos provoquem guerras; em um mundo de nações democráticas, para Wilson seria atingida "a paz suprema mundial" ou seja, a Paz Perpétua kantiana[68]. Para ele, "a paz deve estar fundamentada nos princípios da liberdade política", na qual as nações democráticas se autogovernariam pacificamente em uma "liga de honrados, uma parceria de ideias". Sua proposta da Liga das Nações refletia o concerto de nações de Kant: um "concerto de povos livres que trará paz e segurança a todas as nações e fará o próprio mundo finalmente livre"[69].

Kant admite que um mundo ideal de democracias poderia não garantir de fato a Paz Perpétua. Poderia ser preciso um governo mundial que, através da guerra, fosse conquistando os outros até ser universal. Wilson afirmou que "o direito é mais precioso do que a paz e devemos lutar pelo que sempre carregamos em nosso coração – a democracia"[70]. Por isso, entende que as guerras nas quais os EUA se envolveriam não seriam imperialistas, já que serviriam apenas ao destino providencial do país de libertar os povos do mundo e instaurar na humanidade a "paz definitiva". Para Wilson:

> O mundo deve ser um lugar seguro para a democracia. Sua paz deve ser plantada sobre os alicerces testados da liberdade política. Não temos fins egoístas a servir. Não desejamos nenhuma conquista ou domínio. Não buscamos indenizações para nós, nenhuma compensação material pelos sacrifícios que faremos livremente. Somos apenas mensageiros dos direitos da humanidade. Estaremos satisfeitos quando esses direitos forem tão seguros quanto a fé e a liberdade das nações puderem torná-los[71].

---

67. Pfaff (2010).
68. Kane (2012).
69. https://archive.org/stream/presidentwilsons00wilsuoft/presidentwilsons00wilsuoft_djvu.txt
70. https://www.mtholyoke.edu/acad/intrel/ww18.htm
71. https://www.mtholyoke.edu/acad/intrel/ww18.htm

Assim, para Wilson, nessa ordem haveria uma paz global sustentada pela liderança moral, pelas ideias democráticas e pelo poderio militar dos EUA. No entanto, a tentativa de Wilson fracassou, assim como a segunda de Roosevelt após a 2GM. Com a queda da URSS, segundo Pfaff, a secretária de Estado Condoleezza Rice apontou o "descarte do sistema internacional westfaliano de nações", advogando implicitamente por "sua substituição pela liderança global americana"[72]:

> A América pode exercer o poder sem arrogância e perseguir seus interesses sem arrogância e fanfarronice. Quando o faz em conjunto com aqueles que compartilham seus valores fundamentais, o mundo se torna mais próspero, democrático e pacífico. Esse tem sido o papel especial da América no passado, e deve sê-lo de novo ao entrarmos no próximo século[73].

A Guerra dos 70 anos para impor a *Pax Americana*

Na Conferência de Versalhes, Wilson carregou o legado excepcionalista de seus predecessores, seja a visão de Washington, segundo a qual a "Europa possui um conjunto de interesses que para nós possui pouco ou nenhum valor"[74], seja a de Jefferson, de que a diplomacia clássica consistia na "peste para a paz, da qual todas as guerras europeias derivam"[75]. Tais valores correspondem à filosofia que Kant defende na Paz Perpétua: "em uma constituição que não é republicana, a guerra é a coisa mais simples do mundo, porque o chefe de Estado não é um membro do Estado, mas seu proprietário [...] e pode decidir a guerra como em um jogo, por causas insignificantes"[76]. O desinteresse nos envolvimentos políticos com outras nações – sobretudo europeias – não impediu o desejo dos EUA de se envolver comercialmente com elas, como declarou Jefferson: "Paz, comércio e amizade honesta com todas as nações: alianças com nenhuma"[77]. Kant também expressa estes princípios: "Trata-se do espírito comercial que não pode coexistir com a guerra e que, antes ou depois, se apodera de todos os povos"[78]. A *Pax Americana*, assim, é uma versão do pensamento kantiano, ambos assentados na ideia de que a Paz Perpétua se baseia num mundo de democracias de livre-mercado:

---

72. Pfaff (2010).
73. https://www.foreignaffairs.com/articles/2000-01-01/campaign-2000-promoting-national-interest
74. https://avalon.law.yale.edu/18th_century/washing.asp
75. Herring (2008).
76. Kant (2006).
77. https://founders.archives.gov/documents/Jefferson/01-31-02-0056
78. Kant (2006).

uma economia interdependente entre nações remove os incentivos para a guerra, tornando-a custosa para qualquer governo racional.

Após as guerras napoleônicas, as principais economias eliminaram travas ao comércio internacional. Em 1913, como argumenta Macdonald, os três maiores parceiros comerciais da Alemanha eram Grã-Bretanha, Rússia e EUA, todos mais importantes comercialmente do que seu futuro aliado da guerra, o Império Austro-Húngaro[79]. Assim, a relevância comercial não evitou uma guerra mundial. A dependência das nações manufatureiras sobre a importação dos recursos não provocou um crescimento da segurança global, mas sim uma corrida armamentista pelo domínio de cada vez mais territórios e povos. Macdonald aponta que Friedrich List, em sua crítica ao livre-mercado de Adam Smith, argumentou que as nações adquirem robustez econômica não pelo livre mercado, mas pela proteção e estímulo ao seu comércio e sua indústria nacional. Unicamente por conta de a Inglaterra já ter adquirido a supremacia comercial após séculos de políticas protecionistas, poderia, então, desfrutar do livre-comércio em uma posição vantajosa. Essa concepção de List foi formulada durante sua estadia nos EUA, seguindo pensamentos já inaugurados por Alexander Hamilton. Este argumentava ser necessária a proteção das manufaturas nacionais de modo que a recém-república se tornasse uma potência industrial. Ademais, para o protecionismo ascender economicamente, também seria necessário o suprimento de matérias-primas para produção nacional[80].

Immerwahr destaca que os EUA, a partir dos anos 1840, consideraram necessário o controle de territórios fora do continente americano para assegurar recursos destinados à sua produção nacional, como o guano[81]. Para William Seward, secretário de Estado de Lincoln, "a nação que mais extrai materiais da terra, mais fabrica e vende suas produções e tecidos para nações estrangeiras, deve ser e será o grande poder da Terra"[82]. Os EUA passaram a buscar territórios no Pacífico e no Caribe, para competir junto com os grandes impérios do mundo por recursos e mercados[83]. Para o secretário do Tesouro Robert Walker, em 1848, a "Ásia repentinamente converteu-se em nosso vizinho, apresentando um calmo oceano que convida nossos barcos a um comércio maior que toda a Europa combinada"[84]. Mas isto demandava controlar também as rotas marítimas. Alfred Mahan, em fins do século XIX, apresentou sua estratégia nacional que visualizava o oceano

---

79. Macdonald (2014).
80. Macdonald (2014).
81. Immerwahr (2019).
82. Atwood (2010).
83. Kastor (2010).
84. Herring (2008).

como uma "grande avenida" a ser conquistada pelos EUA. Para dominar as rotas marítimas era necessário, no entanto, dominar territórios ao seu redor, gerando uma expansão colonial ou adicionando novos estados em condições de igualdade, conforme a Lei do Noroeste de 1787[85].

Em 1914, Wilson expressou: "Não há nada que me interesse mais do que o desenvolvimento comercial deste país e sua justa conquista do mercado externo". Antes do ingresso dos EUA na 1GM, ele se preocupou que apenas participando do conflito "o Presidente dos EUA teria um assento na Mesa da Paz". Assim, passou a colaborar financeiramente com aliados, pois, "quando a guerra acabar, podemos forçar a Inglaterra e a França a seguirem nosso pensamento [...] eles estarão financeiramente em nossas mãos"[86]. Para Calleo[87], Wilson representou a primeira de três gerações de líderes estadunidenses os quais carregaram a ideia nacionalista de buscar convencer os estadunidenses de que toda a história moderna ensejava "a liderança global da América": "Proponho que as nações adotem, de comum acordo, a Doutrina de Monroe como a doutrina do mundo: nenhuma nação deve estender sua política a qualquer outra, mas cada povo deve ser livre para determinar sua própria política, seu próprio caminho de desenvolvimento, sem ameaças"[88].

Na prática, explica Dueck, Wilson pregava pela hegemonia global dos EUA a um custo mínimo, o que era consenso no Congresso dos EUA[89]. A rejeição do Senado à Liga das Nações deveu-se ao Artigo X, que o vinculava à defesa das nações-membros em caso de ataque; aos republicanos, interessava apenas um pacto de segurança mútuo entre a GB e a França. Essa ideia, no entanto, esclarece Dueck, não era distinta da que Wilson imaginou. Ele observa que, quando Wilson afirmou que "um único grupo coeso e poderoso de nações será o administrador da paz mundial", referia-se apenas às "nações democráticas", ou seja, EUA, GB e França, o que ficou implícito quando aceitou que elas mantivessem suas colônias. Com isso, além de negar-se a incluir uma cláusula de igualdade racial solicitada pelo Japão, abriu mão de seu idealismo. Wilson insistiu no Artigo X, segundo Dueck, pois, apenas liderando uma Liga de Nações *universal*, os EUA poderiam preservar sua crença de distinção moral e prestar seu poder para preservar a paz mundial[90]. Assim, para Pierce, isso seria o que viabilizaria que os EUA promovessem um mundo de "Portas Abertas"[91].

---

85. Immerwahr (2019).
86. Stone & Kuznick (2012).
87. Calleo (2018).
88. http://www-personal.umd.umich.edu/~ppennock/doc-Wilsonpeace.htm
89. Dueck (2008).
90. Dueck (2008).
91. Pierce (2003).

Essa proposta não significava, entretanto, que os EUA renunciavam ao protecionismo comercial vigente desde a Guerra Civil. A despeito de seu discurso pacifista, Wilson sabia que a guerra havia surgido da rivalidade econômica entre as nações. Em um discurso, afirmou: "Paz? [...] A verdadeira razão por trás da guerra derivou do medo alemão de que seus rivais comerciais obtivessem vantagens sobre ela, e a razão pela qual outras nações entraram em guerra contra a Alemanha foi que pensaram que a Alemanha iria conseguir a vantagem comercial deles". Por esse motivo, embora tenha visto a proliferação da democracia como um eventual antídoto para o equilíbrio de poder, também considerou que seria "uma barreira contra a agressão alemã". Pierce aponta que Wilson viu a "democracia em termos geopolíticos" procurando cercar a Alemanha por democracias, como se faria com a URSS[92].

Segundo Dueck, "a relutância em apoiar os interesses americanos fora do Hemisfério Ocidental com sacrifícios materiais e, especificamente, a relutância em assumir compromissos estratégicos com a paz e a estabilidade na Europa deixaram uma estrutura política e militar enfraquecida para sustentar a nascente ordem liberal dos anos 1920"[93]. Assim, a entrada dos EUA na 2GM significou seu reconhecimento que seus objetivos econômicos não podiam ser separados dos políticos e militares. Calleo aponta a FDR como membro da segunda geração que buscou definir a ordem mundial encabeçada pelos EUA[94]; Pfaff observa com decisão muito mais firme sobre acabar os imperialismos europeus[95]. De modo semelhante a Wilson, Roosevelt defendeu a participação dos EUA na guerra a partir do interesse econômico, desenhando de igual forma uma ordem mundial do pós-guerra na Carta do Atlântico (1941), em um marco similar aos *14 Pontos*. Para FDR, a "liberdade para comercializar é essencial para nossa vida econômica" e os EUA não poderiam permitir que "o muro nazista nos contenha"[96]. Ele também propôs uma paz sem vencedores, a qual permitiria a consolidação da liberdade nos oceanos, o desarmamento mundial e um sistema de segurança coletiva, ficando armados apenas os vencedores em "uma força policial internacional" preservando "a paz pela força". Ao final, replicou a ideia wilsoniana: "Mais do que o fim da guerra, queremos o fim do início de todas elas – sim, o fim desse método brutal, desumano e totalmente impraticável de resolver as diferenças entre governos"[97].

---

92. Pierce (2003).
93. Dueck (2008).
94. Calleo (2018).
95. Pfaff (2010).
96. https://millercenter.org/the-presidency/presidential-speeches/may-27-1941-fireside-chat-17-unlimited-national-emergency
97. https://www.loc.gov/resource/rbpe.24204300/?st=text

Como na guerra mundial anterior, para o secretário de Guerra de Roosevelt, Henry Stimson: "Sem uma cooperação real de nossa parte para garantir a vitória, teríamos pouca influência no final"[98]. Como Wilson, FDR ingressou no conflito ajudando economicamente os aliados. Asfixiando o Japão de seus recursos e mercados da Ásia, FDR passou a provocar ao país confiante de que "mais cedo ou mais tarde os japoneses cometeriam um ato aberto contra os EUA e a nação estaria disposta a entrar na guerra"[99]. Atwood afirma que a imagem de que "os EUA se afastam do caminho da paz apenas quando os crimes dos outros não deixam alternativa" se construiu pela entrada nesta guerra[100]. Arthur Sulzberger, editor do *New York Times*, relatou: "Não fomos para a guerra porque fomos atacados em Pearl Harbor.[...] fomos atacados em Pearl Harbor porque fomos à guerra". Ao mesmo tempo, a ajuda financeira foi usada para definir a ordem pós-guerra, esperando os EUA que os países liberalizassem suas economias[101]. A negação soviética frustrou as expectativas de uma *Pax Americana* global que Roosevelt havia elaborado, fundindo os pensamentos de Wilson com o entusiasmo geopolítico de Theodore Roosevelt, resultando na visão unipolar que surgiria na pós-Guerra Fria, o qual tinha grande apelo no país[102].

Immerwahr aponta que, nesse período, os EUA desenvolveram uma série de avanços tecnológicos que viabilizaram novas formas de projetar seu poder global sem a necessidade de colônias. A conciliação da aversão aos vínculos políticos internacionais com o desejo de expandir as relações econômicas com os mesmos países irá definir o que ele chama de *Globalização*. A palavra "global" para se referir ao mundo, até então raramente utilizada, tornou-se popular a partir dessa "guerra global", como FDR a chamou em 1942: "Foi a primeira vez que um presidente em exercício pronunciou publicamente a palavra *global*; todos os presidentes desde então vêm empregando-a incessantemente". Essa visão global se amparou em um esforço militar que denomina "sistema de bases", que cresceu a 30 mil bases em dois mil locais diferentes, com presença global. As novas tecnologias e materiais sintéticos possibilitaram "desfrutar os benefícios de um império sem adquirir territórios populosos". Outras iniciativas foram os esforços para padronizações mundiais, incluindo o inglês como idioma global[103].

---

98. Hixson (2016).
99. https://www.independent.org/issues/article.asp?id=408
100. Atwood (2008).
101. Dueck (2008).
102. Calleo (2018).
103. Immerwahr (2019).

Assim, Immerwahr explica que, ao final da 2GM, os EUA abriram mão de seus territórios[104]. Com a conversão do Alasca e do Havaí em estados e a independência das Filipinas, a população dos EUA fora do território continental passou de 51% para 2%. Assim, o país podia voltar a suas origens de ver-se como vanguarda na luta anti-imperialista mundial. Mas, se por um lado, Truman afirmou ser "a primeira vez na história em que uma colônia de uma nação soberana recebeu voluntariamente independência total", referindo-se às Filipinas, por outro, declarou que seu país manteria "as bases militares necessárias para a proteção completa de nossos interesses e da paz mundial". À medida que os EUA afrouxaram seu controle sobre grandes colônias e territórios, agarraram-se a bases e pequenas ilhas com maior força. Elas faziam parte dos "planos de contingência para a próxima guerra", segundo Cohen, "que tornariam os Estados Unidos invencíveis"[105]. Immerwahr conclui que os EUA "reorganizaram seu portfólio imperial, despojando-se de grandes colônias e investindo em bases militares, minúsculos pontos de semissoberania espalhados pelo globo", criando o que chama de "império pontilhista"[106].

Não possuindo a capacidade de derrotar militarmente a URSS, os EUA empreenderam a estratégia de contenção de George Kennan. Esta foi a opção escolhida porque as outras significavam que os EUA renunciaram ao seu projeto de liderança global[107]. Os EUA continuaram buscando a partir de suas "clássicas suposições liberais [...] alcançar seus objetivos wilsonianos". Para Hixson, o termo "contenção" não capta bem a estratégia da Guerra Fria dos EUA, pois o país não apenas procurava deter a expansão do comunismo, mas destruí-lo onde existia. "Precisamos tirá-los", declarou Kennan, "não podemos aceitar que eles fiquem lá indefinidamente"[108]. Assim, a contenção era anticomunista e global, e tinha que ser enfrentada em todos os lugares ao mesmo tempo[109]. FDR assemelhou-se a Wilson na promoção do "internacionalismo de baixo custo"[110], o que implicava que a URSS se subordinasse a uma ordem global liberal liderada pelos EUA[111]. Para Truman, no entanto, a URSS era uma nação bárbara voltada para a conquista mundial devido a suas necessidades econômicas, mas que acabaria por aceitar a

---

104. Immerwahr (2019).
105. Cohen (2018).
106. Immerwahr (2019).
107. Dueck (2008).
108. Hixson (2016).
109. Ambrose & Brinkley (1998).
110. Thompson (2015).
111. Dueck (2008).

liderança dos EUA[112]. A negação soviética em aceitar um papel subordinado na *Pax Americana* irritou os líderes dos EUA[113]; em particular porque visualizaram que não poderiam derrotá-la militarmente[114]. Nesse contexto, a criação da bomba atômica renovou a confiança dos EUA em desenhar o mundo pós-guerra, gerando uma sensação de poder incrível[115]. A bomba resultou no que Russel F. Weigley chamou de "o modo de guerra americano", baseado em alta tecnologia e poder de fogo massivo, sem depender de grandes exércitos ou altos gastos[116].

A postura assertiva da URSS frustrou essas expectativas. Seu incômodo manifestou-se nos grandes gastos que teve pela política de contenção; o Congresso e os empresários defendiam o fim dos altos impostos e dos gastos deficitários[117]. Para viabilizar politicamente tais recursos, Truman redefiniu o lugar dos EUA no mundo ao apresentar sua Doutrina (1947), assumindo a função global de lutar pela liberdade, a partir da interferência na política interna da Grécia e da Turquia. Truman argumentou que os EUA deveriam "ajudar os povos livres a manter suas instituições livres e sua identidade nacional contra movimentos agressivos que buscam impor-lhes regimes totalitários", já que estes "minam os fundamentos da paz internacional e, portanto, a segurança dos Estados Unidos"[118].

Esse projeto dependia do monopólio da bomba atômica. Ambrose e Brinkley afirmam que "parecia a arma definitiva, e os políticos americanos, ignorando os avisos dos cientistas de que outros logo fariam suas próprias bombas, acreditavam que tinham um segredo que garantiria o domínio militar americano por décadas". Truman havia ignorado avisos de que a URSS não tardaria em desenvolver sua própria bomba atômica. Quando isto aconteceu, em agosto de 1949, declarou: "Nossa segurança geográfica não existe mais". Pela primeira vez em sua história, os EUA poderiam ser ameaçados pelo exterior[119]. Truman afirmou, então, que "a garantia mais segura de que nenhuma nação se atreverá a nos atacar novamente

---

112. Ambrose & Brinkley (1998). Para Fiori (2004), Roosevelt tinha uma posição mais benevolente com a URSS, sendo favorável a lhe conceder uma ajuda econômica substantiva para reconstruir sua economia e suas reivindicações na Europa Central. Ao falecer, ainda com a guerra em curso, Truman adotou uma postura mais dura.
113. Cohen (2018).
114. Dueck (2008).
115. Ambrose & Brinkley (1998).
116. *Apud* Lind (2006).
117. Thompson (2015).
118. https://www.ourdocuments.gov/doc.php?flash=false&doc=81&page=transcript
119. Ambrose & Brinkley (1998).

é permanecer forte no único tipo de força que um agressor pode compreender: o poderio militar"[120]. Então ordenou o desenvolvimento da bomba de hidrogênio.

Com a Guerra da Coreia, disseminou-se nos EUA a Teoria do Dominó, na qual a perda de um país aos soviéticos significaria a progressiva perda de outras nações ao comunismo. Em especial, Truman preocupava-se com um possível avanço da URSS sobre o Oriente Médio que ameaçasse o fornecimento de petróleo, o único recurso natural de que o país ainda necessitava fora de suas fronteiras[121]. A preocupação foi explicitada no documento NSC 68 (*National Security Council*), que redefiniu a visão de defesa dos EUA, denominando a URSS como "uma fé fanática" que procurava "impor-se absolutamente sobre o resto do mundo". Dado que "uma derrota das instituições livres em qualquer lugar do planeta é uma derrota em todos os lugares", a segurança nacional e a segurança global confundiam-se e equiparavam-se aos EUA. Assim, o país devia aumentar seus arsenais nucleares e convencionais, fortalecer suas forças armadas, expandir suas alianças militares e incrementar suas operações secretas e capacidades de guerra psicológica[122]. Portanto, em cinco anos, os gastos militares teriam que quadruplicar para US$ 50 bilhões, ou 20% do PIB. Reconhecendo os gastos excessivos, Eisenhower afirmou: "Este país pode sufocar até a morte, acumulando despesas militares"[123]. Como novo presidente, procurou controlar o gasto focando nas armas nucleares, por serem mais baratas que a manutenção de um grande exército no que chamou de "Nova Visão" de segurança nacional (NSC 162/2). Eisenhower fez das bombas atômicas a base da estratégia de defesa, que passaram de mil para 22 mil[124].

John F. Kennedy criticou Eisenhower por ter priorizado a segurança fiscal sobre a segurança nacional[125]. Em seu discurso inaugural, expressou os desejos de uma relação pacífica com a URSS "antes que os poderes das trevas desencadeados pela ciência destruam toda a humanidade". Mas Kennedy continuou dizendo que sua geração tinha a oportunidade de "defender a liberdade em sua hora de perigo máximo" e que ia "pagar qualquer preço, suportar qualquer fardo, enfrentar qualquer adversidade"[126]. A Revolução Cubana, a despeito do fiasco da invasão

---

120. Thompson (2015).
121. Immerwahr (2019).
122. https://digitalarchive.wilsoncenter.org/document/116191.pdf?v=2699956db534c1821edefa61b8c13ffe
123. Stone & Kuznick (2012).
124. Stone & Kuznick (2012).
125. Stone & Kuznick (2012).
126. https://www.ourdocuments.gov/doc.php?flash=false&doc=91&page=transcript

na Baía dos Porcos e da crise dos mísseis, o levou a ver com urgência a luta contra o comunismo no Terceiro Mundo. Sua estratégia era a "resposta flexível" que focou a contrainsurgência, aumentando as operações encobertas da CIA: lançou em três anos mais operações que Eisenhower em oito[127]. Após o assassinato de Kennedy, Lyndon Johnson, ao enviar a Marinha à República Dominicana para destituir Juan Bosch, encerrou 30 anos da política de "boa vizinhança". Na estratégia de contenção, Kennan havia afirmado que, como os latino-americanos não possuíam a maturidade para serem fiéis aliados anticomunistas, os EUA "podem admitir que medidas severas de repressão sejam a única resposta"[128].

Johnson, em 1964, deu início à guerra com o Vietnã. O Congresso autorizou-o, pois "os Estados Unidos consideram a manutenção da paz e segurança internacionais no Sudeste Asiático vital para seu interesse nacional e para a paz mundial"[129]. A crescente impopularidade da guerra deu lugar aos movimentos pacifistas. Nixon foi escolhido presidente prometendo uma "paz honrosa" na base da "vietnamização" da guerra – treinar os próprios sul-vietnamitas para que substituíssem os soldados dos EUA, e este país ficaria restrito a prover as armas. Nguyen Co Thach, ministro das Relações Exteriores do Vietnã do Norte, advertiu a Kissinger que eles "não se importam se suas ameaças eram verdadeiras ou falsas [...], pois sabíamos que eles não poderiam ficar no Vietnã para sempre, mas o Vietnã deve ficar no Vietnã para sempre"[130].

Wilson foi advertido por seu secretário de Estado, Robert Lansing, de que sua retórica da autodeterminação estava "carregada de dinamite", pois representava "o perigo de colocar tais ideias nas mentes de certas raças"[131]. FDR declarou que as colônias deveriam começar a ser independentes após a guerra. De fato, de 1945 a 1968, as Nações Unidas passaram a ser compostas de 51 para 126 membros. Os EUA conduziram a adesão dos recém-independentes. Temia-se que os novos Estados africanos fossem instáveis e, portanto, vulneráveis ao comunismo, e que usassem a Declaração Universal dos Direitos Humanos da ONU (1948) para desafiar a desigualdade racial nos EUA. O secretário de Estado Dean Rusk afirmou que na guerra fria "questões morais" como o *apartheid* não poderiam ter mais peso que as alianças estratégicas. Os EUA se foram associando com governos violadores dos direitos humanos.

---

127. Stone & Kuznick (2012).
128. Hixson (2016).
129. https://www.ourdocuments.gov/doc.php?flash=false&doc=98&page=transcript
130. Stone & Kuznick (2012).
131. Hixson (2016).

Assim, a luta contra o comunismo passou a se concentrar na proteção dos interesses dos EUA, em especial os econômicos. O secretário de Estado para Assuntos Interamericanos de Johnson, Thomas Mann, produziu a Doutrina Mann, a qual estabeleceu que os países da região passariam a ser julgados não pela forma como promoviam os interesses do seu próprio povo, mas sim como conduziam os interesses econômicos dos EUA. Qualquer regime que defendesse o anticomunismo, por mais abominável que fosse, poderia contar com a ajuda militar e econômica americana[132]. Como afirmou Nixon: "a democracia ao estilo americano não é necessariamente a melhor forma de governo para pessoas na Ásia, África e América Latina". Afirmou, ainda: "jamais concordarei com a política de rebaixar os militares na América Latina. Eles são centros de poder, sujeitos à nossa influência. Os outros, os intelectuais, não estão sujeitos à nossa influência"[133].

Progressivamente, a imagem dos EUA como defensor da democracia e dos direitos humanos deteriorou-se perante o mundo, embora, segundo Cohen, "o povo americano se apegasse obstinadamente a essa imagem de seu país". Contribuindo para essa visão negativa, também colaboraram suas relações com os que foram chamados *Tiranos Amistosos*[134], bem como o desfecho da Guerra no Vietnã. Nesta guerra, como o próprio secretário de Defesa McNamara reconheceu: "A imagem da maior superpotência do mundo matando ou ferindo mil não combatentes por semana, enquanto tenta submeter uma pequena nação atrasada, sem diálogo, não é bonita". Nixon, que ao assumir afirmou que "a maior honra que a história pode conceder é o título de pacificador", buscou a paz no Vietnã com sua "Teoria do Maluco", baseada em transmitir a mensagem de que tudo podiam, intensificando os bombardeios ao Vietnã – incluindo um especial "bombardeio natalino" de 12 dias. Estendendo bombardeios ao Camboja, em 14 meses os EUA lançaram, sem sucesso, quatro vezes a tonelagem da que caiu sobre o Japão durante a 2GM. O efeito do descrédito internacional foi sentido na década de 1980, na qual as intervenções dos EUA – no Líbano, em Granada e na Líbia – encontraram pouco apoio de nações aliadas. Também foi sentido na ONU, que passou a ser vista como um incômodo aos seus interesses[135].

Para Grandin "foi no domínio da política externa que os esforços da Nova Direita se concentraram, em que ações poderiam ser tomadas para restabelecer a

---

132. Cohen (2005).
133. Stone & Kuznick (2012).
134. "Franco na Espanha, Salazar em Portugal, a Casa Al-Saud na Arábia Saudita, o Xá do Irã, Chiang Kai-shek na China, Suharto na Indonésia, Mobutu no Congo, Pinochet no Chile, para citar alguns" (Cohen, 2005).
135. Cohen (2005).

autoridade no mundo e corrigir a ideia, que se espalhou depois do Vietnã, de que o poder dos EUA era imoral"[136]. A mensagem de Reagan era que o país não devia ser responsabilizado ou limitado. Os EUA ainda eram "um farol", disse no seu discurso de despedida. Para ele, "os soldados americanos no Vietnã tiveram permissão negada para vencer [...] quando a guerra acabou e voltamos para casa, foi quando a guerra foi perdida"[137]. Assim, insinuou traição interna e apontou uma já consolidada tradição de perseguição doméstica aos dissidentes, que teve seu auge no macarthismo. Eisenhower perguntava-se por que não era possível "conseguir que alguns nesses países oprimidos nos queiram no lugar de odiar-nos"[138]. Reagan afirmou que isso "já não nos importa" porque o que os EUA desejam era ser respeitados. Assim, para Grandin, os atos de seus antecessores ficavam legitimados por conta "da liberdade americana, do direito ao ilimitado". Reagan afirmou que, "por nossos atos, deve ficar claro para qualquer pessoa que os americanos são um povo moral [...] sempre usamos nosso poder apenas como uma força para o bem no mundo"[139].

Na era Reagan, o patriotismo serviu para avançar sobre os movimentos civis. Em 1985, os gastos com defesa tinham subido 51% em relação aos gastos de 1980, financiados pelo corte de programas sociais em 30%, numa transferência de US$ 70 bilhões. O conflito entre gastos militares e sociais já havia sido sinalizado por Eisenhower em seu discurso de despedida, ao advertir sobre o impacto do "complexo militar-industrial"[140] no bem-estar social. Em seu discurso *Oportunidade para a Paz*, afirmou: "Cada arma feita, cada navio de guerra, cada foguete disparado significa, em última instância, um roubo aos famintos"[141]. Mas seu governo gastou mais de US$ 350 bilhões em defesa, ou 75 centavos de cada dólar do orçamento para fins militares[142]. Como o NSC 68 tinha dado prioridade aos gastos da segurança nacional, as promessas sociais e econômicas do New Deal continuamente passaram a ser esquecidas[143]. FDR afirmou que, após a guerra, deveriam ser sancionados os Direitos Econômicos porque "o lugar que corresponde aos Estados Unidos no mundo" dependia da implementação desses direitos para todos: "a menos que haja segurança aqui em casa, não pode haver paz duradoura

---

136. Grandin (2019).
137. Grandin (2019).
138. Stone & Kuznick (2012).
139. Grandin (2019).
140. https://www.americanrhetoric.com/speeches/dwightdeisenhowerfarewell.html
141. http://www.edchange.org/multicultural/speeches/ike_chance_for_peace.html
142. Hixson (2016).
143. Ambrose & Brinkley (1998).

no mundo"[144]. Truman, em 1949, com o *Fair Deal*, assegurou à população que os gastos de segurança não seriam em detrimento do seu nível de vida[145]. Kennedy foi eleito assegurando que os EUA poderiam acelerar a corrida armamentista, eliminar a pobreza e baixar impostos sem incorrer em déficits ou inflação[146]. Johnson apresentou seu ambicioso projeto da "Grande Sociedade".

Johnson admitiria depois que a guerra do Vietnã lhe custou seu projeto social[147]. Em 1968, os EUA gastaram US$300 mil por cada inimigo morto, enquanto destinava US$88 por pessoa em programas de combate à pobreza da Grande Sociedade[148]. Entre 1965 e 1973, US$ 15,5 bilhões foram gastos na Grande Sociedade e US$ 120 bilhões na Guerra do Vietnã[149]. Como afirmou Martin Luther King, a Grande Sociedade tinha sido "derrubada no campo de batalha do Vietnã". King condenou o expansionismo estadunidense, declarando que se baseava em "racismo, materialismo e militarismo". Para ele, as guerras fortaleciam os segregacionistas do Sul no Congresso, os quais condicionavam os recursos ao setor militar à redução de leis social progressivas. Para Grandin, "a nação foi fundada na ideia de que a expansão era necessária para alcançar e proteger o progresso social. Ao longo dos séculos, essa ideia foi concretizada, repetidamente, por meio da guerra"[150]. Quando King foi assassinado, soldados brancos no Vietnã ergueram as bandeiras dos confederados em comemoração e realizaram uma reunião da KKK com símbolos da supremacia branca.

Jimmy Carter tinha procurado recompor a herança do Vietnã declarando que "nunca mais nosso país deve envolver-se militarmente nos assuntos internos de outra nação"[151], jurando nunca repetir as "declarações falsas e às vezes mentiras descaradas" de seus antecessores para justificar o feito no Vietnã[152]. Por sua vez, colocou a defesa dos diretos humanos no centro do seu discurso diplomático, permitindo que o país deixasse para trás o fracasso bélico no Vietnã e recuperasse o lugar de liderança moral do mundo: "a América não inventou os direitos humanos. Em um sentido muito real, é o contrário. Os direitos humanos inventaram a

---

144. https://www.presidency.ucsb.edu/documents/state-the-union-message-congress
145. Dueck (2008).
146. Grandin (2019).
147. Stone & Kuznick (2012).
148. McNeese (2010).
149. Sanders (2007).
150. Grandin (2019).
151. https://history.state.gov/historicaldocuments/frus1977-80v01/d2
152. Stone & Kuznick (2012).

América"[153]. Ele afirmou que o país "ajudaria a formar um mundo justo e pacífico que seja verdadeiramente humano", admitindo que, ao propor que outros países "renunciem às armas nucleares, estamos pedindo uma forma de abnegação que não temos sido capazes de aceitar"[154]. Seu discurso reconheceu alguns limites, incluídos os do crescimento capitalista: no contexto de ascensão dos preços do petróleo, isso significou o controle do seu consumo.

Reagan o acusou de desejar a infelicidade do país, retomando o discurso de que "não há limites para o crescimento" dos EUA. Nesse ambiente de confiança recuperada, retomou a confrontação com a URSS, baseando-se em uma escalada armamentista. Reagan manteve o viés humanitário de Carter, mas, como explicou seu conselheiro de Segurança Nacional, Richard Allen, "a noção de direitos econômicos e sociais é uma distorção do significado original dos direitos humanos", os quais tratariam apenas de "vida, liberdade e propriedade"[155]. Assim, o projeto Guerras das Galáxias se combinou com o surgimento do neoliberalismo global e recuperou a legitimidade de atuar sem restrições. Seu sucessor, Bush, portanto, pôde intervir no Panamá com o maior envio de tropas desde o Vietnã e a despeito da Assembleia Geral da ONU e da OEA condenarem a invasão.

O objetivo de Reagan era, sobretudo, recompor a ordem global sob a liderança estadunidense[156]. A Guerra Fria tinha forçado os EUA à "hegemonia benigna" – não usar seu poder para privar os outros de seu direito de prosperar[157]. Para os EUA, a URSS era mais que uma ameaça militar, pois, defendendo um modelo autossuficiente e distinto do liberal, pregava também a não participação de terceiros atores na economia internacional liberal[158]. Uma das grandes preocupações era a perda relativa da supremacia econômica. A isso se somava a radicalidade social que questionava a superioridade do modelo ocidental diante do soviético. A subida do preço do petróleo havia mostrado uma inesperada fragilidade do país, que levaria a nação a redesenhar seu mapa geopolítico, focando no Oriente Médio, em particular após a revolução iraniana em 1979[159]. A dependência do petróleo trouxe à tona a questão da dependência dos recursos externos vinculados ao desenvolvimento industrial. Para Ambrose e Brinkley, "a América na década

---

153. https://www.pbs.org/newshour/spc/character/links/carter_speech.html
154. Stone & Kuznick (2012).
155. Grandin (2009).
156. Fiori (2004).
157. MacDonald (2014).
158. Atwood (2008).
159. Stone & Kuznick (2012).

de 1990 era mais rica e poderosa – e mais vulnerável – do que em qualquer outro momento de sua história"[160].

Já com a URSS à beira do colapso, Bush conseguiu liderar uma força internacional – agora com apoio da ONU e da sua população, que entenderam que era uma "guerra boa", na qual os estadunidenses mais uma vez agiram como libertadores de um povo vitimado[161]. A vitória militar inequívoca na Guerra do Iraque ascendeu uma onda de fervor patriótico. "Por Deus, finalmente chutamos a síndrome do Vietnã de uma vez por todas", disse Bush. "Demos à América uma vitória clara com poucas baixas em uma causa nobre", explicou o General Powell, "e o povo americano se apaixonou novamente por suas Forças Armadas". A população aplaudiu na frente de suas TVs enquanto assistia às "bombas inteligentes" de alta tecnologia pulverizando alvos iraquianos, resultado da revigoração do complexo militar-industrial, graças aos esforços prévios da gestão de Reagan[162]. Durante a preparação para a guerra, Bush proclamou que o conflito inauguraria uma nova ordem mundial de segurança coletiva sob a liderança dos EUA, esclarecendo que "continuaremos fortes para proteger a paz"[163].

Pax Americana, ao fim...

Calleo afirma que, ao final da Guerra Fria, se formou a terceira geração de líderes estadunidenses, os quais acreditaram, finalmente, que poderiam consolidar a visão unipolar do mundo[164]. Para Pfaff, foi o momento de perpetuação da Doutrina Monroe e da exteriorização do Destino Manifesto[165]. Segundo Kissinger, essa Ordem Mundial se diferenciaria da europeia, já que os EUA têm uma política externa moral; as europeias, por outro lado, estão baseadas no interesse nacional. Para ele, se os europeus intervêm em outros países para os colonizar, os EUA o fazem apenas por razões de segurança nacional, ou seja, para liberar o povo de líderes opressores. Assim, se em um Estado há repressão de liberdade, aos EUA a ideia de não intervenção torna-se até imoral[166].

Mandelbaum explica que a Guerra do Golfo marcou o fim da Guerra Fria, já que pela primeira vez, desde 1945, a URSS não se opôs a uma iniciativa inter-

---

160. Ambrose & Brinkley (2011)
161. Cohen (2005).
162. Hixson (2016).
163. https://avalon.law.yale.edu/20th_century/bush.asp
164. Calleo (2018).
165. Pfaff (2011).
166. Kissinger (2014).

nacional dos EUA[167]. O momento estabeleceu um padrão da política externa dos EUA até Trump. A característica principal foi a de deixar de se preocupar com o comportamento externo de outros países e com a forma como se organizavam domesticamente, tendo como objetivo último a transformação de suas condutas. Após 1993, afirma Cohen, os EUA estiveram livres para conduzir sua política externa missionária, já que não enfrentavam desafios sérios à sua segurança[168]. Para ele, a ciência, de posse de um gigantesco poderio militar e econômico em relação ao resto do mundo, fez sentir a concretização da previsão de Washington, que em 1796 declarou que os EUA, um dia, acumulariam a "a força de um gigante e não haverá ninguém que possa nos fazer temer"[169]. Nesse sentido, a demonstração do poder das armas no Iraque (1991) seria o equivalente das bombas atômicas em 1945: "estabelecer quem será o novo 'poder soberano' [...] agora sem que existisse nenhum outro"[170]. Com essa certeza, Madeleine Albright declarou: "Os EUA têm a responsabilidade inescapável de construir um mundo pacífico e acabar com as injustiças e condições abomináveis que ainda assolam a civilização", refletindo o DNA político e cultural nacional iniciado com sermão de John Winthrop[171]. Clinton alegou: "Nosso destino nacional depende de continuarmos a estender nossa mão" ao mundo. Esse momento, para Calleo, trouxe o retorno das fantasias de onipotência desaparecidas com a "lição do Vietnã"[172]. Warren Christopher, secretário de Estado em 1995, disse: "o imperativo da liderança americana [...] é a lição central deste século"[173]. Como disse Dick Cheney antes de invadir o Iraque: "acredito que seremos, de fato, saudados como libertadores".[174]

No entanto, Bill Clinton, primeiro presidente eleito após a Guerra Fria, indicou em seu discurso de posse que seu foco era a economia nacional. A política externa seria "uma estratégia de ampliação da comunidade mundial de democracias de mercado"[175]. Afirmou que "não há mais divisão entre o que é estrangeiro e o que é doméstico"[176], continuando a visão de globalização econômica antecipada

---

167. Mandelbaum (2016).
168. Cohen (2018).
169. http://www.nysl.nysed.gov/mssc/washington/farewell.htm
170. Fiori (2004).
171. Mandelbaum (2016).
172. Calleo (2018).
173. Dueck (2008).
174. https://www.theatlantic.com/politics/archive/2013/03/bush-administration-iraq-where-are-they-now/317216/
175. Mandelbaum (2016).
176. https://avalon.law.yale.edu/20th_century/clinton1.asp

por Bush (pai), quando indagou: "Quando converso com líderes estrangeiros sobre novos mercados para produtos americanos, estou falando de política externa ou interna?"[177]. Sem a URSS, Clinton fez da política externa um subconjunto de sua política econômica, colocando, segundo ele, "a competitividade econômica no centro de nossa política externa"[178]. Com Bush (pai), já se havia mostrado que os interesses econômicos limitariam a excepcionalidade ideológica. Após a repressão em 1989 na Praça Tiananmen, os EUA clamaram por sanções comerciais sobre a China. Bush buscou manter as relações sob o eixo geopolítico traçado por Nixon[179], que Carter não alterou, apesar de se colocar como defensor global dos direitos humanos. No marco da amenização da confrontação com a URSS de Gorbachev, Clinton pressionou a China por estar "do lado errado da história" nessa questão. Reconheceu, porém, que não havia poder para influir sobre a China; temendo perder o mercado chinês e pressionado por empresas, passou a ampliar o engajamento econômico. Como disse Lloyd Bentsen, secretário do Tesouro de Clinton, "uma das maneiras de promover os direitos humanos é encorajar a reforma do mercado e o comércio". Os EUA buscaram incentivar a entrada da China na OMC e concederam ao país o *status* de comércio mais favorecido. Mas Clinton não abandonou o discurso idealista, apenas o inverteu, afirmando que China mudaria pelo comércio[180].

O foco econômico não trouxe redução nos gastos e impostos militares. Já em 1992, vazou um rascunho do Planejamento de Defesa afirmando que se devia evitar o surgimento de quaisquer rivais que ameaçassem o poderio dos EUA, agindo sobre potências emergentes e preparando para guerras simultâneas. Para tanto, seriam necessárias equipes e equipamentos militares tão poderosos quanto os da Guerra Fria[181]. A reação negativa levou a uma reformulação, dando maior ênfase à cooperação e ao multilateralismo, mas deixando claro que, mesmo sem receber apoio, os EUA poderiam agir sozinhos[182]. A unipolaridade também marcou a relação com a ONU, um retorno à ideia original de que este fosse o instrumento de sua política externa. Albright, embaixadora na ONU, apresentou essa política como "multilateralismo assertivo", mas para o sucessor no cargo, Richard

---

177. Grandin (2019).

178. Cohen (2005).

179. "O que nos une", disse Richard Nixon aos líderes chineses em Pequim em 1972, "é o reconhecimento de nossa parte de que o que é importante não é a filosofia interna de uma nação" (Mandelbaum, 2016).

180. Mandelbaum (2016).

181. https://www.nytimes.com/1992/03/08/world/excerpts-from-pentagon-s-plan-prevent-the-reemergence-of-a-new-rival.html

182. Cohen (2018).

Holbrooke, isso só continuava o padrão iniciado por FDR de agir "multilateralmente quando possível, unilateralmente se necessário"[183].

A despeito do interesse da Rússia de integrar-se ao Ocidente, as boas relações só não duraram devido ao não cumprimento das promessas feitas em relação à unificação da Alemanha e a não expansão da OTAN na zona de influência ex-soviética. Kennan avisou que isto "seria o erro mais fatal da política externa americana em toda a era pós-Guerra Fria"[184]. Ieltsin alertou, em 1994, para o risco de uma "paz fria" na Europa após se negar a assinar a Parceria para a Paz. "É uma ilusão perigosa supor que os destinos dos continentes e da comunidade mundial em geral podem de alguma forma ser administrados a partir de uma única capital", advertiu Iéltsin. Clinton declarou que a expansão da OTAN "ajudaria a garantir os ganhos históricos da democracia"[185]. Mas Mandelbaum afirmou que "para a *Pax Americana* isso não fazia sentido, pois os países incorporados já haviam aderido à democracia"; o único país mais frágil era a Rússia, que não foi aceita, o que acabou desestimulando os russos em favor de um vínculo estreito com os EUA. Segundo ele, os russos aprenderam "que as promessas americanas não eram confiáveis; e que o Ocidente se aproveitaria de qualquer fraqueza russa"[186]. Putin abandonaria logo a aproximação com o Ocidente.

No entanto, a maior assertividade russa também se originou nas guerras dos Bálcãs, nas quais os EUA se envolveram, julgando-as resultado de sua conduta irresponsável e arrogante. As chamadas "intervenções humanitárias" foram parte dos esforços messiânicos dos EUA de transformar outros países. Sob pressão pública, Bush (pai) as iniciou em 1992 na Somália, quando enviou tropas para garantir alimentos à população. Não estabelecendo marcos e regramentos, a intervenção humanitária gerou suspeita em outros países, especialmente quando os EUA as implementaram na Bósnia e em Kosovo sem a aprovação da ONU. Para os russos, esses dois casos demonstraram que os EUA não respeitariam a ONU, na qual Moscou possuía poder de veto, e agiriam por meio da OTAN ou unilateralmente conforme seus próprios interesses[187]. "A realidade era que os americanos não temiam mais a Rússia"[188].

Mediante a ajuda humanitária na Somália, Albright percebeu um caso modelo para os EUA fazerem o bem por meio de uma ação multilateral, liderando a

---

183. Cohen (2005).
184. Mandelbaum (2016).
185. Cohen (2005).
186. Mandelbaum (2016).
187. Mandelbaum (2016).
188. Cohen (2005).

ONU na reconstrução de um "Estado falido"[189]. Quando ficou claro que as forças da ONU não eram suficientes, enviaram tropas. Segundo Mandelbaum, uma missão humanitária destinada a salvar vidas agora passava a provocar mortes locais, com a intensificação de ataques aéreos, similar ao que ocorrera no Haiti, onde, por meio de Albright, em 1994, a ONU autorizou uma coalizão para intervir[190]. Clinton sentiu-se pressionado por realizar intervenções humanitárias, diante das críticas recebidas por sua vacilante resposta à crise na Bósnia e inoperância sobre o genocídio em Ruanda. Isso se chamou "efeito CNN", vinculado à capacidade de pressão da mídia de forçar o governo a atender crises políticas e humanitárias[191]. Mas a sociedade não estava disposta a aceitar o preço econômico e humano. Ao ver soldados atacados, passava a pressionar pela retirada rápida, com grande frustração ao ver seu poderio militar enfrentado por senhores de guerra locais[192].

A sobrevivência de Saddam Hussein no Iraque, apesar dos ataques aéreos, gerou a sensação de que "a maior potência mundial parecia impotente para lidar com um ditador que governava um país do Terceiro Mundo com uma força militar deteriorada"[193]. O Irã ainda passou a ser visto como hostil, sendo rotulado de "fora da lei internacional" e acusado de apoiar os grupos terroristas Hamas e Hezbollah. Mas seu pedido a países aliados para que cortassem os empréstimos, investimentos e vendas de armas a Teerã não possuiu a resposta esperada. Os republicanos passaram a demandar intervenções e derrubadas de governos no que chamavam de *Rogue States*. A gestão internacional de Clinton foi duramente criticada por Bush (filho), o qual assegurou que ia lidar com os Estados desonestos, especialmente os suspeitos de desenvolver armas de destruição em massa[194]. Dueck afirma que Bush foi wilsoniano ao colocar o poder dos EUA para promover os valores, a democracia e os interesses do país pelo mundo, mas não o foi ao desvalorizar as instituições internacionais. Assim, aprofundou o unilateralismo[195]. Os EUA se retiraram do Protocolo de Kyoto de 1997 e rejeitaram o Tratado de Proibição de Testes Abrangentes, bem como os esforços para fortalecer a Convenção de Armas Biológicas e o Tribunal Penal Internacional[196]. Buscaram fortalecer Taiwan para sinalizar a China que não permitiria desafios à influência dos EUA

---

189. Cohen (2005).
190. Mandelbaum (2016).
191. Cohen (2018).
192. Mandelbaum (2016).
193. Cohen (2005).
194. Cohen (2005).
195. Dueck (2008).
196. Hixson (2016).

no Leste Asiático. Em relação à Rússia, buscaram expandir a OTAN aos países bálticos e descumpriu o tratado de mísseis antibalísticos.

A equipe que compôs o governo do Bush havia se reunido sob o *The Project for the New American Century*, em 1997. No seu documento *Rebuilding America's Defenses: Strategy*, apontava-se que o país não enfrentava nenhum rival, mas que sua "grande estratégia deve ter como objetivo preservar e estender essa posição vantajosa até o futuro possível", porque "em nenhum momento na história a ordem de segurança internacional tem sido tão conducente aos interesses e ideais americanos. O desafio para o próximo século era, assim, preservar e fortalecer a *Pax Americana*". Escrito em setembro de 2000, o documento alertava que essa transformação "será longa, a menos que surjam eventos catastróficos – como um novo Pearl Harbor"[197]. Os atentados do 11 de Setembro geraram um grande apoio interno para viabilizar essa estratégia[198].

Após os atentados, os EUA buscaram angariar apoio internacional, com a ONU condenando os ataques terroristas, a OTAN invocando sua cláusula de defesa mútua pela primeira vez, com Rússia e China expressando solidariedade. Mas Rumsfeld rejeitou a ideia de construir uma ampla coalizão e, sem consultar aliados, elaborou um plano de guerra unilateral, demonstrando "total indiferença às opiniões dos líderes ou públicos de outras nações"[199]. Em janeiro de 2002, Bush redirecionou a Guerra ao Terror à guerra contra o "Eixo do Mal", especificamente Iraque, Irã e Coreia do Norte, alertando que tais nações armazenavam e ofereciam armas de destruição em massa para os terroristas. Bush apresentou à imaginação política do país um novo sistema bipolar, com um "eixo do mal" terrorista, de um lado, e uma coalizão de virtuosos, do outro[200]. Aumentou drasticamente os gastos militares, e sua Estratégia de Segurança Nacional reforçou o papel de promover pela força os valores democráticos no mundo. Desde Wilson, argumenta Cohen, "nenhum presidente americano se comprometeu com a missão de reconstruir o mundo – e Wilson nunca imaginou que os EUA usariam suas forças militares unilateralmente"[201].

Bush achava que a população local receberia as tropas como libertadores e o novo governo democrático estabeleceria relações amistosas com Israel, bem como convidaria os EUA a usarem seu território como bases militares[202]. Mesmo com a

---

197. hhttp://www.newamericancentury.org/RebuildingAmericasDefenses.pdf
198. Stone & Kuznick (2012).
199. Cohen (2005).
200. Calleo (2018).
201. Cohen (2018).
202. Cohen (2005).

ONU não encontrando evidências de armamentos nucleares, e com Hussein aceitando as inspeções no Iraque[203], autorizou o ataque enquanto, "em todo o Oriente Médio, islâmicos – incluindo vários que condenaram os ataques da Al Qaeda nos EUA – conclamaram seus seguidores a lançar uma *jihad* para defender o Iraque", como aponta Cohen[204]. Bush declarou vitória em 1º de maio de 2003. Visando preparar o país para a democracia e a economia de mercado, Bush nomeou Paul Bremer, que, segundo Cohen, "se tornou o ditador de fato do Iraque". À medida que aumentavam as baixas estadunidenses, percebia-se que a situação no Iraque se assemelhava cada vez mais ao Vietnã, não surgindo nenhuma prova da presença de armas de destruição em massa. Em junho de 2004, os EUA transferiram o controle nominal do Iraque a um governo local. Com só 2% de apoio local, Cohen afirma que nesse momento o país percebeu "que a guerra no Iraque foi uma guerra de escolha, e não de necessidade"[205].

Bush afirmou que "o poder americano seria usado para refazer o mundo à imagem da América, um mundo de nações democráticas e amantes da paz"[206]. Em junho de 2002, abandonando a ideia de guerra por legítima defesa, Bush defendeu que os EUA deveriam agir para suprimir eventuais desafios: "Uma das lições importantes de 11 de setembro de 2001 é que nosso país deve enfrentar as ameaças acumuladas antes que se materializem, antes que voltem para nos assombrar. E foi isso que fizemos no Iraque"[207]. Haass sustenta que, apesar da presença da palavra "preempção" no documento de segurança nacional de 2002, na verdade o que se fez "em 2003 foi lançar uma ação preventiva, com o objetivo de impedir uma ameaça iminente", a qual não se considera legítima nas relações internacionais e não se qualificava ao Iraque[208]. Apreensivos, Irã e Coreia do Norte ampliaram seus programas nucleares e Putin reverteu seu apoio inicial aos EUA; com a pressão de Bush de incorporar Geórgia e Ucrânia à OTAN, deu uma resposta militar[209]. Aos finais do século, os EUA dobraram seus gastos militares, chegando a US$ 700 bilhões, expandindo seu papel como maior fornecedor mundial de armas, chegando em 2008 a 68% das vendas mundiais[210]. Apesar do fim da Guerra Fria,

---

203. Stone & Kuznick (2012).
204. Cohen (2018).
205. Cohen (2005).
206. Cohen (2005).
207. https://georgewbush-whitehouse.archives.gov/news/releases/2003/10/text/20031008-9.html
208. Haass (2017).
209. Cohen (2005).
210. Stone & Kuznick (2012).

os gastos com defesa americanos permaneceram significativos, e, segundo alguns cálculos, a Guerra do Iraque teria custado cerca de 2-3 trilhões de dólares[211].

Nas intervenções no Oriente Médio, Bush negou-se a tratar os prisioneiros de guerra no marco da Convenção de Genebra, alegando que afegãos e árabes eram "combatentes inimigos ilegais", e implementou o que chamou de "técnicas aprimoradas de interrogatório", que não seriam tortura e, portanto, permitidas[212]. Os presos foram enviados a algumas de suas bases, como a de Guantánamo. O contexto escancarou as contradições da história do país, já que nos EUA a tortura era ilegal[213]. O caso foi para a Suprema Corte em 2004, decidindo o tribunal que os detidos de Guantánamo poderiam buscar justiça em tribunais federais. A reaparição dos territórios não estados ressurgiu junto ao racismo que permeia a história dos EUA porque trouxe à tona a 14ª Emenda, que concedia cidadania a qualquer pessoa nascida nos EUA. Immerwahr observa que, assim, reapareceu a antiga pergunta colocada desde a Lei do Noroeste de 1787 – "quem eram os estadunidenses?" –, dado que não estava definido se a emenda se aplica aos territórios extracontinentais[214]. Grandin denuncia que torturas e massacres foram feitos contra os filipinos no início do século XX, com os coreanos na guerra em 1953 e no Vietnã. E também que o racismo contra os negros ressurgiu a partir de uma supremacia branca assertiva, com reaparição de símbolos vistos nas guerras do Oriente Médio, do Vietnã e usados pela KKK, o "império invisível", como é conhecido. No momento em que Wilson oferecia ao mundo a primeira *Pax Americana*, a KKK chegou a ter dois milhões de membros e, além de violência contra os negros, caracterizou-se por caçar e linchar mexicanos[215].

Diante do legado de Bush, Calleo destacou a grande esperança que era Barack Obama[216]. Na campanha, Obama criticou Bush pela intervenção no Iraque e pelos métodos de detenção e tortura[217]. No entanto, ele aprofundou a Guerra ao Terror advogando maior agressividade contra a al-Qaeda[218]. Assim, descumpriu sua promessa de ficar fora das guerras no Oriente Médio[219]. Nos dez primeiros meses, fez mais ataques de drones na região que Bush em oito anos. A quantidade de vítimas

---

211. Mandelbaum (2016).
212. Cohen (2005).
213. Grandin (2019).
214. Immerwahr (2019).
215. Grandin (2019).
216. Calleo (2018).
217. Johnson (2010).
218. Hixson (2016).
219. Mandelbaum (2016).

civis gerou crescentes questionamentos internacionais[220]. Ao receber o Nobel da Paz em 2009, ele explicou: "independentemente dos erros que cometemos, o fato é que os EUA contribuíram para garantir a segurança mundial por mais de seis décadas, com o sangue de nossos cidadãos e a força de nossas armas [...] não porque queremos impor nossas vontades [...] mas porque os instrumentos de guerra têm um papel a desempenhar na preservação da paz"[221].

Hillary Clinton havia afirmado, anunciando a vinda do "Século do Pacífico da América", que na Ásia-Pacífico era preciso que os EUA promovessem "uma segurança e arquitetura econômica mais maduras que promovam segurança, prosperidade e valores universais"[222]. No entanto, a economia chinesa foi mais dinâmica, o que iniciou um agravamento nas relações mútuas. Essa tendência se agravou após a grande crise financeira nos EUA em 2008, que levou a uma profunda recessão. Com efeitos globais e identificando causas fraudulentas em sua origem, abalou ainda mais a imagem do país e "diminuiu o apelo do modelo político e econômico americano"[223]. Para Mandelbaum, "a crise financeira que eclodiu em 15 de setembro de 2008 gerou um choque psicológico e político quase tão grande para os Estados Unidos – e maior para o resto do mundo – do que os ataques terroristas em Nova York e Washington, DC de quase exatamente sete anos antes"[224].

Haass afirma que a reputação dos EUA "como liderança global responsável sofreu um golpe adicional" pelas medidas que adotou frente à crise, buscando acelerar seu crescimento econômico aumentando fortemente "a oferta de moeda, com pouca ou nenhuma preocupação aparente com o resto do mundo"[225]. Ao mesmo tempo, internamente, a conexão com créditos hipotecários deixou muitas pessoas sem suas casas, enquanto bilhões de dólares se destinaram a salvar grandes financeiras responsáveis pela crise. A crise somou-se à tendência, desde os anos 1970, de uma crescente concentração da renda nos EUA. Segundo a Rand Corp., "a partir de 1975, a renda dos 90% da população mais pobres cresceu mais lentamente do que a economia como um todo, à medida que a renda dos 10% mais pobres cresceu mais rápido. Se os 90% mais pobres tivessem mantido o crescimento do PIB, eles teriam, coletivamente, gerado um adicional de US$ 2,5 trilhões em receitas em 2018"[226]. Essa tendência foi agravada após

---

220. Hixson (2016).
221. https://obamawhitehouse.archives.gov/the-press-office/remarks-president-acceptance-nobel-peace-prize
222. https://foreignpolicy.com/2011/10/11/americas-pacific-century/
223. Haass (2014).
224. Mandelbaum (2016).
225. Haass (2014).
226. https://www.rand.org/blog/2020/10/a-25-trillion-question-what-if-incomes-grew-like-gdp.html

2008: "estima-se que US$ 91 de cada US$ 100 do aumento de receita vão para o 1% do topo. Os 99% mais pobres dos assalariados dividem os 9% restantes em ganhos. Mas a maioria dos ganhos econômicos durante esse período fluiu para o 0,1% superior – o décimo superior de 1% – cuja renda real aumentou 236%. Os 20 bilionários mais ricos têm maior riqueza do que toda a metade inferior da população dos EUA"[227].

Surgiu um contexto social no qual um terço do país esperava uma nova guerra civil[228]. Keith Mines, do Departamento de Estado, deu 60% de chance de ocorrer porque o momento se parecia com o de 1859: "todo mundo está zangado com algo e todo mundo tem uma arma"[229]. Nesse marco de grande insatisfação social, Trump foi eleito prometendo que iria recuperar "o sonho americano". Afirmando fazer a "América Grande" de novo, ele abalou as estruturas externas com as quais os EUA se identificavam: multilateralismo, acordos de livre-comércio e instituições internacionais, envolvendo-se em uma crescente disputa global na qual rebaixou seus tradicionais aliados europeus, além de ter retirado os EUA do acordo climático de Paris, da Parceria Transpacífica, do acordo nuclear com o Irã, do Tratado de Forças Nucleares Intermediários, da Organização das Nações Unidas para a Educação e do Conselho de Direitos Humanos da ONU. Entrou ainda em um confronto comercial com China, a quem responsabilizou pela queda do emprego dos EUA.

Nessa disputa, também acusou o "vírus chinês" pelo impacto econômico de Covid-19 nos EUA, ampliando as tensões sociais e raciais que ele mesmo incitou com seus discursos supremacistas e nacionalistas. Enquanto na década de 1980 ocorreram cinco massacres, entre 2012-19 foram 65[230]. Com quase 700 presos por 100 mil habitantes, os EUA possuem 20% da população encarcerada do mundo, tendo quadruplicado nas últimas quatro décadas[231], sobretudo de negros[232]. A isso, vinculou-se a disparada de protestos raciais no meio da pandemia após o assassinato de George Floyd em maio de 2020, pela polícia, que gerou o movimento global *Black Lives Matter*. Chegando ao fim do mandato de Trump, meios como *Washington Post*, *New York Times* e *The Nation* viam a reeleição de Trump não só como uma ameaça à democracia, mas que o país não suportaria quatro

---

227. Collins (2018).
228. https://www.newsweek.com/second-civil-war-likely-one-third-americans-think-so-999254
229. https://foreignpolicy.com/2017/03/10/will-we-have-a-civil-war-a-sf-officer-turned-diplomat-estimates-chances-at-60-percent/
230. https://www.statista.com/statistics/811487/number-of-mass-shootings-in-the-us/
231. https://www.prisonpolicy.org/blog/2020/01/16/percent-incarcerated/
232. https://www.prisonpolicy.org/reports/pie2020.html

anos mais de seu governo[233]. Frente ao impacto que gerou a chegada de Trump ao país, Grandin questionou se ele representava um movimento totalmente alheio ao país ou se seria a saída à luz, do seu "lado escuro", usando intencionalmente o termo que Dick Cheney empregou para definir os pontos em que o governo Bush (filho) torturaria.[234]

As cenas finais do governo Trump, com a invasão ao Congresso, causaram grande impacto na imagem dos EUA e apontaram o presidente como o grande gerador da violência na sociedade estadunidense. Mas, para o senador Chris Murphy, "somos uma espécie violenta; este país foi banhado pela violência, organizado pela violência desde a nossa fundação"[235]. Segundo Vine, de 1774 a 2020, em apenas 33 anos os EUA não estiveram envolvidos em alguma luta fora do país[236]. No seu discurso de despedida da presidência, Trump repetiu a tradicional expressão inspirada em Winthrop, comum a seus antecessores, na qual os EUA são uma "luz para o mundo". É significativo, para alguém apontado como um grande difusor de *fake news*, que Trump não tenha mentido quando declarou em seu discurso final: "Estou especialmente orgulhoso de ser o primeiro presidente em décadas que não iniciou novas guerras"[237].

Conclusões: *Pela espada, buscamos a paz...*

O Grande Selo de 1629 da Colônia da Baía de Massachusetts mostra um nativo em expressão de paz com a inscrição "Venha e nos ajude", embora os nativos nunca tenham solicitado ajuda. Inicialmente, as relações dos nativos com os colonos foram pacíficas, mas uma década depois eclodiu uma guerra sangrenta, vencida pelos colonos sob mando do Capitão John Mason, que exclamou: "Assim, agradou a Deus ferir nossos inimigos e dar-nos sua terra por herança [...] o Senhor, como se quisesse dizer-nos: a Terra de Canaã te darei, embora haja poucos e estranhos nela". Hoje, há uma campanha para mudar essa imagem de "supremacia branca"[238].

No período da luta pela independência, o lema de Massachusetts passou a ser a frase em latim: *Ense petit placidam sub libertate quietem* (Pela espada, buscamos

---

233. https://www.washingtonpost.com/opinions/2020/09/17/american-democracy-cant-withstand-four-more-years-trump/
234. Grandin (2019).
235. https://time.com/5885735/chris-murphy-gun-violence-inside-us-book/
236. Vine (2020).
237. https://millercenter.org/the-presidency/presidential-speeches/january-19-2021-farewell-address
238. https://www.nbcboston.com/news/local/renewed-calls-to-change-the-massachusetts-state-flag/2160437/

a paz; mas a paz somente sob a liberdade). Em 1919, Wilson justificou a sua proposta de *Pax Americana* por meio da mensagem de que os EUA haviam sido criados por Deus "para mostrar às nações do mundo como andarão pelos caminhos da liberdade". Ele estava munido do folclórico mito, segundo o historiador militar Robert Leckie, de que o país é "a nação mais amante da paz do mundo"[239], como também afirmou Trump em seu discurso de despedida. Ambrose e Brinkley afirmam que esta foi a conduta do país até a 1GM, embora fosse "estranho que uma nação originada em meio à guerra, que tenha adquirido porções de seu território por meio da guerra, estabelecido sua revolução industrial e unidade nacional por meio de uma guerra civil sangrenta e ganhado um império colonial por meio da guerra, pudesse acreditar que ninguém lucrou com a guerra". Os autores afirmam, entretanto, que o pensamento mudaria com a 2GM[240].

A partir de 1945, "uma concepção do *Destino Manifesto* americano com validade universal foi considerada para justificar o uso arbitrário do poder para impor a vontade nacional", segundo Pfaff[241]. Bush (filho) expressou: "A América é uma nação com uma missão – e essa missão vem de nossas crenças mais básicas. Não temos desejo de dominar, nem ambições de império. Nosso objetivo é uma paz democrática – uma paz fundada na dignidade e nos direitos de cada homem e mulher"[242]. Similarmente, JFK havia dito que procurava "não uma *Pax Americana* imposta ao mundo pelas armas de guerra americanas [...] mas paz para todos os homens e mulheres – não apenas paz em nosso tempo, mas paz para sempre"[243].

Para Cohen, com o fim da URSS surgiu o momento de "paz mais profunda e penetrante que o mundo experimentou em séculos [...] uma paz que surgiu da ausência não apenas da guerra, mas da ameaça de guerra"[244]. Haass afirma que, em 1990, quando era assessor pessoal de Bush (pai), havia grande esperança de que "uma nova ordem mundial poderia emergir: uma nova era – mais livre da ameaça do terror, mais forte na busca pela justiça e mais segura na busca pela paz". Mas que, "25 anos depois, está claro que nenhuma nova ordem mundial benigna se materializou [...] é difícil argumentar que o que aconteceu com o fim da Guerra Fria e a derrota do Iraque constituiu uma virada histórica para melhor"[245]. Calleo

---

239. Loewen (1995).
240. Ambrose & Brinkley (1998).
241. Pfaff (2010).
242. https://www.washingtonpost.com/wp-srv/politics/transcripts/bushtext_012004.html
243. Stone & Kuznick (2012).
244. Cohen (2018).
245. Haass (2017).

alega que, "indiscutivelmente, em seu colapso, a União Soviética provou ser um perigo maior para o equilíbrio da América do que em seu auge"[246].

Andersen chama os EUA de "Terra da Fantasia", pois "foi criada por verdadeiros crentes e sonhadores apaixonados" onde "realidade e fantasia em forma bizarra e perigosa se embaraçam e misturam". Para ele, os colonos viram o Novo Mundo como um lugar imaginário, onde começaram "um sonho febril, um mito, uma ilusão feliz, uma fantasia"[247]. Loewen a considera uma visão fantasiosa, que denomina de "versão Disney" da história, na qual o país é apresentado como parte de um jogo de moralidade em que age em nome dos direitos humanos e da democracia. Referindo-se às relações externas dos EUA, rotula o país de "o bom menino internacional" porque é autorretratado como um "ator idealista, respondendo generosamente aos problemas sociais e econômicos de outras nações", e que, apesar de agir de forma errada, os "motivos são sempre bons"[248]. Neibhur denuncia que essa forma de se ver como "a nação mais inocente do planeta" é uma ironia, já que "não poderíamos ser virtuosos [...] se fôssemos tão inocentes quanto fingimos ser"[249].

Kagan afirma que havia um "sonho americano" original, que consistiu em o indivíduo deixar de ser assalariado para virar dono de terras[250]. A escolha do nativo no Grande Selo de 1629 reflete, para Belding Brown, um aparente interesse missionário de conversão, que a história não comprova, cujo propósito era atrair o investidor inglês, aparentando "um esforço cristão digno, com óbvios benefícios econômicos. Se os nativos pudessem ser 'ajudados', sendo convertidos ao cristianismo e integrados à sociedade inglesa, então suas terras e recursos viriam com eles"[251]. Grandin argumenta que Andrew Jackson, o símbolo dessa democracia, fez da violência dos colonos uma política nacional. À época, Quincy Adams alertou que essa política seria "a última agonia de um povo que encontraria resistência natural" de suas "últimas lutas convulsivas do seu desespero"[252]. Immerwahr observa que a negação de incorporar "todo o México" revelou o limite racial desse "sonho". Assim, o país demonstrou que o país seria a soma dos Estados Unidos e de seus "territórios", conforme a Lei Noroeste. Ao chegar à

---

246. Calleo (2018).
247. Andersen (2017).
248. Loewen (1995).
249. Neibhur (2008).
250. Kagan (2006).
251. https://amybeldingbrown.wordpress.com/tag/seal-of-massachusetts-bay-colony/
252. Grandin (2019).

fronteira do etnicamente incorporável no início do século XX, "Estados Unidos" se fecham e a "América" inicia sua projeção global[253].

Com o fim da Guerra Fria, os EUA viram, ao fim, a oportunidade para a *Pax Americana*. Segundo Clinton, o primeiro presidente dessa nova era, a maior democracia do mundo iria liderar um mundo inteiro de democracias para criar um mundo de paz e liberdade. A proposta era auxiliar outros países a serem livres e democráticos e, assim, criar um mundo pacífico. Como explica o jornalista Thomas L. Friedman, ao descrever o elemento-chave da estratégia no alargamento da OTAN: "Nunca antes dois países que possuíam McDonald's lutaram uma guerra entre eles"[254]. Nesse sentido, McKinley afirmou que a "missão dos Estados Unidos é de assimilação benevolente". Surgiu, então, "uma versão internacionalizada do sonho americano: todas as nações e povos possuíam a capacidade inerente de avançar para os estágios mais elevados da civilização caso possuíssem a liberdade e a oportunidade de fazê-lo"[255]. Em 1990, os EUA definiram que sua política deveria "promover as metas de democratização e autogoverno", voltando a uma linguagem "tão antiga quanto a Lei do Noroeste, a fim de desenvolver uma estratégia que o próprio Bush chamou de uma 'nova ordem mundial'"[256].

Obama afirmou que parte da genialidade da América sempre foi sua capacidade de absorver os recém-chegados. Para ele, não existia "uma América negra e uma América branca; uma América latina e uma América asiática"[257]. Anos antes, no entanto, Malcolm X apontou: "eu vejo a América através dos olhos da vítima do sistema americano [...] Não vejo nenhum sonho americano; eu vejo um pesadelo americano"[258]. Kastor denuncia que os EUA exercem seu poder sobre outros países em nome da democracia, mas na verdade o faz à custa da democracia[259]. Segundo o ativista e pacifista David Swanson, nesse período "os militares dos Estados Unidos mataram ou ajudaram a matar cerca de 20 milhões de pessoas, derrubaram pelo menos 36 governos, interferiram em pelo menos 85 eleições estrangeiras, tentaram assassinar mais de 50 líderes estrangeiros e jogaram bom-

---

253. Immerwahr (2019).
254. Jones (2008).
255. Kagan (2006).
256. Kastor (2010).
257. https://www.nytimes.com/2004/07/27/politics/campaign/barack-obamas-remarks-to-the-democratic-national.html
258. https://medium.com/@kalondamulamba/malcolm-x-speaks-i-am-not-an-american-we-are-nothing-but-africans-a407341dba1d
259. Kastor (2010).

bas em pessoas de mais de 30 países"²⁶⁰. Desde 1945, as Forças Armadas dos EUA foram enviadas ao exterior para conflitos ou potenciais conflitos em 211 oportunidades, em 67 países distintos²⁶¹. Desde 1992, o país empregou suas forças armadas em mais de 250 vezes no globo²⁶². Em 2014, o secretário de Estado John Kerry não conseguiu compreender se as operações militares contra o Estado Islâmico significavam que o país estava em guerra ou não, já que, como explica Timothy McGrath²⁶³, dependendo da definição, os EUA estariam envolvidos em nenhuma ou em 134 guerras²⁶⁴. Bacevich afirmou que o país, em 2017, disputava sete guerras, mas com a população tão habituada e desinteressada, "a indiferença coletiva à guerra tornou-se um emblema da América contemporânea"²⁶⁵. Algumas dessas guerras já duram décadas, pelo que o país já se acostumou com elas; segundo o senador Lindsey Graham, são "sem fim, sem fronteiras, sem limitação de tempo ou geografia"²⁶⁶.

Neihbur observa que "somos atraídos para a guerra por considerações de interesse nacional que dificilmente ousávamos confessar a nós mesmos"²⁶⁷. Theodore Roosevelt afirmou que "não é verdade que os Estados Unidos possuem fome de terra ou tenham quaisquer projetos em relação às outras nações do Hemisfério Ocidental, exceto aqueles que visam ao seu bem-estar. Tudo o que este país deseja é ver os países vizinhos estáveis, ordeiros e prósperos"²⁶⁸. Em Cuba, Leonard Wood, responsável por aplicar esse Corolário Roosevelt, explicou: "Quando as pessoas me perguntam o que quero dizer com governo estável, digo a elas: 'Dinheiro a seis por cento'"²⁶⁹. Nessa visão, na época em que Wilson conduziu a *Pax Americana* em Versalhes, era o presidente dos EUA com mais intervenções militares, mas as fazia apenas para "ensinar as repúblicas latino-americanas a eleger bons homens!"²⁷⁰. Hillary Clinton expressou que "a América é boa" e que "as

---

260. https://davidswanson.org/warlist/
261. Immerwahr (2019).
262. https://fas.org/sgp/crs/natsec/R42738.pdf
263. https://www.pri.org/stories/2014-09-16/us-now-involved-134-wars-or-none-depending-your-definition-war
264. Formalmente, os EUA só declararam guerra em cinco ocasiões: a Guerra de 1812, a Guerra com México (1846), a Guerra com Espanha (1898), a Primeira Guerra Mundial (1917) e a Segunda Guerra Mundial (1941). Envolvimentos não declarados se calculam mais de cem.
265. https://tomdispatch.com/andrew-bacevich-how-we-learned-not-to-care-about-america-s-wars/
266. Grandin (2019).
267. Neihbur (2008).
268. https://www.ourdocuments.gov/doc.php?flash=false&doc=56&page=transcript
269. Immerwahr (2019).
270. Loewen (1995).

pessoas ao redor do mundo olham para nós e seguem nossa liderança". Mas as pesquisas dos últimos anos revelam que os EUA são vistos como a maior ameaça global na maior parte dos países[271].

Carter relatou: "não queremos ser os policiais do mundo; mas a América quer ser o pacificador mundial"[272]. Sendo "a única potência nuclear a ter usado uma arma nuclear", Obama entende que "os Estados Unidos têm a responsabilidade moral de agir" pela paz mundial[273]. Buscando a paz no Vietnã, Lyndon Johnson expressou: "Não queremos nada para nós mesmos – apenas que o povo do Vietnã do Sul tenha permissão para guiar seu próprio país à sua maneira", mas isso significava não haver "uma base militar para nenhum outro país"[274]. Assim, dos 191 Estados que compõem as Nações Unidas, os EUA têm bases militares em 140 deles[275]. A paz eterna sonhada por JFK dependia de que "os Estados Unidos tenham a vitalidade, a inspiração e a força"[276]. Dessa forma, o caminho da *Pax Americana* acaba sendo o anunciado por Kant na Paz Perpétua: "através da conquista do mundo".

Biden concluiu seu discurso inaugural expressando "Que Deus abençoe a América e que Deus proteja nossas tropas". Como candidato, repetiu diversas vezes essa expressão. Bacevich observou que ele nunca explicou o "que as tropas dos EUA estavam fazendo atualmente ou por que precisavam da proteção de Deus". Biden havia declarado que a "América devia liderar novamente o mundo"[277], e Bacevich vincula essa posição ao consenso no país da conveniência da "liderança global americana" e da "fantasia do ilimitado poder americano"[278]. Embora Biden tenha prometido terminar com "as guerras eternas", no mês em que assumiu a presidência lançou ataque aéreo na Síria. Em 1992, por ocasião do escândalo pelo documento vazado do Pentágono propondo o enorme orçamento militar para que os EUA passassem a dominar unipolar e eternamente o mundo, Biden, na

---

271. https://www.pewresearch.org/fact-tank/2019/02/14/more-people-around-the-world-see-u-s-power-and-influence-as-a-major-threat-to-their-country/; https://www.pewresearch.org/fact-tank/2017/08/01/u-s-power-and-influence-increasingly-seen-as-threat-in-other-countries/; https://www.huffpost.com/entry/greatest-threat-world-peace-country_n_4531824
272. https://www.jimmycarterlibrary.gov/assets/documents/speeches/su79jec.phtml
273. https://obamawhitehouse.archives.gov/the-press-office/remarks-president-barack-obama-prague-delivered
274. https://wwnorton.com/college/history/archive/reader/trial/directory/1959_1970/06_ch34_05.htm
275. Atwood (2010).
276. https://www.presidency.ucsb.edu/documents/speech-senator-john-f-kennedy-convention-hall-philadelphia-pa
277. https://www.foreignaffairs.com/articles/united-states/2020-01-23/why-america-must-lead-again
278. https://www.foreignaffairs.com/articles/united-states/2020-09-18/endless-fantasy-american-power

época senador, acusou que expressava a "velha noção dos Estados Unidos como o policial do mundo"[279]. Biden concluiu que isso era a *Pax Americana*...

Referências

AMBROSE, S.; BRINKLEY, D. G. *Rise to Globalism: American Foreign Policy since 1938*. London: Penguin Books, 2011.

ANDERSEN, K. *FantasyLand. How American Went Haywire. A 500 year history*. NewYork: Random House, 2017.

ATWOOD, P. L. *War and Empire: The American Way of Life*. London: Pluto Press, 2010.

CALLEO, D. P. *Follies of Power: America's Unipolar Fantasy*. New York: Cambridge University Press, 2018.

COHEN, W. I. *A Nation Like All Others*.New York: Columbia University Press, 2018.

_____ *Inequality in America Irreversible?*Cambridge: Polity Press, 2018.

DUECK, C. *Reluctant crusaders: Power, culture, and change in American grand strategy*. New Jersey: Princeton University Press, 2008.

FIORI, J.L. O poder global dos Estados Unidos: formação, expansão e limites. In: _____. (Org.). *O Poder Americano*. Petrópolis: EditoraVozes, 2004.

GRANDIN, G. *The end of the myth: from the frontier to the border wall in the mind of America*.NewYork: Henry Holt and Company, 2019.

HERRING, G. C. *The American Century and Beyond. U.S. Foreign Relations, 1893-2015*. New York: Oxford University Press, 2017.

HIXSON, W. L. *American foreign relations: A new diplomatic history*. Nova York: Routledge, 2016.

IMMERWAHR, D. *How to Hide an Empire: a history of the Great United States*.NewYork: Farrar, Straus and Giroux, 2019.

JOHNSON, C. *Dismantling the Empire: America's Last Best Hope*. New York: Metropolitan Books Henry Holt and Company, 2013.

JONES, H. *Crucible of Power: A History of American Foreign Relations from 1897*. London: Rowman & Littlefield Publishers, 2008.

KAGAN, R. *Dangerous Nation*.New York: Alfred A. Knopf, 2006.

KANE, J. Democracy and world peace: The Kantian dilemma of United States foreign policy. *Australian Journal of International Affairs*, vol. 66, n. 3, p. 292-312, 2012.

KANT, I. *Para a Paz Perpétua*. Galiza: Instituto Galego de Estudos de Segurança Internacional e da Paz, 2006.

---

279. Stone &Kuznick (2012).

KASTOR, P. J. *America's Struggle with Empire: A documentary history*. Washington, D.C: CQ Press, 2010.

KISSINGER, H. *World Order*. London: Penguin Books, 2014.

LIND, M. *The American way of strategy: U.S Foreign Policy and the American Way of Life*. London: Oxford University Press, 2006.

LOEWEN, J. *Lies My Teacher Told Me: Everything your American History Textbook Got Wrong*. New York: Simon & Schuster, 1996.

MacDONALD, J. *When Globalization Fails*. New York: Farrar, Straus and Giroux, 2014.

MANDELBAUM, M. *Mission Failure: America And The World in the Post-Cold War Era*. London: Oxford University Press, 2016.

McNEESE, T. *Discovering U.S. History*. New York: Chelsea House Infobase Publishing, 2010.

NIEHBUHR, R. *The irony of American History*.Chicago: The University Chicago Press, 2008.

PFAFF, W. *The Irony of Manifest Destiny*. New York: Walker & Company, 2010.

PIERCE, A. R. *Woodrow Wilson and Harry Truman: Mission and power in American Foreign Policy*.London: Greenwood Publishing Group, 2003.

STONE, O.; KUZNICK, P. *The Untold History of The United States*. New York: Gallery Books, 2012.

THOMPSON, J. A. *A Sense of Power*. New York: Cornell University Press, 2018.

VINE, D. *Base Nation: How US military bases abroad harm America and the world*. New York: Metropolitan Books, 2015.

SANDERS, V. *Civil Rights in the USA 1945-68*. London: Hodder Education, 2008.

A Guerra do Golfo e a "Paz Liberal" de 1991

Hélio Caetano Farias

> Falei sobre as bênçãos de Deus à nação norte-americana: prosperidade no presente, liberdade no passado e igualdade no futuro. Por algum motivo, porém, Deus não concedera essas bênçãos a todas as pessoas em todos os lugares. Observei o quanto os norte-americanos pareciam cientes dessa distribuição pouco equitativa da graça divina. [...] Talvez bênçãos universais não possam ser consideradas verdadeiras bênçãos.
>
> Immanuel Wallerstein (2002, p. 19)

Trinta anos depois e a Guerra Golfo (1990-1991) ainda suscita reflexões a respeito de seus impactos na ordem internacional pós-Guerra Fria. Apesar da euforia proporcionada pela extraordinária vitória militar das forças da coalizão liderada pelos EUA, suas consequências éticas e políticas são fontes de controvérsias. Da noção de missão punitiva à que se referiu Zibnew Brzezinski[1], àquela de guerra justa, como atribuiu Norberto Bobbio[2], imperava o denominador comum de que se tratava de um evento novo, de uma guerra que poderia elevar os mecanismos de segurança coletiva e a defesa de princípios humanitários universais à condição de prioridade estratégica dos Estados nacionais, especialmente dos EUA.

Nos meses que antecederam a Guerra do Golfo, um esperançoso consenso entre os países-membros do Conselho de Segurança da ONU reativava o antigo sonho de que medidas coercitivas, incluindo o uso da força armada, como

---

1. Cf. Brzezinski (1990; 1997).
2. No mesmo dia em que se encerrava o ultimato ao Iraque, em 15 de janeiro de 1991, Norberto Bobbio afirmava a um jornal Italiano, *Piemonte*, que "não dá margem a dúvidas: é uma guerra justa porque baseada no princípio fundamental do direito internacional que é o que justifica a legítima defesa" (Bobbio, 1998, p. 227). Sua declaração causou grande controvérsia e foi objeto de vários debates, resultando inclusive na publicação do livro *Uma guerra justa?*

previstas no Capítulo VII da Carta da ONU[3], seriam efetivamente tomadas com o propósito de consolidar um sistema de segurança internacional, lastreado nas premissas da racionalidade europeia e do multilateralismo. Depois de uma série de resoluções condenando o Iraque, em 29 de novembro de 1990, a partir da Resolução 678, abriu-se o caminho para a intervenção armada[4].

Sob liderança dos EUA, a guerra seria uma resposta conjunta a um ato de agressão à soberania de um Estado. Nesse sentido, uma ação justa que asseguraria o cumprimento dos princípios prescritos no direito internacional. Simultaneamente ao alargamento das pressões contra o Iraque, floresciam referências às dimensões éticas e morais da guerra. Diversas lideranças, sobretudo as dos EUA, preconizavam a intervenção militar como uma medida necessária à contenção de atrocidades[5], afinal "isso não é, como diria Saddam Hussein, os Estados Unidos contra o Iraque. É o Iraque contra o mundo"[6], como discursou o presidente dos EUA, George H. Bush (1989-1993), em 11 de setembro de 1990.

O entusiasmo político e os debates sobre as virtudes do multilateralismo que precedem a guerra, contudo, não foram os mesmos com o cessar-fogo. Poucos dias após a intervenção, o amplo consenso sobre a necessidade de defender princípios humanitários nas situações de agressão estatal se dissolvia. Em seu lugar, a morosidade e o relativo descaso político internacional ante as brutais retaliações que o mesmo governo de Saddam Hussein lançava contra os povos curdos e xiitas, no norte e sul do Iraque, respectivamente.

Síntese da assimetria e das contradições de uma era que se iniciava, a Guerra do Golfo não se distanciava, em termos bélicos, de outros grandes conflitos da história política do século XX. A superioridade militar e o consenso político que sustentavam as forças da coalizão não reduziram a dinâmica conflitiva do sistema

---

3. Como descrito na Carta de São Francisco, o Cap.VII, "Ação relativa a ameaças à paz, ruptura da paz e atos de agressão", especifica em seu artigo 43 que "Todos os Membros das Nações Unidas, a fim de contribuir para a manutenção da paz e da segurança internacionais, se comprometem a proporcionar ao Conselho de Segurança, a seu pedido e de conformidade com o acordo ou acordos especiais, forças armadas, assistência e facilidades, inclusive direitos de passagem, necessários à manutenção da paz e da segurança internacionais" (ONU, 1945).

4. Cf. Keegan (2004) e Patriota (2010).

5. O próprio Norberto Bobbio (1999), nos debates que se seguiram sobre a qualificação de justa para a Guerra do Golfo, afirmara em um texto que "renunciar à força em certos casos não significa colocar a força fora do jogo, mas unicamente favorecer a força do prepotente", para em outro concluir o raciocínio "queria mostrar que a guerra, terminado o *ultimatum*, fora uma escolha trágica, mas que a tragédia, na nação iraquiana, há muito tempo começara" (Bobbio, 1999, p. 230).

6. No original: "*this is not, as Saddam Hussein would have it, the United States against Iraq. It is Iraq against the world*". A tradução desta citação e das seguintes é de responsabilidade do autor deste capítulo.

internacional, tampouco evitaram que novos conflitos se alastrassem pelo próprio Oriente Médio. A excepcionalidade da Guerra do Golfo, como sustenta Fiori[7], decorreu do fato de adicionar, ao contexto de retomada da hegemonia política, militar e econômica dos EUA, uma capacidade praticamente unilateral de definir os fundamentos éticos à ordem internacional que emergia.

Este capítulo está dividido em três partes, além desta breve introdução e das considerações finais. Na primeira, discorre-se a respeito das características geográficas do Golfo Pérsico e sua dimensão geopolítica vital às questões de segurança internacional e à política externa dos EUA. Na segunda parte, destacam-se os sentidos político e militar da Guerra do Golfo. E, por fim, na terceira parte, discute-se a relação entre guerra e paz na ordem liberal internacional dos anos 90. As considerações finais recuperam os principais pontos abordados, concluindo que as expectativas de paz e estabilidade hegemônica da ordem liberal internacional estavam, tal qual o deus Janus, inexoravelmente ligadas à sua contraface, isto é, ao exercício contínuo da guerra.

Antecedentes geopolíticos e dimensão vital do Golfo Pérsico aos interesses dos EUA e à segurança internacional

Ponto de conexão territorial entre os continentes africano, asiático e europeu, o Oriente Médio apresenta a singular característica geográfica de ser banhado por cinco grandes mares: Cáspio, Negro, Mediterrâneo, Vermelho e Golfo Pérsico. Tanto pelos acessos marítimos quanto pela condição de *carrefour* terrestre, a região sempre ocupou posição estratégica diante das ambições de projeção de poder das potências externas. Entre as bordas do *Heartland* de Halford Mackinder[8] e o núcleo do *Rimland* de Nicholas Spykman[9], a região demarca uma imensa zona de fratura geopolítica, ponto de embate histórico entre diferentes impérios e potências expansivas. No contexto dos Estados territoriais modernos do século XX, Saul Cohen utiliza o termo *shatterbelt* para salientar as regiões, a exemplo do Oriente Médio, que são marcadas por divisões políticas internas e por complexos jogos de interesses externos. Nelas, as disputas fronteiriças e a competição geopolítica regional suplantam a cooperação entre os Estados[10].

---

7. Fiori (2018a).
8. Mackinder (1919).
9. Spykman (1942).
10. Cohen (2015) ressalta que Arábia Saudita, Egito, Irã, Israel, Síria, Turquia – e Iraque (anterior à Guerra do Golfo) – se destacam como centros de poder importantes, porém, na dinâmica regional predomina o baixo grau de cooperação.

Com uma área geográfica bem demarcada do Oriente Médio, o Golfo Pérsico[11] é fonte de preocupação geopolítica às potências ocidentais desde pelo menos o período de expansão do império britânico. No auge do imperialismo europeu, entre o final do século XIX e início do XX, mais do que uma área vital aos fluxos entre o Reino Unido e a Índia, os territórios do Golfo Pérsico estavam imersos nas disputas da chamada Questão Oriental. Diante do processo de fragmentação do Império Turco-Otomano, erguia-se uma intensa competição geopolítica entre Reino Unido, França, Alemanha e Rússia pela administração e controle dos Estados recém-criados[12].

Durante a Guerra Fria, embora os EUA tivessem firmado o Pacto de Bagdá em 1955, os focos prioritários das disputas de poder global estavam concentrados na Europa e no nordeste da Ásia. Somente entre as décadas de 1970 e 1980, os EUA ampliaram sua posição geoestratégica na região do Oriente Médio, sobrepujando a então proeminência francesa e britânica nos assuntos de segurança e defesa[13]. Intensificava-se, assim, uma parceria que remonta à década de 40, como bem demonstraram Sidaway[14] e Nunes[15] ao salientarem os nexos entre a presença de forças militares e a expansão de empresas de petróleo norte-americanas em diversos países da região, especialmente na Arábia Saudita[16].

O *status* de grande produtora e reserva global de petróleo relacionava o Golfo às demandas estratégicas das potências ocidentais. As preocupações dos países industrializados com as vulnerabilidades energéticas cresceram fortemente durante os anos 1970. Conjuncturas econômicas e geopolíticas tornavam-se indissociáveis; as tentativas de regulação dos preços do petróleo pela OPEP e as crises de abastecimento de 1973 e 1979 levaram, por exemplo, à linguagem jornalística expressões até então dominantes somente nas análises estratégicas, como arca de

---

11. Situado entre a Península da Arábia e o Irã, as águas do golfo banham os seguintes países: Omã, Emirados Árabes Unidos, Catar, Bahrein, Arábia Saudita, Kuwait, Iraque e Irã. Trata-se de uma região geográfica com uma das maiores reservas de petróleo do mundo.

12. Cleveland & Bunton (2009).

13. Para se ter uma noção do tardio processo de formação e independência política dos Estados no Golfo Pérsico, o Reino Unido governou o Kuwait até 1961, o Iêmen até 1968, e o Bahrein, o Catar e os Emirados Árabes Unidos até 1971 (Cleveland & Bunton, 2009).

14. Sidaway (1998).

15. Nunes (2020).

16. Em 1943, ainda no contexto da Segunda Guerra Mundial, o presidente dos EUA, Franklin Roosevelt (1933-1945), autorizou as concessões de empréstimos especiais, na modalidade *Lend-Lease*, à Arábia Saudita. O presidente foi claro ao declarar que a Arábia Saudita era vital à defesa dos EUA (Nunes, 2020, p. 230).

crise, linhas de abastecimento, *choke points*[17]. De tabuleiro secundário no início da Guerra Fria, a região reforçou a posição de área vital à garantia dos interesses das potências, sobretudos dos EUA. A Revolução Iraniana (1979), a invasão soviética no Afeganistão (1979-1989) e a Guerra Irã-Iraque (1980-1988) só reforçaram essa tendência geoestratégica.

As crises dos anos 70 e 80 fragilizavam ainda mais as estruturas sociais e políticas já fragmentadas dos Estados no Oriente Médio, ampliando os riscos de instabilidade política e ameaçando os interesses geopolíticos dos EUA. Tanto a Revolução Iraniana (1979) quanto a Guerra Afegã-Soviética (1979-1989) desvelaram as limitadas das capacidades de influência das potências ocidentais. O Oriente Médio abrigava Estados-chave, pivôs geopolíticos, capazes de alterar o equilíbrio de poder entre as potências globais antagônicas. Segundo Brzezinski[18], a região seria uma frente estratégica basilar à projeção de poder da URSS; e os EUA deveriam, de acordo com o autor, apresentar respostas aos desafios, posicionando-se, em termos geoestratégicos, como árbitro final das principais decisões referentes às crises e conflitos.

A centralidade do petróleo aos fluxos econômicos e financeiros globais justaposta às revoluções locais e as ambições soviéticas no Oriente Médio reforçavam a leitura da geopolítica como referência elementar à política externa dos EUA[19]. No início dos anos 80, após a escalada soviética no Afeganistão, o então presidente dos EUA, Jimmy Carter (1977-1981), fez a opção estratégica de ampliar presença do país no Golfo Pérsico. Em um discurso bastante enfático[20], delineou de maneira clara aquilo que passaria a ser a tônica da política externa e de segurança dos EUA, a denominada Doutrina Carter: "[...] qualquer tentativa de uma força externa de obter o controle da região do Golfo Pérsico será considerada um ataque aos interesses vitais dos Estados Unidos da América, e tal ataque será repelido por todos os meios necessários, incluindo a força militar"[21].

O entendimento de que a demanda soviética por petróleo seria crescente, pressionando a realização de acordos de cooperação ou mesmo conflitos, levou à decisão político-estratégica de aumentar a presença dos EUA no Oriente Médio,

---

17. Sidaway (1998).
18. Brzezinski (1997).
19. Cf. Brzezinski (1997), Sidaway (1998), Kissinger (1999) e Anderson (2015).
20. Realizado em 23 de janeiro de 1980 para o Congresso dos EUA.
21. "*An attempt by any outside force to gain control of the Persian Gulf region will be regarded as an assault on the vital interests of the United States of America, and such an assault will be repelled by any means necessary, including military force*" (Carter, 1980).

reforçando suas posições militares. Segundo Sidaway,[22] foi o primeiro grande compromisso de envio de tropas norte-americanas para uma região da Eurásia, desde a Guerra do Vietnã. Ampliaram-se as parceiras comerciais e militares com diversos Estados aliados: Arábia Saudita, Omã, Turquia e Paquistão. A base marítima de Diego Garcia, no Oceano Índico, teve seus continentes militares ampliados.

Além dos vínculos militares, Metri[23] demonstrou como, nos anos 70, a diplomacia dos EUA teve papel crucial na associação entre uma estratégia de fortalecimento do dólar, como moeda de curso internacional após as rupturas dos acordos de Bretton Woods (1971 e 1973), e as garantias de manutenção dos fluxos de petróleo, sobretudo os da Arábia Saudita, aos países demandantes e parceiros globais. Diversos acordos foram firmados visando assegurar que as cotações e transações do petróleo fossem negociadas em dólar – em contrapartida, uma aliança político-estratégica entre EUA e Arábia Saudita[24]. As singulares características geográficas da região e os riscos geopolíticos de expansão soviética ou iraniana fomentaram a presença política e militar norte-americana. Com a deflagração da Guerra Irã-Iraque, no início dos anos 1980, os EUA tornaram-se um importante parceiro do Iraque, fornecendo-lhes ajuda econômica, informações de inteligência militar, helicópteros e material bélico, notadamente as controversas armas, químicas e biológicas, de destruição em massa[25].

Esse breve retorno a alguns momentos do século XX sinalizam que as razões históricas, éticas ou geopolíticas que incitaram a participação dos EUA na Guerra Golfo (1990-1991) extrapolam os acontecimentos do início dos anos 90. Ao reiterado interesse geopolítico norte-americano na região, juntava-se um movimento de afirmação da hegemonia. Nas palavras do Presidente George Bush (1989-1990), a crise no Golfo representava um momento único e uma rara oportunidade para promoção da cooperação internacional, pois naqueles tempos difíceis uma nova ordem mundial poderia emergir "uma nova era – mais livre da ameaça do terror, mais forte na busca pela justiça e mais segura na busca pela paz"[26]. Assim, a guerra simbolizaria o início de uma nova ordem. Das ruínas da bipolaridade, emergiria o autoatribuído papel – político, militar e ético – dos EUA de revigorar normas internacionais a serviço da paz, da prosperidade e da estabilidade globais, especialmente no *shatterbelt* do Oriente Médio.

---

22. Sidaway (1998).
23. Metri (2017).
24. Nunes (2020).
25. Cf. Sidaway (1998) e Keegan (2004).
26. "[...] *a new world order can emerge: a new era –freer from the threat of terror, stronger in the pursuit of justice, and more secure in the quest for peace*" (Bush, 1990).

A Guerra do Golfo: superioridade bélica e consenso internacional

Os retilíneos contornos cartográficos das fronteiras do Kuwait se assemelham a um tipo de enclave geopolítico em que o governo local se associa às potências externas para preservar sua existência. Uma inferência geopolítica que, no entanto, corrobora a história de formação do reino e seu regime dinástico, enquanto província do Império Turco-Otomano entre 1752 e 1899 e protetorado formal do Reino Unido entre 1913-1961[27]. Quando Saddam Hussein autorizou suas tropas a invadirem o Kuwait, em agosto de 1990, denominou as terras do país como a sua 19º província. Além da incorporação de imensas reservas de petróleo, o Iraque, reivindicando territórios sob antiga influência otomana[28], conquistava acesso estratégico aos portos do Golfo Pérsico.

Nas conturbadas tensões geopolíticas da região, a Guerra Irã-Iraque (1980-1988) resultou em um forte endividamento iraquiano no início dos anos 90. Ancorada na disputa territorial pelo controle de Shatt al-Arab[29], o Iraque lançou, em setembro de 1980, uma série de ataques-surpresa contra as bases aéreas, campos petrolíferos e refinarias no entorno de Abadã, no Cuzistão, sudoeste do Irã.[30] Os iranianos, por sua vez, retaliavam bombardeando as instalações em Basra, o mais estratégico canal para exportações iraquianas[31]. Somavam-se a essas disputas territoriais, as desavenças religiosas perante os impactos da Revolução Iraniana de 1979, bem como a inserção dos países no mercado internacional de petróleo, influenciando na oferta e na determinação dos preços internacionais[32].

---

27. Cleveland & Bunton (2009).

28. Na época do Império Turco-Otomano, a região que hoje formam os estados do Iraque e Kuwait era dividida em três *vilayets*, ou províncias administrativas. Ao norte, tendo como cidade referência Mosul; no centro, Bagdá; e, ao Sul, Basra. O território do atual Kuwait integrava a antiga província otomana de Basra, que atualmente forma o Estado do Iraque. Kuwait se desmembrou de Basra em 1899 ao firmar acordos de proteção com o Reino Unido. O Kuwait, porém, permaneceu subordinado ao Império Turco-Otomano. Em 1913, o Kuwait se transformou em protetorado britânico (Keegan, 2004).

29. Com acesso ao Golfo Pérsico, a região era considerada vital às exportações de petróleo do Iraque por ser a única via de acesso do país ao mar. Para o Irã, Shatt al-Arab representava uma via de acesso importante ao escoamento da refinaria de Abadã, no sudoeste do país (Keegan, 2004; Nunes, 2020).

30. Na avaliação de Keegan (2004), o Iraque buscava repetir o êxito de Israel na Guerra dos Seis Dias, em 1967, quando por meio de ataques surpresa coordenados conseguiu destruir as forças aéreas do Egito, da Jordânia e da Síria.

31. Cf. Keegan (2004) e Nunes (2020).

32. Nunes (2020) demonstrou como a Arábia Saudita desempenhou papel central na década de 1980 nos preços internacionais do petróleo, com a redução da oferta regional em virtude da guerra Irã-Iraque; os sauditas ampliaram sua produção para além do teto "regulador" estabelecido pela OPEP e ampliaram sua posição de fornecedor global de petróleo.

No rastro dessa longa disputa, o Iraque teve parte considerável de sua infraestrutura de produção e de escoamento de petróleo danificada, em especial na região de Shatt al-Arab, impedindo, assim, o acesso às rotas marítimas. Os iraquianos ficaram dependentes das vias terrestres, dos oleodutos de Kirkuk-Ceyhan, passando pela Turquia, e de Kirkut-Baniyas, que atravessava a Síria[33]. Tais razões reduziram a capacidade de exportação do Iraque, mas os preços internacionais do petróleo não aumentaram, o que ampliou as dificuldades financeiras do país. As produções estrategicamente "excedentes" da Arábia Saudita e do Kuwait contribuíram para a queda dos preços internacionais do petróleo. Com um endividamento elevado em virtude dos custos da guerra e com sua infraestrutura comprometida, o Iraque chegou ao final da década de 80 com uma situação econômica bastante comprometida. Se em 1980 a cotação do barril de petróleo *brent* estava na ordem de 40 dólares, no início dos anos 1990, antes da Guerra do Golfo, o barril estava na ordem de 20 dólares[34].

Ao longo do ano de 1990, os iraquianos pressionavam tanto a Arábia Saudita quanto o Kuwait a perdoarem suas dívidas. Além disso, acusavam o Kuwait de ampliar suas produções e ultrapassar as cotas estabelecidas pela OPEP. Nessa escalada, Saddam Hussein alegava que o Kuwait utilizava os campos de petróleo de Rumaila, na fronteira iraquiana, e que a Arábia Saudita cobrava por dívidas já pagas. Em 2 de agosto de 1990, Saddam Hussein ordenou que suas Forças Armadas ocupassem o Kuwait. Em pouco tempo, as tropas iraquianas controlavam o país e se posicionavam ao longo da fronteira com a Arábia Saudita. A expansão territorial iraquiana, em direção ao Golfo Pérsico, e as ameaças de apropriação dos campos no nordeste da Arábia Saudita, se consolidadas, transformariam o país em uma das maiores reservas globais do petróleo[35].

O expansionismo iraquiano, porém, fez eclodir uma crise internacional de largas proporções. Não demorou mais do que um dia para que a ONU, mediante o Conselho de Segurança, formulasse a Resolução 660, condenando o ato de agressão e exigindo imediata saída das forças de ocupação[36]. Nos dias subsequentes, a ONU aprovou, mediante a Resolução 661, a imposição de um embargo comercial ao regime iraquiano[37]. Como resposta, em 8 de agosto, o Iraque declarava a anexação formal do Kuwait. Em 25 de agosto, uma nova Resolução, a

---

33. Nunes (2020).
34. Para a consulta de séries históricas do preço do petróleo, ver: <https://tradingeconomics.com/commodity/brent-crude-oil>.
35. Cf. Keegan (2004) e Lacquement Jr. (2020).
36. A Resolução 660 estava apoiada nos artigos 39 e 40 da Carta das Nações Unidas (Patriota, 2010).
37. Resolução 661, de 6 de agosto de 1990 (Patriota, 2010).

665, impunha um bloqueio naval ao país. Um mês depois, em 25 de setembro, a Resolução 670 solicitava que todos os Estados-membros da ONU restringissem os voos ao Iraque, bem como impedissem o fluxo dos navios que violassem as sanções estabelecidas[38].

A disposição beligerante de Saddam Hussein elevava os riscos de que o conflito se alastrasse para outros países. Os EUA enviaram militares para as fronteiras da Arábia Saudita visando impedir um possível ataque. A percepção de ameaça geopolítica era de tal ordem que os EUA estavam preparados para travarem uma guerra sozinhos, caso os esforços para a formação da coalizão não lograssem sucesso[39]. Por isso, o país deslocou meses antes ao ataque significativos contingentes militares e equipamentos. Como assinalou Henry Kissinger[40], os outros países até poderiam influenciar as ações dos EUA "juntando-se ao que era, na realidade, uma iniciativa americana; mas eles não podiam evitar os riscos do conflito, vetando-a".

A partir de cidade de King Khalid, na Arábia Saudita, um comando militar liderado pelos EUA foi formado e estabeleceu uma linha de defesa ao longo das fronteiras sauditas com o Iraque e o Kuwait. No dia 8 de agosto de 1990, isto é, somente cinco dias após o ato de agressão iraquiano, dava-se início a denominada Operação Escudo do Deserto, uma ação militar que visava impedir o avanço iraquiano e que planejava os ataques aos pontos estratégicos, caso o Iraque se recusasse a cumprir as determinações da ONU[41].

Enquanto a tensão crescia nas fronteiras do Kuwait, do Iraque e da Arábia Saudita, os debates políticos buscavam ampliar o suporte à guerra como um recurso necessário à imposição da ordem, ao fortalecimento dos mecanismos de segurança coletiva e à defesa de princípios humanitários contra atos de agressão. No plano da política internacional, as resoluções da ONU assinalavam os apoios dos Estados[42]. Nos EUA, os debates internos se intensificavam.

---

38. Cf. Keegan (2004) e Patriota (2010).
39. Brzezinski (1997), Kissinger (1999) e Lacquement Jr. (2020).
40. Kissinger (1999, p. 267).
41. Formada inicialmente pelo XVIII *Airborne Corps* – um agrupamento do Exército dos EUA projetado para rápida mobilidade e implantação em qualquer lugar do mundo –, a Operação recebeu militares do VII Exército dos EUA, alocado na Alemanha (Lacquement Jr., 2020).
42. Como exemplo, a representação brasileira na ONU não hesitava em considerar um cristalino "ato iraquiano de agressão". De acordo com Patriota (2020, p. 37), o Iraque "confrontou o Conselho de Segurança com uma crise internacional cuja inserção no contexto do Capítulo VII era incontroversa: ato de agressão, ruptura da paz, recurso à força contra a integridade territorial e independência política de um Estado membro das Nações Unidas em desrespeito a princípio basilar da Carta (artigo 2.4)".

Ainda no mês de outubro de 1990, entre as nebulosas ações que separam a cobertura midiática, os interesses corporativos e os discursos políticos, uma adolescente de 15 anos, Nayirah al Sabah, fez um emocionado depoimento à Comissão de Direitos Humanos do Congresso dos EUA. Nayirah al Sabah foi apresentada como uma refugiada kuwaitiana que, ao sair das fronteiras de seu país, recebeu prontamente ajuda na Arábia Saudita, de onde saiu para aterrissar nos EUA. Com a invasão iraquiana, Nayirah contou que começou a trabalhar como voluntária em um hospital infantil, Al-Addan, na cidade de Hadiya. Sua fala era um registro vivo das brutalidades: soldados iraquianos estavam invadindo os hospitais para retirar os bebês das incubadoras; tropas que, ao saírem de vilas e cidades, incendiavam estabelecimentos e casas. Além de repercutir em emissoras de TV, como a CNN e a ABC, o contundente relato de Nayirah foi citado por pelo menos sete senadores em seus discursos de apoio à entrada dos EUA na Guerra. O próprio presidente, George Bush, evocou o depoimento. Nos argumentos defendendo a urgência de uma intervenção militar, as atrocidades cometidas no Iraque eram comparadas às situações da Segunda Guerra Mundial, e Saddam Hussein representava um Hitler renascido. Embora dramático, os fatos indicaram que a história de Nayirah era falsa. Seu testemunho, porém, contribuiu seriamente para distorcer o debate público sobre a participação dos EUA no conflito[43].

O testemunho de Nayrah certamente não alterou o curso da guerra, mas foi funcional à inclusão da dimensão humanitária aos debates sobre a intervenção militar. Como assevera Sidaway, na construção político-midiática antecedendo a intervenção militar, o Iraque foi um claro exemplo da idealização do outro, a materialização da antítese do ideal de Estado territorial moderno. O Iraque foi responsabilizado sozinho pelo ato de agressão à soberania do Kuwait[44]. Saddam Hussein, por sua vez, foi demonizado. Nessa construção, a complexa história social, política e geopolítica da região era marginalizada. Assim, qualquer forma

---

43. Dez meses após o cessar-fogo, o jornal New York Times, por exemplo, fez um editorial, assinado por John MacArthur, em que esclarecia a farsa. Nayirah não era um adolescente comum do Kuwait, mas a filha do embaixador do país nos EUA, Saud Nasir al-Sabah. Ela nunca havia sido voluntária no Hospital Al-Addan, mas apenas visitado. A história dos soldados retirando os bebês das incubadoras, visando acabar com as novas gerações, era uma invenção. Nayirah fez seu depoimento com base em uma "propaganda política" elaborada pela empresa de relações públicas Hill e Knowlton a pedido do CFK (*Citizens for a Free Kuwait*). (MacArthur, 1992, p. 17).

44. No argumento de Sidaway (1998, p. 225), a responsabilização do Iraque ante a invasão do Kuwait é, em grande medida, parte da construção do Outro, da lógica do orientalismo formulada por Edward Said, que trata os não ocidentais como diferentes e inferiores. Com princípios pautados na universalidade dos direitos humanos, seria difícil os EUA e as demais potências ocidentais ignorarem que outros Estados, incluindo aliados dos ocidentais, também invadem ou ocupam ilegalmente territórios adjacentes, como os casos da Israel e Turquia.

de responsabilidade e cumplicidade dos EUA ou potências europeias era relativizada, para não dizer esquecida. Nem seria preciso retornar à questão do imperialismo europeu e sua influência no desenho das fronteiras dos Estados atuais, mas apenas relembrar a participação dos EUA no fornecimento de informações e suporte militar ao regime de Saddam Hussein no contexto da Guerra Irã-Iraque nos anos 80[45].

Em 29 de novembro de 1990, o Conselho de Segurança autorizou, mediante a Resolução 678[46], o uso da força contra o Iraque, caso o país se recusasse a sair do Kuwait até o dia 15 de janeiro de 1991. O processo de isolamento do Iraque chegava ao ápice e o caminho para a intervenção armada encontrava respaldo internacional. Com a proximidade do prazo final, os EUA recrudesciam suas posições. Mais soldados eram enviados para a fronteira iraquiana, cerca de 540 mil norte-americanos, e a rede de apoio se ampliava, com uma coalizão que incluía tropas de Arábia Saudita, Egito, França e Reino Unido. No início de janeiro de 1991, aproximadamente 700 mil militares já estavam no Golfo Pérsico[47].

Em 9 de janeiro de 1991, o presidente George H. Bush encaminhou uma carta ao Presidente Saddam Hussein, preocupado com o potencial uso de armas químicas e biológicas contra as tropas norte-americanas no Kuwait[48]. Nela, Bush ressaltava a necessidade de cumprimento da Resolução 678 do Conselho de Segurança da ONU. Para reforçar o cerco, afirmava diretamente que não toleraria o uso das armas químicas por parte de Saddam Hussein. Caso fizesse, seria considerado um ato terrorista e "[...] *você e seu país pagarão um preço terrível se você ordenar*

---

45. Nessa linha, para Sidaway (1998), as ações iraquianas contra o Irã não estariam, do ponto de vista moral ou humanitário, tão distantes do que ocorreu com a invasão do Kuwait, ou mesmo da repressão interna à população curda no norte do país. O autor também relatava o "constrangimento" das tropas norte-americanas ao capturarem soldados iraquianos e notarem os armamentos produzidos nos EUA.

46. Esta resolução incluía "a exigência de retirada incondicional das forças iraquianas pela Resolução 60, de 2 de agosto, com base nos Artigos 39 e 40; invocação do direito à autodefesa individual e coletiva assegurado pelo Artigo 51, e aplicação de embargo de armas e sanções econômicas permitidos pelo Artigo 41 – na Resolução 661, de 6 de agosto; admissão do uso da força para garantir a vigência do regime de sanções, pela Resolução 665, de 25 de agosto; exame do impacto negativo causado pelas sanções em países terceiros consoante o Artigo 50, pela Resolução 669, de 24 de setembro; ampliação do regime de sanções a partir da interrupção mandatória do tráfego aéreo com o Iraque e Kuwait ocupado, na linha das possibilidades oferecidas pelo Artigo 41, pela Resolução 670, de 25 de setembro"(Patriota, 2010, p. 37-38).

47. Lacquement Jr. (2020).

48. Segundo Robert Art (2003, p. 49), Bush estava preocupado que o Iraque repetisse a estratégia de uso de armas químicas que fez com o Irã, durante a década de 1980.

atos inescrupulosos desse tipo"[49]. A situação do Iraque era complicada, mais de 100 países integravam o bloco daqueles que estabeleceram sanções, 28 integravam diretamente as forças militares que atuariam contra o país. De acordo com Robert Art[50], a ameaça de Bush haveria funcionado, e as informações colhidas após a Guerra do Golfo indicam que Saddam Hussein foi convencido de que o uso de armas químicas no Kuwait, contra as tropas norte-americanas, seria retaliado com o uso de armas nucleares.

As lideranças políticas internacionais, notadamente diplomatas norte-americanos e soviéticos, não conseguiram fazer com que as forças de Saddam Hussein saíssem do Kuwait[51]. Com essa recusa, em 16 de janeiro, a coalizão formada por 27 países e liderada pelos Estados Unidos deu início à ofensiva[52]. Com a alcunha de Operação Tempestade no Deserto, a intervenção foi dividida em quatro fases. Na primeira, as forças da coalizão fizeram uma intensa campanha aérea a partir de caças das gerações "F-15" e "F-16", de bombardeiros estratégicos "B-52" e "F-117", de mísseis de cruzeiro "Tomahawk" e de baterias antiaéreas "Patriot". O objetivo era destruir os sistemas de defesa aérea e de comunicação do Iraque. Em seguida, as forças da coalizão atacaram centros de pesquisa e desenvolvimento de armas químicas, biológicas e nucleares, fábricas de material bélico, refinarias de petróleo, bem como parte fundamental da infraestrutura de transporte, como estradas, pontes, estações de trem, e de estocagem de material, como pátios, depósitos, unidades militares e repartições governamentais[53].

Nas duas fases seguintes, os ataques foram concentrados nas posições do Iraque no Kuwait, destruindo equipamentos e impedindo a comunicação e o abastecimento[54]. Na quarta fase, em meados de fevereiro, as forças terrestres da coalizão, com um efetivo de mais de 1.800 carros de combate M1A1 Abrams, avançaram

---

49. "[...] *you and your country will pay a terrible price if you order unconscionable acts of this sort"* (Bush, 1991).

50. Art (2003).

51. Cf. Patriota (2010) e Lacquement Jr. (2020). A iminente derrocada da URSS propiciou, de acordo com Patriota (2010), uma dinâmica particularmente cooperativa entre Washington e Moscou. As negociações tiveram êxito para a libertação de reféns sob domínio das forças iraquianas.

52. Além dos países citados, a coalizão contava com o suporte militar ou fornecimento de tropas de 27 países, de praticamente todos os continentes: da América (Argentina e Canadá); da Ásia (Afeganistão, Bahrein, Bangladesh, Catar, Emirados Árabes Unidos, Oman, Paquistão, Síria, Turquia); da Europa (Alemanha, Bélgica, Checoslováquia, Dinamarca, Espanha, Grécia, Holanda, Hungria, Itália, Noruega, Polônia, Portugal,); da África (Egito, Marrocos, Níger e Senegal); e da Oceania (Austrália e Nova Zelândia) (Englehardt, 1991).

53. Cf. Englehardt (1999) e Keegan (2004).

54. Keegan (2004).

contra as tropas iraquianas no Kuwait e sul do Iraque[55]. Em pouco mais de dez dias em solo, as forças blindadas avançaram cerca de 200 km, penetrando em território iraquiano e destruindo suas reservas de carros de combate blindados. As imagens da Rodovia 8 e Rodovia 80 captaram parte da enorme devastação[56].

Do ponto de vista do planejamento e emprego da força, a Guerra do Golfo desencadeou uma série novidades à estratégia militar dos EUA. Houve a confirmação no terreno de que as armas com alta tecnologia, combinadas com inovações doutrinárias, trouxeram vantagens estratégicas difíceis de ser acompanhadas por Estados rivais. Além disso, constatou-se que era possível formar uma coalizão militar efetiva para atuar em conflitos regionais. As operações militares conjuntas e multinacionais demonstraram efetividade. Em termos doutrinários, a interoperabilidade entre as Forças, as tecnologias empregadas e o papel do poder aéreo nos "bombardeios cirúrgicos" deram demonstrações concretas daquilo que se convencionou chamar de "Revolução nos Assuntos Militares" (RAM). A cooperação entre as forças militares foi um importante marco, foi o teste mais significativo para as forças conjuntas, uma experiência-chave para o fortalecimento da autoridade do Chefe Conjunto[57] sobre os comandantes individuais das forças[58]. Assim, a Guerra Golfo serviu como um efeito-demonstração das tecnologias, das inovações doutrinárias e das capacidades militares norte-americanas.

Como atesta a Diretiva de Segurança Nacional 54[59], o acesso ao petróleo do Golfo Pérsico e a segurança de países aliados dos EUA na região eram considerados vitais à segurança nacional dos EUA. Os principais objetivos políticos traçados pelo governo dos EUA eram: a retirada imediata, completa e incondicional de todas as tropas iraquianas do Kuwait; a restauração de um governo legítimo no

---

55. Lacquement Jr. (2020).

56. As imagens dos veículos iraquianos encurralados, bombardeados e destruídos ao longo das Rodovia 8 e da Rodovia 80 produziram grande impacto; foram cerca de 2.500 carros de combate, em sua maioria tanques T-54, T-55, T-72 e T-74 de origem soviética. Consultar imagens: http://www.evidence.org.kw/search.php?page=4100_Highway-of-Death&search=highway+of+death&mode=12. Acesso em: jan. 2021.

57. Collin Powell era o general que chefiava o Estado-Maior Conjunto das Forças Armadas dos EUA. De acordo com Lacquement (2020), a liderança de Powell foi fundamental na coordenação estratégicas das operações. O planejamento e execução de operações conjuntas, ampliando a interoperabilidade, criaram uma série de vantagens às forças norte-americanas. Onze anos depois, o presidente George W. Bush (2001-2009) o escolheu para ser o Secretário de Estado dos EUA (2001-2005).

58. Lacquement Jr. (2020).

59. Documento datado de 15 de janeiro de 1991, classificado como *Top Secret* (USA, 1991). Foi desclassificado em 6 de maio de 1999. Acesso por meio do site George H. W. Bush Presidential Library & Museum (https://bush41library.tamu.edu/files/nsd/nsd54.pdf).

Kuwait, resgatando sua soberania; a proteção de cidadãos norte-americanos na região; e a promoção da segurança e estabilidade no Golfo Pérsico[60].

Quando o presidente dos EUA, George Bush, em 28 de fevereiro de 1991, anunciou o cessar-fogo, as forças iraquianas estavam completamente colapsadas. A superioridade bélica, tecnológica e doutrinária das forças de coalizão permitiu chegar a um saldo ao final do confronto que, de acordo com Patriota (2010, p. 46), gerou 200 baixas, ao passo que as mortes iraquianas foram estimadas em números que oscilam entre 50.000 e 150.000. Além disso, um quarto da capacidade de geração de energia elétrica do país havia sido destruída, outra grande parte estava fortemente comprometida[61]. O saldo para o Iraque era de destruição física, endividamento econômico e quase inanição.

Em nome da paz e da prosperidade: uma guerra contínua

O aumento da crise internacional no Golfo Pérsico acontecia quase que sincronicamente a outros eventos de forte impacto geopolítico na dinâmica e na estrutura do sistema internacional, como as manifestações na Praça da Paz Celestial (*Tiananmen*), na China, a queda do Muro de Berlim e, progressivamente, a derrocada das experiências socialistas na Europa Central, culminando na dissolução da URSS. Em aproximadamente dois anos, entre 1989 e 1991, os riscos de confronto entre as potências e os cálculos estratégicos para manutenção das zonas de influência, tão característicos da Guerra Fria, deixavam de ser predominantes.

Kissinger[62] lembra que a euforia nos círculos políticos e acadêmicos norte-americanos com o colapso da URSS alimentava a esperança de que uma nova ordem internacional emergiria, marcada pelo império da lei e sustentada por princípios e valores humanos que levariam a um período inédito de paz e estabilidade. O próprio autor, porém, alertava que, antes que uma ordem internacional pudesse ser construída, seria preciso lidar com os escombros da Guerra Fria.

---

60. Na Diretiva, os quatro principais objetivos seriam alcançados pelas forças dos EUA e da Coalizão, mediante: defender a Arábia Saudita e demais membros do *Gulf Cooperation Council* (GCC), composto por Bahrein, Catar, Emirados Árabes Unidos e Omã, além do Kuwait e da própria Arábia Saudita; impedir que o Iraque lançasse mísseis balísticos contra os Estados vizinhos aliados dos EUA; destruir o estoque de armas químicas, biológicas e nuclear iraquianas; destruir as capacidades militares de comando, controle e comunicação do Iraque; eliminar a Guarda Republicana Iraquiana como uma força efetiva de combate; e conduzir operações no Kuwait que eliminassem a vontade das forças iraquianas, desencorajando o uso de armas químicas, biológicas e nucleares, e que estimulassem a deserção de soldados iraquianos, enfraquecendo o apoio popular ao regime de Saddam Hussein (USA, 1991, p. 2).

61. Keegan (2004).

62. Kissinger (2014).

A breve Guerra do Golfo (1990-1991) foi o primeiro grande desafio internacional desse período de transição. Os EUA atuavam para reafirmar sua hegemonia global e evitar que um vácuo de liderança aparecesse em algumas regiões. Coerente com os prognósticos da Doutrina Carter sobre a importância do Golfo Pérsico, o governo Bush fez a opção pela intervenção armada[63]. Com uma coalizão de dispostos[64] e respaldada pelo Conselho de Segurança da ONU, a retaliação ao Iraque foi a primeira grande demonstração de uso da força sob o signo da segurança coletiva, mas efetivamente pensada e operada pelos EUA.

Na afirmação de Bobbio, "era legítimo prever o início de um período de paz estável".[65] Para um analista político, como Samuel Huntington, não haveria nenhuma incongruência nisso, pois a posição de primazia internacional conquistada pelos EUA permitiria a construção de uma ordem internacional mais segura, democrática e próspera. Essa ordem estaria calcada na identidade nacional dos EUA, a única potência que teria em suas raízes históricas um conjunto de valores políticos e econômicos de caráter universal.[66] Desdobrando esse argumento, as intervenções armadas, com ou sem suporte de coalizões, serviriam para solucionar ou gerenciar conflitos locais e regionais, pois nenhum outro país teria condições de contribuir com a presença política e militar.

Seja qual for, na Guerra do Golfo (1990-1991), a coalizão, comandada sem a bandeira da ONU, seguiu o planejamento militar gestado pelo Conselho de Segurança Nacional e pelo Estado-Maior do Exército dos EUA[67]. Com efeito, a expectativa de uma nova ordem assentada nas referências do multilateralismo desfazia-se no curso rotineiro dos acontecimentos. Kissinger não hesitou em afirmar que a ONU ratificou as ações dos EUA, e não o contrário. A segurança coletiva foi "invocada como justificativa da liderança americana, não como um substituto dela".[68] A guerra, como ato de força do exercício da hegemonia norte-americana,

---

63. Interessante notar as considerações de Brzezinki (1990) nos debates que antecederam a intervenção militar dos EUA. Antigo conselheiro de Defesa e um dos formuladores da Doutrina Carter, Brzezinski se posicionava contrário à necessidade da guerra. Em sua visão, uma estratégia de pressão permanente da coalizão internacional geraria um efeito de dissuasão punitiva. Os riscos da destruição do Iraque eram elevados e poderiam gerar um efeito caótico nos países dos vizinhos, incluindo o Irã. Para ele, as ilusões de uma solução militar a um problema complexo poderiam gerar uma permanência de crise e instabilidade no Oriente Médio.
64. Do termo inglês *coalitions of the willing*, a que se referem Patriota (2010) e Kissinger (2015), ao comentarem sobre as coalizões internacionais *ad hoc* formadas para lidar com crises específicas.
65. Bobbio (1999, p. 226).
66. Huntington (1993).
67. Patriota (2010).
68. Kissinger (1999, p. 267).

trazia o objetivo subjacente de "ordenar um superpoder soberano capaz de redesenhar o 'justo e injusto' e assentar os fundamentos da nova ética"[69], que precederia o ordenamento político da nova ordem internacional.

Nem o fim Guerra Fria, tampouco a breve Guerra do Golfo (1990-1991), foram marcados por um grande evento político, um Tratado de Paz, que celebrasse a vitória entre os aliados e estabelecesse as condições de um período de paz. Sem as análogas conferências e tratados – Westfalia (1648), Viena (1814-1815), Versalhes (1919) e São Francisco (1945) –, a nova ordem internacional, referência constante nos discursos de George Bush (1989-1993), não foi consumada em nenhum plano internacional, ou mesmo lista de "14 pontos" wilsonianos, que salientasse o papel dos EUA ou o peso que a cooperação internacional exerceria nas decisões futuras sobre a paz e a guerra.[70] Com ou sem consenso internacional, a condição de potência hegemônica era a garantia, paradoxal, de que princípios justos e universais poderiam ser impostos em prol de uma ordem internacional mais democrática, próspera e harmônica. Bush afirmava em seu discurso:

> Um mundo antes dividido em dois campos armados agora reconhece uma única e proeminente potência, os Estados Unidos da América. E eles consideram isso sem pavor. O mundo confia em nosso poder, e o mundo está certo. Eles confiam que seremos justos e moderados. Eles acreditam que estamos do lado da decência. Eles confiam em nós para fazer o que é certo[71].

Huntington, analisando a ordem emergente, considerava que a manutenção da primazia internacional deveria ser bússola estratégica dos EUA. Se o legado da Guerra Fria fez com que o país conquistasse a posição de única grande potência, mantê-la nas próximas décadas seria, porém, um desafio. Por isso, a necessidade

---

69. Fiori (2018a, p. 18).
70. Sobre este assunto, por exemplo, Patriota (2010) chega a comentar que a Reunião de Cúpula do Conselho de Segurança, em janeiro de 1992, poderia ser vista como o primeiro grande encontro multilateral após a dupla vitória norte-americana, Guerra Fria e Guerra do Golfo, mas os representantes dos EUA pouco informaram suas intenções políticas futuras. Kissinger (2015) atribuiu as hesitações dos EUA ao contexto eleitoral. A derrota de Bush, porém, não afastou as questões externas do centro da política norte-americana. No período de Bush (1989-1993), a política externa dos EUA passaria de "uma política da contenção" para uma do "engajamento ativo". Com Clinton (1993-2001), o engajamento virou "ampliação" e a prioridade da política seria de expandir a comunidade de Estados com "democracias baseadas em economia de mercados" (Kissinger, 2015, p. 317).
71. "A world once divided into two armed camps now recognizes one sole and preeminent power, the United States of America. And they regard this with no dread. For the world trusts us with power, and the world is right. They trust us to be fair and restrained. They trust us to be on the side of decency. They trust us to do what's right" (Bush, 1992, s/p).

de resgatar uma leitura histórica sobre a estrutura e a dinâmica de competição geopolítica entre as nações. Desde as contribuições de Tucídides, esclarecia Huntington, entende-se que a potência hegemônica exerce papel central no ordenamento do sistema internacional[72].

Seria equivocado pressupor que a ausência de grandes potências rivais, dado o colapso da URSS, eliminaria os riscos de guerras globais ou hegemônicas.[73] Era no exercício da condição de potência hegemônica, reiterando as assimetrias de poder, que as guerras poderiam ser vencidas e, mais do que isso, poderiam ser evitadas. A hegemonia, ou primazia internacional, como denomina Huntington, seria uma alternativa à guerra. Nas palavras do próprio autor: "a primazia é desejável não principalmente para alcançar a vitória na guerra, mas para alcançar os objetivos do estado sem recorrer à guerra"[74].

Posto que a superioridade militar dos EUA asseguraria a menor disposição ao conflito pelas potências rivais, as iniciativas de reforço à cooperação internacional predominavam na agenda política e nas reflexões acadêmicas. Ao abrigo da hegemonia norte-americana, descortinava-se a possibilidade da difusão praticamente universal de valores, como a crença na democracia multipartidária, o respeito à autodeterminação nacional e o livre-mercado.

Sem a mesma formulação teórica de um acadêmico como Huntington, a *National Military Strategy of USA* de 1992 também situava a liderança dos EUA como central à construção de uma ordem internacional mais segura e estável. O documento ressaltava, como uma missão quase transcendente, que o país não buscava a conquista de novos territórios, nem a hegemonia ou o império, mas servia de modelo de democracia para o mundo. Na posição de única liderança global, os EUA representavam uma força de estabilidade em diversas regiões[75].

À luz das diretrizes estabelecidas pelo poder político, a *National Military Strategy* delineava os objetivos estratégicos das Forças Armadas. Naquela elaborada em 1992, o ambiente de segurança internacional era caracterizado como turvo, indicando uma percepção de profunda mudança histórica, distante do cenário previsível de ameaças da Guerra Fria. A derrocada da URSS havia alterado significativamente o planejamento militar, reduzindo as perspectivas de emprego da força contra potências, ou inimigos estatais bem definidos, para uma concepção

---

72. Huntington (1993).
73. Farias (2018).
74. "[...] *primacy is desirable not primarily to achieve victory in war but to achieve the state's goals without recourse to war. Primacy is thus an alternative to war*" (Huntington, 1993, p. 70).
75. USA (1992, p. 2).

de ameaça caracterizada incerta e desconhecida[76]. Dada a posição de única superpotência, a estratégia militar dos EUA procurou manter a vantagem perante os adversários enquanto buscava reduzir custos e efetivos globais, com investimentos tecnológicos, planejamentos adaptativos, agilidade estratégica e emprego decisivo da força[77]. De um planejamento militar baseado nas hipóteses de emprego da força contra ameaças estatais, passou-se a dar destaque a um planejamento baseado em capacidades, em que os inimigos, estatais e não estatais, atuam em um ambiente de segurança internacional mais volátil e incerto.

No início dos anos 90, a ordem liberal internacional estava em seu apogeu. Nascida dos escombros da Segunda Guerra Mundial, teria alcançado todos os quadrantes do mundo. A hegemonia norte-americana e a cooperação internacional reatualizavam as premissas do pensamento liberal de que a guerra entre potências seria um expediente político irracional e cada vez mais improvável no sistema internacional[78]. A globalização ativaria, mediante a integração econômica e financeira dos mercados, os freios ao apetite político da guerra.

Como bem demonstrado no livro organizado por Fiori[79], a guerra e sua preparação ocupam papel central como mecanismos ordenadores do sistema internacional. Nas teorias sobre a evolução do sistema, por exemplo, George Modelski[80] destacaria que a integração econômica sustentada e regulada pela potência, o Estado líder do sistema, traria as condições para o estabelecimento de um ciclo longo de paz na política internacional. De acordo com Robert Gilpin[81], a estabilidade hegemônica seria o reflexo da capacidade da potência hegemônica de coordenar o provimento de bens públicos: segurança, economia liberal e proteção aos direitos de propriedade. Assim, a ação estabilizadora, liberal e benevolente da potência hegemônica contribuiria para reduzir a competição pelo poder entre os Estados.

Por caminhos diversos, as transformações internacionais nos anos 1990 e 2000 frustraram boa parte das teorias existentes sobre a política internacional.[82]

---

76. USA (1992, p. 3).
77. Enquanto princípios estratégicos, os EUA mantiveram suas preocupações centradas tanto nas ameaças estatais quanto nas não estatais. Elencaram como fundamentais: prontidão, segurança coletiva, controle de armas, superioridade marítima e aeroespacial, agilidade estratégica, poder de projeção, superioridade tecnológica e Força Decisiva (USA, 1992, p. 8).
78. Coker (2015).
79. Fiori (2018a).
80. Modelski (1987).
81. Gilpin (1988; 2001).
82. Farias (2018).

A ordem internacional resultante do fim da Guerra Fria não evoluiu no sentido de criar mecanismos cada vez mais multilaterais, democráticos, para resolução das contendas. Os EUA detinham uma capacidade militar de agir unilateralmente em praticamente todo o globo, mas encontravam dificuldades para exercer seu poder político e econômico no gerenciamento de crises e conflitos.

Na Guerra do Golfo (1990-1991), a estabilidade regional estaria condicionada à eliminação das armas de destruição em massa do Iraque, bem como à eliminação da Guarda Republicana. Dois objetivos não concretizados. Os intensos bombardeiros cirúrgicos não foram capazes de trazer a certeza da destruição dos estoques de armas iraquianos. A superioridade tecnológica das forças da coalizão não logrou atingir todos os objetivos políticos traçados. A sobrevivência do regime de Hussein foi em parte assegurada em virtude das disputas internas e regionais. O uso intenso da força contra o levante xiita ao sul do país demonstrava os riscos de uma escalada do conflito contra o Irã. Predominava a falta de horizonte quanto aos caminhos que indicariam a queda do Partido Baath, de Saddam Hussein, e o estabelecimento de um governo ajustado aos objetivos estratégicos dos EUA. A destituição de regime não figurava como um objetivo declarado da operação militar. Talvez as lideranças políticas norte-americanas e da coalizão supusessem que isso ocorreria com o desgaste político interno do Iraque.[83] No cálculo geopolítico, imperava a compreensão de que o Iraque continuaria como uma força de contenção à influência do Irã.[84]

O saldo da Guerra Golfo (1990-1991) relembra o alerta de Brzezinski sobre as ilusões de soluções militares em regiões de alta tensão geopolítica e instabilidade social[85]. A soberania do Kuwait foi reestabelecida, não com um governo democrático, mas com o retorno do emirado comandado pela dinastia al-Sabah, a

---

83. De qualquer forma, somente em 2003, 12 anos depois do fim da Guerra do Golfo, e em resposta aos ataques às Torres Gêmeas, em 2001, no contexto da Guerra Global contra o Terror, que o presidente dos EUA, George Bush (2001-2009), dessa vez o filho, autorizou, sem a anuência do Conselho de Segurança da ONU, uma nova invasão ao Iraque.

84. Cf. Lacquement Jr. (2020).

85. Nas palavras de próprio Brzezinski (1990, p. 19), "Portanto, paciência e prudência devem ser preferidas ao salto para o abismo da guerra. O fato básico é que a situação geral na região é tão instável que nenhuma solução militar pode ser postulada como segura para garantir o término produtivo da crise em curso a um custo previsível e razoável. Destruir o Iraque, mas possivelmente explodir o Oriente Médio, dificilmente pode ser defendido como um cálculo racional" ["*Hence patience and prudence are to be preferred over the leap into the abyss of warfare. The basic fact is that the overall situation in the region is so unstable that no military solution can be confidently postulated as assuring the productive termination of the ongoing crisis at a cost that is predictable and reasonable. Destroying Iraq but possibly blowing up the Middle East can hardly be advocated as a rational calculus*"].

mesma que está no poder desde 1752.[86] O principal aliado dos EUA, a Arábia Saudita, também é governada por um regime monárquico, o da família Al-Saud, no poder desde a independência do país em 1932, e cuja dinastia remonta a 1744[87]. E mesmo o regime do Saddam Hussein, no poder desde 1979, apesar das baixas militares, permaneceu politicamente forte e com capacidade militar-policial de repressão, como demonstrado nos combates às mobilizações curdas e xiitas imediatamente após o cessar-fogo[88].

De modo concreto, o colapso iraquiano ante a supremacia militar das forças da coalizão fez com que, em 3 de março de 1991, os termos de acordo de paz fossem estabelecidos. O Iraque deveria reconhecer a soberania do Kuwait de desfazer-se de suas armas de destruição em massa (químicas, biológicas e, se provado, nucleares) e de seus mísseis com alcance superior a 150 Km. A ONU seria a entidade responsável por fiscalizar o cumprimento das medidas; enquanto isso, ainda estariam em vigor as sanções econômicas ao regime de Saddam Hussein.

Sem o mesmo ímpeto da intervenção armada em prol da soberania do Kuwait, a coalizão criou zonas de exclusão aérea, impedindo que aeronaves iraquianas sobrevoassem os territórios com maioria da população curda ou xiita. Essa decisão foi tomada com base na Resolução 688, segundo a qual EUA, França e Reino Unido permaneceriam no Iraque após o cessar-fogo, sob pretexto de proteger as minorias[89]. Como destaca Juliano Fiori, foi a primeira iniciativa – Operação *Provide Comfort* – em que as atividades militares e humanitárias estavam fundidas, sendo o ponto de partida do "novo humanitarismo" da ordem internacional emergente[90]. À medida que as forças da coalizão saíam do Iraque, apenas militares dos EUA e do Reino Unido permaneciam com seus aviões patrulhando as áreas em tensão geopolítica e permitindo as condições para que os inspetores da ONU averiguassem os arsenais de armas iraquianas.

Em 1998, o Iraque se recusou a continuar colaborando com as inspeções da ONU. As hostilidades se ampliaram e uma nova operação militar foi deflagrada. Desde então, o regime de Saddam Hussein não permitiu que os inspetores

---

86. Desde 1752, os membros da família Al-Sabah exercem a dinastia sobre o Kuwait. O Emir é considerado o chefe de Estado e o chefe de governo. Após a Guerra do Golfo, o emirado foi restaurado. O Sheik Jaber Al-Ahmad Al-Sabah governava desde 1997 e permaneceu no cargo até 2006.

87. Cf. Sidaway (1998) e Cleveland & Bunton (2009).

88. Cf. Keegan (2004) e Fiori (2018a).

89. A Resolução 688 do Conselho de Segurança, de 5 de abril de 1991, condenava a repressão à população civil iraquiana, especialmente os curdos, cujas consequências ameaçavam a paz e a estabilidade na região; exigia que o Iraque interrompesse essas repressões e reiterava a necessidade de acesso de organizações internacionais a todo território iraquiano (Patriota, 2010).

90. Fiori (2018b).

internacionais continuassem em seu país. Como a história demonstrou, os EUA retornariam ao Iraque em 2003, agora sem o respaldo da ONU, como resposta aos ataques terroristas de 2001. Dessa vez, George Bush (2001-2009), o filho do presidente George Bush (1989-1993), alegava que o regime de Saddam Hussein patrocinaria grupos terroristas, como Al-Qaeda, e seu estoque de armas de destruição em massa representaria uma ameaça aos EUA e à segurança internacional. O Iraque se tornaria, assim, o segundo país a ser atacado no contexto da Guerra Global contra o Terror, em vigor desde 2001.

Lacquement Jr. afirma que os Estados Unidos deveriam ser cuidadosos para não celebrar sua *performance* na Guerra do Golfo[91]. A guerra terminou, por exemplo, sem alcançar os objetivos políticos com vistas à estabilidade regional. Após a guerra, Estados rivais e atores não estatais puderam identificar e explorar as vulnerabilidades dos EUA, com o uso de táticas assimétricas frente ao incontrastável poder militar norte-americano. O triunfo militar na Guerra do Golfo elevou a arrogância e reforçou a negligência com a diplomacia, com o combate às formas de guerras irregulares e com as operações de estabilidade e governança multilateral.

Como exposto por Lacquement Jr., a extraordinária superioridade militar dos EUA levou seus potenciais desafiadores à posição estratégica de não conflito[92]. Durante a Guerra Fria, não era incomum a percepção de que as forças norte-americanas teriam dificuldade de se defender de um provável ataque soviético sem fazer o uso de suas armas nucleares. A presença militar dos EUA inflou os grupos não estatais, como a Al Qaeda, e suas táticas assimétricas de combate. A conjunção entre superioridade militar e objetivos políticos vagos ou limitados deixou suscetível a primazia norte-americana. Os incontrastáveis poderes aéreo e naval, as armas de precisão, a efetividade das operações terrestres se mostraram superiores frente a qualquer desafio interestatal. No entanto, as guerras irregulares, insurgências, operações para estabilização ainda continuaram, como na Guerra do Vietnã, bastante difíceis para as forças norte-americanas. Tais vulnerabilidades persistiram e foram a tônica de operações subsequentes no próprio Iraque, com a zona de exclusão aérea (1991-2003), na Somália (1993), na Bósnia (1995), no Kosovo (1998), no Sudão (1998), no Afeganistão (desde 2001), novamente no próprio Iraque (desde 2003) e na Síria (2014).

---

91. Lacquement Jr. (2020).

92. Cf. Lacquement Jr. (2020). O desenvolvimento de armas nucleares seria uma resposta a essa imensa desvantagem. Nos anos 90, por exemplo, houve aceleração nos programas do Irã e da Coreia do Norte.

Considerações finais

Zibnew Brzezinski defendia a tese de que, sem a primazia dos EUA no início dos anos 90, a ordem internacional estaria fadada ao caos econômico e político.[93] Uma visão que encontrava abrigo em diferentes teorias da geopolítica, da economia política internacional ou das relações internacionais. Na perspectiva liberal, as expectativas de paz e estabilidade nutriam-se da confiança de que a cooperação internacional, o livre-mercado e a democracia multipartidária triunfariam com a posição de potência hegemônica dos EUA. A partir de um olhar realista, o peso da guerra e da competição geopolítica entre potências poderia ser dirimido com o acúmulo de poder em favor da potência que hierarquiza o sistema internacional.

Os Estados Unidos concentraram, durante os anos 90, praticamente todos os instrumentos para o exercício da hegemonia, seja no campo político, econômico, cultural ou militar. Nenhum outro Estado teve tanta capacidade de influenciar a agenda em defesa da globalização, com as políticas de incentivo à desregulação das economias nacionais, à promoção do livre-mercado e à coordenação de políticas macroeconômicas. No âmbito militar, a agenda de segurança e defesa foi permeada por uma visão de ameaça geopolítica incerta e volátil. Os EUA realizaram inovações doutrinárias e asseguraram investimentos em tecnologia que mantiveram, em primeiro lugar, a vantagem militar estratégica e a capacidade de pronto emprego da força em qualquer região do planeta.

A grande contradição da ordem liberal dos anos 90, porém, veio da constatação, teórica e prática, de que as crises e os conflitos não foram resultantes da ausência de uma potência hegemônica, mas sim do exercício de seu próprio poder.[94] Ao contrário de uma paz estável, guerras locais ou regionais brotaram diante de limitados recursos de segurança coletiva, capitaneados pela ONU, e da seletividade ética e estratégica dos EUA. Posteriores à Guerra do Golfo (1990-1991), as intervenções militares, com ou sem a bandeira da ONU, na Somália (1993), em Ruanda (1994) e na Bósnia (1995) se mostraram insuficientes e, de certa forma, desastrosas.

Em nome da paz, o Golfo Pérsico foi incorporado à condição de área vital à segurança internacional e aos interesses estratégicos dos EUA. Em nome da estabilidade, considerando somente o Iraque, a presença militar norte-americana ocorreu na Guerra do Golfo (1990-1991); nas patrulhas, enquanto vigoravam as Zonas de Exclusão Aérea (1991-2003); na Segunda Guerra do Golfo (2003-2011); e na Guerra contra o Estado Islâmico na Síria e no Iraque (a partir de 2014). Sendo assim, sob a aura liberal da democracia, da prosperidade, dos direitos humanos e do respeito à soberania, sustenta-se uma verdadeira guerra contínua.

---

93. Brzezinski (1997).
94. Fiori (2007).

Referências

ANDERSON, P. *A política externa norte-americana e seus teóricos*. São Paulo: Boitempo, 2015.

ART, R. J. *A grand strategy for America*. Ithaca: Cornell University Press, 2003.

BOBBIO, N. *Diário de um século*: autobiografia. Rio de Janeiro: Campus, 1998.

BRZEZINSKI, Z. K. Patience in the Persian Gulf, Not War. *New York Times*, p. 19, 1990.

_____. *The grand chessboard*: American primacy and its geostrategic imperatives. New York: Basic Books, 1997.

BUSH, G. *Address Before a Joint Session of Congress*. Presidential Speeches. Sept. 11, 1990. Washington. Disponível em: <https://millercenter.org/the-presidency/presidential-speeches/september-11-1990-address-joint-session-congress>.

_____. *Address Before a Joint Session of the Congress*. Presidential Speeches, Jan. 28, 1992. The Public Papers of the Presidents of the United States: George Bush, 1992. Disponível em: <https://www.presidency.ucsb.edu/documents/address-before-joint-session-the-congress-the-state-the-union-0>.

_____. Bush's Letter to Saddam Hussein. Jan. 5, 1991. *Text of Bush's Letter to Saddam Hussein*. Los Angeles Times, Jan. 13, 1991. Disponível em: <https://www.latimes.com/archives/la-xpm-1991-01-13-mn-412-story.html>.

CARTER, J. *Jimmy Carter State of the Union Address 1980*. Presidential Speeches. 23 de janeiro de 1980. Washington. Disponível em: https://www.jimmycarterlibrary.gov/assets/documents/speeches/su80jec.phtm

CLEVELAND, W. L.; BUNTON, M. *A history of the modern Middle East*. Boulder, CO: Westview Press, 2009.

COHEN, S. B. *Geopolitics*: the geography of international relations. Lanham, MD: Rowman & Littlefield, 2015.

COKER, C. *The improbable war*: China, the United States and the continuing logic of great power conflict. Oxford: Oxford University Press, 2015.

ENGLEHARDT, J. P. *Desert Shield and Desert Storm*: A Chronology and Troop List for the 1990-1991 Persian Gulf Crisis. Carlisle, PA: US Army War College Strategic Studies Institute, 1991.

FARIAS, H. C. Guerras hegemônicas e ordem internacional. In: FIORI, J. L. (Org.). *Sobre a Guerra*. Petrópolis-RJ: Editora Vozes, 2018. p. 319-339.

FIORI, J. L. Formação, expansão e limites do poder global. In: _____. (Org.). *O poder americano*. Petrópolis-RJ: Editora Vozes, 2007.

_____. Guerra do Golfo: uma guerra ética. In: _____. (Org.). *Sobre a Guerra*. Petrópolis-RJ: Editora Vozes, 2018a. p. 13-20.

FIORI, J. M. Guerras humanitárias e ordem ética. In: FIORI, J. L. (Org.). *Sobre a Guerra*. Petrópolis-RJ: Editora Vozes, 2018b. p. 231-255.

GILPIN, R. *Global Political Economy*: understanding the international economic order. Princeton: Princeton University Press, 2001.

_____. The theory of hegemonic war". *The Journal of Interdisciplinary History*, v. 18, n. 4, p. 591-613, 1988.

HUNTINGTON, S. Why International Primacy Matters. *International Security*, v. 17, n. 4, p. 68-83, 1993.

KEEGAN, J. *The Iraq War*. New York: Alfred Knopf, 2004.

KISSINGER, H. *Diplomacia*. Rio de Janeiro: Francisco Alves, 1999.

_____. *Ordem Mundial*. Rio de Janeiro: Objetiva, 2015.

LACQUEMENT JR, R. The Gulf War 30 years later: successes, failures, and blind spots. *War on the Rocks*, 2020.

MacARTHUR, J. R. Remember Nayirah, Witness for Kuwait. *The New York Times*, Op-Ed, 1992.

MacKINDER, H. *Democratic ideals and reality*: a study in the politics of reconstruction. New York: H. Holt, 1919.

METRI, M. A Diplomacia Monetária dos Estados Unidos nos Anos Setenta. *Revista Tempo do Mundo*, v. 3, p. 155-179, 2017.

MODELSKI, G. *Long cycles in world politics*. New York: Springer, 1987.

NUNES, A. *Segurança Energética*: OPAEP e a Geopolítica do Petróleo no século XXI. Tese (Doutorado) – Programa de Pós Graduação em Ciências Militares. Instituto Meira Mattos, Escola de Comando e Estado-Maior do Exército, Rio de Janeiro, 2020.

ORGANIZAÇÃO DAS NAÇÕES UNIDAS. *Carta das Nações Unidas*. Nova York: ONU, 1945.

PATRIOTA, A. *O Conselho de Segurança após a Guerra do Golfo*: a articulação de um novo paradigma de segurança coletiva. 2ª ed. Brasília: FUNAG, 2010.

SIDAWAY, J. D. What is in a gulf? From the "arc of crisis" to the Gulf War. In: TOAL, G. et al. (Eds.). *Rethinking geopolitics*, p. 224-239, 1998.

SPYKMAN, N. *America's strategy in world politics*: The United States and the balance of power. New York: Transaction Publishers, 1942.

UNITED STATES OF AMERICA. *National Military Strategy of the United States*. Washington. 1992.

_____. *National Security Directive 54*. Responding to Iraqi Aggression in the Gulf. Washington, DC: The White House, 1991.

WALLERSTEIN, I. Os Estados Unidos e o mundo: as Torres Gêmeas como metáfora. *Estudos Avançados*, v. 16, n. 46, p. 19-36, 2002.

A geopolítica da paz no século XX

Raphael Padula
Cristina Soreanu Pecequilo

Introdução

Ao longo do século XX, o sistema internacional vivenciou duas Guerras Mundiais "quentes" (1914/1918 e 1939/1945) e uma Guerra Fria (1947/1989) que, na literatura, receberam terminologias diversas: a Grande Guerra ("a guerra para acabar com todas as guerras"), a Segunda Guerra e o conflito intersistêmico capitalismo e socialismo, somente para citar algumas destas classificações[1]. Independentemente da nomenclatura, cada período de guerra, assim como as construções de paz que se sucederam, possuíram dinâmicas específicas, relativas à lógica de poder.

A partir dessa realidade, o capítulo discorre não sobre a guerra, mas sim sobre a geopolítica da paz que sucedeu as duas grandes Guerras Mundiais do século XX, considerando que ambas se sustentam em dinâmicas competitivas. A despeito desta semelhança, esses períodos de "paz" guardam entre si uma diferença fundamental: a paz entre as duas grandes Guerras Mundiais (1919/1939) pode ser caracterizada como uma "paz instável"; em contraposição, observa-se uma "paz estável" após a Segunda Guerra Mundial, que caracterizaremos como a "paz baseada no equilíbrio das armas estratégicas" (ou o equilíbrio do terror, como diria Aron[2]).

Por que definir os períodos de paz como convergindo em torno de dinâmicas geopolíticas competitivas? Por que algumas situações de "paz" geram maior estabilidade e outras, menor?

---

1. Halliday (1999) entende o conflito intersistêmico como um choque entre superpotências em escala global, os Estados Unidos (EUA) e a União Soviética (URSS), que ocorreu em níveis multidimensionais: de regimes econômicos e políticos, de concepções político-estratégicas e em dimensões sociovalorativas.

2. Aron (2008).

Tomando como base as perspectivas de Krasner[3] e Kennedy[4], considera-se que esses períodos de paz representam a continuidade de disputas geopolíticas. Ainda que os Tratados de Vestfália tenham estabelecido, em 1648, princípios de soberania, territorialidade, não ingerência e não intervenção, as disputas interestatais não deixaram de ser frequentes. Por consequência, as fases subsequentes às guerras representam um reflexo das relações de poder do momento em que são firmados ou impostos os pactos pelos vencedores. Os Estados em condição inferior ou perdedores encontram-se insatisfeitos e buscam acumular maior poder e riqueza relativas para mudar o *status quo*. Ao mesmo tempo, os Estados na hierarquia superior (ou os vencedores) querem manter sua posição e os termos dos tratados de paz, mas competem entre si, visando alcançar uma posição mais privilegiada e fazer valer seus interesses.

Segundo Kennedy, esses fenômenos geram uma condição permanente de conflito. Mesmo em "tempos pacíficos", subsistem interações conflituosas que geram novas disputas entre os Estados, apoiadas em complexidades históricas que envolvem: imperativos geoestratégicos divergentes das grandes potências, a existência de diferentes polos (ou distribuição) de poder, visões políticas e econômicas diversas predominantes internacionalmente e internamente, distintos arranjos político-institucionais globais, coalizões e demandas políticas internas nas grandes potências, capacidades de destruição das armas e necessidades desiguais de recursos para financiar as guerras. Somados, estes componentes definem o perfil da paz como mais "estável" ou "instável"[5].

Nesse contexto, os argumentos centrais deste texto são de que os períodos de "paz" posterior às duas grandes guerras do século XX: (1) se diferenciam pelo primeiro ter sido originado por um tratado de paz formal, e o segundo não; (2) não foram efetivamente períodos de paz, mas de permanentes disputas e conflitos, a partir da dinâmica de poder resultante dos períodos de guerras hegemônicas explícitas (as grandes guerras).

A paz instável ou "paz cartaginesa" no entreguerras (1919/1939)

A Primeira Guerra Mundial, cuja eclosão ocorre no ano de 1914, é produto de uma série de transformações políticas, econômicas, estratégicas, sociais e culturais que levaram à quebra do sistema de equilíbrio de poder multipolar, conforme estabelecido no Congresso de Viena em 1815 (França, Inglaterra, Rússia, Prússia e

---

3. Krasner (1995).
4. Kennedy (1995).
5. Kennedy (1995).

Império Austro-Húngaro), e o domínio quase incontestável da *Pax Britannica* ao longo do século XIX. Tais transformações se encontram na eclosão do conflito em 1914[6] e explicam, em grande parte, a instabilidade do arranjo de paz do Tratado de Versalhes (1919).

Essas mudanças se correlacionam com três fatores: o declínio relativo das tradicionais potências europeias – França e Inglaterra; a fragmentação e decadência dos impérios multinacionais Austro-Húngaro e Otomano e do Império Russo; e a ascensão da Alemanha pós-unificação a partir de 1870 e dos EUA depois da Guerra de Secessão (1861-1865). Alemanha e EUA foram os países da Segunda Revolução Industrial e vinham acumulando ganhos relativos de poder e riqueza, portanto, se revelavam como potenciais deslocadores da supremacia econômica britânica no limiar da IGM.

Em 1914, a eclosão do conflito deu vazão às ambições alemãs de consolidar seus avanços geopolíticos no continente europeu, lançando-se em um projeto político expansivo, numa diplomacia de alianças secreta e vertical, além de uma corrida militar-naval que fez com que seu surgimento causasse uma percepção de ameaça ao equilíbrio de poder. O projeto da ferrovia Berlim-Bagdá, no início do século XX, desafiava tanto interesses britânicos (ao descolar a importância do Canal de Suez) quanto russos (ao bloquear os estreitos), projetando a Alemanha para uma região estratégica.

Globalmente, a Alemanha, ao lado dos EUA, ganhava cada vez mais mercados industriais da Inglaterra. Enquanto isso, a Inglaterra contava com suas exportações para as colônias (principalmente a Índia), que eram mercados cativos e protegidos para seus bens industriais menos competitivos. Paralelamente, Londres tinha se tornado um grande centro financeiro de investimento de longo prazo, recebendo rendimentos de curto prazo para equilibrar sua balança global.

A França amparava-se em suas possessões coloniais, enquanto os impérios multinacionais buscavam sua sobrevivência. Paralelamente, aumentavam as instabilidades e insatisfação nacionalista nas periferias europeias e afro-asiáticas, que colocavam em xeque o domínio europeu. A Rússia apresentava forte situação de deterioração de seu antigo regime czarista, acumulando crises sucessivas: o flagelo da fome em 1891, a derrota na guerra russo-japonesa (1904-1905), a primeira revolução de 1905 e os movimentos sociais de 1917, que culminaram com a Revolução Russa e a instalação do regime bolchevique em outubro do mesmo ano.

A Primeira Guerra Mundial (IGM) foi protagonizada por duas grandes alianças. A Tríplice Aliança era formada pelos chamados "impérios centrais",

---

6. Para este processo, recomenda-se ver Kissinger (1995).

eminentes impérios territoriais contínuos com posição geográfica central ou estratégica: Alemanha, Áustria-Hungria, Itália, envolvendo também a Turquia, ou Império Otomano, e a Bulgária. Do outro lado, a Tríplice Entente formada por um império territorial central na Eurásia, a Rússia, e os impérios ultramarinos da Inglaterra e da França.

O ano de 1917 foi decisivo para o encaminhamento do conflito. Enquanto a Rússia se retirou da guerra devido à Revolução, os EUA juntaram-se ao bloco aliado, sendo essenciais para sua vitória. Segundo Mackinder (2020b), por um lado, a saída da Rússia não enfraqueceu os aliados, pois foi uma saída tardia, quando as forças alemãs já estavam exauridas. Mas, por outro, enfraqueceu sua posição na ordem pós-guerra. Durante a guerra, os EUA se destacaram como grandes fornecedores de bens (especialmente industriais) e financiamento para os aliados, saindo como principais credores dos vencedores, obtendo grande influxo de metais e reservas internacionais que os colocaram em posição de assumir a supremacia monetário-financeira global.

A Primeira Guerra colocara, em polos opostos, as principais potências da época, como destaca Kennedy: a Alemanha, que contestara a ordem vigente, e os EUA, que se alinharam às potências representativas desta ordem – o eixo franco-britânico. Para Paul Kennedy, os estadistas vencedores reunidos na Conferência de Paris

> [...] tiveram de enfrentar problemas mais numerosos e de difícil solução do que os encontrados pelos seus antecessores em 1856, 1814-1815 e 1763. [...] a confusão predominante na Europa Oriental, com grupos étnicos rivais lutando para criar "estados sucessores", a guerra civil e as intervenções na Rússia, e a reação nacionalista turca contra a pretensa divisão ocidental da Ásia Menor significavam que muitas coisas não foram resolvidas [...][7].

A dinâmica geopolítica de instabilidade do período de paz entreguerras (1919-1939) foi resultado do Tratado de Versalhes (1919), que encerrou formalmente o conflito e foi imposto pelas potências vencedoras – Inglaterra, França e Estados Unidos (EUA). A junção destas três potências levou, como indica Kissinger, ao tensionamento da lógica da construção de paz[8]. Tais arranjos trouxeram dentro de si as contradições que levariam à Segunda Guerra Mundial: enquanto Inglaterra e França optaram por uma paz punitiva à Alemanha (que lhes beneficiava territorial e financeiramente) e, em certa medida, à Rússia, a visão estadunidense contemplava um avanço geopolítico de seus interesses, mas por meio da acomo-

---

7. Kennedy (1995, p. 267).
8. Kissinger (1995).

dação e lançamento de novos valores e mecanismos institucionais a partir dos 14 pontos do Presidente Woodrow Wilson (1913-1921) – o Idealismo Wilsoniano[9].

A mesma visão de Kissinger é trazida por Carr, que aponta que a divergência entre a proposta dos EUA e a Inglaterra e a França se revelou no funcionamento da Liga das Nações, na imposição de dívidas à Alemanha e no domínio colonial[10]. Esse período de "paz instável" se caracteriza pela abertura de "questões" complexas que possuíam raízes no pré-guerra, às quais se somaram mais problemas.

Nesse quadro, quase todas as potências pareciam insatisfeitas: o desmantelamento dos impérios territoriais centrais e a instabilidade no Centro-Leste Europeu, envolvendo a questão alemã e a insatisfação da França; o funcionamento da Liga das Nações; o colonialismo *versus* a autodeterminação; e, por fim, a citada divergência entre as potências vencedoras nesse período. Como fator adicional, temos a decadência da potência dominante anterior, a Inglaterra, com tentativa de retomada sem sucesso, configurando uma ausência de supremacia no sistema. Estas "questões complexas" podem assim ser divididas: a questão europeia-americana nas negociações de Versalhes e, no pós-Versalhes, as questões nacionalista, russa, americana e alemã.

Analisando a primeira questão – a europeia-americana – nas negociações, observa-se o choque entre as visões realistas clássicas trazidas pelo eixo franco-britânico, e o emergente Idealismo Wilsoniano. Segundo Kissinger, a crença wilsoniana era de que relações do tipo realista, fundadas no poder estatal, na lógica do choque de alianças e equilíbrios, e na diplomacia dos tratados, eram contraproducentes e propensas à guerra[11]. A proposta americana contemplava uma situação inovadora, nas quais as concepções baseadas na força deveriam ser substituídas por valores e princípios de cooperação e pelo estabelecimento de contratos sociais entre os povos.

O Idealismo Wilsoniano possuía três pilares que se desenvolveram em 14 pontos: a democracia, a segurança coletiva e a autodeterminação dos povos, que se desenrolavam em 14 pontos. Os cinco primeiros pontos destacam (1) a transparência e o fim de acordos secretos; (2) a livre navegação pelos mares para além dos mares territoriais (na guerra ou na paz); (3) a remoção das barreiras econômicas; (4) a redução dos armamentos ao mínimo necessário para a segurança inter-

---

9. O nascimento da disciplina das Relações Internacionais é relacionado à consolidação do pensamento idealista e do surgimento das primeiras cátedras disciplinares no campo. Além disso, o período de 1919 a 1939 é associado ao chamado "primeiro debate da teoria das relações internacionais" entre o idealismo wilsoniano e o realismo de E.H. Carr. Ver Halliday, (1999) e Pecequilo (2016).

10. Carr (2001).

11. Kissinger (1995).

na; e (5) a autodeterminação das colônias quanto a sua independência de acordo com a soberania dos interesses da sua população, ou seja, a autodeterminação dos povos e a preocupação com as minorias.

Os pontos de 6 a 13 tratam mais especificamente de temas sobre democracia, autodeterminação e remodelação de fronteiras no pós-guerra (envolvendo os territórios invadidos no conflito e os impérios multinacionais), enquanto o 14 lida com a dinâmica da segurança coletiva por meio da criação de um instrumento pouco usual naquele contexto: uma organização internacional multilateral, a Liga das Nações. Essa organização deveria promover a garantia da independência política e integridade territorial tanto dos grandes quanto dos pequenos Estados, tendo como objetivo superior promover a paz e regular as relações interestatais, sendo uma instituição de caráter democrático em termos de participação.

Estava subjacente aí a ideia de espalhar ou levar a liberalização econômica e a democracia para o mundo. Embora tenham ganhado retórica, rótulo e interpretação livre-mundista, enquadrada na visão do chamado liberalismo utópico de Carr, é possível fazer uma leitura de tais pontos segundo os interesses estadunidenses[12]. Para os EUA, seria interessante influenciar politicamente e acessar os mercados e recursos de outros países através da diplomacia e da liberalização econômica (mesmo estabelecendo tratados bilaterais), com o fim do monopólio colonial exercido principalmente pelas potências europeias, com destaque para Inglaterra e França. E ainda, diante do domínio britânico pelas colônias e passagens estratégicas entre mares e oceanos, a livre navegação seria conveniente. Como maior potência militar, também seria interessante o constrangimento do armamento dos demais países. Por fim, a redução da influência colonial e a criação de uma organização supostamente democrática permitiriam à potência ascendente proliferar sua influência política e fazer valer seus interesses.

No entanto, o resultado do Tratado de Versalhes foi muito mais próximo à visão realista e à proposta do "cordão sanitário" do "realismo geográfico" do britânico Halford Mackinder, do que da proposta dos EUA. Essas visões estavam presentes inclusive em seu livro *Democratic Ideals and Reality: a study in the Politics of Reconstruction*, de 1919, escrito durante a Conferência de Paris, buscando influenciar seus resultados.

A visão de Mackinder contrastava diretamente com o idealismo wilsoniano. Levando em conta sua visão sobre a supremacia do poder terrestre, de uma rivalidade secular entre continentalismo e oceanismo, e da centralidade do *heartland* e da Eurásia, com destaque para a porção do leste europeu, Mackinder argumenta

---

12. Carr (2001).

que seria necessário construir um conjunto de *"Estados-tampão"* entre a Alemanha e a Rússia, indo do mar Báltico ao Negro e Adriático. Na proposta original de Mackinder, o objetivo seria formar uma área de contenção composta por sete Estados – Polônia, Tchecoslováquia, Hungria, Iugoslávia, Bulgária, Romênia e Grécia –, que viria a incluir no Tratado de Versalhes a Finlândia, Estônia, Letônia e Lituânia. Essa zona-tampão seria uma área na qual a Inglaterra e a França poderiam exercer sua influência político-diplomática e afastar ou evitar, assim, a possibilidade de aliança entre Rússia e Alemanha, ou que uma viesse a dominar a outra, formando uma força capaz de controlar o *heartland* e, consequentemente, a Eurásia, e se tornar o que Mackinder chamou de Império Mundial.

É exatamente uma área que vinha sendo historicamente disputada pela Alemanha, Rússia e Inglaterra, fundamental para bloquear as passagens pelos estreitos, bloqueando as projeções da Rússia para oeste, da Alemanha ao leste, e para o Oriente Próximo. Mas, ao mesmo tempo, uma área conformada por uma miríade de etnias com diferentes demandas por formação de Estados.

É interessante destacar que esses novos Estados foram formados a partir do desmembramento ou das perdas territoriais dos grandes impérios territoriais da Eurásia: Alemanha, Áustria-Hungria, Turquia, e mesmo a Rússia, que lutou ao lado das potências vencedoras até a Revolução de 1917, sendo fundamental para sua vitória. Essa fragmentação condiz com a visão de Mackinder sobre a importância de promover o equilíbrio de poder na Eurásia, mas sobretudo de uma rivalidade entre poder marítimo e terrestre, com a supremacia do último após o advento das novas tecnologias de locomoção terrestre das ferrovias transcontinentais a vapor.

Esse quadro resultará, ainda, em potências insatisfeitas que buscaram um revisionismo em relação aos resultados da "paz" de Versalhes, especialmente quanto à distribuição geográfica – de territórios, população e recursos – colocando em curso uma dinâmica de disputa de poder. Para Bowman, "O mundo não é novo no sentido de que a guerra cessou, que todos os problemas políticos e sociais serão prontamente resolvidos, que as atuais fronteiras internacionais e arranjos econômicos permanecerão para sempre inalterados"[13].

A "Paz de Versalhes" desmantelou os impérios territoriais e originou pequenos Estados frágeis, cercados pelos primeiros, imbuídos de espírito revanchista latente para recuperar suas perdas de território e poder e ao mesmo tempo asse-

---

13. *"The world is not new in the sense that war has ceased, that all political and social problems will be promptly settled, that present international boundaries and economic arrangements will forever remain unchanged"* (Bowman, 1921, p. 1). A tradução das citações é de responsabilidade dos autores deste capítulo.

diados pelos vencedores europeus. Um quadro político-territorial que pode ser caracterizado como uma "paz instável", ou uma paz temporária que gera, mas tenta encobrir, diversos conflitos, que irão inevitavelmente culminar em um conflito maior, que é de fato uma continuidade do anterior.

No pós-Versalhes, essas dinâmicas foram representadas pelas mencionadas questões nacionalistas, russas, americanas e alemães. A primeira destas encruzilhadas, a nacionalista, é representada duplamente pela ascensão do nacionalismo revanchista (a ser mais detalhado na questão alemã) e dos problemas derivados da interrelação autodeterminação dos povos–fragmentação dos impérios multinacionais (e o impacto indireto nas possessões coloniais europeias). Nas regiões da Europa do Leste e Central e nos espólios do Império Otomano, essas movimentações levaram ao surgimento de diversos pequenos Estados "autônomos" com características multiétnicas e fragmentados internamente, que se mostraram frágeis e vulneráveis às insatisfações que impulsionaram posteriormente o expansionismo dos antigos impérios da Alemanha e da Rússia.

Avaliando a questão russa, após a saída do país da guerra, seguiu-se a Guerra Civil de 1918-1920, a breve implementação da Nova Política Econômica (1921), a criação da União Soviética (URSS) em 1922 e a internalização da revolução nos anos 1920-1930 (solidificando o projeto stalinista de socialismo em um só país e a modernização industrial por meio dos planos quinquenais). A Rússia viu-se excluída do Tratado de Versalhes (1919) e da Liga das Nações, e sofreu pesadas perdas territoriais, simbolizadas no Tratado de Brest Litvosk (1918). A cessão da Ucrânia, de parte da Polônia e da Bielorrússia e a independência dos países bálticos (Estônia, Lituânia e Letônia) representam esse enfraquecimento.

A Rússia – depois URSS – sempre foi percebida como uma ameaça no *Great Game* do século XIX, pela sua dinâmica e dimensão territorial, sendo inclusive apontada como a grande rival britânica por Mackinder[14]. Na concepção do autor, não importaria qual o regime político prevalecesse na Rússia, pois seu imperativo geopolítico será sempre se expandir para as bordas da Eurásia, e seu domínio territorial em termos de dimensão espacial e posição geográfica central aliado ao poder de mobilidade terrestre ameaça o equilíbrio de poder no continente basilar[15]. Além disso, Mackinder via a aliança ou domínio entre Rússia e Alemanha como uma possibilidade de formar um império global. Era de interesse das potências vitoriosas, incluindo a ideia de "autodeterminação dos povos", criar uma zona de contenção e enfraquecer a Rússia. A percepção

---

14. Mackinder (2020a).
15. Mackinder (2020a; 2020b).

da ameaça "socialista" somente viria agravar as tentativas ocidentais de relegar a URSS a uma "zona de quarentena".

Em termos de questão americana, esta é associada ao vácuo de poder gerado pela ausência dos EUA nos arranjos do pós-guerra que o país ajudara a criar. Embora tivesse prevalecido, como citado, a lógica realista na redação final de Versalhes, como aponta Kissinger, o peso do idealismo wilsoniano havia sido considerável, legando não só o conceito de autodeterminação dos povos, mas também a Liga das Nações[16]. Entretanto, na década de 1920, as dinâmicas políticas internas estadunidenses levaram o país a substituir uma agenda ativa de relações internacionais e engajamento permanente no nascente multilateralismo por ações de cunho unilateral. Ainda que muitos definam essa fase como isolacionista, o que se observa é a retomada de um padrão unilateral de ação, baseado na concepção do primeiro presidente norte-americano, George Washington, de evitar a participação do país em alianças permanentes[17].

Em um momento de transição de poder hegemônico, com a perda de supremacia política-econômica-estratégica da nação inglesa, o país vencedor da guerra que teria condições de assumir essa tarefa não se mostrava preparado, nem disposto a assumir a tarefa de estabilizador. No campo político-estratégico, os EUA abstiveram-se do exercício diplomático de seu poder e, no econômico, como aponta Kindleberger, não exerceram o papel anterior desempenhado pela Inglaterra[18].

Tal papel enfocava uma supremacia comercial (em termos de complementaridade econômica ou promotora do livre-comércio) e financeira global (atuando como "emprestador de última instância" e provedor de liquidez, nem de curto prazo, nem financiador de longo prazo). Isso se revelou claramente a partir de 1928, quando a prosperidade e o aumento da taxa de juros nos EUA reduziram a saída de capital e resultaram na crise de 1929, levando a ainda maiores reduções dos empréstimos dos EUA e seus efeitos em cadeia, e à grande depressão e suas consequências pelos anos 1930. Problemas como inflação, desemprego e desvalorizações competitivas para estimular exportações aumentavam as rivalidades.

Nesse contexto, seguiram-se desvalorizações cambiais competitivas, deflação (com excesso de oferta), abandono do padrão-ouro, políticas de restrições ao comércio e capital, não pagamento de dívidas internacionais, entre outros instrumentos utilizados. Do ponto de vista sistêmico, impactavam nas relações econô-

---

16. Kissinger (1995).
17. Pecequilo (2011).
18. Kindleberger (2013).

micas internacionais ou na interrupção/restrição de comércio e crédito. Embora reconheça como um padrão no âmbito do histórico de protecionismo estadunidense, Peter Temin aponta a significativa elevação tarifária unilateral dos EUA, a *Smoot-Hawley Tariff Act* de 1930, como o desencadeador de uma sucessão de desvalorizações cambiais com caráter de represália, que levou à crise ao impactar nas exportações de todos os países, inclusive dos EUA, gerando consequentemente queda da produção, do emprego e da renda[19].

Na década de 1930, três modelos em resposta à Grande Depressão se consolidaram: o socialista-soviético (com o país permanecendo isolado visando ao seu desenvolvimento, mas ainda sim sendo percebido como uma ameaça pelo Ocidente); o *New Deal* nos EUA de Franklin Delano Roosevelt (1933-1945), com as políticas de construção da rede de bem-estar social, intervenção do Estado na economia em termos regulatórios e como agente econômico (em setores como infraestrutura); e o fascismo europeu, que encontrou na Itália e na Alemanha seus tipos ideais.

No caso da Alemanha, para Kennedy, o movimento "[...] simplesmente intensificou o esforço alemão em favor do revisionismo. [...] Apesar das suas perdas territoriais, das restrições militares e da instabilidade econômica, a Alemanha depois de 1919 ainda era *potencialmente* uma grande potência muito forte"[20]. A crise econômica acelerou o fim de Weimar, aprofundando a questão alemã. Em que consiste a "questão alemã"?

A questão alemã pode ser entendida como um dos principais motores da instabilidade da paz, senão o principal, como reforça Kennedy. Arthur Dix, em *A geografia política*, de 1926, citado em Costa, expressava a insatisfação alemã: "A geografia política não pode colocar-se diante do mapa atual da Europa como se o traçado fosse definitivo; é quase seguro que em um futuro próximo surgirão motivos abundantes para sua retificação"[21]. Dix completa afirmando que as perdas se contrapõem às necessidades da Alemanha, que teria condições de se tornar novamente uma grande potência. Por isso, Kennedy chama esse quadro de "paz cartaginesa"[22].

A paz punitiva de Versalhes imposta à nascente República de Weimar (1919-1933), baseada em uma combinação de perdas territoriais, reparações financeiras aos vencedores e imposição de limitações legais ao poder bélico alemão, promovia

---

19. Temin (1995).
20. Kennedy (1995, p. 279). O autor lista alguns pontos que explicam esta força residual: população, ferro e aço, infraestrutura de transportes e comunicações internas intactas, indústrias química e elétrica, universidades e institutos técnicos.
21. Costa (2005, p. 114).
22. Kennedy (1995, p. 276).

um estrangulamento real do país, isolando-o e debilitando-o dentro do cenário europeu. Além disso, a Alemanha também não seria incluída de imediato na Liga das Nações, fazendo parte da organização somente a partir de 1926.

De acordo com Bowman, as principais perdas territoriais alemãs ocorreram em suas possessões coloniais, mas principalmente no continente europeu: a Alsácia-Lorena, a província de Sarre (com a cessão à França das minas carboníferas) e as regiões pertencentes à antiga Prússia Oriental, que passaram a fazer parte da Polônia (o corredor polonês)[23]. Como aponta Costa, a partir da análise geopolítica baseada em Dix, Maull e Haushofer, o redesenho das fronteiras em Versalhes levava ao enfraquecimento e à vulnerabilidade alemã, à dispersão das populações de origem germânica e a uma sensação de humilhação que inflamava os movimentos nacionalistas e conservadores[24].

Ao longo dos anos 1920, tentativas de matizar esta situação de crise alemã e de instabilidade generalizada, como o Plano Dawes (1924), os Tratados de Locarno (1925-1926), o Pacto Kellog-Bryant (1928) e o Plano Young (1929), pouco efeito tiveram. A Grande Depressão de 1929 colocaria em xeque quaisquer novas tentativas de estabilidade e, na prática, os anos 1930 se tornaram uma década de prelúdio à nova guerra.

O *turning point* dessa nova guerra encontra-se na ascensão de Hitler e do Partido Nacional Socialista ao poder na Alemanha em 1933 (Partido Nazista). Como modelo histórico, o fascismo possui suas origens na Itália (solidificando-se com a liderança de Benito Mussolini), mas foi na Alemanha hitlerista que alcançou sua dimensão mais bem acabada. Esta dimensão, denominada de totalitária, se baseava em uma conjugação de fatores como os sistematizados por Arendt: a monopolização da representação política, uma ideologia estruturada em torno do culto ao chefe, o nacionalismo e a exaltação à superioridade diante de outros povos (e a submissão do outro que incluiu a política de genocídio da Alemanha nazista) e a mobilização permanente das massas[25].

Esta base sociopolítica interna e a recuperação econômica intensiva da indústria alemã e do exército (burlando os ditames de Versalhes), associadas ao vácuo legado pelo poder estadunidense e pela Liga das Nações, e à fraqueza estratégica do eixo franco-britânico, permitiram a Hitler reconstruir os recursos de poder alemão e reposicionar geopoliticamente o país. Esse processo pode ser dividido em duas fases: 1933-1936 e 1936-1939. Na primeira fase, Hitler

---

23. Bowman (1921, p. 193).
24. Costa (2005).
25. Arendt (1989).

dedicou-se à solidificação de seu poder doméstico, avaliando o perfil das diplomacias europeias, que, diante de suas crises e temendo o avanço socialista, se mostravam alheias aos avanços alemães.

A efetiva destruição de Versalhes ocorre na segunda fase, 1936-1939, quando o *military build-up* começa a ter efeitos, conformando-se uma aliança entre Alemanha e Itália e Alemanha e Japão (Pacto Anti-Komintern). De acordo com Visentini, desenham-se dois esforços de diplomacia triangular: EUA, França e Inglaterra de um lado; e, de outro, Alemanha, Itália e Japão, que comporiam, respectivamente, as Forças Aliadas e do Eixo na Segunda Guerra Mundial[26]. Os EUA, ainda presos a uma política de maior desengajamento, assistiam com preocupação aos avanços alemães, mas, devido aos Atos de Neutralidade (1935/1936/1937), se mantinham distantes do cenário europeu.

Nesse cenário, predominou a Política de Apaziguamento a Hitler, que partia do princípio de que o reengajamento alemão ao sistema europeu seria suficiente para conter as ambições de Hitler de reconquistar o espaço vital alemão. Bastante equivocada, tal avaliação abriu caminho para a recuperação dos espaços geopolíticos perdidos em Versalhes: em 1938, observa-se a anexação da Áustria; no mesmo ano, o Acordo de Munique devolve parte da Tchecoslováquia à Alemanha, que, em 1939, avança pelo restante do território tcheco, culminando com a invasão da Polônia em setembro e o início da *blitzkrieg* europeia. Por sua vez, a URSS de Stalin buscava preservar-se geopoliticamente, vide o Pacto Nazi-Soviético de 1939, que lhe garantiria neutralidade, a preservação de seu território e um cordão sanitário de proteção na hipótese da guerra (pacto que seria rompido pela Alemanha em 1941, levando a URSS ao conflito ao lado dos aliados).

Por fim, não é possível encerrar uma análise sobre o período da paz instável gerada por Versalhes sem adentrar o cenário asiático, pressionando pela continuidade do domínio colonial europeu, a ascensão dos movimentos de libertação nacional e a expansão do projeto imperial do Japão. Tal projeto visava à construção de uma esfera de coprosperidade asiática. A reorganização do sistema territorial asiático pelo Japão tinha como objetivo conquistar novos espaços geográficos que reforçassem sua posição geopolítica, compensando seus poucos recursos de poder internos e seus problemas demográficos. Assim como o projeto alemão, o japonês possuía forte componente totalitário, associado à divindade do Imperador.

A paz não era frágil somente na Europa, mas também na Ásia (havendo situações de instabilidade e crise nas periferias africana e latino-americana). Pode-se caracterizar as duas grandes guerras como uma única, interligadas por um

---

26. Visentini (2020).

interregno pacífico instável e conflituoso com enorme potencial para eclodir a continuidade da guerra. Em 1939, a curta paz, ou a longa guerra, como indicado por Hobsbawn[27], encerrar-se-ia como a invasão alemã da Polônia[28].

A paz da estabilidade e das armas estratégicas no pós-Segunda Guerra Mundial: a Guerra Fria e o Equilíbrio do Terror (1947-1989)

Assim como a Primeira Guerra Mundial, a Segunda Guerra desenrolou-se em torno de duas oposições: os aliados, compostos por França, Inglaterra, EUA e URSS (sendo que os dois últimos ingressaram formalmente em 1941) e o Eixo – Alemanha, Itália e Japão. As causas estruturais do conflito de 1939 remetem às de 1914, associadas às alterações de poder relativo no equilíbrio de poder mundial, com o declínio das potências tradicionais europeias e a ascensão dos EUA e da Alemanha, configurando uma transição hegemônica. Tais tensões não foram solucionadas pelo conflito de 1914 e a elas somaram-se novos problemas e fenômenos derivados das inconsistências dos arranjos de Paz de Versalhes, a recém-chegada Revolução Russa e União Soviética e as crescentes turbulências periféricas resultantes dos processos de autodeterminação dos povos e movimentos nacionalistas.

A violência e a extensão territorial da Segunda Guerra Mundial (1939-1945) e o fracasso da experiência prévia de construção da paz em Versalhes tornaram-se presentes ao longo do desenrolar do conflito, servindo como um alerta para aqueles que se desenhavam como os vencedores, em particular os EUA. Independentemente das pressões unilaterais e isolacionistas internas que atrasaram a entrada do país na guerra, o governo FDR[29] já se mostrava consciente de que seria necessário assumir um papel global. No debate geoestratégico interno, Nicholas Spykman já apontava neste sentido em sua obra *America's Strategy in World Politics*, de 1942. A ordem do pós-guerra deveria refletir não arranjos mistos ou tensionados entre os vencedores como em 1919, mas a realidade de poder efetiva.

Ainda que, como citado, não tenha havido em 1945 um tratado formal nos mesmos moldes de Versalhes, já mesmo antes de encerrar o conflito a nova ordem mundial sob a hegemonia dos EUA passou a ser gestada, dentro da aliança da guerra com França, Inglaterra e a URSS. Formalmente, esta aliança nasceu em 1941, em dois momentos-chave: a entrada da URSS na guerra em junho, e

---

27. Hobsbawn (1995).
28. Para o período pré-Segunda Guerra Mundial e o desenrolar da guerra, recomenda-se Visentini (2020).
29. Franklin Delano Roosevelt.

a dos EUA em dezembro. Tanto Alemanha quanto Japão teriam de enfrentar a ofensiva conjunta dos exércitos ocidentais, fortalecidos pelos EUA e pelo Exército Vermelho soviético. O período 1942-1945 caracterizou-se por uma série de batalhas históricas, e a única utilização da arma decisiva sobre populações civis: a explosão das bombas atômicas no Japão, nas cidades de Hiroshima e Nagasaki, em agosto de 1945.

A ordem gerida pela *Pax Americana*, que passava a assumir responsabilidades de poder compatíveis com seus recursos, inicia seu processo de estabelecimento ainda durante a guerra, como citado (o ponto de partida foi em 1943, na Conferência de Casablanca). Evitando repetir os erros de 1918, quando o Idealismo Wilsoniano não gerou um engajamento concreto, os EUA de FDR iniciaram um processo de convencimento interno, fortalecimento de instituições de projeção de poder e expansão externa, que correlacionavam o futuro do sistema internacional ao norte-americano. FDR lançou as bases do Internacionalismo Multilateral, que, a partir de 1945, com sua morte, foi assumido por seu vice Harry Truman, implementando o redesenho das relações internacionais.

Três elementos compõem este redesenho, que sustenta o estabelecimento da paz estável do pós-1945 e a Guerra Fria (1947-1989): a construção da ordem da *Pax Americana*, a emergência da era nuclear e a ascensão de um novo conflito global, de caráter intersistêmico entre as superpotências americana e soviética. A nova ordem consolida-se nas conferências de 1944 – Dumbarton Oaks e Bretton Woods – e de 1945 – Yalta e Potsdam (relacionadas ao equilíbrio de poder europeu e global).

Dumbarton Oaks teve como foco negociações para a criação de uma organização política multilateral, visando à criação de um fórum permanente para a promoção da paz, a segurança internacional e a resolução pacífica de disputas. Tendo como exemplo a antiga Liga das Nações, a futura Organização das Nações Unidas (ONU), criada em 1945 na Conferência de São Francisco, mesclava tanto o Idealismo Wilsoniano – com a participação de todas as nações na Assembleia Geral – quanto o realismo geopolítico simbolizado pelo estabelecimento do Conselho de Segurança das Nações Unidas (CSNU), composto por EUA, Inglaterra, França, União Soviética e China.

Nas discussões de Bretton Woods, Henry Dexter White (representando os EUA) se posicionou de forma diretamente oposta a John M. Keynes (representante britânico), ao propor instituições multilaterais na arena econômica que propagariam políticas contracionistas de ajuste macroeconômico para países que incorressem em déficit comercial, e ainda se opôs à ideia de uma moeda internacional global, dando origem ao padrão ouro-dólar (tornando o dólar a moeda internacional com lastro metálico e, com isso, fortalecendo o poder dos EUA).

A proposta de criação de uma Organização Internacional de Comércio (OIC) com o objetivo de regular o comércio global e evitar políticas protecionistas não foi adiante, barrada pelo próprio EUA, que, ao controlar mais de 50% da produção mundial, não via como interessante a agência. Somente em 1995 nasceria a Organização Mundial do Comércio (já no pós-Guerra Fria), concluindo negociações iniciadas em 1947 no âmbito das Rodadas do Acordo Geral de Comércio e Tarifas (GATT).

Na prática, o contexto geopolítico bipolar e as decorrentes disputas por esferas de influência fizeram com que os EUA operacionalizassem o sistema monetário-financeiro e as instituições econômicas multilaterais de forma "keynesiana", no sentido de prover liquidez e desenvolvimento. Em áreas de maior competição geopolítica e caráter estratégico, os EUA promoveram um verdadeiro "desenvolvimento a convite", provendo liquidez e financiamentos a fundo perdido, tolerando e até mesmo incentivando medidas intervencionistas no campo comercial e macroeconômico, e mesmo abrindo unilateralmente seus mercados para as exportações da Alemanha e do Japão[30]. Conforme aponta Romero, os arquivos revelam que havia uma divergência de posicionamento em relação ao tema entre grupos econômicos e políticos nos EUA, mas no fim prevaleceu a visão do Departamento de Estado, que primava por questões geopolíticas, acima de ganhos econômicos[31]. Assim, a operacionalização de um "keynesianismo global" e o predomínio da visão keynesiana correspondiam aos interesses dos EUA, promovendo o sucesso do capitalismo e afastando a penetração do socialismo soviético.

A historiografia aponta que os EUA foram o país mais beneficiado pelo conflito, à medida que seu território foi preservado, suas perdas humanas comparativamente as da Europa e URSS foram pouco significativas e a economia pode se recuperar da Grande Depressão. Associado a essa força, desenvolviam-se mecanismos inovadores de poder estratégico – a arma nuclear e seu monopólio (mantido até 1949[32]) político, econômico, cultural e diplomático.

De acordo com Ikenberry, os EUA podem ser classificados como um "Leviatã Liberal", à medida que estruturam sua ordem para exercer seu poder hegemônico por meio de instrumentos muitas vezes indiretos e que beneficiam igualmente outros Estados[33]. Isso eleva a confiabilidade na hegemonia, que compartilha custos e benefícios aos pertencentes a suas alianças e diminui os

---

30. Medeiros & Serrano (1999).
31. Romero (1993).
32. O "clube nuclear" é composto pelas seguintes nações: EUA, Rússia, França, Inglaterra, China, Índia, Paquistão, Israel e Coreia do Norte (STATISTA, 2020).
33. Ikenberry (2012).

custos transacionais da imposição de vontade. Sustentada em um tripé situacional-institucional, ideológico e estratégico[34], a hegemonia se autodefine como benigna, inserindo em suas ações práticas de autorrestrição estratégica, *lock in* e *binding* (engajamento e compromisso).

Outro elemento fundamental da dominação se refere à consolidação do apelo ideológico do *American Way of Life*. Embora ao longo do conflito bipolar as discussões parecessem remeter somente às oposições básicas dos regimes capitalista e socialista em torno da economia e da política, a atração do modo de vida dos EUA era mais ampla. A geocultura, traduzida em uma propagação do que era o sonho americano, foi essencial ao construir imagens associadas à prosperidade, ao sucesso individual, aos bens de consumo e à indústria da comunicação de massa. Para Halliday, "[f]oi a *t-shirt* e o supermercado, não a canhoneira ou as manufaturas mais baratas que destruíram a legitimidade e a estabilidade do sistema soviético"[35].

Os processos de reconstrução na Europa Ocidental e no Japão, por meio do Plano Marshall e dos pacotes financeiros de ajuda, e o engajamento das nações perdedoras, Alemanha e Japão, em alianças bi e multilaterais com os EUA reforçavam essa influência e o aspecto positivo da hegemonia, assim como elevavam seu nível de controle e influência. Tratava-se de uma combinação bem-acabada de força e convencimento.

Deve ficar bastante claro que o uso de estruturas hegemônicas de poder para exercer influência não militar não significa, e nunca significou, que os EUA abriram mão de seu poder estratégico, fosse ele nuclear ou convencional. Dentro da agenda multilateral, arranjos securitários como o TIAR (Tratado Interamericano de Assistência Recíproca, 1947) e a OTAN (Organização do Tratado do Atlântico Norte, 1949) foram desenvolvidos, sem deixar de lado a busca pela supremacia militar e a consolidação de objetivos geopolíticos. O que houve, contudo, foi maior elevação da sofisticação do exercício hegemônico com novos instrumentos de construção da ordem, a novidade do surgimento da arma nuclear e o compromisso da divisão do mundo, em 1945, em torno do vigente equilíbrio de poder entre EUA e URSS (e que, em 1947, levaria à Guerra Fria). Do lado soviético, mecanismos

---

34. A classificação de Nye Jr. (1990; 2008) sobre as formas de poder caracteriza os poderes como *hard* (duro), *soft and cooptive* (brando e de cooptação) e *smart* (inteligente), correspondendo respectivamente aos recursos militares, ideológicos, econômicos, culturais, diplomáticos e institucionais e uma combinação equilibrada dos outros poderes.

35. Halliday (1999, p. 110). Completando esta reflexão sobre diferentes táticas de dominação, Gaddis (1998) classifica os EUA como um "império por convite", enquanto a URSS representava o "império por imposição".

como o COMECON (Conselho para a Assistência Econômica Mútua, 1949) e o Pacto de Varsóvia (1955) possuíam funções similares.

Cabe analisar o último elemento apontado como essencial para a estabilidade da paz: o reconhecimento do papel decisivo desempenhado pela URSS na vitória sobre o Eixo. Isto foi traduzido no compromisso de Roosevelt, o presidente americano, em respeitar as fronteiras soviéticas e o entorno estratégico da Europa Oriental como uma zona tampão entre a URSS e o Ocidente.

A Conferência de Yalta, em fevereiro de 1945, representou o auge dessa colaboração EUA-URSS e efetivou o acordo com a URSS de que países fronteiriços não seriam governados por regimes antissoviéticos, criando um cordão sanitário na Europa Oriental (lógica da "terra pela paz"). Ainda que esta solução não agradasse plenamente aos europeus, principalmente a Inglaterra, liderada pelo Primeiro-Ministro Winston Churchill, que temia uma URSS imperialista e expansionista de sua revolução socialista, a capacidade de resistência britânica era baixa naquele momento. Assim, já em Yalta estabeleceram-se as regras não escritas das esferas de influência a serem respeitadas entre EUA e URSS, os protagonistas da guerra.

Como diz Kissinger, a bipolaridade parecia gerar um equilíbrio estável que, contudo, começaria já a se encaminhar para o conflito frio na posterior Conferência de Potsdam, em agosto do mesmo ano[36]. Sob o novo governo Truman, os EUA não romperiam a lógica da partilha europeia (e mesmo global) conforme estabelecida em Yalta, mas sinalizariam o uso das bombas atômicas no Japão que a relação com a URSS não seria de paz, mas de potencial oposição. Rompia-se a aliança entre os regimes capitalista e socialista, na ausência de um inimigo comum.

A mudança da política dos EUA entre 1945 a 1947, transitando da acomodação à confrontação com a URSS, deriva de fatores internos: a transição do grupo dominante no poder de FDR a Truman, a crescente influência do complexo industrial-militar na política e a necessidade de gerar consenso interno em torno de um inimigo, o comunismo soviético, solidificando o apoio da opinião pública ao engajamento internacional permanente. A despeito desta validação política interna, segundo Brzezinski, o imperativo da Guerra Fria era estratégico e geopoliticamente necessário, como será abordado[37].

Tanto as armas nucleares quanto a construção da ordem e a política da contenção explicam a paz estável de 1947 a 1989, que conviveu com um conflito frio e inúmeras guerras periféricas quentes. As armas nucleares geraram a realidade de

---

36. Kissinger (1995).
37. Brzezinski (1986).

uma competição indireta devido ao risco do MAD (*Mutual Assured Destruction*). A corrida armamentista e o desenvolvimento de capacidades de ataque e armas e veículos de lançamento mais eficientes tornaram-se o foco da disputa entre os EUA e a URSS.

De acordo com Hobsbawn, estabeleceu-se um acordo tácito entre as superpotências de que uma confrontação aberta e direta não seria conveniente, pois uma escalada militar poderia levar à destruição mútua. Por isso, nas "guerras quentes", sempre há envolvimento direto somente de uma delas, enquanto a outra se envolve indiretamente. Sobre a Guerra da Coreia, por exemplo, Hobsbawn aponta que era claro o fornecimento de financiamento e equipamentos soviéticos, mas não seu envolvimento direto, enquanto os EUA se envolviam diretamente[38].

Após 1962, com a Crise dos Mísseis em Cuba, quando EUA e URSS quase entraram em confrontação direta, o equilíbrio do terror assumiu uma face mais complexa, contemplando dois mecanismos: o da não proliferação (visando coibir o desenvolvimento de armas nucleares por países não nuclearizados que têm no Tratado de Não Proliferação Nuclear seu maior símbolo) e das negociações de armamentos entre as superpotências.

A construção da ordem, seja no campo do multilateralismo, seja no estabelecimento das esferas de influência e suas regras não escritas em Yalta e Potsdam, forneceu estabilidade e durabilidade à paz por ser reflexo do equilíbrio de poder de sua época. Mesmo com a mudança na política externa dos EUA, os limites de 1945 foram respeitados: EUA como dominante na América Latina[39] e na Europa Ocidental, União Soviética prevalecendo na Europa Oriental e na Ásia Central, enquanto as periferias asiática e africana, à luz dos movimentos de descolonização iniciados a partir dos anos 1950, representavam as novas fronteiras em disputa no vácuo do poder colonial europeu. O apoio da URSS à Revolução Cubana (1959) e acontecimentos posteriores, como a crise dos mísseis, podem ser vistos como a única violação mais aparente das regras não escritas dos arranjos do pós-guerra.

A paz estável (pelo menos no topo entre as superpotências) será essencialmente ligada à lógica da política de contenção e da geopolítica clássica, associada

---

38. Hobsbawn (1995).

39. A América Latina é uma região geográfica pertencente à esfera geopolítica dos EUA, enquadrada na lógica da Doutrina Monroe (1823), que estabelece como prioridades a preservação de sua estabilidade, a promoção de uma governança e regimes aliados aos norte-americanos e a contenção da emergência de poderes intra e extrarregionais que possam ameaçar a presença estadunidense ou confrontá-la.

ao reposicionamento na Eurásia, principal teatro da Guerra Fria. Sustentada em três pilares – a contenção da URSS, a contenção do comunismo e a disseminação do liberalismo político e econômico pelos EUA –, a grande estratégia norte-americana baseava-se em um jogo de espera, mas também de avanços em zonas-chave. A contenção, adicionalmente, provia o instrumental ideológico, de caráter missionário, que justificava para o público interno a política de poder. Nas palavras do Sr. X[40]:

> Nessas circunstâncias, é claro que o elemento mediano de qualquer política dos EUA em relação à URSS deve ser a contenção de longo prazo, paciente, mas firme e vigilante, das tendências expansivas russas [...]. É claro que os EUA não podem esperar, em um futuro previsível, uma intimidade política com o regime soviético. Deve continuar a considerar a URSS como um rival, não um parceiro, na arena política. Deve continuar a esperar que as políticas soviéticas não reflitam nenhum amor abstrato pela paz e estabilidade, nenhuma fé real na possibilidade de uma coexistência feliz e permanente dos mundos socialista e capitalista, mas uma pressão cautelosa e persistente para a ruptura e o enfraquecimento de toda influência rival e poder rival [...]. À luz dessas circunstâncias, o observador atencioso das relações russo-americanas não encontrará motivo para reclamar no desafio do Kremlin à sociedade americana. Ao contrário, ele experimentará uma certa gratidão a uma Providência que, ao oferecer ao povo americano este desafio implacável, tornou toda a sua segurança como nação dependente de se recompor e aceitar as responsabilidades da liderança moral e política que a história claramente pretendia suportar[41].

O pensamento estratégico da Guerra Fria remete à inspiração da geopolítica clássica de Mackinder e de Spykman, e encontra diversos representantes na aná-

---

40. O Sr. X foi identificado como o diplomata George Kennan. O artigo "The sources of Soviet Conduct" (1947) é um dos documentos-chave da origem da contenção que orientam o pensamento político-estratégico norte-americano para a Guerra Fria. Sobre este pensamento e sua evolução, ver Padula (2018).

41. *"In these circumstances it is clear that the mean element of any United States policy toward the Soviet Union must be that of a long-term, patient but firm and vigilant containment of Russian expansive tendencies [...]. It is clear that the United States cannot expect in the foreseeable future to enjoy political intimacy with the Soviet régime. It must continue to regard the Soviet Union as a rival, not a partner, in the political arena. It must continue to expect that Soviet policies will reflect no abstract love of peace and stability, no real faith in the possibility of a permanent happy coexistence of the Socialist and capitalist worlds, but rather a cautious, persistent pressure toward the disruption and weakening of all rival influence and rival power [...]. In the light of these circumstances, the thoughtful observer of Russian-American relations will find no cause for complaint in the Kremlin's challenge to American society. He will rather experience a certain gratitude to a Providence which, by providing the American people with this implacable challenge, has made their entire security as a nation dependent on their pulling themselves together and accepting the responsibilities of moral and political leadership that history plainly intended them to bear"* (X., 1947, s/p).

lise das relações internacionais bipolares, dentre as quais a de Brzezinski oferece uma excelente síntese do que foi esta dinâmica[42].

O ponto de partida é a inevitabilidade do conflito entre os dois sistemas – o estadunidense e o soviético – e de que historicamente era preciso "prevalecer para vencer". Para Brzezinski, "o confronto americano-soviético não é uma aberração temporária, mas uma rivalidade histórica que continuará a existir por muito tempo"[43]. O fundamento central desta rivalidade é geopolítico, que remonta às bases clássicas deste pensamento e se resume, em linhas gerais, entre o

> [...] choque entre uma potência oceânica e uma potência continental [...] acomodações táticas ocasionais não podem obscurecer o caráter competitivo e latente do relacionamento. O conflito – produzido por realidades geopolíticas e acentuado por diferenças ideológicas e sistêmicas – continuará a ser o motor básico do relacionamento[44].

Após a Segunda Guerra Mundial, a consolidação da hegemonia da talassocracia dos EUA ampliou as fronteiras desde choque, devido à extensão do perímetro de segurança norte-americano para a massa continental eurasiana e suas periferias próximas, entrando em colisão na área de expansão continental da Rússia em seu perímetro de segurança[45]. A interação soviético-americana se mesclava em um jogo de avanços e esperas no continente basilar, afinal,

> Aquele que controlasse a Eurásia dominaria o mundo. Se a União Soviética capturasse as periferias desta massa continental – a Europa Ocidental, o Extremo Oriente e o Sul Asiático – ela não ganharia apenas enormes recursos humanos, econômicos e militares, como também o acesso a passagens geoestratégicas para o hemisfério ocidental – os Oceanos Atlântico e Pacífico[46].

Na luta pela Eurásia, Brzezinski define três tabuleiros estratégicos: a Europa Ocidental (o Extremo Ocidente), o Japão e a China (o Extremo Oriente) e o Sudoes-

---

42. O pensamento estratégico norte-americano sobre a Guerra Fria, suas prioridades e dinâmicas, possui uma literatura vasta que não será possível abordar aqui em sua totalidade. Recomenda-se Pecequilo (2011) para aprofundar esses estudos. A opção por focar em Brzezinski e Kissinger em diferentes momentos do texto deriva do fato de que ocuparam cargos formais no Conselho de Segurança Nacional (NSC) nos EUA (sendo que Kissinger também foi secretário de Estado, acumulando as tarefas), exercendo papel central no processo de formulação de políticas e decisão. Especificamente, Kissinger foi assessor de Segurança Nacional de 1969 a 1975 e secretário de Estado entre 1973-1977, nas presidências Nixon (1969-1974) e Ford (1974-1976); e Brzezinski (1986) esteve à frente do NSC na gestão Carter (1977-1981).
43. Brzezinski (1986, p. 9).
44. Brzezinski (1986, p. 20 e 38).
45. Kissinger (1995).
46. Brzezinski (1986, p. 31-32).

te Asiático. No caso da Europa Ocidental, trata-se do primeiro teatro estratégico de maior engajamento dos EUA na sua fase hegemônica, impulsionado pela ameaça de ascensão de governos comunistas na Grécia e na Turquia e pela crise de Berlim, entre 1947-49, respondida pela Doutrina Truman, pelo Plano Marshall e pela constituição da OTAN. Segue-se o Extremo Oriente, cuja importância se tornou patente ainda nos anos 1950, a partir da Revolução Comunista na China (1949) e a Guerra da Coreia (1950-1953), e que sempre se manteve em evidência. Nas décadas de 1960-1970, foi foco de mais um conflito quente, com a presença direta dos EUA na Guerra do Vietnã (1968-1975).

O Sudoeste Asiático é denominado de frente tardia, à medida que se incorporou a partir dos anos de 1980, e teve como catalisadoras a Invasão Soviética ao Afeganistão e a Revolução fundamentalista do Irã em 1979. Esta última frente possui como Estados-pino o próprio Irã e o Paquistão, e seu potencial de instabilidade se estende ao Oriente Médio, à Ásia Central e ao Norte da África[47] (regiões que ficaram conhecidas também como ventre mole e arco das crises, a partir da análise de Brzezinski). Tanto a segunda quanto a terceira frentes estratégicas são impactadas diretamente pelo mencionado processo de descolonização afro-asiático iniciado na década de 1950[48].

O papel da URSS alternou políticas de isolamento e expansão. Diferentemente dos EUA, que possuíam sua disposição um aparato institucional e ideológico abrangente, a URSS competia mais diretamente apenas no campo estratégico-militar a altos custos econômicos para sua sociedade. Segundo Halliday, a URSS não conseguia acompanhar plenamente os EUA na competição intersistêmica e multidimensional: enquanto a escala de atuação dos EUA era global, o alcance da URSS era mais limitado à esfera regional[49]. A exceção a esta regra é a década de 1970, quando a URSS saiu de uma posição cautelosa para ampliar suas ações na América Latina (além de Cuba), na África e na Ásia[50]. Essas ações acentuaram a

---

47. Ainda no governo Carter, esta frente estratégica embasou a Doutrina Carter, que visava garantir o acesso livre dos EUA aos recursos energéticos da região do Oriente Médio. Qualquer tentativa de barrar esse acesso seria rechaçada pelos norte-americanos por meio de operação militares.

48. A América Latina surge como coadjuvante, sendo considerada, à exceção de Cuba, relativamente estável. Ainda assim, Brzezinski (1986) via com preocupação um eventual distanciamento entre os EUA e seus parceiros hemisférios na década de 1970 e 1980.

49. Halliday (1999).

50. Durante o governo Reagan (1981-1988), como forma de pressionar a URSS nestas regiões, os EUA desenvolveram a prática das *proxy wars* (guerras por procuração, nos conflitos convencionais de baixa intensidade) nas quais financiavam, treinavam e muitas vezes armavam grupos locais (os *freedom fighters*) contra as chamadas forças comunistas. Outra ação empreendida foi a intensificação da ação do *National Endowment for Democracy* como forma de facilitar a mudança de regime em nações definidas como não democráticas pelos EUA por meio de ações de financiamento de partidos políticos e organizações não governamentais.

superextensão imperial soviética, sendo um dos fatores que contribuíram para a fragilidade continuada do regime a partir da década de 1970. A Guerra do Afeganistão (1979-1989) seria mais um elemento desse enfraquecimento.

Segrillo compartilha esta percepção, indicando que a década de 1970 foi decisiva para o recuo posterior geopolítico da URSS e também para expor suas fragilidades econômicas e tecnológicas, à luz da Revolução Científico-Tecnológica (RCT)[51]. As reformas de Gorbachev para reduzir esses *gaps* econômicos, políticos e estratégicos somente aceleraram o fim do regime soviético e do próprio período de "paz" da Guerra Fria. A abertura política da *glasnost*, associada aos ajustes econômicos da *perestroika*, minou o controle do Partido Comunista da URSS, promovendo a desestruturação do modelo vigente desde 1917. No campo externo, a política externa do Novo Pensamento, que falava de uma Rússia "europeia" e abria mão da luta de classes em escala global, representava o recuo soviético, que se consolidou com a retirada das tropas do Pacto de Varsóvia da Europa Oriental em 1989, ano do fim da Guerra Fria.

Outro elemento-chave que enfraqueceu a URSS e, mais amplamente, mudou a lógica da paz desse período e seus protagonistas foi a "reentrada" da China comunista (República Popular da China – RPC) nas relações internacionais, por meio da aproximação com os EUA. Entre 1949 e 1955, a RPC apresentava uma posição de isolamento, quebrada com sua participação e liderança na Conferência de Bandung (1955), que marca o nascimento do Sul no sistema internacional, como parte do processo de descolonização afro-asiático. Entre 1955 e 1969, em meio ao acirramento da Guerra Fria, ao racha sino-soviético e ao repensar geopolítico dos EUA diante do país, a China buscou um reposicionamento internacional que culminou nessa reaproximação.

Bastante complexo, esse processo foi construído a partir de interesses comuns, inaugurando a Diplomacia Triangular Washington-Pequim-Moscou, no governo Nixon, em dissonância com um dos pilares da contenção, inclusive – a contenção do comunismo. Todavia, o objetivo era muito mais amplo para EUA e China: conter a URSS, reposicionar os EUA na Ásia e, para a China, garantir o fim do seu isolamento e sua modernização econômica. Iniciada por Kissinger em sua viagem secreta à China em 1971, esta ação mudou a configuração do equilíbrio de poder mundial[52]. Para Kissinger, essa configuração era composta, mais amplamente, de dois triângulos: o citado EUA-China-URSS e EUA-Japão-Europa Ocidental (representativa da trilateral, conforme pensada por Brzezinski)[53]. A sobreposição destes

---

51. Segrillo (2000).
52. Kissinger (2011).
53. Kissinger (1995).

triângulos indicava uma possível multipolaridade em formação, representada pela pentarquia: EUA, Japão, Europa Ocidental, China e URSS.

Um dilema enfrentado por Nixon, e que obteve uma resposta estratégica expansiva, foi a pressão internacional pela desvalorização do dólar a partir dos registros de déficits comerciais dos EUA com Alemanha e Japão em 1968, que passaram a se traduzir como déficits globais em transações correntes. A resposta de Nixon em 1971 foi no sentido de enquadrar os aliados "convidados ao desenvolvimento" que se tornaram potenciais rivais, rompendo unilateralmente com o sistema de Bretton Woods, declarando a não conversibilidade do dólar em ouro. Ao mesmo tempo, seguindo a visão neoliberal presente em sua equipe econômica, os EUA passaram a pressionar pela abertura financeira nos aliados da Europa e do Japão[54]. Baseado no poder militar e tecnológico dos EUA, jogou o sistema monetário-financeiro internacional em uma crise e abriu caminho para a reafirmação da hegemonia do dólar e dos EUA no sistema monetário financeiro internacional (completada pelo choque de juros de Paul Volcker em 1979), agora emitindo a moeda internacional sem lastro ou conversibilidade em ouro, livre de restrições, pois um dólar passou a valer um dólar[55].

Ainda nesse período, é preciso destacar que Brzezinski identificou que a citada terceira frente estratégica, a do Sudoeste Asiático, era fundamental para o controle da Eurásia e, portanto, para a vitória na confrontação estratégica EUA-URSS[56]. Devido a sua importância energética, em termos de recursos e rotas comerciais, a superpotência que controlasse a região auferiria a capacidade não só de negar acesso ao rival, mas também a capacidade de influenciar os Estados nos outros dois teatros, extremidades Ocidental e Oriental da Eurásia, ganhando, assim, poder para controlar (ou expulsar seu rival) os três tabuleiros estratégicos da Eurásia. Tal visão se traduziu na Doutrina Carter, anunciada pelo presidente em 1979 e formulada por Brzezinski:

> Que nossa posição seja absolutamente clara: uma tentativa de qualquer força externa de obter o controle da região do Golfo Pérsico será considerada um ataque aos interesses vitais dos Estados Unidos da América, e tal ataque será repelido por todos os meios necessários, incluindo força militar[57].

---

54. Helleiner (1994).
55. Medeiros & Serrano (1999).
56. Brzezinski (1986).
57. "*Let our position be absolutely clear: An attempt by any outside force to gain control of the Persian Gulf region will be regarded as an assault on the vital interests of the United States of America, and such an assault will be repelled by any means necessary, including military force*" (CARTER, 1980, s/p).

Na visão de Klare, a Doutrina Carter tem sido uma orientação permanente na política externa dos EUA desde o governo FDR, quando, durante a Segunda Guerra, foi identificada tanto a importância do petróleo para a segurança nacional e poder militar quanto a possibilidade de esgotamento de reservas em território norte-americano[58].

Por conta das armas nucleares e da possibilidade da MAD, Brzezinski aponta que a confrontação bipolar somente poderia ser resolvida através de um processo de longo prazo, no qual uma das superpotências iria prevalecer historicamente e a outra buscaria uma acomodação geopolítica. Somado a isso e à importância do Sudoeste Asiático já mencionada, o autor identificou a vulnerabilidade do império soviético por seu caráter multinacional e sua transformação de potência multidimensional a unidimensional militar-nuclear. Por isso, suas recomendações geoestratégicas num contexto de "paz estável", mas competitiva, se baseavam nas seguintes prioridades para os EUA:

> 1) acelerar a emergência de uma Europa Ocidental mais autossuficiente e eventualmente uma Europa recuperada de sua divisão do pós-guerra; 2) promover um triângulo estratégico informal no Extremo Oriente através de uma mais ampla cooperação econômica e política entre os Estados Unidos, o Japão e a China; 3) amparar o Sudoeste Asiático fortalecendo politicamente e reforçando militarmente os vizinhos meridionais da União Soviética; e 4) apoiar as pressões internas nos Estados da Europa Oriental sob domínio dos soviéticos e, até mesmo, dentro da própria URSS, para uma maior tolerância e diversidade política[59].

Acompanhado da paridade estratégica nuclear, o processo de prevalecer para os EUA consistiria, por um lado, no objetivo de não perder o controle da Eurásia e, por outro, em trabalhar pela implosão do império soviético, explorando divisões internas e sua impossibilidade de manter uma corrida armamentista de longo prazo com altos gastos militares, diante da potência multidimensional estadunidense – que seria ao mesmo tempo uma potência econômica, tecnológica, e cultural, além de militar-estratégica. Brezinski identificou que a URSS já registrava uma participação de gastos militares em relação ao PIB que representava o dobro da dos EUA, em um contexto de estagnação econômica, o que indicava uma falta de recursos de poder para competir no longo prazo, que levaria a uma busca pela acomodação e pelo reconhecimento do status dos EUA como única superpotência. O autor joga luz na importância da dinâmica do complexo-industrial militar como um fator que contribui para o sucesso econômico-tecno-

---

58. Klare (2004).
59. Brzezinski (1986, p. 213).

lógico das suas empresas e do país, dentro do modelo e da dinâmica competitiva capitalista, frente ao modelo soviético.

No entanto, um fator importante que passa despercebido por ele é o rompimento, nos anos de 1980, da Arábia Saudita (aliado dos EUA) com a forma de negociar os preços de petróleo acordada na OPEP, o que jogou seus preços para um nível muito baixo, impactando diretamente na capacidade de economias dependentes de petróleo, como a soviética. Esta vantagem foi identificada e aproveitada pelos EUA.

A partir de 1981, Reagan combinou um aumento estratosférico dos gastos militares – na sua Iniciativa de Defesa Estratégica, ou "Guerra nas Estrelas" – que não poderia ser acompanhada pela URSS, com a proliferação da ideologia e de práticas de abertura econômico-financeira neoliberais sobre a Europa e o Japão que reforçavam a posição do dólar e da supremacia econômica dos EUA. Portanto, ao mesmo tempo que convidavam a China para o jogo competitivo, combinando a diplomacia das armas e do dólar, os EUA enquadraram seus rivais revelados (URSS) e potenciais (Alemanha e Japão), sem uma confrontação militar hegemônica aberta e direta, num contexto de "paz estável" baseada nas armas estratégicas.

Todos esses acontecimentos e dinâmicas levaram ao encerramento deste período de paz em 1989, com a crise terminal da URSS e o desmonte de sua esfera de influência na Europa Oriental e da própria URSS em 1991. Contraposta ao período do pós-Primeira Guerra, essa fase surge como mais estável comparativamente devido à *Pax Americana*, a sua ordem e ao elemento das armas estratégicas. Porém, não necessariamente uma fase menos competitiva, vide a natureza bipolar do equilíbrio de poder e dos permanentes choques intersistêmicos entre URSS e EUA.

Considerações finais

Ao longo do texto, definiram-se dois períodos de paz para o século XX, após as Guerras Mundiais de 1914-1918 e 1939-1945. O primeiro foi avaliado como uma paz instável e cartaginesa, e o segundo, como uma paz estável baseada em armas estratégicas e uma lógica de ordem e contenção específicas. Em cada uma delas, a geopolítica da paz apresentou problemas e desafios similares, mas dinâmicas de conflito e acomodação diferentes. Enquanto o entreguerras abriu as portas para um novo conflito global, o pós-1945 legou ao mundo um conflito de caráter frio entre seus poderes globais, que, respeitados os limites das regras não escritas de 1945, disputaram espaços periféricos de forma quente e indireta e, na Eurásia, assumiram uma guerra de posições.

A paz da estabilidade foi, também, a paz da Guerra Fria (1947-1989), de um conflito intersistêmico que muito excedeu limites ideológicos, para focar em novos espaços e recursos de poder, caminhando da geopolítica à geoeconomia, principalmente a partir dos anos 1970 (estando aí incluída a geocultura). O elemento nuclear, a resiliência da ordem da *Pax Americana* são componentes essenciais para a estabilidade. Mesmo quando os EUA jogaram o sistema econômico-financeiro em instabilidade a partir de 1971, a distribuição de poder, a guerra por posições na Eurásia e a existência de armas nucleares encaminharam a resolução da competição sem uma confrontação aberta direta. Ou seja, a guerra se deu por outros meios. Nesta lógica, e já pensando no atual contexto do século XXI, parece claro que o pós-1989, de forma provocativa, poderia também ser definido como uma era de paz instável.

Da mesma forma que nas fases anteriores, os vencedores ditaram as regras da nova ordem do pós-guerra, baseada em uma suposta universalização do modelo capitalista em sua concepção neoliberal e da unipolaridade militar norte-americana. Entretanto, não havia mais este domínio incondicional dos EUA. Já em 1997, Brzezinski indicava que a "América não é apenas a primeira, bem como a única superpotência verdadeiramente global, mas também é provável que seja a última"[60].

A despeito de uma suposta continuidade da *Pax Americana* ter emergido em 1989, o equilíbrio de poder vigente no sistema internacional apontava para uma outra realidade de transformação e disputas. De 1989 em diante, o que se observa é um cenário de instabilidade, competição e imprevisibilidade no equilíbrio de poder, de reconfiguração de ordens, pactos e dependências. A geopolítica da paz do século XX apenas nos mostra que nem a paz, nem a guerra, em qualquer uma de suas formas ou definições, é perene.

Referências

ARENDT, H. *As origens do totalitarismo*. São Paulo: Ed. Companhia das Letras, 1989.

ARON, R. *Paz e guerra entre as nações*. São Paulo: Ed. WMFontes, 2008.

BOWMAN, I. *The New World: Problems in Political Geography*. New York: World Book Company, 1921.

BRZEZINSKI, Z. *O grande desafio EUA-URSS*. Rio de Janeiro: Nórdica, 1986.

_____. *The grand chessboard: American primacy and its geostrategic imperatives*. New York: Basic Books, 1997.

CARR, E.H. *Vinteanos de crise- 1919-1939*. Brasília: Ed. FUNAG/UnB. 2001.

---

60. "America is not only the first, as well as the only, truly global superpower, but it is also likely to be the very last" (Brzezinski, 1997).

CARTER, J. *State of the Union Address*. Disponível em: <https://www.jimmycarterlibrary.gov/assets/documents/speeches/su80jec.phtml>. Acesso em: 25 mar. 2021.

COSTA, W.M. *Geografia política e geopolítica: discurso sobre o território e o poder*. São Paulo: EDUSP, 2008.

GADDIS, J. L. *We know now: rethinking Cold War history*. London: Oxford University Press, 1998.

HALLIDAY, F. *Repensando as relações internacionais*. Porto Alegre: Ed. UFRGS. 2ed., 1999.

HELLEINER, E. *States and the Reemergence of Global Finance*. New York: Cornell University Press, 1994.

HOBSBAWM, E. *A era dos extremos*. São Paulo: Companhia das Letras,1995.

IKENBERRY, G. J. *Liberal leviathan – the origins, crisis and transformation of world order*. New York: Princeton University Press, 2012.

KENNEDY, P. *Ascensão e queda das grandes potências*. Rio de Janeiro: Ed. Campus / Elsevier, 1995.

KINDLEBERGER, C. P. *The world in depression – 1929-1939*. Stanford: University of California Press. 40th anniversary edition, 2013.

KISSINGER, H. *Diplomacy*. New York: Simon and Schuster,1995.

_____. *Sobre a China*. Rio de Janeiro: Ed. Objetiva, 2011.

KLARE, M. *Blood and oil*. New York: Metropolitan Books, 2004.

KRASNER, S. D. Compromising Westphalia. *International Security*, vol 20, n. 3, p. 115-151, 1995.

MACKINDER, H. J. Democratic ideals and reality. A study in the politics of reconstruction. London: Constable and Company Ltd., 2020b.

_____. *The geographical pivot of history*. London: Cosimo Books, 2020a.

MEDEIROS, C.; SERRANO, F. Padrões monetários internacionais e crescimento. In: FIORI, J. L. (Org.). *Estados e moedas no desenvolvimento das nações*. Petrópolis-RJ: Vozes, 1999, p. 119-133.

NYE JR, J. S. *Bound to lead*. New York: Basic Books, 1990.

_____. *The powers to lead*. London: Oxford University Press, 2008.

PADULA, R. O pensamento geoestratégico e os documentos estratégicos dos Estados Unidos no pós-Guerra Fria. *Carta Internacional*, vol. 13, n. 2, p. 31-55, 2018.

PECEQUILO, C. S. *A política externa dos Estados Unidos: continuidade ou mudança*. Porto Alegre: Ed. UFRGS. 3 ed., 2011.

_____. *Teoria das Relações Internacionais: o mapa do caminho. Teoria e prática*. Rio de Janeiro: Ed. Altabooks, 2016.

ROMERO, F. Interdependence and integration in American eyes: from Marshall Plan to currency convertibility. In: MILWARD, A. et al. (Orgs.). *The Frontier of National Sovereignty*. London: Routledge, 1993.

SEGRILLO, A. *O declínio da União Soviética*. Rio de Janeiro: Ed. Record, 2000.

STATISTA. Number of nuclear warheads worldwide as of January 2020. Disponível em: <https://www.statista.com/statistics/264435/number-of-nuclear-warheads-worldwide/>. Acesso em: 18 mar. 2021.

TEMIN, P. *Lessons from the Great Depression*. Massachusetts: MIT Press, 1995.

TREATY OF VERSAILLES (Treaty of Peace with Germany). Disponível em: <https://www.loc.gov/law/help/us-treaties/bevans/m-ust000002-0043.pdf>. Acesso em: 15 mar. 2021.

VISENTINI, P. F. *O eixo e a URSS na Segunda Guerra Mundial*. Porto Alegre: Leitura XXI, 2020.

X. "The sources of soviet conduct". *Foreign Affairs*, vol. 25, n. 4, 1947. Disponível em: <https://www.cvce.eu/en/obj/the_sources_of_soviet_conduct_from_foreign_affairs_july_1947-en-a0f03730-dde8-4f06-a6ed-d740770dc423.html>. Acesso em: 17 mar. 2021.

Paz, moeda e coerção no século XXI

Ernani Teixeira Torres Filho

Introdução

No dia 7 de agosto de 2018, o presidente dos Estados Unidos acionou contra o Irã uma das armas mais modernas e poderosas do vasto arsenal militar americano. Desta vez, em lugar de utilizar artefatos nucleares ou equipamentos tecnologicamente de ponta, os EUA lançaram um novo tipo de bomba, de natureza financeira: a "bomba-dólar". Trata-se de uma arma que foi desenvolvida no século XXI e que possui alto poder de destruição econômica, sem gerar diretamente danos físicos ou perda de vidas humanas no inimigo. É de efeito crescente e promove a desorganização dos mercados internos do país afetado, quanto mais sua economia estiver integrada ao sistema financeiro global. Seus custos de mobilização e de operação são mínimos para o agressor. O risco de fatalidades entre os atacantes é nulo. Trata-se, portanto de uma nova maneira de a potência hegemônica operar a segurança da ordem global em "tempos de paz".

A bomba-dólar consiste na interdição de todos os atores internacionais – governos, empresas e bancos, americanos ou não – de fazerem uso da moeda dos Estados Unidos, o dólar, para realizar suas transações financeiras com qualquer entidade direta ou indiretamente vinculada a um país específico. A nação-alvo passa a ser vista e tratada como um ator "terrorista", que precisa ser isolado. Esta posição de pária internacional permanecerá até que seu governo adote um novo comportamento interno e externo que seja considerado aceitável pela potência hegemônica e, portanto, condizente com a "ordem internacional" em tempos de paz. Os efeitos da bomba são reforçados por medidas adicionais, como, no exemplo iraniano, a proibição de outros países comprarem seu petróleo, mesmo que o dólar não seja utilizado como moeda de pagamento.

Os efeitos das medidas americanas sobre o Irã foram imediatamente sentidos. A inflação, em 12 meses, multiplicou-se por cinco. De um patamar de pouco menos de 10% ao ano em maio de 2018, atingiu mais de 50% em junho de 2019. A taxa de câmbio do *ryal* iraniano frente ao dólar no mercado livre também sofreu impacto semelhante. Entre janeiro e setembro de 2018, chegou a se desvalorizar mais de quatro vezes, passando de 44.200 *ryals* para 190.000. A produção diária de petróleo entre junho de 2018 e igual mês de 2019 recuou de 3,8 milhões de barris para 2,3 milhões. Nesse período, estima-se que as exportações iranianas de óleo diminuíram de 2,8 milhões para algo próximo a 500 mil barris por dia. O Produto Interno Bruto (PIB) do país, que cresceu 3,8% ao ano em 2018, segundo o Banco Mundial, recuou para -6,8% em 2019. Esses são só alguns dos principais indicadores que mostram os efeitos imediatos da bomba-dólar sobre o Irã. Apesar de ter sido acionada em 2018, sua potência ainda não atingiu o nível máximo, já que a estratégia americana é ir sempre escalando seu impacto destrutivo ao longo do tempo.

A bomba-dólar começou a ser desenvolvida no início do século XXI como instrumento para rastrear os fluxos de financiamento para as células terroristas da Al-Qaeda. A organização tinha sido responsável pelo atentado de 11 de setembro de 2001 na cidade de Nova Iorque, que derrubou as "Torres Gêmeas". Esse evento foi considerado o pior ataque estrangeiro em solo norte-americano, desde o bombardeio japonês da base naval de Pearl Harbor no Havaí em 1941. O governo dos EUA percebeu no episódio de "11 de Setembro" que o financiamento da operação terrorista tinha envolvido a mobilização de uma soma elevada de recursos que haviam transitado livremente em dólares pelo sistema financeiro. Assim, o ataque poderia ter sido, eventualmente, evitado, caso houvesse um monitoramento permanente, pelas autoridades americanas, das transações operadas por seus inimigos no interior do sistema bancário internacional.

A montagem da bomba-dólar contou com o apoio imprescindível dos bancos e da rede de troca de informações dos pagamentos realizados no âmbito do sistema financeiro internacional – Society for Worldwide Interbank Financial Telecommunication (SWIFT). Esses atores, até então, tinham resistido à pressão dos Estados Unidos para acessar sem autorização judicial os dados contidos em seus sistemas, para controlarem a movimentação financeira dos clientes dos bancos. O SWIFT tinha medo de que essa parceria com os EUA fosse considerada pelo mercado uma quebra de confiança que prejudicasse seus negócios. Entretanto, o atentado das Torres Gêmeas e a subsequente "Guerra contra o Terrorismo" eliminaram qualquer resistência política das empresas financeiras à iniciativa americana. O exemplo do SWIFT é relevante porque se trata de uma empresa estabelecida e localizada na Bélgica e sujeita às leis daquele país e da Comunidade Europeia, ou seja, não está formalmente obrigado a seguir as determinações dos EUA. Mesmo assim, o engajamento dessa rede à "Guerra contra o Terrorismo" não precisou de muito tempo nem de muito convencimento. Na prática, o SWIFT e os bancos internacionais tornaram-se veículos de execução da própria bomba-dólar, conscritos a atuar como soldados em uma guerra financeira.

A partir desse momento, as instituições financeiras que fossem veículo de transações entre clientes vinculados ao terrorismo ou a outras atividades ilícitas passaram a ser tratadas, em todo o mundo, como cúmplices e ficaram expostas a medidas punitivas. Tendo em vista que o sistema financeiro opera em rede, qualquer agente que enfrente um problema reputacional será imediatamente excluído por seus pares e investidores, pelo medo de contágio ou de perda patrimonial. A mera publicidade dessa suspeita leva, na prática, a sua eliminação em muito pouco tempo da rede de negócios financeiros, mesmo que não haja nenhuma medida formal de exclusão por parte do governo americano. Esse tema, que ficou conhecido genericamente como "lavagem de dinheiro", tornou-se um dos objetos da regulação financeira internacional e das legislações nacionais, como um capítulo dos Acordos de Basileia, que comandam a arquitetura da regulação financeira internacional desde os anos de 1990.

O novo artefato financeiro americano apresenta grandes diferenças frente aos armamentos de ponta até então utilizados. Seu uso não é feito por militares, mas por economistas e advogados do Departamento do Tesouro americano. Esses funcionários civis se deslocam pelo mundo, ameaçando a reputação dos bancos que possam ser utilizados – ou tentados a se deixar usar – pelas entidades-alvo da interdição, como mecanismos de transferência, mobilização ou de aplicação de recursos financeiros. O custo dessa nova atividade coercitiva, incluindo a mobilização de pessoal, o uso de equipamentos e o desenvolvimento de *softwares*, é muito baixo. O número de funcionários de governo envolvidos é pequeno e a "conscrição" dos bancos não envolve gastos públicos.

Outro aspecto importante é a capacidade de os países-alvo se defenderem do "novo armamento". O impacto da bomba-dólar é tanto maior quanto mais a nação afetada for dependente da economia e do sistema financeiro internacional. Desse ponto de vista, a Coreia do Norte, por exemplo, por ser uma economia muito pouco integrada, tende a resistir melhor a um ataque desse tipo do que o Irã, que é um grande exportador de petróleo.

A capacidade de resposta de uma nação que seja alvo da nova bomba seria ampliada na hipótese de existirem outras potências que decidam enfrentar o Poder Americano, mantendo o comércio e abrindo as portas do seu sistema financeiro para que o país sitiado consiga operar suas contas externas e seu comércio exterior. Entretanto, as iniciativas conhecidas de mecanismos financeiros criados para reduzir o impacto da bomba têm tido efeito, até agora, limitado ou nulo. O principal exemplo no caso do Irã foi a criação de uma empresa comercial exportadora – a Instrument in Support of Trade Exchanges (INSTEX) – controlada pelos governos de Reino Unido, França e Alemanha, para criar um canal financeiro independente do dólar e, em princípio, que garantiria imunidade às empresas participantes de retaliações americanas. Essa experiência se mostrou inútil até o início de 2020, quando no final de março o governo inglês noticiou que a primeira operação utilizando a INSTEX tinha sido ainda fechada e, mesmo assim, tinha razões humanitárias, já que era relacionada à compra de equipamentos médicos para o combate à Covid-19.

Finalmente, a bomba-dólar difere de duas das principais inovações militares introduzidas no século XX: a bomba atômica, detida inicialmente apenas pelos americanos, e o acesso ao espaço, alcançado primeiramente pelos soviéticos, com o lançamento pioneiro da nave espacial Sputnik. Em ambos os casos, a vantagem acumulada pelo país inovador foi efêmera. Foi uma questão de tempo, dinheiro, conhecimento técnico e, eventualmente, de roubo de segredos industriais, para que as outras potências conseguissem deter o mesmo tipo de armamento.

Esse, no entanto, não é o caso da bomba-dólar. A vantagem desse artefato não reside no monopólio de uma tecnologia, mas é institucional e decorre da posição única que a moeda americana tem no sistema internacional, hoje muito integrado e que tem no dólar seu padrão monetário central. Trata-se de um diferencial único que foi acumulado pelos Estados Unidos ao longo das últimas cinco décadas e que não está presente em nenhuma outra moeda que tenha curso internacional[1]. A eliminação desse ganho estratégico dos americanos só seria possível se houvesse uma concertação das demais potências que provocasse uma ruptura na forma como os mercados e a riqueza globais operam atualmente, o que implicaria provocar, no curto prazo, uma crise de proporções superiores à de 1929.

Diante desse cenário, este texto pretende, ademais desta introdução e das conclusões, apresentar algumas evidências e discutir a instrumentalização da bomba-dólar. Busca também identificar algumas bases teóricas na Economia e na Economia Política Internacional que possam ajudar a pensar o novo artefato. Para tanto, seu corpo foi dividido em três partes. A primeira contém uma revisão da literatura sobre sanções econômicas. O intuito é diferenciar a bomba-dólar dos demais mecanismos de coerção utilizados no passado. A segunda trata da instrumentalização da moeda americana como arma, o que só veio a ocorrer no século XXI, e detalha a experiência recente iraniana como objeto do acionamento de uma bomba-dólar. A terceira aborda os elementos teóricos da Economia e da Economia Política Internacional que podem oferecer algum auxílio para o entendimento da instrumentalização militar da moeda hegemônica.

1. Torres (2014) e Torres (2020).

Das sanções financeiras à bomba-dólar

A maior parte da literatura sobre sanções econômicas se centra na questão da eficácia desses instrumentos de coerção.[2] Nesse quesito, as opiniões sempre foram muito divergentes. De um lado estão os otimistas, como o ex-presidente americano Woodrow Wilson, que defendem que as sanções poderiam ser uma alternativa aos horrores da guerra. Seriam, assim, instrumentos eficazes a serem utilizados para a "manutenção da paz". Wilson, em discurso realizado em 1919, afirmou:

> Uma nação boicotada é uma nação que está à beira da rendição. Aplique-se este recurso econômico, pacífico, silencioso e mortal e não haverá a necessidade de se usar a força. É um remédio terrível. Ela só sacrifica vidas do país boicotado e gera uma pressão que, do meu ponto de vista, nenhuma nação moderna poderia resistir.[3]

Mesmo depois da Segunda Guerra Mundial, a visão otimista ainda teve adeptos importantes. Segundo Drezner[4], o renomado economista americano Albert Hirschman argumentou, em 1945, que as grandes potências poderiam conseguir concessões das nações mais fracas por meio do uso da coerção econômica. Entretanto, essa visão foi rapidamente erodida pelo desenvolvimento da Guerra Fria.

Entre aqueles que defendem uma posição contrária, existem atores políticos relevantes, como o ex-Presidente Richard Nixon, que disse: "*Algumas pessoas pensam em poder econômico como o uso punitivo de sanções econômicas, com a ampla divulgação de condições para sua remoção. Isso é altamente ineficaz e às vezes contraproducente*"[5]. Inclui-se nesta lista também o economista americano Milton Friedman, que afirmou: "Em suma, as sanções econômicas não são uma arma eficaz de guerra política"[6].

Hufbauer define sanções econômicas como a suspensão – ou a ameaça de suspensão – engendrada por um governo, ou por sua inspiração, de relações comerciais ou financeiras com outros países. Trata-se, segundo o autor, de instrumentos tradicionais da diplomacia que têm como objetivo interferir no processo decisó-

---

2. Fenaroli (2016).

3. "*A nation that is boycotted is a nation that is in sight of surrender. Apply this economic, peaceful, silent, deadly remedy and there will be no need for force. It is a terrible remedy. It does not cost a life outside the nation boycotted but it brings a pressure upon the nation which, in my judgment, no modern nation could resist*" (Hufbauer et al., 2007, p. 1). A tradução desta citação e das seguintes é de responsabilidade do autor deste capítulo.

4. Drezner (1999).

5. "*Some people think of economic leverage as the punitive use of economic sanctions, with highly publicized conditions set for their removal. This is highly ineffective, and sometimes counterproductive*" (Drezner, 1999, p. 10).

6. "*All in all, economic sanctions are not an effective weapon of political warfare*" (Drezner, 1999, p. 10).

rio do governo do país-alvo, "mas de uma forma comedida, que complementa a reprovação diplomática sem a introdução imediata da força militar"[7].

As sanções estão na escala dos mecanismos de pressão usados pelos governos como um conjunto de ações que se colocam entre a mera manifestação de desacordo e de ameaça, realizadas por agentes diplomáticos, e a ação militar propriamente dita. Nesse sentido, seus custos políticos para os países que adotam medida coercitivas são muito inferiores aos de uma mobilização bélica. Segundo Jeremy Greenstock, embaixador do Reino Unidos na ONU entre 1998 e 2003, o principal motivo para as sanções serem populares é que:

> [...] se você quiser exercer pressão sobre um governo, não há nada além disso entre as as palavras e a ação militar. A ação militar está cada vez mais impopular e, em muitos aspectos, é ineficaz em um mundo moderno baseado na legitimidade, e as palavras não funcionam com regimes rígidos. Portanto, algo entre eles é necessário. O que mais existe além disso?[8]

As sanções econômicas são instrumentos muito antigos. A primeira iniciativa do gênero, que se conhece, foi o bloqueio comercial imposto por Atenas em 432 a.C. aos comerciantes de Megara, cidade integrante da Liga do Peloponeso e comandada por Esparta, rival de Atenas. De acordo com o historiador grego Tucídides[9], essa decisão de Atenas fez eclodir a Guerra do Peloponeso, que opôs as duas mais poderosas forças políticas da civilização helênica, levando à derrota e à decadência do império ateniense. Desde então, as sanções econômicas estiveram presentes em diversos conflitos entre as nações e os impérios. Um exemplo célebre foi o bloqueio imposto pelo Império napoleônico ao comércio dos países do continente europeu com a Grã-Bretanha no início do século XIX. Um caso relevante de sanção financeira foi a desestabilização da taxa de câmbio da libra esterlina, provocada pelo governo dos EUA em 1956, com o intuito de obrigar as Forças Armadas britânicas a desocuparem o Canal de Suez, invadido pela Inglaterra em retaliação à nacionalização imposta pelo governo egípcio.

Nos últimos anos, o uso das sanções econômicas vem aumentando, como mostra a experiência das Nações Unidas. Desde sua criação em 1945 até 1990, a organização aplicou esse instrumento duas vezes. Nos dez anos seguintes, foram

---

7. "[...] but in a measured way that supplements diplomatic reproach without the immediate introduction of military force" (Hufbauer et al., 2007, p. 5).
8. "[...] *there is nothing else between words and military action if you want to bring pressure upon a government. Military action is increasingly unpopular and in many ways ineffective in a modern legitimacy-oriented world, and words don't work with hard regimes. So something in between these is necessary. What else is there?*" (Marcus, 2010).
9. Tucídides (431 a.C.).

12 vezes. Outro dado ilustrativo é que o número de sanções impostas desde 1989, com fim da Guerra Fria, até 2007 foi o mesmo que ocorreu nas nove décadas anteriores[10]. Como aponta Fenaroli[11], a literatura geralmente não faz distinção entre sanções comerciais e financeiras, tratando-as como elementos intercambiáveis, embora essa visão venha alterando-se nos últimos anos. Nos séculos XIX e XX, a maior parte dos instrumentos de coerção que foram acionados foi de natureza comercial e não gerava efeitos relevantes sobre a população mais rica e politicamente mais forte da nação-alvo. No século XXI, diferentemente, as sanções deixaram de ser abrangentes para se tornarem direcionadas (*targeted*) e inteligentes (*smart*). Nesse conjunto se incluem a proibição de viagens, o embargo de armas e as sanções financeiras, tais como: o congelamento de ativos de atores específicos, o veto à tomada de empréstimos em instituições multilaterais e a piora nas condições dos empréstimos. De acordo com Drezner[12], essa nova família de sanções goza de maior precisão e, em sua opinião, afeta mais grupos sociais selecionados – os mais ricos e poderosos do país-alvo –, minimizando o impacto sobre o resto da população local. Como veremos mais adiante, a bomba-dólar não se adequa facilmente a essa definição.

Vários países patrocinaram o desenvolvimento de sanções financeiras na década de 1990, no exato momento em que o sistema financeiro global começou a operar, centrado nos mercados e na moeda dos Estados Unidos[13]. No caso dos EUA, durante o governo Clinton, o Departamento de Tesouro tomou medidas contra países que não adotavam ações consideradas adequadas para o monitoramento de operações de lavagem de dinheiro, particularmente para fins criminais e de evasão fiscal. Em geral, as pressões dos funcionários do Tesouro americano foram suficientes para que os governos locais aderissem às regras recomendadas pelos EUA.

As sanções financeiras adquiriram, no entanto, nova roupagem a partir do ataque de "11 de Setembro" em 2001. No governo Bush, a experiência acumulada nos anos 1990 foi intensificada para ser utilizada na caça aos terroristas da Al-Qaeda. No dia 24 de setembro, menos de 15 dias depois da derrubada das Torres Gêmeas, o presidente americano anunciou:

> Hoje, lançamos um ataque à estrutura financeira da rede global de terror [...]. Vamos privar os terroristas de financiamento, colocá-los uns contra os outros, arrancá-los de seus esconderijos seguros e levá-los à

---

10. Hufbauer et al. (2007).
11. Fenaroli (2016).
12. Drezner (2011).
13. Torres (2014).

justiça [...]. Estamos avisando a bancos e instituições financeiras em todo o mundo – trabalharemos com seus governos, pediremos que congelem ou bloqueiem a capacidade dos terroristas de acessar fundos em contas estrangeiras [...]. Se você faz negócios com terroristas, se os apoia ou patrocina, não fará negócios com os Estados Unidos da América. [...] Estabelecemos um centro de rastreamento de ativos terroristas estrangeiros no Departamento do Tesouro para identificar e investigar a infraestrutura financeira das redes terroristas internacionais.[14]

O discurso do presidente Bush impressiona pelo conteúdo e pelo fato de ter sido proferido em poucos dias após o atentado. Na prática, revela que os EUA já haviam desenvolvido a "tecnologia" para operar artefatos financeiros e estavam apenas aguardando uma oportunidade para ampliar seu impacto. Sua concepção e seus mecanismos de operação já haviam sido testados com sucesso. Sua execução, diferentemente das campanhas militares, tem, como revela a fala de Bush, seu centro de comando no Departamento de Tesouro americano. É posta em marcha por funcionários públicos civis, economistas e advogados. Sua instrumentação é a pressão direta sobre atores financeiros, por meio de ameaça de interromper seu acesso aos mercados americanos, além de uma penalidade reputacional, que pode inviabilizá-los economicamente. Entretanto, a fala de Bush não pretendia apenas anunciar a mobilização dos instrumentos já desenvolvidos pelo Estado americano na luta contra o terrorismo. Ela continha também uma convocação para que instituições financeiras e governos estrangeiros se engajassem diretamente nessa luta. Era, de certa forma, uma tentativa de conscrição que mudaria, de uma vez por todas, a relação entre o governo americano e as instituições privadas que operam as transferências internacionais realizadas por meio da moeda americana.

De fato, o sistema financeiro tinha, até então, resistido às iniciativas americanas contra a lavagem de dinheiro que pudessem afetar a imparcialidade política de seus negócios. Entretanto, com o ataque de "11 de Setembro", os EUA conseguiram ter acesso indiscriminado a informações sobre transações financeiras realizadas pelo sistema global. Na prática, era o fim de qualquer tipo de "sigilo bancário" para as autoridades de segurança dos EUA.

---

14. "*Today, we have launched a strike on the financial foundation of the global terror network [....].We will starve the terrorists of funding, turn them against each other, root them out of their safe hiding places and bring them to justice [...].We are putting banks and financial institutions around the world on notice – we will work with their governments, ask them to freeze or block terrorists' ability to access funds in foreign accounts [...]. If you do business with terrorists, if you support or sponsor them, you will not do business with the United States of America. [...] We have established a foreign terrorist asset tracking center at the Department of the Treasury to identify and investigate the financial infrastructure of the international terrorist networks*" (Zarate, 2013, p. 28).

O foco inicial da ação americana foi demandar o livre acesso aos sistemas de mensageria dos bancos internacionais, que é concentrado no SWIFT, uma empresa europeia sediada na Bélgica. O propósito do SWIFT é permitir a comunicação segura entre bancos, quando realizam operações internacionais de pagamentos para seus clientes. Nessa troca de mensagens, ficam registradas informações como: montantes, países de origem e de destino, datas e nome dos bancos e dos clientes envolvidos na transação. Na prática, o SWIFT tem o monopólio desse tipo de comunicação entre bancos, garantindo rapidez e segurança às mensagens.

Nas décadas de 1980 e 1990, o governo americano, por meio de seu Departamento de Justiça e tribunais, tentou, sem sucesso, acessar as informações guardadas no SWIFT. Entretanto, depois do primeiro encontro com a direção da empresa, que ocorreu dias depois do ataque às Torres Gêmeas, os funcionários do Tesouro americano perceberam que dessa vez o SWIFT cooperaria. A impressão deles era que "*Schrank*[15] *sabia que, com 11 de Setembro, tudo havia mudado*"[16].

No final de outubro de 2001, o Tesouro dos EUA começou a receber os primeiros relatórios do SWIFT. Nos anos seguintes, o acesso aos dados da mensageira internacional dos bancos permitiu ao governo americano ir atrás de terroristas e impedir vários ataques da Al-Qaeda em diferentes partes do mundo. O sucesso do novo instrumento tornou "este tipo de inteligência financeira [...] a base para nossa capacidade de rastrear e impedir o financiamento ao terrorismo, e a crescente disciplina imposta pela inteligência financeira comandaria os esforços para isolar o comportamento financeiro desonesto e o movimento de dinheiro pelos inimigos da América"[17].

Superado o estágio do acesso à informação financeira global, iniciou-se uma segunda etapa da constituição da bomba-dólar. Agora, era necessário conscrever os bancos, agentes do sistema de pagamento internacional, a operarem diretamente contra os "inimigos da América". Eles precisavam mudar a maneira como encaravam os clientes considerados indesejados pelos americanos. Até então, os bancos internacionais haviam adotado uma postura passiva. Eles só investigavam seus clientes quando acionados por mandatos judiciais. Além disso, quando eram apanhados participando de atividades criminais ou apoiando países sob sanção, o máximo que lhes acontecia era pagar multas elevadas, que eram vistas pelas instituições financeiras como um custo inerente a seus negócios.

---

15. Diretor da SWIFT à época.
16. "*Schrank knew that 9/11 had changed everything*" (Zarate, 2013, p. 53).
17. "[...] *this kind of financial intelligence [...] the basis for our ability to track and stop terrorist funding, and the growing discipline of financial intelligence would animate efforts to isolate rogue financial behavior and the movement of money by America's enemies*" (Zarate, 2013, p. 65).

Essa postura mudou a partir do atentado das Torres Gêmeas. Desde então, os bancos, por motivos reputacionais e não apenas por patriotismo, não quiseram ser vistos publicamente envolvidos com atividades terroristas. Essa posição foi manifestada às autoridades pelos bancos americanos na semana seguinte ao episódio. Ademais, a nova legislação antiterrorista dos EUA permitia o congelamento dos ativos das entidades que fossem consideradas financiadoras dessas atividades, mesmo que não se pudesse provar que tivessem tido a intenção de fazê-lo. O *Patriotic Act* autoriza o secretário do Tesouro, sem ter o ônus de apresentar evidências, a considerar uma ameaça qualquer instituição financeira, americana ou não, se motivada pela repressão à lavagem de dinheiro e ao financiamento ao terrorismo. Trata-se de um risco reputacional impossível de ser mitigado, sem que os próprios bancos adotem rotinas internas que excluam ou impeçam a entrada de clientes que eventualmente possam estar envolvidos com atividades ilícitas.

Para mudar definitivamente o comportamento tradicional dos bancos e conscrevê-los como "soldados" na guerra financeira, o Departamento do Tesouro iniciou a operação *Bad Banks*. Como resultado, várias instituições financeiras foram investigadas e multadas, entre as quais um grande banco internacional suíço, o UBS. Posteriormente, o Riggs, banco americano de menor porte sediado na capital dos EUA, foi obrigado a fechar as portas devido à precariedade de seus controles internos. O aspecto interessante do caso é que o Riggs era uma instituição que atendia basicamente ao corpo diplomático e funcionários das instituições multilaterais sediadas em Washington. Em 2003, o sistema bancário internacional já havia incorporado a diretiva americana em suas operações, passando a escrutinizar e a cortar, por conta própria, o relacionamento com clientes tidos como "perigosos".

O sucesso do movimento de mobilização do sistema financeiro internacional foi explicado da seguinte maneira:

> Esse novo ecossistema (financeiro) também se apoiou sobre uma infraestrutura financeira globalizada. O sistema conectou todos os atores internacionais – estados e não estados – com seu nó principal nos Estados Unidos – Nova York. Nova York atua como o centro financeiro mais importante do mundo, e o dólar opera como a moeda de reserva global e a moeda dominante no comércio internacional, incluindo petróleo. O ambiente financeiro e comercial do século XXI tinha seu próprio ecossistema que poderia, de uma maneira única, ser aproveitado como um instrumento de poder, com a finalidade exclusiva de obter vantagens para os americanos. Nesse sistema, os bancos eram os motores principais. Por mais simples que fosse, essa revelação estratégica foi revolucionária. Entendemos que essa mudança já havia ocorrido e que poderíamos construir estratégias em torno dela. [...]. A chave para gerenciar o ecossistema era garantir que o comportamento financeiro

ilícito e suspeito continuasse a ser considerado prejudicial para o funcionamento eficiente do sistema financeiro internacional. Atores desonestos e criminosos precisavam ser identificados por conta de suas atividades ilícitas e isolados por aqueles que queriam ser vistos como agentes financeiros legítimos. Com os Estados Unidos definindo esses parâmetros, tivemos a capacidade de bloquear atores desonestos do sistema como nunca antes[18].

Uma vez terminada a etapa de conscrição dos atores financeiros e avaliados os efeitos da sua atuação, o passo seguinte do desenvolvimento da bomba-dólar foi realizar um ensaio contra um país específico. O primeiro inimigo escolhido foi a Coreia do Norte. Era um alvo fácil de ser justificado, por ser uma nação que desde os anos de 1950 estava sob sanções impostas pelas Nações Unidas. Como resposta às limitações ao acesso à moeda estrangeira, as autoridades norte-coreanas haviam montado uma rede de empresas de fachada e de bancos que realizava, de forma clandestina, transferências financeiras de interesse daquele país no interior do sistema global. Entre as instituições financeiras mobilizadas estavam bancos em Macau, Hong-Kong, Pequim, Rússia e Viena. Além dessas atividades financeiras clandestinas, os norte-coreanos também tinham se envolvido, segundo as autoridades americanas, em atividades criminosas como a falsificação de moeda americana e o tráfico de drogas e de armas, e com o financiamento de atividades nucleares em seu país.

A operação contra os norte-coreanos foi realizada em três estágios. O primeiro incluiu ações de investigação e inteligência, identificando os elementos que compunham a rede de operadores envolvidos com a Coreia do Norte. O segundo estágio consistiu na eliminação dos bancos envolvidos com esses financiamentos e pagamentos. Essa operação se centrou na intervenção no banco Delta Asia, estabelecido em Macau, China, e no desmonte de todas as conexões já rastreadas ao redor do mundo. A terceira fase focou os ativos internacionais

---

18. "*This new (financial) ecosystem also relied on a globalized financial infrastructure. The system connected all international actors – states and non-states – with its leading node in the United States – New York. New York serves as the most important financial center in the world, and the dollar serves as the global reserve currency and dominant currency for international trade, including oil. The twenty-first-century financial and commercial environment had its own ecosystem that could be leveraged uniquely to American advantage. In this system, the banks were prime movers. Simple as it was, this strategic revelation was revolutionary. We understood that this shift had already occurred and that we could build strategies around it. [...].The key to managing the ecosystem was to ensure that illicit and suspect financial behavior continued to be thought of as detrimental to the efficient workings of the international financial system. Rogue and criminal actors needed to be branded by their own illicit activities and isolated by those who wanted to be considered legitimate financial players. With the United States defining those parameters, we had the ability to lock rogue actors out of the system as never before*" (Zarate, 2013, p. 150-151).

dos líderes da Coreia do Norte. Essa é outra característica da bomba-dólar: seu lançamento é feito em estágios, cada um acompanhado de uma pressão crescente sobre o inimigo e por medidas adicionais que comprometam a capacidade de resposta do oponente.

A operação contra os norte-coreanos foi considerada um sucesso. Em pouco tempo, as autoridades do país tomaram, pela primeira vez na história, a iniciativa de abrir negociações diretamente com os Estados Unidos, o que mostra o impacto que a desmontagem de sua rede financeira e o congelamento dos ativos teve sobre o funcionamento da economia local. O objetivo do ensaio tinha sido atingido e posteriormente as partes chegaram a um acordo. Como afirmou Paulson, secretário do Tesouro, em um discurso realizado em 2007:

> Em todo o mundo, as instituições financeiras privadas decidiram encerrar seus negócios com as entidades designadas, bem como com outras pessoas suspeitas de praticarem conduta semelhante. O resultado é o isolamento quase total da Coreia do Norte do sistema financeiro global. O efeito sobre a Coreia do Norte tem sido significativo, pois mesmo o regime mais recluso depende do acesso ao sistema financeiro internacional[19].

O resultado da experiência coreana mostrou o potencial disruptivo que o novo artefato poderia ter lançado contra economias que fossem ainda mais integradas ao sistema global. O mecanismo estava maduro para ser aplicado a alvos mais ambiciosos. A "central de comando" no Departamento de Tesouro estava testada para se aventurar em ações de maiores proporções. Os mecanismos de inteligência estavam operando a todo o vapor. A mobilização dos bancos internacionais tinha se mostrado eficaz. O passo seguinte foi utilizar o peso da nova arma para bloquear abertamente uma economia nacional de porte, por meio da perseguição a todos os agentes que tivessem algum relacionamento financeiro com entidades da nação-alvo, fossem esses entes públicos ou privados, de fachada ou não. Nascia a bomba-dólar.

A primeira vítima da bomba-dólar viria a ser o Irã, em dois episódios. O primeiro se estendeu de 2006 a 2015, e o segundo foi deflagrado em 2018. Inicialmente, havia dúvidas na equipe do Departamento de Tesouro se o artefato, que havia funcionado a contento contra a Coreia do Norte, teria sucesso se aplicado ao

---

19. "*Worldwide, private financial institutions decided to terminate their business relationships with the designated entities, as well as others suspected of engaging in similar conduct. The result is North Korea's virtual isolation from the global financial system. The effect on North Korea has been significant, because even the most reclusive regime depends on access to the international financial system*" (Paulson, 2007).

Irã. A dificuldade potencial advinha da complexidade que a operação envolveria, por conta do porte da economia iraniana, de sua integração ao sistema financeiro internacional e de sua posição como grande exportador de petróleo. Entretanto, essa maior dependência criava, ao mesmo tempo, maior vulnerabilidade externa para o Irã, o que tornava a bomba-dólar um artefato potencialmente eficaz, já que quase todo o relacionamento externo no país era feito tendo o dólar como unidade de conta e meio de pagamento.

Entretanto, o início dessa nova ação dependia também da capacidade de o Tesouro americano poder provar a vinculação entre os bancos iranianos e o financiamento de atividades ilícitas. Essa identificação não foi uma tarefa difícil, uma vez que os grandes bancos iranianos eram utilizados para levar recursos para grupos considerados como extremistas – como o Hezbollah, no Líbano – e para financiar operações com armamentos e tecnologia nuclear sensível. Essas operações irregulares eram feitas pelos mesmos bancos e utilizavam os mesmos condutos financeiros das operações legítimas de comércio exterior do país.

Os primeiros estudos para atacar o Irã foram feitos em 2004, mas as medidas iniciais só foram postas em prática em 2006. A concepção da campanha envolvia diferentes estágios, que envolviam tempo e uma pressão crescente sobre a economia do país. Segundo Zarate:

> A campanha financeira [...] precisaria de algum tempo, paciência e coordenação dentro do governo dos EUA e com os aliados – mas, se operada de maneira adequada, poderia funcionar. A diplomacia, embora fosse um componente necessário, não seria o principal meio para promover o isolamento financeiro do Irã. O principal mecanismo seria o mesmo que vinha justificando o isolamento da atividade financeira ilícita desde o 11 de setembro – a proteção da integridade do sistema financeiro internacional. Essa ação se desdobraria em etapas – e o ambiente internacional precisaria ser condicionado para rejeitar negócios com o Irã. Não seria uma campanha de choque financeiro. Em vez disso, levaria tempo, usando uma série de etapas coordenadas. No mínimo, essa campanha se pareceria mais com uma insurgência financeira do que com um programa de sanções tradicional. Teríamos como alvo os bancos do Irã usando a própria conduta do Irã – sua atividade de proliferação, apoio a grupos terroristas e milícias xiitas e falta de controles contra lavagem de dinheiro, bem como a natureza secreta do próprio regime – como a pedra angular de nossa campanha. O conjunto de atividades suspeitas do Irã e as tentativas de evitar o escrutínio internacional estimulariam o setor privado a parar de fazer negócios com o Irã. Nenhum banco respeitável gostaria de ser pego facilitando o programa nuclear do Irã ou o ajudando a fazer pagamentos às células terroristas do Hezbollah espalhadas ao mundo. [...] O objetivo final era empurrar

para o interior de Teerã a questão de se valeria a pena dar continuidade a um programa nuclear diante dos custos econômicos e do isolamento"[20].

A operação foi posta em marcha diretamente pelo Tesouro dos EUA, com apoio do Departamento de Estado em fóruns específicos, como as Nações Unidas. A condução do processo envolveu vários níveis da hierarquia do departamento. O próprio secretário utilizou reuniões internacionais formais, como a do G 20, para convocar as autoridades monetárias e fiscais dos demais países a participarem do ataque ao Irã. Ao mesmo tempo, equipes de funcionários do mesmo departamento foram despachadas para os quatro cantos do mundo, para realizar reuniões com o objetivo de ameaçar velada ou explicitamente a direção de instituições financeiras que potencialmente estivessem envolvidas em negócios ilícitos com o Irã.

Nos dois anos seguintes, enquanto as contas de iranianos nos bancos estrangeiros estavam sendo fechadas, os bancos desse país foram, um após o outro, desconectados do sistema internacional. Com isso, as operações externas do país foram sendo, cada vez mais, concentradas no banco central do Irã, que também realiza operações comerciais. Na prática, a autoridade monetária iraniana passou a operar como um "veículo financeiro de última instância" entre o sistema bancário do país e o resto do mundo. Em janeiro de 2012, o banco central do Irã foi finalmente desconectado, acelerando sobremaneira a crise econômica do país.

Nesse meio tempo, o governo americano expandiu as áreas de atuação das equipes encarregadas da mobilização do setor privado. Inicialmente, os novos alvos foram as empresas de transporte marítimo e as de seguro, para afetar a capacidade do Irã de realizar fisicamente operações de comércio exterior. Posteriormente, foram as empresas internacionais de petróleo, para que evitassem entrar ou saíssem de projetos de investimento no país.

---

20. "*The financial campaign [...] would take some time, patience, and coordination within the US government and with allies – but, if staged properly, it could work. Diplomacy, while a necessary component, would not be the leading mechanism for Iran's financial isolation. The driving principle would be the same as what had been justifying the isolation of illicit financial activity since 9/11 – the protection of the integrity of the international financial system. This would unfold in stages, and the international environment would need to be conditioned to reject doing business with Iran. It would not be a financial shock-and-awe campaign. Instead, it would take time, using a series of coordinated steps. If anything, this campaign would look more like a financial insurgency than a traditional sanctions program. We would target Iran's banks by using Iran's own conduct –its proliferation activity, support for terrorist groups and Shia militias, and lack of anti-money-laundering controls, as well as the secretive nature of the regime itself – as the cornerstone of our campaign. Iran's suite of suspect activities and attempts to avoid international scrutiny would spur the private sector to stop doing business with Iran. No reputable bank would want to be caught facilitating Iran's nuclear program or helping it make payments to Hezbollah terrorist cells around the world. [...] The ultimate goal was to force the question within Tehran as to whether proceeding with a nuclear program was worth the economic costs and isolation*" (Zarate, 2013, p. 292, 293 e 295).

Nos três últimos anos da primeira operação (2012-2015), os americanos conseguiram engajar os europeus e outros países no processo e os impactos sobre o Irã foram tornando-se insuportáveis. No segundo semestre de 2012, a economia iraniana afundava numa recessão, produtos de primeira necessidade, como gasolina, se tornaram escassos, a inflação alcançava níveis elevados e a moeda iraniana – o *ryal* – se desvalorizava rapidamente. Em 2015, os iranianos capitularam e aceitaram limitar seu programa nuclear em troca da suspenção da bomba-dólar.

Entretanto, no dia 7 de agosto de 2018, os Estados Unidos deixaram o acordo que havia suspendido as sanções internacionais contra o Irã, apesar de o país-alvo ter se mantido dentro dos termos firmados em 2015. Os EUA retomaram – agora unilateralmente – medidas financeiras coercitivas contra os iranianos e seus parceiros comerciais. A bomba-dólar foi mais uma vez acionada. As medidas ainda estão em curso e buscam afetar a capacidade do Irã para obter e utilizar a moeda americana.

Os impactos sobre a economia iraniana dessa segunda edição da bomba-dólar foram bastante contundentes. Com seu novo acionamento, o pânico tomou conta dos mercados no Irã e se traduziu rapidamente na forte desvalorização da taxa de câmbio no mercado paralelo (livre) e no aumento dos preços ao consumidor e dos alimentos. Como se pode ver na figura 1, o aumento do índice geral de preços ao consumidor passou, entre o início de 2018 e os primeiros meses de 2021, de menos de 10% para mais de 40% ao ano. A figura 2 mostra que, no mesmo período, a taxa de câmbio do mercado paralelo saiu de pouco mais de 40.000 *ryals* por dólar – que permanece sendo a taxa oficial – e chegou a mais de 300.000 *ryals* no início de 2021.

O impacto da bomba-dólar sobre a produção e a exportação de petróleo iraniano também foi expressiva. De acordo com a figura 3, foram retirados dos poços no país 3,8 milhões de barris por dia em janeiro de 2018. Quando as sanções entraram em vigor, esse volume já tinha sido reduzido em 10%. Desde então, os números foram decrescentes e atingiram, em agosto de 2020, um mínimo de 1,8 milhão, menos da metade do início do período. O impacto nas exportações de petróleo foi ainda mais forte. De um pico de 2,7 milhões de barris dia em abril de 2008, as vendas externas, segundo os dados disponíveis, seriam inferiores a 500 mil barris dia em maio de 2019, ou seja, houve redução de 85% no volume exportado em pouco mais de um ano. Tanto a produção quanto a exportação de petróleo iraniano vêm mantendo-se em torno desses níveis até o início de 2021.

A desorganização dos mercados e a redução na produção e, principalmente, na exportação de petróleo, produziram um forte efeito contracionista sobre o PIB. Os dados do Banco Central do Irã revelam uma contração de mais de 10% do PIB por quatro trimestres, começando no final de 2018 (figura 4).

Figura 1. Irã: Evolução do Índice de Preços ao Consumidor (em % em 12 meses acumulado)

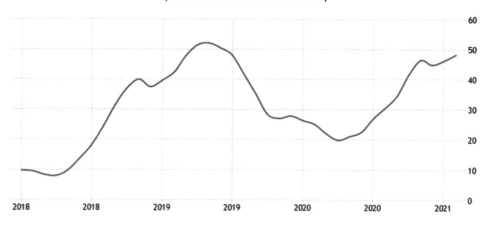

Fonte: Statistical Center of Iran (2021)

Figura 2 Irã: Taxa de Câmbio no Mercado Paralelo (em 10 ryals por dólar)

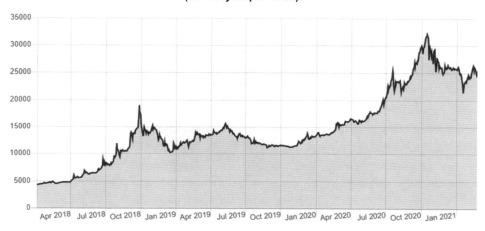

Fonte: Bonbast (2021)

Como esses dados revelam, diferentemente do que ocorreu entre 2006-2015, o segundo acionamento da bomba-dólar não obedeceu à mesma sequência de estágios da versão original. Nessa segunda oportunidade, várias etapas foram encurtadas e a potência inicial desse segundo artefato foi muito superior ao observado na campanha de 2006.

Analisando-se a experiência iraniana, fica patente que atualmente nenhum outro país, que não os Estados Unidos, tem condições de colocar em operação um

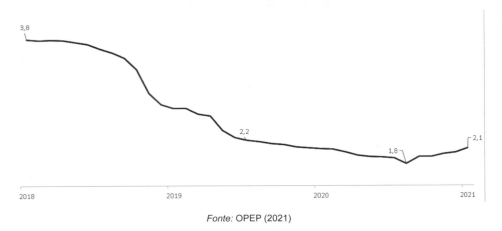

Figura 3. Irã: Produção de Petróleo (Milhões de barris-dia)

Fonte: OPEP (2021)

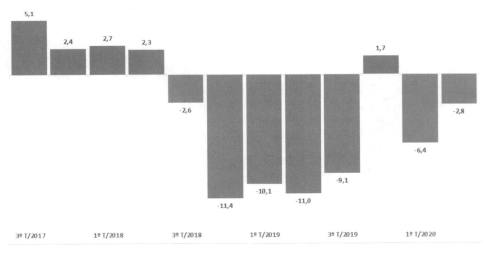

Figura 4. Irã: Taxa de Crescimento do PIB por Trimestre (Em % ao ano)

Fonte: Banco Central do Irã (2021)

artefato monetário-militar do tipo da bomba-dólar. A posição central dos EUA nos mercados financeiros globais, a centralidade da sua moeda e sua capacidade de formular e impor as regras de operação do sistema financeiro internacional tornam o Estado americano um ator único no cenário mundial, e o seu poder, incontestável.

Ao mesmo tempo, a capacidade de resistência do país-alvo é muito limitada. Restringe-se à possibilidade de seu sistema financeiro e monetário nacional conseguir, mesmo que de forma limitada, compensar com instrumentos domésticos e com a moeda do país, os efeitos gerados pela ação constritora provocada pela forte restrição ao acesso à moeda internacional – o dólar. Do ponto de vista externo, sua atuação fica limitada a mecanismos muitos custosos de trocas e financiamentos de natureza bilateral – como o escambo. Para isso, precisará contar com a boa vontade e a *expertise* de nações aliadas que desejem, por algum motivo, usar sua própria autonomia monetária e política para se contrapor ao poder americano.

Economia Política e a Economia Política Internacional frente à Bomba-Dólar

No campo da Economia Política, a moeda é um dos temas mais controversos. O pensamento clássico atribui a origem do dinheiro à divisão do trabalho em uma economia primitiva, marcada pelas trocas diretas. Nesse contexto, trata-se tão somente uma mercadoria que se destacou das demais pelas facilidades que oferece à operação de escambo. Apresenta vantagens pelas características intrínsecas que possui, tais como a durabilidade e a transferibilidade. Essas qualidades a tornam naturalmente mais atrativa para desempenhar o papel de meio de pagamento, o que, por exemplo, explicaria o uso de metais como meio de troca ao longo da história.

Essa versão da origem da moeda – que podemos chamar de metalista ou quantitativista[21] – está presente na *Riqueza das Nações*, de Adam Smith, de 1776[22], e continua sendo aceita até os dias de hoje, a despeito das inúmeras críticas formuladas por economistas, historiadores e antropólogos[23]. Smith não parece ter admitido que mudanças na quantidade de moeda em circulação pudessem ter impacto sobre o nível da atividade e o funcionamento objetivo da economia. Ele tratou a renda como se fosse determinada apenas por variáveis reais. Alterações no estoque de dinheiro influenciariam unicamente o nível de preços[24]. Entretanto, outros quantitativistas, como David Hume[25], no século XVIII, e Milton Friedman[26], no século XX, apresentaram versões menos rígidas dessa mesma teoria, reconhecendo que variações na quantidade de dinheiro teriam efeito circunstancial sobre a renda. No longo prazo, a moeda continuaria a ser neutra, já que todo o impacto de uma mudança na sua quantidade sobre as variáveis reais se dissiparia necessariamente em variações positivas ou negativas nos preços.

---

21. Denominada de *quantitativista* porque dá base à Teoria Quantitativa da Moeda.
22. Smith (2007).
23. Ingham (2004).
24. Rockoff (2013).
25. Hume (1777).
26. Friedman (1973).

Keynes se opôs frontalmente ao tratamento dado à moeda pela teoria clássica[27]. Para ele, a hipótese da neutralidade da moeda[28] era irrealista exatamente por não atribuir ao dinheiro um papel ativo no funcionamento da economia. Ele concordou com historiadores e antropólogos de que não há evidências históricas de sociedades primitivas que tenham se organizado com base no escambo[29]. Em lugar da mitologia smithiana, adotou a perspectiva cartalista, que vê a moeda como uma criatura do Estado, e não do mercado. No *Tratado da Moeda*, publicado em 1930, Keynes afirmou que:

> O Estado surge, portanto, antes de tudo, como a autoridade da lei que faz valer a obrigação de pagamento da coisa que corresponde ao nome ou à descrição do que consta nos contratos. Entretanto, aparece de novo quando, além disso, reivindica o direito de determinar e declarar o que corresponde ao nome e, de tempos em tempos, de mudar sua declaração – quando, digamos, reivindica o direito de reeditar o dicionário. Este direito é reivindicado por todos os estados modernos e tem sido assim reivindicado há, pelo menos, quatro mil anos[30].

O termo *cartalismo* foi cunhado por Knapp em 1924[31]. De acordo com essa visão, o dinheiro se origina de uma imposição do Estado Nacional aos agentes econômicos, que os obriga a usar um dado meio de pagamento no trato de obrigações fiscais[32]. É essa natureza pública que garante à moeda uma vantagem de liquidez sobre eventuais substitutivos. O poder originador do Estado não deve ser confundido com o curso forçado da moeda, estabelecido em lei (*legal tender*). Trata-se de um mecanismo que reforça, mas não determina, o uso da moeda cartalista. O dinheiro não está limitado a nenhuma das formas concretas que foram adotadas ao longo da história: mercadoria (moeda metálica), papel (moeda fiduciária) e depósitos à vista (moeda bancária). Todas podem ser utilizadas, desde que sejam aceitas pelo Estado no pagamento de tributos. Keynes atualizou o conceito de Knapp. Apontou que a maior liquidez da moeda em uma economia

---

27. Keynes (1973).
28. Patinkin (2010).
29. Graeber (2011) e Martin (2014).
30. "The State, therefore, comes in first of all as the authority of law which enforces the payment of the thing which corresponds to the name or description in the contracts. But it comes in doubly when, in addition, it claims the right to determine and declare what thing corresponds to the name, and to vary its declaration from time to time – when, that is to say, it claims the right to re-edit the dictionary. This right is claimed by all modern states and has been so claimed for some four thousand years at least" (Keynes, 2011, p. 4).
31. Knapp (2003).
32. O poder público guarda para si o direito de determinar – e, portanto, de mudar – a qualquer tempo a denominação da unidade de conta e a especificação do meio de pagamento a ela relacionado.

moderna está relacionada ao fato de ser a unidade que denomina e serve de pagamento às dívidas, e não somente aos impostos.

O entendimento de Keynes sobre a moeda como um produto da atuação do Estado é um primeiro elemento teórico que a Economia Política oferece para o entendimento da bomba-dólar. A essa visão, deve-se agregar a noção de "restrição de sobrevivência", introduzida por Minsky[33] e posteriormente desenvolvida por Perry Mehrling e David Nielson[34]. Segundo esse princípio, os agentes econômicos precisam, a todo o momento, comandar uma soma em dinheiro que seja igual ou superior ao valor de suas despesas correntes. Para eles, a moeda é um ativo escasso que não conseguem emitir por conta própria. O termo *sobrevivência* aparece nesse contexto com um duplo significado de urgência. Para as empresas, é o meio de evitar a falência. Para as famílias, é uma condição para garantir o provimento de suas necessidades mínimas de sustento[35].

A visão cartalista e a restrição de sobrevivência atribuem à moeda um papel ativo na economia. Os agentes precisam de dinheiro para garantir sua existência econômica e seu bem-estar, tendo em vista as normas e penalidades impostas pelo Estado. Como consequência, o cálculo econômico dos empresários e das famílias é feito em dinheiro, e não com base em mercadorias, como defendido pelos quantitativistas. Só uma moeda que tenha papel ativo na economia pode ser utilizada como mecanismo de coerção, como no caso da bomba-dólar. Caso fosse neutra, essa sanção seria inócua, uma vez que o país-alvo imediatamente teria condições de, sem ônus, substituir o dólar por outra moeda internacional ou mesmo por uma *commodity*, como o petróleo.

Para administrar a restrição de sobrevivência, os agentes econômicos dependem primordialmente da venda de bens e serviços ou de receitas provenientes de contratos (aluguéis ou juros). Ademais, podem também contar com entradas originadas da alienação de ativos, da tomada de empréstimos ou da redução de saldos em depósitos à vista (moeda bancária) e papel-moeda acumulados no passado. Para auxiliá-los no gerenciamento de seus fluxos de caixa, as economias modernas disponibilizam mercados financeiros sofisticados e instituições especializadas no oferecimento de dinheiro, liquidez e precificação de ativos[36].

O atendimento da demanda financeira dos agentes econômicos é feito por meio de mecanismos complexos de oferta de dinheiro, que operam hierarquizada-

---

33. Minsky (2005).
34. Torres (2020), Mehrling (1999) e Nielson (2019).
35. Nielson (2019).
36. Para Minsky (1986), a moeda, as dívidas e os pagamentos em dinheiro são os elementos centrais que determinam a operação das economias modernas.

mente em quatro níveis de circulação[37]. O primeiro nível (mais inferior) é formado pela redistribuição do dinheiro que já está em poder do público. Entretanto, essa realocação pode, em determinado momento, ser insuficiente para atender a toda demanda adicional de moeda gerada pelo acirramento da restrição de sobrevivência na sociedade[38]. Para tanto, seria necessário aumentar a quantidade de moeda disponível na economia.

O segundo nível existe exatamente para promover essa flexibilidade na oferta de dinheiro. Ele é composto por bancos comerciais, instituições que, por atribuição do Estado, são autorizadas a criar (e a destruir) moeda, conforme o andamento de seus negócios. Essa é a *raison d´être* dessas instituições dentro do sistema financeiro: poderem criar depósitos à vista e, assim, emprestarem para famílias e empresas um dinheiro que até então não existia[39]. Essa faculdade, no dia a dia, se agrega à atuação que os bancos também desempenham como intermediários do dinheiro já existente (1º nível), captando e emprestando recursos de terceiros[40]. Quando a quantidade de moeda se expande, há um relaxamento da restrição de sobrevivência global das famílias e das empresas. Quando há contração no volume de depósitos à vista, fica mais difícil e custoso para esses agentes coletivamente atenderem a essa limitação.

O terceiro nível abrange os mecanismos associados ao gerenciamento da restrição de sobrevivência dos bancos. Essas operações envolvem os depósitos à vista emitidos pelo banco central para essas instituições (reservas). Elas, por sua vez, os usam para saldar pagamentos entre si ou junto à autoridade monetária. Por determinação regulatória, essas instituições precisam manter um saldo mínimo depositado no banco central, em função do volume de depósitos à vista que possuem. Se o volume existente de reservas se tornar pequeno para atender à sua *survival*

---

37. Uma abordagem alternativa para os quatro níveis da hierarquia do sistema monetário é encontrada em Torres (2020).

38. Esse aumento da restrição global de sobrevivência pode ter origem em diferentes fatores: no caso da demanda, um crescimento muito rápido da atividade econômica; no da oferta, uma abrupta contração motivada por uma crise econômica ou por uma decisão do banco central de aumentar significativamente a taxa de juros.

39. Do mesmo modo que criam moeda, os bancos também podem destruir a moeda existente, cancelando saldos de depósitos à vista.

40. Os bancos, diferentemente dos demais agentes econômicos e financeiros, não precisam ter dinheiro em caixa para emprestar. Eles gerenciam as contas de seus clientes e podem aumentar o saldo desses depósitos à vista sem terem que reduzir o de nenhum outro. O limite dessa capacidade de os bancos criarem autonomamente moeda é a necessidade de terem sempre que depositar um percentual do dinheiro que criam junto ao banco central. Se seus saldos em reservas estiverem baixos, aí, sim, precisam captar dinheiro de terceiros – público em geral, bancos ou banco central, mas não para cada operação individual de empréstimo – e de criação de moeda – que realizam.

constraint global, só resta aos bancos obrigar o banco central a emitir mais reservas. Nesse caso, precisam vender-lhe algum ativo, como títulos públicos ou moeda estrangeira[41]. A taxa de juros cobrada pelo banco central para criar reservas é o principal mecanismo de administração do processo de expansão ou contração dos sistemas monetários. Ele pode ampliar ou restringir o poder emissor dos bancos e, assim, orientar a atuação comercial dessas instituições[42].

Diferentemente dos demais participantes do sistema monetário nacional, os bancos centrais não estão sujeitos a restrições com relação ao seu poder de criar moeda na unidade de conta que emitem. Entretanto, precisam considerar que o sistema monetário que gerenciam está sujeito a uma restrição de sobrevivência na moeda internacional. Esse ambiente conforma o quarto nível do sistema monetário nacional. Famílias, empresas e governo, em conjunto, também precisam, a cada momento, deter uma soma em dólares suficiente para atender a suas obrigações correntes com o exterior. A única exceção a essa regra é o país emissor da moeda internacional – no caso, o dólar. Como, no seu caso, não há diferença entre a moeda de uso doméstico e a utilizada externamente, seu sistema monetário carece de um quarto nível.

Para a maior parte das unidades econômicas não americanas, a restrição de sobrevivência externa se confunde com a doméstica e se materializa na vulnerabilidade de seu fluxo de caixa na moeda nacional a oscilações na taxa de câmbio, nos preços internacionais ou na taxa de juros da potência hegemônica. Essa realidade se deve ao fato de, em uma economia financeiramente liberalizada, as operações diretas com moeda estrangeira serem, na prática, uma exclusividade de grandes empresas, bancos e governo, por meio do Tesouro e principalmente do banco central. Essas unidades efetivamente administram no dia a dia dois fluxos de caixa – um na moeda nacional e outro na estrangeira. Para tanto, possuem muitas contas correntes próprias abertas no sistema de pagamentos da moeda internacional – ou seja, nos Estados Unidos – e operam como se também fossem unidades econômicas americanas.

As operações cambiais são realizadas por meio de mercados organizados e regulados, nos quais quase inexistem negociações diretas para a maior parte das moedas emitidas. Esse papel é restrito a um pequeno número de unidades de

---

[41]. Um outro mecanismo que promoveria a expansão das reservas seria os bancos comerciais tomarem empréstimos junto ao banco central, mas esse instrumento vem sendo muito penalizado em todo o mundo no gerenciamento corrente das atividades bancárias, sendo utilizado mais em situações excepcionais – portanto, fora da administração ordinária do sistema monetário.

[42]. Existem também limitações regulatórias à atuação dos bancos, sendo a mais importante a obrigação de terem um capital mínimo em função dos ativos que detêm, ponderados pelo respectivo risco.

conta que, por sua solidez, atratividade e escala de seus mercados financeiros, concentram a maior parte das transações e da liquidez. Tais fatores fazem com que, normalmente, as operações cambiais entre duas moedas quaisquer utilizem uma terceira mais líquida como intermediária. Assim, por exemplo, uma transação que envolva um pagamento por um brasileiro a um argentino, muito provavelmente envolverá duas operações de câmbio: uma de venda reais e compra de dólares e outra de venda desses mesmos dólares e a compra de pesos argentinos. Entre as moedas usadas para intermediação cambial, o dólar serve como contraparte de 88% das transações realizadas em todo o mundo[43]. No mundo globalizado, essas transações envolvem operações comerciais, mas principalmente de natureza financeira. A liberalização das contas de capital permitiu maior integração dos mercados de capital em todo o mundo e, por conseguinte, proporcionou a criação de uma massa de riqueza internacionalizada que, apesar de estar denominada em diferentes unidades de conta, tem seu valor em mercado determinado como base na moeda financeira de referência internacional – o dólar.

A penalidade imposta aos países pela restrição de sobrevivência em dólares atua de forma diferente dos mercados nacionais. As nações não estão sujeitas à lei de falência. Na prática, a escassez de moeda estrangeira opera por meio de uma obrigação de reduzir os gastos externos do país aos níveis das disponibilidades correntes de divisas, o que muitas vezes se limita às receitas provenientes de exportações. Para tanto, o governo normalmente é obrigado a promover uma desvalorização de sua moeda para estabelecer um controle centralizado das divisas estrangeiras pelo Estado e das importações. Como resultado, o nível de atividade tem que ser reduzido e a taxa de inflação explode. Ademais, o banco central local vai precisar subir a taxa de juros doméstica, de modo a abrigar os agentes econômicos nacionais a reduzirem sua demanda corrente por moeda estrangeira ou venderem seus estoques de divisas no mercado interno. Normalmente, esses processos geram elevado desemprego e aumento da inflação, perdas patrimoniais expressivas e escassez de bens, com graves implicações sociais.

Como se pode ver, a abordagem cartalista-minskyana traz contribuições importantes para o entendimento da bomba-dólar. O Estado aparece como a figura dominante na origem das moedas nacionais e na operação dos sistemas monetários. A moeda, em lugar de ser neutra, toma uma posição central no comportamento das unidades econômicas e na operação das economias de mercado. Torna-se visível a importância dos mecanismos de criação e destruição de moeda no mundo moderno e como operam de forma hierarquizada. Fica patente também a existência de uma hierarquia de poder dentro do sistema monetário internacional.

---

43. BIS (2019).

Desse ponto de vista, os Estados Unidos detêm uma posição privilegiada. Suas decisões financeiras não estão sujeitas a nenhuma limitação externa. Assim, o resto do mundo é sempre obrigado a se adaptar aos resultados de sua balança de pagamentos e de sua política monetária. A economia americana opera como se fosse o banco central do mundo, promovendo automaticamente a ampliação ou a redução da restrição de sobrevivência externa do conjunto das demais nações. A novidade do século XXI é a instrumentalização do poder gerado por essa hierarquia na forma de um instrumento monetário de ataque direcionado. Dada a importância do dólar para o resto do mundo, os EUA têm condições de sancionar outros países individualmente, promovendo, por vontade própria, a desestabilização de suas economias apenas bloqueando-lhes o uso do dólar em suas transações internacionais. Os mercados financeiros simplesmente se encarregam de realizar a tarefa de desconexão dos alvos americanos.

Ademais dessas contribuições de origem keynesiana e minskyana da Economia Política, existem também alguns *insights* de autores que se destacam no campo da Economia Política Internacional (EPI), que também ajudam a entender a bomba-dólar. Nessa área do conhecimento, coexistem duas visões que buscam dar conta do papel central do dólar na economia internacional: a funcionalista e a estruturalista.

De acordo com a visão funcionalista, conforme apresentada por Cohen[44], uma moeda nacional se torna internacional na medida em que passa a desempenhar, no exterior, as funções clássicas da moeda como unidade de conta, reserva de valor e meio de troca, tanto para agentes públicos quanto privados. Para tanto, precisa oferecer serviços que atraiam esses "consumidores potenciais", diferenciando-se dos demais competidores, a exemplo de uma mercadoria qualquer. A competitividade seria, assim, o fator básico que determina a maior ou menor presença de uma moeda no cenário internacional.

A análise funcionalista da Economia Política Internacional tem como suporte os fundamentos da teoria microeconômica tradicional e mesmo da teoria monetária convencional, baseada nas funções clássicas da moeda: unidade de conta, meio de pagamento e reserva de valor. Entretanto, Cohen avança nessa área quando introduz a necessidade de segregar a demanda de moeda internacional entre as necessidades dos atores privados e dos públicos. Assim, as funções da moeda são, do ponto de vista privado, as de meio de pagamento ou moeda veicular; moeda de denominação; e moeda de investimento e financiamento. Bancos centrais e tesouros nacionais, por sua vez, precisam, além disso, escolher uma das moedas internacionais como referência para sua taxa de câmbio, para suas operações de

---

44. Cohen (1971).

intervenção no mercado e para a denominação de suas reservas internacionais. Ainda que muitas moedas possam ser consideradas internacionais, existe uma hierarquia entre elas. Apenas umas poucas – entre as quais se destacam o dólar, o euro, a libra e o iene – podem ser consideradas "plenas", pelo fato de atenderem a todas as funções. As demais são consideradas "parciais", pelo fato de desempenharem apenas algumas funções[45].

Se a perspectiva funcionalista também permite identificar uma hierarquia de natureza funcionalista entre as moedas internacionais, deixa de lado, no entanto, questões relevantes que envolvem o relacionamento político entre os países emissores das moedas internacionais e os que as utilizam. As moedas internacionais não são hierarquizadas apenas porque atendem em melhores condições às necessidades de seus usuários. Elas oferecem esses "serviços" desde o século XIX, como parte de um sistema global politicamente ordenado segundo regras e convenções estabelecidas *ex-ante* e aceitas voluntária ou compulsoriamente por todos.

Assim, mesmo a potência emissora da moeda internacional, a despeito das vantagens que acumula em um sistema monetário, também é obrigada a seguir regras e funções. Por exemplo, a importância do dólar atribuiu maior papel gerencial sistêmico às autoridades americanas. Esse aspecto é evidenciado na participação direta do Federal Reserve (Fed) na crise de liquidez em dólares que se abateu sobre os grandes bancos europeus após a crise de 2008. Esse problema levou o Fed a recriar a linhas de *swaps* de moedas com o Banco Central Europeu, para facilitar o acesso dos bancos sob sua supervisão à liquidez em dólares e, assim, flexibilizar o constrangimento de oferta de dólares que a restrição de sobrevivência na moeda americana estava criando para essas instituições[46].

Entretanto, apesar de existirem regras de comportamento preestabelecidas formal ou informalmente, a potência hegemônica detém um privilégio adicional. Como seu Estado tem soberania absoluta sobre a condução da moeda internacional, ele tem condições de mudar a estrutura de funcionamento desses mercados. Normas estão sujeitas a mudanças, às vezes radicais, que visam permitir acomodação de interesses de atores de mercados e de governos, em particular os da nação emissora da moeda principal. Desse ponto de vista, tal dimensão de poder se revela através da imposição unilateral de regras, da "barganha" com outros Estados e com o mercado sobre novas normas – atividade de regulação – ou, simplesmente, da decisão de não acompanhar os demais países em decisões referentes ao ordenamento do sistema financeiro internacional[47]. Essa dimensão de assimetria

---

45. Chey (2013) e Cohen (2015).
46. Tooze (2018).
47. Esse tipo de comportamento é evidenciado no conflito entre os EUA e os países europeus continentais sobre a regulação do mercado de derivativos. Ver Helleiner (1994).

de poder dá origem a uma nova percepção de hierarquia desse sistema, centrada na dimensão estrutural. Trata-se de uma forma de "privilégio exorbitante", que não é abordado pela literatura econômica tradicional[48].

A temática central tratada pela visão estruturalista é, portanto, a questão do poder associado às regras de operação da moeda internacional. Na perspectiva de Cohen[49], há que se fazer uma distinção entre a dimensão de processo e a de estrutura. A primeira tem um foco operacional e de curto prazo. Está associada à capacidade de se conseguir atingir um resultado desejado dentro de determinado esquema institucional de negociação entre países. A segunda dimensão, a estrutural, tem uma perspectiva temporal mais longa e está relacionada à capacidade de um país reescrever, em seu benefício, as regras do jogo da interação entre as nações[50].

A definição de poder estrutural de Cohen se aproxima da que é utilizada por Susan Strange. Segundo a autora, "o poder estrutural decide os resultados (positivos e negativos) muito mais do que o poder relacional"[51], e "o poder estrutural é o poder de escolher e moldar as estruturas da economia política global dentro da qual outros estados, suas instituições políticas, seus empreendimentos econômicos, e (não menos importante) seus profissionais têm que operar"[52]. Nesse contexto, o poder monetário é visto como uma das dimensões do poder estrutural. Refere-se especificamente à capacidade de um país mudar, em seu próprio benefício, os mecanismos de natureza sistêmica que regem a originação de crédito e comandam a conversibilidade entre as diferentes moedas relevantes. Essas normas determinam a possibilidade de as nações emissoras de moeda internacional utilizarem seus sistemas monetário e financeiro para impedir ou postergar ajustes em suas contas externas. Consequentemente, têm repercussões sobre o grau de autonomia desses Estados na formulação de suas políticas.

Isso pode afetar aspectos econômicos como a determinação dos níveis de emprego e de renda domésticos. Entretanto, pode também limitar a capacidade de governos sustentarem ações de poder na arena internacional, sejam de natureza econômica ou militar. Desse ponto de vista, hegemonia monetária refere-se a um sistema político e econômico "organizado em torno a um único país,

---

48. Eichengreen (2011).
49. Cohen (1977).
50. Cohen (1977).
51. "[...] *structural power decides outcomes (both positive and negative) much more than relational power does*" (Strange, 1987, p. 553).
52. "[...] *structural power is the power to choose and to shape the structures of the global political economy within which other states, their political institutions, their economic enterprises, and (not least) their professional people have to operate*" (Strange, 1987, p. 565).

que detém reconhecidamente responsabilidades (e privilégios) como líder"[53] na espera monetária.

A visão estruturalista, baseada na versão de Susan Strange, complementa os *insights* de Keynes e Minsky agregando o ponto de vista de que o dólar americano é parte intrínseca do Poder Americano. Desse ponto de vista, os EUA podem criar, modificar ou mesmo eliminar as regras básicas que governam o sistema monetário internacional. Essa dimensão do poder monetário americano explica como os EUA conseguiram criar, na regulação do sistema financeiro internacional (Acordos de Basileia), os mecanismos necessários para obter informações estratégicas de seus inimigos e conscrever os agentes públicos e privados a servirem, quase que automaticamente, como executores de seu novo mecanismo de sanção: a bomba-dólar.

Conclusões

A bomba-dólar é artefato militar dos Estados Unidos criado no século XXI. Diferentemente dos equipamentos bélicos e dos instrumentos da guerra cibernética, seu impacto destrutivo sobre o inimigo é de natureza estritamente econômica. O país-alvo é expulso do sistema financeiro internacional pela potência hegemônica, que bloqueia o acesso ao sistema de pagamentos baseado no dólar dos diferentes entes dessa nação e de seus parceiros internacionais.

É um novo mecanismo de coerção porque difere dos utilizados anteriormente, como a falsificação do papel moeda do inimigo e a desestabilização da taxa de câmbio[54]. Não se trata apenas de manipular ou comprometer o valor da moeda do inimigo, mas de isolar totalmente o país-alvo do sistema internacional. Desse ponto de vista, a bomba-dólar tem um efeito semelhante ao de um amplo bloqueio comercial e financeiro, sem, no entanto, envolver diretamente a mobilização de tropas nem de equipamentos militares.

Provoca sobre a economia do país-alvo uma desorganização dos mercados e a necessidade de implantar controles internos semelhantes aos adotados por economias modernas em momentos de enfretamento militar. Pelos seus resultados, a bomba-dólar pode ser vista como a concretização do sonho do presidente americano Woodrow Wilson. Entretanto, não é caracterizada pelos funcionários do Departamento do Tesouro dos EUA como uma nova forma de sanção, mas sim de guerra – a "guerra invisível" (*hidden war*):

---

53. "[...] *organized around a single country with acknowledged responsibilities (and privileges) as leader*" (Cohen, 1977, p. 9).
54. Kirshner (1995).

> Esta é uma guerra definida pelo uso de ferramentas financeiras, pressão e forças de mercado para forçar o setor bancário, os interesses do setor privado e os parceiros estrangeiros a isolar atores desonestos dos sistemas financeiros e comerciais internacionais e eliminar suas fontes de financiamento[55].

Seu desenvolvimento tomou impulso a partir do ataque da Al-Qaeda contra as Torres Gêmeas em Nova Iorque, em 11 de setembro de 2011. O evento permitiu que o governo dos Estados Unidos dobrasse a resistência dos bancos e da empresa que lhes provê serviços de mensageria internacional (SWIFT). Eles não queriam disponibilizar livremente para as autoridades de segurança americanas as informações, até então tidas como confidenciais, de seus clientes. Além disso, os EUA conseguiram que as instituições financeiras internacionais, americanas ou não, passassem a integrar uma infantaria de conscritos, que perseguem as entidades consideradas como ameaças aos EUA. Essa convocação foi feita com apelo ao patriotismo, mas, além disso, se utilizou do elevado risco reputacional para os bancos que fossem identificados como elos na cadeia financeira utilizada por terroristas. Parte desses procedimentos foi, inclusive, introduzida na regulação financeira internacional, através dos Acordos de Basileia.

A bomba-dólar apresenta características muito diferentes dos artefatos militares até então utilizados. Sua concepção e execução é efetivada por funcionários do Departamento do Tesouro dos Estados Unidos – advogados e economistas – que concentram as atividades de planejamento estratégico, execução e monitoramento. O próprio secretário participa diretamente das operações. Em algumas tarefas, os diplomatas do Departamento de Estado são convocados para atuar nos fóruns internacionais de que participam. Assim, a nova bomba tem um baixo custo para o agressor. O número de funcionários mobilizados é mínimo e a conscrição das instituições financeiras não envolve despesas de recursos públicos.

A bomba-dólar se diferencia das principais inovações militares do século XX – a bomba atômica e a nave espacial Sputnik. Em ambos os casos, a vantagem acumulada pela país inovador desapareceu rapidamente, graças a um esforço das potências rivais que envolveram recursos, conhecimento técnico e, eventualmente, o roubo de informações sensíveis. Diferentemente, a vantagem do artefato monetário é institucional e se baseia na natureza integrada do sistema financeiro global e na centralidade que o dólar ocupa em seu funcionamento. Na prática, o governo americano submeteu politicamente todo esse sistema podendo isolar qualquer ator – pessoa física, empresa, banco ou país – a seu exclusivo critério.

---

55. "This is warfare defined by the use of financial tools, pressure, and market forces to leverage the banking sector, private-sector interests, and foreign partners in order to isolate rogue actors from the international financial and commercial systems and eliminate their funding sources" (Zarate, 2013, p. xi).

Apesar de existirem outras moedas de curso internacional além do dólar, na prática a capacidade de uma nação-alvo resistir à pressão americana é baixa. Seria necessário que o sistema mundial cindisse novamente, como nos tempos da Guerra Fria, para que houvesse uma possibilidade real de resistência. Essa divisão, no entanto, levaria a uma crise internacional de proporções superiores à que se viveu em 2008. Até o momento, não há sinais de que exista vontade política coletiva dos demais atores para confrontar os americanos.

O impacto da bomba-dólar é tão maior quanto mais integrada for a economia do país-alvo ao sistema internacional. Sua aplicação é feita em estágios de modo que a pressão seja crescente e contínua. Até o momento, o artefato só foi aplicado na sua plenitude a um único país, o Irã, em duas oportunidades: de 2006 a 2015 e a partir de 2018. Nas duas ocasiões, o impacto destrutivo sobre a economia local foi muito relevante. O nível de atividade caiu ao mesmo tempo que os mercados se desorganizavam. Junto com a contração do PIB, a taxa de inflação e a de câmbio explodiram. O resultado é que o governo iraniano se viu, nas duas oportunidades, obrigado a introduzir controles semelhantes ao que se faz uso em economias em estado de guerra, como a centralização cambial e o racionamento de produtos básicos. Em 2015, o Irã capitulou e firmou um acordo com os EUA que foi rompido pela potência hegemônica três anos depois.

A literatura acadêmica da Economia Política e da Economia Política Internacional possui contribuições esparsas que ajudam a entender a natureza e a operação da bomba-dólar. No geral, a experiência iraniana coloca em tela de juízo muitas das teses atualmente difundidas sobre o papel da moeda, a natureza da moeda internacional e o poder americano. Nesse contexto, dois autores se destacam: o economista americano Hyman Minsky e a cientista política inglesa Susan Strange.

Minsky vê a moeda como uma tecnologia social que cria, a partir do Estado, uma limitação para todos os atores econômicos. Trata-se de uma obrigação permanente de dispor de uma soma de recursos monetários superior ao montante dos pagamentos correntes, a chamada restrição de sobrevivência. Caso essa limitação seja ultrapassada, o ente econômico fica sujeito a uma forte penalidade, a extinção e desmontagem através de um processo de falência.

Em todos os sistemas monetários modernos, existe uma única instituição que não está sujeita a essa regra, o banco central. Essas autoridades, por serem os emissores da moeda nacional, não estão obrigados a respeitar esse princípio na unidade de conta que emitem. Graças a essa faculdade, os bancos centrais têm o poder de ampliar ou reduzir, por conta própria, a restrição global de sobrevivência para o conjunto do sistema econômico. Entretanto, no atual sistema financeiro globalizado, as diferentes economias nacionais estão fortemente integradas à moeda hegemônica, o dólar americano. Assim, os principais atores nacionais e os bancos centrais – e, portanto, os países estão sujeitos a um limite de sobrevivência adicional na moeda dos Estados Unidos. O banco central dos EUA, o Fed, é a única entidade que não está sujeita a qualquer tipo de restrição de sobrevivência.

Esse arranjo dá aos Estados Unidos um poder assimétrico entre as nações. Não se trata apenas de um "privilégio exorbitante" apontado na literatura e que lhe permite financiar automaticamente seus gastos. É mais do que isso. Significa a capacidade de usar o poder de monopólio transacional detido na arena internacional pela sua moeda para operar o isolamento forçado de um país-alvo. O impacto dessa exclusão é semelhante ao de uma economia que sofre um bloqueio militar quase que absoluto.

Outra contribuição importante para o entendimento da bomba-dólar pode ser encontrada na obra de Susan Strange. Trata-se de seu conceito de poder estrutural – aplicado, no caso, à moeda. O poder estrutural trata da capacidade de a potência hegemônica ordenar os sistemas internacionais segundo sua conveniência, limitando, assim, as opções das demais nações. O atual sistema internacional global é fruto do exercício do poder americano, particularmente no setor monetário e financeiro, desde a Segunda Guerra Mundial. Os americanos conseguiram recentemente introduzir regras para penalizar automaticamente bancos e instituições envolvidas na mobilização e na transferência de recursos para atividades terroristas, indicadas pelos americanos segundo critérios e com base em informações, que não precisam ser *a priori* tornadas públicas.

O aparecimento e o sucesso da operação da bomba-dólar significam que esse artefato veio para ficar e que o monopólio americano deverá ser mantido por um longo período. As potências rivais tenderão a construir mecanismos que busquem minimizar essa vantagem dos americanos. Contudo, a capacidade de resposta institucional desses países ao novo armamento é, até o momento, muito reduzida e requer ampla cooperação entre eles. Entretanto, os custos desse tipo de confrontação ao poder americano são demasiadamente elevados para que essas estratégias sejam consideradas ou possam ser consideradas uma opção razoável a ser implementada.

Referências

BANK FOR INTERNATIONAL SETTLEMENTS (BIS). *Triennial Central Bank Survey Foreign Exchange Turnover in April 2019*. 16 set. 2019.

CHEY, H. *The Concepts, Consequences, and Determinants of Currency Internationalization*. GRIP. Discussion Paper 13-03, 2013. Disponível em: <http://www.grips.ac.jp/r-center/wp-content/uploads/13-03.pdf>.

COHEN, B. *Currency Power*: Understanding Monetary Rivalry. Princeton: Princeton University Press, 2015.

_____. *Organizing the World's Money*: The Political Economy of International Monetary Relations. New York: Basic Books, 1977.

DREZNER, D. *The Sanctions Paradox*. Cambridge: Cambridge University Press, 1999.

EICHENGREEN, B. *Privilégio exorbitante*: a ascensão e a queda do dólar e o futuro do sistema monetário internacional. Rio de Janeiro: Elsevier, 2011.

FENAROLI, G. *Financial Warfare*: Money as an Instrument of Conflict and Tension in the International Arena Senior Projects Spring, 2016.

FRIEDMAN, M. The quantity theory of money. In: WALTERS, A. (Ed.). *Money and banking*. London: Penguin, 1973.

GRAEBER, D. *Debt*: the first 5,000 years. Brooklyn, N.Y: Melville House, 2011

HELLEINER, E. *States and the reemergence of global finance*: from Bretton Woods to global finance. New York: Cornell University Press, 1994.

HUFBAUER, G.; SCOTT, J.; OEGG, B. *Economic Sanctions Reconsidered*. Washington, DC: Institute for International Economics, 2007.

HUME, D. *Of money, and other economic essays*. London, 1777. Disponível em: <http://www.feedbooks.com/book/6709/of-money-and-other-economic-essays>.

INGHAM, G. *The nature of money*. Cambridge: Polity Press, 2004.

KIRSHNER, J. *Currency and coercion*: the political economy of international monetary power. Princeton: Princeton University Press, 1995.

KEYNES, J. M. A Monetary Theory of Production. D. MOGGRIDGE, D. (Ed.). *Collected Writings of John Maynard Keynes*, vol. XIII – The General Theory and After, Part I – Presentation. London: Macmillan, 1973. p. 408-411.

_____. *The Treatise on Money*. Mansfield Center: Martino, 2011.

KNAPP, F. *State theory of money*. Simon Publications Inc., 2003.

MARCUS, J. Do economic sanctions work? *BBC News*, 26 jul. 2010. Disponível em: <https://www.bbc.com/news/world-middle-east-10742109>.

MARTIN, F. *Money*: the unauthorised biography. The Bodley Head, 2014.

MEHRLING, P. The vision of Hyman P. Minsky. *Journal of Economic Behavior & Organization*, vol. 39, p. 129-158, 1999.

MINSKY, H. *Induced investment and business cycles*. London: Edward Elgar, 2005.

_____. *Stabilizing an Unstable Economy*. New Haven: Yale University Press, 1986.

NIELSON, D. *Minsky, key contemporary thinkers*. Cambridge: Polity Press, 2019.

PATINKIN D. Neutrality of Money. In: DURLAUF S. N.; BLUME, L. E. (Eds.). *Monetary Economics*. The New Palgrave Economics Collection. London: Palgrave Macmillan, 2010.

PAULSON, H. *Remarks by Treasure Secretary Paulson on Targeted Financial Measures to Protect Our National Security*. Washington, DC: US Department of Treasury, June 14, 2007.

ROCKOFF, H. Adam Smith on money, banking and the price level. In: BERRY, C. J.; PAGANELLI, M. P.; SMITH, C. (Eds.). *The handbook of Adam Smith*. Oxford: Oxford University Press, 2013.

SMITH, A. *An inquiry into the nature and causes of the wealth of nations*. Disponível em: < http://metalibri.wikidot.com/title:an-inquiry-into-the-nature-and-causes-of-the-wealth-of>, 2007.

STRANGE, S. The Persistent Myth of Lost Hegemony. *International Organization*, vol. 41, n. 4, p. 551-74, 1987.

TOOZE, A. *Crashed*: How a Decade of Financial Crises Changed the World. New York: Penguin Books, 2018.

TORRES, E. A Crise do sistema financeiro globalizado contemporâneo. *Revista de Economia Política*, vol. 34, n. 3, p. 433-450, jul-set 2014.

_____. Guerra, moeda e finanças. In: FIORI, J. L. (Org.). *Sobre a Guerra*. Petrópolis: Vozes, 2018. p. 259-289.

_____. Minsky: moeda, restrição de sobrevivência e hierarquia do sistema monetário globalizado. *Economia e Sociedade*, vol. 29 n. 3, p. 737-760, dez. 2020.

TUCÍDIDES. *The History of the Peloponnesian War*. 431 b.C. The Internet Classics Archive. Massachusetts Institute of Technology. Disponível em: <http://classics.mit.edu/>.

ZARATE, J. *Trasury's war*: The Unsleashing of a new era of financial warfare. New York: Public Affairs, 2013.

Posfácio
O mito do pecado original, o ceticismo ético e o desafio da paz

José Luís Fiori

> [...] *para decidir a disputa que surgiu sobre o critério, devemos ter um critério aceito por meio do qual se possa julgar a disputa; e para ter um critério aceito devemos decidir primeiro a disputa sobre o critério. E quando o argumento se reduz desta forma a um raciocínio circular, encontrar um critério torna-se impraticável* [...]
>
> Sexto Empírico (160 d.C – ?). *Hipotiposes Pirrônicas*, II, cap iv (apud POPKIN, 2000, p. 28).

Introdução

Este posfácio discute o problema da "disputa dos critérios" (Sexto Empírico) no campo das "escolhas éticas" e, portanto, é um texto sobre o "ceticismo"[1] e sobre o "pirronismo"[2]. Aparece no final deste livro "sobre a paz" porque – de uma forma ou outra – o "pensamento realista"[3] sempre esteve associado a alguma forma

---

1. "O ceticismo como concepção filosófica, e não como uma série de dúvidas relativas a crenças religiosas tradicionais, teve sua origem no pensamento grego antigo. No período do helenismo, as várias observações e atitudes de filósofos gregos de períodos anteriores foram desenvolvidas, formando um conjunto de argumentos, estabelecendo que i) nenhuma forma de conhecimento é possível; ou que ii) não há evidência adequada ou suficiente para determinar se alguma forma de conhecimento é ou não possível, e que, portanto, devemos suspender o juízo acerca de todas as questões relativas ao conhecimento. A primeira concepção denominava-se 'ceticismo acadêmico'; a segunda, 'ceticismo pirrônico' [...]. O ceticismo seria a cura para a doença do dogmatismo e da precipitação... um purgante que elimina tudo, inclusive a si mesmo" (Popkin, 2000, p. 14 e 17).
2. "Os pirrônicos propunham a suspensão do juízo acerca de qualquer questão em relação à qual houvesse evidências em conflito, incluindo a questão sobre se podemos ou não conhecer algo" (Popkin, 2000, p. 3).
3. Ao definir os princípios básicos que distinguem o pensamento realista de qualquer outra perspectiva no campo internacional, Hans Morgenthau afirma "que os princípios morais não são universais, mas sim particulares. E que as aspirações morais de uma nação não se aplicam ao resto do universo. Os princípios morais de um Estado não devem nem podem ser considerados princípios morais universais, expansíveis para o resto da humanidade" (Nogueira & Messari, 2005, p. 34).

de ceticismo e porque, ao mesmo tempo, o reconhecimento da impossibilidade de uma "paz perpétua" é indissociável da heterogeneidade e irredutibilidade dos interesses, e da heterogeneidade das "verdades éticas". Estas são forças sociais em geral e, em particular, dos povos, impérios, nações e "potências" envolvidos nos grandes conflitos e disputas internacionais que atravessam a História desde que os homens abandonaram o nomadismo e começaram a viver de forma sedentária e organizada sob o governo das primeiras cidades e grandes impérios – da Mesopotâmia, do norte da África e do sul da Ásia.

Nossa hipótese fundamental é que a impossibilidade dos "juízos éticos universais" está associada diretamente à natureza hierárquica e conflitiva de todas as relações humanas, como preconizou, de forma pioneira, o filósofo grego Heráclito de Éfeso (541-487 a.C.)[4]. A origem deste problema é aqui analisada através de uma "exegese lógica" do "mito do pecado original"[5] ou, mais especificamente, da narrativa inicial do Gênesis, tal como aparece na sua versão clássica do Torá ou Antigo Testamento[6] e onde se narram "a criação e a queda" do Homem. Esse mito de origem suméria e mesopotâmica teve várias formulações diferentes, mas acabou sendo "apropriado" pela tradição judaico-cristã e, por esse caminho, transcendeu seu tempo e origem étnico-religiosa, transformando-se numa espécie de "mito civilizatório", quase universal. Ele consegue reunir, numa mesma narrativa extremamente sintética, a questão da origem do Homem, da origem da distinção ética entre o "bem" e o "mal", e da origem das "proibições", "desobediência" e "culpa humana".

A mitologia grega também utiliza com frequência a alegoria do "triângulo familiar" como estrutura básica de todas as relações estabelecidas entre os deuses,

---

4. O filósofo grego Heráclito de Éfeso (521-487 a.C.) afirma, em dois de seus "fragmentos" ou "aforismos" mais famosos, que "a guerra é o pai de todas as coisas e de todos o rei; de uns fez deuses de outros homens; de uns escravos de outros, homens livres" (53). E complementa sua tese dizendo que "é necessário saber que a guerra é comum a todos e a justiça se faz no conflito, e que todas as coisas nascem e morrem pelo conflito" (80).

5. A doutrina do "pecado original" não pertence à tradição judaica ou islâmica e só foi desenvolvida na tradição cristã a partir de Agostinho de Hippona ou Santo Agostinho (354-430 d.C.), para explicar a origem do "mal", da imperfeição humana e do sofrimento a partir da "queda de Adão e Eva". Nós a utilizamos aqui para nos referirmos à narrativa original da Bíblia, da "queda de Adão e Eva", por sua força semântica, ao designar o que teria sido o primeiro de todos os pecados do Homem. No entanto, após a punição de Adão e Eva, sucederam-se 613 mandamentos ou "proibições divinas" (365 negativas e 248 positivas) através de todo o texto judaico-cristão do Torá ou Antigo Testamento.

6. Sobretudo o texto de seus capítulos 1-4, 6-7, 11 e 22, segundo a versão da *Bíblia de Jerusalém* (1973).

incluindo a sua própria, tal como aparece relatada por Homero e Hesíodo[7]. É comum na mitologia grega a prática da traição dos filhos que "destronam" seus próprios pais, que são também deuses, tal como acontece, por exemplo, na história de Urano, Cronos e Júpiter, ou mesmo na história de Laio, Jocasta e Édipo. Não existe, entretanto, na mitologia grega, uma associação entre essas disputas hierárquicas dos deuses com o problema ético do livre arbítrio e das escolhas, tal como aparece no mito judaico-cristão da criação, queda e punição do Homem. Na versão bíblica desse mito, a história da criação do Homem por um Deus único aparece diretamente relacionada com o problema "pirrônico" dos critérios de distinção entre o "bem e o mal", e com o problema da decisão e "livre escolha humana" entre o imperativo da obediência e o desejo humano, ou pulsão da liberdade e de igualdade com relação a Deus, ou ainda com relação a qualquer outro "Senhor" ou poder vitorioso que tenha imposto sua vontade aos homens, através da História.

Mesmo assim, nosso objetivo não é o estudo da origem do "poder" e da "ética" no seu sentido evolutivo. Propomos identificar algumas estruturas e relações "genéticas" que renascem a cada momento e permanecem através do tempo, porque são atemporais. Ou seja, são estruturas e relações que operam como um "código" ou um "arquétipo" que se atualiza através do comportamento dos indivíduos e sociedades, e que pode assumir, no mundo concreto dos homens, uma infinidade de formas e configurações materiais. Do nosso ponto de vista, a ideia do arquétipo, como a própria ideia do pecado original, envolve uma relação entre "poder" e "ética" que é perene, apesar de que sua evolução possa dar lugar a uma infinidade de possibilidades e variações concretas. Sobretudo porque se trata de uma desobediência, ou de um "pecado", que não se pode conceber sem que se tenha presente a "relação hierárquica" originária entre Deus e o Homem, e sem que haja intervenção de um terceiro elemento – no caso, a famosa Serpente – que permite ao Homem tomar consciência de sua relação hierárquica com Deus e da própria existência de alternativas frente ao "imperativo divino", tendo a possibilidade, inclusive, de escolher livremente o "pecado", apesar de todas as suas consequências.

O método

A inspiração originária deste trabalho veio da "psicanálise", de Sigmund Freud (1856-1939), e da "psicologia analítica", de Carl G. Jung (1875-1961) e seus discípulos – com destaque para Joseph Campbell (1904-1987)[8] – que utilizam o

---

7. Brandão (1986).
8. Campbell (1949).

estudo sistemático da mitologia como método de investigação das "memórias"[9] e "heranças arcaicas"[10], no caso de Freud, e dos "arquétipos" e do "inconsciente coletivo"[11], no caso de Jung.

Para a "psicologia profunda" de Freud e Jung, assim como para a "antropologia estrutural" de Lévi-Strauss, entre outros, a mitologia ocupa lugar central na história do pensamento humano e na expressão cultural das grandes civilizações, porque sintetiza, de forma simbólica, pensamentos e verdades que transcendem o espaço e o tempo. O filólogo alemão Werner Jaeger (1888-1961) resume esta concepção comum na *Paideia*, sua obra magistral sobre a cultura grega, quando diz:

> O mito serve sempre de instância normativa para a qual apela o orador. Há no seu âmago alguma coisa que tem validade universal. Não tem caráter meramente fictício, embora originalmente seja, sem dúvida alguma, o sedimento de acontecimentos históricos que alcançaram a imortalidade através de uma longa tradição e da interpretação enaltecedora da fantasia criadora da posteridade[12].

Freud e Jung usam os mitos como objeto de suas pesquisas e, ao mesmo tempo, como método de identificação dessas estruturas mais profundas e universais do inconsciente individual e coletivo. Mas Lévi-Strauss também fala da existência de "infraestruturas inconscientes" nas sociedades primitivas que estudou, da mesma forma que Noam Chomsky fala de "estruturas profundas" no campo da linguagem, e vários outros autores e pesquisadores utilizam expressões análogas no campo da sociobiologia e da etologia para referir-se a relações e comportamentos comuns a todas as espécies animais. Mas não há dúvida de que foram

---

9. "O resultado é um super-organizador que precede o sujeito e é transmitido inconscientemente pelo superego parental. No mesmo caminho conceitual, encontra-se a fantasia originária que Freud liga à *memória arcaica* da espécie" (Eiguer, 1987, p. 109).

10. Freud escreveu: "[...] uma nova compilação surge quando nos damos conta da probabilidade de que aquilo que pode ser operante na vida psíquica de um indivíduo pode incluir não apenas o que ele próprio experimentou, mas também coisas que estão inatamente presentes nele, quando de seu nascimento, elementos com uma origem filogenética – uma herança arcaica. Surgem então as questões de saber em que consiste essa herança, o que contém e qual é a sua prova" (Freud, 1969, p. 109).

11. "O termo *archetipus* já se encontra em Filo Judeu como referência a *imago dei* no homem. Em Irineu também, onde se lê '*Mundi fabricator non a semetipso fecit haec, sed de alienis archetipis transtulit*' (O criador não fez essas coisas diretamente a partir de si mesmo, mas copiou-as de outros arquétipos [...]. Para aquilo que nos ocupa, a denominação é precisa e de grande ajuda, pois nos diz que, que no concernente aos conteúdos do inconsciente coletivo, estamos tratando de tipos arcaicos – ou melhor – primordiais, isto é, de imagens universais que existiram desde os tempos mais remotos" (Jung, 1976, p. 12).

12. Jaeger (2001, p. 68).

os arquétipos de Carl Jung e seus discípulos que se transformaram na expressão mais comum para nos referirmos a essas estruturas profundas e universais que se "atualizam" ou "individuam" através do comportamento dos indivíduos e sociedades humanas.

Jung afirma explicitamente que "o conteúdo essencial de todas as mitologias, de todas as religiões e de todos os ismos é arquetípico"[13], e, para ele, os "arquétipos são estruturas idênticas, universais [que juntas] constituem aqueles resíduos de remota humanidade comuns a todos os homens"[14]. Além disso, para o psicólogo suíço, o arquétipo é "um elemento vazio e formal em si, nada mais sendo que uma *facultas praeformandi*, uma possibilidade dada *a priori* da forma de sua representação"[15]. Um conceito ainda impreciso, mas muito próximo da instigante ideia de outro pensador germânico, o grande matemático, lógico e filósofo Gottlob Frege (1848-1925), que fala explicitamente da existência de um "pensamento sem pensador" com base na lógica do raciocínio matemático, um pensamento que não teria autor e que seria atemporal e universal, como no caso das "memórias arcaicas" e dos arquétipos. Afirma Frege:

> A tarefa da ciência não consiste em criar, mas em descobrir pensamentos verdadeiros. O astrônomo pode aplicar uma verdade matemática à investigação de eventos ocorridos em um passado longínquo, quando na terra, pelo menos, ninguém ainda havia reconhecido essa verdade. Ele pode fazer isso porque o ser verdadeiro de um pensamento é intemporal. Donde essa verdade não pode ter-se originado de sua descoberta[16].

Deste ponto de vista – de Gottlob Frege – se poderia mesmo dizer que a mitologia é um "depósito" de "pensamentos sem pensadores", apresentados de forma extremamente simples e sintética, ainda que simbólica. E os próprios arquétipos de que fala Jung fariam parte desses "pensamentos atemporais", que podem ser encontrados ou desvelados através do estudo da linguagem simbólica dos mitos. Desta perspectiva, aliás, mesmo que Freud não utilize correntemente o conceito de arquétipo, pode-se dizer que o modelo clássico e insuperável de utilização do mito como instrumento de pesquisa de uma relação originária e atemporal segue sendo o do estudo freudiano do mito e da tragédia de Sófocles, *Édipo-Rei*. Nesse mito e na sua versão pela tragédia grega, Freud identifica um "arquétipo parental" envolvendo relações de atração, repulsão e competição que são parte inseparável

---

13. Stein (2014, p. 94).
14. Jung (1973, p. 190 e 211).
15. Jung (1976, p. 87).
16. Frege (2001, p. 33).

do "triângulo amoroso" responsável pela reprodução da espécie humana e pela socialização do *Homo sapiens*[17].

Freud sugere a possibilidade, mas Jung estende o escopo e a eficácia do conceito de arquétipo, associado diretamente com seu outro conceito fundamental – de "inconsciente coletivo" – que lhe permite passar do plano estritamente individual e psicanalítico para o campo societário e cultural, utilizando o estudo dos mitos como método de acesso às imagens e às estruturas primitivas da percepção e da convivência em sociedades mais amplas e complexas.

É nesta perspectiva metodológica que nos propomos a investigar e identificar algumas relações mais profundas e invisíveis que se manifestam e se repetem de forma recorrente através dos séculos, em todas as disputas políticas que envolvam competição e luta pelo poder[18] e em todos os conflitos de poder que estejam associados com disputas éticas, em particular no caso da definição e arbitragem dos "critérios" que separam o "bem" do "mal" e em que se sustentam todos os argumentos utilizados pelas partes envolvidas nos conflitos e disputas de guerra e paz entre grupos e sociedades humanas.

O "mito" e sua difusão

O Gênesis é um dos textos mais importantes do judaísmo e do cristianismo; também pertence à tradição religiosa do Islã e contém elementos de origem persa e do Zoroastrismo, em particular. Além disso, o Gênesis se transformou, através dos séculos, em um "mito" comum a todas as grandes civilizações históricas[19] que se formaram à sombra destas quatro religiões monoteístas.

---

17. Embora a expressão "complexo de Édipo" não apareça nos escritos de Freud antes de 1910, isso acontece em termos que atestam que ela já era admitida na linguagem psicanalítica. A descoberta do complexo de Édipo, preparada há muito pela análise dos seus pacientes, efetua-se para Freud no decorrer de sua autoanálise, que o leva a reconhecer em si o amor pela mãe e, para com o pai, um ciúme em conflito com a afeição que lhe dedica. Em 15 de outubro de 1897, escreveu a Fliess: "[...] o poder de dominação de Édipo-Rei torna-se inteligível [...]. O mito grego salienta uma compulsão que todos reconhecem por terem percebido em si mesmos vestígios de sua existência" (Laplanche & Pontalis, 1970, p. 117).

18. "Em termos estritamente lógicos, o poder é uma relação que se constitui e se define, tautologicamente, pela disputa e pela luta contínua pelo próprio poder. Em qualquer nível de abstração e em qualquer tempo ou lugar, independentemente do conteúdo concreto de cada relação de poder em particular" (Fiori, 2014, p. 18).

19. "Se fizermos uma pesquisa sobre história e cultura humanas, veremos que toda sociedade possui um código moral cuja concepção se apresenta, na maioria dos casos, com clareza e exatidão. Em praticamente toda sociedade do passado existe uma íntima relação entre esse código moral e a religião dominante. O código de ética é concebido frequentemente como um imperativo, declarado por um legislador divino [...]" (Dawson, 2010, p. 117).

Sua autoria foi atribuída tradicionalmente a Moisés, o líder egípcio que teria transmitido ao povo judeu a tradição monoteísta do Faraó Akhenaton, por volta do XIII a.C.[20] Mas, modernamente, considera-se que o texto do Gênesis, tal como o conhecemos, tenha sido escrito por várias mãos, em vários momentos, e que sua versão final seja datada do século V a.C., provavelmente do período do exílio dos judeus na Babilônia, quando a comunidade judaica sofreu forte influência dos costumes e tradições do império persa, em particular da sua religião oficial, o Zoroastrismo.

Esta versão moderna sobre a origem do texto bíblico permite entender melhor a presença, ou simples repetição, no Gênesis, de vários elementos ou narrativas da tradição mitológica da Babilônia, da Suméria e de Ugarit, como é o caso dos "poemas da criação", Enuma Elish; da "epopeia" de Gilgamesh; ou da história de Atrahasis, epopeia acadiana do século XVIII a.C. Ou ainda do mais antigo de todos os "mitos da criação", de origem suméria, o mito do Eridu Genesis, em que também é contada a criação do Homem a partir do barro, esculpido pelos deuses que estavam embriagados e que, por este motivo, teriam feito um homem repleto de imperfeições.

A própria história da "queda" de Adão e Eva tem um parentesco indiscutível com a história de Emkidu, o selvagem esculpido pelos deuses a partir da argila, e com a história de Shamhat, a prostituta contratada para seduzi-lo e levá-lo a cometer o que seria talvez a versão mais antiga daquilo que os cristãos mais tarde chamaram de "pecado original". E o mesmo se pode dizer da metáfora da "árvore" e do seu "fruto proibido", que aparecem no Gênesis e também estão presentes na Epopeia de Gilgamesh, em que seu personagem principal obtém uma flor que "devolveria ao Homem toda a sua força perdida". Esta flor, no entanto, acaba sendo roubada pela Serpente, que é uma figura tradicional e muito presente em toda a mitologia do Antigo Oriente Médio.

Além de todas essas semelhanças formais, entretanto, a dívida mais importante do Gênesis e de toda a tradição judaico-cristã é mesmo com o "monoteísmo ético" do Zoroastrismo ou Masdaísmo, que considerava que a vida universal do cosmos e de cada indivíduo em particular consistia numa luta eterna entre o Bem (Ahúra-Masda, divindade suprema e criadora do mundo) e o Mal (Ahriman, a energia negativa, responsável pelas doenças e pela morte). Zoroastro foi o primeiro a reconhecer a existência de um "arbítrio" dos indivíduos, que eram livres para escolher entre o "bem" e o "mal", apesar de que no dia do Juízo Final todos viessem a ser julgados por suas escolhas quando o Bem derrotasse definitivamente o Mal, de forma cósmica.

---

20. Freud (1969, p. 18-65).

Essa preocupação ética, com a luta entre o "bem" e o "mal", que está presente no texto do Gênesis, é a marca diferencial de um período da história humana – em particular no continente eurasiano – que alguns historiadores chamaram de "era da elevação dos espíritos", situada aproximadamente entre os anos 600 e 300 a.C. Esse período corresponde, em grandes linhas, ao apogeu do Império Persa, ao florescimento da cultura helênica, ao despertar da civilização romana e à grande crise chinesa, que foi a responsável indireta pelo florescimento da melhor parte da filosofia moral asiática. E é exatamente nessa "era" da história eurasiana que os homens se colocaram, pela primeira vez, de forma sistemática e quase simultânea, as mesmas perguntas fundamentais pela "origem e destino do universo", pela essência do comportamento "virtuoso" dos indivíduos e dos governos e pelo "critério", em última instância, de definição e distinção do "bem" e do "mal"[21]. As mesmas perguntas e várias respostas – muitas vezes convergentes – que foram sendo dadas a partir daquele período pelas grandes religiões monoteístas, e também pela filosofia moral de Lao Tsé, Confúcio e Sidarta Gautama e, de forma muito particular, pela filosofia política e jurídica greco-romana.

Depois desse período de imensa fertilidade intelectual da história humana, o texto do Gênesis se difundiu de forma cada vez mais ampla, extensa e autônoma desde o momento em que o filósofo judeu Philon de Alexandria propôs, pela primeira vez, um "diálogo" entre sua interpretação judaica do Gênesis e sua leitura de Platão e, em particular, do seu Diálogo de Timeu, *Quaestiones in Genesim*, que sintetizava a visão grega da origem do universo. A mesma associação proposta por São Paulo, sob influência da filosofia estoica de Sêneca, consagrada três séculos depois por Santo Agostinho e sua conjugação da doutrina cristã com a filosofia platônica, que se transformaria numa peça importante da "civilização ocidental" durante toda a Idade Média.

Mesmo depois da revolução científica moderna dos séculos XVI e XVII, e ainda depois da "revolução darwinista" do século XIX, chama atenção o fato de que o texto do Gênesis tenha resistido e siga sendo divulgado, mantendo-se como uma referência e influência universal para além de sua origem étnica e religiosa, independentemente de sua "visão criacionista" da origem do universo.

---

21. "Se por um lado não é muito evidente a existência de uma moralidade pré-religiosa, por outro não há dúvida sobre a existência de uma pós-religiosa. Na medida em que o Homem se torna crítico em relação à religião dominante, aparece, em toda civilização avançada, uma nova necessidade de se elaborarem sistemas filosóficos e novas interpretações da realidade, com seus códigos de ética correspondentes" (Dawson, 2010, p. 118).

O "mito" e suas duas versões

O texto do Gênesis reúne duas versões diferentes da mesma história da criação do Homem e do Universo, escritas provavelmente em momentos e lugares diferentes (Gn 1,1-31; 1,1-25). Apesar disso, a tradição e o senso comum costumam misturar e sobrepor ambos, como se eles fizessem parte de uma mesma narrativa. Trata-se de um erro que foi imortalizado pelos célebres afrescos de Michelangelo pintados no teto da Capela Sistina, no Vaticano, que reúnem em uma mesma sequência pictórica passagens extraídas das duas versões da mesma história, apesar de que elas contenham diferenças profundas e essenciais.

A primeira versão da história privilegia o "poder da palavra" de Deus, que seria capaz de criar os céus e a terra, os animais e os homens, a partir do nada e através de sua simples designação. A criação é feita de forma sequenciada ou evolutiva, durante seis dias que culminam com o surgimento do homem, a quem Deus ordena que *"domine sobre os peixes do mar, as aves do céu, os animais domésticos, todas as feras e todos os répteis que rastejam sobre a terra"* (Gn 1,26). Na primeira versão da história bíblica, Deus não impõe ao homem nenhum tipo de proibição, ameaça ou punição; apenas determina que o Homem domine o mundo. Chama a atenção, exatamente, que esta versão do mito não tenha continuidade nem se conecte com a história real dos homens.

Na segunda versão da história, entretanto, o foco do relato se concentra no ato da proibição divina e na sequência da "tentação e queda" de Adão e Eva, em que aparecem três elementos que não existiam na primeira versão: a "árvore do bem e do mal", a "proibição divina" e a "serpente" – que introduz a possibilidade da "desobediência humana". Esta versão relata como Deus modelou *"o homem com a argila do solo, insuflando em suas narinas um hálito de vida e o homem se torna um ser vivente"* (Gn 2,6-7), que é colocado no Jardim do Éden, onde está plantada *"a árvore do conhecimento do bem e do mal"* (Gn 2,9). Nesse exato momento, Deus introduz o grande diferencial desta segunda narrativa ao impor sua proibição de acesso à arvore do conhecimento e ao exigir obediência incondicional do homem, sob pena de punição e morte: *"Podes comer de todas as árvores do jardim. Mas da árvore do conhecimento do bem e do mal não comerás, porque no dia que dela comeres terás que morrer"* (Gn 2,16)[22].

A "serpente" surge nessa história como uma condição indispensável ao desenvolvimento lógico da narrativa, porque será a "serpente" quem cria a possibilidade da desobediência humana, ao explicar para o homem as razões da proibição divina e as consequências positivas de um ato de desobediência explícita: *"Então*

---

22. *A Bíblia de Jerusalém* (1989, p. 33-34).

Deus disse que vós não podeis comer de todas as árvores do jardim? (Gen 2, 1) [...] Não, não morreis! Mas Deus sabe que no dia em que dela comerdes, vossos olhos se abrirão e vós sereis como deuses, versados no bem e no mal" (Gen 3, 4 e 5).

O resto da história é conhecido: Eva e Adão cedem ao argumento e escolhem comer o fruto da árvore proibida, entrando em contato com o "conhecimento do bem e do mal". Segue-se então a maldição eterna do Homem, que é banido do Jardim do Éden e condenado a trabalhar para sobreviver e se reproduzir, perseguido pelo sofrimento da culpa e medo da própria morte – momento em que começa a história dos homens comuns e mortais aos quais se dirigia o texto do mito. É também no exato momento da "queda" e da "punição divina" que se clarifica definitivamente a natureza assimétrica e hierárquica da relação entre o criador e sua criatura. O texto é claro: na relação entre o criador e sua criatura, cabe ao criador, e exclusivamente a ele, o conhecimento e o arbítrio do critério que separa o "bem" do "mal"; e cabe à "criatura", e exclusivamente a ela, a obediência, que depois será transformada por Santo Agostinho e seus seguidores medievais na "virtude suprema" da espécie humana: a obediência, e sempre a obediência. Do nosso ponto de vista, esse é o ponto central do "mito do Gênesis": as condições para o exercício do livre-arbítrio e da escolha humana, dividida entre o "imperativo da obediência a Deus" e o desejo de igualar-se ao seu próprio "criador".

A "exegese lógica" do mito

1) Para o filósofo holandês Baruch Spinoza (1632-1677), é logicamente inconcebível a "divisibilidade de uma substância infinita". Na Proposição nº 13[23] (Primeira Parte, "Sobre Deus"), de sua *Ética*, Spinoza considera uma contradição lógica insuperável a possibilidade de um "ato divino" de criação de um "ser finito" a partir de um "ser infinito", porque se isto ocorresse teriam que existir simultaneamente vários seres infinitos, ou, então, o único ser infinito existente teria deixado de ser infinito, colocando em questão a própria possibilidade de existir algum "ser infinito". E o mesmo se pode dizer, a partir desta premissa, sobre a contradição que perpassa a ideia de um "poder absoluto", que cria o universo a partir de sua própria vontade, ou de sua própria palavra. Porque o "poder", por definição, já é – *ex-ante* –

---

23. "Proposição 13. Uma substância absolutamente infinita é indivisível. Demonstração: com efeito, se fosse divisível, as partes nas quais se dividiria ou conservariam a natureza de uma substância absolutamente infinita ou não a conservariam. Se consideramos a primeira hipótese, existiriam, então, várias substâncias de mesma natureza, o que é absurdo. Se consideramos a segunda hipótese, então, uma substância absolutamente infinita poderia deixar de existir, o que também é absurdo" (Spinoza, 2007, p. 29).

uma "relação" entre seres ou entidades que compartem e disputam os mesmos objetivos, incluindo o próprio poder, e neste sentido ele não tem como ser "absoluto" sem deixar de ser um "poder"[24]. Donde se possa deduzir logicamente que, se Deus fosse um "poder", ele não seria "absoluto"; e, se Deus fosse "absoluto", ele teria que ser qualquer outra coisa menos um "poder".

2) Estes dois argumentos atingem em cheio e abalam toda e qualquer leitura e interpretação literal da "primeira versão" do mito bíblico da "criação do Homem". Não afetam, entretanto, o núcleo duro da discussão ética presente na "segunda versão" do mito – em particular, o foco central da narrativa, que é a história da desobediência de Adão e Eva. No segundo texto, como já vimos, são introduzidos três elementos novos e cruciais: i) a "árvore do conhecimento do bem e do mal"; ii) a "proibição" de acesso humano aos seus frutos; e finalmente iii) a "serpente", personagem decisivo para a compreensão da própria "proibição divina" e do ato de "desobediência" humana. Aqui, o importante é que nem a metáfora da "árvore", nem o "mandamento divino" esclarece do que se trata especificamente a materialidade do "fruto proibido", ou seja, o conteúdo particular do "bem" e do "mal". Uma ausência que não é casual e parece sugerir que a "proibição divina" não envolvia de fato um conteúdo material determinado; envolvia algo mais abstrato que poderíamos chamar de "conhecimento do critério" ou segredo da "arbitragem" entre o "bem" e o "mal". Um conhecimento que é monopolizado pelo "criador" e opera ao mesmo tempo como seu principal "instrumento de poder", ou de imposição de sua vontade às suas "criaturas", através da criação da figura da "culpa" e da "vergonha" – da mesma forma que a "obediência" seria a principal obrigação das "criaturas" e o elemento diferenciador da relação entre Deus e o Homem. Para entender a natureza e a estrutura dessa "relação ética" entre Deus e o Homem, é necessário dar mais um passo lógico, sem o qual seria impossível conceber o "ato de desobediência" de Adão e Eva, uma vez que a "desobediência", por definição, supõe a existência de uma "escolha" e, portanto, de alguma "alternativa" que seja conhecida e esteja disponível, para que as partes envolvidas possam tomar sua decisão e fazer sua "escolha". Neste sentido, radicalizando o argumento, pode-se dizer, do ponto de vista lógico, que o mito da relação entre Deus e o Homem supunha desde antes de si mesmo, como uma condição de possibilidade de seu próprio desenvolvimento, um "terceiro elemento",

---

[24]. "Em termos estritamente lógicos, o 'poder' é uma relação que se constitui e se define, tautologicamente, pela disputa, e pela luta contínua pelo próprio poder. Em qualquer nível de abstração, e em qualquer tempo ou lugar, independente do conteúdo concreto de cada relação de poder em particular" (Fiori, 2014, p. 18).

porque, se fosse uma relação estritamente "binária" e se restringisse a Deus e ao Homem, não haveria a possibilidade da desobediência, e não haveria tampouco como conceber a existência do "mal", nem muito menos de um "critério" de separação entre o "bem" e o "mal". Neste caso, a "segunda versão" da história bíblica acabaria exatamente igual à primeira, ou seja, não haveria nenhuma sequência humana e histórica.

3) Isto não acontece, entretanto, exatamente porque essa "segunda versão" da "criação e queda" do Homem introduz um terceiro elemento na história da relação entre o "criador" e sua "criatura": a "serpente", que introduz a "crítica" e a "alternativa" indispensáveis ao exercício da "escolha ética". É a serpente, afinal de contas, quem oferece ao Homem uma explicação para o próprio ato da "proibição divina". Ao mesmo tempo, é ela também que coloca à disposição do Homem uma "alternativa", junto com o motivo que justificaria sua "desobediência". Neste sentido, do ponto de vista estritamente lógico, é a serpente quem cria a possibilidade humana da crítica e da escolha, mesmo que, neste caso particular, a escolha humana possa ser considerada um ato de desobediência que deve ser punido, do ponto de vista de Deus. Tão ou mais importante é fato de que a serpente só consegue criar a possibilidade lógica da desobediência porque é ela quem separa (demônio = "aquele que separa") e individualiza, simultaneamente, as figuras de Deus e do Homem. Sem a existência da "alternativa", não poderia haver a "diferença", ou pelo menos ela não poderia ser concebida ou conhecida pelo Homem, que seguiria imerso para sempre na "substância absolutamente infinita e indivisível" de Deus, nas palavras de Spinoza.

4) No "mito do Gênesis", o "criador" impõe "obediência" à sua "criatura" sem lhe dar as razões de sua proibição. Na verdade, é a Serpente que explica ao Homem a razão da "proibição divina" lhe oferecendo um motivo muito preciso para que ele desobedeça ao "mandamento divino". Segundo a Serpente, a desobediência daria ao Homem o conhecimento do "critério" de distinção entre o "bem" e o "mal", e o conhecimento desse "critério" faria dos homens "deuses". Nas palavras da própria Serpente: *"Deus sabe que no dia em que dele comerdes, vossos olhos se abrirão e vós sereis como deuses, versados no bem e no mal"* (Gen 3, 5). Ou seja, a Serpente propõe ao Homem que "escolha" a "desobediência", para igualar-se a Deus. Uma explicação e uma proposta que revelam a natureza absolutamente assimétrica e hierárquica da relação entre Deus e o Homem, que é de fato, neste mito do Gênesis, uma relação de poder. Por isso, do ponto de vista estritamente lógico, a desobediência de Adão e Eva significou uma opção pela "liberdade" – liberdade de escolha. De um lado, estavam colocadas a "ordem

divina" e a obrigação de obedecer; e, do outro, o desejo da "liberdade" e da "igualdade", que levou o Homem à desobediência, à rebeldia e ao que se chamou mais tarde de "pecado original"[25]. Segundo a mesma tradição, aliás, o outro mito sobre a origem do próprio "demônio" reproduz esse arquétipo, uma vez que o "demônio" também teria nascido – nesta mesma tradição religiosa – de uma "rebelião igualitária" no "reino dos anjos", que teria sido liderada por Lúcifer – que também quis igualar-se a Deus e foi punido com sua expulsão dos céus.

5) Do nosso ponto de vista, é neste ponto que se encontra a *aporia* fundamental do mito da "criação e queda" do Homem: o mesmo ato de Adão e Eva pode ser lido, simultaneamente, como uma "desobediência" e uma "libertação"; como um "pecado" e uma "virtude"; como uma "queda" ou a "libertação original" do Homem; e o início de sua luta eterna pela igualdade, dependendo do critério ou da posição em que se coloque o "criador" ou o "juiz" nessa "relação triangular" entre o "criador", sua "criatura" e o "terceiro incluído", responsável pela própria possibilidade da "crítica" e da existência de uma "alternativa", sem a qual não se poderia nem mesmo conceber a existência de uma "escolha ética".

O "mito" e o "arquétipo"

Nossa proposta, neste texto, foi apresentar o resultado de uma análise lógica da narrativa bíblica do mito da "criação e queda" do Homem, tal como aparece nos dois primeiros capítulos do Gênesis, da Torá ou do Antigo Testamento. Partimos do reconhecimento da existência de duas versões distintas do mesmo mito, contadas de forma sequencial, quase como se fossem partes de uma mesma narrativa. O foco da primeira versão está no "poder da palavra" de Deus e na criação do Universo em seis dias, enquanto o da segunda está na "proibição divina" e na "desobediência humana". Nossa análise concentra-se nesta segunda versão da história da "criação" e, sobretudo, do ato da proibição divina do acesso humano à "árvore do conhecimento do bem e do mal".

É só na segunda narrativa que aparecem os três elementos ou relações que nos permitem falar da existência de um arquétipo do "pedaço original" que nos leva diretamente ao núcleo duro do "arquétipo do poder" e à *aporia ética* que se

---

[25]. Deste ponto de vista lógico, o "pecado original" não foi cometido para ser perdoado, nem muito menos para ser eliminado. Ele foi concebido para atuar como um freio atemporal, que vai assumir na história humana a forma variável do "medo" e da "culpa", freios que limitam o impulso individual e coletivo na direção da liberdade e da igualdade, reforçando os mecanismos de preservação da "ordem estabelecida".

encontra, em última instância, na origem de todas as guerras e na dificuldade perene de povos, nações e civilizações lograrem uma paz duradora entre si:

i) A relação triangular, assimétrica e hierárquica, formada pelas três figuras centrais do mito: o "homem", seu "criador" e o "demônio", reunidos de forma inseparável pelo "imperativo da obediência" e pelo desejo humano da igualdade com Deus;

ii) A relação de conflito entre os interesses ou desejos das três pontas deste "núcleo triangular" da história, exatamente porque são assimétricas e hierarquizadas; e

iii) A relação de disputa entre o criador e sua criatura pela posse do critério, o critério ético de distinção entre o "bem" e o "mal".

Na análise lógica deste texto, destaca-se a figura insubstituível do "terceiro incluído", ou seja, a Serpente ou "demônio", que é o grande responsável por explicar ao Homem a razão da "proibição divina" e ao mesmo tempo lhe permitir o acesso a uma alternativa crítica que justificaria plenamente o ato da desobediência. Ou seja, o mesmo ato de desobediência de Adão e Eva pode e deve ser lido – de forma simultânea e contraditória – como um ato de "submissão virtuosa", de libertação e individuação dos homens. Um mesmo ato ou decisão humana pode ter várias avaliações éticas, simultâneas, conflitivas e excludentes, sem que seja possível fazer uma escolha consensual ou que tenha validade universal. E uma mesma pessoa pode escolher o "bem" e estar fazendo o "mal"; e pode estar fazendo o "mal" quando pratica um "ato virtuoso", dependendo do ponto de vista de quem defina e arbitre o "critério" de julgamento.

Esta é a grande *aporia ética* desvelada pelo Gênesis, na forma de um arquétipo que reaparecerá em toda e qualquer relação hierárquica de poder, em toda e qualquer cultura ou civilização humana, sempre que envolva a existência de um criador e de uma criatura; de um rei e de um súdito; de um senhor e de um escravo, ou de qualquer outra relação assimétrica e hierárquica de poder, criada pelo conflito e pela guerra.

Por fim, esse triângulo retratado pelo "mito da criação e da queda" explica a impossibilidade lógica da existência de um único "critério ético" que possa chegar a ser universal, a partir de cinco motivos fundamentais e complementares, que são parte indissociável do mesmo arquétipo:

- primeiro, porque todas as relações humanas envolvem algum tipo de hierarquia e conflito, e todas as relações hierárquicas e conflitivas envolvem algum tipo de luta pelo poder, dentro de uma "estrutura triangular" de relacionamento, mínima e irredutível;

- segundo, porque as três pontas deste triângulo de poder disputam os mesmos objetivos fundamentais, começando pelo próprio poder e ao mesmo tempo, contraditoriamente, pelo aumento dos "graus de liberdade" das partes envolvidas nesta relação;
- terceiro, porque, dentro desse triângulo elementar e em qualquer outra variação dessa mesma estrutura, o aumento do poder e da liberdade de uma de suas três pontas implicará perda relativa da capacidade de mandar e escolher nas outras duas pontas;
- quarto, porque, ao ocorrer uma mudança ou ameaça de mudança na relação inicial, quem tiver maior poder se defenderá impondo, de forma ainda mais coercitiva, seu critério, sua arbitragem e sua "punição", inclusive com o banimento dos "rebeldes", como aconteceu, aliás, no famoso Paraíso, onde se desenvolve a narrativa do mito que estamos analisando; e finalmente
- quinto, porque o lado mais poderoso desse triângulo manterá sempre em suas mãos o poder do medo, da culpa e da vergonha, que submete os dominados ao "critério ético" do dominador.

Como os três lados ou perspectivas desse "triângulo original" muitas vezes compartilham objetivos parecidos, é possível que consigam negociar acordos e tratados transitórios. É impossível que tais negociações ou acordos consigam eliminar definitivamente a assimetria e a hierarquia que esteve na origem do próprio conflito, sobretudo quando ele envolve o direito de criar ou definir normas e, depois, arbitrar os conflitos segundo as normas que eles mesmos criaram.

O ceticismo e a utopia da paz

A leitura da história intelectual do Ocidente sugere que a "verdade do ceticismo" tende a reaparecer com maior força nos momentos de grande ruptura cultural ou civilizatória. Foi o que ocorreu na Grécia quando ela foi sacudida pelas conquistas macedônicas de Alexandre, o Grande, e por sua própria incorporação pelo Império Romano. Algo análogo parece ter ocorrido com o pensamento europeu na virada dos séculos XV e XVI, com o Renascimento, a Reforma e os "Descobrimentos" que colocaram os europeus em contato com as culturas indígenas americanas, abalando as convicções culturais da intelectualidade europeia. E tudo indica que algo análogo aconteceu na "virada epistemológica" do século XX, e agora de novo, neste início de século XXI, com o impacto da civilização chinesa sobre a "cultura ocidental".

Em todos esses momentos de grande ruptura e pluralismo cultural, o ceticismo reapareceu com força e deixou sua marca indelével, como no caso de sua contribuição para o nascimento da "ciência moderna" no século XVII. No entanto, sua principal contribuição foi sempre crítica e epistemológica, e esteve associada a sua proposta de "suspensão do juízo" frente aos conflitos insuperáveis, de opinião e de convicção, a respeito dos "critérios" que separam o "bem" do "mal", e o "verdadeiro" do "falso"[26]. Mesmo assim, o fascínio exercido pelo "exotismo indígena" sobre intelectuais como Montaigne[27], Morus[28] e tantos outros não impediu o massacre europeu de enormes populações americanas, da mesma forma que o entusiasmo científico dos antropólogos vitorianos não impediu a violência britânica e europeia contra os povos e culturas africanos.

Não é provável que isso volte a ocorrer neste início do século XXI, porque a China ingressou no sistema interestatal no século XX já na condição de grande potência econômica e militar, com capacidade própria de defender seu sistema de valores e sua civilização milenar contra eventuais ataques externos. Por isso, não seria totalmente absurdo imaginar que o "ceticismo contemporâneo" pudesse dar uma contribuição inovadora para a "paz do século XXI", sempre e quando conseguisse incentivar e promover uma posição crítica e autocrítica de "suspensão do juízo", sobretudo das potências ocidentais, com relação à universalidade de seus próprios valores, porque a supremacia absoluta do "universalismo europeu" acabou.

Como consequência, já não existe mais um único "critério" ético nem epistemológico; tampouco existe mais um único juiz com poder para arbitrar todos os conflitos internacionais, com base na sua própria "tábua de valores". E já não é mais possível expulsar os "novos pecadores" do "paraíso" inventado pelo Deus europeu, como aconteceu com os lendários Adão e Eva. Como essa supremacia acabou, talvez seja possível, ou mesmo necessário, que o Ocidente aprenda a respeitar e conviver de forma pacífica com a "verdade" e os "valores" da velha civilização chinesa – da mesma forma como conseguiram conviver lado a lado, durante 700 anos, o Império Romano e o Império Persa, entre 200 a.C. e 500 d.C.[29]

---

26. Porque todas as guerras envolvem no mínimo dois adversários com interesses competitivos e visões opostas a respeito da própria guerra. E os dois se consideram detentores da "verdade", do "bem" e da "justiça", sendo impossível definir um critério consensual de arbitragem sobre de que lado está a "guerra justa". Mesmo quando a guerra seja declarada em nome da "defesa" e da "reparação" de um povo, Estado ou império, porque todos os envolvidos na guerra sempre considerarão que a guerra está sendo travada em nome de sua própria "legítima defesa" (Fiori, 2018, p. 95).

27. Montaigne (2009).

28. Moore (2018).

29. Respeitando o espírito e os termos de uma proposta tardia feita pelo imperador persa Khusro II a Mauricio, o imperador bizantino: "É impossível que uma única monarquia se responsabilize pelos inúmeros cuidados da organização do Universo com o controle da mente de alguém capaz de direcionar uma criação tão vasta quanto aquela que o sol consegue cobrir. Pois jamais será possível que a terra se assemelhe a uma unidade da mais importante regência divina e consiga obter uma disposição correspondente àquela da ordem superior" (Cline & Graham, 2012, p. 392).

Entretanto, para que essa utopia ou "esperança pirrônica" pudesse se concretizar, seria necessário que as grandes potências contemporâneas abandonassem seu dogmatismo missionário e catequético, e oficializassem o "ceticismo" como doutrina oficial do novo sistema internacional que está nascendo neste início do primeiro século do terceiro milênio.

Referências

A BÍBLIA DE JERUSALÉM. São Paulo: Edições Paulinas, 1973.

BRANDÃO, J. de S. *Mitologia grega*. Vol. I. Petrópolis: Editora Vozes, 1986.

CAMPBELL, J. *Hero with a Thousand Faces*. New York: Pantheon Books, 1949.

CLINE, E. H.; GRAHAM, M. *Impérios antigos. Da Mesopotâmia à origem do Islã*. São Paulo: Madras, 2012.

DAWSON, C. *Dinâmicas da história do mundo*. São Paulo: É Realizações, 2010.

EIGUER, A. *O parentesco fantasmático*. Transferência e contratransferência em terapia familial psicanalítica. São Paulo: Casa do Psicólogo, 1987.

FIORI, J. L. A dialética da guerra e da paz. In: Fiori, J. L. (Org.). *Sobre a Guerra*. Petrópolis: Editora Vozes, 2018. p. 75-102.

_____. *História, estratégia e desenvolvimento*. São Paulo: Editora Boitempo, 2014.

FREGE, G. *investigações lógicas e outros ensaios,* São Paulo, Cadernos de Tradução, nº 7 2001

FREUD, S. Moisés e o monoteísmo, *esboço de psicanálise e outros ensaios*. In: _____. *Edição Standard Brasileira das Obras Psicológicas Completas de Sigmund Freud*. V. XXIII. Rio de Janeiro: Imago, 1969.

JAEGER, W. *Paideia. A formação do homem grego*. São Paulo: Martins Fontes, 2001.

JUNG, C. G. Os arquétipos e o inconsciente coletivo. In: _____. *Obra Completa 9/1*. 11ª Ed. Petrópolis: Vozes, 1976.

_____. *Símbolos e transformação*. 11ª Ed. Petrópolis: Editora Vozes, 1973.

LAPLANCHE, J.; PONTALIS, J. B. *Vocabulário de Psicanálise*. São Paulo: Livraria Martins Fontes, 1970.

MONTAIGNE, M. *Dos canibais*. São Paulo: Editora Alameda, 2009.

MOORE, T. *Utopia*. New York: Penguin Books, 2018.

NOGUEIRA, J. P.; MESSARI, N. *Teorias das relações internacionais*. Rio de Janeiro: Editora Campus, 2005.

POPKIN, R.H. *História do ceticismo de Erasmo a Spinoza*. Rio de Janeiro: Editora Francisco Alves, 2000.

SPINOZA, B. *Ética*. Tradução de Tomaz Tadeu. São Paulo: Autêntica Editora, 2007.

STEIN, M. *Jung, o mapa da alma*. São Paulo: Cultrix, 2014.

STEVENS, A. *Jung*. Porto Alegre: L&PM Pocket, 2012.

ZOROASTRO. *Avesta in Brief. Maxims of the Ancients*. London: Ferdowsi Trust Fund, 2015.

Colaboradores

JOSÉ LUÍS DA COSTA FIORI – Doutor em Ciência Política pela Universidade de São Paulo, com pós-doutorado em Economia Política pela Universidade de Cambridge. Professor titular (aposentado) e professor permanente de Economia Política Internacional do PEPI/UFRJ. Coordenador do grupo de pesquisa Poder Global e Geopolítica do Capitalismo, do PEPI/CNPq, e do Laboratório de Ética e Poder Global do NUBEIA/UFRJ.

ANDRÉS FERRARI HAINES – Doutor em Economia pela UFRGS e mestre pela UNICAMP. Professor Associado da Faculdade de Ciências Econômicas da UFRGS e do Programa de Pós-graduação em Estudos Estratégicos Internacionais (PPGEEI/UFRGS) do Núcleo de Estudos dos BRICS (NEBRICS/UFRGS).

CLARISSE VIEIRA – Doutora em Economia Industrial pelo PPGE/IE.UFRJ. Professora do Instituto Multidisciplinar, Campus Nova Iguaçu, Universidade Federal Rural do Rio de Janeiro.

CRISTINA SOREANU PECEQUILO – Professora de Relações Internacionais da UNIFESP e dos Programas de Pós-Graduação em Relações Internacionais San Tiago Dantas (UNESP/UNICAMP/PUC-SP) e em Economia Política Internacional da UFRJ. Pesquisadora do CNPq e do NERINT/UFRGS.

DANIEL DE PINHO BARREIROS – Professor do Instituto de Economia e do Programa de Pós-Graduação em Economia Política Internacional da Universidade Federal do Rio de Janeiro (UFRJ). Pesquisador do Laboratório de Ética e Poder Global (LABEPOG) do Núcleo de Bioética e Ética Aplicada da Universidade Federal do Rio de Janeiro (UFRJ) e do Grupo de Pesquisa "Poder Global e Geopolítica do Capitalismo", do Instituto de Economia da Universidade Federal do Rio de Janeiro (UFRJ), Rio de Janeiro, RJ, Brasil.

DANIEL RIBERA VAINFAS – Professor substituto do Instituto de Relações Internacionais e Defesa da Universidade Federal do Rio de Janeiro (UFRJ). Pesquisador do Laboratório de Ética e Poder Global (LABEPOG) do Núcleo de Bioética e Ética Aplicada da Universidade Federal do Rio de Janeiro (UFRJ). Doutorando do Programa de Pós-Graduação em Economia da Universidade Federal do Rio de Janeiro (PPGE-UFRJ), Rio de Janeiro, Brasil.

ERNANI TEIXEIRA TORRES FILHO – Doutor em Economia pela UFRJ e professor do Programa de Pós-graduação em Economia Política Internacional (PEPI) do Instituto de Economia da UFRJ.

HÉLIO CAETANO FARIAS – Professor Adjunto do Programa de Pós-Graduação em Ciências Militares (PPGCM) do Instituto Meira Mattos (IMM) da Escola da Comando de Estado-Maior do Exército (ECEME). Coordenador do Grupo de Pesquisa do CNPq Geopolítica, Defesa e Desenvolvimento.

JULIANO FIORI – Mestre em Relações Internacionais pela Universidade de Cambridge, pós-graduado em Economia pelo Birkbeck College (Universidade de Londres). É chefe de estudos (Assuntos Humanitários) da Save the Children e professor honorário da Universidade de Manchester. Pesquisador visitante do grupo de pesquisa Poder Global e Geopolítica do Capitalismo, do PEPI/CNPq, e do Laboratório de Ética e Poder Global do NUBEA/UFRJ. Editor de *Journal of Humanitarian Affairs*.

MARIO MOTTA DE ALMEIDA MÁXIMO – Doutor e mestre em Economia Política Internacional pelo Programa de Pós-Graduação em Economia Política Internacional (PEPI/UFRJ). Professor do Instituto Multidisciplinar da Universidade Federal Rural do Rio de Janeiro (IM/UFRRJ) e do Programa de Pós-Graduação em Filosofia (PPGFIL/UFRRJ). Participa do Grupo de Pesquisa Poder Global e a Geopolítica do Capitalismo e do projeto de pesquisa "Vida Humana e Racionalidade Prática no Horizonte da Filosofia Aristotélica".

MATHEUS IBELLI BIANCO – Mestrando no Programa de Pós-graduação em Estudos Estratégicos Internacionais (PPGEEI/UFRGS) e pesquisador no Núcleo de Estudos dos BRICS (NEBRICS/UFRGS).

MAURICIO METRI – Professor associado do Instituto de Relações Internacionais e Defesa (IRID) da UFRJ e professor do Programa de Pós-graduação em Economia Política Internacional (PEPI) do IE-UFRJ.

MILTON REYES HERRERA – Professor investigador do Instituto de Altos Estudos Nacionais do Equador (IAEN) e Professor da Pontifícia Universidade Católica do Equador. Doutor pela Universidade Federal do Rio de Janeiro.

RAPHAEL PADULA – Doutor em Engenharia de Produção pela Coppe-UFRJ. Professor da Pós-Graduação em Economia Política Internacional do Instituto de Economia da UFRJ e pesquisador-visitante do IPEA para o projeto "O Brasil e a América do Sul: integração regional".

RICARDO ZORTÉA VIEIRA – Doutor em Economia Política Internacional pela UFRJ. Professor do Programa de Pós-graduação em Economia Política Internacional da UFRJ.

CULTURAL
Administração
Antropologia
Biografias
Comunicação
Dinâmicas e Jogos
Ecologia e Meio Ambiente
Educação e Pedagogia
Filosofia
História
Letras e Literatura
Obras de referência
Política
Psicologia
Saúde e Nutrição
Serviço Social e Trabalho
Sociologia

CATEQUÉTICO PASTORAL
Catequese
  Geral
  Crisma
  Primeira Eucaristia

Pastoral
  Geral
  Sacramental
  Familiar
  Social
  Ensino Religioso Escolar

TEOLÓGICO ESPIRITUAL
Biografias
Devocionários
Espiritualidade e Mística
Espiritualidade Mariana
Franciscanismo
Autoconhecimento
Liturgia
Obras de referência
Sagrada Escritura e Livros Apócrifos

Teologia
  Bíblica
  Histórica
  Prática
  Sistemática

REVISTAS
Concilium
Estudos Bíblicos
Grande Sinal
REB (Revista Eclesiástica Brasileira)

VOZES NOBILIS
Uma linha editorial especial, com importantes autores, alto valor agregado e qualidade superior.

PRODUTOS SAZONAIS
Folhinha do Sagrado Coração de Jesus
Calendário de mesa do Sagrado Coração de Jesus
Almanaque Santo Antônio
Agendinha
Diário Vozes
Meditações para o dia a dia
Encontro diário com Deus
Guia Litúrgico

VOZES DE BOLSO
Obras clássicas de Ciências Humanas em formato de bolso.

CADASTRE-SE
www.vozes.com.br

EDITORA VOZES LTDA.
Rua Frei Luís, 100 – Centro – Cep 25689-900 – Petrópolis, RJ
Tel.: (24) 2233-9000 – Fax: (24) 2231-4676 – E-mail: vendas@vozes.com.br

UNIDADES NO BRASIL: Belo Horizonte, MG – Brasília, DF – Campinas, SP – Cuiabá, MT
Curitiba, PR – Fortaleza, CE – Juiz de Fora, MG – Petrópolis, RJ – Recife, PE – São Paulo, SP